suhrkamp taschenbuch
wissenschaft 700

Anders als die Geschichte, die sich gerade durch den Rückgriff auf schriftliches Material definiert, ist die Vorgeschichte auf stumme Zeugen angewiesen. »Die prähistorischen Dokumente sind nur sehr dürftig: von allem, was eine lebende menschliche Gruppe ausmacht, bleiben einzig und nur in den günstigsten Fällen Steinwerkzeuge, Knochen und einige Mineralien, die auf die fossilen Menschen eine gewisse Anziehung ausgeübt haben mögen. So muß der Prähistoriker gerade auf das verzichten, was die größte Aussagekraft besäße: die Gesten, die Laute, die Handhabung von Gegenständen; statt dessen muß er sich mit den unvergänglichen Spuren bescheiden, die in der Regel aus gebrauchten oder verbrauchten Gegenständen bestehen: aus abgenutzten Steinen oder aus Knochenresten, die von Mahlzeiten oder verwesten Körpern stammen.« Diese banale Tatsache hat die Prähistoriker seit jeher dazu verführt, die Lücken in der Materialgrundlage durch Spekulation zu schließen. André Leroi-Gourhan, einer der bedeutendsten französischen Paläontologen, geht einen anderen Weg. Seine Methode ist durch eine vorsichtige und nüchterne Interpretation der Daten, eine ausgeprägt anti-spekulative Haltung und durch eine fundierte Heranziehung zahlreicher Wissenschaftsbereiche gekennzeichnet. In dem hier vorgelegten Band vereinigt er die Ergebnisse der prähistorischen Archäologie mit Befunden aus Neuropsychologie, vergleichender Anatomie, Evolutionsforschung, Linguistik, Ästhetik und Technikgeschichte zu einer facettenreichen Entwicklungsgeschichte des Menschen.

André Leroi-Gourhan († 1986) hat zahlreiche Bücher über vorgeschichtliche Kunst und Religion sowie über die Entwicklung der Technik veröffentlicht.

André Leroi-Gourhan
Hand und Wort

Die Evolution von Technik,
Sprache und Kunst

Mit 153 Zeichnungen
des Autors

Übersetzt von Michael Bischoff

Suhrkamp

Titel der Originalausgabe:
La geste et la parole
Bd. I: *Technique et langage*, Paris 1964
Bd. II: *La mémoire et les rythmes*, Paris 1965

Bibliografische Information der Deutschen Nationalbibliothek
Die Deutsche Nationalbibliothek verzeichnet diese Publikation
in der Deutschen Nationalbibliografie;
detaillierte bibliografische Daten sind im Internet über
http://dnb.d-nb.de abrufbar.

suhrkamp taschenbuch wissenschaft 700
Erste Auflage 1988

Druck: Books on Demand, Norderstedt
Printed in Germany
Umschlag nach Entwürfen von
Willy Fleckhaus und Rolf Staudt
ISBN 978-3-518-28300-4

5 6 7 8 9 10 – 14 13 12 11 10 09

Inhalt

Erster Teil
Technik und Sprache

Erster Teil
Technik und Sprache

Kapitel I

Das Bild des Menschen

Schon in frühester Zeit und auf allen Stufen der Zivilisationsentwicklung gehört die Suche nach den Ursprüngen zu den fundamentalen Beschäftigungen des Menschen. Im allgemeinen wird dies Bedürfnis, das eigene Spiegelbild in den tiefen Wassern der Vergangenheit wiederzufinden, mit recht mäßigem Aufwand befriedigt. Zwar wollen alle gebildeten Menschen unserer Zeit gerade so wie ihre Vorfahren wissen, woher sie kommen, da sie schon nicht wissen, wohin sie gehen, doch in der Regel genügen schon wenige Hinweise auf die Vergangenheit der Großaffen, um die meisten von ihnen zu beruhigen.

Dies Bedürfnis, zu den Ursprüngen hinabzusteigen, ist so mächtig, daß es nicht von bloßer Neugier getrieben sein kann. Die Vorgeschichte wird von vielen Vorgeschichtlern als eine persönliche Angelegenheit empfunden, sie ist wohl die Wissenschaft mit den meisten Amateuren, eine Wissenschaft, die jedermann ohne besondere Befähigung betreiben zu können glaubt. Die Reichtümer der Archäologie rufen bei fast jedem Menschen ein Gefühl von Heimkehr hervor, und kaum jemand kann sich der Versuchung entziehen, bei der ersten sich bietenden Gelegenheit die Erde zu durchwühlen, wie ein Kind sein Spielzeug zerlegt. Die Erforschung des Geheimnisses, das den Ursprung umgibt, und die komplexen Gefühle, auf denen sie gründet, sind ohne Zweifel mit dem ersten Schimmer des Denkens entstanden, sammelte doch bereits der Neandertaler am Ende seiner langen Geschichte Fossilien und seltsam geformte Steine. Wenn es gleichwohl schwerfällt, den Neandertalern die Vorlieben eines heutigen Vorgeschichtlers zuzuschreiben, so ist es doch ein leichtes, unter der wissenschaftlichen Hülle des modernen Forschers immer noch ganz unberührt dieselben Gefühle den Dingen gegenüber anzutreffen, die doppelt begraben in der Erde und in der Vergangenheit liegen.

Es wäre müßig, wollte man einem so mächtigen und fundamentalen Bedürfnis widerstehen, wie wir es in dem Bedürfnis des Menschen, sich seinen Ursprüngen zuzuwenden, vor uns haben; aber die Erforschung der Quellen wird vielleicht erhellender und ganz gewiß umfassender sein, wenn man nicht allein zu erkennen sucht, woher der

Mensch kommt, sondern auch, wo er jetzt steht und wohin er möglicherweise geht. Der großartige Aufschwung der Paläontologie hat in den letzten Jahren zahllose Werke hervorgebracht, und es gibt kaum einen Leser, für den die Schwimmflosse der Coelacanthus noch etwas Geheimnisvolles besäße. Es gibt zudem, wenn auch in geringerer Zahl, eine Reihe von Werken, die den umgekehrten Weg eingeschlagen und den Versuch unternommen haben, die Gegenwart des Menschen in seine lange Vorgeschichte hineinzustellen. Das Interesse, auf das die Schriften stoßen, die unserem langsamen Aufstieg und dem unseres Denkens gewidmet sind, zeigt, in welchem Maße die Vorgeschichte auf ein tiefes Bedürfnis nach der raum-zeitlichen Verortung des Menschen antwortet (siehe Kapitel XI und XII). Ich denke, die Vorgeschichte hat, gleich ob sie nun von einer religiösen Metaphysik oder einer materialistischen Dialektik ausgeht, keinen anderen Sinn als: den Menschen der Zukunft in seine Gegenwart und in seine entfernteste Vergangenheit hineinzustellen. Im umgekehrten Fall ersetzte sie, explizit oder implizit, die zahllosen religiösen Mythen, die das Problem des menschlichen Ursprungs in wenigen Worten regeln, durch einen wissenschaftlichen Mythos; oder aber man verstünde sie als eine Art epischen Gedichtes, das von den strahlenden Abenteuern einiger dem Menschen fremder Helden berichtet. Darum ist es vielleicht ganz nützlich, bevor wir die geologischen Beziehungen zwischen Technik und Sprache aufzeichnen, zu ergründen, wie die Menschen zu verschiedenen Zeiten den Menschen, der sie einst waren, gesehen haben.

Die vorwissenschaftliche Periode

Es fällt uns recht schwer anzugeben, wie der Cro-Magnon-Mensch sich seine eigene Wirklichkeit vorgestellt haben mag; wir besitzen jedoch Hunderte von Mythen der verschiedensten Völker, von den Eskimos bis zu den Dogon; wir haben die großen Mythologien der Kulturen des Mittelmeerraumes, Asiens und Amerikas, die Werke der Theologen und Philosophen der Antike und des Mittelalters und die der europäischen, arabischen und chinesischen Reisenden vor dem 17. Jahrhundert. Daraus ergibt sich ein so kohärentes Bild des Menschen, daß eine globale Analyse möglich scheint. Nützlich ist sie in jedem Fall, um sich die Wandlungen klar zu machen, die die Wahrnehmung der Wirklichkeit durch den Menschen bis in unsere Tage erfahren hat.

Es ist recht schwierig, sich heute ohne die Hilfe von Geologie, Paläontologie und Evolutionstheorie eine Wissenschaft vom Menschen vorzustellen, die noch ganz in einem kaum geöffneten irdischen Universum und in einer sehr kurzen Zeitspanne befangen ist. Veränderung ist dort Metamorphose, Entstehen wird als unvermittelte Schöpfung verstanden, und was wir uns der Vorstellung zugänglich machen, indem wir die verschiedenen Wesen in ihrer zeitlichen Folge auseinanderfalten, muß dort als phantastische und einzigartige Naturgegebenheit im Raum hingenommen werden. Für den mittelalterlichen Geist wäre der Pithecanthropus keine Überraschung gewesen, er hätte den Affenmenschen hingenommen wie den hundsköpfigen Menschen, den Einfüßler und das Einhorn. Die Landkarten, allen voran die Amerikas, sind zu Beginn des 16. Jahrhunderts von Hundsköpfen mit menschlicher Gestalt oder von Menschen bevölkert, die keinen Kopf haben und Augen, Nase und Mund auf der Brust tragen – so die Karte des türkischen Admirals Piri Reis, die 1513 wahrscheinlich nach einem von Christopherus Columbus übernommenen Vorbild erstellt wurde.

Die Transformationslehre ließ sich positiv gar nicht formulieren, denn hinter Wandlungsprozessen stand die Tat von Helden und Göttern. Der Philosoph sah wohl die Grenze der Fabel im engen Bereich seiner Erfahrung, die anthropologische Forschung führte ihn durchaus dahin, sich als Mittelpunkt der Welt des Lebendigen zu definieren, aber seine Anschauung war wesentlich ethnozentrisch. Tatsächlich kennzeichnet der Ethnozentrismus noch am ehesten die vorwissenschaftliche Sicht des Menschen. In sehr vielen menschlichen Gruppen ist das einzige Wort, mit dem die Mitglieder die eigene Gruppe bezeichnen, der Ausdruck *Menschen*. Die Assimilation der Ethnie an ein ideales »Ich«, das die Qualitäten von Gut und Schön vereinigt, hat die Neigung zum Gegenstück, jenseits der vertrauten Welt monströse Völker anzusiedeln, die in Aussehen und Sitten das Maximum des Schlechten und Häßlichen realisieren. Die gleiche Einstellung läßt sich in der vorwissenschaftlichen Periode dem Affen gegenüber feststellen, der als monströser Antipode des zivilisierten Menschen gilt. Darin liegt auch eine gute Erklärung für die unscharfe Vermischung von Dämonen, unbekannten Völkern und Affen in den geographischen Abbildungen bis ins 16. Jahrhundert hinein. Diese Einstellung

sollte dann im 18. Jahrhundert unmittelbar in die Anthropologie münden und die Grundlage für Versuche zur Begründung rassischer Vorurteile wie auch für die Paläontologie des Menschen legen.
Statt die ihrem Wesen nach völlig gleichartigen Menschen ans Ende einer Entwicklungsreihe zu stellen, wie wir es zu tun gelernt haben, sieht der vorwissenschaftliche Denker das menschliche Wesen in den Menschen verwirklicht, die seinen eigenen ethnischen Kern bilden; um diesen Kern herum erscheinen dann in immer weiteren Kreisen Wesen, deren Menschlichkeit von geringerem Grad ist und sich immer fremdartigeren Zwitterformen nähert.
Eine durch die Ursprungsmythen erklärte Schöpfung, die fehlende Wahrnehmung der unermeßlichen Tiefe der Zeit, der Ethnozentrismus und das Mysterium einer Welt, in der sich die Grenzen zwischen dem Natürlichen und dem Übernatürlichen in den geographischen Begrenzungen verlieren, kennzeichnen bei den Eskimos oder Australiern wie beim mittelalterlichen Forschungsreisenden das Bild des Menschen, ein Bild, das im Raum und jenseits allen biologischen Zusammenhangs variabel, in einer Zeit aber, die keinerlei Tiefe besitzt, stabil ist. Der volkstümliche chinesische Roman *Hsi-yu-chi* oder »Die Reise nach Westen«, der im 16. Jahrhundert von Wu Ch'eng-en überarbeitet wurde, illustriert sehr schön diese Sicht, in der der Ethnozentrismus und die Abgrenzung des Menschen gegen seinen monströsen Zwilling einander überlagern. Der reisende Bonze Hsuantsang fährt in Begleitung seiner Schüler, des Affenkönigs, des Wildschweins mit dem menschlichen Körper und des Fisches in Menschengestalt durch die Welt, um sich auf den Berg zu begeben, auf dem Buddha thront. In langen, stereotypen Episoden durchqueren die Helden Länder, deren Bewohner kaum etwas von den Chinesen unterscheidet, deren Wälder und Gebirge jedoch von Ungeheuern bevölkert sind, die praktisch sämtlich vermenschlichte Tiere darstellen. Der ethnozentrische Bericht der chinesischen Welt über die besuchten menschlichen Gemeinschaften verbindet sich mit einer monströsen Verdopplung der Bewohner jener wilden Landstriche; so werden sie dann den Reisenden gegenübergestellt, die ihrerseits verdoppelt sind: in einen chinesischen Bonzen und drei Tiere, die besonders reich mit dunkler Symbolik beladen sind: den Affen, das Schwein und den Fisch.
Die Erforschung des Raumes mußte dieses Bild noch vor der Erforschung der Zeit verändern. Im 16. Jahrhundert beginnen die Unge-

heuer zu verschwinden; die Entdeckung eines immer weiteren Universums, das von Menschen bevölkert ist, die sich in der Hautfarbe und den Sitten zwar unterscheiden, aber, gleich ob sie nun als Wilde oder Gesittete dastehen, sämtlich schlicht menschlich erscheinen und alle nach dem gleichen Modell gebildet sind, führt nach und nach zu einem rationalen Bild der Menschheit. Dies ist übrigens der Augenblick, da die Zeit eine gewisse Tiefe zu gewinnen beginnt; die Kenntnis der Steinwaffen bei den Wilden Amerikas regt zu einem Vergleich mit unseren eigenen prähistorischen Werkzeugen an, und die bis dahin äußerst unbestimmte Vorstellung von der materiellen Evolution des Menschen drängt sich zum ersten Mal rational auf. Das 16. Jahrhundert markiert mit seinen Kuriositätenkabinetten den Beginn der naturhistorischen Museen und der Ethnographie. Den größten Teil der zusammengetragenen Gegenstände bildeten damals Waffen, Kleidungsstücke und Kostbarkeiten, die sich kaum von der antiken Trophäe unterschieden.

Alle prähistorischen Werke erübrigen ein wenig Raum für die Vorläufer. Lukrez und seine fünf Verse über die Zeitalter des Steins und der Metalle,[1] Mercati und seine Feststellung in der *Metallotheca* am Ende

1 Lukrez, *De natura rerum*, 5. Buch, Vers 1283–1286 (zitiert nach der Ausgabe des Akademie-Verlages, Berlin 1972, übersetzt von Josef Martin):

> Arma antiqua manus ungues dentesque fuerunt
> Et lapides et ita silvarum fragmina rami
> Et flamma atque ignes, post quam sunt cognita primum.
> Posterius ferri vis est aerisque reperta.
> Et prior aeris erat quam ferri cognitus usus.

> »Die alten Waffen waren die Hände, Nägel und
> Zähne und Steine und auch Äste, Bruchstücke des
> Waldes, und Flamme und Feuer, kaum nachdem man
> sie kennengelernt. Und hernach wurde die Kraft
> des Eisens und des Erzes gefunden.«

Dieses Zitat wird seit nahezu einem Jahrhundert ehrfürchtig weitergegeben, und ich möchte mich der Tradition nicht entziehen. Ich muß aber zu bedenken geben, daß es für die Rolle, die man ihm beilegt, nicht die mindeste Bedeutung hat. Wenn Lukrez die Bronze (von Martin mit *Erz* übersetzt, d. Ü.) vor dem Eisen datiert, so folgt er damit einer zu seiner Zeit noch lebendigen Tradition, aber die beiden Verse, in denen man ihm die Vorstellung einer Steinzeit unterstellt, werden von den Autoren allzu großzügig interpretiert. Wenn Lukrez sagt, der Mensch bediene sich seiner Nägel und Zähne, so

des 16. Jahrhunderts, wonach die Faustkeile menschlichen Ursprungs und sehr alt sind, nehmen darin eine herausragende Stelle ein. Es muß jedoch betont werden, daß die paläontologische Problemstellung dem Geist dieser Vorläufer gänzlich fremd bleibt. Ihre Sichtweise ist durchaus identisch mit den Vorstellungen der Urmenschen. Im Denken der Renaissance hat das Feld sich erweitert, der Ethnozentrismus hat sich in seiner Form verändert, er hat sich auf eine Hierarchisierung des Wertes der Menschen ausgerichtet, die später in den Rassismus führen wird. Gleichwohl spiegelt die neue Welt die antike Teilung wider. Die Barbaren haben sich gewandelt und die hyperboreischen Ungeheuer werden mehr und mehr in Frage gestellt, aber das Bild bleibt im Grunde immer noch sehr verschwommen.

Siebzehntes und achtzehntes Jahrhundert

Wir sind an dem Punkt angelangt, wo die Naturwissenschaften zu exakten Wissenschaften werden. Die vergleichende Anatomie steht am Beginn ihrer Entwicklung, und die Probleme, die die Wissenschaften vom Menschen bis in unsere Tage hinein beschäftigen sollen, nehmen rasch Gestalt an. Die Bewegung der Naturforscher des 17. und vor allem des 18. Jahrhunderts ist der Entwicklung der Astronomie im 16. Jahrhundert vergleichbar: ein gewaltiges Stück der Organisation des Universums ist in seiner großartigen Architektur zum Vorschein gekommen und stellt, aus soziologischen Gründen, sogleich die Grundlage der Religionsphilosophie in Frage. Was am Ende des 18. Jahrhunderts zum enzyklopädischen Sturm werden wird, hat sich in das Denken der Naturwissenschaften eingegraben. Die Be-

macht er damit eine, übrigens falsche, Annahme, denn für die ältesten Anthropinen ist gerade charakteristisch, daß sie keine Krallen und keine ausgeprägten Eckzähne mehr besitzen. Wo er von »Steinen« spricht, dachte er mit Sicherheit an rohe Steine, nichts berechtigt zu der Annahme, mit *lapis* bezeichne er einen behauenen Stein. Dagegen bedeutet *fragmen* gerade »Bruchstück«, woraus sich mit aller Klarheit ergibt, daß Lukrez nichts anderes hat sagen wollen als: »Die Waffen der Alten waren die Hände, die Nägel, die Zähne, die Steine (die sie auflasen und warfen) und die Äste, die sie im Wald brachen.« Und damit ist man doch sehr weit entfernt von der prophetischen Vision, die G. de Mortillet 1883 dem »freigeistigen Dichter Roms« unterstellte.

schäftigung mit der Natur des Menschen ist mehr als eine bloße Episode in der rationalistischen Bewegung, die die traditionelle Zivilisation mit sich fortreißen sollte; es ist jedoch interessant, daß in der allgemeinen Bewegung die Ideen stets den Tatsachen voraus sind und daß die Folgerungen aus dem zoologischen Ursprung des Menschen mehr als ein Jahrhundert vor den ersten fossilen Menschenfunden bereits gezogen waren.

In der Tat stellt das 18. Jahrhundert mit vielfältigen Begründungsversuchen ein ganzes Denksystem auf, in das wir heute noch völlig eingebunden sind. Buffon schreibt von 1749 bis zu seinem Tode 1788 die 36 Bände seiner *Naturgeschichte*, in der er in stattlicher Breite und mit einer gewaltigen Masse noch unsicherer Belege einen Aufriß jener beiden Probleme gibt, die das 19. Jahrhundert entflammen werden: die Einordnung des Menschen in das Tierreich und den verwirrenden Charakter der geologischen Epochen. Buffon folgte in seinem persönlichen Beitrag einer tiefen wissenschaftlichen Bewegung; zu seiner Zeit gab es eine Fülle von Werken wie das N. de Maillets, das 1755 herauskam[2] und in dem der Autor, gestützt auf eine kaum begründete

2 N. de Maillet starb 1738, sein Manuskript wurde 1748 in Amsterdam unter dem Titel *Telliamed*, einem Anagramm seines Namens, veröffentlicht. Maillet gehört also dem ersten Drittel des 18. Jahrhunderts an, und seine theoretischen Positionen sind dafür höchst bemerkenswert. In Form eines Gesprächs zwischen einem indischen Philosophen und einem Missionar befaßt sich der Autor, der selbst Konsul in Ägypten und ein leidenschaftlicher Liebhaber der Naturwissenschaften war, mit Problemen der Natur des Erdballs und des Ursprungs des Menschen. In einer Gestalt, die gewiß nicht die geologischen Kenntnisse vom Anfang des 18. Jahrhunderts übersteigt, stößt man in diesem Werk, das dem Buffons vorausgeht, auf Vorstellungen über die Evolution, die in jeder Hinsicht einzigartig sind. Die Dichte der Erdschichten und die Anwesenheit von Fossilien werden als Zeichen gewaltiger Umwälzungen gedeutet, deren Alter beträchtlich ist; de Maillet gelangt sogar zu der Überlegung, daß jeder der sechs Tage der Schöpfung 100 000 Jahre gedauert haben mag! Hinsichtlich des Ursprungs der Tiere eröffnet sein Buch gänzlich neue Perspektiven, denn in einer Theorie, deren Ausdrücke sich natürlich leicht kritisieren lassen, die in ihren Grundlagen aber auch heute noch unangreifbar ist, läßt er sämtliche an der Luft lebenden Tiere, den Menschen eingeschlossen, aus den Meerestieren hervorgehen. Seine Schilderung der Anpassungsvorgänge ist natürlich sehr summarisch und beim Menschen muß er gar auf die Sirenen zurückgreifen ... und dennoch, als Lamarck drei Vierteljahrhunderte später von der Vererbung erworbener Merkmale spricht, greift er auf ähnliche Vorstellungen zurück, wenngleich natürlich ausgestattet mit dem Arsenal

astronomische, geologische, und evolutionistische Theorie, der Erde ein Alter von mehreren hunderttausend Jahren bescheinigt. Der Kampf um die Evolution tobt bereits an mehreren Fronten, die erst in der Mitte des 19. Jahrhunderts zusammenfinden werden, wenn die Geologie, die vergleichende Anatomie und die Ethnographie zur Soziologie zusammenfließen. Im Jahre 1735 stellt der Schwede Linné in seiner Klassifikation der Lebewesen die zoologische Position des Menschen endgültig auf eine materielle Grundlage: der Mensch wird zu einer Art, zum *homo sapiens*, der letzten Stufe in einer Folge, die von den Primaten gekrönt ist. Zu dieser Zeit hat die Paläontologie noch gänzlich impliziten Charakter, und es müssen noch fünfzig Jahre vergehen, bis die logische Ordnung der Arten des Lebendigen ihr Gegenstück in der chronologischen Folge der Fossilien findet; aber von diesem Augenblick an sind der Mensch und der Affe aneinander gebunden. Es entwickelt sich die Idee der Verkettung der Arten, und obgleich sich die logische Folgerung aus dieser Verkettung, das fortschreitende Heraustreten des Menschen aus den Primaten, noch nicht klar abzeichnet, kommt das Bild des Menschen am Ende des 18. Jahrhunderts dem unsrigen schon ausgesprochen nahe.

wissenschaftlicher Daten seiner Epoche, das heute gleichermaßen überholt ist. Zu Beginn des 18. Jahrhunderts ist das Denken über die Geologie noch in allzu geringen Zeitspannen befangen, und es ist ganz verständlich, wenn der *Telliamed* die Fische, die das Schicksal an den Rand des Festlandes verschlagen hat, ein wenig brutal in Vögel verwandelt »... die Röhren ihrer Schwimmflossen ... verlängerten sich und überzogen sich mit Härchen ... die aus diesen Häutchen gebildeten Barten verlängerten sich ihrerseits, und die Haut überzog sich unmerklich mit einem Flaum, die kleinen Flossen, die sie am Bauch trugen ... wurden zu Füßen ... « (*Telliamed*, Ausgabe von 1755, S. 167). Wegen seines phantastischen Charakters und seines entschiedenen Angriffes gegen die Heilige Schrift wurde das Buch heftig bekämpft, und in der Mitte des 18. Jahrhunderts fiel es leicht zu zeigen, daß die Sonnen keine Planeten hervorbringen konnten, daß die Menschen ihren Ursprung nicht im Meer hatten und daß die Fossilien fraglos Zeugen der Sintflut waren. Und später ließ der wissenschaftliche Fortschritt die Überlegungen des *Telliamed* als Nachtgedanken erscheinen; stellt man aber diese Überlegungen in den geistigen Zusammenhang ihrer Zeit, so kann man N. de Maillet nicht das Verdienst absprechen, verstanden zu haben, daß die Sterne in ihrer Struktur Entwicklungen unterworfen sind, daß die geologischen Zeiten immense Ausdehnung besitzen, daß der Mensch den gleichen Weg verfolgt wie die gesamte Welt des Lebendigen und daß alle Landwirbeltiere einer Evolution unterworfen sind, die ihren Ausgang bei den Fischen genommen hat.

Die Idee der zoologischen Kontinuität setzt sich rasch durch: 1764 veröffentlicht Daubenton eine Denkschrift über *Die Lage des Hinterhauptloches beim Menschen und bei den Tieren*, die nach einiger Verzögerung die Beschäftigung mit dem aufrechten Gang einleitet; im Jahre 1775 konkretisiert der deutsche Zoologe Blumenbach die Anthropologie der Rassen in seiner Schrift *De generis humani varietate nativa*; 1799 schließlich veröffentlicht der Engländer White eine Arbeit *Über die regelmäßige Abstufung zwischen den Menschen und den Tieren*. So schließt das Jahrhundert, alles steht bereit für die Entfesselung des 19. Jahrhunderts. Der Mensch erscheint deutlich in der Vielfalt seiner Rassen und in seiner zoologischen Verwandtschaft mit den höheren Säugetieren. Allein das Wissen um die wirkliche Tiefe der menschlichen Zeit steht noch aus. Die Geologie hat das Terrain schon bereitet, aber wenn das vorwissenschaftliche Bild des Menschen seine Kraft verloren hat, so ist doch der schwindelerregende Abstieg in die Tiefe der Zeit noch kaum begonnen, die Paläontologie noch nicht entstanden.

Das neunzehnte Jahrhundert

Im Jahr 1800 veröffentlicht der englische Naturforscher John Frere das Ergebnis einer von ihm 1797 gemachten Beobachtung: Behauene Feuersteine, die zusammen mit Tierknochen gefunden worden waren, schreibt er darin der Anwesenheit des Menschen in weit zurückliegenden Zeiten zu. Es dauerte übrigens noch bis ins Jahr 1872, bis John Evans diese zurückliegende, unbeachtet gebliebene Beobachtung wieder entdeckte. Es wäre ungerecht, wollte man behaupten, das 19. Jahrhundert habe lediglich geerntet, was das 18. für es gesät hatte. Die Werke Cuviers, Etienne Geoffroy Saint-Hilaires und Lamarcks, die Epopöe Bouchers de Perthes, die gewaltige Zahl von Anthropologen und Prähistorikern in ganz Europa, all dies verleiht der Wissenschaft Konturen, Schritt für Schritt bildet sie sich über die Entdekkungen heraus, um dann gegen Ende des Jahrhunderts, gestützt auf die Evolutionstheorie Charles Darwins, in eine Synthese zu münden. Im Jahre 1859, am Rande jenes kaum erst entstandenen Stromes der prähistorischen Wissenschaft, veröffentlicht Darwin seine *Entstehung der Arten*. Eigentlich erst mit ihm gelangt die von Buffon vorgezeichnete Bewegung zu einem Abschluß. Darwin, der Naturforscher war

und nicht Prähistoriker oder Anthropologe, ging wie die Naturforscher des 18. Jahrhunderts von der Paläontologie und der Zoologie seiner Zeit aus, denn letztlich ist der Mensch, als Folge oder Krönung der Evolution, nur in der Totalität der Erde begreifbar. Darwin stillte endgültig den Durst der Enzyklopädisten, und es ist eine Tatsache, daß die Evolutionstheorie nach seinem Werk zwar an Tiefe gewonnen haben mag, in ihrem wesentlichen Gehalt jedoch keine weiteren Fortschritte mehr machte. Das Durchschnittsbewußtsein hat ihn vollkommen begriffen, als es den Namen Darwins, zu Unrecht aber treffend, mit dem Satz »Der Mensch stammt vom Affen ab« verband. Am Ende des 19. Jahrhunderts, als die Prähistorie als Erbe von Amateuren ihren Gipfelpunkt erreicht, als die ersten Schädel des Neandertalers und des Pithecanthropus aus der Erde auftauchen, ist das Bild des Menschen das des affenartigen Vorfahren, der sich im Laufe der Zeit langsam verbessert. Dieses Bild vervollständigt in idealer Weise das des 18. Jahrhunderts, das in uns lediglich die Vettern der Primaten zu sehen wagte.
Um diesen zentralen Gedanken der Zugehörigkeit des Menschen zum Tierreich wand sich ein dichtes Netz von Streitigkeiten. Die Paläontologie, die Anthropologie, die Vorgeschichte, die Evolutionstheorie in all ihren Gestalten dienten zur Begründung, um Stellungen in Streitfragen zu beziehen, die ganz andere Quellen hatten; da jedoch das Problem des Ursprungs Religion und Naturwissenschaft gemein ist und da man den Gegner zu schlagen vermeinen kann, wenn man das eine oder das andere beweist, nahm der Streit um den Affen lange Zeit eine zentrale Stellung ein. Daß es für die wissenschaftliche Forschung äußerliche Motive geben kann, ist heute kaum noch strittig. Aus der Entfernung erscheinen diese Streitereien recht leer, und es bringt gewiß mehr Nutzen zu erforschen, wie das heutige Bild des vorgeschichtlichen Menschen durch die Folge der Entdeckungen und Hypothesen hindurch zustande kam.

Die Geschichte des »Vormenschen«

Der Geist ist einigermaßen hilflos, wenn er vor Tatsachen steht, für die er bislang keinerlei Bezugspunkte besitzt. Man kann sagen, die menschlichen Fossilien wurden stets mit den Augen betrachtet und interpretiert, die jede Epoche dem Paläontologen lieh. Besonders klar tritt dies bei den ältesten paläontologischen Vorstellungen hervor, und es ist recht aufschlußreich, wenn man die großen Etappen in der Paläontologie des Menschen zu rekonstruieren versucht.

Vor 1850 verfügen die Vorgeschichtler bereits über wichtige theoretische Elemente. Sie wissen, daß die Erde sehr alt ist, daß auch die Zeitspanne, in der Menschen existieren, sehr lang und durch bedeutsame geologische Umwälzungen gekennzeichnet ist. Der Beweis, daß der Mensch in unseren Breiten zusammen mit dem Rentier und dem Elefanten gelebt hat, ist bereits erbracht, da 1810 mit den Grabungen in den Schwemmgebieten und Höhlen begonnen worden war. In Frankreich, Belgien und England wird von manchen bereits mit Nachdruck die geologische Dimension der menschlichen Vergangenheit behauptet. Man könnte sogar noch weiter gehen: Der Lamarcksche Evolutionismus und die Gewißheit über die Verwandtschaft zwischen Menschen und Affen sind bereits alte Errungenschaften; mehr noch, im Jahre 1848 wurde einer der schönsten Schädel eines Neandertalers aus dem Gesteinsschutt einer Höhle auf Gibraltar hervorgeholt. Schon 1833 entdeckte Schmerling in der Höhle von Engis in Belgien die Trümmer des Schädels eines Neandertalerkindes, aber dieses Fossil wurde erst *lesbar*, nachdem eine hinreichende Anzahl von Neandertalern und insbesondere der Kinderschädel von La Quina entdeckt worden waren. Ganz ähnlich erging es dem Menschen von Gibraltar, denn wenn dieses Fossil allein aus einer Schädeldecke bestanden hätte, wäre ihm wohl mehr Erfolg beschieden gewesen: seine Gesichtsfront war unverständlich zu einer Zeit, da der Mythos vom Anthropopithecus gerade im Entstehen war. Quatrefages und Hamy geben eine exakte Beschreibung dieses Fundes, messen ihm jedoch keine besondere Bedeutung bei. Ihr Interesse, aus den umstrittensten Schädelfragmenten die *Cannstattrasse* zu konstruieren, ließ sie die wahre Natur des Neandertalers selbst verkennen.

Gleichwohl liegen keinerlei Voraussetzungen für eine Verbindung der Evolutionstheorie mit den Funden vor. Es wurde nicht deutlich, daß das Bild des Urmenschen etwas anderes ist als das eines *homo sapiens*, der sich mit den Früchten seiner Jagd bekleidet und seinen durchdringenden Verstand dazu nutzt, um aus dem Stein die für seine primitive Ökonomie unerläßlichen Waffen zu beziehen. Rousseau unternimmt in seinen *Abhandlungen über den Ursprung und die Grundlagen der Ungleichheit unter den Menschen* (1775, S. 103 ff., dt., Hamburg 1978, S. 83 ff.) einen der ersten Versuche zu einer *zerebralistischen*

Theorie der Entwicklung des Menschen. Der *Naturmensch*, der mit all seinen heutigen Attributen ausgestattet ist, beginnt bei einem materiellen Nullpunkt und erfindet durch Nachahmung der Tiere und durch den Gebrauch des Verstandes nach und nach alles, was ihn im technischen und sozialen Bereich in die heutige Welt führt. Dieses in seiner Form äußerst übervereinfachte Bild, das aber in bemerkenswerter Weise eingesetzt wird, um die Sackgasse aufzuzeigen, in die der materielle Fortschritt zu führen scheint, lebt heute noch, bar jeden philosophischen Genies, in der niederen Populärliteratur und in der prähistorischen Fiktion fort. Der Geist war noch in keiner Weise bereit anzuerkennen, daß der Feuerstein von irgend einem Halbaffen behauen sein könnte.[3] Die folgende Periode erstreckt sich von 1856, dem Jahr des Fundes im Neandertal, bis 1880. In der Wissenschaft hat sich die Szene vollständig gewandelt. Die Vorgeschichte verfügt über eine chronologische Klassifikation, in der man Paläolithikum und Neolithikum unterscheidet. Im Paläolithikum folgt dem Zeitalter des Mammuts ein Zeitalter des Rentiers. Über allem nimmt der Mythos vom Affenvorfahren Gestalt an, denn der Darwinsche Evolutionismus findet im wissenschaftlichen Denken einen weit stärkeren Widerhall als die Theorien Lamarcks. Auf der anderen Seite gibt es die Fossilien. Der unglückliche Mensch aus dem Neandertal, den die Arbeiter in Stücke schlugen, besitzt dank seiner natürlichen Widerstandskraft eine Schädeldecke, die den entscheidenden Akt in der Paläontologie des Menschen eröffnet. 1856 ausgegraben, wird sie

3 Boucher de Perthes: *Portrait de l'homme antédilouvien. Antiquités celtiques*, Band 2, 1857, S. 90: »...Ebenso muß es mit dem Menschen vor der Sintflut gewesen sein. Ohne daß er weniger intelligent gewesen wäre als wir, mag er diese Intelligenz auf andere Weise zum Ausdruck gebracht und wie wir an der Spitze der irdischen Schöpfung gestanden haben. Hier beweisen mehr oder weniger lange Arme, mehr oder weniger gekrümmte Beine und selbst ein mehr oder weniger vorspringendes Kinn gar nichts, hätte man doch so manches Genie als Kretin einstufen müssen, wenn man es nur nach seinen Körpermerkmalen beurteilt hätte...«
Band 3, S. 459: »... Wir haben die Hacken angenommen, so glauben wir auch an die Werkzeuge. Ich bin überzeugt, daß sich auf diesem Gebiet noch großartige Entdeckungen werden machen lassen und daß man der Sammlung unserer ursprünglichen Geräte und Werkzeuge eines Tages die Aufmerksamkeit schenken wird, die sie verdient, denn diese Werkzeuge sind der erste Beweis für unsere Vernunft, unsere ersten Titel auf den Rang eines Menschen, und diese Titel kann keines der übrigen irdischen Geschöpfe aufweisen.«

schon 1858 von Schaaffhausen als Zeuge für den Urmenschen erkannt. Zehn Jahre später, 1866, liefert Belgien den Kieferknochen von La Naulette, den Quatrefages und Hamy 1882 in ihre »Cannstattrasse« einordnen.

Fortan hält die Wissenschaft sämtliche Elemente des menschlichen Urahns in Händen; er läßt sich als ein primitives Wesen bestimmen, mit gebeugter Haltung, flachem Schädel, vorspringenden Augenbögen und fliehendem Kinn. Linné, Cuvier und Darwin kommen schließlich zusammen, und es zeichnet sich das Bild des Affenmenschen ab; er hat einen Namen, ja sogar zwei, denn Gabriel de Mortillet schwankt bei dessen Taufe zwischen *Anthropopithecus* und *homo simius*.

Es ist recht interessant nachzuzeichnen, wie die Legende vom Affenmenschen, ausgehend von den Trümmern zweier authentischer Neandertaler, Gestalt annahm. Unter den Spuren waren die einzigen Teile, die sich unmittelbar für einen Vergleich mit den Affen anboten: die Augenhöhlen, die flache Wölbung des Schädels und das fliehende Kinn. Wäre der Mensch vom Neandertal unzerstört gefunden worden oder der Schädel von Gibraltar nicht zwanzig Jahre zu früh aufgetaucht, so wäre es für die Paläontologie des Menschen vielleicht vermeidbar gewesen, den Neandertaler in die Nähe des Affen zu rücken, aber so wie die Funde sich darboten, war eine exzessive Interpretation unvermeidlich. Der schwerste und hartnäckigste Irrtum lag darin, unter Einschaltung des Neandertalers eine Verbindung zwischen uns und dem strahlenden Quartett der Anthropoiden: Gorilla, Schimpanse, Orang-Utan und Gibbon, herzustellen. Diesen Aspekt des Problems des Menschen werden wir im übrigen später nochmals aufnehmen.

Um 1880 ist es ausgemacht, daß der Mensch vom Affen abstammt; als Zwischenglied fungiert der Anthropopithecus, von dem der Neandertaler ein als wahrscheinlich geltendes Bild gibt. Man weiß kaum, wo man den biologischen Zeitpunkt seines Auftauchens festsetzen soll, und zu dieser Zeit geben die besten Köpfe zu, daß behauene und im Feuer glasierte Steine bis tief ins Tertiär, ins Miozän und Pliozän hinein vorkommen. Bedenkt man, daß die Entdeckung des Zinjanthropus in Tanganjika 1959 die Paläontologie mit einem Wesen konfrontierte, das man nur äußerst zögernd als Menschen zu zeichnen bereit war und das an der Grenze zum Tertiär Werkzeuge herstellte, so wird deutlich, daß ein weiteres Mal zutreffende, große Visionen auf falsche

oder inexistente Zeugnisse gestützt wurden, denn der Irrtum lag in der falschen Interpretation der Merkmale heutiger Affen, nicht im Postulat der Existenz von sehr primitiven Menschenformen.
Die Einstellung der Forscher war im übrigen nicht einheitlich. Topinard gerät 1876 durch das Bild eines zutiefst affenartigen Neandertalers fast in Verlegenheit und macht – damit die Vorstellung seiner Zeit über den Atavismus aufgreifend – die vage Annahme, das berühmte Fossil möchte ein Überlebender des legendären tertiären Urahns im Zeitalter des Mammuts sein. Andernorts werden die größten Anstrengungen unternommen, um unter den bekannten Fossilien weitere Repräsentanten der Urrasse aufzufinden. In den *Crania ethnica* fügen Quatrefages und Hamy zu den Fossilien aus dem Neandertal und von La Naulette die verschiedensten Überreste heutiger Menschen wie den ersten Kieferknochen von Arcy-sur-Cure oder die Stücke der menschlichen Überreste von Cannstatt, Egisheim und Gourdan, um daraus eine künstliche Rasse zu bilden, die von Cannstatt, die so dehnbar ist, daß nur wenige Zeugnisse sich einer Zuordnung widersetzen, solange sie nur auf bescheidene Stücke beschränkt bleiben. Diese Einstellung ist besonders interessant, denn den beiden großen Anthropologen mangelt es weder an echter Kompetenz noch an aufrechter Gesinnung, was ihnen fehlt, sind die zur Begründung eines kritischen Apparats erforderlichen Elemente.
Es ist interessant, die Nuancierungen zu betrachten, die in den Einstellungen der verschiedenen Forscher sichtbar werden. Gabriel de Mortillet mit seinem Anthropopithecus (dessen Rassen er sogar aufzählt) vertritt ohne den geringsten Fossilienbeleg die Sache des Affenvorfahren und ist bereit, im Neandertaler einen Halbaffen zu sehen; allerdings bringen ihn die Werkzeuge in Verlegenheit, die bereits allzu menschlich wirken, und er denkt sich eine ganz unwahrscheinliche, auf einem Atavismus basierende Erklärung aus, um aus dem Schädel selbst den Überrest einer Spätform zu machen (eine Haltung, die bis in unsere Tage immer wieder eingenommen worden ist). Hamy und Quatrefages verdünnen den Neandertaler in einem ganz wörtlichen Sinne, wenn sie ihn in der *Cannstattrasse* mit sämtlichen als menschlich vermuteten fossilen Fragmenten zusammenwerfen. Daraus resultiert auch jene kaum noch überraschende Tatsache, daß sie den Neandertaler bis in unsere Tage hinein in atavistischen Formen wiederzuentdecken meinen. Die französischen Anthropologen dieser Zeit folgen offenbar einem Hang zu exzessiver Generalisierung, während

Huxley oder King in Großbritannien und Schaaffhausen in Deutschland zwar ebenfalls der Faszination des Affen erliegen, gleichwohl aber eine zutreffendere Vorstellung von der wirklichen Lage des Neandertalers zu besitzen scheinen.
Die folgenden zwanzig Jahre bringen keine wesentlichen Veränderungen; der Schädel von Gibraltar dämmert in der Londoner Sammlung dahin, wo er Zuflucht gefunden hat, nachdem Busk ihn 1879 kurz zur Kenntnis genommen hatte; es bleibt weiterhin still um ihn. Dagegen stößt man 1886 in Spy in Belgien endlich auf die Fragmente eines Neandertaler-Schädels, die eine nahezu vollständige Rekonstruktion gestatten; die Fundstücke ermöglichen es jedoch noch nicht, die Stellung des Schädels auf der Wirbelsäule und die Proportionen seines Prognathismus exakt zu bestimmen. Das entscheidende Ereignis dieser Periode ist die Entdeckung des Pithecanthropus durch den Holländer Dubois 1891 auf Java, mit dem der Anthropopithecus G. de Mortillets endlich seine Verkörperung fand. Genau genommen bestand auch dieser Neuankömmling wiederum nur aus einer Schädeldecke, einigen Zähnen und einem Schenkelknochen, aber er gab ein Beweisstück an die Hand, gegen das sich schlechterdings nichts einwenden ließ: seine Stirn war noch flacher als die des Neandertalers, und seine Augenbögen bildeten ein deutliches Visier; die Kette, die den Schimpansen mit dem Menschen verband, wurde um ein weiteres Glied bereichert. Der Schenkelknochen dagegen zeigte derart vollkommen menschliche Merkmale, daß es fast peinlich war. Es bedurfte umfangreicher Forschungen, bis man an ihm einige Zeichen entdeckte, die auf eine leichte Disposition zum Klettern hindeuteten. Die Augen sehen eben nur, was den Erwartungen entspricht, und die Zeit war noch nicht reif, um zu verstehen, was die menschliche Entwicklungslinie ganz grundlegend von der der Anthropoiden scheidet. Schon glaubte man, den Pithecanthropus lebensecht rekonstruieren zu können, und auf der Weltausstellung des Jahres 1900 erscheint sein Abbild in Gips und Lebensgröße (siehe Abb. 3). Genau betrachtet, zeichnet diese Rekonstruktion, die im einzelnen eine Fülle unwahrscheinlicher Details bietet, ein Bild des menschlichen Urahns, das im großen und ganzen nur wenig von dem Bild abweicht, das man heute von ihm machen würde: er hat eine sehr niedrige Stirn, ein stark fliehendes Kinn, einen recht scheuen Gesichtsausdruck, eine trotz allem fast aufrechte Haltung. Ganz unwahrscheinlich sind die Stellung des Kopfes auf dem Hals, die Form der Hand, die Länge des

Arms und der frappierende Kompromiß, der zwischen dem menschlichen Fuß und dem eines Orang-Utan geschlossen wurde und den Ahnherren auf zwei Füße stellt, die eher Hummerscheren ähneln. Ein paar Haare auf der Brust, ein Weinblatt, zwei undefinierbare Werkzeuge aus Horn und eine Falte mitten auf der flachen Stirn runden das Bild des fehlenden Zwischengliedes am Aufgang des 20. Jahrhunderts ab. Die Paläontologie hat noch lange am Kompromiß zwischen dem Anthropoiden und dem *homo sapiens* festgehalten, und bis in unsere Tage herrscht das Bild des Affenmenschen nicht allein in der Populärliteratur, selbst in höchst wissenschaftlichen Arbeiten stößt man auf eine Art Nostalgie gegenüber jenem Primaten-Vorfahren.

Das zwanzigste Jahrhundert

Das erste Jahrzehnt des 20. Jahrhunderts bringt die größte Serie von Entdeckungen, die je gemacht wurde. Der Kieferknochen von Mauer, die Skelette von La Chapelle-aux-Saints, von Moustier, von La Ferrassie, von Latina und schließlich die von Krapina tauchen in einer außergewöhnlichen Folge aus der Erde auf. Die Paläontologie des Menschen ist zu einer Wissenschaft geworden, die Vorgeschichte hat ihrerseits beträchtliche Fortschritte gemacht. Man verfügt jetzt über einen chronologischen Rahmen, der vom Acheuléen bis ins Magdalénien hinreichend detailliert ist; die Klimaveränderungen sind besser erforscht, und die Chronologie der Geologen stellt selbst für die nahen Perioden Größenordnungen von Jahrtausenden zur Verfügung, die sich in der Folge als annehmbar erwiesen. Die anatomische Anthropologie, die seit der Mitte des 19. Jahrhunderts von Broca und seinen Nachfolgern mit Macht vorangetrieben worden war, ist auf ihrem Gipfel angelangt, und die Spezialisten in aller Welt teilen sich die Fossilien inmitten von Kontroversen, die ausnahmslos höflicher ausgetragen werden als in der vorausgegangenen Generation. Das Bild des Pithecanthropus macht keine weiteren Fortschritte, es bedarf erst der »Revolution des Australopithecus« dieser letzten zwanzig Jahre, um die Frage nach dem fehlenden Zwischenglied aus ihrer Erstarrung zu befreien. Dagegen gewinnt der Neandertaler eine fast vertraute Gestalt, man findet allenthalben und zuweilen in recht gutem Erhaltungszustand junge und alte, Frauen und Kinder, und verschiedene europäische Laboratorien wetteifern in der Geschicklichkeit, die kleinen Bruchstücke, aus denen leider der größte Teil der besseren Funde besteht, wieder zusammenzufügen. Marcellin Boule veröffentlicht 1911-13 eine grundlegende Arbeit über den Menschen von La Chapelle-aux-Saints, eine Arbeit, die das gesamte Problem des Neandertalers umgreift. Betrachtet man die Arbeiten der großen Human-Paläontologen vom Beginn unseres Jahrhunderts aus der Distanz, so kann man nur erstaunt sein, welche wissenschaftliche Kraft ihre Analysen besitzen und wie treffend sie die ihnen bekannten Frühformen der Menschheit im Verhältnis zu uns und zu den Affen bestimmten. Nur der Affe beeinträchtigt ganz erheblich die Klarheit dieser Forschungen. Man betrachte nur die Abbildungen, die diese Werke schmücken, oder lese die morphologischen Analysen, und man wird sehen, welche Streiche der Primat den Gelehrten zu spielen imstande war. Es ist ganz überdeutlich, daß die Paläontologie des Menschen, die im 18. Jahrhundert von der unangreifbaren Vorstellung einer Verwandtschaft zwischen dem Menschen und den großen Primaten ihren Ausgang genommen hatte, außerstande war, sich etwas anderes vorzustellen, als den Mittelwert zwischen den ihr bekannten Affen und dem *homo sapiens* zu bilden. Von da an wurde es nicht nur nahezu unmöglich, die Fossilien objektiv zu betrachten, man könnte sogar sagen, es wurde nahezu unnötig, sie zu betrachten, denn in gewisser Hinsicht konnten sie das schöne Bild von einem Übergang nur durcheinanderbringen. Das erklärt auch, weshalb die Erscheinung, zu der es 1870 kam, als Hamy den Kieferknochen von Arcy-sur-Cure beschrieb – er wurde von vornherein als der eines Neandertalers eingestuft –, sich bei der Beschreibung des Pithecanthropus oder des Neandertalers wiederholt: Man sah zwar, worin er sich von uns unterschied und dem Affen ähnelte, aber man brauchte noch viel Zeit, bis man verstand, daß diese für affenartig gehaltenen Eigenschaften durchaus der Reflex eines so entfernten gemeinsamen Ursprungs sein konnten, daß der Vergleich tatsächlich jede Aussagekraft verlor. In dieser Zeit einer äußerst rigorosen anatomischen Beschreibung empfindet man stets Bedauern, wenn die Funde nicht für die Position des Zwischengliedes sprechen. Besonders klar tritt dies in der Frage des Fußes zu Tage, der eigentlich einen noch greiffähigen großen Zeh besitzen müßte, beim Oberschenkelknochen, der noch gekrümmt, beim Arm, der noch hängen, beim Daumen, der kurz, und bei der Wirbelsäule, die nach vorn geneigt sein müßte, und ganz besonders bei der Hinterhauptsöffnung, die eigentlich eine Zwischenlage zwischen der des Gorillas und der unsrigen einnehmen, also noch eine gewisse Schrägstellung aufweisen müßte.

Die Rekonstruktionen dieser Zeit verfallen allzu oft der Neigung, die Paläanthropinen den Tieren nahezurücken: sowohl bei der Zusammensetzung der Schädelfragmente als auch in der Anlage der Zeichnungen und Photographien setzte sich der *unvermeidliche Prognathismus* durch. Daraus läßt sich übrigens den Paläontologen nur schwer ein Vorwurf machen, denn die Gesichtsfront der später aufgefundenen vollständigen Fundstücke (Broken Hill, Steinheim, Saccopastore, Monte Circeo) war aus der Sicht der Theorien dieser Zeit nicht vorstellbar. Die Nichtachtung, mit der man den Schädel von Gibraltar bedachte, dessen Gesichtsfront noch im natürlichen Verhältnis mit dem Schädel verbunden war, ist ein deutlicher Beleg für diese unwiderstehliche Tendenz der Fossilien, dem Bild zu gehorchen, zu dessen Illustration man sie heranziehen will: Das einzige Fossil, bei dem das Verhältnis von Schädel und Gesichtsfront erhalten geblieben war, war zugleich das einzige, das sich dem Gang einer *normalen* Evolution widersetzte.

Will man nicht ungerecht sein, so darf man nicht vergessen, daß es selbst heute nur wenige Funde gibt, deren Schädel nicht in zertrümmertem, unvollständigem oder deformiertem Zustand gefunden wurde. Eine gewisse Interpretationsleistung ist folglich ganz unvermeidlich. Die Rekonstruktionen des Zinjanthropus und des Pithecanthropus sind Mosaiken, die aus den Fragmenten verschiedener Individuen zusammengesetzt wurden; darum bleiben so grundlegende Merkmale wie die Stellung des Kopfes auf der Wirbelsäule, Gesichtshöhe und Prognathismus weiterhin auf Hypothesen angewiesen.

Die Paläontologie des Menschen hat erst in jenen späten Jahren den Affenmenschen fallen lassen, als man sich unter dem Druck immer älterer und besser erhaltener Funde mit den Tatsachen abfinden mußte: der verehrungswürdige Urahn besaß ein kleines Gehirn und ein großes Gesicht, aber er ging aufrecht und seine Gliedmaßen hatten die Proportionen, die wir vom Menschen kennen. Zwischen 1900 und 1920 ist man noch weit von dieser Einsicht entfernt, man verkörpert das Bild des Neandertalers als Skulptur, diesmal nicht mehr in Gips, wie beim Pithecanthropus von Dubois, sondern in festem Stein und errichtet so auf dem Vorplatz des Museums von Eyzies in kolossaler Größe die Summe der irrigen Traditionen eines eineinhalb Jahrhunderte währenden wissenschaftlichen Kampfes.

Nach 1920 wechselt die Bühne, und es werden die Kulissen für die Szene des Pithecanthropus errichtet. Tatsächlich kommt es bald zu der Entdeckung des Peking-Menschen in der Höhle von Chou Kou Tien, einer Entdeckung, die dank der vereinten Anstrengung Blacks, Peis, Teilhards de Chardin, Breuils und Weidenreichs der Erkenntnis der frühesten Menschen neuen Auftrieb verlieh. Die Lehrauffassungen haben sich seit dem Ende des 19. Jahrhunderts beträchtlich gewandelt, die Paläontologie des Menschen teilt ihre Gunst nun zwischen den Verteidigern des Glaubens und denen eines atheistischen Evolutionismus. Die Streitigkeiten, die so viel zum Wachstum, aber auch zur Fehlleitung der Forschungen im 18. und 19. Jahrhundert beigetragen hatten, gehen langsam in Gleichgültigkeit unter; ihre Spuren bleiben gleichwohl erhalten und dauern noch in einer Reihe von Ideen fort, die im Feuer des Kampfes akzeptiert und seither niemehr revidiert wurden. Was die Gelehrten um 1930 offenbar am stärksten überraschte, als man Zugang zu wichtigem Material über den Sinanthropus von Peking erhielt, war der nahezu schockierende Kontrast zwischen den Vettern des Pithecanthropus, die der Formel vom Affenmenschen entsprachen, und der Anwesenheit von Herdasche und bearbeiteten Steinen zwischen ihren Spuren, die man als recht entwickelt zu bezeichnen nicht umhin konnte. Manche nahmen diese Tatsache hin, andere entwickelten eine Einstellung, die sich auch bei anderen Gelegenheiten wiederfinden lassen sollte, und die man als die Hypothese eines *Jägers des Sinanthropus* oder eines *homo präsapiens* bezeichnen könnte. Diese für die Zeit zwischen 1930 und 1950 charakteristische Einstellung beruht auf dem Gedanken, die Knochenfunde gehörten durchaus zu einem Zwischenglied zwischen dem Menschen und den Affen, Industrie und Feuer seien jedoch Spuren der Existenz eines weit höher entwickelten Wesens, für das der unglückliche Sinanthropus lediglich Jagdbeute gewesen sei. Auf die tieferen Gründe für diese Einstellung, die schon Boucher de Perthes teilte, werden wir in den nächsten Kapiteln zurückkommen. Die gleiche Erscheinung wiederholt sich, als man ausgehend von der Entdekkung der Australopithecinen im Jahre 1924 nach deren potentiellen Jägern suchte, als man annahm, der Mensch von Broken Hill könnte in neuerer Zeit getötet worden sein, als man sich einige Zeit gegen die Perspektive sträubte, dem afrikanischen Vetter des Pithecanthropus,

dem 1955 entdeckten Atlanthropus von Ternifine, so schön bearbeitete Steine zuzubilligen, wie sie in der Lagerstätte mit ihnen zusammen aufgefunden worden waren.
Erst kürzlich noch nahm ein italienischer Prähistoriker, P. Leonardi, auf den Zinjanthropus gewendet das Thema des »wirklichen Hominiden, der zur gleichen Zeit lebte ... und unbekannt geblieben ist« wieder auf.
Auf weniger formelle Art trat an die Stelle der Hypothese des Anthropopithecus die eines ungreifbaren Hominiden, der bereits Intelligenz besaß und von wer weiß woher in eine Welt gekommen war, die von verspäteten Prähominiden mit flachem Gesicht bevölkert war. Diese spezielle Wendung einer doch bereits zeitgenössischen Wissenschaft wurde aufs unglücklichste durch einen wissenschaftlichen Betrug bestärkt, der den Menschen von Piltdown nahezu fünfzig Jahre lang in den wissenschaftlichen Hypothesen herumspuken ließ. Bekanntlich förderte im Jahre 1909 ein englischer Fälscher die Bruchstücke der Hirnschale eines rezenten Menschen und den Unterkiefer eines kaum älteren Schimpansen zusammen mit einigen Faustkeilen aus dem Acheuléen zu Tage und verschaffte ihnen in der wissenschaftlichen Welt Anerkennung. Diese unglückselige Fälschung von Piltdown, unglückselig wegen der Zeit, die man auf sie verschwendete, und der bedauerlichen Zeilen, die sie einigen Gelehrten abnötigte, liefert die klarste Bestätigung für all das, was wir in den vorangegangenen Seiten über den mythischen Vorfahren gesagt haben. Die besten Spezialisten haben in den zurechtgemachten Stücken des zusammengesetzten Wesens von Piltdown sogleich die Teile eines Menschenschädels und einer Schimpansenkinnlade erkannt. Manche von ihnen haben daran festgehalten, aber den meisten erschien trotz einer vorsichtigen Zurückhaltung die Hypothese, nach der die Kinnlade eines Affen und der Schädel eines Menschen zusammenpaßten, annehmbar, und was Cuvier für eine anatomische Häresie gehalten hätte, bildete für lange Zeit die Grundlage für die Hypothese des *homo präsapiens*. Wieder einmal handelt es sich weder um Unvermögen noch um einen Mangel an Aufrichtigkeit: Eine solche Vorstellung über den Vorfahren ist ein Reflex des Denkens einer ganzen Epoche, und der Paläontologe kann sich dem nicht entziehen. Der Ausdruck *präsapiens* entstand zur rechten Zeit, in einem Augenblick, da man sich vom Affenvorfahren noch nicht völlig gelöst hatte (Schimpansen-Unterkiefer), da die immer weiter vertiefte Erkenntnis der frühen

Industrie den Vorläufern des heutigen Menschen (Hirnschale des rezenten Menschen) vom Acheuléen an eine menschliche Intelligenz zugestand, da das Vorhandensein äußerst primitiver Fossilien (Pithecanthropus) bewies, daß die Hinterbühne des Quartärs von Wesen bevölkert war, denen eine allzu schöne Industrie zuzugestehen beinahe anstößig war. Als einziger Ausweg bot sich ein Vorfahre an, der der Animalität der Affen noch nahestand, unter der Schädeldecke aber bereits ein Gehirn besaß, das ihm in Richtung auf uns die beste Zukunft versprach. Dem *Eoanthropus* von Piltdown wurde sogar die Ehre erwiesen, mit zwei Fossilien in Verbindung gebracht zu werden, die einen solideren Taufschein besaßen: der Calotte von Swanscombe und der von Fontéchevade. Im Augenblick läßt sich nur schwer ermessen, was man zwar nicht von der Echtheit dieser Fossilien, wohl aber von ihrem wirklichen Charakter halten soll, denn beide sind derart bruchstückhaft und es fehlen ihnen so wesentliche Teile, daß es besser ist, mit einer Aussage über sie, ganz gleich wie sie ausfallen mag, noch zurückzuhalten, will man nicht das abenteuerliche Vorgehen Hamys nachahmen, der um den Unterkiefer von La Naulette herum die Stücke von Menschen anordnete, die, wie die Zukunft erwiesen hat, weit neueren Datums waren. Der Fall des Menschen von Piltdown könnte die Möglichkeit und die Gefahren eines entgegengesetzten Weges aufzeigen.

Faßt man alles zusammen, so läßt sich für das Jahr 1950 eine tiefgreifende Wandlung im Bilde des Urmenschen feststellen. Wie es in allen Übergangszeiten geschieht, sind die Positionen nicht immer klar voneinander abgegrenzt, und die besten Forscher finden sich zuweilen zwischen Hypothesen mit widersprüchlichem Gehalt hin- und hergerissen. Der alte Strom fließt weiter, und die Rekonstruktionen des Sinanthropus oder der neuen Serie der Pithecanthropinen, die von 1934 an auf Java gefunden werden, erstellt man ganz im Geiste des alten Schemas vom Affenvorfahren. Immerhin waren bereits einige Neandertaler in hinreichend gutem Zustand entdeckt worden, so daß die Schädelbasis nicht erst im Laboratorium rekonstruiert werden mußte. Schon 1921 hatte man die Feststellung treffen können, daß der Mensch von Broken Hill nicht die halb gebeugte Haltung des Affenvorfahren haben konnte, denn seine Hinterhauptsöffnung wies auf eine völlig aufrechte Körperhaltung hin. Dieser Umstand führte damals zu großer Verwunderung, am Ende datierte man den Fund gar auf einen späteren Zeitpunkt (wie es Topinard 1875 für den Neander-

taler getan hatte), um ihn als eine Art Atavismus einstufen zu können: als einen vormenschlichen Schädel auf einem menschlichen Körper. Ja man hob sogar hervor, daß hier ein frappierender Kontrast zur halb-gebeugten Haltung des Neandertalers vorliege, einer Haltung, die in Wirklichkeit nur das Produkt der evolutionistischen Vorstellung war, die dessen Rekonstruktion angeleitet hatte.
Die Vorbehalte, die man diesem Fossil entgegenbrachte, dessen Schädel den aufrechten Gang belegte, sind in der Tat äußerst bezeichnend. Pycraft versuchte zu beweisen, daß der Bau des Beckens einer halbgebeugten Haltung entsprach. Andere Autoren bemühten sich angesichts des völlig menschlichen Charakters von Becken und Schenkelknochen zu zeigen, daß sie nicht dem gleichen Skelett angehören konnten. Boule (und Vallois, der ihm darin folgte) bezogen eine nuanciertere Position, als sie die Annahme machten, der Rhodesien-Mensch sei ein spätes Überbleibsel in der heutigen Welt und sei am Ende wie der *homo sapiens* aufrecht gegangen. Erst als Sergi 1939, nach der Entdeckung des Schädels von Saccopastore in Italien, Fossilien untersuchen konnte, deren Schädelbasis erhalten geblieben war, mußte man sich mit dem Gedanken anfreunden, daß bereits die Vormenschen die aufgerichtete Haltung besessen hatten. Es bedurfte nur noch der gleichen Feststellung bei den Australopithecinen Südafrikas, und das Bild des Affenmenschen erfuhr eine substantielle Wandlung.

Der gegenwärtige Stand der Forschung (1950-1963)

Derzeit wird die Forschung über den Menschen vom Clan der Australopithecinen beherrscht, die 1924 in aller Stille auf der Bildfläche erschienen, als Dart den Schädel des Kindes von Taung in Südafrika entdeckte. Seither ist auf dem afrikanischen Kontinent eine Vielzahl von Funden gemacht worden, bis hin zur Entdeckung der Überreste des Zinjanthropus in Kenia 1959, eines großen Vertreters der Australopithecinae, der zusammen mit seinen Steinwerkzeugen gefunden wurde. Diese Entdeckungen haben zu einer tiefgreifenden Veränderung in der Betrachtung der Ursprünge des Menschen geführt. Sie stellen uns vor ein Bild, das für die Enzyklopädisten völlig verwirrend gewesen wäre: Wir kennen heute Gabriel de Mortillets Anthropopithecus, aber mit seinem Modell hat er nichts mehr gemein. Mit allen anatomischen Konsequenzen, die daran geknüpft sind, ist er ein Mensch mit kleinem Gehirn und kein Über-Anthropoide mit gewaltigem Schädelkasten. In Kapitel III wird deutlich werden, zu welch tiefgreifender Revision diese Feststellung im Bilde des Menschen zwingt, denn als Leaky mit dem Zinjanthropus den Beweis erbrachte, daß im Villafranchien ein Wesen existierte, das im wesentlichen genauso gebaut war wie wir, aufrecht ging und Feuersteine bearbeitete, brachte er weit mehr in Bewegung als Dubois mit seinem Pithecanthropus: er lieferte das Mittel zur Zerschlagung einer Denktradition, die ohne Abschwächung das ganze 19. und die Hälfte unseres Jahrhunderts überdauert hatte.

Menschheitskriterien

Wie läßt sich etwas mehr als ein Jahrhundert nach der Entdeckung des Schädels von Gibraltar ein Bild zeichnen, das imstande wäre, die Merkmale zu vereinigen, die alle Menschen und ihre Vorfahren gemein haben? Das erste und bei weitem bedeutsamste Merkmal ist der aufrechte Gang. Es ist, wie wir gesehen haben, zugleich das letzte Merkmal, dessen Wirklichkeit anerkannt wurde, was dazu geführt hat, daß man über mehrere Generationen hinweg das Problem des Menschen auf einer falschen Grundlage gestellt hat. Sämtliche bekannten Fossilien, so fremdartig sie auch sein mögen, man denke nur an den Australopithecus, weisen eine aufrechte Körperhaltung auf. Zwei weitere Merkmale sind dem ersten komplementär: der Besitz eines kurzen Gesichts und einer bei der Fortbewegung freien Hand. Erst in den letzten Jahren konnte mit der Entdeckung des Beckens und des Schenkelknochens des Australopithecus der Zusammenhang verständlich werden, der zwischen dem aufrechten Gang und dem kurzen Gesicht besteht. Die Erforschung dieses Zusammenhanges ist Gegenstand des dritten Kapitels unseres Buches. Die Gesichtsproportionen schlagen sich in der Gestalt des Gebisses nieder, und dies wird eines Tages vielleicht die Möglichkeit eröffnen, die Spuren des Vorläufers des Australopithecus aufzufinden. Es ist bekannt, welchen Presseerfolg vor einigen Jahren der Oreopithecus vom Monte Bamboli in der Toskana hat verzeichnen können, den man in den Schlagzeilen gar als einen »zwei Millionen Jahre alten Menschen« ausgab. Die Merkmale, die das Gebiß dieses Fossils aufweist, lassen die Ver-

mutung zu, daß es ein kürzeres Gesicht gehabt haben mag, als man es einem Affen zuschreiben würde.
Die Freiheit der Hand führt fast notwendig zu einer technischen Aktivität, die von der des Affen verschieden ist; ihre Freiheit bei der Fortbewegung verlangt im Verein mit dem kurzen Gesicht und dem Fehlen offensiver Reißzähne die Verwendung künstlicher Organe, von Werkzeugen also. Aufrechter Gang, kurzes Gesicht, Hände, die bei der Fortbewegung frei bleiben, und der Besitz beweglicher Werkzeuge, dies sind in der Tat die fundamentalen Merkmale der Menschheit. Diese Aufzählung läßt völlig außer Betracht, worin die Eigenarten der Affen bestehen, und der Mensch erscheint danach in den Übergangsformen, in denen sich die Theoretiker vor 1950 gefallen hatten, gänzlich unvorstellbar.
Es mag erstaunen, daß die Bedeutung des Hirnvolumens erst in zweiter Linie angeführt wird. In Wirklichkeit ist es schwierig, der einen oder anderen Eigenschaft den Vorrang zu geben, denn in der Entwicklung der Arten ist alles mit allem verbunden. Es scheint mir jedoch sicher, daß die Entwicklung des Gehirns in gewisser Weise ein zweitrangiges Merkmal darstellt. Sie spielt nach der Menschwerdung eine entscheidende Rolle in der Entwicklung der Gesellschaften, auf der Ebene der Evolution im engeren Sinne bildet sie jedoch ein Korrelat des aufrechten Ganges und nicht, wie man lange angenommen hat, den Ausgangspunkt der Entwicklung.
Die Situation des Menschen erscheint im weitesten Sinne bedingt durch seine aufrechte Körperhaltung. Diese wiederum erschiene als ein unverständliches Phänomen, wäre sie nicht eine der Lösungen für ein biologisches Problem, das ebenso alt ist wie die Wirbeltiere selbst: des Verhältnisses zwischen dem Gesicht als dem Träger der Organe, die die Nahrung ergreifen und aufnehmen, und dem vorderen Glied als einem Organ, das nicht allein der Fortbewegung dient, sondern auch dem Greifen. Von Anfang an sind die Wirbelsäule, das Gesicht und die Hand (und diese selbst noch in Gestalt einer Schwimmflosse) untrennbar miteinander verbunden. Dieses außergewöhnliche paläontologische Abenteuer bildet den Gegenstand von Kapitel II.
Die Lage, die durch den aufrechten Gang beim Menschen geschaffen wurde, stellt eine Etappe auf dem Wege dar, der vom Fisch zum *homo sapiens* führt; daraus folgt aber keineswegs, daß der Affe eine Station auf diesem Wege ist. Der gemeinsame Ursprung von Affe und Mensch ist deutlich, sobald aber der aufrechte Gang gewonnen ist,

Abb. 1

kann man nicht mehr von Affen sprechen und folglich auch nicht von Halb-Menschen. Die durch die aufrechte Haltung beim Menschen geschaffenen Bedingungen führen zu neuro-psychischen Entwicklungen, die aus der Evolution des menschlichen Gehirns etwas anderes machen als die bloße Vergrößerung des Volumens. Das Verhältnis von Gesicht und Hand ist in der Entwicklung des Gehirns ebenso eng wie zuvor: das der Hand zugeordnete Werkzeug und die dem Gesicht zugehörige Sprache bilden nur verschiedene Pole der gleichen Einheit, die in Kapitel III behandelt wird.

Der *homo sapiens* ist die letzte bekannte Etappe in der Evolution der Hominiden und zugleich die erste, in der die Zwänge der zoologischen Evolution überwunden und weit zurückgelassen werden. Die neuen, für Werkzeug und Sprache geschaffenen Entwicklungsbedingungen bestimmen den Aufbau der Kapitel IV–VI, die den ersten Teil dieses Buches abschließen.

Der zweite Teil befaßt sich mit der Entwicklung des sozialen Körpers, der den anatomischen Körper fortsetzt. Die Abgrenzungen der Arten und Rassen treten beim *homo sapiens* zugunsten solcher der Ethnie zurück, deren Physiologie auf einer Organisation des kollektiven Gedächtnisses der Gruppe gründet. Die fortschreitende Ablösung der biologischen Instinktausstattung durch das soziale Gedächtnis wird in Kapitel VII behandelt; Kapitel VIII verfolgt die Auswirkungen dieses Vorgangs auf die Entwicklung der Techniken, während die Folgen für die sprachliche Überlieferung den Gegenstand von Kapitel IX bilden.

Der dritte Teil, der sich mit den Werten und Rhythmen befaßt, stellt den Versuch einer ästhetischen Paläontologie und Ethnologie dar. Ich habe darin versucht, Elemente eines Zugriffs auf Tatsachen zusammenzustellen, die der systematischen Erforschung gewöhnlich entgehen. Das Spiel der Werte, das eine jede Gruppe von Menschen zu jedem Zeitpunkt ihrer Geschichte mit einer eigentümlichen Persönlichkeit versieht, wird in Kapitel X vorgestellt. Eine Klassifikation der ästhetischen Äußerungen ist notwendig willkürlich, da die Besonderheit der Kunst in den Interferenzen liegt, es erscheint jedoch in jedem Falle möglich, Stufen fortschreitender Organisation zu unterscheiden. Aus diesem Grunde befassen sich die Kapitel XI und XII nacheinander mit der physiologischen Ästhetik, die zu einem großen Teil in das tierische Verhalten Eingang findet, und der funktionellen Ästhetik, die in erster Linie die Tätigkeit der Hand in den Techniken betrifft.

Kapitel XIII erörtert die Humanisierung der sozialen Verhaltensweisen und greift eines der Probleme auf, die, zusammen mit dem Instinkt, den Stoff für die vergleichende Erforschung von tierischen und

menschlichen Gesellschaften geliefert haben. Dieser Prozeß wird dort nacheinander unter dem Blickwinkel der Humanisierung von Zeit und Raum und unter der Perspektive der symbolischen Organisation des sozialen Körpers betrachtet. Die Kunst schließlich, eine menschliche Äußerungsform, die der Paläontologie in einer Vielzahl von Zeugnissen gegeben ist, bildet den Gegenstand von Kapitel XIV.
Das letzte Kapitel enthält in Form einer Schlußfolgerung eine Betrachtung über das Abenteuer des Menschen. Hauptthemen sind das einzigartige Gleichgewicht zwischen dem Individuum und einem sozialen Körper, der seine – durch Handeln unbegrenzt vervollkommenbare – Verlängerung bildet, und die Zukunft, verstanden als Verlängerung des paläontologischen Entwicklungsweges.

Abb. 2

Abb. 3

Es mag sich wohl das Urteil aufdrängen, einem Werk, das die Hauptbereiche der Wissenschaft vom Menschen heranzieht, müsse es an Harmonie mangeln; ich habe diese Schwächen und Unvollkommenheiten während der Redaktion nur allzu deutlich bemerkt, seine Angreifbarkeit ist mir durchaus bewußt; aber wie hätte man ohne die Einbeziehung von Paläontologie, Sprache, Technik und Kunst herausarbeiten können, daß der Mensch ein Säugetier von gleichwohl einzigartiger körperlicher Organisation ist und von einem sozialen Körper umschlossen und verlängert wird, der wiederum Eigenschaf-

ten besitzt, die der Zoologie keinerlei Gewicht mehr in seiner materiellen Evolution belassen.
Vielleicht hätte man die Psychoanalyse zu Wort kommen lassen müssen. Der Mythos vom Affenvorfahren hat Wurzeln, die sich im Halbdunkel verlieren (Abb. 1), und seine Fixierung im 18. Jahrhundert

Abb. 4

Abb. 5

erfolgt zu einem Zeitpunkt, da die phantastische Schar der behaarten und mit Krallen bewaffneten Dämonen, der wilden Menschen mit Wolfskörpern oder Fischleibern in Auflösung begriffen ist. Die Kapitelle und Bestiarien, die Comic strips und die Monstren der Jahrmärkte entfalten ein Bild des Menschen, das in den Bereich der Tiefenpsychologie fällt; und letztlich ist dieses Bild nicht so sehr von jenem entfernt, das die Paläontologen zeichnen. Der Anthropoide löst die Monstren ab (Abb. 2) und wird bald durch jenes recht unbestimmte Bild des Anthropopithecus am Eingang seiner Höhle vervollständigt (Abb. 3 und 5). Sie gehören zum Grundbestand eines wissenschaftlichen Mythos, der auch in unserer Zeit den Gebildeten noch Befriedigung zu geben vermag und sein populäres Gegenstück im furchterregenden Schneemenschen (Abb. 4) und im Tarzan der Comic strips und Vorstadtkinos findet, jenem Ideal eines Urmenschen, der ebenso schön ist wie der Urahn, von dem Boucher de Perthes träumte, und der von der Last des Affen durch die Gegenwart seines Lieblings-Schimpansen befreit ist.

Kapitel II
Hirn und Hand

> ... So schafft der Geist dank dieser Anordnung wie ein Musiker die Sprache in uns. Ohne Zweifel aber wäre uns dieser Vorzug nie zuteil geworden, hätten unsere Lippen um der Bedürfnisse des Körpers willen die drückende Last der Ernährung zu tragen. Doch die Hände haben diese Last auf sich genommen und den Mund befreit, damit er sich in den Dienst der Sprache stelle.
>
> Gregor von Nyssa
>
> *Sermones de creatione hominis* 379 n. Chr.

Diesem Zitat ist kaum etwas hinzuzufügen; allenfalls ließe sich in die Sprache des 20. Jahrhunderts übertragen, was schon vor 1600 Jahren klar war. Die Hand setzt die Sprache frei – und eben zu dieser Erkenntnis führt die Paläontologie. Auch wenn sie zu diesem Gedanken auf einem ganz anderen Wege gelangt als Gregor von Nyssa, so spricht die Paläontologie doch ebenso wie er von »Befreiung«, um die Evolution hin zu den Höhen des menschlichen Bewußtseins zu kennzeichnen. In einer Perspektive, die vom Fisch des Primärzeitalters bis hin zum Menschen des Quartärs reicht, glaubt man in der Tat eine Folge von einander ablösenden »Befreiungen« vor sich zu haben: jene des ganzen Körpers vom flüssigen Element, jene des Kopfes vom Boden, die Befreiung der Hand von der Fortbewegung und schließlich die des Gehirns von der Gesichtsfront. Daß dieser Eindruck eigentlich recht aufgesetzt ist, steht außer Frage; mit der Isolierung bestimmter ausgewählter Fossilien zeichnet man ein äußerst unvollständiges Bild der Evolution; wenn sich diese Vorstellung aber von keinem noch so überzeugenden Gegenbeweis hat beeindrucken lassen, so liegt dies daran, daß die Welt des Lebendigen von Zeitalter zu Zeitalter reifer wird und daß man mit der Auswahl fortlaufender Formen einen langen, regelmäßig ansteigenden Weg ans Licht bringt, auf dem jede »Befreiung« eine Beschleunigung von stets beträchtlicherem Ausmaß bezeichnet.

In diese Kette passen gerade jene Formen hinein, die zu jedem Zeitpunkt des Entwicklungsverlaufs unter dem dreifachen Aspekt der Ernährung, der Lokomotion und der Relationsorgane das beste

Gleichgewicht in Mobilität und Lebenskraft bieten – jenen beiden grundlegenden Merkmalen der Arten, die gerade zu dem Zwecke ausgewählt werden, um die aufsteigende Entwicklung in der Welt des Lebendigen zu belegen. Ebenso gut ließen sich die biologischen Vorzüge der Unveränderlichkeit nachweisen, liefert doch die geologische Beständigkeit der Qualle oder der Auster einen in diesem Sinne durchaus überzeugenden Beleg. Aber dem Evolutionismus geht es eben nicht darum, die Vorzüge einer langsamen Evolution herauszustellen, er möchte mehr oder weniger explizit eine Verbindungslinie zwischen der Welt des Lebendigen und dem Menschen ziehen. Ganz unabhängig von jeder philosophisch gerichteten Erforschung der Evolution und unabhängig auch vom Postulat des *Transformismus*, haben wir es hier mit einer ganz normalen und wissenschaftlichen Vorgehensweise zu tun, wenn wir feststellen, in welch außerordentlichem Maße die Eroberung von Raum und Zeit, jenes beherrschende Merkmal des Menschen, sämtliche zur Illustration seines Aufstiegs herangezogenen Belege kennzeichnet. Die Mobilität ließe sich als das entscheidende Merkmal der Evolution zum Menschen betrachten. Die Paläontologen haben das auch durchaus gesehen, aber es lag näher, den Menschen durch seine Intelligenz statt durch seine Mobilität zu charakterisieren, die Theorien haben darum zunächst die vorrangige Bedeutung des Gehirns herausgestellt, ein Umstand, der die Interpretation der Fossilien insbesondere von den Primaten an in eine falsche Richtung geführt hat. Die Eroberung der freien Luft, der Übergang zum Kriechen, die Erlangung der Zweifüßigkeit sind Gegenstände, die seit gut einem halben Jahrhundert durchaus gründlich erforscht werden, aber es ist gleichwohl ganz bezeichnend, daß man vor kaum zehn Jahren noch einen Vierfüßer mit einem bereits menschlichen Gehirn leichter akzeptieren konnte als einen Zweifüßer, dessen Gehirn ebenso zurückgeblieben war wie das des Australopithecus. Diese *zerebralistische* Sicht der Evolution erscheint heute ungenau, dagegen scheinen genügend Belege dafür vorzuliegen, daß die Fortschritte in der Anpassung des Bewegungsapparates eher dem Gehirn genützt haben, als daß sie von diesem hervorgerufen worden wären. Aus diesem Grunde werden wir die Lokomotion als Determinante der biologischen Evolution ansehen, so wie sie im dritten Teil als Determinante der aktuellen sozialen Evolution erscheinen wird.

Die dynamische Organisation der Tiere

Im Unterschied zu den Pflanzen nehmen die Tiere ihre Nahrung in bestimmten Mengen auf, die mechanisch vorbehandelt werden, bevor die chemischen Assimilationsprozesse in Gang kommen. Anders ausgedrückt, die Ernährung ist bei ihnen auf eine weit empfindlichere Weise mit der Nahrungssuche verbunden, d. h. mit der Bewegung der Greifwerkzeuge und der Wahrnehmungsorgane. Trotz dieses generellen Merkmals der Mobilität umfaßt die Tierwelt von Anfang an eine beträchtliche Zahl von Arten, die sich, ohne den ausschließlich chemischen Prozeß der pflanzlichen Nahrungsaufnahme zu übernehmen, auf eine immobile Form der Nahrungsbeschaffung eingerichtet haben. Ausgehend von diesem Tatbestand gliedern sich die Tierarten in zwei Typen der dynamischen Organisation: bei dem einen Typ ist der Körper nach einer radialen Symmetrie aufgebaut, bei dem anderen sind die Körperteile nach einer bilateralen Symmetrie angeordnet. Unter den wirbellosen Tieren zeigen die Schwämme und die Hohltiere (Porifera und Coelenterata: Seeschlangen, Seeanemonen, Polypen) in vollkommener Weise das Bild einer Organisation, in der die Fortbewegung überhaupt keine Rolle spielt und der Organismus in seinem Aufbau einem radialen System folgt. In anderen Zweigen dagegen, bei den Würmern, den Weichtieren, den Stachelhäutern oder den Krebsen (Vermes, Mollusca, Echinodermata, Crustacea) bildet das Seßhaftwerden der erwachsenen Tiere mancher Ordnungen eine sekundäre Erscheinung: die Übernahme einer Lebensweise, die einen Entwicklungsweg einschlägt, der sich von dem der mobilen Arten vollständig unterscheidet. Diese Formen, die die Evolution in einen Bereich geführt hat, den wir als die niedere Tierwelt betrachten, sind für uns nur zu Vergleichszwecken interessant. Sie zeigen jedenfalls an der Wurzel der Welt des Lebendigen ein Phänomen, das in den Augen einer finalistischen Erklärung eine Wahl zwischen zwei Möglichkeiten darstellt. Diese offenkundige Option ist durchgängig vorhanden und rechtfertigt den Ausdruck einer *verzweigten* Evolution, den die Paläontologen verwenden, um der Diversifizierung der Lebewesen Rechnung zu tragen.

Die bilaterale Organisation kommt dagegen direkt bei der Entwicklung der hier vertretenen These ins Spiel, denn über eine Reihe von miteinander verbundenen Folgen ist sie es, die bis zum Menschen führt.

Bilaterale Symmetrie

Der Plan, nach dem der gesamte Organismus hinter der Nahrungsöffnung angeordnet ist, findet sich bei den beweglichen Protozoen und kennzeichnet mit Ausnahme der Schwämme und der Hohltiere den normalen Aufbau sämtlicher Tiere. Die exponierte Vorderlage des Mundes und der Greiforgane bei den mobilen Lebewesen ist eine so offenkundige biologische und mechanische Tatsache, daß es schon ein wenig lächerlich wäre, sich dabei länger aufzuhalten, wenn es nicht um die Betonung der Tatsache ginge, daß darin und in nichts anderem die Grundbedingung für die Entwicklung zu den höheren Formen des Lebens liegt.

Mobilität hat zur Sicherung der Nahrungsversorgung die gleiche exponierte Vorderlage der Relationsorgane zur Voraussetzung, die auch die Orientierung, die Standortbestimmung und die Koordinierung der Organe zum Ergreifen und zur Vorbereitung der Nahrung ermöglicht; daher zeigt der Apparat des Lebens von dem Augenblick an, da die Fähigkeit zur Fortbewegung gewonnen ist, bis hin zu uns die gleiche allgemeine Struktur, gleich ob es sich nun um Insekten, Fische oder Säugetiere handelt. Durch die Polarisierung der verschiedenen Organe entsteht auf diese Weise ein *vorderes Feld*, in dem die komplexen Operationen ablaufen, die dem Leben der Tiere mit bilateraler Symmetrie eigentümlich sind.

Wirbeltiere

Nachdem wir die Wesen mit radialer Symmetrie hinter uns gelassen und die Tiere ausgewählt haben, deren symmetrische Organisation um die Bewegungsachse angeordnet ist, müssen wir uns nun von den Wirbellosen abwenden und die Entwicklung jener Tiere verfolgen, die mit einem inneren Skelett ausgerüstet sind.

Etwa um die Mitte des Primärzeitalters, im Silur und Devon, erscheinen die ersten Wirbeltiere, die Ostracodermen (Agnata, Kieferlose, Abb. 6), die noch keine Kiefern besitzen und in der ältesten und schematischsten Form den Organisationsplan der Wirbeltiere darbieten. Wie bei den heutigen Fischen gliedert sich ihr Körper bereits in zwei Teile; das Vorderteil bildet ein stabiles, knöchernes Gehäuse; das Hinterteil ist durch große Schuppen gegliedert und wird vom

Schwanz abgeschlossen. Der Bewegungsteil ist um eine Längsachse von faseriger Struktur aufgebaut; entlang dieser Achse, der Notochorda, verläuft das Rückenmark, dessen Nervenausläufer die Kontraktion der Muskelgruppen steuern, die in bilateralen Reihen angeordnet sind und die von einem geschmeidigen Schuppenpanzer geschützten Flanken des Tieres bilden. Der Bewegungsapparat wird hier in der größtmöglichen Einfachheit von den zwei Muskelbändern gebildet, durch deren abwechselnde Kontraktion die Schwanzflosse bewegt wird.
Der Kopf ist ein flacher, aus ziegelartig verschachtelten Platten gebildeter Kasten, der mit Öffnungen versehen ist und die Elemente des vorderen Relationsfeldes versammelt: die Greiforgane, die Organe

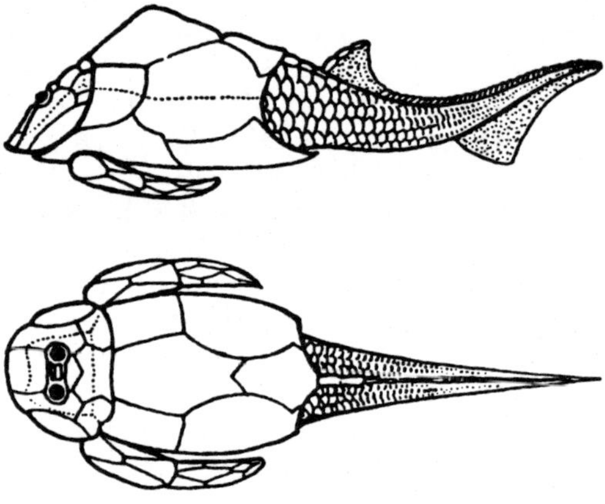

Abb. 6

zur Nahrungsaufnahme, die Relationsorgane und den ganzen Nervenapparat, der deren Funktionieren sichert. Die Kiefern fehlen, der Mund ist eine Öffnung in der Form eines Saugnapfes, dessen Rand mit elektrischen Organen besetzt ist; die Funktionen des Greifens und der Nahrungsaufnahme werden also auf ganz andere Art erfüllt als bei den späteren Wirbeltieren, und die mechanische Bedeutung des Schädels ist noch begrenzt. Dagegen birgt der Hirnkasten bereits den empfindlichen Nervenapparat, der am Ende des Rückenmarks die Signale der für Licht, Schwingungen, Geschmack und Geruch empfindlichen Organe zusammenfaßt. Dieser Kasten von spezialisierten

Nervenzellen ist bereits die Zentrale, dessen Fasern nicht nur zu den Sinnesorganen führen, sondern auch die gesamte Ökonomie kontrollieren und koordinieren.
Zwischen dem Schädelkasten und dem Körper befindet sich auf der Grenze zwischen dem Relationsfeld und dem Bewegungsteil eine Brustflosse von der Form einer gegliederten Schaufel. Sämtliche Elemente, die eine Analyse der Wirbeltiere bis hin zum Menschen gestatten, sind bereits vorhanden: der kräftige Schädelkasten, der den Mund beherbergt und das Gehirn stützt, Bewegungsorgane, die unmittelbar mit der Basis des Schädelkastens verbunden sind und ein vorderes Gliedmaß, das in zweideutiger Weise zwischen beiden angebracht ist.
Wenn die Ostracodermen ein bis an die Grenzen des schematischen getriebenes Bild der Wirbeltiere vermitteln, so liegt dies ebenso sehr daran, daß sie zu einer Zeit gelebt haben, die dem Ursprung der Wirbeltiere sehr nahe war, wie auch an der Tatsache, daß sie noch zu einem Bereich von Tieren gehören, die von der Evolution beständig in andere Richtungen geworfen werden, als sie uns hier interessieren. Wie die heutigen Neunaugen und Schleimfische (Myxine), mit denen sie im übrigen verwandt sind, besitzen die Ostracodermen, Fische mit Saugmündern, eine Organisation, auf die das Spiel der »aufsteigenden« Faktoren niemals Einfluß haben wird. Ganz anders steht es da mit den Elasmobranchii (den Haien und Rochen), den Teleostoni (Knochenfischen) und den Dipnoi (Lungenfischen, Coelacanthiden), die bereits im Devon die Form des mit Kiefern ausgestatteten Wirbeltieres in einer großen Vielzahl von Kombinationen verwirklicht hatten.
Gestützt auf die Embryologie und die Fossilien, haben die Paläontologen die Behauptung aufgestellt, daß sich der Unterkiefer der Wirbeltiere aus einem der Bögen, die die Kiemen tragen, entwickelt haben muß. Der Vorgang, der mit der Existenz von Fischen, die über ausgeprägte Kiefer verfügten, schon im Devon abgeschlossen war, ist noch nicht vollständig geklärt; sicher ist jedoch, daß der Schädel der Wirbeltiere von dieser Zeit an eine neue und die wesentlichste Funktion erhält: die Kiefer zu tragen. Fortan werden die mechanischen Erfordernisse der Bewegung und die Erfordernisse des Funktionierens der Kiefer die gesamte Evolution des Schädels beherrschen.
Vom Devon an, als die kieferlosen Fische ihre Blütezeit erleben, bieten die drei Unterklassen der Elasmobranchii, der Teleostomi und der

Dipnoi einen ganz eindeutigen Ausgangspunkt für die Evolution der höheren Formen. Manche Typen sind in phylogenetischer und funktioneller Hinsicht bereits heutige Fische, und die Vorfahren der rezenten Coelacanthiden und Dipnoi lassen bereits die ersten Vorzeichen einer Anpassung an das Leben in der Luft erkennen.

Die vorangegangenen Seiten sollten lediglich in gedrängter Form einige seit langem gesicherte Tatsachen zusammenfassen, die auch in allen die Evolution des Menschen nachzeichnenden Werken angeführt werden; hier haben sie nur den einen Sinn, einen wesentlichen Punkt unserer Argumentation zu belegen: Die gesamte Tierwelt hat sich von Anfang an in eine relativ begrenzte Anzahl funktioneller Typen aufgegliedert, wobei die Wahl jeweils zwischen Unbeweglichkeit und Mobilität, zwischen radialer und bilateraler Symmetrie erfolgte. Unter dem Gesichtspunkt ihres »biologischen Erfolges« haben beide zu gleichermaßen bestechenden Ergebnissen geführt. Die Quallen haben seit mehreren hundert Millionen Jahren ohne jede Veränderung überlebt, während die mobilen Tiere mit den Wirbeltieren die erforderlichen Stationen erreicht haben, um bis zur Intelligenz zu gelangen. Die Gewinner dieses endlosen Laufes, die Qualle und der Mensch, markieren die beiden äußersten Grenzen der Anpassung; zwischen ihnen liegen die Millionen Arten, die das Astwerk der irdischen Genealogie bilden. Diese Grundlinien der funktionellen Evolution sind inzwischen Gemeingut geworden: Wer kennt nicht das Beispiel des Haifisches, des Ichthyosauriers und des Tümmlers (Fisch, Reptil und Säugetier), die durch Anpassung an das flüssige Element sämtlich die gleichen charakteristischen Umrisse zeigen? Die Fakten der mechanischen Anpassung sind ganz normal, wir haben zahlreiche Fälle im Gebißaufbau, in denen z. B. genetisch so verschiedene Tiere wie der Hase, das Pferd und das Rind Mahlzähne von ähnlicher mechanischer Struktur besitzen. Als Konvergenz eingestuft, gäbe dieses Phänomen, nähme man es als Grundlage für eine systematische Typologie, Gelegenheit zur Konstruktion einer Ordnung, die vom phylogenetischen Baum sehr verschieden wäre, aber eine große Zahl von Zweigen gleichermaßen abzudecken gestattete.

Diese funktionelle Konvergenz kann selbst bei den Säugetieren in einer ganzen Ordnung herrschen, wie es bei den Beuteltieren Australiens der Fall ist, unter denen es falsche Fleischfresser, falsche Wiederkäuer und falsche Nager gibt. Sie kann auch nur für isolierte Formen Bedeutung haben und zu ungewöhnlichen Ähnlichkeiten führen. Be-

kannt ist der Fall der Proterotheriiden des Miozäns in Süd-Amerika, die den gleichen Weg der Spezialisierung eingeschlagen haben wie die Pferde und die zu Abstammungslinien falscher Hipparionen und falscher Pferde geführt haben, die in funktioneller Hinsicht eine überraschende Ähnlichkeit mit den wirklichen aufweisen.
Die Biologie gibt zumindest in groben Umrissen ein Bild von den Transformationen der Arten, wenn sie das Spiel der genetischen Elemente mit der natürlichen Auswahl zusammenbringt. Sie kann dem noch hinzufügen, daß der kumulative Effekt der Anpassungsvorgänge an die Umwelt im Laufe der Zeit zu einer immer wirkungsvolleren Organisation des Nervensystems führt. Der Übergang vom Wasser aufs Land, die Entstehung des Wärmeregulationssystems gegen Ende des Sekundärs, das den Vögeln und Säugetieren im Vergleich zu den Kaltblütern eine beträchtliche Anpassungsmöglichkeit eröffnet, erweitern jeweils das Register, auf das die funktionelle Anpassung zurückgreifen kann. Das Nervensystem ist der offenkundigste Nutznießer der Evolution, der es seinerseits eine außerorganische Richtung verleiht, führt es doch zum menschlichen Gehirn. Dieser Entwicklungsgang, der nur einer einzigen Entwicklungslinie möglich gewesen ist, wird nur verständlich, wenn man an ihren Anfang, sehr weit unten in der Welt der Wirbeltiere, recht allgemeine günstige Bedingungen stellt, die dann mit wachsender Nähe zu unserer Zeit immer stärker eingeschränkt werden. Der Ausgangspunkt liegt also auf einer sehr weiten und tiefen biologischen Grundlage, und nur, wenn man die Millionen von Arten außer acht läßt, die jene Abfolge günstiger Bedingungen nur unvollkommen realisieren, kann man von der Abstammungslinie des Menschen sprechen. Die erste und wichtigste dieser Bedingungen ist, wie wir bereits gesehen haben, die Herausbildung des »vorderen Relationsfeldes«; sie hat Auswirkungen auf die Mehrzahl der Tierarten und auf sämtliche Wirbeltiere.

Die Entwicklung des »vorderen Relationsfeldes«

Die zweite günstige Voraussetzung erscheint in einer beträchtlichen Anzahl von Tierarten: die Aufteilung des vorderen Feldes in zwei komplementäre Bereiche; der eine wird von der Tätigkeit des Kopfes, der andere von der Tätigkeit der vorderen Extremität bestimmt, oder genauer gesagt, von der Tätigkeit der Gesichtsorgane und von der

Tätigkeit der vorderen Extremitäten. Das vordere Feld umfaßt dadurch einen Gesichtspol und einen manuellen Pol, die in engem Zusammenhang bei den elaboriertesten Operationen zusammenwirken. Die Lage des vorderen Relationsfeldes zwischen der Gehirnpartie und dem motorischen Bereich des Körpers weist eine gewisse funktionelle Ambiguität auf; bei den Arthropoden wie bei den Wirbeltieren kann das vorderste Bewegungsorgan in unterschiedlichem Maße an der Ergreifung und Zurichtung von Nahrung beteiligt sein. Dieser Umstand tritt besonders deutlich bei den zehnfüßigen Schalentieren wie der Krabbe zu Tage, bei der das erste Fußpaar, das zu Scheren ausgebildet ist, dem Ergreifen und der Zerlegung der Beute dient. Wenn es bei den Gliedertieren schon recht viele Beispiele für das zweipolige vordere Feld gibt, so sind sie bei den Wirbeltieren äußerst zahlreich und besonders charakteristisch.

Unabhängig von der taxonomischen Einteilung in Klassen und Ordnungen gliedert sich die Welt der Wirbeltiere nach zwei Funktionstendenzen; bei der einen Gruppe dient das vordere Feld nahezu ausschließlich der Lokomotion, bei der anderen geht es mehr oder weniger eng in das vordere Relationsfeld ein (Abb. 7).

In Ansätzen besteht diese Aufteilung bereits auf dem Niveau der Fische. Bei den meisten Fischarten, die an der Oberfläche oder im freien Wasser leben, sind die Brustflossen einzig für die Fortbewegung bestimmt, sie dienen der Steuerung oder der langsamen Fortbewegung. Bei den am Boden lebenden Fischarten stößt man dagegen auf eine Vielzahl von Fällen, bei denen die Brustflossen mit der Nahrungssuche verbunden sind, sei es, daß sie wie bei den Schleien benutzt werden, um den Schlamm aufzuwirbeln und die Nahrungsgründe aufzudecken, sei es, daß sie wie beim Seehahn zu *Füßen* oder reich mit Geschmackspapillen besetzten Bartflossen ausgebildet sind, die den Grund erkunden und den Fisch wie auf Stelzen halten. Bei den Amphibien und Reptilien bleibt die Beteiligung der vorderen Extremität sehr beschränkt, allenfalls hilft sie bei einigen Arten, die Nahrung am Boden festzuhalten oder das Maul von störenden oder unangenehmen Teilen zu befreien.

Bei den Vögeln liegt eine ganz besondere Situation vor, weil die vordere Extremität an die Bedingungen des Fluges angepaßt ist; der *Opisthocomus* oder Hoatzin der amerikanischen Tropen ist das einzige lebende Beispiel eines Vogels, bei dem die Hand dem Klettern dient, wobei diese Besonderheit auch noch auf die Jungtiere be-

Abb. 7

schränkt bleibt. Für die Vögel könnte also von einer Beteiligung der vorderen Extremität am Relationsfeld nicht die Rede sein: dagegen kann die hintere Extremität bei vielen Raubvögelarten beim Ergreifen der Beute beteiligt sein oder auch bei technischen Operationen, die mit dem Nestbau zusammenhängen, so etwa bei den Webervögeln. Das Beispiel der Vögel ist wertvoll, weil es zeigt, daß eine Beteiligung

der *Hand* nicht auf enge zoologische Gruppen beschränkt ist, die unmittelbar auf jenem Wege lägen, der vom Coelacanthus über den Affen zum Menschen führt, sondern daß sie in gewissem Maße sogar unabhängig von einem bestimmten anatomischen Bereich ist. Die Möglichkeit einer solchen Beteiligung hängt für den Vogelfuß wie für den Elefantenrüssel mehr von einer funktionalen Realität als von einer zoologischen Bestimmung ab.
Die Situation bei den Säugetieren ist unmittelbar mit dem Thema dieses Buches verbunden und erfordert daher eine ausführlichere Behandlung. Hier zeigen sich zwei große, in ihrer Zusammensetzung mehr oder weniger homogene Gruppen.
Die erste Gruppe umfaßt die Primaten, die Insektenfresser, die zahnarmen Tiere (Edentata), die Fledermäuse und Flughunde (Chiroptera), die Nagetiere, die Wale und die fleischfressenden Säugetiere; die zweite Gruppe umfaßt den umfangreichen Bereich der Huftiere (Ungulata) vom Elefanten bis zum Pferd, Schwein oder Rind.
Auch in funktioneller Perspektive läßt sich diese Einteilung wiederfinden: die erste Gruppe gehört zu den Arten mit variablem Nahrungsbereich (Fleischfresser, Pflanzenfresser, Allesfresser), die vor allem auf das »Fleisch« von Tieren und Pflanzen ausgerichtet sind; dagegen ernähren sich die Huftiere in ihrer großen Mehrzahl von Stoffen, die reich an Zellulose sind.
Versucht man zwischen den Arten zu unterscheiden, bei denen die vordere Extremität am Relationsfeld beteiligt ist, und denen, wo sie nur eine untergeordnete oder gar keine Rolle spielt, so bleiben nur zwei Hauptgruppen übrig: auf der einen Seite steht die erste Gruppe (mit Ausnahme der Wale), in der viele Beispiele einer Beteiligung vorliegen, auf der anderen Seite die Huftiere und die Wale, bei denen kein einziger Fall einer Beteiligung festzustellen ist. Betrachten wir die Gruppen unter dem Blickwinkel, der uns hier am meisten interessiert, so bleibt die Zweipoligkeit des vorderen Feldes ein weit verbreitetes Phänomen; es ist jedoch auf elf der sechsundzwanzig Ordnungen beschränkt, die den Bereich der plazentären Säugetiere bilden. Bei diesen elf Ordnungen, in denen die Zweipoligkeit eine Rolle spielt, liegen jeweils andere Aufteilungen vor, die auf oft recht bedeutsamen graduellen Unterschieden gründen. Wie man später noch sehen wird, ist die Koordination des Gesichts- und Handfeldes, auch wenn sie bei diesen Säugetieren am weitesten fortgeschritten ist, doch weit davon entfernt, in allen Gruppen vorzuliegen oder im gleichen Maße ent-

wickelt zu sein. Weder bei den zahnarmen Tieren noch bei den Fledermäusen und Flughunden finden sich bemerkenswerte Beispiele – mit Ausnahme der fischenden Fledermäuse und der pflanzenfressenden fliegenden Hunde, bei denen die hintere Extremität wie bei den Vögeln für das Ergreifen der Nahrung ausgebildet sein kann. Bei den Insektenfressern, einer sehr archaischen Gruppe, zeigt sich die Intervention der Hand in sehr verschiedenartigen Modalitäten. Sie kann nahezu keine Bedeutung haben, wie beim Tenrec Madagaskars, sie kann geringe Bedeutung haben wie beim Maulwurf oder sehr große wie beim Tupaia, dessen taxonomische Zuordnung zu den Insektenfressern oder zu den Primaten noch nicht endgültig geklärt ist. Auch die Fleischfresser zeigen unterschiedliche Abstufungen einer Intervention der Hand, wenngleich bei ihnen nahezu alle Arten eine Beteiligung der Hand im vorderen Relationsfeld aufweisen. Bei den hunde- und hyänenartigen Tieren (Canidae und Hyaenidae) ist diese Intervention noch bescheiden, ein Umstand, der auf die sehr beträchtliche Anpassung der Extremitäten an die Erfordernisse einer schnellen Fortbewegung über lange Strecken hinweg zurückgeht; dagegen kann die Beteiligung der Hand bei den marderartigen Fleischfressern und den Schleichkatzen (Mustelidae und Viverridae), den Waschbären, den Bären und den Katzen (Procyonidae, Ursidae und Felidae) ein Ausmaß erreichen, das dem der Primaten relativ nahekommt; die manuellen Fähigkeiten der Waschbären etwa vertragen im Test durchaus den Vergleich mit bestimmten Affenarten.
In der Ordnung der Nagetiere (Rodentia) ist die Vielfalt der funktionellen Organisationsweisen beträchtlich. Unter den Säugetieren zeigen sie aus der für uns interessantesten Perspektive die schlagendsten Gegensätze. So stößt man in der Unterordnung der Hystericomorphen auf gewisse Formeln wie den Cabiai der amerikanischen Tropen oder das Meerschweinchen, die nur Spuren einer Beteiligung der Hand aufweisen, während es in den Unterordnungen der hörnchenartigen Tiere oder der Ratten (Sciuromorphen oder Myomorphen) nur so von Arten wimmelt, bei denen die Beteiligung der Hand wie bei bestimmten Raubtierarten ähnlich bedeutend ist wie bei manchen Affen. Dabei ist zu bemerken, daß bei den Fleischfressern, den Insektenfressern oder den Nagetieren die Arten, deren Hand die größten Tätigkeiten entfaltet, zugleich jene Arten sind, bei denen während der Fortbewegung auf der Erde oder auf Bäumen die vordere Extremität als echtes Greiforgan für die Nahrung fungiert.

Dieses Merkmal tritt deutlicher bei den Primaten hervor. Alle bekannten Primatenarten zeigen in hohem Maße eine Verbindung von vorderer Extremität und vorderem Relationsfeld. Gleichwohl gibt es Abstufungen in dieser Verbindung, und weder aus anatomischer noch aus neuro-physiologischer Sicht wirkt die Hand des Colobus in gleicher Weise wie die des Gorillas. Wir werden noch sehen, daß die Welt der Affen ebenso vielfältig ist wie die der Nagetiere, und diese Vielfalt wird es uns möglich machen, ein wenig besser zu verstehen, aufgrund welcher Mechanismen der Mensch sich so präsentiert, wie er ist, d. h. als die einzige lebende Art, bei der eine weitreichende Verbindung zwischen dem Gesichtspol und dem manuellen Pol ohne eine Beteiligung der vorderen Extremität bei der Fortbewegung besteht. Bevor wir uns den Tatsachen zuwenden, mit deren Hilfe wir die wesentlichen Züge der fundamentalen Verbindung von Kopf und vorderer Extremität fassen können, bleibt uns noch – bevor wir sie dann zurücklassen – das Schicksal der Huftiere zu bedenken, die einen anderen Weg als wir eingeschlagen, sich viel weiter als wir in der Anpassung an die Fortbewegung entwickelt haben und nun fern von jeder Verknüpfung der Hand mit den Gesichtsorganen dastehen. Auf sie ließe sich ein weiteres Zitat aus den *Sermones de creatione hominis* des Gregor von Nyssa (S. 112–113) beziehen: »Und doch hat die Natur vor allem um der Sprache willen unserem Körper Hände beigegeben. Hätte der Mensch keine Hände, so wäre sein Gesicht wie das der Vierfüßer geformt, damit er sich ernähren kann: es hätte eine längliche, in der Nasenregion abgeflachte Form, mit vorstehenden, rauhen, harten und wulstigen Lippen, mit denen sich das Gras abbeißen ließe; zwischen den Zähnen läge eine ganz andere Zunge, aus festem Fleisch, widerstandsfähig und rauh, damit sie die Nahrung zusammen mit den Zähnen zermahlen könnte, sie wäre feucht und könnte die Nahrung an die Seiten schieben, wie es die Zunge der Hunde oder der übrigen Fleischfresser tut, die ihre Nahrung zwischen die Zähne schieben. Wenn der Körper keine Hände besäße, wie sollte sich da in ihm eine artikulierte Stimme bilden? Die Konstitution der um den Mund gelegenen Partien entspräche dann nicht den Erfordernissen der Sprache. In diesem Fall müßte der Mensch blöken, Schreie ausstoßen, bellen, wiehern, wie die Rinder oder Esel schreien oder brüllen wie die wilden Tiere.«

Genau dies haben die heutige Paläontologie und die Zoologie für die Huftiere gezeigt: die fehlende Beteiligung der Hand wird in der Tat

durch eine Spezialisierung des Gesichts hinsichtlich der äußerst vielfältigen Bedingungen ausgeglichen. So finden sich nicht nur im Bau des Gebisses äußerst komplizierte Formen wie etwa beim Pferd oder beim Elefanten, auch in den anderen Gesichtsorganen ist eine große Vielfalt der Strukturen anzutreffen, die den Ausfall der vorderen Extremität in gewisser Weise kompensieren kann. Die umfänglichste Entwicklung findet sich bei den Verteidigungs- oder den Greiforganen, die einen direkten Ersatz für die Hand oder die Reißzähne bilden; wir brauchen hier nur auf die ausstreckbaren Lippen des Lamantin hinweisen, auf den Rüssel, der bei einer beträchtlichen Zahl lebender und fossiler Arten vom Tapir bis zum Elefanten auftaucht, auf die Nasenhörner, deren letzter Träger in der heutigen Welt das Rhinozeros ist, auf die rüsselartig ausgebildeten Eckzähne, die Rüssel der Schweine, die Hörner oder Geweihe der Wiederkäuer.
Natürlich darf man die anatomischen Erläuterungen des Gregor von Nyssa nicht wörtlich nehmen, es lohnt jedoch festzuhalten, daß ein Philosoph am Ende des 4. Jahrhunderts unserer Zeit so deutlich die Beziehung wahrgenommen hat, die zwischen der Sprache und der Hand besteht. Dabei ist hervorzuheben, daß diese Beziehung nicht als banale Beteiligung der Hand an der Sprache (durch Gesten) beschrieben wird, sondern als ein organischer Zusammenhang, wobei die manuelle Technizität der technischen Verengung der Gesichtsorgane entspricht, die dadurch für die Sprache frei werden.
Aus dem bisher Gesagten wird klar, daß eine Paläontologie, die allein auf anatomischen und chronologischen Feststellungen basiert, beim Aufweis der großen Linien der Evolution die Ziele einer anderen Betrachtungsweise der biologischen Tatsachen verfehlen muß, einer Betrachtungsweise, die weniger an systematischen Gesichtspunkten als am Verhalten orientiert ist. In Wirklichkeit sind die beiden Forschungsaspekte komplementär; und dies habe ich bisher zu zeigen versucht. Betreibt man die Forschung in der von uns eingeschlagenen Richtung, so führt sie zu einer Geschichte funktioneller Dispositionen, deren sehr weite Verbreitung in der Welt des Lebendigen allein zu erklären imstande ist, wie der Weg über immer angemessenere adaptive Varianten in eine menschliche Form mündet, die noch tief in der Welt der Tiere befangen ist und offensichtlich der Welt der Säugetiere nahesteht, die ja als letzte die entwickelten Formen einer Integration der beiden Pole des vorderen Feldes übernommen haben.

Wir haben festgestellt, welche erstrangige Bedeutung die Variationen im Gleichgewicht zwischen den beiden Polen des vorderen Feldes in der Evolution der Wirbeltiere gespielt haben; dies zwingt uns nun zu einer genaueren Untersuchung der Formen, die in den verschiedenen Stadien der Geschichte der Lebewesen von jenen Tieren entwickelt worden sind, die in der technischen Integration am weitesten fortgeschritten sind. Mit anderen Worten, auf der Grundlage des gewaltigen Materials, das die Paläontologie und die Biologie der Wirbeltiere gesammelt haben, können wir den Versuch unternehmen, eine funktionelle Paläontologie zu entwerfen. Zu diesem Zweck müssen wir in einer einheitlichen Perspektive die wichtigsten funktionellen Elemente all jener Typen integrieren, die im Laufe der Zeiten aufeinander folgen. Der Einfachheit halber wollen wir diese verschiedenen Typen auf fünf reduzieren. Der erste Typus stellt auf die Erfordernisse der Fortbewegung ab, d. h. auf die *mechanische Organisation der Wirbelsäule und der Extremitäten.* In Wirklichkeit läßt sich dieses erste Element nicht von den folgenden trennen, denn die Organe der Fortbewegung sind zugleich die motorischen Instrumente des Relationslebens. Das zweite hier hereinkommende Element ist die *Aufhängung des Schädels.* Aufgrund ihrer topographischen Lage ist sie das für den Funktionsapparat wichtigste Element; dieser Umstand ist seit den Anfängen der Paläontologie klar erkannt worden; die berühmte Denkschrift Daubentons über die Lage der Hinterhauptsöffnung bei den Wirbeltieren eröffnet eine lange Reihe von Arbeiten, deren zentrales Thema die Aufhängung des Schädels bildet. Es folgt als weiteres Element das *Gebiß*; sein Zusammenhang mit dem Relationsleben wird leicht verständlich, wenn man sich die Rolle vor Augen führt, die den Zähnen beim Fang, in der Verteidigung und bei der Nahrungszurichtung zukommt. Das vierte Element ist die *Hand* oder genauer die Extremität der vorderen Gliedmaßen in ihrer möglichen Integration mit dem technischen Feld. Das letzte Element schließlich ist das *Gehirn*, dessen Rolle als Koordinator natürlich vorgängig ist, das aber in funktioneller Hinsicht als »Mieter« des gesamten Körpers erscheint. Auf diese Situation des Gehirns, das man als dem gesamten Bau untergeordnet bezeichnen könnte, ist sehr oft hingewiesen worden, ohne daß die Bedeutung dieses Umstandes jemals hinreichend geklärt worden wäre. In der Tat ist es eine geläufige Erkenntnis, daß

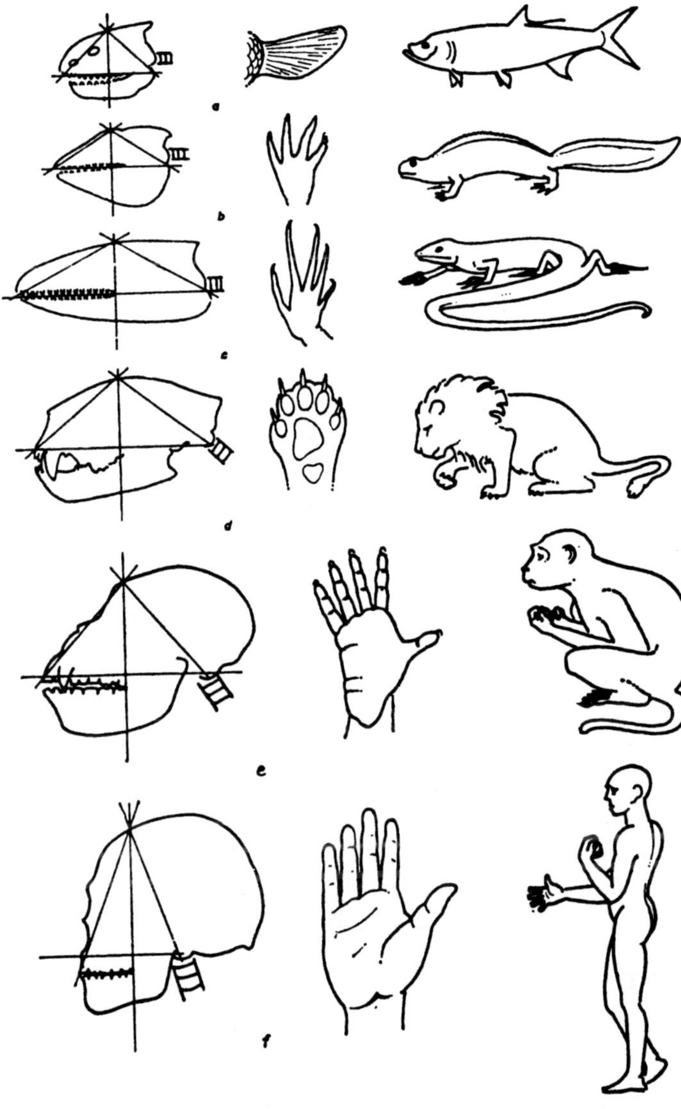

Abb. 8

sich in Schädeln recht ähnlichen funktionellen Typs wie etwa bei den theriodonten Reptilien des frühen Sekundärs, den Fleischfressern des frühen Tertiärs und Quartärs immer höher entwickelte Gehirne herausgebildet haben, wobei die frühesten kaum größer als das Rückenmark waren. Diese einfache Feststellung mag im Augenblick genügen, um die Behauptung zu stützen, daß die Evolution des Gehirns keine Priorität gegenüber der Evolution des Körperapparates, den es kontrolliert, besitzt. Wie wir im ersten Kapitel gezeigt haben, wurde das Bild, das man sich vom Urmenschen machte, gleichwohl ein ganzes Jahrhundert lang von der entgegengesetzten Vorstellung beherrscht.

Eine isolierte Untersuchung der Elemente, die bei der Entstehung der Wirbeltiere beteiligt sind, kann nur zu einem äußerst unvollständigen Verständnis der funktionellen Evolution führen: eine integrierte Untersuchung dagegen findet die zoologische Ordnung in einer bestimmten Anzahl großer Einschnitte wieder, die funktionelle Zustände charakterisieren. Wir werden zugleich der chronologischen Ordnung und der Systematik der Naturwissenschaften folgen und so nacheinander (Abb. 8) und bezogen auf die eben isolierten Merkmale die großen Entwicklungsstufen untersuchen: den Ichthyomorphismus, den Amphibiomorphismus, den Sauromorphismus, den Theromorphismus, den Pithecomorphismus und den Anthropomorphismus,[4] die jeweiligen Entsprechungen für das Gleichgewicht im Wasser, den ersten Schritt in der Loslösung vom Wasser, die Befreiung des Kopfes, den Erwerb der vierfüßigen bodenfreien Fortbewegung und die Gewinnung der sitzenden und schließlich der aufrechten Haltung.[5]

4 »Anthropomorphismus« wird hier in seinem strengen Sinne verstanden und ordnet die sogenannten »anthropoiden« oder »anthropomorphen« Affen den Pithecomorphen zu. Anthropomorph bedeutet also »mit menschlicher Gestalt« und umfaßt sämtliche Anthropinen einschließlich des Australanthropus.

5 Die anatomischen Tatsachen, die ich in diesem Kapitel vorstelle, sind ein Kondensat meiner Doktorarbeit, *Equilibre mécanique du crâne des vertébrés terrestres*, die 1955 von der Faculté des Sciences in Paris angenommen wurde. Ich habe sie unter dem Gesichtspunkt der Evolution zum Menschen aus den Dokumenten ausgewählt und in dieser Perspektive entfaltet.

Ichthyomorphismus

Die dynamische Organisation der Fische hat sich seit dem Auftauchen der ersten Kieferfische im Devon nicht mehr verändert. Ihre Fortbewegung wird im wesentlichen durch die seitlichen Ausschläge gesichert, die durch die Tätigkeit der vom Rückgrat gestützten antagonistischen Muskeln bestimmt ist. Die Vorrichtung treibt die Schädelextremität nach vorne, die mit ihr aufs engste verbunden ist; sie wird durch Flossen vervollständigt, die schon in der Mitte des Primärzeitalters denen der heutigen Fische in Zahl und Anordnung entsprechen.

Die Schädelextremität enthält in Form eines Gerippes ein knöchernes Gefäß, das eine dreifache Funktion hat: es trägt die Zähne, dient als Ansatzpunkt für die Kiefermuskeln und stützt die Relationsorgane. An diesen Schädelkasten ist der Kiefer angesetzt, die Anordnung der Zungenbeine, die die Kiemen tragen, und die Knochen des Schultergürtels, die das Skelett des vorderen Gliedes tragen. Dieser Schädelblock ist durch Muskelgruppen unbeweglich am Körper befestigt; das Rückgrat hat keine besondere Stützfunktion für ihn; es führt lediglich das Ende des Rückenmarks ins Innere des Schädelbaus ein, das Rükkenmark läuft in einem winzigen Gehirn aus, das gewissermaßen im Inneren der Schädelhöhle aufgehängt ist. Die in der Evolution der Landwirbeltiere aufgenommenen Elemente sind vorhanden, sie werden jedoch während des Übergangs zum Leben an der Luft durch eine mechanische Anpassung vollständig umgearbeitet.

•

Lungenatmung und Fortbewegung auf dem Land

Der Übergang zum Leben an der Luft wird allgemein als ein einfaches und einzigartiges Phänomen dargestellt, als Sonderfall einiger Fische, die zu Amphibien wurden und die unscheinbare Wurzel des gewaltigen Baumes der Landwirbeltiere bildeten. In Wirklichkeit kennen die Zoologen eine Vielzahl von Fischen in den verschiedensten Gruppen, die durch irgendwelche Anordnungen fähig werden, den Sauerstoff der Atmosphäre direkt aufzunehmen. Viele Zoologen sehen sogar in der Schwimmblase eine zurückgebildete Lunge, und mit Sicherheit bestehen Funktionszusammenhänge zwischen beiden Organen. Die Luftatmung liegt bei solchen Arten nahe, die in flachen und sauerstoffarmen Gewässern leben, und man sieht recht leicht den Zusammenhang zwischen dem Erwerb der Mittel, die es gestatten, dem Erstickungstod zu entgehen, und einer Fortbewegung über den Schlamm der Sümpfe auf der Suche nach den letzten Ansammlungen von Wasser. Wie die bilaterale Symmetrie oder die Wahl zwischen Greifen und ausschließlichem Laufen stellen die Luftatmung und die Fortbewegung auf dem Lande also eine Option dar, diesmal zwischen der ausschließlichen Anpassung ans Wasser und der Anpassung an die Luft. Auf diese Option haben die verschiedensten Arten auf unterschiedliche Weise geantwortet, und eine dieser Antworten ist die Formel der vierfüßigen Amphibien.

Andere Formeln sind entstanden, und manche von ihnen haben sich bis heute erhalten, vom Aal, der den Sauerstoff durch die Haut aufnehmen kann, bis hin zum Anabas Indiens, der modifizierte Kiemenkammern besitzt, oder zum Lungenfisch (Dipnoi), dessen Schwimmblase eine echte Lunge ist. Die Zahl echter Fische, die partielle Anpassungen an die Luftatmung zeigen, ist so groß, daß man den determinierenden Faktor in der Atmung und nicht in der besonderen vierfüßigen Fortbewegung sehen darf.

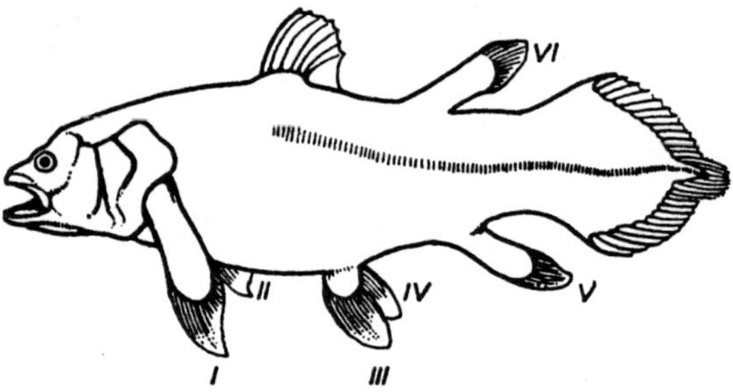

Abb. 9

Die Fortbewegung auf dem Lande wird ihrerseits auf unterschiedliche Weisen sichergestellt. Sie kann in einfachem Kriechen bestehen wie beim Aal und in ihren Bewegungsabläufen keinen Unterschied zum Schwimmen aufweisen. Sie kann seitwärts über die Flanken erfolgen. Alle aus dem Wasser gezogenen Fische kehren unverzüglich dorthin zurück, aber bei manchen, wie dem Anabas etwa, kann es zu langen Wanderungen in eine konstante Richtung kommen. Die Quastenflosser (Crossopterigii) und noch spezieller die Coelacanthiden scheinen mir Beispiele für eine wirkliche Anpassung an die Fortbewegung über die Flanken darzustellen (Abb. 9). Bei ihnen befinden sich die Flossen am Ende eines Stiels, der einem kurzen, wenig ausgebildeten Bein ähnelt. Neben den zwei Brust- und den zwei Bauchflossen (aus denen die Extremitäten der Vierfüßer gebildet sind) gibt es noch drei weitere stielartige Flossen, zwei an der Seite und eine am Schwanz, eine davon sogar an dessen Ende; wenn das Tier auf einer Seite liegt, verfügt es so über fünf Stützpunkte für die Fortbewegung. Die Coelacanthiden, die den Ausgangspunkt der meisten Stammbäume der höheren Formen bilden, stehen in Wirklichkeit nur für eine außergewöhnliche Formel der Fortbewegung, und ihre Extremitäten zeigen nur das absolute Minimum eines Zusammenhanges mit denen der möglichen Vorfahren unserer Vierfüßer. Obgleich der ungewöhnlichste Überlebende, der Latimeria, höchst interessant ist, sollte man wohl bei der Genealogie des Menschen besser nicht von einer Fischgruppe ausgehen, die das Problem der Fortbewegung auf dem Lande in einer Weise gelöst hat, die mit der Lösung der Vierfüßer nichts gemein hat.

Soweit man überhaupt hoffen kann, einen besonderen Ursprung für ein so allgemeines Phänomen wie die Option für das Leben an Land zu finden, sollte man den Ursprung der Amphibien besser bei den Quastenflossern mit zylindrischem Körper suchen. Die zweite Hälfte des Primärs, Devon, Karbon und Perm, erleben die Verwirklichung der Formel vom »Landwirbeltier«; das Problem des Poly- oder Monophyletismus ist vielleicht nur falsch gestellt: wie man auch die Bewegung erklärt, die in der Entwicklung der Arten wirksam ist, so ist doch stets dieselbe Tendenz erkennbar, die Tendenz zum Leben an der Luft, und es scheint in Wirklichkeit nicht nur eine Antwort gegeben zu haben, existieren doch heute noch zahlreiche Halblösungen wie der Anabas, der Periophthalmus, der Ceratodus, der Triton, der Frosch und die Kröte. Sie alle geben uns ein Bild möglicher Übergänge zwischen den echten Fischen und den Reptilien, aber ein vieldimensionales Bild, das disparate Elemente der Phyle in sich vereinigt.

Die Lösung der Amphibien ist noch nicht mehr als eine Halblösung, man könnte fast sagen, eine Lösung in Wartestellung, denn die Wirbeltiere, die daraus hervorgegangen sind, bleiben durch ihr Hautgleichgewicht und ihre Fortpflanzung an das flüssige Element gebunden, von dem sie sich noch für sehr lange Zeit nicht entfernen konnten. Immerhin erfuhren die großen mechanischen Probleme mit den ältesten Amphibien mehr als eine nur ansatzweise Lösung, und die Landwirbeltiere finden sich bereits auf eine endgültige Entwicklungsrichtung festgelegt.

Die ersten Amphibien, deren Körperbau sich rekonstruieren läßt, gehen bis ins Karbon zurück. Global gesehen erinnern sie an unsere Molche und Salamander. Ihre Schwanzachse dient beim Schwimmen dem Antrieb, während ihre dünnen Extremitäten bei der Fortbewegung an Land eingesetzt werden. Der Schultergürtel schließt direkt an den Schädel an, so daß der Kopf nahezu unbeweglich ist, aber die Elemente des Skeletts aller späteren Wirbeltiere sind bereits vorhanden: das Becken ist zur Abstützung des Laufs ausgebildet, Arme und Beine haben die gleichen Knochen wie die unseren, Hand und Fuß sind mit fünf Fingern ausgestattet.

Besonders interessant ist der Schädelbau. In der Tat bringt der Übergang vom Wasser an die Luft neue mechanische Belastungen mit sich, denn der Kopf wird nicht mehr von den Auftriebskräften getragen, die aus dem höheren spezifischen Gewicht des Wassers resultieren, er findet sich jetzt in einer vorspringenden Position an der Spitze des Körpers. Bei den Fischen wirken im Wasser keinerlei senkrechte Kräfte auf den Kopf des Tieres. In mechanischer Hinsicht schlagen sich im Schädelbau lediglich die Tätigkeit des Unterkiefers (Zugbelastung der Kaumuskeln) und die Ausbildung eines Stützgerüstes für den Oberkiefer nieder, das den Kieferdruck aufnimmt. Zu diesen mechanischen Zug- und Druckbelastungen kommen beim Übergang an die freie Luft die Belastungen hinzu, die durch das Tragen des Kopfes entstehen und auf den hinteren Schädel wirken. Das mechanische Gleichgewicht wird durch eine immer ökonomischere Integration der drei Belastungsarten hergestellt (Abb. 10).

Das Gewicht setzt nun an einem Hebel an, der von der Spitze des Mauls (Prosthion) bis zu dem Punkt reicht, wo der Schädel mit der Wirbelsäule verbunden ist (Basion). Der Schädel wird durch ein Spiel

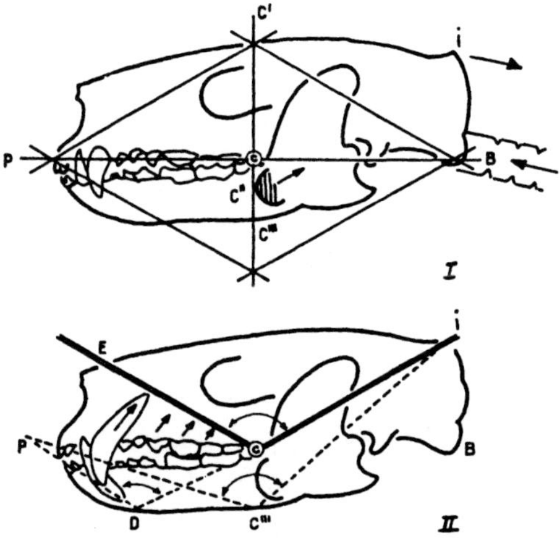

Abb. 10

von Muskeln und Bändern in der Horizontalen gehalten, die am Genick (dem äußeren Inion) ansetzen und einen Hebelarm bilden, der vom Inion bis zum Basion reicht und die Wirkung des Gewichts ausgleicht. Der Ausgleich der Belastungen, die vom Kiefer und von der Kopfhaltung ausgehen, zeichnet den Entwicklungsgang des Kopfes der Wirbeltiere einschließlich der Menschen vor. Gebiß und Körperhaltung sind von Anfang an miteinander verknüpft. Die Paläontologen haben sehr bald begriffen, daß der aufrechte Gang und das kurze Gesicht für den Menschen charakteristisch sind, der Funktionszusammenhang aber, der diese beiden Merkmale erklärt, ist bis heute noch nicht klar herausgearbeitet worden. Gerade darum ist es unerläßlich, auf die Anfänge der Wirbeltiere zurückzugehen.
Der Schädel der Amphibien gibt noch nicht mehr als Ansätze einer Lösung, aber diese Ansätze sind bereits äußerst charakteristisch. Der älteste Schädel steht dem der Fische noch sehr nahe (Abb. 11 und 12), obwohl die Schulter schon vom Schädel abgelöst und die Schädelaufhängung am Inion bereits wirksam ist. Das Kriechen am Boden bringt eine merkwürdige Belastung mit sich, denn der Unterkiefer bleibt am Boden und besitzt deshalb nicht den nötigen Spielraum für seine Greifbewegungen; bei den Arten, deren Beine den Kopf noch nicht über dem Boden zu halten vermögen, hebt sich der Oberkiefer mit

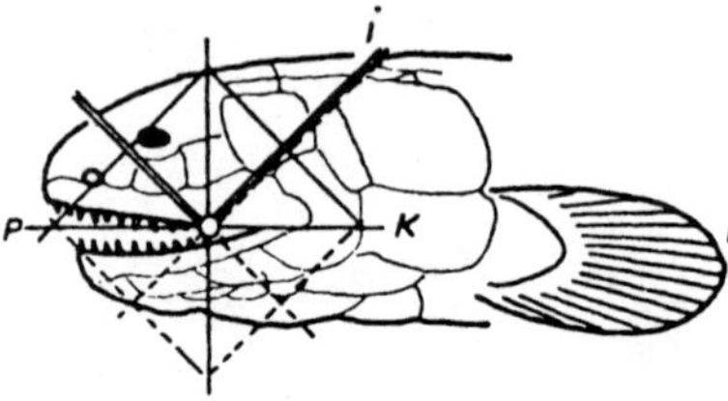

Abb. 11

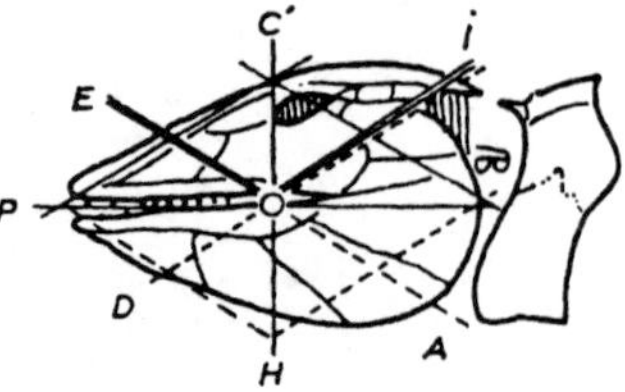

Abb. 12

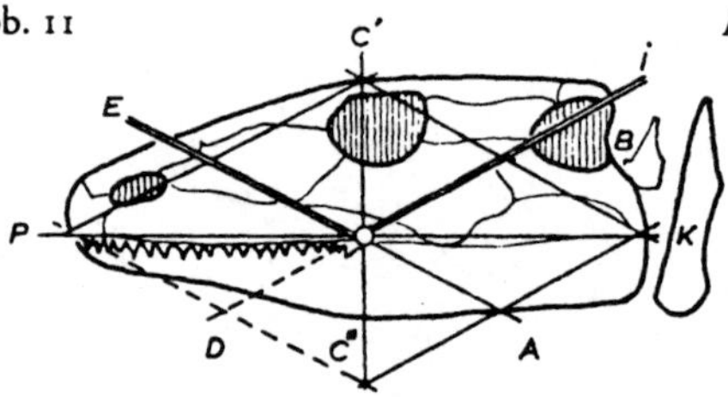

Abb. 13

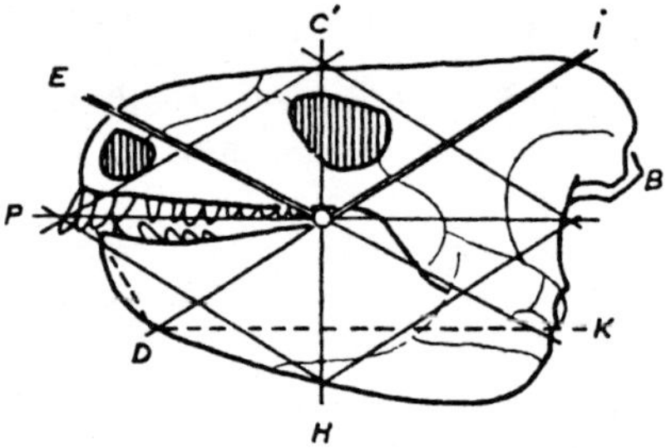

Abb. 14

dem gesamten Schädelkasten[6] wie der Deckel einer Kiste. Diese Übergangslösung bringt die Zugkräfte am Inion zur Wirkung und fördert die Beweglichkeit des Kopfes auf dem Rumpf.

6 Die Anthropologen unterscheiden beim Schädel das *cranium*, den gesamten Schädelbau einschließlich des Unterkiefers, und das *calvarium*, das ist der Schädel ohne Unterkiefer aber mit dem Gesicht. Des weiteren unterscheiden sie die *calvaria*, also den Schädelkasten ohne das Gesicht, und die *calva*, die auf die Schädeldecke ohne Basis beschränkt ist. Diese Terminologie stützt sich auf bloße praktische Verwendbarkeit, denn sie gründet auf dem mehr oder weniger vollständigen Zustand, in dem die exhumierten Schädel zum Anatomen gelangen.

Man halte nur einmal sein Kinn fest, öffne den Mund und beobachte dabei das Spiel der Nackenmuskulatur, so wird man sich leicht die mechanische Lage der ersten Amphibien und die Rolle vor Augen führen können, die diese Situation zusammen mit der Evolution der vorderen Extremitäten in der Ablösung der Schulter und der Herausbildung des Halses gespielt haben. Diese Struktur wird im übrigen sehr schnell überwunden, und schon vor dem Ende des Primärzeitalters erscheint noch bei den Amphibien die Lösung der Saurier, die ein viel einfacheres mechanisches Gleichgewicht ermöglicht.

Sauromorphismus
(Abb. 13)

Verfolgt man den Selektionsprozeß zwischen den Formen, die zu einer Evolution in Richtung auf Mobilität und ein immer reicheres und komplexeres Dasein gehören, so ist die folgende Entwicklungsstufe die der *Echse*, die zwar durch ihr Kriechen noch dem Boden verhaftet bleibt, die Atmungsprobleme der Amphibien jedoch vollkommen überwunden hat. Die Formel der Saurier ist bereits im Perm, vor dem Sekundärzeitalter, also vor mehr als 200 Millionen Jahren verwirklicht. Die Sauromorphen sind die ersten Wirbeltiere, bei denen die mechanischen Gleichgewichtsprobleme eines Lebens auf der Erde völlig gelöst sind.

Ihre Wirbelsäule hat eine ausgeprägt konvexe Form angenommen, sie ist funktionell mehr auf die Vertikale ausgerichtet, weniger nach den Seiten: Sie ist kein Stiel mehr, dessen seitliche Flexibilität die Fortbewegung durch ein Muskelspiel beherrscht, das die Körperachse in Wellenbewegungen versetzt, sie ist nun vor allem ein Träger, der den Kopf und die Extremitäten hält. Die Glieder sind noch gebogen, aber schon in der Lage, den Körper bei der Fortbewegung und bei den Greif- und Schluckbewegungen vom Boden abzuheben. Wenngleich das Kriechen noch nicht vollkommen überwunden ist, führt doch die vierfüßige kriechende Fortbewegung zu entscheidenden Umbildungen des Schädelbaus und darüber hinaus zu einer erweiterten Beweglichkeit der Schulter, der endgültigen Ablösung des Kopfes, der nun an die Spitze eines richtigen Halses wandert.

Die Sauromorphen zeigen in ihrem Schädelbau die gleichen Hauptelemente wie die vorausgegangenen Wirbeltiere und übrigens auch wie die späteren bis hin zu uns. Das Calvarium bildet eine Art Schale in der Form eines zylindrisch-konischen Segments, am Rand sind die Zähne eingelassen, am hinteren Ende bezeichnet das äußere Inion den Verbindungspunkt mit dem Hirnkasten. Der Hirnkasten enthält das Gehirn und ist am Basion mit der Wirbelsäule verbunden. An der Seite und auf dem Scheitel ist er durch knöcherne Punkte mit der inneren Schädelhöhle verbunden. Es ist äußerst wichtig festzuhalten, daß das Volumen der Schädelhöhle nicht vom Gehirn bestimmt wird, sondern von den mechanischen Belastungen, die vom Unterkiefer und von der Aufhängung des Kopfes ausgehen. Auf der anderen Seite wird die Lage des Gehirns vom Basion bestimmt, denn die Spitze der Wirbelsäule bildet zugleich das Ende des Rückenmarks und den Angelpunkt, an dem der Schädel auf dem Körper sitzt; sein Volumen ist aber so lange ohne Bedeutung, wie es nicht an die Grenzen des Gehäuses stößt. Dies erklärt, warum vom Fisch bis zum Hund das Volumenverhältnis zwischen Gesichtsschädel und Hirnschädel nur wenig variiert (wobei die Proportionen durch das Verhältnis von Gebiß und Kiefermuskulatur bestimmt werden), während das Hirnvolumen in beträchtlichem Maße zunimmt. Der Hirnkasten ist also im Hirnschädel aufgehängt, und die Sauromorphen sind noch weit von dem Punkt entfernt, da Hirnkammer und Hirnschädel unter mechanischen Einflüssen ineinander übergehen.

Neben dem Calvarium umfaßt der Schädel der Landwirbeltiere noch den Unterkiefer und das Zungenbeinskelett. Beide gehen auf den Kiemenapparat der Urfische zurück, der Unterkiefer schon sehr früh, der Zungenbeinbogen in dem Augenblick, da die Lungenatmung entsteht. Dem Zungenbeinskelett kommt große Bedeutung zu, denn es dient als Knochenbasis für die Muskulatur, die den Unterkiefer und die Zunge bewegt. Die Amphibien und insbesondere die ersten Reptilien entwickeln einen technischen Apparat, der über Kiefer, Zunge und Pharynx beim Fangen, Kauen und Schlucken eine Rolle spielt, die dann, wie wir noch sehen werden, mit der bewußten Lautbildung zur menschlichen Sprache führen wird.

Der Schädel der sauromorphen Reptilien zeigt sehr erstaunliche mechanische Eigenschaften. Die Basion-Inion-Aufhängung ist nun ständig belastet, solange das Tier sich nicht in Ruhestellung auf dem Boden befindet; die Halswirbel sind verlängert, und die erweiterte Schädelbasis dient als Ansatzpunkt für Muskeln, durch die Bewegungen in alle Richtungen ausgeführt werden. Ein kräftiges Band setzt am Inion und an den Wirbeln an und ermöglicht eine elastische Drehung des Kopfes. Die Muskulatur des Unterkiefers ist kräftig ausgebildet, ihre Zugkräfte bestimmen die Proportionen des Gebisses und des Schädelkastens. Damit erscheint zum ersten Mal ein Gesetz konstanter Proportionen bis hin zum Menschen: Der Abstand zwischen Prosthion und Basion ist in zwei gleiche Hälften unterteilt: in eine zahnseitige und eine hirnseitige. Der Mittelpunkt zwischen Prosthion und Basion entspricht danach dem Höcker des letzten Mahlzahns; dieser Punkt bildet das geometrische Zentrum des Schädelbaus. Ausnahmen gibt es bei einigen Schädeltypen, so bei den Wiederkäuern, deren Zahnschädel länger ist als der Hirnschädel, aber die mechanische Konstruktion bleibt in Übereinstimmung mit dem allgemeinen Gesetz, das Konstruktionszentrum wird lediglich verdoppelt, so als wäre ein zusätzliches Stück zwischen die beiden Schädelhälften eingefügt worden.

Der Sauromorphismus bringt damit als erster den allgemeinen Bau der Landwirbeltiere ins Spiel, und wenn man bedenkt, wie sehr die Mechanik des menschlichen Körpers mit den gleichen Belastungen verbunden bleibt, wird deutlich, daß der größte Teil des Weges schon zurückgelegt ist: die Wirbelsäule ist bereits die Hauptstütze des Körperbaus, die Extremitäten sind individualisiert und haben ihre endgültige Skelettform erreicht, Hand und Fuß sind mit fünf Fingern ausgestattet, der Schädel ist am Basion aufgehängt und wird durch die am Inion befestigten Muskeln und Bänder gedreht, das Gebiß bestimmt das Schädelvolumen und wird in seinen Dimensionen seinerseits durch den mechanischen Komplex des Hinterschädels bestimmt. Das ganze Spiel der Wechselwirkungen ist in Funktion. Allein das Gehirn, dieser bescheidene Bewohner der Schädelhöhle, spielt in allem eine mechanisch passive Rolle; der Apparat steht ihm zur Disposition, er bewegt ihn, aber sein Einfluß auf die Dynamik der Formen ist nicht direkt; zweifellos macht er sich in der darwinschen Selektion der effektivsten Formeln bemerkbar, aber es bleibt unmöglich, für das Gehirn eine anstoßgebende mechanische Rolle auszumachen. Auf dieser Ebene betrachte ich die Entwicklung des Gehirns als intervenierendes Element in der allgemeinen Evolution. Dies tut der gesicherten Tatsache einer Evolution des Nervensystems hin zu immer komplexeren Strukturen keinen Abbruch. Die Evolution des Gehirns und die Evolution des Körpers stehen in einem Dialog, der von wechselseitigem Nutzen ist. Auf einer bestimmten Ebene kann man in der

Evolution durchaus den Triumph des Gehirns erblicken, aber dieser Triumph ist mit mächtigen mechanischen Realitäten verbunden, und der Fortschritt des Gehirns schlägt sich auf jeder Stufe im Fortschritt des Körpers nieder. Es läßt sich kein Lebewesen anführen, bei dem das Nervensystem der Entwicklung des Körpers vorangegangen wäre; dagegen können wir auf zahlreiche Fossilien verweisen, bei denen man die Entwicklung des Gehirns Schritt für Schritt in einem bereits lange vorhandenen Gehäuse verfolgen kann.

Theromorphismus

Um die Zeit des Perm, noch vor dem Ende des Primärs, kommt es zu einem höchst bedeutsamen Ereignis: Die Reptilien gelangen zu einer bodenfreien vierfüßigen Fortbewegung, ihre Gliedmaßen gewinnen eine ähnliche Gestalt, wie wir sie bei den Hunden oder Elefanten antreffen – Säulen, die den Körper hoch über dem Boden tragen. Zugleich verlängern sich die Halswirbel, und der Hals wird in die Lage versetzt, den Kopf in einem beträchtlich erweiterten Bereich zu bewegen. Wieder ist es eine Vergrößerung der Mobilität, eine Erweiterung des Aktionskreises, der Besitz eines erweiterten Raumes, auf den der Entwicklungsschritt zum bodenfreien Vierfüßer gerichtet ist. Es ist nicht sicher und sogar eher unwahrscheinlich, daß eine der Arten oder vielleicht sogar der bekannten Ordnungen in der Abstammungslinie des Menschen stehen, aber die allgemeine Herkunft der lebenden Arten umfaßt unvermeidlich alle jene, die ihre Relationsmöglichkeiten auf die gleichen Stufen hin erweitern, und es wäre nicht schwer, vergleichbare Entwicklungen für die Welt der Wirbellosen zu beschreiben, bei denen keinerlei genealogische Verbindung zum Menschen naheliegt.
Die theromorphe Stufe ist unter dem zweifachen Gesichtspunkt der Evolution der Hand und der Evolution des Schädels bedeutsam. Die Entwicklung der Theromorphen verläuft vom Ende des Primärzeitalters bis in unsere Tage und umfaßt nicht nur eine Vielzahl ausgestorbener Reptilien, sondern auch die Gesamtheit der fossilen und lebenden Säugetiere mit Ausnahme der Anthropinen. Um diese Entwicklung zu verdeutlichen, werden wir nacheinander den Theromorphismus der Reptilien und den der vierfüßigen Säugetiere betrachten.

Die theromorphen Reptilien (Abb. 14)

Am Ende des Primärs und zu Beginn des Sekundärs, vor 200 bis 150 Millionen Jahren, erscheinen und entwickeln sich die theromorphen Reptilien. Sie haben nicht die riesigen Dinosaurier hervorgebracht, und die größten von ihnen waren kaum größer als ein Wildschwein, aber schon 50 Millionen Jahre vor den ersten Säugetieren bieten sie ein sehr eindrucksvolles Bild. In ihrer Erscheinung gleichen sie im allgemeinen dem Bild, das uns von den Säugetieren her vertraut ist; ihre senkrecht stehenden Beine stützen sich auf die Zehenspitzen wie beim Schwein oder auf die Fußfläche wie beim Dachs, dem sie auch im Groben etwas ähnlich sehen, und man würde bei ihnen eher ein Fell erwarten als einen Schuppenpanzer.

Vor allem ihr Schädel überrascht (Abb. 15 und 16). Bei manchen ähneln die Umrisse etwa einem fleischfressenden Säugetier (Abb. 17 und 18): der Hinterschädel ist stark ausgebildet, ein dicker Schläfenbogen erinnert an den Jochbogen der Säugetiere, der Unterkiefer ähnelt dem eines Hundes. Noch überraschender ist das Gebiß. Bis dahin besaßen (und bis heute besitzen) die Fische, die Amphibien und die Reptilien ein Gebiß conodonten und homodonten Typs, d. h. einfache und völlig gleichartige Zähne. Die theromorphen Reptilien haben ein conodontes Gebiß, ihre Zähne sind jedoch von unterschiedlicher Gestalt, sie sind ganz wie bei uns die Schneide-, Eck- und Mahlzähne in Gruppen gegliedert. Diese Differenzierung impliziert eine entwickelte Form des Greifens, Zurichtens und Kauens von Nahrung, wie sie für die höheren Wirbeltiere charakteristisch ist. Dem Stadium, in dem der Kopf ein beträchtliches Bewegungsfeld gewonnen hat, entspricht eine ebenso bedeutsame technische Spezialisierung des Gebisses. Wenn ich auf diesen Umstand hinweise, so mag man darin ein bloßes Nebeneinanderstellen fortschrittlicher Merkmale erblicken: der Schädelbau enthüllt jedoch in der Tat den tiefgreifenden Zusammenhang, der zwischen der Heterodontie und den Veränderungen der Körperhaltung besteht.

Der Schädelbau folgt dem fundamentalen Gesetz der gleichen Teilung zwischen Zahn- und Hirnpartie, aber der Hebelarm Basion-Inion hat sich auf ein Maximum verlängert, und der rückwärtige Teil des Schädels bietet eine weite Ansatzfläche, dessen knöcherne Verstärkungen bis zum Kiefergelenk führen und den Zugkräften des Unterkiefers ein

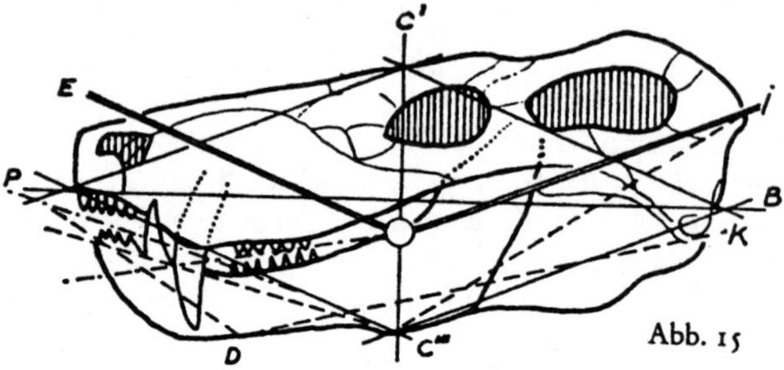

Abb. 15

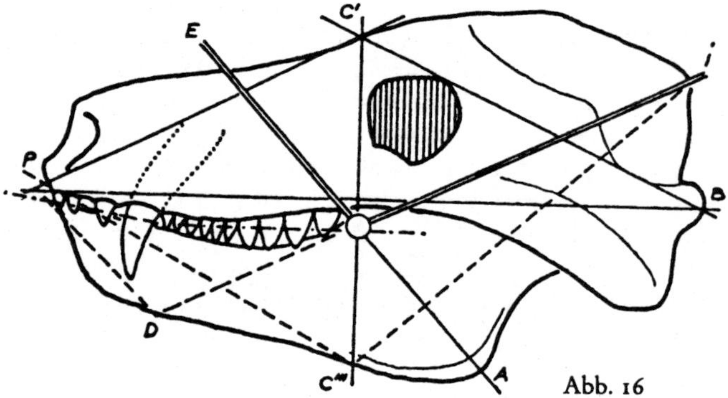

Abb. 16

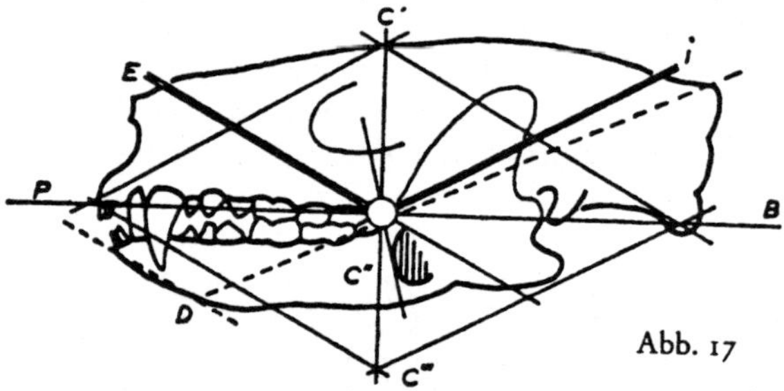

Abb. 17

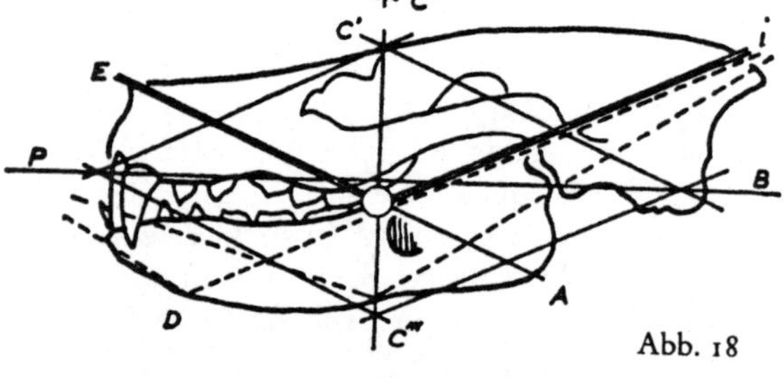

Abb. 18

Maximum an Widerstand entgegenzusetzen vermögen. Der Kiefer-Zahn-Bereich hat eine komplexe mechanische Struktur entwickelt, die die Kraftlinien zwischen den vorderen Zähnen, die dem Greifen dienen, und den hinteren Zähnen, die dem Kauen dienen, teilt. Die Eckzähne bestimmen durch ihre Wurzeln die Gestalt des Mauls, der Öffnungswinkel ihrer Position spiegelt sich im gesamten Bau des Hinterkopfes. Auf den geometrisch gebauten Apparat der niederen Tiere folgt ein komplexer Apparat, der gleichwohl in allen seinen Teilen kohärent, aber bereits so weit vervollkommnet ist, daß die gleichen Konstruktionsprinzipien bei aller Anpassung auch noch im Schädel des Menschen Anwendung finden.

Zieht man die Bilanz der Evolution bis zu diesem Zeitpunkt, so stellt man fest, daß die Quastenflosser sich im Devon und Karbon entwickelten, daß die Amphibien im gleichen Zeitalter ihren Ausgang nahmen, daß die ersten sauromorphen Reptilien aus dem Perm stammen, desgleichen die theromorphen Reptilien. 300 bis 200 Millionen Jahre vor unserer Zeit beginnt und entfaltet sich also die Evolution des körperlichen Apparats der höheren Wirbeltiere. Am Beginn des Sekundärzeitalters ist fast alles bereits vorhanden, und dennoch sind die eigentlichen Säugetiere noch fern. Diese Situation hat deutliche Parallelen in der Vorzeitigkeit, mit der die Anthropinen ihre Hand befreien und den aufrechten Gang entwickeln, noch weit bevor ihr Gehirn das uns eigene Niveau erreicht. Dies stützt die Hypothese, wonach die Entwicklung des nervösen Apparates der des Körperapparates folgt. Die theromorphen Reptilien haben den Körper eines Raubtiers, ihr Gehirn aber ist kaum größer als die Kappe eines Füllfederhalters, es ist im Inneren eines Gehäuses aufgehängt, das das Gehirn des Hundes erst 200 Millionen Jahre später ganz ausfüllen wird.

Die vierfüßigen Säugetiere

In den wesentlichen Zügen ihres Körperbaus unterscheiden sich die Säugetiere nicht von den theromorphen Reptilien. Mit großer Sicherheit haben sie sich im übrigen ausgehend vom Entwicklungsstadium der theromorphen Reptilien in einen wirklichen Neubeginn entwickelt. Die ersten Formen sind in der Tat recht niedere Tiere des Sekundärs, die fast 100 Millionen Jahre lang existieren, bevor sie den Strom der Säugetiere des Tertiärs hervorbringen.

Untersucht man jenseits aller zoologischen Systematik das dynamische Verhalten der Säugetiere, so bietet es sich an, zwei große Tendenzen zu unterscheiden: Bei den einen ist die Hand in mehr oder wenig bedeutsamem Umfang an den Operationen beteiligt, die sich im vorderen Relationsfeld abspielen; bei den anderen ist nur der Kopf in die Relationstätigkeiten einbezogen. Daraus resultiert eine Unterscheidung zwischen ausschließlichen Läufern und zumindest vorübergehenden Greifern bei den Säugetieren. Diese beiden funktionellen Gruppen entsprechen einer sehr weitgehenden Aufteilung in den anatomischen Merkmalen und im Verhalten, so als handelte es sich um zwei in ihrer Bestimmung verschiedene Welten oder um Zeugen zweier unterschiedlicher Antworten auf eine fundamentale Option.
Die Läufer (Abb. 19–21) sind Pflanzenfresser, ihre Extremitäten sind in hohem Maße auf das Laufen spezialisiert, ihr Schädelbau zeigt typische Merkmale, die ihnen allen gemein sind, viele von ihnen besitzen jedoch spezielle Organe, die in verschiedenen anatomischen Bereichen des Gesichts angesiedelt sind: das Gehörn oder Geweih der Wiederkäuer, Hirsche und Giraffen, die epidermalen Nasenhörner der Rhinozerosse; oder sie verfügen über Verteidigungsorgane: die Eck- und Schneidezähne des Nilpferds, die Hauer der Schweine (Wildschwein, Warzenschwein, Hirscheber), der traguliden Wiederkäuer (Zwerghirsche), der kamelartigen Wiederkäuer und der Walrosse, die Schneidezähne der Elefanten, die rüsselartigen Nasenfortsätze der Elefanten und Tapire, die ausstülpbaren Lippen der Seekühe und zahlreicher Grasfresser.
Die Greifer sind Allesfresser oder Fleischfresser, ihre Extremitäten sind mit vier oder fünf funktionsfähigen Fingern ausgestattet, und die vordere Extremität ist zum Greifen fähig; viele von ihnen können eine sitzende Haltung einnehmen und so ihre Hand befreien; ihr Schädelbau bewahrt die typischen Merkmale der theromorphen Reptilien, wird aber durch die Evolution der Körperhaltung fortschreitend modifiziert; spezielle Gesichtsfortsätze schließlich haben sie nicht. Diese Klassifikation enthält einige wenige, jedoch sehr bezeichnende Ausnahmen wie den Elefanten (Abb. 21), der ein Pflanzenfresser ist, jedoch eine echte Hand besitzt, und den Hund (Abb. 22–24), der ein Fleischfresser ist, dessen Glieder jedoch für den Lauf ausgebildet sind. Bei beiden folgt der Schädelbau der Funktionstypologie der

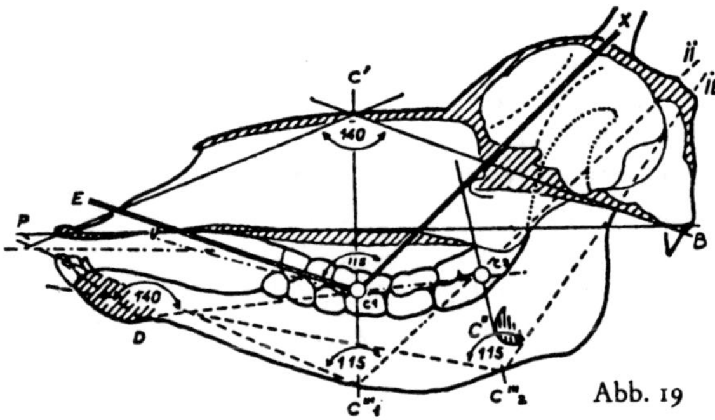

Abb. 19

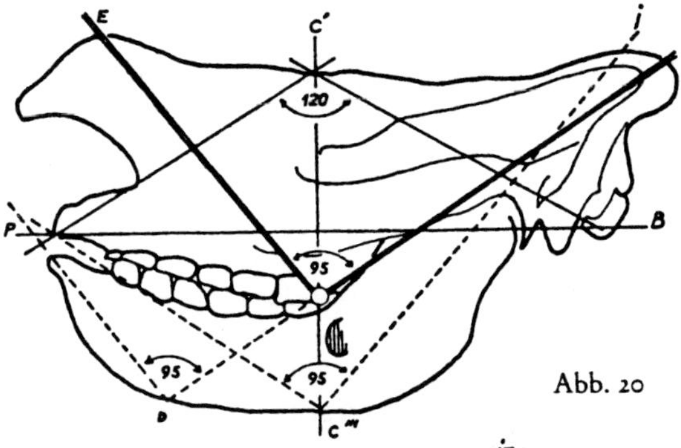

Abb. 20

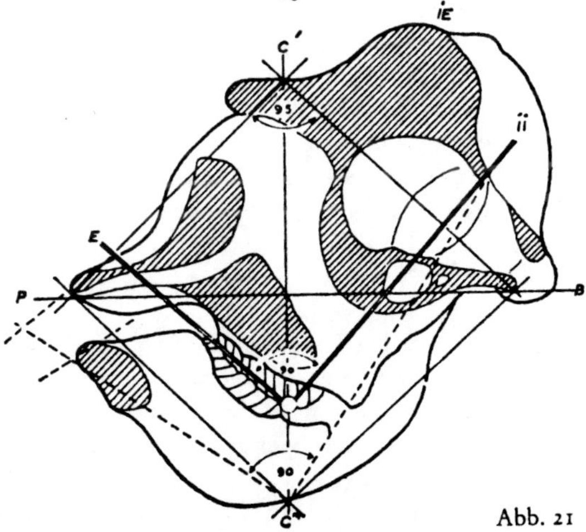

Abb. 21

Hand. Der Elefant ist einer der seltenen Pflanzenfresser, die ein mittleres Gebiß besitzen; die hundeartigen Tiere im allgemeinen und der Hund im besonderen sind die einzigen Fleischfresser, die ein langes Gebiß haben. Der Elefant hat einen kurzen Schädel, der ebenso einzigartig ist wie seine Fähigkeit, »mit dem Gesicht zu greifen«; der Hund entfernt sich kaum vom Schädelbild der pflanzenfressenden Läufer.

Die größten Überraschungen bieten die Nagetiere, die sich in zwei Gruppen gliedern: die einen sind ausschließliche Pflanzenfresser (wie der Hase), die keinerlei Greifaktivitäten aufweisen, die anderen sind Allesfresser (wie die Ratte), bei denen die Sitzhaltung und das Greifen eine große Rolle spielen.

Die Untersuchung der Säugetiere konfrontiert uns also sogleich mit dem Problem der Hand, mit dem Problem des Gehirns und mit dem der Greifhaltung, mit drei Problemen, die in Wirklichkeit nur eines bilden und am unmittelbarsten mit dem Körperbau des Menschen verbunden sind. Weil ihre Geschichte eine Fülle von Hinweisen enthält, werden wir die theromorphen Läufer kurz behandeln, bevor wir sie auf dem Wege zurücklassen, der nicht zum Menschen führt und in den die Evolution sie bereits verwickelt hat.

Im Eozän, dem ersten Abschnitt des Tertiärs, vor ungefähr 50 bis 60 Millionen Jahren, kommt es zur Entfaltung jener Formen der Säugetiere, die als Stamm der noch lebenden Ordnungen gelten. Von bescheidener Größe, etwa wie Hasen oder Schafe, besitzen sie einige sehr allgemeine Merkmale, fünf Finger an den Extremitäten, wenig spezialisierte Mahlzähne und eine recht einheitliche, niedrige und lange Gestalt. Dennoch sind die Optionen zwischen Greifern und Läufern bereits erfolgt und dies wahrscheinlich schon seit langem. Wenn es auch noch keine wirklichen Katzen, Hunde, Pferde, Rhinozerosse oder Wiederkäuer gibt, so zeigt eine Untersuchung der Skelette doch, daß sie sich auf die beiden Hauptgruppen der Theromorphen verteilen und daß sogar die Gruppe der Primaten ausdifferenziert ist.

Die fossilen und lebenden Läufer sind durch ihr langes Gebiß gekennzeichnet, das an den Umgang mit blättrigen Pflanzen angepaßt ist. Mit großer Sicherheit hat dieser Anpassungsvorgang seinen Ausgang bei Formen mit normalem Gebiß genommen, einem Gebiß, das seinen Gleichgewichtspunkt auf der Mitte der Distanz zwischen Prosthion und Basion hatte, denn ihr Schädel ist um das geometrische

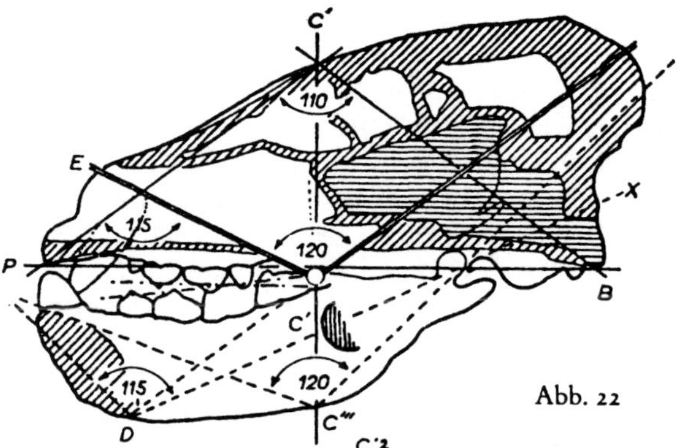

Abb. 22

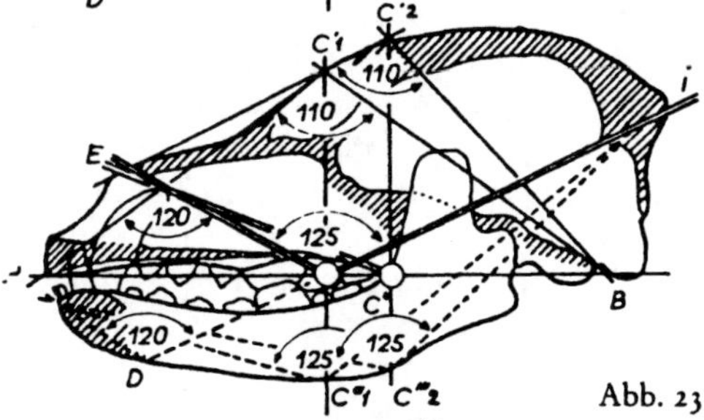

Abb. 23

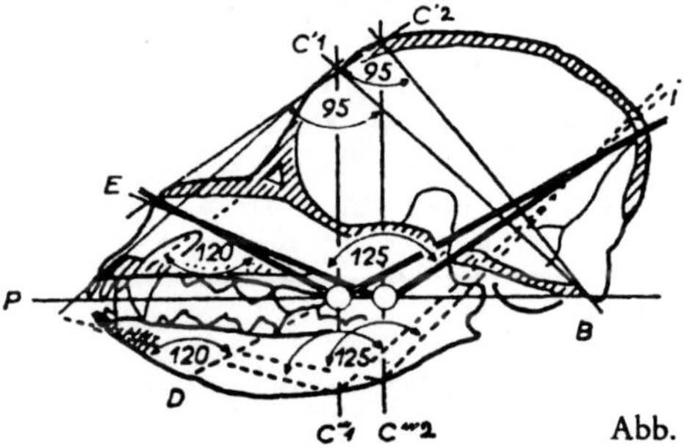

Abb. 24

Zentrum herum konstruiert, zu dem ein zusätzliches Zentrum hinter den Mahlzähnen hinzukommt. Die Schädelfortsätze, Hörner oder Geweihe, fügen sich in die allgemeinen mechanischen Linien nach Formeln ein, die zwischen den Arten variieren, aber stets bemerkenswert kohärent bleiben. Es ist nicht mehr modern, die Erfindungsgabe der Natur zu rühmen, aber wenn man die mechanischen Lösungen

untersucht, die im Schädel des Pferdes, des Hirsches, des Kamels, des Nashorns realisiert sind, so ist man doch überrascht von den Antworten des stets gleichen Grundschemas auf ganz unterschiedliche Situationen. Der Schädelbau der Greifer zeigt eine Überfülle überraschender Lösungen für den Ausgleich zwischen Gehirn und Eckzähnen, er stellt jedoch bei weitem nicht die Probleme, wie sie sich etwa bei den Läufern ergeben, bei denen ein gewaltiges Gebiß und der ganze technische Gesichtsapparat, dessen Schädel nicht durch die Hand befreit ist, ins Gleichgewicht gebracht werden müssen. Die Vielfalt und die Finesse der technischen Operationen bei den entwickelten Säugetieren übersetzt sich bei den Läufern (bei denen alles im Schädelbau konzentriert ist) in eine hohe Komplexität der Konstruktion.
Bei den Greifern verteilt sich die Komplexität auf Gesicht und Hand, und der allgemeine Apparat bleibt in seinem Gerüst relativ einfach. Die fünffingrige Hand, ein Erbe der Amphibien des Primärzeitalters, hat nicht die tiefgehende Entwicklung wie beim Rind oder Pferd genommen; die Schulter behält ihre seitliche Beweglichkeit, Elle und Speiche entwickeln anstelle einer engen Verbindung ihre Fähigkeit der Auswärtsdrehung; das Skelett orientiert sich insgesamt auf eine größere Geschmeidigkeit der Bewegungen. Der Schädelbau der theromorphen Greifer, die in ihrer Mehrzahl Fleischfresser oder Nager sind, wird auf sehr einfache Weise ins Gleichgewicht gebracht; das Gesetz der Aufteilung zwischen Hirn- und Gebißschädel ist konstant. Ihre Organisation hat in den am weitesten entwickelten Arten den höchsten Punkt erreicht, der mit der vierfüßigen Fortbewegung verträglich ist, wenn sie Formen wie den Biber, die Ratte oder den Waschbär hervorbringt, deren Hand ein sehr hohes Aktivitätsniveau erreicht.

Pithecomorphismus

Die zoologische Stufenleiter berücksichtigt, so wie die Zoologen sie geordnet haben, nicht nur die Unterschiede zwischen den Tiergruppen, sondern auch die Beziehungen, die ihnen gemein sind. So findet man ein wenig vom Vierfüßer auch beim Affen wieder und ein wenig vom Affen im Menschen. Diese Haltung hat, wie wir im ersten Kapitel gesehen haben, dazu geführt, daß man den Faden der Evolution schon vor der Geburt der Paläontologie spann und aus dem Affen ein morphologisches Bindeglied zwischen uns und der Masse der Theropoden machte. In funktioneller Hinsicht bildet die Gesamtheit der Vierhänder eine ganz andersartige Tierwelt, die von den Zweifüßern ebenso weit entfernt ist wie von den Vierfüßern und auf einer einzigartigen Körperhaltung beruht, die zu einer Veränderung der Greifbewegungen und der mehr oder weniger aufgerichteten Sitzhaltung führt. Was es an Befreiung der Hand bei den theromorphen Greifern gibt, kommt dem recht nahe, hat aber keinen funktionellen Zusammenhang damit. Die Affen sind in der Tat die einzigen Säugetiere, die permanent greifen, während der Fortbewegung auf Bäumen wie bei den manuellen Tätigkeiten in der Sitzhaltung. Die übrigen baumbewohnenden Säuger klammern sich sämtlich mehr oder weniger mit ihren Krallen fest, während die Affen die Äste zwischen den Fingern und dem Daumen, der den Fingern gegenübergestellt werden kann, fassen. Greifen können auch die Nager und die Fleischfresser, aber auch hier handelt es sich um ein Greifen mit den Krallen.

Diese Feststellungen verweisen auf den engen Zusammenhang zwischen Fortbewegung und Greifen. Das Greifen ist dabei von den Merkmalen der Fortbewegung abhängig. Bei den Affen sind die vordere und die hintere Hand Mittel der Fortbewegung; nur die vordere Hand ist ein Instrument technischer Art. Die Verknüpfung von Greifen und Fortbewegung hat die Affen zu Primaten gemacht, wie die zweifüßige Fortbewegung die Anthropinen hervorgebracht hat. Der Pithecomorphismus ist also vor allem anderen durch eine Befreiung der Körperhaltung gekennzeichnet, die mit der vierhändigen Fortbewegung verbunden ist; die sonstigen Merkmale, so wichtig sie sein mögen, sind lediglich Folgen.

Wäre es notwendig, den Zusammenhang sämtlicher Merkmale der Primaten mit ihrem Bewegungsapparat noch deutlicher herauszustellen, so bräuchte man nur die Serie der Hände von Colobus, Langschwanzaffe, Meerkatze und Gorilla zu betrachten und man würde feststellen, daß die Entwicklung der immer effektiveren Oppositionsstellung des Daumens einer Fortbewegung entspricht, die immer stärker auf einer Vorrangstellung der Hand gegenüber dem Fuß beim Greifen gründet, auf einer mehr und mehr aufgerichteten Sitzhaltung, einem immer kürzeren Gebiß, immer komplexeren manuellen Operationen und einem immer weiter entwickelten Gehirn.

Der Schädelbau der Primaten (Abb. 25–27) ist das genaue Spiegelbild dieser Einheit funktioneller Merkmale. Die grundlegende Verbindung

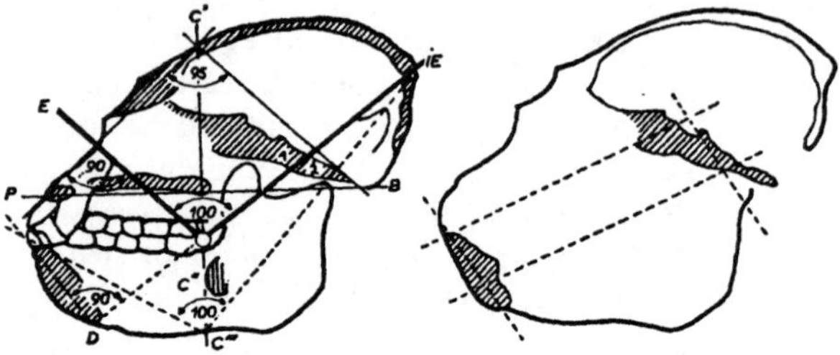

Abb. 25

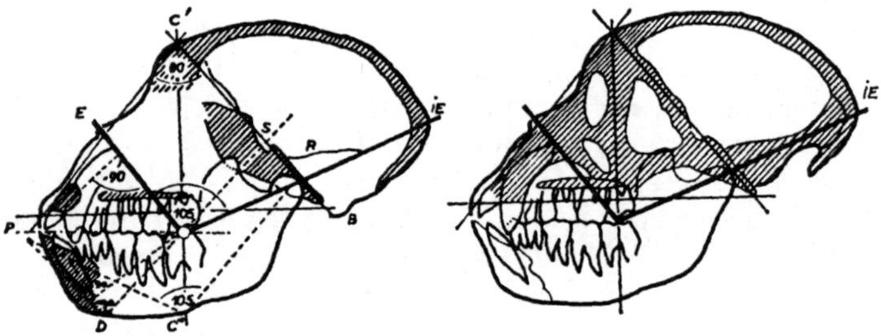

Abb. 26

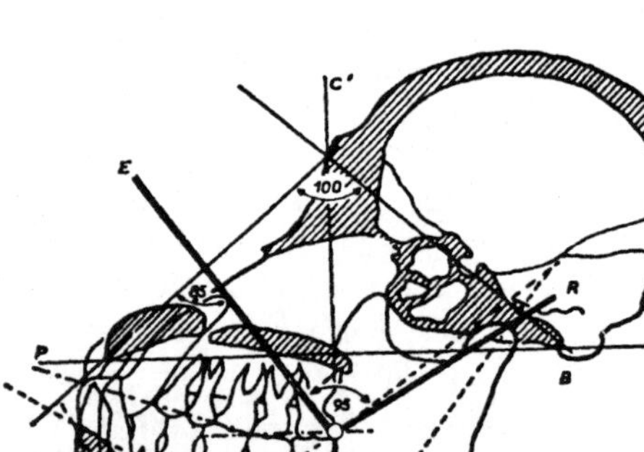

Abb. 27

zwischen Schädel und Körpergerüst ist, wie man sich erinnern wird, das *Basion*, der vordere Rand der Hinterhauptsöffnung. Während die Hinterhauptsöffnung bei den Theromorphen und allen niederen Wirbeltieren am hinteren Ende des Schädels liegt, öffnet sie sich bei den Affen schräg nach unten. Diese Anordnung ist die unmittelbare Folge der Körperhaltung; ihr entspricht eine Wirbelsäule, die in der Lage ist, sich den beiden Körperhaltungen, der vierfüßigen und der sitzenden, anzupassen. In der Folge der oben genannten Affenarten bemerkt man, daß die Lage der Hinterhauptsöffnung in einem direkten Zusammenhang mit dem Grad der Aufrichtung in den beiden Körperhaltungen steht, und zwar derart, daß der Gorilla sich in vierfüßiger Haltung etwa in dem gleichen Maße aufrichtet wie der Colobus beim Sitzen.

Diesen banalen Feststellungen über den Zusammenhang zwischen der Hinterhauptsöffnung und der Haltung der Wirbelsäule führen zu einer Reihe sehr bedeutsamer Folgerungen für den Schädel. In der Tat erweist sich die Basis Prosthion-Basion bei den Primaten beträchtlich verkürzt, d. h. Gebiß und Gesicht sind weit kürzer als bei den Theromorphen. Der Hebelarm Basion-Inion ist abgesenkt, und zum ersten Mal im Tierreich ist die obere Schädelwölbung teilweise von den Belastungen der Schädelaufhängung befreit. Im folgenden Kapitel werden wir sehen, in welchem Zusammenhang diese mechanische Tatsache mit der Entwicklung des Schädels steht. Wenn das Schädeldach von den Belastungen der Aufhängung entlastet wird, entgeht auch die Schädelbasis den Zugbelastungen des Kieferapparates, und der Gesichtsblock wird unabhängig vom Hirnschädel. Der Gesichtsschädel schafft seine Konstruktionslinien in einem Dreieck, dessen drei Eckpunkte das Prosthion, das Basion und die Überaugenwülste bilden. So erklärt sich jenes kompakte Knochengebilde bei den Primaten, das ein richtiges Visier über dem Gesicht bildet. Die Loslösung des Schädeldaches erfolgt demnach von der Schädelhinterseite her, der Präfrontalbereich findet sich bei den Primaten wie bei den primitiven Anthropinen durch den Überaugenwulst verriegelt. Wir werden sehen, wie eine neuerliche Umbildung des Gesichtsschädels das Stirnvisier bei den Anthropinen zunehmend zurückbilden und die Expansion der Schädelwölbung nach vorne ermöglichen wird.

Allgemeine Überlegungen zur Evolution bis zu den Primaten

Die Anhänger der Evolutionstheorie, gleich ob sie nun metaphysisch oder rationalistisch orientiert sind, gleich welche Erklärungen sie für die Tatsachen liefern, sind sich in der Auffassung einig, daß der Strom, der uns trägt, *der* Strom der Evolution überhaupt ist. Flechte, Schirmqualle, Muschel oder Elefantenschildkröte sind wie die gigantischen Dinosaurier lediglich Rückfälle des in unsere Richtung fließenden Hauptstromes. Selbst wenn man einmal daran festhält, die Wesen, die sich hinter uns reihen, allein als Repräsentanten eines einzigen Zweiges der Evolution zu betrachten, des Zweiges, der die Intelligenz hervorbringt, während die übrigen zu anderen, nicht weniger ehrenwerten Formen der Vollendung führen, so behält die Evolution zum Menschen gleichwohl ihre Bedeutung und die Wahl ihrer ausgezeichneten Glieder ihre Legitimität.

Ob man nun, wie es in den Philosophien Bergsons oder Teilhards geschieht, in der Evolution die Wirkung einer Kraft oder einer allgemeinen Suche nach Bewußtsein sieht, die zum *homo sapiens* führt, oder (was auf der Ebene des Materials auf dasselbe hinausläuft) das Spiel eines Determinismus, der zu lebenden Formen führt, die eine immer bessere Ausbeutung der Materie gestatten, so bleibt das Verhalten der Masse, aus der der Mensch hervorgeht, doch das gleiche. Unter der Superstruktur der Erklärungen schließt sich die Infrastruktur der Tatsachen doch zum gleichen System zusammen.

Die Welt des Lebendigen ist durch die physikalisch-chemische Ausbeutung der Materie gekennzeichnet. An beiden Extremen stehen zwei Arten der Ausbeutung; die eine verwertet die Materie gewissermaßen in einem unmittelbaren Zusammenfügen des ausgebeuteten mit dem ausbeutenden Molekül, so etwa beim Virus, die andere stellt eine Art hierarchisierten Konsums dar, bei dem die träge Materie über eine Kette von Lebewesen ausgebeutet wird – so beim Menschen, der Rindfleisch verzehrt und dabei auf eine lange Kette des Fressens und Gefressenwerdens zurückgreift. Die zweite Art ist übrigens letztlich mit der ersten identisch, weil auch sie mit der Verbindung von Molekülen im Körper des Essers endet, aber sie führt seit gut einer Milliarde Jahren einen Teil der Lebewesen auf den Weg der Suche nach einem bewußten Kontakt.

In dieser Suche erschließt sich die gesamte Evolution, denn Geistig-

keit und philosophische wie wissenschaftliche Forschung bilden den Gipfel der Suche nach einem reflektierten Kontakt. Auf allen Ebenen verwirklicht sich dieser Kontakt über die beiden zusammengeschlossenen Wege des Körpergerüstes und des Nervensystems. Für viele Evolutionisten, so auch für Teilhard de Chardin, liegt die entscheidende Tatsache in der immer weiteren Entfaltung des Gehirns und seiner Nervenausläufer. Da das Gehirn nun einmal das Organ des Denkens ist und wir die größten Erfolge in dieser Richtung der Evolution gemacht haben, liegt es natürlich nahe, im Wachstum, in der steigenden Komplexität des Hirnapparates den genauen Reflex der beständigen Fortschritte der lebenden Materie in ihrer Suche nach bewußtem Kontakt zu sehen. Auch muß man zugeben, daß das Körpergerüst und das Nervensystem ein Ganzes bilden und daß es willkürlich und künstlich wäre, beide voneinander zu trennen. Gleichwohl scheint dieser Schluß nur unvollkommen die Probleme zu lösen, vor die uns die Daten stellen. Zweifellos ist der Mensch eine Einheit, aber sein Körper und die Äußerungen seines Geistes werden schon seit jeher als getrennt wahrgenommen; die Religionen und Philosophien haben von dieser Unterscheidung gelebt. Wenn das Gehirn als Organ des Denkens oder als sein Instrument begriffen wird, so ändert das nichts an den Beziehungen zwischen dem Körper und dem feinen Netz von Fasern, das ihn belebt: Die Evolution manifestiert sich in einer doppelten Reihe von Tatsachen: einerseits in der kumulativen Vervollkommnung der Hirnstrukturen, andererseits in der Anpassung der Körperstrukturen nach Regeln, die unmittelbar mit dem mechanischen Gleichgewicht jener Maschine verknüpft sind, die das lebende und mobile Wesen darstellt. Das Verhältnis zwischen Gehirn und Knochengerüst ist das von Inhalt zu Behälter, mit allem, was man sich an evolutiven Wechselwirkungen vorstellen mag; Inhalt und Behälter sind jedoch ihrem Wesen nach nicht in eins zu setzen.
Der Beweis für diese Position gründet auf der historischen Abfolge der Dokumente; die mechanischen Formeln wie die der vierfüßigen Wirbeltiere erscheinen sehr früh und werden von einem äußerst beschränkten Gehirn mit Leben erfüllt. Nach der Gewinnung eines bestimmten, bei den verschiedenen Gruppen unterschiedlichen mechanischen Typs sehen wir eine fortschreitende Invasion des Gehirns und die Verbesserung des mechanischen Apparats in einem Anpassungsvorgang, an dem das Gehirn ganz offensichtlich beteiligt ist – aber nicht durch eine direkte Steuerung der physischen Anpassung,

sondern indem es die Vorteile in der natürlichen Selektion der Typen bestimmt. Die Evolution erreicht ihre obere Grenze, wenn das Hirnvolumen dem mechanisch verfügbaren Raum gleichkommt; die Arten treten dann in die Phase ihrer Blüte ein, die für viele einem langen Stillstand zu ähneln scheint; zumindest gilt dies für die Arten, bei denen die Wege einer mechanischen Lösung verschlossen sind, wie es bei den pflanzenfressenden Säugetieren der Fall ist. Bei anderen Gruppen dagegen bleibt der Körperapparat offen für revolutionäre Anpassungen; die Paläontologen wissen schon seit langem, daß die am wenigsten spezialisierten Arten die zerebral fortgeschrittensten Formen hervorgebracht haben.

Diese Sicht der Evolution ist geeignet, die engen Verbindungen zwischen den beiden Tendenzen sichtbar zu machen, zwischen der Tendenz des Nervensystems und der der mechanischen Anpassung. Betrachtet man die Primaten, so stellt man fest, daß die Formel der Vierhänder einer extremen körperlichen Spezialisierung entspricht, und zwar von einem Stadium aus, in dem die fünffingrigen Glieder der primitiven Wirbeltiere gleichwohl erhalten bleiben. Diese Anpassung ist im Prinzip bei allen Vierhändern die gleiche, sie zeigt jedoch zwischen den Arten beträchtliche interne Variationen, Variationen, die sich zugleich auf das Verhalten, auf die Körperhaltung und auf das physische Gerüst erstrecken. Die Arten, deren Körperstruktur den höchsten Grad der Befreiung der Hand verwirklicht haben, sind zugleich die Arten, deren Schädel die größten Gehirne aufzunehmen vermag, denn die Befreiung der Hand und die Reduktion der Belastungen der Schädelwölbung sind zwei Seiten ein und derselben mechanischen Gleichung. Ein Kreis schließt sich für jede Art zwischen ihren technischen Mitteln, d. h. ihrem Körper, und ihren Organisationsmitteln, d. h. ihrem Gehirn; ein Kreis, in dem sich durch die Ökonomie ihres Verhaltens der Weg zu einer immer besseren selektiven Anpassung eröffnet. Die Chancen einer evolutiven Entwicklung sind um so größer, je offener der Körperapparat für eine Umbildung des Verhaltens durch die Tätigkeit eines weiter entwickelten Gehirns ist. In diesem Sinne bestimmt das Gehirn die Evolution, es bleibt aber unaufhebbar von den Möglichkeiten selektiver Anpassung des Gerüstes abhängig.

Dies sind die Gründe, aus denen ich in der Evolution zunächst die mechanischen Entwicklungsbedingungen betrachte. Der Zugriff, den man so auf die Fakten gewinnt, schafft beachtliche Sicherheit. Wenn man bei hundert verschiedenen Arten in den gleichen Bauprinzipien auf die gleichen, von den mechanischen Belastungen auferlegten Folgen stößt, so lassen sich Bedingungen ausfindig machen, ohne die die Evolution des Gehirns ein abstraktes Phänomen bliebe.

Kapitel III
Archanthropus und Paläanthropus

Anthropomorphismus

Nomenklaturen sind stets mit Relikten behaftet, die zuweilen recht hinderlich werden. Die Paläontologie des Menschen weist solche Relikte im Übermaß auf; sie bilden ein Geflecht von zunehmend veralteten Begriffen: Pithecanthropus, Vormensch, Australopithecus sind ebenso viele Etiketten, die die Tradition zu achten gebietet; man sollte sich jedoch davor hüten, sich allzu tief in ihre Etymologie zu versenken. Ein noch ehrwürdigerer Begriff, der des *Anthropomorphismus*, stellt eine Verbindung zwischen den Großaffen und dem Menschen her. Als Erbe des 18. Jahrhunderts bedarf er mehr noch als die übrigen Begriffe einer Diskussion, denn die einzig wirklich anthropomorphen Wesen sind jene, die mit uns den aufrechten Gang und seine vielfältigen Folgen gemein haben; in funktioneller und morphologischer Hinsicht sind die anthropoiden Affen pithecomorph.
Der Anthropomorphismus stellt in der Tat eine Formel dar, die von der Formel der Affen abweicht und nur in der Familie der Anthropinen anzutreffen ist. Ihr grundlegendes Merkmal liegt in der Anpassung des Knochengerüstes an die Zweifüßigkeit (Abb. 28). Diese Anpassung erfolgt über eine besondere Anordnung des Fußes, dessen Zehen parallel abstehen wie bei den Laufwirbeltieren, des weiteren über einige Konstruktionsmerkmale der Fußwurzel und der Knochen der unteren Extremität und vor allem über eine Anpassung des Bekkens, das das gesamte Gewicht des Oberkörpers im Gleichgewicht hält. Die Wirbelsäule weist eine Reihe von Biegungen auf, die einander ausgleichen und deren Resultante eine Vertikale bildet. Die vordere Extremität ist frei, die Hand besteht aus den gleichen Teilen wie bei den Affen, aufgrund ihrer Proportionen und Möglichkeiten entfernt sie sich jedoch deutlich und in beträchtlicher Weise davon. Ein weiteres entscheidendes Merkmal zeigt der Kopf, der in einer Gleichgewichtslage auf der Spitze der Wirbelsäule gehalten wird.
Dieses funktionelle Schema entfernt sich ebenso weit von dem der Affen, wie deren Schema wiederum von den Theromorphen entfernt ist. Die Affen haben in der Tat mit den Theromorphen die Möglich-

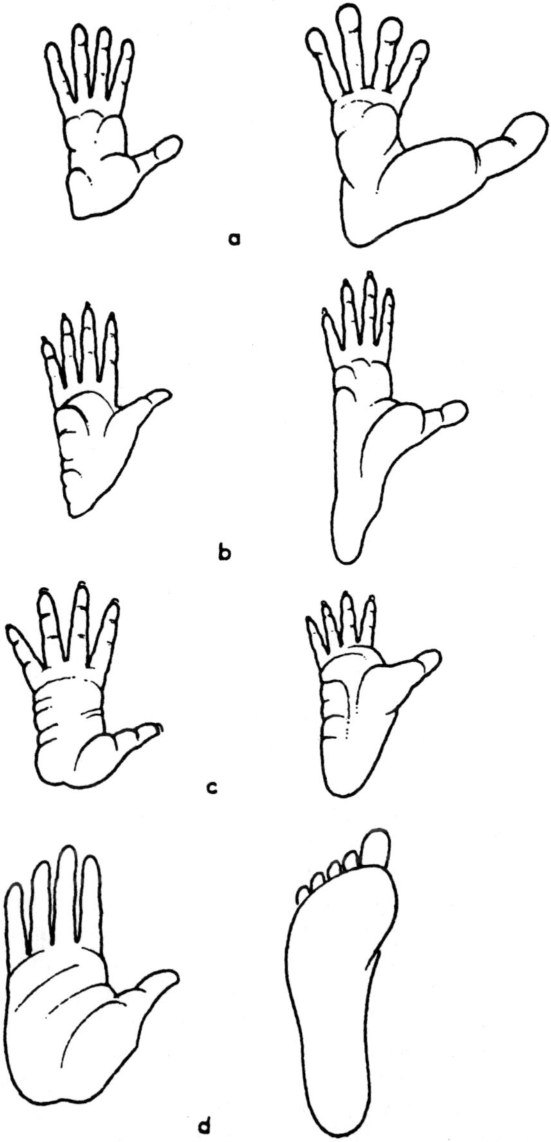

Abb. 28

keit gemein, die Hand in Sitzstellung zu befreien, diese Hand aber, deren Daumen sich den übrigen Fingern bereits entgegenstellen läßt, und die halb-freie Lage ihrer Schädelwölbung machen es unmöglich, die Affen mit den Bären und Bibern in eine Reihe zu stellen. Die Anthropinen haben ihrerseits mit den Affen die Hockstellung und den gegenüberstehenden Daumen gemein, ihre Zweifüßigkeit und die vollständige Befreiung ihres Schädeldaches verleihen ihnen jedoch eine solche Distanz zu den Pithecomorphen, daß es ebenso wenig begründet wäre, sie in deren Nähe zu rücken, wie es Grund gäbe, im Schimpansen so etwas wie einen sehr hoch entwickelten Waschbären zu sehen.

Der Vorfahr der Anthropinen

Die Beobachtung des Verhaltens von Affen hat trotz aller Bedenken einen verführerischen Reiz. Ein Schimpanse, der zu denken vermöchte, hätte vielleicht die gleichen Empfindungen beim Anblick eines Waschbären, der eine Tür öffnet oder einen Topf Marmelade ergreift; wir können uns nur schwer von der Vorstellung freimachen, man bräuchte sich beim Schimpansen nur eine winzige Kleinigkeit hinzuzudenken, um aus ihm eine Art Unter-Mensch zu machen. Die Paläontologie belegt immer deutlicher, daß zwischen ihm und uns eine enge Verbindung ausgeschlossen ist. Wir haben die Übergangsform der Anthropopithecinen aufgeben und unseren Ursprung weit ins Tertiär zurück verlegen müssen, auf eine Entwicklungsstufe also, auf der von Großaffen im heutigen Sinne keine Rede sein kann.
Die Forschungen J. Hürzelers zum Oreopithecus haben den Eindruck bestärkt, den man hinsichtlich der Existenz von Affen mit menschenähnlichen Tendenzen vom Miozän, d. h. von der Mitte des Tertiärs an haben konnte. Es ist bekannt, wie die Entdeckung des nahezu vollständigen Skeletts eines Oreopithecus im Jahre 1958 die Weltpresse zu extremen Schlagzeilen über diesen fossilen Fund hat hinreißen lassen: »Der Mensch von Grossetto« oder »Adam – 10 Millionen Jahre alt«. Es läßt sich nur schwer abschätzen, zu welchen Erkenntnissen das Skelett führen wird, das, zwischen zwei Kalkschichten eingepreßt, die Rekonstruktion vor außergewöhnlich schwierige Aufgaben stellt. Seine Körperproportionen, die sich recht gut bestimmen lassen, ähneln in etwa denen des Gibbon: sehr lange

Arme, eine sehr lange Hand und relativ kurze Beine. Einen Schwanz besitzt es nicht. Es ist wenig wahrscheinlich, daß es sich hier um jenen Erdbewohner handelt, den man als entfernten Urahn der Anthropinen erwartet hat, sondern eher um einen Baumbewohner, dessen Arme sich wie die des Gibbon auf das Klettern spezialisiert haben. Diese Besonderheit ist in zwei entgegengesetzten Hinsichten bemerkenswert, denn einerseits ist der Gibbon der einzige Affe, der sich auf der Erde auf zwei Füßen fortbewegt, andererseits streckt er dabei seine Arme nach hinten aus, um sich in der Balance zu halten, und verliert so die Freiheit, sie in aufrechter Haltung zu benutzen. Solange keine weiteren Informationen vorliegen, läßt sich danach vermuten, daß der Oreopithecus von einem Primaten in der Mitte des Tertiärs zeugt, der ein kurzes Gesicht besaß und mit langen Armen ausgestattet war, die vielleicht einen vorübergehenden aufrechten Gang ermöglichten.

Man könnte sich daher vorstellen, daß den Gibbons ähnliche Wesen zwischen der Mitte und dem Ende des Tertiärs, also im Verlauf von etwa 30 Millionen Jahren, Schritt für Schritt die Lebensweise von Baumbewohnern aufgaben, ihre Arme verkürzten, ihre Füße veränderten und eine Wirbelsäule erwarben, die den Schädel im Gleichgewicht hielt, ohne daß sie dabei das Stadium eines Vierfüßers durchlaufen hätten, wie es bei den heutigen Anthropoiden der Fall ist. Dieser Ablauf ist keineswegs unwahrscheinlich, er würde recht gradlinig zu einem dem Australopithecus ähnelnden Wesen führen, aber die paläontologische Realität überholt nur allzu oft die Fiktionen der Paläontologen, und es ist nur klug, das Bild des wirklichen Vorfahren nicht vorschnell festzuschreiben.

Die »Australanthropinen«

Die Entdeckungen Darts, Brooms und Leakeys zeigen, daß Afrika vom Ende des Tertiärs bis zum Beginn des Quartärs eine ausgedehnte Population von Zweifüßern aufwies, die Werkzeuge besaßen und dem Ideal des Vorfahren weit näher kamen als irgendeiner der bis dahin entdeckten »Pithecanthropinen«. Unter verschiedenen Bezeichnungen inventarisiert (Australopithecus, Plesianthropus, Paranthropus, Zinjanthropus), faßt man sie am häufigsten zur Familie der Australopithecinen zusammen – eine ungeeignete Bezeichnung, die auf die noch nicht allzu ferne Zeit zurückgeht, da man in ihnen vervollkommnete Affen sah. Wir wollen sie dagegen hier als Australanthropinen ansehen. Sieht man einmal von dem Netz von Hypothesen ab, das sich in den letzten dreißig Jahren um sie gebildet hat, und berücksichtigt man nur die globalen und speziellen Ergebnisse aus den vergangenen fünf Jahren, so gelangt man zu dem Eindruck, daß ihr Bild sich trotz seines revolutionären Charakters als sehr kohärent darbietet.

Sie gehen aufrecht, haben Arme normaler Länge und verfügen über gleichmäßige Werkzeuge, die sie durch einige Schläge auf die Spitze eines Kiesels herstellen. Ihre Nahrung besteht zum Teil aus Fleisch. Dieses auf banale Weise menschliche Bild hat keinerlei Beziehung zu dem Bild irgendeines Affen, es läßt sich jedoch gerade so auf den Pithecanthropus wie auf den Neandertaler ausdehnen. Der einzige wichtige Unterschied, der gleichwohl nur gradueller, nicht wesentlicher Art ist, liegt in der Gestalt des Gehirns, das beim Australopithecus ganz unglaublich klein ausfällt; in einem Maße klein, daß es die Anatomen schon geniert. Die Frage des Gehirns des Australopithecus werde ich später noch einmal aufgreifen, hier will ich mich darauf beschränken, die wichtigsten Züge seines Körperbaus und insbesondere seines Schädels zu untersuchen.

Für das Skelett, von dem wir noch kein vollständiges Exemplar besitzen, stehen uns zahlreiche Fragmente zur Verfügung, die aus verschiedenen Fundorten in Tanganjika stammen. Zu den am besten gesicherten Punkten zählt die Feststellung, daß Becken und Schenkel, die Hauptteile des Knochengerüsts bei den Zweifüßern, keine grundlegenden Unterschiede zum Menschen aufweisen. Das Becken ist so gebaut, daß es von unten her die Eingeweide stützt; darin liegt ein deutlicher Beweis für die Zweifüßigkeit, es setzt zudem einen Fuß voraus, dessen Sohle bereits in hohem Maße an die Aufgabe längeren Tragens angepaßt ist. Der Schädel entspricht genau diesem Bild, die Hinterhauptsöffnung liegt an der Unterseite. Es gibt also keinen Grund, dem Australo»pithecus« einen Platz unter den Anthropinen zu versagen.

Untersucht man den Schädel des Plesianthropus oder des Zinjanthropus (Abb. 30 und 36), so erinnert er auf den ersten Blick an den Schädel von anthropoiden Affen (Menschenaffen), an den Schädel des Gorillas oder des Schimpansen: das gleiche außergewöhnlich lange Gesicht, das gleiche Orbitalvisier, die gleiche fehlende Stirn. Eine genauere Untersuchung zeigt eine ungewöhnliche Entwicklung der Vormahlzähne und Mahlzähne, der Schneide- und Eckzähne, die schwächer entwickelt sind als unsere und keine Ähnlichkeit mit denen der Affen aufweisen, eine Hirnschale, die so klein ist wie die eines Gorillas, aber ein wohlgerundetes, wie beim Menschen nach unten gezogenes Genick und schließlich eine nach unten weisende Hinterhauptsöffnung. Bei einigen Exemplaren, darunter den berühmten Zinjanthropus von Oldoway, krönt ein knöcherner Kamm wie beim Gorilla diese winzige Hirnschale mit ihren menschlichen Umrissen. Er reicht jedoch nicht bis an die Ansatzstelle des Hirnbandes, sondern bricht ab, um dem Genick eine große gewölbte Fläche zu belassen. Kein anderes Fossil, das solche Ähnlichkeit mit uns aufwiese, hinterläßt dieses Gefühl des Befremdens, ja fast der Verwirrung und des Mißklangs; keines vermittelt stärker diesen Eindruck eines entmenschlichten Menschen als dieses Fossil eines Affen, der auf dem Wege der Menschwerdung ist. Diese Verwirrung rührt aus dem Umstand, daß der Australanthropus in Wirklichkeit weniger ein Mensch mit dem Gesicht eines Affen ist als ein Mensch, dessen Hirnschädel eine Herausforderung für die Menschheit darstellt. Auf alles waren wir gefaßt, nur nicht darauf, daß unser Menschsein seinen Ausgang bei den Füßen genommen hat.

Aus zwei Gründen ist es sehr schwierig, den inneren Aufbau des Schädels eines Australanthropus zu untersuchen. Der erste Grund liegt im Zustand der Fossilien: lediglich ein Schädel eines Plesianthropus und gleichfalls ein Schädel des Zinjanthropus lassen sich hinreichend rekonstruieren, um sie unter mechanischem Aspekt zu untersuchen. Der zweite Grund liegt in der Tatsache, daß die beiden genannten Schädel von Individuen stammen, die noch nicht vollständig ausgewachsen waren und daher ihre endgültige Form noch nicht erreicht hatten. Der Schädelbau macht eine ganz wesentliche Tatsache deutlich: die Hinterhauptsöffnung liegt an der Unterseite des Schädels und nicht schräg nach hinten versetzt (Abb. 29–30), die Grund-

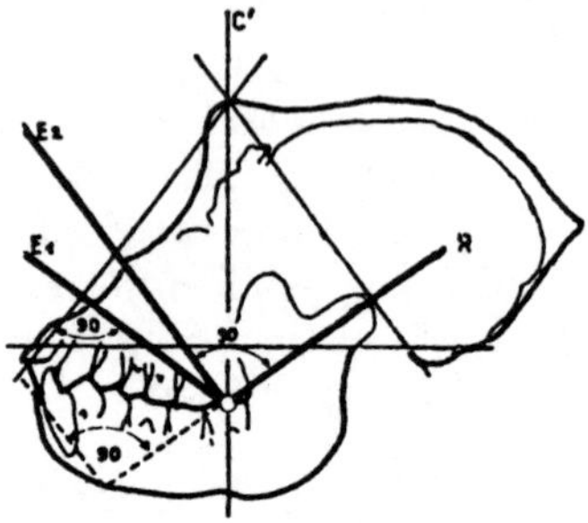

Abb. 29

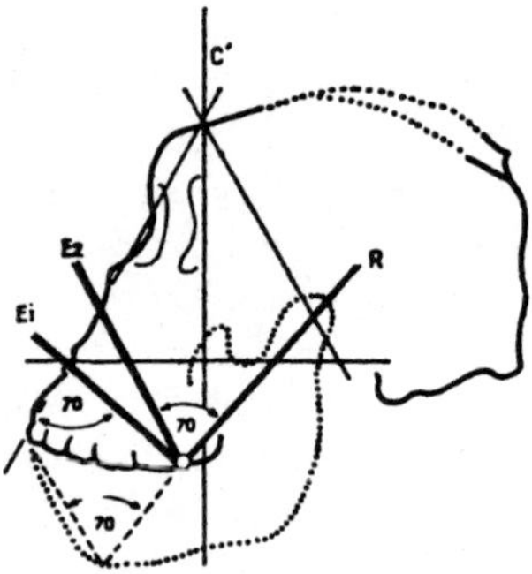

Abb. 30

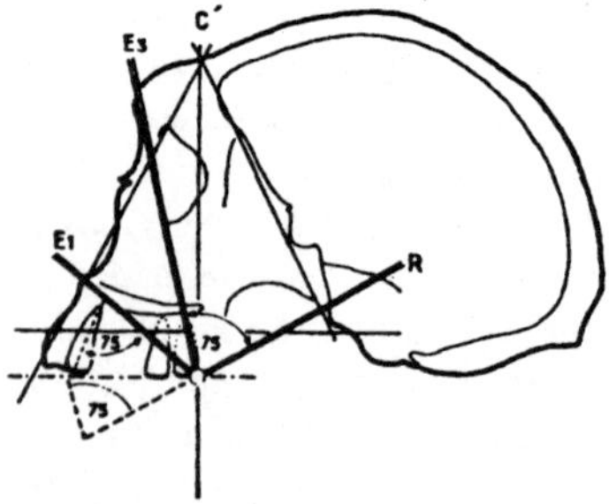

Abb. 31

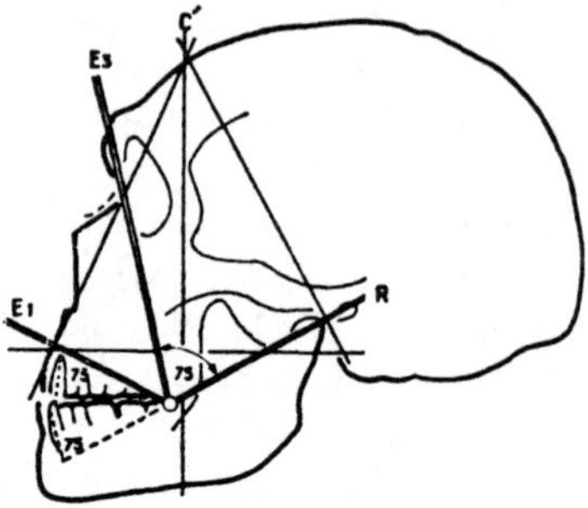

Abb. 32

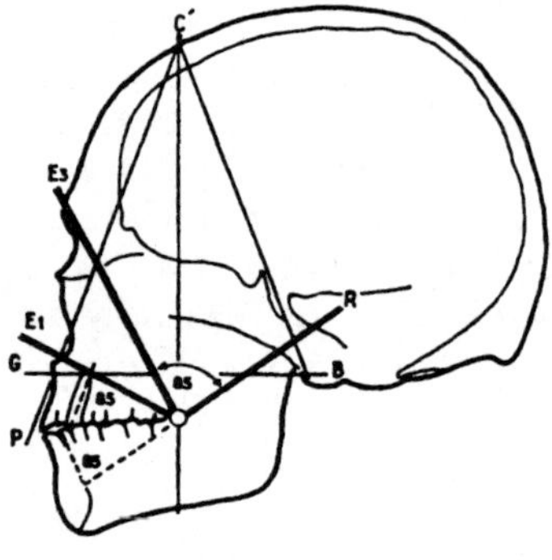

Abb. 33

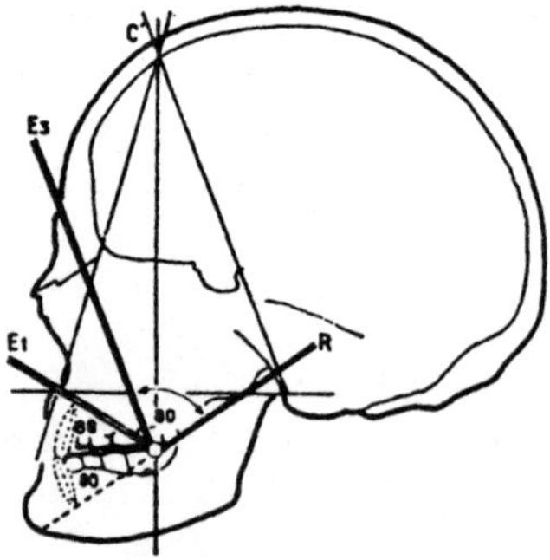

Abb. 34

linie Basion-Prosthion ist deutlich verkürzt, und die vorderen Zähne zeigen eine nach hinten versetzte Stellung, die der Verschiebung der Hinterhauptsöffnung entspricht. Mit anderen Worten: der Verlust des Prognathismus wird ausgeglichen durch den Gewinn, der aufgrund der mechanischen Folgen des aufrechten Ganges an der Schädelbasis eintritt, oder anders: der aufgerichteten Wirbelsäule entspricht die Rückverlagerung des vorderen Gebisses.
Die Entwicklung der Körperhaltung bei den Affen hatte eine partielle Befreiung des Hinterkopfes von den mechanischen Belastungen zur Folge; die statische Konstruktion, die für die Aufnahme sämtlicher am Kiefer auftretenden Kräfte verantwortlich ist, verschiebt sich auf den Gesichtsblock. An diesem Punkt, an dem die ältesten Anthropinen stehen, ist der Bau des Gesichtsschädels nicht sonderlich von dem der höheren Affen verschieden, aber der Hinterkopf ist vollständig befreit, die Wölbung ist um einen Sektor von 60 Grad erweitert, wodurch sich das abgerundete und äußerst menschliche Aussehen der Hinterhauptsregion erklärt.
Die elementarsten Voraussetzungen für die Anthropinen sind demnach beim Plesianthropus oder beim Zinjanthropus erfüllt: Der Gesichtsblock umfaßt ein Dreieck Basion-Prosthion-Orbitalvisier, das mit dem der Affen übereinstimmt, aber der obere Winkel tendiert zu einer Schließung: von 100 Grad beim Orang-Utan, 90 Grad beim Schimpansen, 75 Grad beim Gorilla geht er auf 60 Grad beim Zinjanthropus, 55 Grad bei den Paläanthropinen und auf 45 Grad beim *homo sapiens* zurück. Der Orbitalriegel hat sich von den Affen zu den Australanthropinen nicht geöffnet, und die Stirnpartie des Schädels bleibt äußerst beschränkt: das letzte Hindernis, das vor dem heutigen Typus verschwinden muß. Der Gesichtsschädel wäre dennoch der eines Affen, bestünde nicht die Rückverlagerung der vorderen Zähne und insbesondere der Eckzähne; diese Rückverlagerung ist die Antwort auf die mechanische Entlastung des hinteren Schädels; die tragende Länge der Zahnreihe steht im Gleichgewicht mit der durch die kontraktive (insbesondere die temporale) Muskulatur beanspruchten Partie. Die Vormahlzähne und die Mahlzähne sind stark ausgebildet, die Temporal-Muskeln finden auf dem zu kleinen Schädelkasten nur eine unzulängliche Ansatzstelle; an der Linie, auf der sie zusammentreffen, bestimmen sie einen knöchernen Wulst, vergleichbar dem der Gorillas, der jedoch auf den Scheitel der Schädeldecke beschränkt ist. Wir werden noch sehen, daß diese merkwürdige Situation sich fort-

setzt, denn das Gehirn, das dieser Schädelkasten beherbergt, ist nicht mehr das eines Affen, es gehört vielmehr bereits einem Wesen, das Werkzeuge herstellt. So drängen alle Erkenntnisse über die ersten bekannten Anthropinen zu einer tiefgreifenden Revision der klassischen Vorstellungen über die Menschheit.

Archanthropus

Durch die neuen Erkenntnisse, die wir am Australanthropus gewonnen haben, wurden die Fossilien, auf denen seit gut siebzig Jahren die Theorien über den Ursprung des Menschen basierten, in die zweite Reihe verwiesen. Der Pithecanthropus, der Zinjanthropus, der Atlanthropus, der Mauer-Mensch, der den Ursprung zahlloser Synthesen gebildet hat, sind lediglich noch Zwischenglieder. Der Zinjanthropus hat ihnen eine Menschlichkeit verliehen, die der unseren so nahekommt, daß sie nahezu banal anmutet. Der Zinjanthropus mit seiner Kenntnis des Feuers, der Atlanthropus mit seinen hoch entwickelten Werkzeugen, der Pithecanthropus mit seinem fast schon dem heutigen Menschen entsprechenden Schenkelknochen haben zu ihrer Zeit wichtige Fragen aufgeworfen, die durch den Hunderttausende von Jahren währenden Abstand eine Lösung fanden, den der Australanthropus zwischen den Anfang der Menschheit und diesen Zeugen des Archanthropus gelegt hat. So mögen wir zwar noch vieles, vielleicht auch Überraschendes von ihnen lernen, es ist jedoch kaum zu erwarten, daß sie die grundlegenden Vorstellungen jetzt noch werden umstürzen können. Der Archanthropus besaß schon zu seiner Zeit eine sehr menschliche Vergangenheit.

Daran ändert auch der Umstand nichts, daß seine Menschlichkeit verwirrend bleibt. Er besitzt noch ein enorm großes Gesicht und ein Gehirn, das deutlich kleiner ist als unseres. Seine Stirn ist im wesentlichen noch die des Australanthropus, sie wird von einem beträchtlichen Orbitalwulst verriegelt. Heute sieht man in ihm nicht mehr den üblichen Halb-Affen, die Anatomie seines Schädels bietet vielmehr ein frappierendes Bild von den Stadien der Menschwerdung.

In der Tat zählen in einer Kette ja vor allem das erste und das letzte Glied. Am wichtigsten ist das Wissen darum, wie die lange Kette der Anthropinen mit ihrem Ausgangspunkt verknüpft ist und wie sie an ihrer Einmündung in den *homo sapiens* mit uns zusammenhängt. Den am nächsten gelegenen Endpunkt der Kette bilden der Paläanthropus und insbesondere der Neandertaler. Im übrigen sei nochmals darauf hingewiesen, wie willkürlich solche Abgrenzungen sind: besäßen wir lediglich 20 vollständige Fossilien zwischen dem Zinjanthropus und uns, so gäbe es weder einen Zinjanthropus noch einen Paläanthropus, sondern eine bruchlose Progression vom Zustand 1 zum Zustand 20, denn abgesehen von den Abweichungen zwischen zeitgenössischen Formen sieht man, jedenfalls solange man nicht an überwundenen Vorstellungen festhält, keinerlei bemerkenswerte Übereinstimmungen oder Brüche zwischen den wenigen unzweifelhaft datierten Funden.

Unser Wissen über den Paläanthropus stützt sich auf wenige, in der Mehrzahl sehr bruchstückhafte Schädel: die einzigen wenigstens nahezu vollständigen Schädelfunde sind die von Steinheim, Gibraltar und Saccopastore I. Der Schädel von Broken Hill in Rhodesien ist nicht mit Sicherheit datiert, zeigt jedoch einen archaischen Zustand, der dem der alten Anthropinen Europas recht nahe kommt. Fundstücke des jüngeren Paläanthropus liegen in großer Zahl vor, wir besitzen sogar mehrere vollständige Skelette. Voll erhaltene Schädel gibt es dagegen kaum, und die Mehrzahl von ihnen ist aus zahlreichen Bruchstücken rekonstruiert worden. Unter ihnen findet man Typen wie den von Skhul, die dem *homo sapiens* schon sehr nahe stehen. In Europa sind die besten Individuen die von La Chapelle-aux-Saints, von La Ferrassie und vom Monte Circeo.

Es ist, zumindest hier, nicht erforderlich zu untersuchen, welche Unterschiede zwischen dem Körperbau der Paläanthropinen und dem unsrigen bestehen. Diese Untersuchung erübrigt sich, weil sich das Problem einer mehr oder weniger geraden Körperhaltung nicht mehr stellt; eine derartige Untersuchung wäre beim heutigen Zustand der Dokumentation auch nahezu undurchführbar. Ihr Schädelbau ist dagegen von größtem Interesse, denn hier zeichnen sich die letzten Etappen im Erwerb des Gehirns von *homo sapiens* ab. Es ist natürlich aus wissenschaftlicher Sicht äußerst interessant, die genauere Form der Hand oder des Fußes der Paläanthropinen zu bestimmen, die kleinen Einzelheiten aufzudecken, deren Interpretation dann zu einem lebendigen Bild des Neandertalers zusammenfließen könnten; dies alles würde aber dem Problem keine neue Lösung geben, denn die Werkzeuge des Körpers sind in ihrer menschlichen Gestalt entstanden, lange bevor die Entwicklung des Gehirns abgeschlossen war.

Der Schädel des Paläanthropus (Abb. 31, 37, 41)

Das Bild des Neandertalers ist inzwischen klassisch: niedriger, großer Schädel, fliehende Stirn, enorme Augenwülste über großen Augenhöhlen in einer massiven Stirn, keine ausgeprägten Backenknochen, aufgeworfene Lippen und ein flaches Kinn. Ein mächtiges Genick hält dieses barbarische Gebilde auf einem von zwei großen Füßen getragenen stämmigen Körper. Nur wenige Retuschen an Einzelheiten der Stirn oder des Kinns oder in der Abflachung des Schädels sind nötig, und dieses Roboterbild paßt auf sämtliche bekannten Subjekte, von den ältesten angefangen bis hin zu den jüngsten.
Im Gegensatz zum Australanthropus sind die Neandertaler Anthropinen mit einem großen Gehirn, ein Umstand, der bei den Paläontologen seit zwei Generationen beträchtliche Verwirrung gestiftet hat. Tatsächlich erreichen die jungen Paläanthropinen ein Gehirnvolumen, das dem der heutigen Rassen entspricht. M. Boule und R. Anthony haben jedoch schon lange darauf hingewiesen, daß die Proportionen für die verschiedenen Teile bei ihnen und bei uns nicht die gleichen sind: der Schädel der Paläanthropinen ist gleichsam in seinem hinteren Teil erweitert, während der vordere Teil eng und niedrig bleibt. Dieses Merkmal findet seine Erklärung, wenn man bedenkt, was zur Entwicklung der Körperhaltung vom Affen zum Menschen gesagt worden ist. Als sich die gemischte Disposition herausbildet, die wir bei den Primaten mit Sitzstellung finden, ist der Hinterkopf der Nutznießer dieses Bruches in der Verbindung zum Schädelkasten: die Verlagerung der Zahnreihe ins Innere des Gesichtsraumes hat zur Folge, daß die Stirn hinter dem Augenraum verengt wird. Beim Übergang zum aufrechten Gang kommt es zu einem beträchtlichen Gewinn im Verlauf jenes Prozesses, den man, übrigens recht unangemessen, das »Aufrollen des Gehirns« um seine Basis genannt hat. Dieser

Gewinn betrifft bei den Australanthropinen vor allem den Hinterkopfbereich und die Schläfenregion. Der Aufbau des Gesichtsraumes ist im großen und ganzen der gleiche wie bei den Primaten, und die Stirn bleibt hinter den Augenhöhlen verriegelt. Das wichtigste paläontologische Problem bleibt folglich das der Befreiung der Stirn beim *homo sapiens*, eine Befreiung, die mit einer tiefgreifenden Umgestaltung des Gesichts einhergeht, in deren Verlauf die Stirn, die Backenknochen und das Kinn hervortreten. Die fossilen Zeugen der Paläanthropinen sind bestens geeignet, diesen Übergang zu verdeutlichen.

Vergleicht man die Umrisse des Zinjanthropus, des Menschen von Broken Hill und des Menschen von La Ferrassie, so erhält man auf den ersten Blick schon einen sehr klaren Eindruck von der fortschreitenden Rückverlegung des Gesichtsraumes im Verhältnis zum Schädelkasten. Es sieht so aus, als verengte sich das Gehirn von den Augenhöhlen ausgehend und verlagerte sich zunehmend unter einen mehr und mehr überhängenden Schädelkasten. Diese Abnahme des absoluten Prognathismus spiegelt sich unmittelbar in der Konstruktion des Gesichtsschädels, dessen Gipfelpunkt sich beim Zinjanthropus mitten im Augenraum befindet, beim Menschen vom Broken Hill an der Verbindungslinie von Augenhöhlen und Stirn, beim Menschen von La Ferrassie mitten auf der Stirn und beim heutigen Menschen fast hinter der Stirn. Ausdruck dessen ist auch die fortschreitende Schließung des Winkels zwischen Prosthion und Basion, der von 60% beim Zinjanthropus auf 45% beim heutigen Menschen abnimmt. Diese Entwicklung läßt sich auch noch auf andere Weise ausdrücken: im Verlaufe der Entwicklung der Anthropinen verliert der Supraorbitalraum nach und nach den Charakter einer Grundlage für den Gesichtsbau, im gleichen Zuge wird er kleiner und verschwindet schließlich bei der Mehrzahl der heutigen weiblichen Individuen völlig. Es sieht so aus, als nähme das Gehirn Schritt für Schritt die vorderen Regionen ein und zwar in dem Maße, wie diese von den mechanischen Belastungen des Gesichts befreit werden. Man könnte auch umgekehrt argumentieren und in eher klassischer Manier behaupten, die Entwicklung des Gehirns im vorderen Bereich bestimme erst die zunehmende Rückversetzung des Gesichts und seine Verkleinerung. Das hieße jedoch das Pferd vom Schwanz aufzäumen, scheint mir, denn man ordnete so eine mechanische Wirkung irgendwelchen Ursachen für das Wachstum des Gehirns unter, für die keinerlei Beleg

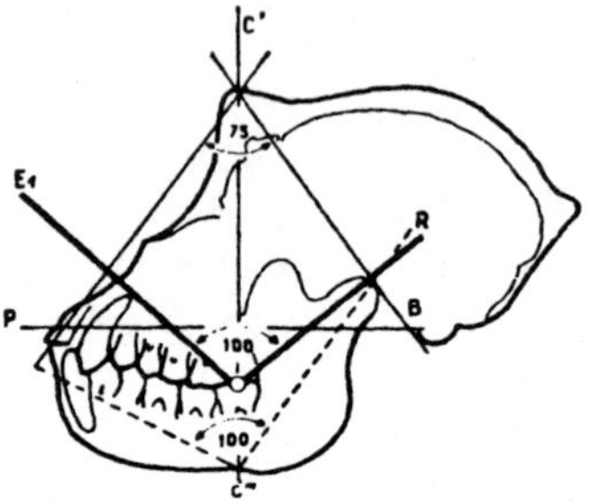

Abb. 35

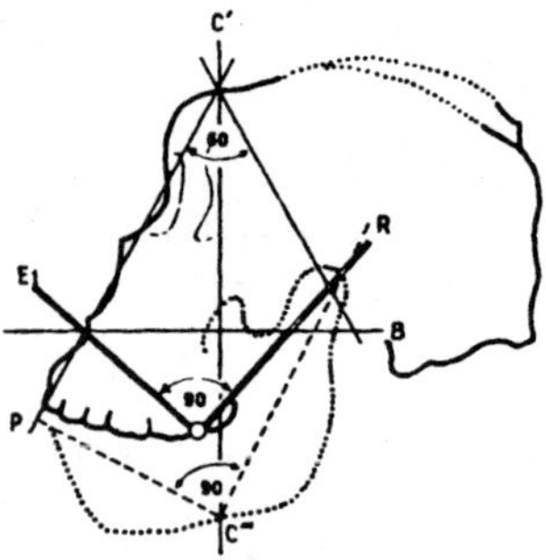

Abb. 36

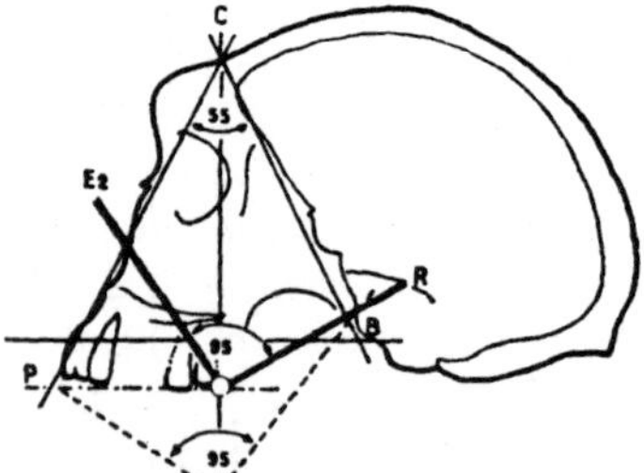

Abb. 37

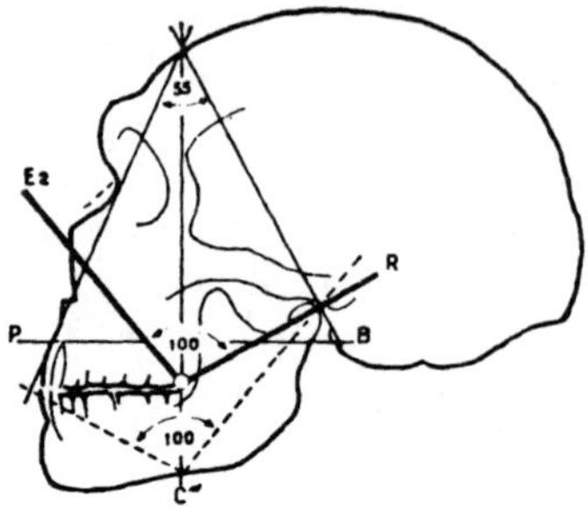

Abb. 38

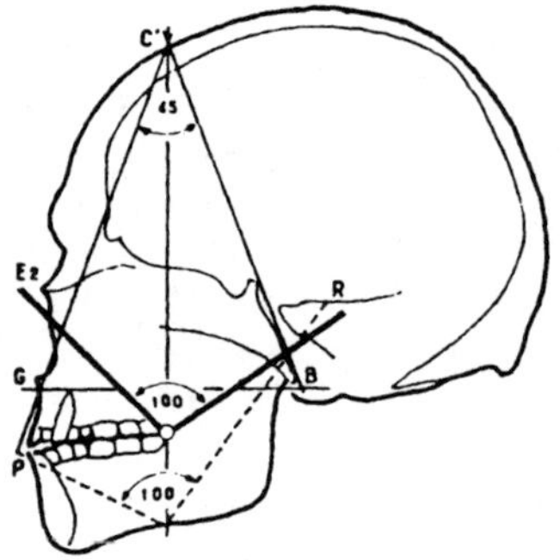

Abb. 39

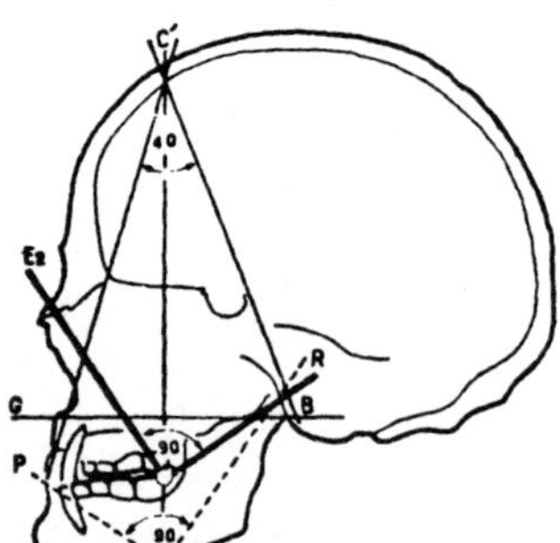

Abb. 40

möglich zu sein scheint. Den Gegenbeweis liefert im übrigen die Tatsache, daß die am höchsten entwickelten Paläanthropinen mit ihrem Gehirnvolumen von 1600 cm^3 ganz deutlich den Eindruck eines mechanischen Kompromisses machen: die Expansion erfolgt bei ihnen nach hinten und nach den Seiten, also dahin, wo keine mechanischen Belastungen auftreten. Besäße das Gehirn die expansive Kraft, die man ihm zugeschrieben hat, so gäbe es keinen Grund, weshalb die Stirn sich nicht schon viel früher und selbst über weit vorstehenden Augenbögen entwickelt haben sollte.

Weitere Ursachen scheinen im Spiel zu sein. Es sei daran erinnert, daß es seit dem Auftauchen des bodenfreien vierfüßigen Ganges am Ende des Primärs zur Heterodontie und zur Diversifizierung der Schneidezähne, der Eckzähne sowie der Vormahlzähne und der Mahlzähne kommt. Man erinnere sich auch, daß von diesem Augenblick an die Wurzeln der Eckzähne zu einem Hauptbestandteil des Gesichtsbaus werden. Ihre Verbindung ist so gestaltet, daß sie selbst in den Formen, bei denen die Eckzähne eine nahezu vollständige Rückbildung erfahren – wie bei den Pferden –, gleichwohl weiterhin mit dem allgemeinen Knochengerüst verbunden bleiben. Bei den Affen behält die Wurzel der Eckzähne ganz unabhängig von den Ausmaßen der Zahnkrone die gleiche Funktion und bleibt mit dem Knochenwerk um den Augenraum herum verbunden. Mit anderen Worten: das Gesicht ist auf vier Pfeilern erbaut (zwei für die ersten Mahlzähne, zwei für die Eckzähne), deren Schlußstein im Supraorbitalraum liegt. Diese Konstruktion besteht, wie wir gesehen haben, auch bei den Australanthropinen, die Verkürzung der Basis, die aus dem aufrechten Gang resultiert, führt jedoch zu einer merklichen Verkleinerung der Eckzahnwurzeln.

Dieser Prozeß setzt sich langsam bis hin zum modernen Menschen fort, und dies in dem Maße, wie der Schädelbau sich anpaßt. Eigentlich hätte diese Entwicklung mit einer entsprechenden Entwicklung der Körperhaltung verbunden sein müssen, und dies war weiter oben auch mitgedacht, als ich eine Entwicklung der Wirbelsäulenbiegungen annahm, die nicht gleich in jedem Falle das Prinzip des aufrechten Ganges, das nun durch zahlreiche Fossilien belegt ist, ins Spiel brächte.

Dieser Evolutionsprozeß erscheint ein zweites Mal in der engen Verbindung zwischen der tragenden Basis des Schädelbaues, die sich fortschreitend verkürzt, der Rückbildung der Zähne und der Ausdeh-

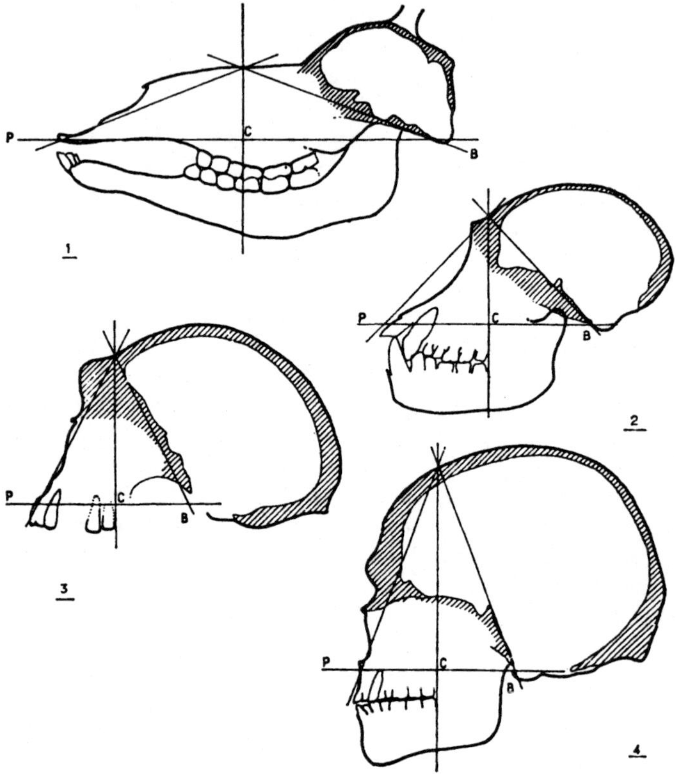

Abb. 41

nung des Gehirns, das sich gewissermaßen in jene Bereiche hinein ausbreitet, in denen der Widerstand geringer wird (Abb. 29–41). Die fortschreitende Verkleinerung der Eckzahnwurzeln ist bei den verschiedenen datierten Paläanthropinen deutlich feststellbar. Beim Schädel von La Ferrassie kommen die Wurzeln denen der heutigen Rassen bereits recht nahe. Die Entwicklung des Gesichts von den Paläanthropinen zum heutigen Menschen ließe sich danach in einer beständigen Rückbildung des Bettes der vorderen Zähne, seiner schon bei den Australanthropinen beginnenden Verkleinerung festmachen. Die Folgen dieser Rückbildung kommen in den drei wichtigsten Veränderungen zum Ausdruck, die das Gesicht von *homo sapiens* kennzeichnen: 1. das Knochengerüst, das die vorderen Zähne mit dem Supraorbitalvisier verbindet, bildet sich zunehmend zurück, und der Überaugenwulst verschwindet allmählich; 2. der gleiche Vorgang wiederholt sich spiegelbildlich im Unterkiefer, die Kinnregion erfährt eine wesentliche Umformung, die zur Herausbildung des Kinnes führt; 3. der erste Mahlzahn wird die Basis für den wichtigsten Pfeiler des Gesichts, die Wangenknochen führen die wichtigsten Kraftlinien hinter das Supraorbitalvisier, so daß die Backenknochen des heutigen Menschen eine ganz andere Ausbildung zeigen als die der Paläanthropinen.

Von großem Interesse ist die Feststellung, daß dieser Prozeß bei manchen primitiven Rassen wie den australischen Ureinwohnern noch nicht vollständig abgeschlossen ist und daß der Überaugenwulst noch eine gewisse Bedeutung bewahrt. Noch interessanter ist die Feststellung, daß das Gehirn bei zahlreichen Individuen aus verschiedenen Rassen nicht den gesamten Raum einnimmt, der aufgrund der Gesichtsentwicklung zur Verfügung steht, daß wie bei den niederen Säugetieren mehr oder weniger beträchtliche Buchten an der Stirn frei bleiben, die erhebliche Hohlräume zwischen dem, mechanisch durch das Gebiß bestimmten, Behälter und dem Gehirninhalt bilden: ein weiterer Beweis dafür, daß es die unterstellten Wirkungen der Expansion des Gehirns nicht gibt.

So erweist sich, daß die Paläanthropinen etwas ganz anderes darstellen als jenen zurückgebliebenen Nebenzweig, den man gelegentlich in ihnen sehen wollte; wenn auch nicht behauptet werden soll, sämtliche Formen seien direkte Vorfahren des *homo sapiens* gewesen (diese Behauptung wäre ja auch für den heutigen *homo sapiens* absurd, da einige seiner Rassen verschwinden werden, ohne zum zukünftigen *homo post-sapiens* beigetragen zu haben), so scheint es gleichwohl klar, daß sie insgesamt tatsächlich die Wurzeln der heutigen Rassen bilden. Dies wird noch deutlicher, wenn man die datierten Exemplare chronologisch ordnet und dabei feststellt, mit welcher Regelmäßigkeit sie sich insgesamt in unsere Richtung fortentwickeln.

Die Entfaltung des Kortikalfächers

Wir haben die lange Entwicklung der menschlichen Abstammungslinie verfolgt. Wir haben gesehen, daß die Verwandtschaft des Affen mit dem Menschen heute als äußerst problematisch gelten muß und daß man einen hypothetischen zweifüßigen Vorfahren annehmen muß, der unterhalb der Gabelung anzusiedeln ist, welche die pithecomorphen von den zweifüßigen Primaten sondert. Die Merkmale des Menschen sind in der Tat nicht auf die der Affen zurückführbar, denn die gesamte Evolution von den Fischen zum Gorilla zeigt, daß die Körperhaltung ein grundlegendes Merkmal bildet: die Affen, und zwar alle, sind durch eine gemischte, vierfüßige und sitzende Haltung gekennzeichnet und durch die Anpassung ihrer Füße an diese Lebensbedingungen. Die Anthropinen dagegen sind grundlegend durch eine gemischte, zweifüßige und sitzende Haltung gekennzeichnet, und ihr Fuß ist daran vollständig angepaßt.

Dieser Unterschied in der Körperhaltung ließe sich als nebensächlich abtun, wäre er nicht die Quelle von wesentlichen Unterschieden zwischen den Entwicklungslinien jener beiden Wesen, die eine Hand mit opponierbarem Daumen besitzen. Die Anthropinen verdanken dem aufrechten Gang nicht allein die Freisetzung der Hand bei der Fortbewegung, sie verdanken ihm auch das kurze Gesicht mit den schwach ausgebildeten Eckzähnen und ein Gehirn, das von den Stützaufgaben des Knochengerüstes entlastet ist. Am Ausgang dieser Kette von Befreiungen ist die Befreiung des Gehirns bei den ältesten Zeugen, beim Australopithecus, bereits verwirklicht, der, wie wir gesehen haben, besser als Australanthropus bezeichnet würde. So weit man auch die Spuren des Affenmenschen zurückverfolgt, so stößt man bis heute stets nur auf Menschen. Aber wie ungewöhnlich sind die ältesten von ihnen! Vom Scheitel bis zur Sohle sind keinerlei ernstzunehmende Unterschiede zum heutigen Menschen festzustellen, der Apparat ist bereits vollkommen menschlich; er trägt einen Kopf, der nicht der Kopf eines Affen ist, sondern die Züge eines noch nicht Mensch gewordenen Menschen zeigt. Der gewaltige und flache, fast stirnlose Gesichtsschädel ist mit einem kleinen und gerundeten Schädelkasten verbunden, der mit einem Knochenwulst versehen ist, bei dem die Muskeln eines riesigen Kiefers ansetzen. Das Gehirn dieses Wesens, das uns weit mehr verwirrt als der von Gabriel de Mortillet ersonnene ganz gewöhnliche Anthropopithecus, ist vergleichsweise stärker ausgebildet als das Gehirn eines Gorillas: es ist winzig im Vergleich zu unserem Gehirn, im Gewicht etwa zweifach geringer. Die Intelligenz hängt jedoch nicht nur vom Hirnvolumen ab, sondern auch von der Organisation der einzelnen Teile: ein sehr

großes Affenhirn, das ebenso groß wie das unsere wäre, würde dennoch nicht anders als ein Affenhirn funktionieren, besser wohl als das eines Gorillas, weil es mehr Nervenzellen enthielte, aber mit Sicherheit nicht wie das Gehirn eines Menschen. Der Australopithecus hat also nicht das Gehirn eines Affen, sondern – und das ist vielleicht noch verwirrender – ein menschliches Gehirn, das zu seinem äußerst primitiven Gesicht im Widerspruch steht.
Das Gehirn fossiler Menschen können wir natürlich nicht im einzelnen untersuchen, seine Abdrücke an der Schädeldecke zeichnen jedoch ein Bild des von den Hirnhäuten eingehüllten Gehirns, das es uns ermöglicht, die Proportionen der verschiedenen Teile festzustellen und das Spiel der wichtigsten Gehirnwindungen zu betrachten. Eine Paläontologie des Gehirns wird so in gewissem Umfang möglich und ist auch seit einem halben Jahrhundert in mancherlei Neuauflagen betrieben worden. Aus zahlreichen Studien weiß man, wie das Gehirn der verschiedensten Tiere und des Menschen funktioniert. Dieses Wissen ist noch sehr unvollständig, aber für den gesamten Oberflächenbereich, der einer chirurgischen oder elektrischen Erforschung am leichtesten zugänglich ist, liegen zahlreiche kohärente Daten vor. Dieser Bereich umfaßt einen großen Teil des Hirnkortex, in dem die wichtigsten Phänomene des Relationslebens ablaufen; und gerade vom Hirnkortex liefern die Innenschädelabdrücke der Fossilien ein freilich etwas verschwommenes Bild. Wenn wir auch nicht hoffen können, eine vollständige Liste der intellektuellen Äußerungen des Australanthropus, des Archanthropus oder des Paläanthropus zu erstellen, so läßt sich doch über den zweifachen Rückgriff auf den Hirnabdruck und auf die heutige Physiologie ein bereits sehr konsistentes Bild von den Möglichkeiten ihres Hirnapparates gewinnen.
Wie wir oben gesehen haben, lag die wichtigste Auswirkung der Aufhängung des Anthropinen-Schädels auf der Spitze einer vollständig aufgerichteten Wirbelsäule in der mechanischen Isolierung des Gesichtsschädels vom Hinterkopf, was die Absenkung des Inion-Massivs und die Ausrichtung des *clivius basilius* zur Folge hatte. Die offenkundigste Folge dieser Disposition ist eine ausgeprägte »Aufrollung« des Gehirns, das eine gerundete Form annimmt. Diese Rundung des Gehirnbodens ist geometrisch nur in der zugehörigen merklichen Steigerung des Kreissegments festzustellen, das die Schädeldecke beschreibt. Mit anderen Worten: die Schädeldecke öffnet sich

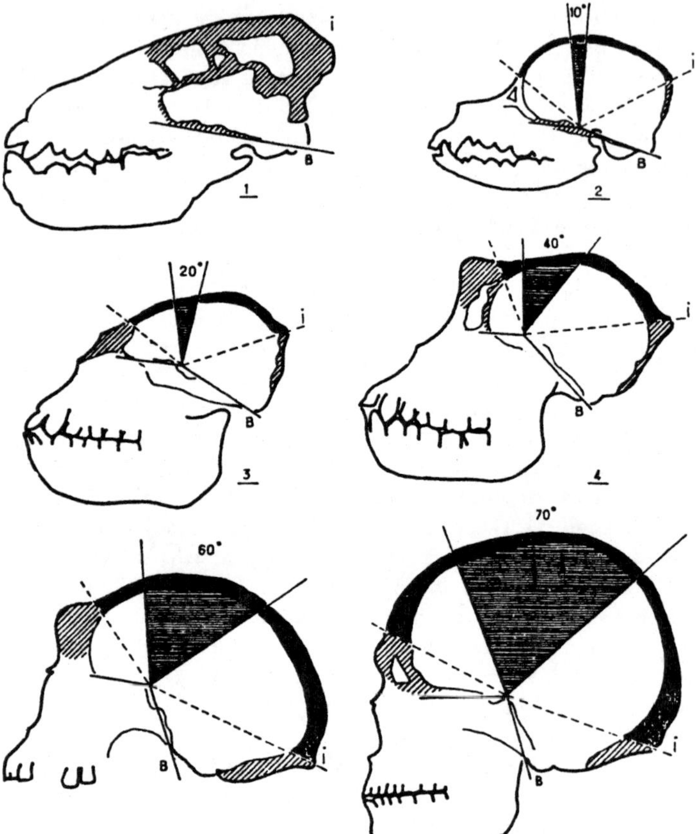

Abb. 42

buchstäblich wie ein Fächer. Die Entfaltung dieses Fächers erfolgt nicht in gleichförmiger Weise (Abb. 42): die Stirn behält wegen des Gesichtsmassivs, das sie stützt, zunächst ihre Proportionen bei, und erst beim *homo sapiens* wird der Präfrontalriegel gesprengt. Auch das Genick wird in seinen Proportionen durch die mechanischen Belastungen der Aufhängung bestimmt, so daß die Verlängerung des Kreissegmentes im Zentrum beträchtlicher ist als an den beiden En-

den. Auch in transversaler Richtung ist der Gewinn beträchtlich, und schon mit dem Australopithecus führt der aufrechte Gang zu einer Steigerung der Schädeloberfläche im mittleren Frontal-Temporal-Parietal-Bereich. Diese Steigerung erfolgt allmählich und läßt sich vom Affen bis zu jeder der anthropinen Formen verfolgen. Bis zum *homo sapiens* dagegen erscheint die Bewegung recht reduziert. Da die Schädeldecke beim Menschen mit der tatsächlichen Oberfläche des Gehirns übereinstimmt, läßt sich mit Sicherheit sagen, daß die deutlichste Tatsache der Gehirnentwicklung von den Australanthropinen zu den Paläanthropinen in der Steigerung der Kortexoberfläche in den mittleren Frontal-Parietal-Bereichen besteht.
Diese Feststellung führt zu außerordentlich wichtigen Konsequenzen: wenn die Entwicklung des menschlichen Körpers schon recht bald abgeschlossen ist, so steht die Entwicklung des Gehirns mit dem Zinjanthropus erst an ihrem Anfang. Und wenn wir nach Unterschieden in den intellektuellen Fähigkeiten der Großaffen und der ältesten Menschen suchen, so müßte der Kontrast sich am deutlichsten in den Eigenschaften des mittleren Kortex abzeichnen.

Der mittlere Kortex (Abb. 43)

Zahlreiche Arbeiten haben sich mit dem mittleren Kortex bei den Tieren und beim Menschen befaßt, insbesondere mit den Rindenfeldern, die bei den Säugetieren und beim Menschen auf beiden Seiten der Rolando-Furche angeordnet sind. Vor dieser Furche liegen die Fasern der Pyramidenbahn (Area 4), die mit der Motorik der verschiedenen Teile des Körpers verbunden sind, hinter ihr (Areae 1, 2 und 3) entsprechen afferente sensorische Fasern den gleichen Partien. Die elektrische und neurochirurgische Exploration haben es möglich gemacht, mit großer Präzision zu bestimmen, auf welche Körperteile die einzelnen Zellengruppen bezogen sind, die gewissermaßen ein neuromotorisches Abbild des körperlichen Individuums darstellen. Dieses Abbild steht auf dem Kopf, die für die Motorik des Kopfes und der oberen Extremität verantwortlichen Fasern befinden sich in der Nähe des Schädelbodens, die zu den Füßen gehörigen Fasern dagegen in der Nähe der Schädeldecke.
Für unsere Zwecke ist es sehr wichtig, die Entwicklung des neuromo-

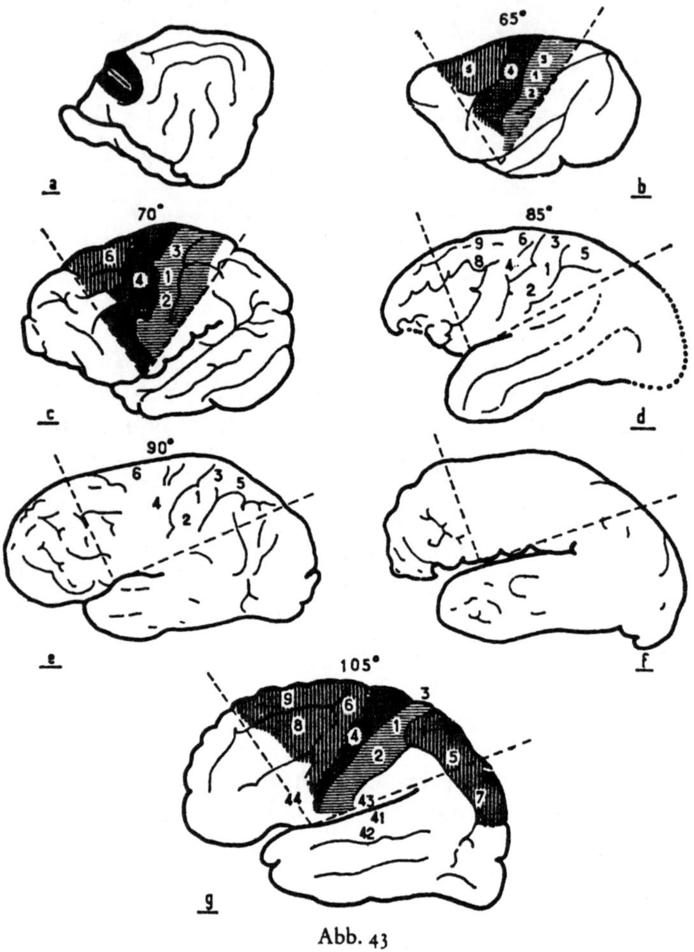

Abb. 43

torischen Schemas von den Vierfüßern an zu verfolgen; in der Tat fördert diese Untersuchung einige zentrale Punkte im Zusammenhang zwischen der Tierwelt und der Welt des Menschen zutage.
Bei den Wirbellosen findet sich noch ein sehr einfaches Schema, das senso-motorische Nervensystem beschränkt sich dort auf zwei Ganglienketten, die die Körpersegmente beleben, und auf eine obere Ner-

venkreuzung, an der sich ein erstes Relationsdispositiv organisiert. Dann kompliziert sich das Nervensystem durch die Vervielfachung seiner Verbindungen mit dem Körper und durch die Vervielfältigung seiner Möglichkeiten, das Spiel dieser vervielfachten Nervenbefehle vom Gehirn aus zu koordinieren. Genau wie bei einem elektrischen oder elektronischen System resultiert daraus die Herstellung mehr oder weniger zahlreicher Verbindungsleitungen (der Neuronen), die an ihren Enden miteinander in einer Integrationsvorrichtung verbunden werden, deren Fähigkeiten in direktem Verhältnis zur Anzahl der Verbindungen steht. Beim Menschen zählt man etwa 14 Milliarden Verbindungen innerhalb des Gehirns und zwischen Gehirn und Körper.

Der Bau des Gehirns begann bescheiden mit dem *jeder für sich* der niederen Wirbeltiere, bei denen jedes Körpersegment sein eigenes Leben lebt und nur das unerläßliche Minimum einer Verbindung mit dem Rest des Organismus besitzt. Bei den Würmern ist die Unabhängigkeit noch beträchtlich, und auch bei den Wirbeltieren bleibt sie noch erhalten (die Stücke eines Aals springen bekanntlich in der Pfanne noch, und eine Ente, der man den Kopf abschlägt, läuft noch einige Meter), aber bei allem, was aus der Nähe oder auch nur aus der Ferne das Relationsleben ins Spiel bringt, treten die Verbindungen mit dem zerebralen System neben diese fundamentale Unabhängigkeit. Die ersten Nervensysteme bei den Wirbeltieren sind noch sehr einfach und nehmen, wie wir gesehen haben, im Schädelskelett nur wenig Raum ein; ihre Fortentwicklung in Richtung eines immer feineren und bewußteren Einsatzes der Organe erfolgt durch die Anfügung von Integrationssystemen an das bestehende System, in denen die sensorischen Daten synthetisiert und die Bilder und Antworten verteilt werden. Die Entwicklung vom Tier zum Menschen macht oberflächlich den Eindruck, als würde hier Gehirn an Gehirn gefügt, wobei jede der neu entwickelten Formationen eine immer subtilere Kohärenz sämtlicher früheren Formationen herbeiführt, die ihre Aufgaben weiterhin erfüllen. Die jüngste Formation, die erst mit den Säugetieren Bedeutung erlangt, ist der Neokortex, ein motorisches und sensorisches Integrationsorgan, das zum Instrument der menschlichen Intelligenz wird. Die funktionelle Struktur des Kortex oder Neopallium der Wirbeltiere ist noch lange nicht in allen Einzelheiten bestimmt, es wäre hier auch wenig nützlich, seine Entwicklung von Anfang an zu beschreiben; es genügt, bei den bereits entwickelten vierfüßigen Säugetieren zu beginnen, um die Kontinuität aufzuzeigen, die zwischen den neurologischen Gegebenheiten und dem, was ich über die mechanische Evolution des Schädelbaus bei den Wirbeltieren bereits ausgeführt habe, besteht.

Der senso-motorische Kortex individualisiert sich an den Rändern der Rolando-Furche; besonders deutlich ist dieser Vorgang bei Tieren wie dem Pferd, dem Schwein oder dem Schaf, vierfüßigen Läufern, für die das vordere Relationsfeld im wesentlichen ein Gesichtsfeld ist; eine Beteiligung der vorderen Extremität gibt es beim Pferd praktisch gar nicht, beim Schwein ist sie sehr schwach, beim Schaf jedoch schon bedeutsamer. Bei diesen drei Tieren zeigt die Exploration des Kortex eine sehr differenzierte Repräsentation des Mauls im senso-motorischen Kortex. Die vordere Extremität ist dagegen nur schwach in einigen Punkten individualisiert, die der Vorderseite der Handwurzel entsprechen. Eine feine Sensibilität und eine *intelligente* Motorik findet sich bei diesen Tieren folglich nur im Umkreis der Mundöffnung, ihre manuelle Technizität beschränkt sich auf einige schwach ausgebildete Fähigkeiten, Gegenstände mit der Hand festzuhalten oder wegzustoßen.

Bei den Fleischfressern, bei denen bereits eine deutliche Beteiligung der Hand anzutreffen ist, weisen die senso-motorischen Rindenfelder weit mehr Fasern auf, und die Repräsentation der verschiedenen Körperteile ist stärker nuanciert. Der hintere Teil des Körpers bleibt in sehr unbestimmter Weise repräsentiert, die Koordination der Gesten erfolgt hier in Bereichen, in die das Bewußtsein nicht eingreift, aber das Gesicht und die zwei vorderen Extremitäten sind deutlich unterschieden und recht fein organisiert. Insbesondere die Katze zeigt einen hohen Grad der Aufgliederung, die den vielfältigen Operationen entspricht, die sie mit ihrer Hand ausführen kann. Dies bestätigt auch eine allgemeine Tatsache, auf die ich schon mehrfach hingewiesen habe: Im Gegensatz zu den Läufern besitzen die Jäger sämtlich die fundamentalen Potentiale der Technizität, wenngleich sie noch weit entfernt sind von der Vollendung, die der Mensch erreicht. Bei den Fleischfressern sind die den technischen Operationen zugeordneten Rindenfelder von einem sehr engen mechanischen Rahmen eingegrenzt, der Kortikalkomplex hat sich kaum entfaltet, aber schon das wenige, das hier vorhanden ist, reicht aus, um zu verstehen, wie tief in der Tierwelt sich das Instrument der menschlichen Technizität herausbildet.

Bei den cynomorphen Affen wie der Meerkatze ist der Kortikalkomplex weit geöffnet, und das erste senso-motorische Dreieck (Areae 1–4) erweitert sich um eine extra-pyramidale prämotorische Zone (Area 6), die eine weitere Stufe in der motorischen Integration bildet. Das Abbild der Körperinstrumente ist sehr detailliert; sämtliche Körperteile sind in distinkter Weise im Kortex abgebildet, in variablen Proportionen, in denen sich die motorische Organisation der Primaten enthüllt. Etwa zwei Drittel der Rindenoberfläche wird von Zellen des Gesichts, der Hand und des Fußes eingenommen. Gut ein Viertel der gesamten Oberfläche wird allein schon von den Neuronen belegt, die die Sprache, den Kehlkopf, die Lippen, den Daumen der Hand und den Daumen des Fußes kontrollieren (Abb. 44). Im Wesen ist die Situation bei den Schimpansen oder beim Gorilla nicht anders, graduell unterscheidet sie sich aber durch die größere Anzahl von Zellen; die Finger sind jeweils einzeln repräsentiert, während die vier Finger der Hand bei den cynomorphen Affen noch eine gemeinsame Repräsentation finden. Hinsichtlich der fundamentalen prämotorischen und motorischen Zonen unterscheidet sich die Situation beim Menschen nicht grundlegend von der bei den Anthropoiden. Die Evolution schafft auf jeder Stufe neue Gehirne über den alten, der motorische Streifen der höheren Vierfüßer wird von dem prämotorischen Dreieck der Affen abgelöst, bevor dieses seinerseits wieder von neuen Formationen überlagert wird.

Schon auf der Stufe der Affen ist die Situation äußerst bemerkenswert. Die anatomische Korrelation hat zur simultanen Ausführung einer gemischten Körperhaltung geführt, die eine vierfüßige Fortbewegung mit einer aufrechten Sitzhaltung verbindet, und zur Entwicklung der Schädeldecke in ihrem mittleren Bereich. Im Gegensatz zum Gehirn bestimmter Raubtiere wie der Hyäne, ist das Gehirn der Primaten bis an die Grenzen seiner möglichen Entwicklung vorangeschritten und paßt sich eng den von der Mechanik auferlegten Konturen des Schädels an. Es ist unmöglich, in der expansiven Kraft des Schädels den Motor der Schädelentwicklung zu sehen, wie man es gelegentlich zumindest implizit angenommen hat. Die Erhöhung der Anzahl der Nervenzellen kann der Erweiterung des Schädelbaus nicht vorangegangen sein. Selbst wenn man zugibt, daß die Expansion des Gehirns und die räumliche Verbesserung des Skeletts nur ein einziges Phänomen sind, so muß man gleichwohl einsehen, daß das Gehirn der allgemeinen Bewegung *folgt* und nicht ihr Motor ist.

Die Affen haben folglich das Gehirn, das dem Stand der mechanischen Befreiung ihrer Schädeldecke entspricht, d. h. ein Gehirn, dessen senso-motorischer Kortex von bemerkenswerter Größe ist und insbesondere eine fortgeschrittene Beherrschung des isolierten oder koordinierten Spiels von Gesicht und Hand gestattet. Niemand, der sich mit dem Verhalten der höheren Affen beschäftigt hat, würde behaupten, daß die Hindernisse für eine Ausbildung von Techniken im menschlichen Sinne in der Ausstattung ihres motorischen und prämotorischen Kortex läge. So klafft trotz der beeindruckenden Fülle von Beobachtungen über die Schimpansen ein unergründlicher Abgrund zwischen der Handlung eines Affen, der zwei Bambusstücke aneinanderfügt, um auf eine Kiste zu steigen und eine Banane herunterzunehmen, und den Fertigungstätigkeiten eines Zinjanthropus. Was uns ein Wesen, das uns zoologisch so nahe steht wie der Schimpanse, hier als Reflex einer Annäherung an eine elementare Technizität bietet, besitzt nichts Überraschendes, denn es ist nicht ungewöhnlicher als die Tatsache, daß man z. B. im Tapir etwas von einem Rhinozeros, im Eichhörnchen etwas von einem Biber oder im Bär etwas von einem Dachs entdecken kann; der Affe aber führt so wenig zum Menschen wie das Rhinozeros zum Tapir.[7]

7 Man kann die Bedeutung von Forschungen zur Technizität in der Tierwelt und zum Wert der wenigen Werkzeugbeispiele, die man ihr beilegen kann, gar nicht genug betonen, wir müssen uns aber vor einer anthropozentrischen Einstellung hüten, die das Problem verfälscht. Fälle von Werkzeuggebrauch sind in der Tierwelt äußerst selten, und in einem ehrfurchtsvollen Gemisch zitiert man stets die gleichen Beispiele: die Ammophiles mit ihrem Steinchen, die Finken der Galapagos-Inseln mit ihren Stöckchen, die Ziege, die sich mit einem Ast zu kratzen vermag, den sie im Maul hält, Darwins Meerkatze, die Nüsse mit einem Stein aufbrach, Affen, die mit Steinen werfen, und den Gärtnervogel. In Wirklichkeit sind diese Beispiele nur deshalb spektakulär, weil man sie mit Tätigkeiten des Menschen vergleicht, sie zeigen jedoch keinen wesentlichen Unterschied zur Technizität in der gesamten Tierwelt einschließlich des Menschen. Wen dies in Staunen versetzt, der kehrt eigentlich zu den Naturalisten des 18. Jahrhunderts zurück, die sich in rührenden Betrachtungen über die fleißige Biene und die sparsame Ameise ergingen. Mit dem gleichen Recht könnte man den bipeden Gang herausgreifen und, statt den Vergleich auf die wenigen Augenblicke zu beschränken, in denen der Gibbon aufrecht geht, eine Fülle zusammenhangloser Beispiele in einem einzigen Panorama zusammenstellen: die zweifüßigen Dinosaurier, das Gürteltier, das Schuppentier, die Springmaus, das Känguruh und den dressierten

Untersucht man die endokranen Hirnabdrücke *(impressiones gyrorum)* beim Australopithecus, beim Pithecanthropus, beim Neandertaler oder beim heutigen Menschen, so zeigen sich zwischen den verschiedenen Teilen Unterschiede in den Proportionen, die vor allem die Frontallappen (lobi frontales) betreffen. Im Parietal- und Occipitalbereich lassen sich, sieht man von den Unterschieden des Volumens und der Oberfläche ab, kaum Variationen feststellen, die nicht auch in den Gehirnen verschiedener heutiger Menschen aufzufinden wären. Mit Sicherheit führt die Zunahme des Gesamtgewichts des Gehirns (es verdoppelt sich vom Australopithecus zum *homo sapiens*) und desgleichen auch die Komplizierung der Hirnwindungen, durch die sich die Oberfläche des Kortex erweitert, zu sehr verschiedenen intellektuellen Entwicklungsniveaus an den beiden Enden der hier betrachteten Evolution, d. h. aber nicht, daß sich darin ein Übergang vom Nicht-Menschlichen zum Menschlichen ausdrückt. Mit anderen Worten, am Ausgangspunkt stellt man fest, daß das Gehirn des Zinjanthropus die Form eines menschlichen Gehirns und nicht die eines Affengehirns hat, daß es jedoch klein ist, recht grobe Windungen aufweist und mit entsprechend kleinen Frontallappen ausgestattet ist. Geht man von einem graduellen und nicht von einem strukturellen Unterschied aus, so wird es möglich, unsere Kenntnisse über das Leben der dem *homo sapiens* vorangegangenen Formen in einer menschlichen Perspektive zu interpretieren. Im übrigen sollten wir uns nicht verhehlen, daß diese Interpretation kaum weniger Schwie-

Hund; damit hätte man eine der Lösungen für das Gehen aufgezeigt, die der Mensch mit den Wirbeltieren teilt. Das Inventar der gemeinsamen Lösungen ist unerläßlich, um einen Teilbereich aus dem Problem des Menschen zu formulieren, um aufzuzeigen, inwiefern der Mensch nur ein Fall unter anderen ist; damit hat man jedoch erst eine Komponente geklärt. Einer weiteren Komponente wendet man sich zu, wenn man die Situation des Menschen im Rahmen jener Arten untersucht, die umfangreiche manuelle Aktivitäten entfalten, und einer dritten schließlich, wenn man den Menschen in den Zusammenhang jener allgemeinen Entwicklungsbewegung stellt, die zu einer wachsenden Komplexität der Nervensysteme führt. Man könnte noch weitere Komponenten hinzufügen und käme so zu einer Resultante, die den Menschen als ein in der Tierwelt völlig einzigartiges Wesen ausweist, deren einzelne Elemente jedoch sämtlich weit verbreitet sind.

rigkeiten bereitet, wenn man dem Affen seine richtige Stelle zugewiesen hat und ihn nicht länger als die Hauptfigur in einer Folge ansieht, in der man die Grenze zum Menschsein beliebig ansetzen könnte. Auch wenn man darauf verzichtet, nach dem »Verbindungsglied« zu suchen, ist man im derzeitigen Dokumentationsmaterial mit einer Sammlung von Menschen konfrontiert, durch die selbst die Einheit einer Definition des Menschen in Frage gestellt wird.
Schon im ersten Kapitel haben wir die Situation des fossilen »Menschen« durch den Besitz des aufrechten Ganges, eines kurzen Gesichtes, einer freien Hand und von Werkzeugen charakterisiert. Das Problem, das wir hier lösen müssen, ist das der Organisation des Hirnapparates, die es dem Menschen gestattet, sich vom Affen durch die Ausübung seiner Technizität abzuheben, denn seit der Entdeckung des Zinjanthropus steht fest, daß die Technizität schon in den bescheidensten menschlichen Formen vorhanden ist. Eine genaue Untersuchung der Hirnrinde beim heutigen Menschen liefert uns die Elemente einer ganzen Reihe von Hypothesen.

Primitive Motorik
(Abb. 43 und 44)

Wie das Gehirn aller höheren Säugetiere besitzt auch das Gehirn des Menschen entlang der Rolando-Furche auf den aufsteigenden Frontalwindungen eine primäre motorische Zone (Area 4), auf der sich von der Basis bis zur Oberseite mit großer Genauigkeit Neuronengruppen abgrenzen lassen, die das Gesicht, die Finger der Hand, die obere Extremität, den Rumpf und die untere Extremität kontrollieren. Wie bei den Fleischfressern oder den Affen findet sich dort das (auf dem Kopf stehende) Bild des gesamten Körperapparates, für den Area 4 das Regulationstableau bildet. Die Quantität der zu jeder Körperregion gehörigen Neuronen ist proportional zur Feinheit seiner Steuerung: der heutige Mensch bietet etwa die folgenden Proportionen: 80% der Area 4 dienen der motorischen Kontrolle des Kopfes und der oberen Extremität, d. h. die beiden Pole des Relationsfeldes mobilisieren acht Zehntel des gesamten primären motorischen Dispositivs. Allein die Zunge, die Lippen, der Kehlkopf, der Schlund und die Finger nehmen fast die Hälfte der gesamten Area 4 ein.
Vergleicht man damit den Affen, so zeigt sich, daß die quantitativen

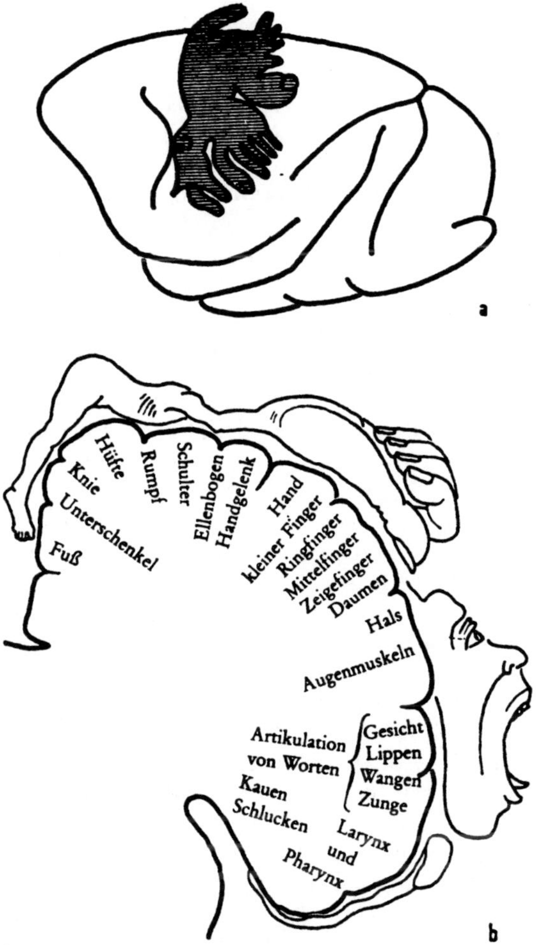

Abb. 44

Unterschiede zwar gewaltig sind, die Proportionen zwischen den verschiedenen Bereichen aber nicht merklich variieren. In der Tat nehmen beim Affen die Gesichtsorgane und die Hand die Hälfte des motorischen Dispositivs ein, der einzige Unterschied zum Menschen betrifft den Daumen des Fußes, was mit den unterschiedlichen Fortbewegungsarten der baumbewohnenden und der erdbewohnenden zweifüßigen Primaten zusammenhängt. Affe und Mensch besitzen also die gleiche neurale Repräsentation des Gesichts und der Hand, d. h. ihr Gehirn zeigt die Spuren einer in gleicher Weise zwischen den Gesichtsorganen und der vorderen Extremität aufgeteilten Aktivität. Beim Affen betrifft diese Aufteilung koordinierte Tätigkeiten des Ergreifens und der Zurichtung von Nahrung, des Angriffs oder der Verteidigung, des Lausens und der Fortbewegung für die Hand, des Kauens und Schluckens für das Gesicht; hinzu kommen noch einige Gesten und mimische Bewegungen. Beim Menschen gestaltet sich diese Aufteilung, wie wir wissen, ganz anders: die koordinierten Tätigkeiten des Ergreifens und der Zurichtung von Nahrung zeigen eine deutliche Dominanz der Hand, das gleiche gilt für Angriffs- und Verteidigungsaktivitäten; die Fortbewegung hat mit der Hand nichts mehr zu tun. Vor allem aber ist die Hand zum Organ der Fertigung geworden, während das Gesicht ein Instrument zur organisierten sprachlichen Lautbildung ist.

Diese Feststellungen führen uns zu einigen allgemeinen Überlegungen. Auf der Ebene der Organisation der pyramidalen Motorik zeigen Affe und Mensch hinsichtlich des Relationsfeldes die gleiche Formel, aber die Anwendungsmodalitäten sind verschieden, und es bleibt die Frage, warum der Mensch seine Hand zur Fertigung und sein Gesicht zum Sprechen benutzt. Wichtig bleibt freilich noch festzuhalten, daß alles darauf hindeutet, daß die Situation des Pyramidenkortex bei den Australanthropinen der gleichen Formel gehorchte, d. h. daß Hand und Gesicht bei ihnen wie bei den Meerkatzen oder bei uns eine etwa ebenso wichtige Rolle spielten und miteinander koordiniert waren.

Ein weiterer Umstand verdient Interesse: die Kontiguität der Bereiche von Gesicht und Hand in Area 4 und ihre gemeinsame topographische Lage. Zwischen der Tätigkeit der Hand und der Tätigkeit der vorderen Gesichtsorgane besteht eine enge Koordination. Beim Affen erstreckt sich diese Verbindung vor allem auf die Nahrungsaufnahme, und dies gilt in den entsprechenden Proportionen auch für den Menschen, doch darüber hinaus ist bei ihm auch eine nicht weniger starke Koordination zwischen Hand und Gesicht beim Sprechen festzustellen. Diese Koordination, die sich in Gesten ausdrückt, mit denen das gesprochene Wort kommentiert wird, erscheint auch in der Schrift als einer Transkription von Lauten.

Die Affen und die Anthropinen besitzen also den gleichen primären motorischen Kortex, ein getreues Abbild sämtlicher Körperteile, in dem Gesicht und Hand eine dominierende Stelle einnehmen. Bei Katze und Hund findet sich, weniger deutlich freilich, die gleiche Repräsentation, sie bildet dort aber das äußerste Integrationsdispositiv des Gehirns, während sie schon beim Affen nur die vorletzte Etappe darstellt. Zerstört man bei dressierten Hunden oder Katzen auf chirurgischem Wege die motorischen Pyramidenfelder, so verschwinden unabhängig von allgemeinen motorischen Störungen die dem Tier durch Dressur anerzogenen Operationsketten; das Tier verliert, was es gelernt hat. Wie wir oben gesehen haben, wird das primäre motorische Feld beim Affen auf seiner Vorderseite von einem prämotorischen parapyramidalen Feld (Area 6) ergänzt, das im Verlauf der ersten Entwicklung des Kortikalapparates erworben wird; auf dieser Ebene erfolgt nun die Integration, und das Pyramidenfeld hat keine exklusive Funktion mehr. Der Ablauf ähnelt ganz einem elektronischen System, bei dem man dank der Millionen Kombinationen eines ersten Apparates in der Lage ist, dessen Möglichkeiten durch Hinzufügung weiterer Apparate zu erhöhen. Wie treffend dieser Vergleich zumindest global gesehen ist, wird deutlich, wenn man bei einem Affen den Pyramidenkortex zerstört; es zeigt sich, daß das Gedächtnis für erlernte Vorgänge erhalten bleibt; das Tier behält das Erlernte und ist in der Lage, es zu erweitern. Dagegen führt die Zerstörung des prämotorischen Kortex (Area 6), der die letzte Stufe bildet, zu einem Verlust des Erlernten und zu schwerwiegenden Störungen im Erwerb neuer Operationsketten. Die Öffnung des Kortikalkomplexes entspricht also einer Verbesserung des Neuro-Apparates, der Konstruktion eines Integrationsdispositivs, das beim Affen reicher ist als bei den Vierfüßern.

Menschliche Motorik

Da das Gehirn der fossilen Anthropinen auf immer der Beobachtung entzogen sein wird, sind wir gezwungen, mit unseren Überlegungen vom heutigen Menschen auszugehen. Wir werden übrigens später noch sehen, daß uns die Produkte, die uns von der Industrie der fossilen Menschen erhalten geblieben sind, eine gewisse Kontrolle ermöglichen werden; andererseits erhalten die Beobachtungen, die

wir am heutigen Menschen gewinnen können, angesichts der organischen Einheit der Anthropinen, wie sie sich uns nach und nach erschlossen hat, ihren vollen Wert bei der Rekonstruktion der Vergangenheit. In der Tat geht es nicht mehr darum, zwei verschiedene zoologische Gruppen durch Übergänge miteinander zu verbinden, sondern darum, in der gleichen zoologischen Gruppe, den Anthropinen, verschiedene chronologische Zustände der gleichen Struktur miteinander zu vergleichen. Im Vorgriff auf Erörterungen, denen wir uns in Kapitel IV zuwenden werden, sei noch erwähnt, daß es uns hier ausschließlich um die mittlere Region des Kortex geht, die Frontalbereiche wollen wir zunächst einmal außer acht lassen; hier wollen wir zunächst einmal aufzeigen, daß die Technizität (ungeachtet anderer Formen der Intelligenz, die wir später betrachten werden) bei den Anthropinen ein vorzeitiges Phänomen darstellt und daß sie in der gesamten Familie als eine einzigartige Erscheinung dasteht.
Der Kortikalkomplex des heutigen Menschen (Abb. 43) wird in seinem motorischen Teil vom primären motorischen Feld (Area 4) gebildet; davor befindet sich wie bei den Affen das prämotorische Feld (Area 6). Davor wiederum ist Area 8 angesiedelt, deren Struktur einen intermediären Charakter zwischen der Struktur des prämotorischen Feldes und der Struktur der Frontallappen besitzt, die keinerlei motorische Neuronen aufweisen. Der Kortikalfächer hat sich also einem neuen Blatt geöffnet. Der Komplex der motorischen Integration, der nun gewissermaßen drei Stockwerke besitzt, hat sich seit den Vierfüßern beständig nach vorne ausgedehnt: Area 8 orientiert die motorische Integration hin auf die nichtmotorischen Frontalbereiche, die bei den Affen noch sehr wenig ausgebildet sind und auch bei den fossilen Menschen ihre Entwicklung noch längst nicht abgeschlossen haben. Um den motorischen Fächer sind afferente Komplexe für sensorische Eindrücke gruppiert, die für die Integration dieser Eindrücke in den neuro-motorischen Komplex sorgen. Die visuellen Eindrücke haben ein eigenes Gebiet (Areae 17–19) in den Occipitallappen, die somatischen Eindrücke bilden einen Streifen, der sich parallel zu Area 4 (Areae 1, 2, 3) am hinteren Rand der Rolando-Furche entlang zieht. Seine Abschnitte entsprechen denen von Area 4. Die temporale Region (Areae 41–44), in der die bedeutsamsten Bewegungen abgelaufen sind – sie bildet das Zentrum jener »Aufrollbewegung« beim Schädel der Anthropinen –, verdient besonderes Interesse, denn seine Erforschung hat seit Broca zunehmend die Sprache ins Spiel gebracht.

Die Sprache der Anthropinen
(Abb. 45)

Das Problem der Sprache werden wir in verschiedenen Kapiteln wieder aufnehmen, hier wollen wir den Versuch machen, aus den Daten der Hirnanatomie, so unvollständig sie sind, einige Informationen zu gewinnen, die wir dann im weiteren an den Manifestationen kontrollieren können.

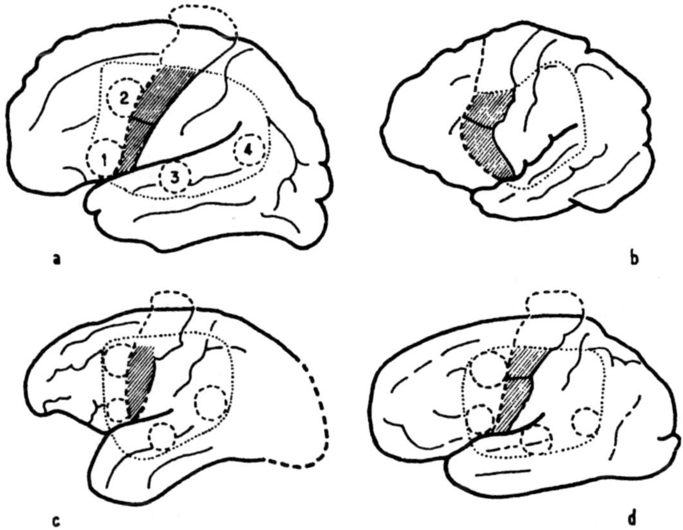

Abb. 45

In dem Bereich, in dem die Frontal-, Parietal- und Temporalregionen zusammenstoßen, wird der Kortex durch die untere Partie der motorischen und prämotorischen Felder (Areae 4 und 6) gebildet, d. h. durch die motorischen Bereiche, die das Gesicht und die Hand betreffen. Auf ihrer Vorderseite grenzt das prämotorische Feld an zwei Assoziationszonen, von denen die eine den Fuß der zweiten Frontalwindung belegt (den Fuß von Area 9) und gegen die motorischen Zentren der Hand stößt, während die andere den Fuß der dritten Frontalwindung (Area 44) besetzt und zu den motorischen Zentren des Gesichts Verbindung hat.

Auf der rückwärtigen Seite steht diese Zunge der facialen und manuellen Motorik in Verbindung mit den entsprechenden Partien der somatischen Areae 1 und 2. Auf der hinteren Unterseite schließlich grenzt sie an die Felder der auditiven Assoziation (Areae 41, 42), und noch weiter hinten steht sie in indirekter Verbindung mit dem Feld der visuellen Assoziation (Area 19). Area 44 wird mit der Sprache in Verbindung gebracht, seit Broca 1861 entdeckte, daß Verletzungen des Fußes der dritten Frontalwindung zu einem Verlust der Sprachbeherrschung führen. In den seither vergangenen hundert Jahren hat die Topographie des Kortex große Fortschritte gemacht, das Problem der Sprache hat in dieser Zeit eine sehr viel breitere Basis gewonnen, als ein Neurologe es sich vorstellen konnte, der noch völlig von phrenologischen Vorstellungen über zerebrale Lokalisierung beherrscht war.[8]

8 Der deutsche Arzt Franz Joseph Gall (1758–1818) erlebte in der Phrenologie einen anhaltenden Popularitätserfolg, an den in der Biologie selbst Cuvier und Darwin kaum herankamen. Eine Formulierung seiner Theorie, die er in mehreren Arbeiten niedergelegt hat, findet sich auch im Titel seines Hauptwerkes: *Vorlesungen über die Verrichtungen des Gehirns und die Möglichkeit die Anlagen mehrer Geistes- und Gemüthseigenschaften aus dem Bau des Schädels der Menschen und Thiere zu erkennen.* Galls Theorie wurde von Anfang an heftig bekämpft, und wenn man versuchte, sie lächerlich zu machen, so traf man darin vieles, worauf ihr Erfolg beruhte. Galls Argumentationen und der Charakter der von ihm eingeführten Gefühlskriterien lassen Illusionen über den objektiven Wert seiner Theorie gar nicht erst aufkommen, und die Anatomen und Physiologen beschieden ihr sogleich das Los, das ihr gebührte; für weniger wissenschaftliche Geister besaß sie jedoch hohe Anziehungskraft. Die »Anlagen« der Kindesliebe, des Wohlwollens, des Mitgefühls oder der Destruktivität, die sich am Schädel sollten ablesen lassen, gaben den einen die willkommene Gelegenheit zur Ironie, den anderen zur wissenschaftlichen Mystifizierung, und »avoir la bosse de l'intelligence ou des voyages« (Anlage zu Intelligenz oder zum Reisen besitzen) ist in den (französischen) Sprachgebrauch eingegangen. Es wäre interessant, die Gründe für das lange Überleben der phrenologischen Theorie zu untersuchen. Das Geheimnis der fatalen Konditionierung der Genies, Kriminellen und Idioten kommt dem Problem des Affenvorfahren recht nahe, vor allem aber dem stets gegenwärtigen Problem der Bestimmung des Menschen. Die heftigen wissenschaftlichen Attacken gegen Gall und die wiederholten Gegenangriffe, die zu seinen Gunsten auf vulgarisierendem Niveau geführt wurden, schöpfen aus den gleichen psychologischen Quellen. Man kann sich übrigens fragen, ob die phrenologische Theorie nicht eine evidente parawissenschaftliche Realität entfaltet. Befreit man Galls Arbeit von dem ganzen haltlosen Begründungsapparat, so bleiben einige Feststellungen bestehen, die an ihrem Ausgangs-

Der gesamte eben beschriebene Komplex bildet die kortikale Ausstattung der Sprache beim heutigen Menschen, und die Ergebnisse der Neurochirurgie zeigen, daß die Assoziationszonen, die den motorischen Kortex des Gesichts und der Hand umgeben, gemeinsam an der Hervorbringung phonetischer oder graphischer Symbole beteiligt sind. Störungen der Area 44, die mit dem Pyramidenkortex des Gesichts in Verbindung steht, führen, wie Broca schon gesehen hat, zur *Aphasie*, der Unfähigkeit, zusammenhängende phonetische Symbole zu bilden; Verletzungen der auditiven Areae 41–42 führen zu *Sprachtaubheit*, der Unfähigkeit, die gehörten Worte zu identifizieren. Die beiden Zonen, die sich um die motorischen Zellen des Gesichts herumziehen, wobei die eine den Übergang zu den präfrontalen Bereichen bildet, die andere den Übergang zum auditiven Komplex, sind demnach unmittelbar bei der Bildung und Rezeption von gesprochener Sprache beteiligt. Noch wichtiger dürften in unserem Zusammenhang jedoch die Sprachstörungen sein, die den Bereich der Schrift betreffen: Verletzungen des Fußes der zweiten Frontalwindung, die an das motorische Feld der Hand angrenzt, führen zur *Agraphie*, d. h. zu Schreibunfähigkeit, während Verletzungen der präoccipitalen, visuellen Area 19 *Alexie*, also Leseunfähigkeit hervorrufen. Wohlverstanden betreffen diese Defekte nicht die materiellen Fähigkeiten des Sehens, Hörens oder der Bildung von Lauten, sondern die intellektuelle Fähigkeit, gesprochene oder graphische Symbole auszudrücken oder zu verstehen.

Diese Elemente erlauben es uns bereits, eine erste paläontologische

punkt nicht völlig wertlos sind. Gall behauptete die Spezialisierung der verschiedenen Hirnbereiche, eine Tatsache, die heute banal geworden ist. Er vertrat die Ansicht, daß jedes Organ sich im Nervensystem bis hin zum Hirnkortex fortsetze, eine Tatsache, die heute anerkannt ist. Er meinte, viele psychologische Merkmale seien durch die Physis bedingt, eine Tatsache, die heute gleichfalls außer Frage steht; so kann man ihn ganz nach Belieben zu einem Wirrkopf oder zu einem Vorläufer stempeln. Wie das Werk N. de Maillets in der Mitte des 18. Jahrhunderts, so erscheint Galls Werk heute lächerlich und wissenschaftlich unbrauchbar, aber seine Ideen besaßen Weite, und seine Vorstellungskraft war durchdringend. Wer sich auf das Wagnis des Abenteuers Wissenschaft einläßt, ist gezwungen, bei der intuitiven Erfassung einer Relation zwischen zwei Tatsachenbereichen auf Begründungen zurückzugreifen, die in der Regel naiv sind; dieser Vorwurf läßt sich mit gleichem Recht den Pionieren des Evolutionismus oder der Human-Paläontologie machen.

Vorstellung von der Sprache zu entwickeln. Zunächst einmal müssen wir innerhalb des Problems der Sprache unterscheiden zwischen der physischen Fähigkeit, expressive Laute oder Gesten zu organisieren, und der intellektuellen Fähigkeit, expressive, in Laute oder Gesten übersetzbare Symbole zu verstehen. Die Symbole kann man ihrerseits in zweifacher Weise sehen: als konkret verbunden mit Operationen, die das manuelle Feld mobilisieren, oder als abstrahiert aus manuellen Operationen.

Eine Betrachtung des Kortex der höheren Affen zeigt, daß die Areae 41–44 kaum entwickelt sind. Statt die kortikale Folge 4, 6, 8, 9, 44 ins Spiel zu bringen, endet der Neurokomplex praktisch auf der Stufe 8; Artikulation und Gestikulation sind demnach nur in infrahumaner Weise ausgestattet. Auch die Audition von Symbolen ist in höchstem Maße defizient. Eng zwischen Frontalmassiv und Inionmassiv eingezwängt, verfügt der mittlere Kortex der Großaffen nicht über die physische Fähigkeit zur Bildung von Sprache.

Sobald es jedoch zur Befreiung des Inionriegels kommt, schafft die weite Öffnung des Kortikalfächers eine topographische Situation, die dem gesamten mittleren Kortex zugute kommt. Die Expansion des Präfrontalbereichs bleibt bis zum *homo sapiens* noch sehr unvollkommen, aber die Existenz der Rindenfelder zur verbalen und gestischen Assoziation ist schon beim Australanthropus vollkommen deutlich. Zu einer zweifüßigen Körperhaltung und einer freien Hand, also zu einem im mittleren Deckenbereich beträchtlich frei gesetzten Schädelkasten, gehört unbedingt ein Gehirn, das für den Gebrauch der Sprache bereits ausgerüstet ist, und ich glaube, wir müssen annehmen, daß schon die ersten bekannten Anthropinen die physischen Voraussetzungen zur Organisation von Lauten und Gesten besaßen. Auf welchem intellektuellen Niveau stand die Sprache des Zinjanthropus? Eine Frage, die wir später nochmals mit anderen Argumenten aufnehmen werden, die jedoch keineswegs die virtuelle Existenz der Sprache bei den älteren Hominiden in Frage stellt.

So scheint alles darauf hinzudeuten, daß die Entfaltung des Kortikalfächers bei den höheren Säugetieren in drei Stadien abläuft, die der Entwicklung der Körperhaltung entspricht. In der ersten Phase zeigen die vierfüßigen Läufer am Rande der Rolando-Furche die ersten Spuren einer feinen Organisation motorischer Pyramidenzellen, die nahezu sämtlich mit der Motorik der vorderen Gesichtsorgane in Zusammenhang stehen. Die zweite Phase wird von den vierfüßigen

Greifern realisiert, bei denen sich die Fähigkeit zu einer sitzenden Haltung und zu einer zeitweiligen Befreiung der Hand ohne Modifikation der Schädelaufhängung ausbildet. Der motorische Kortikalstreifen ist bei ihnen bereits organisiert und die Hand deutlich individualisiert. Die dritte Phase entspricht den Affen, bei denen der Erwerb der Sitzhaltung mit einer Modifizierung der Schädelaufhängung verbunden ist: der Pyramidenstreifen ist um einen prämotorischen Streifen erweitert, und die Operation des Gesichtes und der Hand sind in hohem Maße differenziert. Die vierte Phase ist durch den Erwerb der Zweifüßigkeit gekennzeichnet, die mit einer tiefgreifenden Modifizierung der Schädelaufhängung und mit der Befreiung der Hand einhergeht: der Kortikalfächer hat sich weit geöffnet und steht in Verbindung mit afferenten Zentren, die zu den verschiedenen, für die Sprache bedeutsamen Bereichen gehören.

Zinjanthropus

Das für die Wissenschaft der fossilen Menschen vielleicht wichtigste Ereignis ist die Entdeckung, die L. B. S. Leakey am 17. Juli 1959 in der Oldoway-Schlucht in Tanganjika machte: er stieß auf einen Australopithecinen von menschlicher Gestalt, den *Zinjanthropus boisei*, und dazu auf sehr primitive, aber als solche nicht zu bezweifelnde Werkzeuge. Diese Entdeckung erfolgte wenige Jahre nach der Entdeckung des Beckens der Australopithecinen Süd-Afrikas. Seit zwei Jahren wußte man bereits, daß der Australopithecus aufrecht ging, und mehrere Forscher hatten den Besitz von Werkzeug als höchst wahrscheinlich bezeichnet. Die Entdeckung Leakeys markiert das Ende des Mythos vom Affenmenschen, zumindest im wissenschaftlichen Bereich. Es bleiben die Konsequenzen zu bestimmen, die aus der unvorhergesehenen Existenz einer Menschheit erwachsen, die schon am Ende des Tertiärs ihre Körpergestalt gewonnen hatte, aber in ihrer mentalen Entwicklung noch längst nicht so weit war.

Der Zinjanthropus (und die übrigen Australopithecinen) stellten Werkzeuge her, was zum ersten Mal in der Folge der zoologischen Formen das Problem der Gültigkeit eines spezifischen Merkmals stellt, das aus einem anderen Bereich als dem der anatomischen Biologie stammt. Das Erscheinen des Werkzeugs unter den spezifischen Merkmalen markiert genau die Grenze des Menschseins durch einen langen Übergang, in dessen Verlauf die Soziologie langsam an die Stelle der Zoologie tritt. An dem Punkt, an dem der Zinjanthropus steht, erscheint das Werkzeug geradezu als eine anatomische Konsequenz, als einziger Ausweg für ein Wesen, das in seiner Hand und seinem Gebiß vollständig waffenlos dasteht und dessen Gehirn in einer Weise organisiert ist, die es zu komplexen manuellen Operationen befähigt.

Raymond A. Dart, der 1925 den ersten Australopithecus in Süd-Afrika entdeckte und in der Folgezeit noch zahlreiche Funde dieser ältesten bekannten Anthropinen machte, kam aufgrund des Studiums der mit ihnen aufgefundenen tierischen Überreste zu dem Schluß, daß der Australopithecus gejagt haben muß, was bei den Affen kaum der Fall ist. Zu ihrer Beute gehörten offenbar im Süden des afrikanischen Kontinents Antilopen von mittlerer und kleiner Größe, recht häufig auch Wildschweine und Paviane, manchmal sogar so große Tiere wie das Zebra, das Nashorn und das Flußpferd oder so gefährliche wie der Panther. Vor der Entdeckung von Steinwerkzeugen in den Lagerstätten glaubte er, der Australopithecus habe Knochenwerkzeuge benutzt, insbesondere die Schenkelknochen von Antilopen, die sich als Schlagwerkzeuge verwenden ließen, und er hatte den Komplex einer *osteodontokeratischen* Industrie geschaffen, indem er die Knochentrümmer, die ihm am charakteristischsten erschienen, zusammengestellt hatte. Es ist recht wahrscheinlich, daß der größte Teil dieser Industrie Zufallscharakter hat, aber eine mögliche Verwendung großer Knochen als Schlagwerkzeug und insbesondere der Einsatz von Hörnern als Keulen oder Spieße ist sicherlich nicht von der Hand zu weisen. In Oldoway war das Fossil des Zinjanthropus von behauenen Kieseln umgeben. Diese Steine gehören zu einer Industrie, die für Afrika schon lange unter dem Namen *Pebble-Kultur* bekannt und über den ganzen Kontinent bis ins frühe Quartär und den Übergang zum Tertiär verbreitet ist und in der man schon seit einigen Jahren das Werk der Australanthropinen vermutete.

Geröllsteine

Die afrikanische Geröllstein-Industrie läßt sich in der Tat als die erste Form ansehen, die sich vom rohen Stein unterscheidet. Es ist nicht leicht, Erkenntnisse über die ersten Produkte menschlicher Industrie

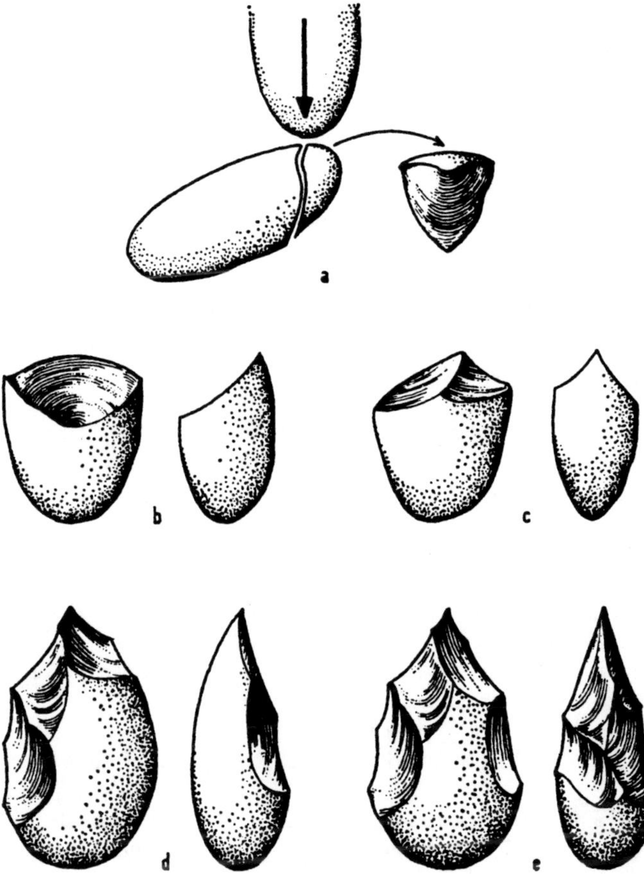

Abb. 46

zu gewinnen, und diese Frage hat die Prähistoriker seit den 60er Jahren des letzten Jahrhunderts in besonderem Maße beschäftigt. Während es leicht ist, sie zu identifizieren, sobald eine sekundäre Bearbeitung ihnen eine konstante Form verleiht, ist es sehr schwierig, behauene Steine zu bestimmen, die lediglich rohe Bruchstücke darstellen. Setzt man brüchige Steine wie den Feuerstein oder die Quarzite einem harten Schlag aus, so bilden sich Abschläge, die an ihren

Bruchflächen eine muschelförmige Gestalt zeigen, den Schlagbulbus. Der Schlag, mit dem man solche Abschläge gewinnt, muß in einer bestimmten Richtung und mit einer Kraft erfolgen, die in der Regel eine bewußte Tätigkeit voraussetzen, aber bei den Milliarden Schlägen, denen die Kiesel in der Brandung oder in einem Wasserfall ausgesetzt sind, führt auch der Zufall zu einer gewissen Zahl von Abschlägen, die auf menschliche Einwirkung zurückzugehen scheinen. So kann man zwar sagen: das Vorhandensein eines Schlagbulbus stellt mit erhöhter Wahrscheinlichkeit die Frage einer menschlichen Einwirkung, es läßt aber die Möglichkeit offen, auf eine gewisse Zahl von Abschlägen zu stoßen, die das Spiel der Natur hervorgebracht hat. Aus diesem Grunde haben die *Eolithe* des mittleren und frühen Tertiärs die Prähistoriker am Ende des 19. Jahrhunderts aufs stärkste beschäftigt.

Betrachtet man eine Sammlung von Eolithen, deren Stücke nicht bewußt ausgewählt worden sind, so fällt eines ins Auge: es ist keinerlei morphologische Regelmäßigkeit erkennbar, die Verteilung der Formen erscheint vollkommen zufällig. Die einzelnen morphologischen Konstanten, die man bei solchen Sammlungen ausfindig machen könnte, liegen auf einer rein mechanischen Ebene. Sie betreffen die zufällige Abflachung von Kieseln an ihren Rändern, vorspringende Teile oder durch Biegung erfolgte Brüche bei sehr langen Kieselsteinen. Wenn so die allerprimitivste Industrie aussähe, vermöchte die prähistorische Wissenschaft das Problem nie zu lösen, und diese ersten Zeugnisse könnten vernachlässigt werden.

Aber die zufallsbestimmten Schläge sind nur im Kopf eines Wissenschaftlers verständlich, der sich den Urmenschen vorstellt, wie es Gabriel de Mortillet tat; als einen noch unerfahrenen Halbaffen, dem es gefällt, den Titel des ersten Menschen zu erobern, indem er um sich schlägt und dabei eine seiner gerade von der Fortbewegung befreiten Hände vor die Augen hält. Formuliert man das Problem in einer zugleich biologischen und paläontologischen Perspektive, so gewinnt es eine ganz andere Gestalt. In den beiden vorangegangenen Kapiteln sind wir zu einem Begriff des Werkzeugs gelangt, der dieses als eine Absonderung des Körpers und des Gehirns der Anthropinen versteht. In diesem Fall ist es nur folgerichtig, auf ein solches künstliches Organ die Normen der natürlichen Organe anzuwenden: es muß konstanten Formen, einem echten Stereotyp entsprechen. In der Tat gilt dies für alle Produkte der menschlichen Industrie in historischen

Zeiten: es gibt ein Stereotyp des Messers, der Axt, des Pflugs, des Flugzeugs, das nicht nur das Produkt einer kohärenten Intelligenz ist, sondern das Ergebnis einer Intelligenz, die in die Materie und die Funktion integriert ist (siehe dazu Kapitel XII). Dagegen mag man einwenden, daß die zufälligen Brüche bei den Steinindustrien eine Vielzahl von Produkten mit unregelmäßigen Formen ergebe. Die Prähistoriker haben sich davon freilich nicht täuschen lassen, und jede Periode wird durch ihre Stereotypen gekennzeichnet wie den Zweiseiter, den Schaber, den Stichel. Man kann und man muß sich die Intelligenz der ersten Anthropinen als der unseren unterlegen vorstellen, aber man darf sie nicht für biologisch inkohärent halten. Deshalb sind die ältesten Werkzeuge entweder nicht von rohen Steinen zu unterscheiden, oder sie weisen konstante Formen auf.

Das Stereotyp der Australanthropinen (Abb. 46)

Die Geröllsteine der Pebble-Kultur entsprechen genau einem Stereotyp, das durch Millionen von Objekten belegt wird. Zu ihrer Herstellung bedarf es zweier Steine, der eine dient als Schlaginstrument, der andere erfährt die Schläge. Der Schlag erfolgt senkrecht zur Oberfläche auf eine der Seiten und löst einen Abschlag, der am Stein eine scharfe Kante hinterläßt; zwei oder drei aufeinanderfolgende Abschläge führen zu einer langen und unregelmäßig gebogenen Schneide. Wendet man die Operation auf einer Seite an, erhält man den *Chopper*, wendet man sie auf beiden Seiten an, erhält man ein *Chopping-tool*. Ohne uns bei dem aufzuhalten, was in den Ausdrükken *Hackmesser* und *Hackwerkzeug* an Willkürlichem hinsichtlich der Funktion der Gegenstände liegen mag, wollen wir festhalten, daß die Operation nur eine Tätigkeit voraussetzt und zwar die einfachste: in einem Winkel von 90 Grad auf einen Stein schlagen. *Eine* Verrichtung, die *eine* Schneidkante entstehen läßt, bezeichnet nun wirklich den Punkt, jenseits dessen eine Identifizierung nicht mehr möglich ist; deshalb glaube ich auch, daß es schwierig sein wird, in der Suche nach den Ursprüngen der Industrie weiter als bis zum Australanthropus vorzustoßen. Diesen Mangel stelle ich übrigens nicht ohne Bedauern fest, denn der Australanthropus bildet mit Sicherheit nicht den Ausgangspunkt der manuellen Operationen.

Wie die Chopper-Werkzeuge, die mit dem Zinjanthropus aufgefunden wurden, und die zahllosen Äquivalente, die den Boden Afrikas bedecken, bekunden, fabriziert der Australanthropus Steinschneiden durch eine einzige Verrichtung, den einfachsten Schlag, die gleiche Operation also, durch die er Knochen zertrümmern, Nüsse öffnen oder ein Tier mit einer Keule totschlagen kann. In Oldoway und anderswo sind die Überreste der Australanthropinen in der Tat von Hunderten von Knochentrümmern umgeben. Die Technizität der ersten bekannten Anthropinen ist danach äußerst einfach und entspricht recht gut dem wenigen, das wir von ihrem Gehirn wissen. Dennoch ist sie mit Sicherheit menschlich und scheint in Übereinstimmung mit dem Organismus jenes Wesens zu stehen, das sie vervollständigte. Sie setzt ein reales technisches Bewußtsein voraus, ein Bewußtsein freilich, das wir nicht an uns messen können, denn es ist sicher weniger gewagt, in der menschlichen Technizität eine einfache zoologische Tatsache zu sehen, als auf den Zinjanthropus das System eines schöpferischen Denkens anzuwenden, das mit den zahllosen Jahrtausenden unvereinbar wäre, in denen seine Industrie mit sich selbst identisch blieb und an die Form seines Schädels gekettet zu bleiben schien.

Die Erforschung der ersten Anthropinen könnte leicht zu einer völligen Revision der Vorstellungen vom Menschen führen. Das erste Kapitel dieses Buches hat gezeigt, daß das Bild des Vorfahren ein künstliches Bild ist, das im 17. Jahrhundert im Getümmel eines ideologischen Kampfes und jenseits aller paläontologischer Fundierungen entstand. Dieses Bild wurde auch im 19. Jahrhundert und in der ersten Hälfte des 20. Jahrhunderts weiterhin auf die Fossilien projiziert, sobald sie entdeckt wurden, und bildete die Perspektive einer systematischen Suche nach dem Gegensatz zwischen dem Affen-Menschen und dem Sapiens-Menschen (*Pithecanthropus* und *homo sapiens*). Diese Forschungsperspektive findet sich übrigens gleichermaßen bei den Rationalisten wie bei den Gläubigen: Im Grunde bleibt sie einer menschlichen Lösung des Problems des Menschen fremd. Ihr Ziel ist es, an irgendeinem Punkte der Folge immer weniger tierischer Kreaturen, die »Grenze der Menschheit«, den »Rubikon des Gehirns«, die »Suche nach Adam« anzusetzen. Hier geht es um etwas ganz anderes: anstelle einer Über-Bestialität, die irgendwann, man weiß nicht recht wie, zu einem »Minimum menschlichen Denkens« führte, stellt uns der Australanthropus vor eine realisierte

Menschlichkeit, die aber gewissermaßen vernachlässigenswert erscheint und wahrscheinlich unterhalb dessen bleibt, was man als »Minimum des Denkens« von einem Affen verlangen würde, um ihn als Vorfahren des Menschen einzustufen.

Archanthropus

In Kapitel II haben wir gesehen, daß unser Wissen über den Archanthropus trotz gravierender Lücken ausreichte, um uns seine physische Gestalt mit einer gewissen Genauigkeit vorzustellen. Seine geographische Verbreitung ist äußerst weit, denn in chronologischer Folge erstrecken sich seine Funde auf Java (Pithecanthropus), Europa (Maueranthropus), China (Sinanthropus), Nord-Afrika (Atlanthropus) und wahrscheinlich auch Ost-Afrika (Africanthropus). Alle diese Fossilien haben trotz anatomischer Unterschiede so viele gemeinsame Merkmale, daß man sie unter der allgemeinen Bezeichnung des Archanthropus zusammenfassen kann. Soweit man dies beurteilen kann, ist ihre Verbreitung auch in der Zeit relativ kohärent und erstreckt sich (in freilich recht weiten Grenzen) auf die immense Dauer des frühen Quartärs; das Villafranchien gehört im wesentlichen den Australanthropinen und das mittlere Quartär den Paläanthropinen. Ihr physisches Aussehen hat nach Haltung und Wuchs menschlichen Charakter, aber ihr Schädel zeigt, wie wir gesehen haben, eine von der unseren recht verschiedene Gestalt, ihr Gehirn, obgleich beträchtlich weiter entwickelt als das des Australanthropus, war noch in hohem Maße durch das Orbitalmassiv verriegelt, sein Volumen (1000 cm^3) erreichte fast das Doppelte des Gehirnvolumens des Australanthropus und nahezu zwei Drittel des Gehirnvolumens der heutigen Menschen. Über die intellektuellen Äußerungen des Archanthropus besitzen wir leider nur eine sehr geringe Zahl von Dokumenten. Einzig die Sinanthropi wurden im Bereich ihrer Wohnstätte entdeckt, denn die Australanthropi fand man im Umkreis einer Quelle, den Mauermenschen in Alluvialböden, den Africanthropus schließlich in kleinsten Bruchstücken in den Sedimenten eines Sees. Die Industrie der asiatischen Archanthropi ist noch nicht vollständig geklärt; die Sinanthropi haben Tausende von Werkzeugen hinterlassen, die aus einem Quarzitstein geschlagen wurden, dessen Qualität eine genauere Bestimmung ihrer Fähigkeiten ausschließt.

Auch die Werkzeuge des Pithecanthropus sind nur wenig bekannt, denn die Fundstätten, in denen man auf seine Knochen stieß, sind nicht seine Wohnstätten, und nur annäherungsweise kann man ihm einen Teil der auf Java entdeckten Industrie zuordnen. Die Werkzeuge der Atlanthropi dagegen sind sehr gut bekannt; sie entsprechen einem noch recht primitiven Stadium des Acheuléen. Für den Mauermenschen kennen wir noch gar keine Industrie, das gleiche gilt übrigens für den Africanthropus. Den einzigen soliden Anhaltspunkt liefern uns die Atlanthropi von Ternifine; in gewissem Maße ist ihr Beitrag ebenso revolutionär wie der des Australopithecus. In der Tat konnte man sich bis zur Entdeckung der Werkzeuge und der Unterkiefer des Atlanthropus durch C. Arambourg im Jahre 1954 noch Illusionen über das technische Niveau der Archanthropinen machen. Die Industrie des Sinanthropus war so unergiebig, daß sie keiner Hypothese widersprach (Breuil hatte immerhin bemerkt, daß sie ein höheres technisches Niveau besaß, als man auf den ersten Blick vermuten konnte), und was die übrigen Fossilien angeht, so drängt nichts dazu, ihnen eine Industrie beizulegen. Man muß wissen, daß die Prähistoriker und die Paläontologen schließlich nur äußerst widerstrebend und unter dem unabweisbaren Druck der Tatsachen zugaben, daß die Archanthropinen die wichtigsten Schöpfer der Industrien des Altpaläolithikums, insbesondere des Acheuléen waren. Die Zeugnisse, nach denen die Atlanthropi Hackmesser und Faustkeile herstellten, genügen für die Feststellung, daß ihre Zeitgenossen in anderen Teilen Afrikas und des Alten Kontinents von gleicher anthropologischer Natur waren wie sie. Hält man sich darüber hinaus an die einzige aufgefundene Industrie (die von Ternifine), so wird es möglich, die Merkmale des industriellen Stereotyps der Archanthropinen zu bestimmen.

Das Stereotyp der Archanthropinen
(Abb. 47)

Die primitive Abschlagtechnik der senkrechten Schläge, durch die es möglich ist, die *Choppers* herzustellen, bleibt für den ersten Bearbeitungsschritt der Hackmesser und Faustkeile in Gebrauch, aber es kommt eine zweite Folge von Verrichtungen hinzu, bei denen man nicht mehr senkrecht auf die Längsachse schlägt, sondern tangential;

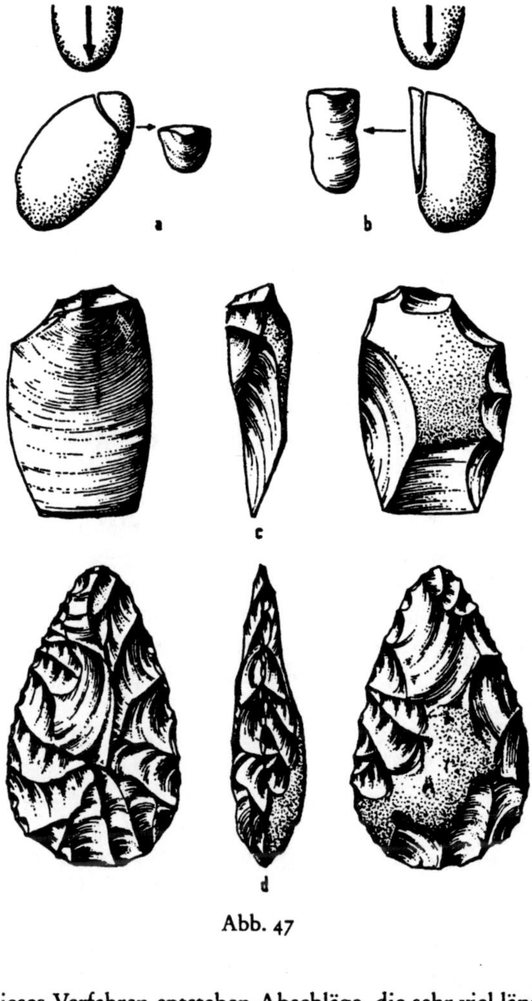

Abb. 47

durch dieses Verfahren entstehen Abschläge, die sehr viel länger und sehr viel feiner sind und den von den Paläanthropinen benutzten Abschlägen bereits sehr nahe kommen. Dennoch bleibt das Werkzeug auf sehr wenige Formen beschränkt, d. h. auf Abschläge (Breitklingen), die man unmittelbar benutzt, und auf die »Kernwerkzeuge«: Hackmesser und Faustkeil. Die Entwicklung, die zwischen dem Au-

stralopithecus und dem Archanthropus erfolgt, zeigt sich also in der Herausbildung einer Reihe zusätzlicher Verrichtungen. Dieser Fortschritt stellt mehr als eine bloße Addition dar, denn er setzt auf dem Niveau des Individuums bereits ein höheres Maß der Voraussicht im Ablauf der technischen Operationen voraus. Der Australanthropus sah bei der Herstellung eines Choppers bereits das fertige Werkzeug, denn er mußte unter den Steinen solche auswählen, aus denen sich ein Chopper herstellen ließ, aber der Bereich der Möglichkeiten war noch sehr weit, und der persönliche Einfluß des Herstellenden konnte nur in sehr beschränkter Weise wirksam werden. Beim Atlanthropus liegt die Sache schon ganz anders: die Herstellung eines Hackmessers setzt die Wahl jenes Punktes voraus, an dem sich der große Abschlag vom Block lösen ließ, dessen Kante die Schneide des zukünftigen Hackmessers bilden sollte; des weiteren eine sekundäre Bearbeitung, um aus dem ersten Abschlag eine Form herauszuarbeiten, die folglich im Geist des Herstellers bereits existiert. Mit gleicher Deutlichkeit zeigt sich dieses Vorgehen auch in der Herstellung eines Faustkeils, die eine kluge Auswahl des Kiesels oder Steinblocks erfordert, aus dem das mandelförmige Werkzeug herausgeschlagen werden soll.
Die technische Intelligenz der Archanthropinen erweist sich so bereits als sehr komplex, denn eine Untersuchung seiner Industrie zeigt, daß er zwei Serien von Verrichtungen zu kombinieren wußte, um aus einem bewußt herausgegriffenen Stein eine stereotype Form herauszuarbeiten.
Diese Feststellung stellt uns vor wichtige Fragen. Das Altpaläolithikum erstreckt sich über einen gewaltigen Zeitraum, die vorsichtigsten Schätzungen sprechen von dreihundert- oder vierhunderttausend Jahren. Während dieser äußerst langen Zeit entwickeln sich die Industrien in einem so langsamen Rhythmus, daß sie vom Abbevillien bis zum Ende des Acheuléen das gleiche Stereotyp durchhalten, es lediglich um einige Formen bereichern und in der Feinheit seiner Ausführung verbessern. Wäre die Paläontologie des Menschen ein wenig besser mit Dokumenten ausgestattet, so ließe sich abschätzen, worin die Bedeutung der physischen Evolution der Archanthropinen bestand. Unglücklicherweise sind die Dokumente jedoch so dünn gesät, daß wir heute noch nicht einmal den Zusammenhang zwischen der Evolution des Schädels (und folglich des Gehirns) und der Evolution der Werkzeuge klären können, deren Zeugen uns in Millionen Fundstücken aus dem ganzen Alten Kontinent zur Verfügung stehen. Im-

merhin ist einigermaßen deutlich, daß die ältesten Paläanthropinen in einem Zusammenhang mit den jüngsten Archanthropinen gestanden haben müssen; berücksichtigt man zugleich die Fossilien und die Werkzeuge, so drängt sich der Gedanke einer synchronen Evolution der Werkzeuge und der Skelette auf. Man könnte sagen, bei den Archanthropinen bleiben die Werkzeuge in weitem Maße eine direkte Emanation des spezifischen Verhaltens. Die individuelle Intelligenz spielt mit Sicherheit eine gewisse Rolle, betrachtet man jedoch zwei Faustkeile, den einen aus dem Abbevillien, den anderen aus dem späten Acheuleén, so kann man sich des Eindrucks nicht erwehren, daß hier in der phyletischen Folge nur wenige geniale Archanthropi aufgetreten sein können, die das industrielle Stereotyp verändert hätten. Atlanthropus, Sinanthropus und Pithecanthropus erinnern uns recht eindringlich an den, im übrigen sehr vagen, Begriff des *homo faber*, den die Philosophen entwickelt haben. Für den größten Teil seiner chronologischen Dauer (und es bleiben für die Folge eigentlich nur noch wenige geologische Augenblicke zu durchlaufen) wäre die Technizität des Menschen demnach eher eine Sache der Zoologie als die irgendeiner anderen Wissenschaft.

Paläanthropus

Die Grenzen zwischen dem unteren und dem mittleren Paläolithikum, zwischen den Paläanthropinen und den Archanthropinen sind recht unscharf, was ganz normal ist, wenn man die Evolution als einen fortschreitenden Prozeß begreift. Die Zahl der durch ihre Knochenüberreste bekannten Paläanthropi ist vergleichsweise hoch, sie liegt bei etwa einhundert. Ihre geographische Verbreitung ist beträchtlich, Fossilien fand man in Belgien, Deutschland, Frankreich, Spanien, Italien, Griechenland, Jugoslawien, auf der Krim, in Turkestan, Syrien, Palästina, im Irak, in Nord-Afrika, in Abessinien, Rhodesien und auf Java. Zudem wurden viele dieser Fossilien noch gemeinsam mit einer Industrie und recht häufig sogar in ihren Wohnstätten gefunden. Der Zeitraum ihrer Geschichte läßt sich nur schwer bestimmen, man kann jedoch annehmen, daß er mit der zweiten Hälfte der vorletzten Zwischeneiszeit und der ersten Hälfte der letzten Eiszeit zusammenfällt, d. h. daß er sich annähernd von 200 oder 300 000 bis 50 000 vor unserer Zeit erstreckt. Ihre Existenz war demnach unvergleichlich viel kürzer als die der Archanthropinen, dies entspricht auch der generellen Akzeleration, von der die menschlichen Industrien zeugen. Es ist nicht leicht, eine chronologische Entwicklungskurve für die verschiedenen Funde zu zeichnen, denn ihre genaue Folge ist bei den Spezialisten noch strittig. Was man von den älteren Funden (Steinheim, Saccopastore) und von den jüngeren (Neandertal) weiß, gestattet immerhin die Annahme, daß ihre Entwicklungskurve an die der Archanthropinen anschließt. Man hat die Paläanthropinen häufig ganz allgemein als Neandertaler klassifiziert; ich meine wie Weidenreich und Sergi, daß diese Bezeichnung irreführend und korrekturbedürftig ist. Tatsächlich hat man dem ersten bekannten Fossil, dem Menschen aus dem Neandertal, sämtliche in der Folge entdeckten Fossilien zugeordnet, eine Erscheinung, die in den Naturwissenschaften recht häufig vorkommt. Die Paläontologie des Menschen war an ihren Anfängen nicht in der Lage, die internen Unterschiede in einer Serie wahrzunehmen, und vermochte nur den generellen Aspekten ihrer Funde Rechnung zu tragen. Heute scheint es, daß die »Neandertaler« untereinander sehr große Verschiedenheit aufweisen und daß allein die jüngste Gruppe West-Europas einen gemeinsamen Typ bildet, der genau mit dem Fossil aus dem Neandertal übereinstimmt. Als Neandertaler klassifiziere ich deshalb nur solche Fossilien, die ganz allgemein mit einer Moustérien-Industrie verbunden sind, die weiterhin durch einen physischen Typ gekennzeichnet sind, der eine Verwandtschaft mit dem von Boule beschriebenen Menschen von La Chapelle-aux-Saints aufweist, und die sich schließlich innerhalb des Zeitraums von 100 000 bis 50 000 lokalisieren lassen. Diese Neandertaler bilden die einzige Gruppe, bei der man eine Synthese wagen kann, denn nur bei ihnen besitzen wir für mehrere Exemplare das Skelett, die Wohnstätte und die Industrie. Im übrigen bieten sie uns eine hinreichende Vergleichsgrundlage, um eine der wichtigsten Entwicklungsstufen der Menschheit zwischen dem Archanthropus und dem *homo sapiens* zu charakterisieren.

Wir haben bereits gesehen, daß der Schädel des Neandertalers den Extrempunkt bezeichnet, zu dem der archaische Bau des Menschen gelangen konnte. Die Aufrechterhaltung des Orbitalriegels führt bei ihnen zu einer ganz eigentümlichen Hirnmorphologie, bei der die Expansion vor allem den hinteren Teil des Schädelkastens betrifft. Er bildet folglich auch das letzte bekannte Stadium des menschlichen Gehirns, bei dem die Präfrontalbereiche in ihrem Volumen noch relativ beschränkt sind. Gleichwohl hat sein Gehirn eine Größe, die unserem Durchschnittsvolumen gleichkommt oder es gar noch übertrifft, was die Paläontologen zu Beginn dieses Jahrhunderts einigermaßen verwirrt hat. Wir müssen zugeben, daß, abgesehen von einigen im übrigen sehr wesentlichen Einzelheiten, insbesondere der Kärglichkeit seines Präfrontalbereichs, das Gehirn des Neandertalers dem unseren in seiner Zellausstattung und insbesondere in seinem mittleren Kortex deutlich ähnlich sieht.

Intellektuelle Zeugnisse der Neandertaler

Aus dem mittleren Paläolithikum sind viele Wohnstätten ausgegraben worden, und trotz der beklagenswert oberflächlichen Auswertung der meisten Grabungen besitzen wir über das Leben der Neandertaler eine beträchtliche Menge von Informationen. Es ist zu bedauern, daß die besten Prähistoriker nahezu ausnahmslos ihre Sorgfalt auf die Erstellung guter Chronologien verwendet haben, aber nicht zur Klärung der zahllosen Einzelheiten, die unser Wissen über die intellektuellen und sozialen Aktivitäten der Menschen dieser Zeit hätten bereichern können. Wie dem auch sei, immerhin besitzen wir Dokumente über das technische Leben, über die Wohnstätten und über solche Aktivitäten, die man als religiös oder ästhetisch einstufen könnte. Mit den notwendigen Vorbehalten scheint das technische Leben noch am besten geklärt zu sein.

Das technische Stereotyp des Levalloisien-Moustérien (Abb. 48)

Im mittleren Paläolithikum kommt es zu einer bedeutsamen Entwicklung im Bereich der Steinwerkzeuge. Die Archanthropinen der vorangegangenen Periode folgten noch zu einem großen Teil der primitiven Tradition; sie schlugen ihre Werkzeuge, Faustkeile oder Hackmesser, noch aus einem Block, wie es beim Chopper des Australopithecus geschehen war. Bei der Bearbeitung dieses Blockes fielen als Nebenprodukte Abschläge an, deren Schneiden sich verwenden ließen. Im Acheuléen führte die Verfeinerung der Faustkeilränder durch tangentiale Schläge zur Ablösung großer und kleiner Abschläge

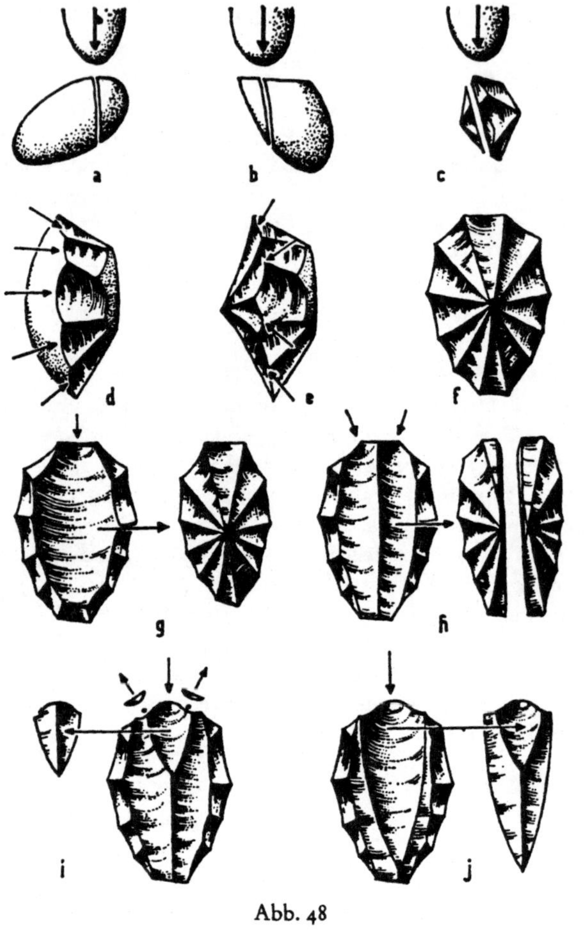

Abb. 48

vom Kernblock, die dann auch als Schneidwerkzeuge benutzt wurden. Aus dieser Entwicklung der Faustkeilabschläge geht jene Technik hervor, die von den Prähistorikern als Levallois-Technik bezeichnet wird. Der Block, der anfangs dazu bestimmt war, zu einem Werkzeug von mandelförmiger Gestalt geformt zu werden, dient nun zur Gewinnung von Abschlägen vorbestimmter Form, die dann die eigentlichen Werkzeuge bilden. Um dieses Ergebnis zu erzielen, wird der Kern zunächst wie ein Faustkeil bearbeitet, dann jedoch wird er zur Extraktion einer Breitklinge vorbereitet, danach wieder für die Extraktion weiterer Breitklingen behauen und so fort, bis er völlig ausgeschöpft ist. Die Vorbereitung kann so weit gehen, daß nach dem Willen des Bearbeiters aus dem Kern mit einem Schlage eine dreieckige Spitze, eine halbkreisförmige Breitklinge oder eine lange und gerade Klinge abgelöst wird.

Auf dem Gipfel ihrer Entwicklung, der zur Zeit der Neandertaler schon lange voll erreicht ist, bildet die Levallois-Technik die höchstentwickelte Form in der Herstellung von Steinwerkzeugen. Die Existenz gewaltiger Werkstätten, in denen die Paläanthropinen über Generationen hinweg ihr Rohmaterial bearbeiteten, gestattet es, sich an Zehntausenden von Abschlägen, erschöpften Kernen und Produktionsabfällen zu verdeutlichen, bis zu welchem Punkt der Technizität die Paläanthropinen gelangt waren. Um aus einem Feuerstein eine Dreiecksspitze herauszuarbeiten, bedurfte es der bedachtsamen Auswahl eines Blocks, aus dem sich ein Kern herstellen ließ. Dieser Block, der trotz der Auswahl noch Mängel aufweisen konnte, wurde so ausgerichtet, daß die meisten dieser Mängel bei der Vorbereitung beseitigt wurden, oder aber man legte diese Mängel in Bereiche, in denen sie im Verlaufe der weiteren Bearbeitung ausgeschieden werden konnten. Die Extraktion der Spitze erforderte mindestens sechs Folgen von Operationen, die in engster Verbindung miteinander standen, sich wechselseitig bedingten und eine sehr präzise Voraussicht verlangten. Diese Operationen setzen jene von den Archanthropinen bereits entwickelten Tätigkeitsfolgen voraus und kombinieren sie.

Ein weiterer Umstand ist bedeutsam: für das Werkzeug verschiebt sich die Orientierung von dem Block, der ursprünglich dazu bestimmt war, das Werkzeug zu bilden, zu den Abschlägen, die aus diesem Block gewonnen werden. Gegenüber dem Stereotyp der Australopithecinen ist hier also eine Veränderung eingetreten, die für die hochentwickelten Industrien, wie wir noch sehen werden, charakteristisch ist. Mit anderen Worten, der Block, der ursprünglich selbst das Werkzeug war, wird nun zur Quelle für Werkzeuge; im Jungpaläolithikum kommt es dann zu einem weiteren Schritt, bei dem auch die Klinge oder der Abschlag nicht mehr das eigentliche Werkzeug bilden, sondern ihrerseits wieder zerlegt werden und so den Ausgangspunkt für die eigentlichen Werkzeuge bilden. Einen weiteren Gesichtspunkt werden wir in Kapitel V erörtern, die Diversifizierung

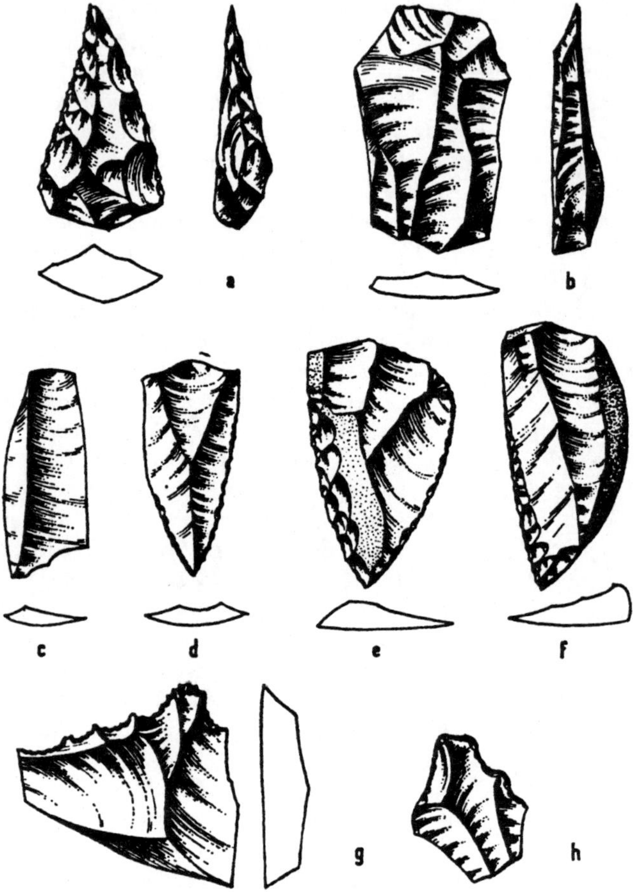

Abb. 49

und Spezialisierung der Werkzeuge. Eine Diversifizierung und Spezialisierung der Werkzeuge im Verhältnis zu den vorangegangenen Perioden ist bereits im Levalloisien-Moustérien erkennbar, denn seit die Abschläge aus dem Kern zu Werkzeugen gemacht werden, vervielfachen sich auch die Schaber, Spitzen, Messer, Kratzer usw. Die Steinindustrie der Paläanthropinen zeugt also von einer bereits hochentwickelten technischen Intelligenz. Es ist kaum gerechtfertigt, einen Unterschied zwischen der Haltung eines paläanthropinen Technikers und der irgendeines späteren Technikers zu machen, zumindest, dies sei nochmals wiederholt, auf einer streng technischen Ebene der Intelligenz, soweit sie ein Pyramidenfeld und Assoziationsfelder erfordert, die den unsrigen zumindest bis zur Area 8 gleichkommen. Aus den Dokumenten läßt sich wahrscheinlich sehr viel mehr erschließen, aber bevor wir auf die Intelligenz der Paläanthropinen zurückkommen, müssen wir uns zunächst mit dem Problem der Sprache befassen. Im Levalloisien-Moustérien sind sämtliche wesentlichen Probleme der Steinindustrie gelöst, und genau an dieser Stelle knüpft die Entwicklung an, die zur Entstehung der Metallverarbeitung führt. Auf dieser Ebene scheint der Neandertaler doch weit mehr zu sein als der letzte Zeuge des »Reiches der Anthropinen«.

Über die Knochen- und Holzindustrie besitzen wir nur sehr spärliche Zeugnisse. Was die Knochenindustrie angeht, scheint sich die Situation seit dem Australopithecus nur unwesentlich gewandelt zu haben. Die Neandertaler haben Hirschgeweihe bearbeitet, aber dies ist auch schon das einzige sichere Zeugnis, das wir besitzen. Dennoch haben Prähistoriker des öfteren gespaltene oder polierte Knochenabschläge vorgewiesen und sie als Zeugnisse einer Industrie ausgegeben, die die natürlichen Abschläge in direkter Weise benutzte. Man hat sogar die Benutzung von Hacken oder Keulen aus den Kinnladen von Bären und von Werkzeugen zur Bearbeitung von Häuten unterstellt, aber diese Vorstellungen halten einer strengeren technologischen Kritik nicht stand. Hinsichtlich der Bearbeitung von Holz sind die Zeugnisse zwar indirekt aber präzise: das Fehlen von Knochenwerkzeugen und der in auffälligem Gegensatz dazu stehende Überfluß an Steinabschlägen, deren Gebrauchsspuren anzeigen, daß sie zur Bearbeitung von Knochen oder Holz gedient haben, legen die Idee nahe, daß die Bearbeitung von Holz eine wichtige Rolle gespielt hat. Wir können uns vorstellen, daß die Paläanthropinen Spieße benutzten, die etwa denen der australischen Ureinwohner ähnlich sahen (Abb. 49).

Wohnstätten und Kleidung

Nur wenige Beobachtungen liegen über die Wohnstätten des Moustérien vor, und dies ist um so bedauerlicher, als mehrere hundert in

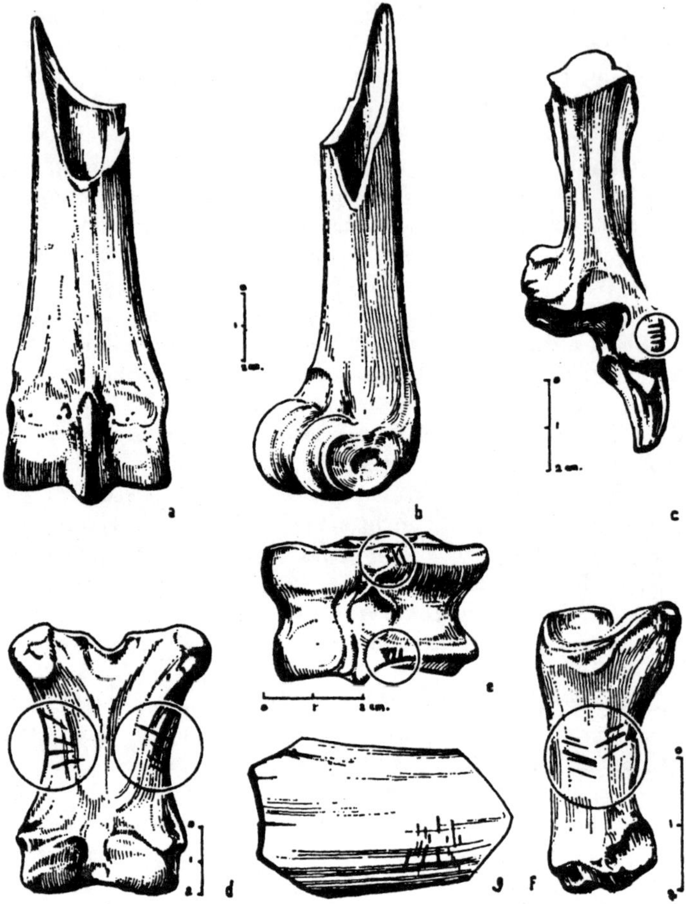

Abb. 50

Höhlen oder im Freien gelegene Lagerstätten ausgewertet wurden. Nach diesen wenigen Beobachtungen scheint es jedoch gesichert, daß die Neandertaler Hütten besaßen. Man kann gar nicht oft genug sagen, wie sehr man den Menschen des mittleren Paläolithikums in der Vorstellungswelt der Moderne Unrecht tat, als man die Legende vom Menschen erfand, der sich in die Höhlen zurückzog, als die Kälte allzu stechend wurde. Höhlen sind selten, auf Millionen von Quadratkilometern fehlen sie völlig, und dennoch stößt man überall in Afrika oder West-Eurasien auf die Zeugnisse der Paläanthropinen; aber es kommt noch besser: als die Beobachtungen abgeschlossen sind, bemerkt man, daß die auf freiem Feld entdeckte Industrie auf mehr oder weniger kreisförmige Zonen verteilt ist, die Überreste früherer Hütten. Die innere Organisation dieser Hütten wie der Höhlen, in der eine Minderheit der Neandertaler lebte, kennen wir von zwei oder drei Exemplaren im Westen und in der UdSSR. Sie zeigen eine häusliche Organisation, die noch nicht sonderlich weit entwickelt ist: die Paläanthropinen hausten in einem Kreis von wenigen Metern, in dessen Umkreis sie ihre Nahrungsabfälle anhäuften, insbesondere die Bruchstücke der zertrümmerten Tierknochen. Die häusliche Situation des Zinjanthropus und des Sinanthropus scheint kaum anders gewesen zu sein.

Dagegen wissen wir, daß die Techniken des Ausweidens und des Häutens der Tiere (Abb. 50) ebenso hoch entwickelt waren wie die Steintechnik, was nicht weiter verwunderlich ist, diente die Mehrzahl der Werkzeuge doch dem Schneiden, und letztlich besteht ein enger Zusammenhang zwischen den Steintechniken und der Funktion der Werkzeuge. Die Spuren, die der Gebrauch von Messern auf den Tierknochen zurückgelassen hat, erlauben die Feststellung, daß die Tiere mit dem Ziele enthäutet wurden, ihre Häute weiterzuverwenden. Überdies trifft man auf die Fußglieder oder die Krallen von Pelztieren wie dem Bären, die davon zeugen, daß manchen Häuten, etwa in der Art unserer »Bettvorleger« ihre Krallen belassen wurden. Aus dieser Tatsache läßt sich der Gebrauch von Pelzen als Schutz herleiten, dagegen liegen keinerlei Anhaltspunkte vor, die es zuließen, zwischen einer Verwendung als Kleidung und einer Verwendung als Schlafdecke zu unterscheiden, obgleich auch letztere praktisch sicher sein dürfte. Zudem sollte man nicht übersehen, daß die geographische Verbreitung der Paläanthropinen äußerst weit ist und daß die Paläanthropinen Afrikas eine ganz andere Lebensweise gehabt haben können als die West-Europas, denn dort war es, obwohl man sich die Strenge des Klimas während der Eiszeit nicht allzu übertrieben vorstellen sollte, erforderlich, den Körper vor der Kälte zu schützen. Wir wissen nicht, wie stark die Paläanthropinen behaart waren, und es fehlen auch jegliche Anhaltspunkte, um darüber eine Hypothese aufzustellen, wir wissen aber, daß die letzten Feuerländer noch im 20.

Jahrhundert im rauhen Klima Patagoniens nackt lebten und zu ihrem Schutz lediglich eine unbearbeitete Haut trugen, die als individueller Umhang diente.

Zeugnisse einer nicht im strengen Sinne technischen Intelligenz

Das persönlichste Problem, das der Mensch sich stellen kann, ist die Frage nach der Natur seiner Intelligenz, denn letztlich existiert er nur durch das Bewußtsein seiner Existenz. Die Kirche vermag dieses Problem einer schrittweisen Menschwerdung in ihrem traditionellen Denken und selbst noch in einer Verbindung mit dem Evolutionismus zu lösen, indem sie die Behauptung aufstellt, eine im religiösen Sinne volle Menschlichkeit sei den ersten, zu einer gewissen Reife gelangten Hominiden durch die Gnade verliehen worden. Es wird dann unwesentlich, danach zu suchen, welches Glied in der Kette der Anthropinen diese Gnade zum ersten Menschen machte, denn es darf als sicher gelten, daß die Lebewesen, bei denen sich religiöse oder magische Betätigungen finden, bereits Menschen sind. So merkwürdig dies klingen mag, ist auch die traditionelle rationalistische Position nicht sonderlich verschieden davon, sieht man einmal von dem Motor ab, der hier keinen Namen mehr trägt, sondern zu einer unbestimmten Kraft in der Evolution geworden ist. Aufgrund ihrer gleichen kulturellen Herkunft und wegen der vielfältigen Versuche eines Ausgleichs zwischen den offenkundigen Gegensätzen vermischen die Klerikalen und die Rationalisten des 18. und 19. Jahrhunderts in unentwirrbarer Weise den Menschen mit dem Bilde Gottes, Gott mit dem *homo sapiens*; die erste Hälfte des 20. Jahrhunderts hat dieser Ansicht nicht viel hinzugefügt, die sich aus dem diskreten Halbdunkel aneignet, was die Materialien hergeben. Weder die einen noch die anderen stört es letztlich, daß ein recht unbestimmter Affe am Anfang jenes Aufstieges gestanden haben soll, auf dessen Gipfel der *homo sapiens* im vollen Glanze seiner Intelligenz erscheint (gleich ob er nun von Gott, durch sich selbst oder durch den Determinismus dort hingestellt wurde).

Aber läßt sich das Problem nicht in einer Weise stellen, die den heutigen Menschen direkt ins Spiel bringt und nicht irgendeine unbestimmte, sehr ferne Figur, die aufhört, Affe zu sein, und sich anschickt, unser Vorfahr zu werden? Uns erscheint unsere Intelligenz als ein Block und unsere Werkzeuge als die edle Frucht unseres Denkens; auch der Australanthropus scheint durchaus Werkzeuge besessen zu haben, die ihm die fehlenden Krallen ersetzten. Und ihm dürften sie nicht durch einen genialen Einfall zugefallen sein, der ihn eines Tages einen spitzen Stein nehmen ließ, mit dem er seine Faust bewaffnete (eine kindische Hypothese, die in der Populärliteratur mit Vorliebe vertreten wird); es ist vielmehr so, daß sein Gehirn und sein Körper die Werkzeuge gewissermaßen nach und nach ausschwitzte. In gewissem Sinne kann man sich fragen, ob die Werkzeuge wirklich grundlegend intellektueller Natur sind oder ob die häufig gemachte Unterscheidung zwischen dem Intellektuellen und dem Technischen nicht eine paläontologische Realität ausdrückt. Im zweiten Teil wird sich eine ähnliche Frage hinsichtlich des Übergangs von der zoologischen Gruppe zur ethnischen Gruppe stellen. Die Techniken scheinen im Laufe ihrer langen Entwicklung bei den Australanthropinen und Archanthropinen dem Rhythmus der biologischen Evolution zu folgen, Chopper und Faustkeil erscheinen eher als Teile des Skeletts. In dem Augenblick, da das Gehirn neue Möglichkeiten eröffnet, beginnen die Techniken einen stürmischen Aufstieg, ihre Entwicklungslinien aber ähneln in so hohem Maße denen der phyletischen Evolution, daß man sich fragen kann, wie weit sie nicht die unmittelbare Verlängerung der allgemeinen Entwicklung der Arten sind.

Wenn die Technizität nur ein zoologisches Phänomen ist und den besonderen Merkmalen der Anthropinen zugerechnet werden muß, so wird auch besser verständlich, warum sie so früh auftaucht, sich anfangs so langsam entwickelt und schließlich von dem Augenblick an, da sie sich in die intellektuelle Form des *homo sapiens* ergießt, zum beherrschenden Moment seiner Entwicklung wird. Die Paläanthropinen sind besonders interessant, weil wir bei ihnen den ersten Schub in der Entwicklung neuer zerebraler Fähigkeiten erleben, durch den die Technizität zugleich ein Gegengewicht und ein Stimulans erhält.

Tätigkeiten, die über das bloße materielle Überleben hinausgehen, sind auch bei den Primaten zu finden. Dabei läßt man jedoch das Spiel- und Beziehungsverhalten besser beiseite, spielen und zur Schau stellen sind besondere Aspekte des Überlebensverhaltens, die mit den Techniken nichts zu tun haben. Dagegen kann man sich fragen, was sich hinter den Gesten eines Schimpansen verbirgt, der seinen Schatten auf der Mauer mit dem Finger nachfährt, oder was es mit dem Gorilla auf sich hat, der Exkremente oder Farben, die man ihm gibt, verstreicht, oder mit endloser Geduld Kuchen aus Sägespänen zusammenbäckt und wieder zerstört. Bei diesen Äußerungen handelt es sich ebenso wenig um Kunst oder Magie, wie das Aufeinandertürmen von Kisten, das es ermöglicht, eine Banane zu erreichen, eine Technik ist, aber auf lange Distanz weisen sie auf einen Ausgang hin, der auf das Niveau der Anthropinen führt. Die reflektierte Intelligenz, die den Zusammenhang zwischen den Erscheinungen nicht nur ergreift, sondern ihn auch in einem symbolischen Schema nach außen zu wenden vermag, ist mit Sicherheit die späteste Errungenschaft der Wirbeltiere, und erst auf dem Niveau der Anthropinen ist sie vorstellbar. Sie setzt eine Gehirnorganisation voraus, deren Ursprung mit der Befreiung der Hand zusammenfällt und die ihre Blüte in einem Augenblick erlebt, der mit der Erscheinung des *homo sapiens* zusammenfällt. In Wirklichkeit ist die Fähigkeit zur Reflexion auf der Ebene der Techniken mit der neurovegetativen Organisation der kortikalen Assoziationsbereiche verbunden, und auf der Ebene der »willkürlichen« intellektuellen Operationen führt die wachsende Entwicklung der Frontal- und Präfrontalbereiche offenbar zu einer immer weiter entfalteten Fähigkeit der Symbolisierung. Die archäologischen Spuren dieser die technische Motrizität übersteigenden Aktivitäten sind im frühen Quartär nur schwer zu fassen, in der Epoche der Paläanthropinen jedoch stoßen wir auf die ersten Zeugnisse. Es handelt sich um die ältesten Äußerungen ästhetisch-religiöser Art, und man könnte sie in zwei Gruppen klassifizieren: in solche, die von Reaktionen auf den Tod zeugen, und in solche, die für Reaktionen auf ungewöhnliche Formen stehen. Die prähistorischen Dokumente sind nur sehr spärlich; von allem, was eine lebende menschliche Gruppe ausmacht, bleiben einzig und nur in den günstigsten Fällen Steinwerkzeuge, Knochen und einige Mineralien, die auf die fossilen Menschen eine gewisse Anziehung ausgeübt haben mögen. So muß der Prähistoriker gerade auf das verzichten, was die größte Aussagekraft besäße: die Gesten, die Laute, die Handhabung von Gegenständen; statt dessen muß er sich mit den unvergänglichen Spuren bescheiden, die in der Regel aus gebrauchten oder verbrauchten Gegenständen bestehen: aus abgenutzten Steinen oder aus Knochenresten, die von Mahlzeiten oder verwesten Körpern stammen. Vor allem die Knochenfunde wurden in beträchtlichem Maße ausgewertet in der Hoffnung, dadurch ein wenig über das Denken der fossilen Menschen zu erfahren, und einige der aus dieser Auswertung hervorgegangenen Themen besitzen inzwischen klassischen Charakter.

»Knochenkulte«

Die Häufigkeit und der Zustand bestimmter Skeletteile des Menschen und der Tiere sind in großem Umfange ausgewertet worden. Man kann die Dokumente zu drei großen Themen zusammenfassen: dem Bärenkult, dem Schädelkult und dem Kult der Kinnladen.

Die Vorstellung eines Bärenkultes ist das Produkt zahlreicher Beobachtungen in den Höhlen Europas, in denen man auf richtige Ossuarien von Höhlenbären trifft. Einige Forscher haben bemerkt, daß man bei den Grabungen häufig auf ganze Ansammlungen langer Knochen, auf Oberschenkelknochen, Schienbeine und Oberarmknochen traf, die an den Wänden entlang angeordnet zu sein schienen; überdies stellte man fest, daß die Schädel der Tiere sich in den meisten Fällen in Winkeln fanden, so als wären sie dort mit Absicht niedergelegt worden. Eine deutliche Bestätigung erfuhr die Theorie des Bärenkultes, als ein Schweizer Prähistoriker, Emil Bächler, eine Entdeckung veröffentlichte, die er 1920 im Drachenloch gemacht hatte: Kästen aus Kalksteinplatten, die mit aufgereihten Bärenschädeln gefüllt waren. Unglücklicherweise gibt es kein weiteres Dokument als die sehr viel später von Bächler aus dem Gedächtnis aufgezeichneten Skizzen, aus dem man genauere Einzelheiten dieser außergewöhnlichen Anordnung entnehmen könnte, und Bächlers Ansichten sind auf heftige Kritik gestoßen. Bei minuziösen Ausgrabungen in anderen Höhlen wurde dann jedoch deutlich, daß die meisten der beobachteten Strukturen sich durch die Bewegungen der Bären erklären ließen, die in die Höhle kamen, um dort zu überwintern, und den Boden aufkratzten, um sich in der Tonerde ein Lager zu graben. Aufgrund dieser Bewegungen richteten sich die Knochen spontan entlang der Gänge aus, sammelten sich dort an und wurden bald von Erde überdeckt, die sie in der Folge vor dem Zerfall schützte. Die Schädel, die der Zufall nicht in Nischen oder zwischen zwei Steine rollen ließ, sind unwiderruflich verurteilt, zertreten zu werden und zu verschwinden. Die Skelette werden strahlenförmig um das Bett herum zerstreut und bilden auf diese Weise Kreise von einzelnen Knochen. Vom Bärenkult ist heute nicht viel übrig geblieben, allenfalls ein Fall in Österreich, bei dem ein Schädel anscheinend aufgelesen und in einer Nische niedergelegt wurde, aber nichts beweist wirklich, daß die Neandertaler hier am Werk waren, und obgleich man darin einen Akt der Ehrfurcht sehen könnte, ist es doch noch weit bis zu jenem intensiven Knochenkult, der die Neandertaler in die Höhlen gelockt haben soll.

Den Schädelkult meint man auch beim Sinanthropus gefunden zu haben. Während der Ausgrabungen in der Höhle von Chou Kou Tien stellte man fest, daß die Schädelstücke in manchen Bereichen häufiger anzutreffen waren als in anderen, und es entstand die Idee, daß hier mit Absicht und zu kulturellen Zwecken eine Ansammlung von Schädeln auf den Steinen angeordnet worden war. Man ist erstaunt, wie solch eine Hypothese sich überhaupt hat halten können, wenn man die geologischen Bedingungen betrachtet, unter denen diese Ausgrabung stattfand: eine Felsspalte von nahezu 50 m Breite, die man teilweise sogar mit Sprengstoffen hatte freilegen müssen; erstaunt ist man auch, wenn man sich den Trümmerzustand der zerbrochenen und verstreuten Knochenfragmente ansieht; noch erstaunter freilich ist man, wenn man vergeblich nach genauen und detaillierten Plänen sucht, die zum Zeitpunkt der Entdeckung hergestellt worden wären und aus denen sich die Lage der Spuren beurteilen ließe. In der Prähistorie entstehen Gewißheiten nur allzu oft durch die späte Reifung von Eindrücken, die inzwischen unkontrollierbar geworden sind.

Weder für die Archanthropinen noch für die Paläanthropinen haben sich ähnlich zerbrechliche Dokumente ausmachen lassen. Ein einziger, unvollständiger, aber signifikanter Tatsachenkomplex ist bekannt. Als H.-C. Blanc 1939 in die Höhle am Monte Circeo eindrang, fand er dort auf dem Boden den Schädel eines Neandertalers, der offenbar von einigen Steinen umgeben war, und in der Nähe der Wände entdeckte man eine Reihe Tierknochen, deren Anordnung eine Absicht zu verraten schien. Wir haben hier also einen Beleg dafür, daß der Schädel eines Neandertalers ohne Kinnlade und ohne sonstige Skeletteile auf dem Boden einer Höhle niedergelegt wurde, die, wie das nahezu völlige Fehlen von Werkzeugen zeigt, nicht über längere Zeit als Wohnstatt gedient hat.

Der Kult der Kinnladen hat einen anderen Ursprung, einen rein statistischen. Es fiel auf, daß unter den menschlichen Spuren vom Australopithecus bis ans Ende der prähistorischen Zeit Unterkieferknochen mit einer außergewöhnlichen Häufigkeit anzutreffen waren; sie ließen sogar die Schädeldecken noch weit hinter sich. Diese Tatsache brachte man mit einigen parallelen ethnographischen Tatsachen in Verbindung, insbesondere mit dem Beispiel der Frauen Melanesiens, die die Kinnlade ihres verstorbenen Mannes um den Hals tragen, und stellte die Hypothese auf, daß die Häufigkeit dieser Fossilien auf einen Kult der Kinnladen zurückzuführen sei. Es ist freilich erstaunlich, daß kein ernsthafter Versuch einer Verifizierung unternommen worden ist, der danach gefragt hätte, ob die Kinnlade nicht aus anderen, weniger metaphysischen Gründen so lange dem Zerfall entgehen kann.

In der Tat hängt der mechanische und chemische Zerfall der Knochen von ihrer Form und ihrer Dichte ab: die Kinnlade, die, wie wir in Kapitel II gesehen haben, das Hauptstück des Schädelskeletts bildet, besitzt eine besondere Widerstandsfähigkeit. Um diese Tatsache zu verifizieren, habe ich für vier Skeletteile sämtliche Funde von Wölfen, Hyänen und Füchsen aus den Moustérien-Schichten von Arcy-sur-Cure genommen und sie mit den entsprechenden Skeletteilen der in Europa gefundenen Paläanthropinen verglichen. Bei den drei Knochen-Losen von Arcy-sur-Cure haben wir es mit einer Mischung von auf der Jagd getöteten Tieren und von solchen, die in der Höhle verendeten, zu tun. Fragen der Kultur stellen sich für solche Reste kaum: sie wurden an Ort und Stelle in den Schichten aufgefunden, vermischt mit anderen, von Menschen zertrümmerten Überresten solcher Tiere, die zur normalen Jagdbeute gehörten wie Rentiere und Pferde. Die so gewonnenen Prozentwerte sind überzeugend:

	Wolf, Hyäne, Fuchs Arcy-sur-Cure %	Paläanthropinen Europa %
Zähne	7,10	1,05
lange Knochen	8,80	1,00
Backenknochen	26,00	17,50
Unterkiefer	54,00	62,00

Offenbar müssen wir entweder, gegen jede archäologische Evidenz, annehmen, die Paläanthropinen hätten tief in den Höhlen und inmitten all ihrer Abfälle die Kinnladen von Füchsen verehrt, oder aber eingestehen, daß der Kult der Kinnladen ein »Artefakt« ist, ein Produkt der Unzulänglichkeiten empirischer Forschung, und daß man ihn der wissenschaftlichen Folklore zuordnen muß.

Zieht man die Summe aus den Funden, aus denen der Gedanke eines »Knochenkultes« entstanden ist, so zeigt sich, daß die den Paläanthropinen zuzurechnenden Daten äußerst beschränkt sind; letztlich bleibt nur jener Schädel vom Monte Circeo, der dort auf dem Boden einer der Höhlen lag. Dieser Fund ist gleichwohl wichtig und steht in einer Reihe mit anderen Zeugnissen eines Denkens, das über die bloße materielle Technizität hinausgeht, aber man darf die Dokumente nicht über Gebühr strapazieren.

Gräber

Die Praktiken der Beerdigung von Toten stellen eine signifikante Verhaltensweise dar, die man gewöhnlich mit der Religiosität in Verbindung bringt. Sie bildeten übrigens am Ende des 19. Jahrhunderts eines der Themen, die in den pro- und antireligiösen Polemiken am heftigsten umkämpft wurden. Es ist selbst für noch lebende Völker recht schwierig, den Anteil von Spiritualität zu bestimmen, der in den Begräbnispraktiken zutage tritt, es ist jedoch sicher, daß ihre Entwicklung mit der Entwicklung einer spezifisch menschlichen Affektivität zusammenhängt und daß der Symbolismus der Begräbnisse sich schon recht früh auf ein Übernatürliches ausgerichtet haben dürfte, ohne daß man darum um jeden Preis zu präzisieren versuchen müßte, was die Paläanthropinen über die Zukunft der Toten dachten. Die Gefühle dem Tod gegenüber gehören tiefen Schichten des psychischen Verhaltens an, und wenn in den heutigen Gesellschaften die religiösen Superstrukturen verschwinden, so verlieren die Begräbnispraktiken doch nichts von ihrer Bedeutung.
Leider fehlen für eine psychische Erforschung der Paläanthropinen in den meisten Fällen wirklich wissenschaftliche Beobachtungen. Trotzdem läßt sich ein Teil der Dokumente in zwei Gruppen anordnen. Bei der ersten Gruppe finden sich die Knochen in zertrümmertem Zustand und ohne jeden anatomischen Zusammenhang; sie zeigen etwa das gleiche Bild wie die Nahrungsreste. Dennoch ist es nicht leicht zu entscheiden, ob es sich hier wirklich um Spuren von Kannibalismus handelt oder aber um Körper, die man auf dem Erdboden liegen ließ und die dann von wilden Tieren gefressen wurden. Einige Fälle deuten eher auf Kannibalismus hin, in der Mehrzahl der Fälle scheint es sich jedoch um aufgegebene Körper zu handeln.

Die zweite Gruppe bilden die gesicherten Grabstätten. Bei mehreren Gelegenheiten wurden Körper gefunden, die in ausgestreckter oder gebeugter Haltung in einer Grube lagen, dessen Spuren in mehreren Fällen noch festzustellen waren. Mit einiger Sicherheit darf man annehmen, daß alle Körper, von denen man zumindest einen Teil des Schädels und mehrere lange Knochen besitzt, die dem gleichen Individuum angehören, begraben worden sind, denn es ist kein einziger Fall bekannt, daß ein Körper etwa am Eingang einer Höhle sich hätte erhalten können, der nicht sogleich begraben worden wäre.

So begruben also die Paläanthropinen offenbar ihre Toten. Genauer gesagt, die Neandertaler, die letzten Paläanthropinen, begruben ihre Toten, denn anscheinend ist vor dem Beginn der letzten Eiszeit kein Fall einer Beerdigung bekannt. Es handelt sich demnach um eine Innovation, die kaum früher aufgekommen sein dürfte als die heutigen rassischen Formen. Die Neandertaler, die noch eine sehr archaische Gesichtskonstruktion besitzen, verfügen gleichwohl über ein großes Gehirn, das nicht sonderlich anders funktioniert haben dürfte als das unsere.

Weitere Zeugnisse

Einige Tatsachen deuten darauf hin, daß die Paläanthropinen bereits ein Gefühlsleben besaßen, das dem des *homo sapiens* ähnelte. Mehrfach stieß man in den Moustérien-Schichten auf roten Ocker. Nun impliziert die Anwesenheit von Farbstoffen nicht unbedingt die Existenz einer Kunst, wir müssen uns auch hier hüten, die Tatsachen allzu sehr zu strapazieren, aber der Ocker besitzt in der ersten Zeit des *homo sapiens* eine solche Wichtigkeit, daß er im Moustérien nicht völlig frei von jeder Bedeutung gewesen sein kann.

In einem Fall wurden in Arcy-sur-Cure mehrere fossile Muscheln und knotige Stücke von Eisenpyrit, das in diesem Gebiet nicht vorkommt, in einer Schicht des späten Moustérien gefunden (Abb. 128). In El Guettar, in Süd-Tunesien, stieß man in einem entwickelten Moustérien-Milieu auf einen merkwürdigen Haufen von nahezu einem Meter Durchmesser, der aus Kalkkugeln bestand, zwischen denen Knochenstücke und Feuersteine lagen.

Faßt man die beträchtliche Literatur zusammen, die sich mit der Religiosität der Paläanthropinen befaßt, so bleibt an Dokumenten nur recht wenig. Am erstaunlichsten ist, wie spät erst überzeugende Tatsachen aufzufinden sind; erst die letzten Paläanthropinen erleben die Öffnung einer neuen Welt, der Welt des symbolischen Denkens. Der Schädel vom Monte Circeo, einige Gräber, etwas Ocker, und einige merkwürdig geformte Steine – dies ist schon die ganze spärliche Aureole des Immateriellen, die den Neandertaler umgibt. So schmal dieser Saum auch ist, hat er doch überragende Bedeutung, denn er entsteht in dem Augenblick, da das Gehirn – für die Paläontologie sehr deutlich wahrnehmbar – gerade das heutige Niveau erreicht. Trotz ihrer gewaltigen Augenbögen waren die Neandertaler keineswegs jene dem Tertiär entlaufenen Anthropopithecinen, die den Evolutionisten des 19. Jahrhunderts vorschwebten. Noch bedeutsamer ist die Feststellung, daß es in Wirklichkeit zwischen ihnen und unserer eigenen Vorgeschichte einen Übergang gibt. Solche Übergänge finden sich in ihrer Industrie, deren Entdeckungen sich fortsetzen und bei manchen bis zur Metallurgie reichen; Übergänge gibt es aber auch in dem Bereich, den wir für das Wesen eines wirklich menschlichen Denkens halten.

Erstaunlich ist, wie lange es gedauert hat, bis man den Neandertalern ihren wirklichen Platz einräumte. Alle möglichen unbewußten Konstruktionen wurden herangezogen, um eine allzu enge Verwandtschaft zwischen dem Neandertaler und seinen Erben, letztlich also uns, abzuwehren; die lebendigste dieser Konstruktionen, die auch heute noch gerne benutzt wird, besteht darin, die Existenz des *homo sapiens* so weit abzusondern, daß die Neandertaler nur noch als verspätete Figuren in einer längst verbesserten Welt erscheinen. Große rassische Unterschiede, wie sie zwischen den Europäern und den australischen Ureinwohnern bestehen, sind durchaus vorstellbar, aber es ist gänzlich abwegig, den hypothetischen *homo präsapiens* wiederzubeleben, dessen Intelligenz den dichten Schädel der Paläanthropinen aus der Ferne durchdrungen hätte. Selbst wenn man dies als richtig unterstellte, würde das nichts an der weit greifbareren Tatsache andern, daß die Paläanthropinen verstanden und lebten, was ihnen von höher entwickelten Lebewesen eingegeben worden wäre. Die Wirklichkeit ist wahrscheinlich weit einfacher und wird mit genaueren Grabungen ans Licht kommen: in den 50000 Jahren, während derer die Neandertaler lebten, kam es im Körper, im Gehirn und in den Handlungen zu einem langsamen Übergang zwischen den letzten archaischen Anthropinen und den ersten Vertretern unserer Art.

Für die Zeit vor der Ausbildung der Schrift ist eine direkte Erfassung der Sprache nicht möglich. Man hat gelegentlich den Versuch gemacht, die Form des Unterkiefers oder die Bedeutung der Ansatzstellen der Zungenmuskeln mit der Sprache in Verbindung zu bringen, aber solche Spekulationen haben wenig Sinn, denn das Problem der Sprache ist kein Problem der Zungenmuskulatur.[9] Die Bewegungen

9 Die Legende der *Kinnapophyse* ist ein gutes Beispiel für das Bestreben, alles aus dem Wissen heraus zu erklären, das man besitzt, so wenig dies auch sein mag. Die Kinnapophyse ist ein Vorsprung auf der Innenseite des Kinns, an dem der Musculus genioglossus ansetzt, also einer der Muskeln, die für die Bewegung der Zunge verantwortlich sind. Seine Insertion ist bei den verschiedenen Säugetieren recht unterschiedlich gestaltet, aber wenn auch die Kinnapophyse erst bei den Anthropinen erscheint, so kommt doch dem Musculus genioglossus bei den Wiederkäuern etwa eine große Bedeutung für die Beweglichkeit der Zunge zu. Die Kinnapophysen weisen im übrigen bei den Anthropinen erhebliche individuelle Variationen auf, und bei den Paläanthropinen kommen sie in stärkeren und schwächeren Ausprägungen vor. Der Unterkiefer von La Naulette, der 1866 entdeckt wurde, zeigt eine schwache Ausbildung der Kinnapophyse. Als einziger damals bekannter Unterkiefer eines Paläanthropus lieferte er die Grundlage für eine Theorie der Sprache, der G. de Mortillet in seinem 1883 erschienenen Buch *Le Préhistorique* (S. 250) ein überraschendes Aperçu hinzufügt: »Alle Menschen, und selbst noch die niedrigsten, wissen sich der Sprache zu bedienen, aber ist dies schon immer so gewesen? Der Unterkiefer von La Naulette sagt ›nein‹.« Nachdem er nun diesen sprachlosen Unterkiefer zum Sprechen gebracht hat, fährt der Autor fort: »Artikulierte Sprache kommt durch eine Serie von Zungenbewegungen zustande. Diese Bewegungen gehen vor allem auf jenen Muskel zurück, der an der Kinnapophyse ansetzt. Die Tiere, die keine Sprache besitzen, haben auch keine Kinnapophyse. Wenn nun der Unterkiefer von La Naulette keine Apophyse besitzt, so folgt daraus, daß der Neandertaler und der Chelléen-Mensch keine Sprache besaßen ...« Man weiß kaum, was man mehr bewundern soll, das Kunststück, durch das die Kinnapophyse zur notwendigen und hinreichenden Bedingung der Sprache stilisiert wird, die grenzenlose Mißachtung der Lautbildungsgesetze, die 1880 immerhin schon bekannt waren, oder die paradoxe Folgerung aus dieser Argumentation, die den Schimpansen oder den Kälbern eine Zunge absprechen müßte, da ja der Musculus genioglossus den größten Teil der Zungenmuskulatur ausmacht. Nicht weniger erstaunlich ist die Leichtigkeit, mit der jener Mann, dem wir die erste rationale Klassifikation der vorgeschichtlichen Epochen verdanken, den Neandertaler mit dem Chelléen-Menschen zusammenwirft.

der Zunge haben eine Bedeutung für die Ernährung, bevor sie phonetische Funktionen übernehmen, und es ist nicht sonderlich wichtig, wenn die Bewegungsfähigkeit der Zunge beim Mauer-Menschen beschränkt gewesen sein soll (was wiederum gar nicht so leicht festzustellen ist), denn es geht in erster Linie um die neuro-motorische Organisation und um die Qualität der zerebralen Projektionsflächen: das Problem der Sprache liegt im Gehirn und nicht im Unterkiefer. Gleichwohl lassen sich einige nützliche Hinweise über die Feinheit der Lautorgane und die Mimik gewinnen, wenn man die Ansatzstellen der Gesichts- und Kinnmuskeln untersucht. Aus dem wenigen, das man darüber weiß, läßt sich der Schluß ziehen, daß die Ausdrucksmuskulatur bei den Anthropinen von Stufe zu Stufe feiner wird; dies setzt im übrigen nur die Entwicklungslinie fort, die bei den höheren Säugetieren beginnt, bei denen der Gesichtsausdruck zuweilen eine sehr bedeutende Rolle spielt.

Will man sich dem Problem der Sprache bei den fossilen Anthropinen nähern, so muß man meiner Ansicht nach einen Umweg einschlagen. Wir haben in Kapitel II gesehen, wie das Relationsfeld sich bei den höheren Wirbeltieren auf zwei Polen entwickelte, zwischen denen der neuro-motorische Apparat die Aktionen des Gesichts und die der Hand koordiniert. Des weiteren haben wir am Anfang dieses Kapitels gesehen, daß die Physiologie der Hirnrinde einen engen Zusammenhang zwischen den manuellen und den facialen Fasern zeigt. Schließlich haben wir gesehen, daß die Areae 8 und 44 des Fronto-Parietal-Kortex bei zwei Anomalien der Sprache im Spiel sind: bei der Unfähigkeit, geschriebene Sprachsymbole zu bilden, und bei der Unfähigkeit, Ordnung in die Lautsymbole zu bringen (Agraphie und Aphasie).

Es besteht also ein Zusammenhang zwischen der Hand und den Gesichtsorganen, und die beiden Pole des vorderen Feldes zeugen von einer gemeinsamen Beteiligung bei der Herausbildung von Kommunikationssymbolen. Läßt sich diese, am heutigen Menschen beschriebene Lage auch in die Vergangenheit vor der Schrift projizieren?

Das Phänomen der Agraphie kann nicht mit Verbindungen zusammenhängen, die sich beim Menschen erst mit der Erfindung der Schrift herausgebildet hätten, denn dann müßte man behaupten, die australischen Ureinwohner seien unfähig, eine Schrift zu erlernen; es kann auch nicht auf irgendwelchen neurologischen Verbindungen basieren, die sich bei einem Kind, das schreiben lernt, herausbildeten, denn dann wären erwachsene Analphabeten unfähig, die Schrift zu erlernen. Man kann deshalb annehmen, daß die Beziehungen zwischen Area 44 und den Pyramidenzentren des Gesichts von der gleichen Art sind wie die Beziehungen zwischen dem Fuß der zweiten Frontalwindung und den Pyramidenzentren der Hand. Bei den Primaten nun sind die Gesichtsorgane und die Hand etwa in gleichem Maße mit technischen Verrichtungen befaßt. Der Affe arbeitet mit den Lippen, den Zähnen, der Zunge und der Hand, wie der heutige Mensch mit den Lippen, den Zähnen, der Zunge spricht und mit den Händen gestikuliert oder schreibt. Aber beim Menschen kommt noch hinzu, daß er mit den gleichen Organen auch etwas herstellt und daß sich zwischen den Funktionen eine Art Gleichgewicht ausgebildet hat: Vor der Schrift ist die Hand hauptsächlich bei der Herstellung beteiligt, das Gesicht vor allem bei der Sprache; nach der Schrift stellt sich das Gleichgewicht wieder her.

Mit anderen Worten, ausgehend von einer Formel, die mit der bei den Primaten verwirklichten Formel identisch ist, stellt der Mensch konkrete Werkzeuge und Symbole her, die beide auf den gleichen Prozeß, oder besser auf die gleiche Grundausstattung im Gehirn zurückgehen. Dies führt uns zu der Feststellung, daß die Sprache nicht nur ebenso charakteristisch für den Menschen ist wie das Werkzeug, sondern daß beide der Ausdruck ein und derselben menschlichen Eigenschaft sind, gerade so wie die dreißig verschiedenen Lautsignale des Schimpansen die genaue geistige Entsprechung jener aneinander gesteckten Stöcke sind, mit denen er eine aufgehängte Banane zu erreichen versucht; diese dreißig Signale bilden ebenso wenig eine Sprache, wie die Operation mit den Stöcken eine Technik im eigentlichen Sinne darstellt.

Von daher ließe sich vielleicht eine Paläontologie der Sprache in Angriff nehmen, genauer gesagt, das Skelett einer Paläontologie, denn es gibt kaum Hoffnung, daß wir jemals die Haut der fossilen Sprachen finden werden. Ein wesentlicher Punkt läßt sich immerhin festhalten: Sprache ist von dem Augenblick möglich, da die Vorgeschichte Werkzeuge liefert, denn Werkzeug und Sprache sind neurologisch miteinander verbunden, und beide lassen sich nicht von der sozialen Struktur der Menschheit trennen.[10]

10 Eine Theorie der synchronen Entwicklung von Technik und Sprache hat auch der russische Anthropologe V. V. Bunak vorgelegt; die Ausdrücke, die

Kann man noch einen Schritt weitergehen? Auf den primitiven Stufen der Anthropinen ist es wahrscheinlich nicht sinnvoll, das Niveau der Sprache und das des Werkzeugs voneinander zu trennen, denn heute und durch die ganze Geschichte hindurch ist der technische Fortschritt an den Fortschritt der technischen Sprachsymbole gebunden. Abstrakt ist es wohl möglich, sich eine technische Erziehung vorzustellen, die nur auf Gesten aufbaut; konkret setzt aber auch eine stumme Erziehung beim Lehrer wie beim Schüler einen reflektierten Symbolismus in Gang. Der organische Zusammenhang erscheint stark genug, um dem Australopithecus und dem Archanthropus eine Sprache zuzugestehen, die dem Niveau ihrer Werkzeuge entspricht. Auf diesen Entwicklungsstufen, für die eine vergleichende Untersuchung der Werkzeuge und der Schädel zeigt, daß Industrie und biologische Evolution anscheinend im gleichen Rhythmus fortschreiten, konnte das Niveau der Sprache nur sehr niedrig sein, aber es überstieg mit Sicherheit das Niveau von Lautsignalen. In der Tat sind die »Sprache« und die »Technik« der Großaffen dadurch gekennzeichnet, daß sie unter dem Eindruck eines äußeren Reizes spontan entstehen und ebenso spontan wieder verschwinden, oder gar nicht erst entstehen, wenn die materielle Situation, die sie auslöste, aufhört oder gar nicht erst entsteht. Herstellung und Gebrauch des Chopper oder des Faustkeils gehen auf einen ganz anderen Mechanismus zurück, denn die Operationen, die zu ihrer Herstellung erforderlich sind, existieren schon vor den Gelegenheiten, bei denen sie benutzt werden, und schließlich bleibt das Werkzeug im Hinblick auf spätere Verwendung erhalten. Der Unterschied zwischen Signal und Wort hat den gleichen Charakter, der Fortbestand des Konzeptes ist zwar von anderer Art, aber durchaus der Permanenz des Werkzeugs vergleichbar.

Den Begriff der Operationskette werden wir in den Kapiteln VII und VIII erörtern, aber wir müssen ihn hier schon kurz aufgreifen, um den Zusammenhang zwischen Technik und Sprache zu verstehen. Die Technik ist zugleich Geste und Werkzeug. Beide werden durch eine regelrechte Syntax miteinander verkettet, die den Operationsfolgen

er verwendet, sind den von mir vorgeschlagenen recht ähnlich, aber er geht von sehr allgemeinen technologischen Daten aus und stützt sich auf die Rekonstruktion von Stufen, die vom Laut-Signal bis zur grammatisch konstruierten Sprache führen. Besonders interessant scheint mir, daß wir auf verschiedenen Wegen über die Integration von Geste und Laut-Symbol zu einer relativ ähnlichen Konstruktion gelangen. Vgl. Bunak V. V., 1958.

zugleich ihre Festigkeit und ihre Feinheit verleiht. Die Syntax der Operationen wird vom Gedächtnis nahegelegt und entsteht zwischen dem Gehirn und der materiellen Umwelt. Setzt man die Parallele zur Sprache fort, so ist stets der gleiche Prozeß anzutreffen. So kann man auf dem Wissen über die Techniken von der Pebble-Kultur bis ins Acheuléen die Hypothese einer Sprache gründen, die im Grad ihrer Komplexität und im Reichtum ihrer Konzepte deutlich mit den Techniken übereinstimmt. Der Zinjanthropus mit seiner einzigen Serie von technischen Gesten und einer nur wenig entwickelten Operationskette liefert dann eine Sprache, deren Inhalt den vokalen Signalbestand der Gorillas kaum überschreiten dürfte, die aber aus disponiblen und nicht völlig determinierten Symbolen besteht. Die Archanthropinen mit ihrer doppelten Serie von Gesten und ihren fünf oder sechs Werkzeugformen besaßen mit großer Sicherheit bereits sehr komplexe Operationsketten, und man wird ihnen eine Sprache unterstellen dürfen, die beträchtlich reicher, aber wahrscheinlich noch auf den Ausdruck konkreter Situationen beschränkt war.
Die ersten Paläanthropinen haben die Situation ihrer Vorfahren direkt geerbt, jedoch bilden sich bei ihnen ständig wachsende Möglichkeiten heraus. Bei den Neandertalern kam die Fähigkeit zur Exteriorisierung von nicht konkreten Symbolen hinzu. Von diesem Augenblick an werden die technischen Konzepte durch Konzepte überholt, von denen heute nur noch manuelle Operationen zeugen: Bestattung, Farbstoffe und seltsam geformte Gegenstände, aber diese Zeugnisse bringen uns die Gewißheit, daß in ihnen das Denken auf Bereiche jenseits der lebensnotwendigen technischen Motrizität angewendet wurde. Die Sprache der Neandertaler dürfte sich von der Sprache, die wir bei den heutigen Menschen kennen, nicht sonderlich unterschieden haben. Wesentlich an den Ausdruck von Konkretem gebunden, mußte sie die Kommunikation während der Tätigkeiten sicherstellen: eine sehr ursprüngliche Funktion, bei der die Sprache noch eng mit dem technischen Verhalten verknüpft bleibt, sie mußte auch die abgehobene Übermittlung von Handlungssymbolen in Gestalt von Berichten ermöglichen. Diese zweite Funktion muß sich Schritt für Schritt bei den Archanthropinen herausgebildet haben, aber es ist schwierig, Belege dafür anzuführen. Schließlich erscheint im Verlauf der Entwicklung der Paläanthropinen eine dritte Funktion, in der die Sprache das Konkrete und den Reflex des Konkreten überschreitet und unbestimmte Gefühle zum Ausdruck bringt, von denen mit Sicherheit ein

Teil in die Religiosität eingeht. Diese neuen Aspekte werden wir noch mehrmals wieder aufnehmen, hier genügt es, wenn wir ihren Anfangspunkt bei den Paläanthropinen aufzeigen.
Die Sprache der Anthropinen vor dem *homo sapiens* scheint also in enger Verbindung mit der technischen Motrizität zu stehen, einer so engen Verbindung, daß die beiden Hauptmerkmale der Anthropinen, die den gleichen Weg der Hirnentwicklung einschlagen, letztlich nur ein Phänomen bilden können. Die technische Aktivität der frühen Anthropinen zeigt das Bild einer äußerst langsamen Evolution, deren Weg von den Werkzeugen und den Schädeln abgesteckt wird, die sich nahezu synchron in Richtung auf den *homo sapiens* verbessern. Außer den wenigen oben genannten Funden gibt es keine ernstzunehmenden Dokumente, die auf mehr als die lebenswichtigen Operationsketten bei ihnen hindeuten. Wenn die Sprache wirklich den gleichen Ursprung hat wie die Technik, so sind wir berechtigt, uns auch sie in Form von einfachen und auf den Ausdruck von Konkretem beschränkten Operationsketten vorzustellen, wobei sie zunächst den Ablauf der technischen Operationen begleitet, dann aber auch die bewußte Bewahrung und Reproduktion verbaler Ketten jenseits der unmittelbaren Operationen ermöglicht. Eine tiefgreifende Wandlung im philosophischen Verständnis des fossilen Menschen ist in den letzten Jahren dadurch eingetreten, daß man seit dem Zinjanthropus einen bereits voll verwirklichten Menschen annehmen mußte, der aufrecht ging, Werkzeuge herstellte und, wenn meine Beweisführung trägt, sprechen konnte. Das Bild dieser »ersten« Menschen stimmt fast überhaupt nicht mehr mit dem überein, was zwei Jahrhunderte philosophischen Denkens im Menschen zu sehen gelehrt haben. Die Tatsachen zeigen, daß der Mensch nicht, wie man zu denken gewohnt war, eine Art Affe ist, der sich langsam verbessert, die majestätische Krönung des paläontologischen Gebäudes, sondern, sobald er zu fassen ist, bereits etwas ganz anderes als ein Affe. In dem Augenblick, da er uns erscheint, bleibt ihm noch ein sehr langer Weg zurückzulegen, aber diesen Weg wird er weniger in der Richtung der biologischen Evolution zurücklegen als in Richtung auf die Befreiung von seinem zoologischen Rahmen – in einer völlig neuen Organisation, bei der die Gesellschaft fortschreitend an die Stelle des phyletischen Stromes tritt. Wenn man unbedingt immer noch den ursprünglichen Affen finden will, so muß man ihn nun wohl irgendwo mitten im Tertiär suchen. Das bereits menschliche Bild des Australanthropus reicht im

übrigen hin, um die Grundlagen für das Problem des Ursprungs zu verändern; seine Zweifüßigkeit ist mit Sicherheit alt, sie impliziert einen beträchtlichen Abstand zu den Vorfahren der heutigen Affen, vergleichbar etwa der Trennung der Abstammungslinien von Pferden und Rhinozerossen, sie impliziert letztlich die Perspektive, daß man eines Tages ein kleines Tier entdecken mag, das weder Affe noch Mensch ist, aber im Laufe der Entwicklung sowohl das eine wie das andere zu werden vermochte.

Kapitel IV
Neanthropus

Vergangenheit und Zukunft der Physis von homo sapiens

Wir haben gesehen, daß die allgemeine Evolution jener zoologischen Gruppen, die der gleichen Abstammungslinie zugehören wie der Mensch, zwei »Befreiungen« umfaßte, deren wichtigste die Befreiung des Kopfes bei den theromorphen Reptilien des Primärzeitalters und die Befreiung der Hand bei den Australanthropinen des späten Tertiärs sind. Der Part, der den Anthropinen im Laufe ihrer Evolution zufällt, liegt in der Befreiung des Gehirns und parallel dazu in der Auflösung eines wesentlichen Teils der zoologischen Bindungen. Diese Evolution wollen wir nun kurz nachzeichnen.

Bei den Australanthropinen erfolgt eine Ablösung der Schädelbasis, und damit beginnt, wie wir oben gesehen haben, die Öffnung des Kortikalfächers. Schon bald, d. h. spätestens mit den Paläanthropinen, erreichen die pyramidale Motorik und die angrenzenden Assoziationsfelder einen Entwicklungsstand, der dem des heutigen Menschen nahezu gleichkommt. Beleg dafür sind die zahllosen Zeugnisse, die wir vom hohen technischen Stand der Paläanthropinen besitzen. So findet sich in der Evolution des Gehirns das gleiche Phänomen einer Stabilisierung der erreichten Strukturen, die gleiche Überschreitung durch neue Dispositive: die Hand sollte schon mit den Australopithecinen ihre heutige Gestalt erhalten, das technische Gehirn ist praktisch seit den späten Archanthropinen fertig.

Für den Menschen gewannen die Stabilisierung und anschließende Überschreitung des technischen Gehirns eine überragende Bedeutung, denn hätte die Evolution zu einer stärkeren Kortikalisierung des neuro-motorischen Systems geführt, so hätte die Evolution sich für ihn in einem Wesen beschlossen, das den entwickeltsten Formen von Insekten entsprochen hätte. Die motorischen Bereiche wurden jedoch im Gegenteil von ganz anders gearteten Assoziationszonen überlagert, die das Gehirn, statt es auf eine immer stärkere Spezialisierung auszurichten, mit der Fähigkeit zu unbegrenzter Generalisierung ausgestattet haben – unbegrenzt zumindest im Vergleich zu den Möglichkeiten der zoologischen Evolution. Über die ganze Evolution seit den Reptilien erscheint der Mensch als Erbe jener Lebewesen, die einer anatomischen Spezialisierung entgangen sind. Weder seine Zähne noch seine Hände, noch sein Fuß, noch endlich sein Gehirn haben jenen hohen Grad der Perfektion erreicht, den das Gebiß des Mammut, Hand und Fuß des Pferdes und das Gehirn mancher Vögel gewonnen haben; so blieb er zu beinahe allen möglichen Handlungen fähig, er kann praktisch alles essen, er kann laufen, klettern und das unglaublich archaische Organ, das in seinem Skelett die Hand darstellt, für Operationen einsetzen, die von einem nur in der Generalisierung überspezialisierten Gehirn gelenkt werden. Den Weg, der ihn dort hingeführt hat, haben wir zu einem großen Teil schon in den vorangegangenen Kapiteln dargestellt, es bleibt zu erklären, wie sich die letzte Befreiung vollzog.

Der Schädel des homo sapiens

Die Evolution des menschlichen Schädels spiegelt offenbar einen dreifachen Prozeß wider: die mechanische Entlastung des hinteren Schädels durch die aufrechte Körperhaltung, die mechanische Entlastung des Gesichtes durch die fortschreitende Rückbildung der Zahnwurzeln, die Steigerung des Hirnvolumens bis zu den Neandertalern und die darauf folgende fortschreitende Vereinnahmung der Stirnbereiche ohne weitere Volumensteigerung. Der markanteste Zug bei den Neanthropinen ist die fortschreitende Verminderung des Gesichtsknochenbaus; bei den am weitesten entwickelten Schwarzen, Weißen und Gelben bleibt von ihm nur ein beträchtlich reduziertes Stützgerüst. Der Bauplan ist sehr gleichförmig, schon die Neandertaler haben ihn erreicht, und nur die Winkelöffnungen variieren leicht. Diese Variation ist im übrigen mit Ausnahme einiger kleiner primitiver Gruppen wie der australischen Ureinwohner kein im gebräuchlichen Sinne rassisches Phänomen, denn bei allen großen rassischen Gruppen finden sich Formen höchster Entwicklung. Es scheint, als wäre die Grundkonstruktion unabhängig von den rassischen Variationen, genauer, als wäre die Architektur in ihrer Entwicklung einer sehr langsamen, fortschreitenden, aber in der ganzen Menschheit synchron verlaufenden Bewegung unterworfen; daraus erklärt sich die Tatsache, daß heute auf der ganzen Erde nur Repräsentanten des *homo sapiens* existieren und dies trotz der Variationen in Hautfarbe, Habitus, Blutgruppen, Prognathismus und zahlreichen anderen Merkmalen. Dies entspricht auch G. G. Simpsons Begriff der Makro-Evolution, nach dem das gesamte Phylum Anpassungsphasen durchläuft, die sämtliche fundamentalen und typologischen Merkmale umfassen. Ein solcher Entwicklungsgang hat dazu geführt, daß der Archanthropus dem Australanthropus, der Paläanthropus dem Archanthropus und schließlich der Neanthropus allen übrigen folgte. So ist es gar nicht erstaunlich, wenn die Merkmale des mechanischen Gleichgewichts keine Unterscheidung zwischen Gelben, Weißen und Schwarzen erlauben.

Die Anthropologie hat sich mehr als eineinhalb Jahrhunderte bemüht, die rassischen Unterschiede im Skelett und insbesondere im Schädel zu inventarisieren. Es ist schon seltsam, wenn man sich ansieht, wie klein diese Bilanz letztlich ausgefallen ist und wieviel leichter es fällt, die Rassenbestimmung auf den ersten Blick vorzunehmen als mit Zirkel und Zahlen. Die Messungen erfassen in ihrem locker geknüpften Netz zugleich eigentlich rassische und weit allgemeinere Merkmale, die bestimmten Stadien der Evolution entsprechen, ohne sie voneinander unterscheiden zu können. Zudem entgehen die signifikanten mikro-rassischen Werte, die in feinen Nuancierungen der Rundung eines Bogens oder in unmerklichen Variationen der Wölbung der Schädeldecke bestehen, vollständig der Bestimmung durch quantitative Methoden. Letztendlich läßt sich mit diesen Methoden weder die Grundkonstruktion noch die rassischen Besonderheiten exakt erfassen; zureichend erhellen sie dagegen die Variationen in den allgemeinen Proportionen, so daß man durch eine chronologische Folge von Subjekten, die über die gesamte bekannte Entwicklungsspanne des *homo sapiens* verteilt sind, das Ausmaß zu erkennen hoffen kann, in dem er sich seit seinen Anfängen entwickelt hat.

Graphische Profile
(Abb. 51)

Die Evolution der allgemeinen Proportionen läßt sich durch die aufeinanderfolgenden Verhältnisse von Schädeldecke, Gesicht, Augenbogen und Nase in den beiden Dimensionen ausdrücken. Aus diesen Daten läßt sich ein Profil des Verhältnisses von Längen und Breiten

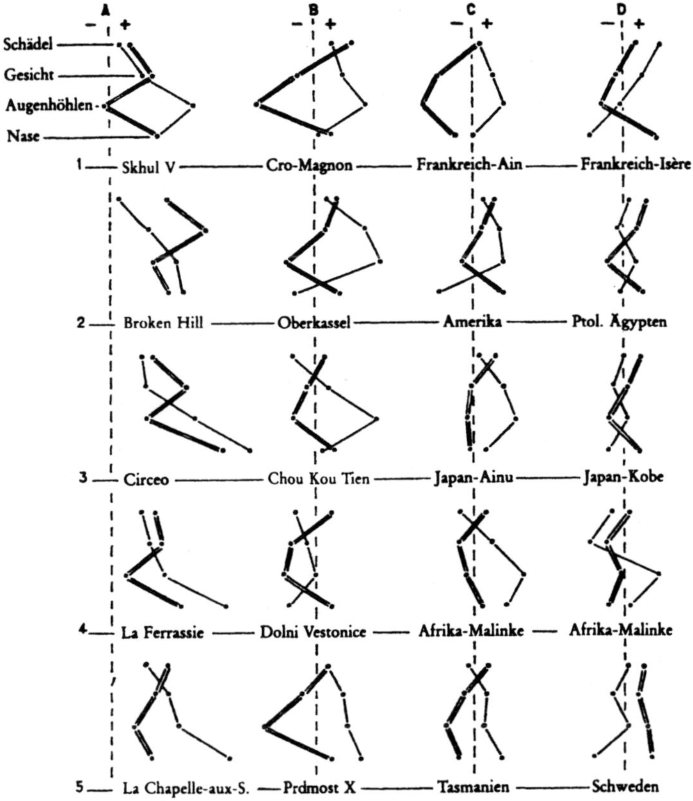

Abb. 51

konstruieren, die beide wiederum zu einem statistischen Mittel des heutigen *homo sapiens* der verschiedenen rassischen Ausprägungen ins Verhältnis gesetzt werden. Abbildung 51 zeigt verschiedene Paläanthropinen (A), verschiedene fossile Menschen des Jungpaläolithikums in Europa und Asien (B), heutige Menschen des archaischsten Typs, die allen großen rassischen Gruppen entnommen sind (C), und Menschen des am höchsten entwickelten Typs aus den gleichen rassischen Gruppen (D).

Für die Paläanthropinen zeigt sich, daß die allgemeine Konstruktion bei allen Subjekten gleich ist: alle liegen in ihren Dimensionen weit unterhalb des heutigen Durchschnitts; der Schädel ist groß und lang, das Gesicht ist ebenfalls groß und sehr hoch (mit Ausnahme des Schädels von La Chapelle-aux-Saints, der keine Zähne mehr besitzt), der Augenbogen ist groß und weit, die Nase ist außergewöhnlich groß und breit. Die Proportionen des Paläanthropus finden sich bei keinem bekannten Neanthropus, auch nicht bei den primitivsten; es handelt sich um ein Stadium, das in seinen Merkmalen homogen und seit vielen Jahrtausenden vollständig überwunden ist.

Die fossilen Neanthropinen (B) weisen eine frappierende Gleichförmigkeit des Typs auf, gleich ob es sich um solche aus Frankreich, Deutschland, der Tschechoslowakei, Rußland oder China handelt. Diese Gleichförmigkeit betrifft so offenkundige äußere Merkmale, daß die Anthropologen eigens die »Cro-Magnon-Rasse« geschaffen haben, um sie zum Ausdruck zu bringen; in Wirklichkeit ist diese Rasse lediglich ein stadienspezifischer Typ. Lediglich in der Schädeldecke, die lang und sehr viel kleiner ist als bei den Neandertalern, unterscheidet sich der Cro-Magnon völlig vom Typ der Paläanthropinen. Das Gesicht ist sehr niedrig, breit und kurz, der Augenbogen ist außergewöhnlich niedrig und breit, die Nase ist von mittlerer Länge und Breite. Die fossilen Neanthropinen gehen bis in die Zeit um 30000 zurück, während die jüngsten Neandertaler etwa um 50000 vor unserer Zeit datiert werden können. In diesen 20000 Jahren kommt es zu einer Transformation, deren einzelne Größen noch weitgehend unbekannt sind, da geeignete Fossilien oder angemessene Interpretationen für die vorhandenen Fossilien fehlen.

In der Tat scheinen einige bekannte Fossilien wie der Schädel V von Skhul, der als »Neandertaler« mit neanthropinen Zügen angesehen wird, oder der Schädel X von Prdmost, den man für einen Neanthropinen mit Affinitäten zum Neandertaler hält, die Richtung anzuzeigen, in der die Evolution verlaufen ist. Vergleicht man den Schädel von Skhul mit dem Schädel von Broken Hill oder dem von Cro-Magnon, so stellt man fest, daß Schädel und Gesicht bereits abgeschwächte Züge eines Neandertalers tragen, während der Augenbogen und die Nase die Proportionen des Typs von Cro-Magnon angenommen haben. Mit anderen Worten, das Gesicht ist noch breit und hoch, aber die Augenbögen sind niedrig, und die Nase ist kleiner geworden. Vergleicht man sodann Prdmost X und La Chapelle-aux-Saints, so bemerkt man, daß Längen und Breiten zwar beträchtlich abgenommen haben, die allgemeinen Proportionen aber die gleichen sind. Offenbar ist also der Typ von Cro-Magnon noch nicht sehr weit entfernt vom Typ der Paläanthropinen, oder eher noch: die Unterschiede zwischen beiden sind solche der Quantität und nicht des Wesens. Vergleicht man die beiden »Übergangsexemplare« untereinander, so sieht man, daß die Rückbildung bei beiden vor allem die Höhe der Augenbögen betrifft. Die Gesichtshöhe des Schädels von Skhul ist noch beträchtlich, die des Schädels von Prdmost zeigt einen regelrechten Einbruch. Beide haben ein Gebiß mit den Proportionen des Neanthropus, sie zeigen eine generelle Rückbildung der Wurzeln und, was die Mahlzähne betrifft, eine Verkleinerung der Kronen vom ersten zum letzten; mit anderen Worten, beide weisen eine deutliche Rückbildung des Weisheitszahns auf und zeugen von einem Gesichtsgleichgewicht, bei dem der erste Mahlzahn die wichtigste Stelle eingenommen hat. Unter diesen Bedingungen kündigt sich im Augen-Wangen-Bereich eine tiefgreifende Umbildung an, eine Umbildung, die sich in diesem Stadium in einer disharmonischen Verringerung der Gesichtshöhe ausdrückt und in der Verlagerung der Gesichtskonstruktion des Überaugenmassivs auf das Seitengerüst der Augenbögen.

Der »Cro-Magnon-Typ« erscheint so als erste Stufe im Prozeß der Präfrontalentwicklung. Eine Rückbildung des Gebisses und ein Gesichtsgleichgewicht, das nicht mehr zugleich auf den Eck- und Mahlzähnen beruht, sondern vorrangig auf den Mahlzähnen, bestimmt diesen archaischen Typ des *homo sapiens*, den alle bekannten Fossilien gemein haben. In Europa hält er sich bis in die mittlere Steinzeit hinein, dann verschwindet er langsam. Überlebende Exemplare dieses archaischen *sapiens*-Typs sind von zahlreichen Autoren angezeigt worden und haben zu gelegentlich abenteuerlichen Hypothesen über den Ursprung und die Verbreitung der »Cro-Magnon-Rasse« geführt. In der Tat handelt es sich hier um einen universellen Bautyp, der mit unterschiedlicher Häufigkeit noch in allen Teilen der Welt vorkommt (C). Relativ verbreitet ist er bei den Melanesiern und den Australiern, als Einzelfall kann man ihn aber auch in Amerika, Europa und Afrika antreffen. In jedem dieser Fälle betrifft der Typ nur die allgemeinen Proportionen (langer Schädel, sehr kurzes Gesicht, sehr niedrige Augenbögen) und bleibt unabhängig von den eigentlich rassischen Details.

In dieser Vielfalt der rassischen Entwicklungslinien scheint sich der Faden einer allgemeinen Evolution abzuzeichnen, die Richtung jenes langsamen und kontinuierlichen »Stromes«, für den wir bei einer Vielzahl von Tieren klare und zahlreiche Zeugnisse besitzen. Dieser Strom hat sich bei den Anthropinen offenbar beschleunigt, denn, wie es scheint, entfallen 70 % des Quartärs auf den Australanthropus und Archanthropus, 25 % auf den Paläanthropus und nur 5 % auf den Neanthropus. Genügen diese 5 %, die der Vergangenheit unserer eigenen Art angehören, um eine merkliche Transformation vom Cro-Magnon-Menschen zu dem des 20. Jahrhunderts auszumachen? Nur wenig mehr als 30 000 Jahre trennen uns von ihm, und offenbar sind in dieser Zeit sehr wesentliche Umbildungen erfolgt.
Zunächst einmal müssen wir uns klar machen, welches die Voraussetzungen für einen Vergleich zwischen den heutigen Menschen und den Fossilien sind. Für den heutigen Menschen besitzen wir ein reichhaltiges Tableau sämtlicher rassischen Varianten, die durch Tausende von Exemplaren hindurchscheinen. Mit Ausnahme seltener isolierter Völker wie mancher Eskimos, der australischen Ureinwohner und mancher afrikanischer Gruppen weisen die Rassentypen erhebliche individuelle Variationen auf; das Bild, das sie zeichnen, ist daher niemals mehr als ein statistisches, und solange man keine exakte geographische Identifizierung des Subjekts besitzt, bleibt eine Bestimmung auf große Gruppen beschränkt wie den »Mongoliden Schädel Süd-Ost-Asiens« oder den »Alpinen« Typ. Beim Fossil ist die Lage genau umgekehrt; wir besitzen einige Individuen, die durch Jahrtausende und oft auch beträchtliche räumliche Distanz getrennt sind; der rassische Typ erscheint nicht mehr durch seine mangels Vergleichsmöglichkeiten ununterscheidbaren Varianten hindurch, und man ist gezwungen, alles, was sich bietet, als signifikant zu nehmen. Überdies kommt man nicht umhin, äußerst disparate Fossilien in großen Familien zusammenzufassen, wie es lange Zeit mit den Paläanthropinen geschehen ist, die man um den Kern der ersten Neandertaler anordnete.
Bei dem Problem der physischen Evolution der Neanthropinen ist noch ein weiterer Aspekt zu berücksichtigen, der nicht mehr die materiellen Bedingungen der Dokumentation betrifft, sondern die Genetik der Rassen. Das genetische Wissen, das man an den Tieren

gewonnen hat, ermöglicht es uns, bestimmte Aspekte der rassischen und individuellen Variation zu verstehen. Zwei Faktoren haben eine vorrangige Bedeutung in der Konstitution der individuellen genetischen Formeln, deren Kombination zum rassischen Typ führt: die Isolierung und die Dichte der Subjekte.

Die Isolierung kommt je nach Dichte in unterschiedlichem Grade ins Spiel. Es liegt z. B. auf der Hand, daß die grundlegenden rassischen Gruppen (Weiße, Schwarze und Gelbe) eine so große Bevölkerungsfläche im Verhältnis zu ihren Kontaktlinien aufweisen, daß sie effektiv voneinander isoliert sind, da der Bereich, in dem es zu einer Mischung der Rassen kommt, auf einen schmalen Saum an ihren Grenzen beschränkt ist. In ihrem Inneren ist das ganze Spektrum der Formeln anzutreffen. Bei Gruppen mit geringer Dichte spielt die Isolierung eine sehr bedeutsame genetische Rolle; Gruppen, die einige Tausend Individuen zählen und abgesondert existieren, tendieren im Laufe der Zeit dahin, den Charakter einer homogenen Rasse anzunehmen; dies erklärt auch, weshalb die »reinen« Rassen wie die Ainu, die Buschmänner, die Lappen, die Eskimos und die australischen Ureinwohner, die der klassischen Anthropologie so teuer waren, Gruppen sind, die lange in einer Isolation gelebt haben, in deren Verlauf ihr genetisches Kapital sich vereinheitlicht hat. Diese geographisch marginalen Gruppen zeigen wie die Tiergruppen, die unter gleichen Bedingungen leben, äußerst markante und oft abweichende Merkmale, und häufig bewahren sie eine allgemeine Struktur, die archaische Züge trägt. Die deutlichsten Beispiele für ein Überleben des primitiven Neanthropus-Typs finden sich in diesen Gruppen.

Der Faktor der Dichte hat, wenn er mit einer offenen geographischen Lage zusammenfällt, eine ganz entscheidende Bedeutung für die allgemeine Physiognomie von Bevölkerungen, sei es nun, daß er in begrenzten, sehr dicht bevölkerten Zonen wirksam wird, wie in Europa, in Indien oder im Fernen Osten, sei es, daß er sich in Zonen entfaltet, in denen die relativ geringe Dichte durch die Wanderungsbewegungen von Gruppen oder Individuen ausgeglichen wird, wie etwa in Afrika. In diesen Gruppen ist es sehr schwer, einen rassischen Typ mit klaren Konturen herauszuarbeiten, da die Effekte der Fixierung einheitlicher genetischer Formeln durch die ständige Vermischung aufgehoben werden; die Gruppe, die mehrere Millionen Individuen zählen kann, entwickelt sich als ganze in einem fließenden, mittleren Typ, der aus dem Gleichgewicht der individuellen Variatio-

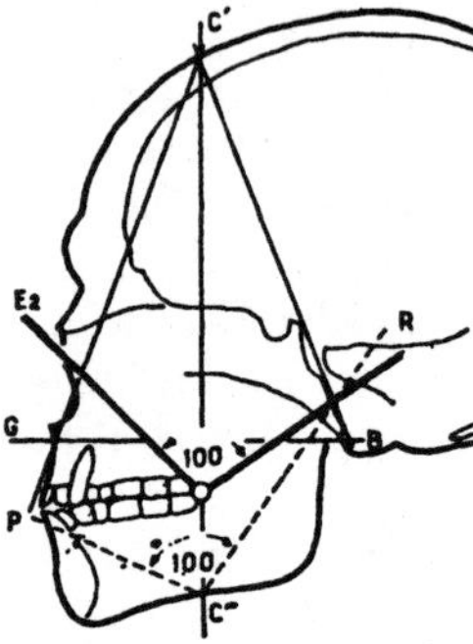

Abb. 52

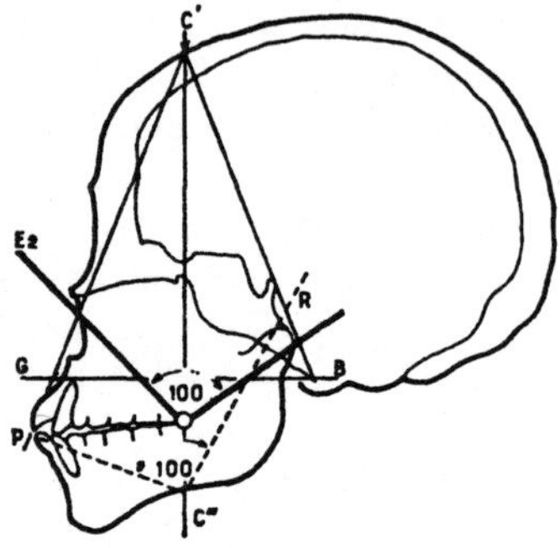

Abb. 53

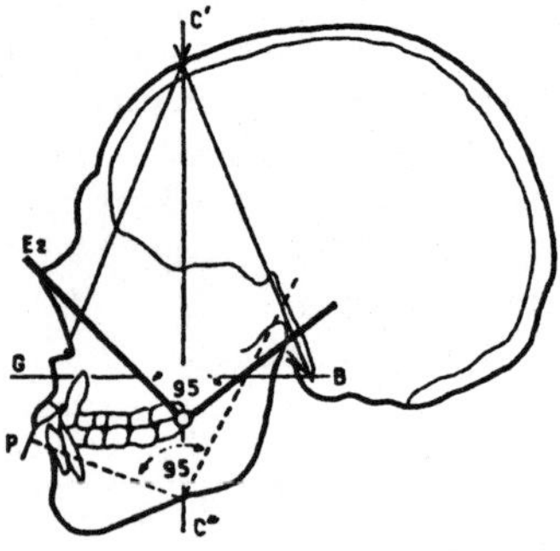

Abb. 54

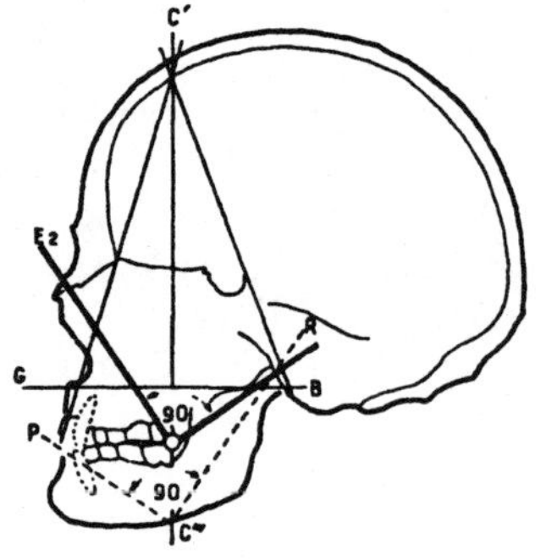

Abb. 55

nen resultiert. Es scheint, daß diese Situation für eine schnelle Entwicklung des stadienspezifischen Typs die günstigste ist, denn in diesen Bevölkerungen befinden sich die wenigsten Subjekte, die dem archaischen Neanthropus-Typ angehören.

Betrachtet man nun Individuen, die aus Gruppen mit großem Variationsreichtum stammen und die den großen Zügen der von den primitiven Neanthropinen verfolgten Bewegung entsprechen, so stellt man fest, daß sich ein neuer stadienspezifischer Typ bereits sehr deutlich abzeichnet (Abb. 51). Man trifft diesen Typ ebenso bei den Weißen wie bei den Schwarzen oder Gelben, bei den Dolichocephalen wie bei den Brachycephalen. Wichtigstes Merkmal ist die Harmonisierung der Durchmesser insbesondere für die Längen und Breiten von Gesicht und Schädel. Eine Vergrößerung des zerebralen Fassungsvermögens ist nicht feststellbar, aber das Gesicht tendiert zu einer schmalen Form und bleibt kurz. Die Augenbögen haben eine dementsprechende Größe, die Nase, die bei den schwarzen Rassen breit und bei den übrigen schmal ist, hat sich in ihren absoluten Proportionen nicht sehr verändert.

Das Phänomen einer Verringerung und Erleichterung des Gesichts, das charakteristisch für die ältesten Neanthropinen ist, setzt sich also im Verlauf eines Prozesses, in dem die Breite des Gesichtes sich mit der Höhe vereinheitlicht (Abb. 52–63), bei sämtlichen menschlichen Gruppen mit hoher Dichte fort. Diese Erscheinung ist mit der generellen Rückbildung des Gebisses verbunden, wie sie in der Rückbildung oder im gänzlichen Fehlen von Weisheitszähnen und in den kleinen Wurzeln sämtlicher Zähne zum Ausdruck kommt. Natürlich wäre es abenteuerlich, wenn wir eine einzige mechanische Ursache, nämlich allein die Rückbildung des Gebisses, die im übrigen durch eine genetische Evolution bestimmt wird, von der wir noch sehr wenig wissen, für die gesamte Geschichte der menschlichen Zerebralisierung verantwortlich machen wollten; die Entwicklung des Gebisses bringt aber besser als alles andere den Mechanismus einer komplexen Entwicklungsbewegung zum Ausdruck, die sich auch in den heutigen Menschen noch fortsetzt.

Physische Bilanz

Über 30 000 Jahre hinweg können wir heute bei den verschiedenen Rassen die physische Entwicklung des *homo sapiens* verfolgen. Die Vielfalt der rassischen Typen macht es schwierig, im einzelnen zu erfassen, worin die physische Entwicklung der Menschheit in solch einer kurzen Zeitspanne bestanden haben mag, aber dennoch gestattet eine chronologische Analyse mehrere Feststellungen. Die ältesten Exemplare des *homo sapiens*, die zum großen Teil mit der »Cro-Magnon-Rasse« in Zusammenhang gebracht werden, haben einen sehr eigentümlichen Schädeltyp: der Schädelkasten ist groß und lang, das Gesicht ist breit und außergewöhnlich kurz, insbesondere im Vergleich zu den vorausgegangenen Neandertalern; die Augenbögen sind extrem niedrig und rechtwinklig. Dieser Konstruktionstyp findet sich praktisch bei allen Fossilien der oberen Altsteinzeit in Frankreich,

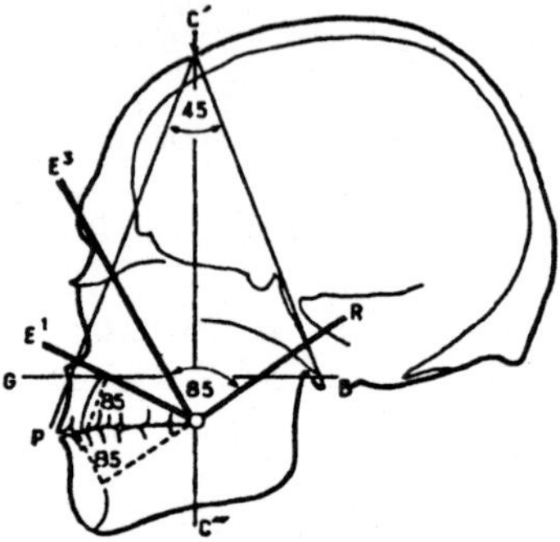

Abb. 56

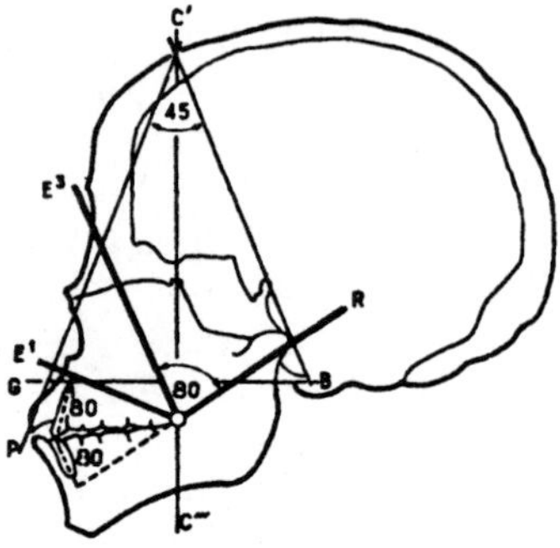

Abb. 57

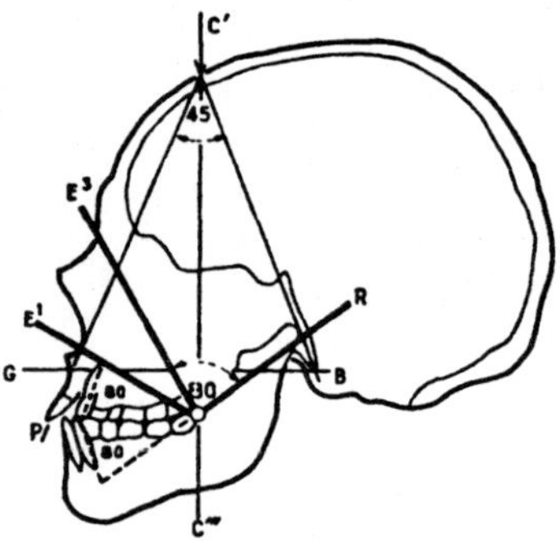

Abb. 58

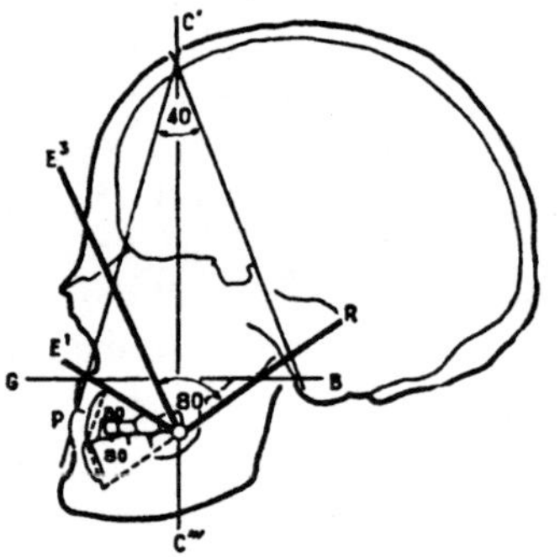

Abb. 59

Zentraleuropa, Deutschland, der UdSSR und bis hin nach China. Ganz offenbar steht dieser Typ für die archaischste Architektur, die unsere eigene Art gekannt hat. In Europa kommt er noch bis in die mittlere Steinzeit hinein vor, und wir besitzen Zeugnisse für ihn aus Portugal, der Bretagne und Dänemark. Als individuelle Erscheinung kann man diesen Schädelbau auch heute noch in allen Teilen der Welt antreffen, aber als kollektive rassische Formel hat er allenfalls noch bei den Tasmaniern, Australiern und einem Teil der Neukaledonier Bedeutung. Nach dem Jungpaläolithikum diversifizieren sich die Typen des Schädelbaus ganz beträchtlich. Bei den Rassen mit dem größten Variantenreichtum, vor allem aber in den Gebieten, in denen die Bevölkerungsdichte am größten ist, treten einige Merkmale, die den

Entwicklungsgang der Anthropinen fortzusetzen scheinen, mit hinreichender Häufigkeit auf, um sie als signifikant einzustufen. Das Hirnvolumen zeigt keinerlei Tendenz zu einer Vergrößerung, in der Tat scheint seit den Neandertalern in diesem Bereich keinerlei Gewinn eingetreten zu sein. Die Dimensionen des Gesichts tendieren dagegen zu einer Verkleinerung, und diese Verringerung des Gesichtsvolumens kommt vielfach im Verschwinden der Weisheitszähne zum Ausdruck (Abb. 55, 59 und 63). Die Verkürzung des Zahnbogens bei gleichzeitiger Beibehaltung eines Schädelbaus, der das Gesicht im allgemeinen auf dem ersten Mahlzahn abstützt, hat zur Folge, daß sich die Stirn mehr und mehr nach vorne wölbt. Dieses

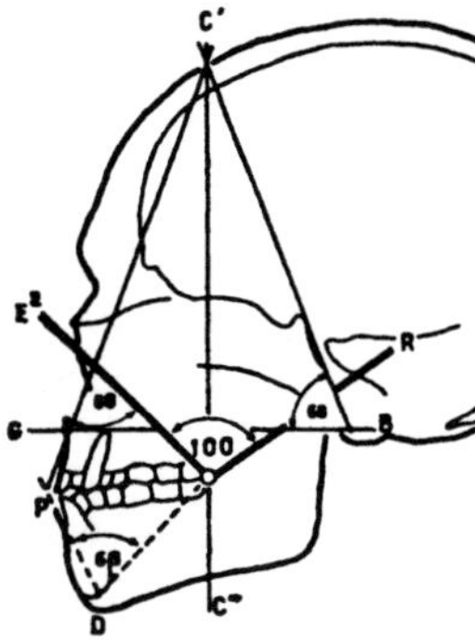

Abb. 60

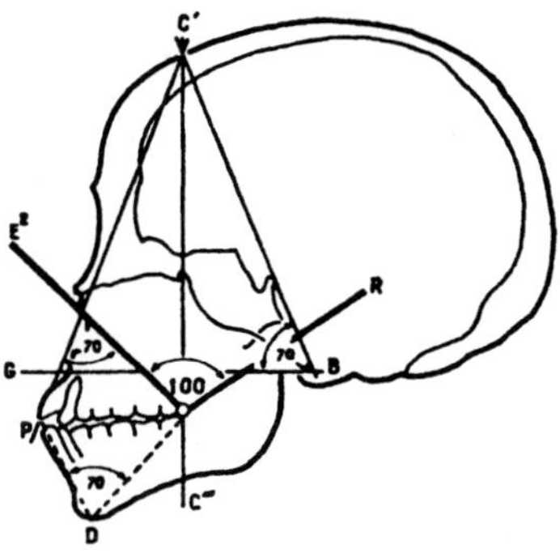

Abb. 61

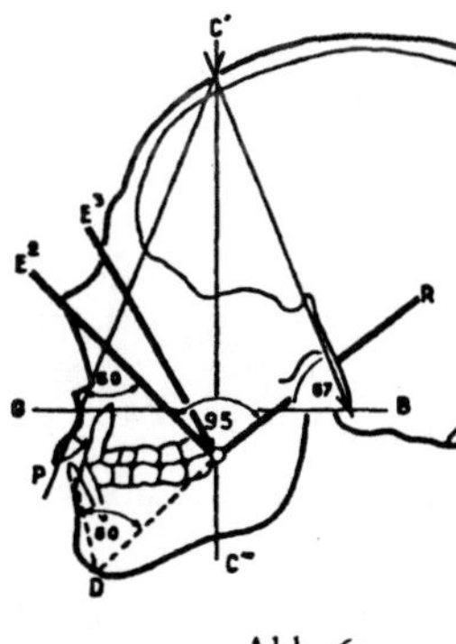

Abb. 62

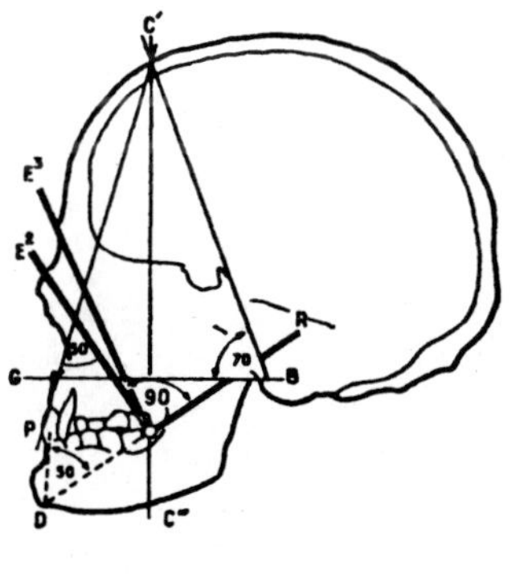

Abb. 63

Merkmal ist schon seit mehr als einem halben Jahrhundert bekannt und hat zu einer Reihe von Theorien geführt, nach denen der heutige Mensch in gewisser Weise einen Fötus oder ein Kind darstellt, das in einem frühen Stadium seiner Entwicklung stehengeblieben ist. Von dort ist es nur ein Schritt bis zu jener Auffassung, die in der Evolution des Menschen eine Art *progressiver* Retardierung sieht, eine Verlängerung infantiler Stadien, die der Intelligenz die erforderliche Zeit zu ihrer Entwicklung böte; und in der Tat fiel es nicht schwer, diesen Schritt auch zu tun. Ich denke, wir müssen darauf verzichten, im Menschen den Fötus eines Gorillas zu sehen, wie wir auf den Affen-Vorfahren verzichten müssen, in dem ich nur eine weitere Form jener Tendenz zu sehen vermag, sich auf die Suche nach einem monströsen Zwilling zu machen. Wir haben gesehen, daß die Formel des Menschen völlig verschieden ist von der Formel der Affen. Wir haben weiter gesehen, daß der Zinjanthropus im Körper eines Menschen die kohärente mechanische Formel eines menschlichen Schädels realisierte, der nur ein kleines Gehirn enthielt. Würde man sich auf die Behauptung einlassen, das Rhinozeros sei der überdimensionale Fötus des kleinen Klippendachses oder die Forelle ein Coelacanthidenembryo? Bei dem Versuch, eine Erklärung für die Tatsache zu finden, daß wir ein größeres Gehirn haben als die anderen, riskiert man, sich gegen den Strom der Evolution zu stellen, der von Anfang an zu einer besseren Organisation des Nervensystems führt und folglich zu einer Gewichtssteigerung des Gehirnapparates. Seit dem ersten Zweifüßer gibt es beim Menschen auf der Ebene der allgemeinen Mechanik keinen Rückschritt mehr, sondern eine Folge fortschreitender Umbildungen. Das Gleichgewicht des Gesichts auf den Eckzähnen und den ersten Mahlzähnen ist noch das gleiche wie bei den Neandertalern; der *homo sapiens* gelangt zu einem nahezu völligen Verlust dieses Gleichgewichtes auf den Eckzähnen und zu einer Entriegelung der Präfrontalpartie. Nichts von alledem macht die Intervention eines Affen erforderlich, dessen infantile Stadien man zur Erklärung der menschlichen Evolution heranziehen müßte, denn der Zinjanthropus hat nichts von einem Affenfötus, und die Entwicklung der gesamten Abstammung bis zu uns bringt ausschließlich normale biologische Prozesse ins Spiel, die nichts mit einer »Fötalisierung« zu tun haben.

Ist es möglich, den Entwicklungsgang des Menschen in die Zukunft hinein zu verlängern? Hält man sich an die grundlegenden Merkmale (den aufrechten Gang, die Hand, Werkzeug und Sprache), so konsolidiert sich die Ausstattung seit vielleicht einer Million Jahre. Fragt man, wie der Mensch sich noch weiter entwickeln könnte, ohne dabei etwas von seinen fundamentalen Werten zu verlieren, so wendet man sich unvermeidlich Umbildungen im Schädelbau zu. Der Parieto-Occipital-Bereich ist aufgrund der aufrechten Körperhaltung schon sehr lange stabilisiert, und es bedürfte einer Änderung der Körperhaltung, wenn von dieser Seite her Transformationen eintreten sollen. Auch die Schädeldecke scheint in ihrer mittleren Partie stabilisiert zu sein: mit einigen geringfügigen Variationen ist der Kortikalfächer vollständig entfaltet. Ein letzter Gewinn schließlich wurde im Präfrontalbereich durch den Verlust des Orbitalvisiers erzielt, des weiteren auch durch das – kaum begonnene – Verschwinden der Weisheitszähne. Ein Fortschritt in diese Richtung wäre wohl nur in Grenzen möglich, überhaupt müssen wir uns klarmachen, daß man wohl keinen sehr großen Spielraum mehr annehmen darf, wenn die Menschen in dem Sinne Menschen bleiben sollen, wie wir sie uns physiologisch und mental vorstellen. Als man sich am Ende des 19. Jahrhunderts Gedanken machte, wie der zukünftige Mensch aussehen könnte, ließ man sich vom Bild des Fötus inspirieren und stellte sich unsere Zeitgenossen am Ende des 20. Jahrhunderts als Individuen mit gewaltigem Gehirn, winzigem Gesicht und kleinem Körper vor. Dieses Bild ist falsch, denn es gibt keinen Grund für die Annahme, das Hirnvolumen könne sich in weniger als mehreren zehntausend Jahren beträchtlich vergrößern. Wir sind erst 30000 Jahre alt, und es bedarf noch weit größerer Zeiträume, wenn sich die Mechanismen der Artentwicklung deutlich bemerkbar machen sollen. Immerhin könnte man durch Verfahren einer künstlichen Selektion zu einer Steigerung des relativen Gehirngewichts kommen, wenn dem Gewicht überhaupt eine Bedeutung zukommt. Unberücksichtigt blieb bei all diesen Spekulationen freilich, daß eine bedeutsame Veränderung kaum eintreten dürfte, solange nicht die Hand, das Gebiß und folglich auch der aufrechte Gang verloren gehen. Eine zahnlose Menschheit, die in liegender Stellung lebte, und das, was ihr vom vorderen Glied geblieben ist, dazu benützte, auf Knöpfe zu drücken, ist nicht völlig unvorstellbar, und manche Zukunftsromane, die sämtliche mögliche Formeln durchspielen, haben die Gestalten des »Marsmenschen« oder des »Venusmenschen« geschaffen, welche diesem Entwicklungsideal recht nahe kommen. Aber kann man behaupten, daß man es hier noch mit Menschen zu tun hat? In der Paläontologie gibt es durchaus Beispiele für Arten, die ein endgültiges Gleichgewicht erreicht haben. Die einen gelangten an diesen Punkt, indem sie, wie die Haie, eine unveränderliche Stabilität gewannen, die anderen, indem sie endgültig verschwanden. Die Zukunftschancen des Menschen scheinen eher der zweiten Kategorie anzugehören, und wenn es sich um ein beliebiges Säugetier handelte, müßte die Prognose ganz zweifellos entschieden pessimistisch ausfallen. Wir mögen uns immerhin mit dem Gedanken trösten, daß der Mensch dem allgemeinen Fluß der Entwicklung der Arten unterworfen bleibt und daß seine Auslöschung folglich vielleicht noch einige zehntausend Jahre auf sich warten lassen wird; auch wäre es vorstellbar, daß er die genetischen Gesetze in einem bewußten Eingriff dazu benützte, den Gang seiner Evolution zumindest für einige Zeit aufzuhalten. In jedem Falle ist nichts in Sicht, was ihn in die Lage versetzen könnte, sich zu *befreien*, ohne zugleich einen Artwechsel durchzumachen.

Die Evolution des Gehirns beim Neanthropus

Die letzte wirklich spektakuläre Episode in der Evolution der Anthropinen ist, wie wir gesehen haben, die Entriegelung des Präfrontalbereichs. Wir sollten also auch hier, wie wir es bei den übrigen Hominiden getan haben, nach den Konsequenzen fragen, die eine so bedeutsame Veränderung im Schädelbau für das Funktionieren des Gehirns haben kann. Das Hirnvolumen hat sich seit den entwickeltsten Formen der Paläanthropinen nicht verändert (Archanthropinen: 600–1200 cm^3; frühe Paläanthropinen: 1200–1300 cm^3; Neandertaler: 1400–1600 cm^3; Neanthropinen: 1400–1550 cm^3); die wesentlichen Transformationen mußten also über eine Umbildung in den Proportionen der verschiedenen Hirnteile erfolgen und nicht durch das Hinzukommen neuer Materie. Eine Erhöhung der Zelldichte, die Vervielfachung der Verbindungen zwischen den Zellen und eine bessere Ausnutzung des zur Verfügung stehenden Volumens sind sehr wahrscheinlich, obgleich wir keine Möglichkeit haben, diese Vermutungen paläo-histologisch zu bestätigen. Entscheidende Bedeutung dürfte jedoch in jedem Falle der Entwicklung der Präfrontalpartie des Gehirns zukommen. Der Zusammenhang zwischen Intelligenz und Stirnbereich ist seit langem empirisch belegt; seit den Arbeiten vom Ende des 18. Jahrhunderts und insbesondere in den Werken Daubentons und Campers hat er einen wissenschaftlichen und nahezu dogmatischen Charakter angenommen. Bevor man aber einen inzwischen so banalen Begriff übernimmt und entfaltet, ist es stets gut, sich ins Gedächtnis zu rufen, daß ein absolut zwingender Zusammenhang zwischen dem Hirnvolumen, der Entwicklung der Stirn und der Intelligenz nicht besteht. In der Realität der Individuen sind zahlreiche Ausnahmen bekannt, und man weiß seit langem, daß ein kleines Gehirn mit einer feinen und dichten Organisation, selbst noch unter einer niedrigen Stirn, einem großen, aber groben Gehirn vorzuziehen ist; als statistische Wahrheit, die das Gerüst der gesamten Gehirnentwicklung der Anthropinen bildet, bleibt jedoch: der von der Menschheit erworbene globale Zuwachs in den Frontalbereichen.

Neurophysiologie und Neurochirurgie haben diesen Bereich des Gehirns seit ein paar Jahrzehnten ausführlich untersucht; er ist in zwei Zonen aufgeteilt, den Bereich des Neokortex, der sich vor den prämotorischen Rindenfeldern befindet, und das Rhinenzephalon, das im Gehirn der Wirbeltiere eine sehr alte Struktur darstellt. Das Rhinenzephalon, dessen wichtigste Aufgabe seit den niederen Wirbeltieren in der Interpretation olfaktorischer Daten besteht, hat sich bei den höheren Säugetieren beträchtlich verändert und ist dort zu einem jener Hirnbereiche geworden, die für die Regulation der Emotionen verantwortlich sind. Wenn man so will, ist es das Zentrum für die Integration der Affekte in den Hirnapparat. Der Präfrontalkortex erscheint seinerseits, wie zahlreiche chirurgische Erfahrungen und Feststellungen belegen, als eines der Hauptelemente der Persönlichkeit, und den meisten Neurologen gilt er als zentraler Steuerungsbereich für die Beherrschung von Handlungen, für Voraussicht und für das Bewußtsein. Die Entwicklung, die das Rhinenzephalon und seine Nähe zum handlungssteuernden Kortex auf der höheren Stufe der tierischen Entwicklung genommen haben, ermöglichen es uns, zumindest zum Teil zu verstehen, was die Entriegelung der Stirn dem Menschen gebracht hat. Das vordere Gehirn des *homo sapiens* stellt sich mit seinem im Präfrontalbereich gelegenen Regulationsapparat in gewisser Weise zwischen den Kortex der technischen Motorik und den Kortex der Emotionsauslösung. Lobotomische Eingriffe im Präfrontalbereich, wie sie bei der Behandlung bestimmter Geisteskrankheiten einige Jahre eine Rolle spielten, haben die Dämpfungs- und Stimulationsfunktionen herausgestellt, die der Präfrontalkortex im Ablauf der affektiven und motorischen Manifestationen erfüllt. Es ließe sich also im Dienste der Intelligenz kein geeigneterer Apparat vorstellen als jener Komplex, der zugleich die emotionalen Impulse und das Dispositiv der motorischen Organisation integriert. Obgleich wir die Funktionen des Präfrontalkortex noch nicht genau kennen, erscheint seine Rolle als Instrument der Affektregulation, der Beherrschung technischer Operationen und des Urteilens als wesentlich. Von dem Augenblick an, da diese Rolle eine überragende Bedeutung gewinnt, kann man von Intelligenz und Reflexion im vollen menschlichen Sinne des Wortes sprechen. Wir werden übrigens sehen, daß auf die Entriegelung der Stirn in der Geschichte der menschlichen Gesellschaften sehr schnell eine tiefgreifende Wandlung im Verhältnis zwischen Mensch und biologischer Welt folgt. Schon bei den primitivsten Anthropinen läßt sich die Möglichkeit einer gewissen Entwicklung der Präfrontalpartien nicht leugnen, denn das Auftreten von Werkzeugen und die Entwicklung von Operationsketten sind allein von den motorischen und prämotorischen Dispositiven her nicht vorstellbar. Auf dem Niveau des Zinjanthropus schob sich bereits zwischen die Emotionen und die motorischen Reaktionen der technischen Produktion und Organisation ein Stirngehirn, dessen Bedeutung schon auf dieser Stufe mit Sicherheit sehr groß war. Überraschend bleibt dennoch die beständige Vergrößerung des Stirnbereichs im Laufe der Zeit, frappierend bleibt auch, daß sich in den Techniken eine immer stärker beherrschende Intelligenz spiegelt. Als wir zugestanden, daß die Entwicklung der Techniken bei den Australanthropinen und den Archanthropinen der Entwicklung des Schädels folgt, taten wir dies bereits unter Berücksichtigung dessen, was sich an individueller kreativer Intelligenz darin äußern konnte. Wenn ich auf diesen Stufen den technischen mit dem biologischen Prozeß in Verbindung gebracht habe, so habe ich damit eine Erscheinung aufgezeigt, die vergleichbar ist mit jener anderen Verbindung zwischen eben diesem technischen Prozeß und der Organisation der sozialen Gruppe, wie sie mit dem *homo sapiens* zustande kommt. Mit der Befreiung des vorderen Gehirns zeichnet sich eine Tatsache mit größter Deutlichkeit ab, die Tatsache nämlich, daß die Gesellschaft für die Art nun größte Bedeutung erlangt. In dem Augenblick, da das Spiel der individuellen Variationen eine vorrangige Bedeutung für den Fortschritt erlangt, modifiziert sich im gleichen Schlage das Spektrum der Werte. Es drängt sich der Eindruck auf, daß den Paläanthropinen in dieser Entwicklung die Rolle eines Scharniers zufällt. Der Form nach gehören sie noch zu einer Welt, in der die gebieterischen Werte noch zoologischer Natur sind, einer Welt, in der Technik und Sprache noch nicht all ihre Möglichkeiten entfaltet haben, in wichtigen Details aber gehören die Paläanthropinen bereits einer anderen Welt an. Eine Untersuchung ihrer Kultur, die von den Forschern so oft vernachlässigt worden ist, weil sie sich lieber mit der Jagd nach Schädeln befaßten, als sich um ein Verständnis des Menschen zu bemühen, ist für unser eigenes Verständnis grundlegend, denn mit Sicherheit sind sie es, und nicht die Australanthropinen, die den vorletzten Akt unserer eigenen Geschichte gespielt haben.

Diversifizierung und Entwicklungsrhythmus der Techniken

Bevor wir uns völlig dem Bereich des *homo sapiens* zuwenden, ist es nötig, nach allem, was wir über die physische Realität und über die Intelligenz der Vorfahren des Menschen gesagt haben, die Geschichte ihrer Techniken anzusprechen. Ich werde den Faden bei den wesentlichen materiellen Fortschritten aufnehmen und mich bemühen, die Verbindungen mit dem biologischen Fortschritt, soweit sie sich finden, an ihren Anfängen aufzuzeigen.

Stadien der technischen Evolution

Die Kenntnisse, die wir über die technische Evolution der Anthropinen von den frühesten Stadien bis zum Beginn der heutigen Klimaperiode haben, gründen im wesentlichen auf den Steinwerkzeugen. Unter der Voraussetzung, daß diese Werkzeuge nur einen sehr kleinen Teil der gesamten Ausrüstung der fossilen Menschen bildeten, kann man ihnen den Status eines verläßlichen Zeugen zubilligen, denn von all den Dingen, die nicht so unvergänglich sind wie der Feuerstein, wissen wir praktisch nichts.

Das 19. Jahrhundert, dem noch heute gar zu viele Populärschriftsteller folgen, hat ein Bild des prähistorischen Menschen entworfen, das durch eine simple Transposition gekennzeichnet ist: Kleidung = Bärenfell um die Hüften; Axt = Faustkeil, der an einen Stiel gebunden ist; Haus = Höhle; usw. Bilddarstellungen aller Art, vom Fresko für die Amphitheater bis zum Film und zur Karikatur haben dieses Bild verbreitet, ein Bild, das nicht einmal an den heutigen Primitiven gewonnen wurde, sondern durch eine simple Entblößung des modernen Menschen. Die australischen Ureinwohner oder die Eskimos können durch ihren Vergleich das Denken eines Forschers durchaus anregen; aber der präzise und überschießende Charakter all dessen, was sie besitzen, verbietet es, die Parallele zu weit zu treiben; das Bild, das wir von den Techniken der prähistorischen Menschen besitzen, bleibt so von größter Dürftigkeit. Diese Dürftigkeit trifft in ähnlichem Maße auch den Zinjanthropus, der allerdings wirklich nur eine sehr geringe technische Kultur besessen haben dürfte, und den fossilen *homo sapiens*, von dem wir nur noch Steine und einige wenige bearbeitete Knochen besitzen, der jedoch über beträchtliche Gerätschaften verfügt haben muß.

Geht man ins Detail, so bietet sich für den *homo sapiens*, der zwischen 30 000 und 8000 vor unserer Zeit gelebt hat, dennoch ein recht dichtes Bündel dokumentarischen Materials. Ohne eine allzu rigorose kulturelle Identifizierung vorzunehmen, kann man von ihm sagen, daß er Hütten oder Zelte baute, daß seine Kleidung aus fein vernähter Tierhaut bestand und daß er einen Körperschmuck aus Ketten und Netzen trug, die aus Tierzähnen, Muscheln oder geschnittenen Knochenstücken bestanden. Man weiß, daß er mit Spießen jagte und ein sehr erfahrener Fleischer und Kürschner war. Als Handwerker verfügte er über ein sehr vielfältiges Werkzeug, das er aus der Zurichtung von Feuersteinen und einer sehr feinen Bearbeitung von Knochenmaterial bezog. Fügt man noch all das hinzu, was man sich an Rinden-, Holz- und Korbarbeiten ausmalen kann, so erhält man ein recht reiches Bild, das als Muster für eine Vielzahl toter oder lebender primitiver Kulturen dienen könnte.

Bildet man die gleiche Synthese für die jüngsten Paläanthropinen, über die das Moustérien in Europa ein substantielles Zeugnis ablegt, so erhält man ein ebenfalls kohärentes, aber beträchtlich ärmeres Bild. Der entwickelte Paläanthropus konnte Hütten oder Zelte bauen, er jagte wahrscheinlich mit dem Spieß, und wir besitzen schöne Zeug-

nisse für seine Geschicklichkeit im Häuten und Zerlegen von Tieren. Sein Bearbeitungswerkzeug ist begrenzt, er bearbeitet keine Knochen, aber wir dürfen mit einigem Grund annehmen, daß er Holz und Rinde bearbeitete.
Weiter zu gehen wäre nicht vernünftig, denn für die ältesten Paläanthropinen oder für die Archanthropinen, deren Wohnstätten nur höchst selten aufgefunden wurden, besitzen wir keinerlei Funde, die wirklich auf ein kulturelles Verständnis zielten. Eine gewisse Linie der technischen Entwicklung läßt sich gleichwohl zwischen dem *homo sapiens* und den Australanthropinen ziehen, aber da das dokumentarische Material immer spärlicher wird, je weiter man in der Zeit zurückgeht, verliert sich diese Linie allzu sehr, als daß man sich mit hinreichender Sicherheit auf sie stützen könnte. Ein reales Bild von der technischen Entwicklung können wir uns daher erst mit dem Beginn der Steinindustrie machen.

Steinindustrie

Sieht man von solchen Steinen ab, die als Schlagwerkzeug benutzt wurden, und auch von jenen facettierten Sphäroiden, deren Verwendung rätselhaft ist, so läßt sich feststellen, daß die Gesamtheit der Steinwerkzeuge aus Klingen besteht, die zum Schneiden, Schaben oder Stechen bestimmt sind. Zeichnet man die technische Evolution der Menschheit mit Hilfe der Werkzeuge aus behauenem Stein auf, so zieht man damit ein kulturelles Bild heran, das eng auf die Schneidgegenstände beschränkt ist. Man nehme nur einmal einige heutige Kulturen heraus und lasse ihre gesamte Ausrüstung mit Ausnahme der Schneiden ihrer Werkzeuge und Waffen beiseite, so kann man sich vorstellen, wie beschränkt das Wissen über die Industrie der fossilen Menschen ist. Hat man aber erst einmal diesen illusionslosen Blick für die Natur der Dokumente gewonnen, so wird es möglich, die Forschung auf jene Dinge auszurichten, die jenseits der typologischen Details in der Lage wären, uns ein Bild von der Evolution zu geben.
Die europäischen Prähistoriker haben schon lange jene empirische Feststellung getroffen, wonach die mittlere Größe der Steinwerkzeuge vom Abbevillien bis zum Mesolithikum abnimmt. Die großen Faustkeile werden zunehmend durch die Breitklingen des Moustérien ersetzt, dann durch die Klingen der oberen Altsteinzeit, die ihrerseits

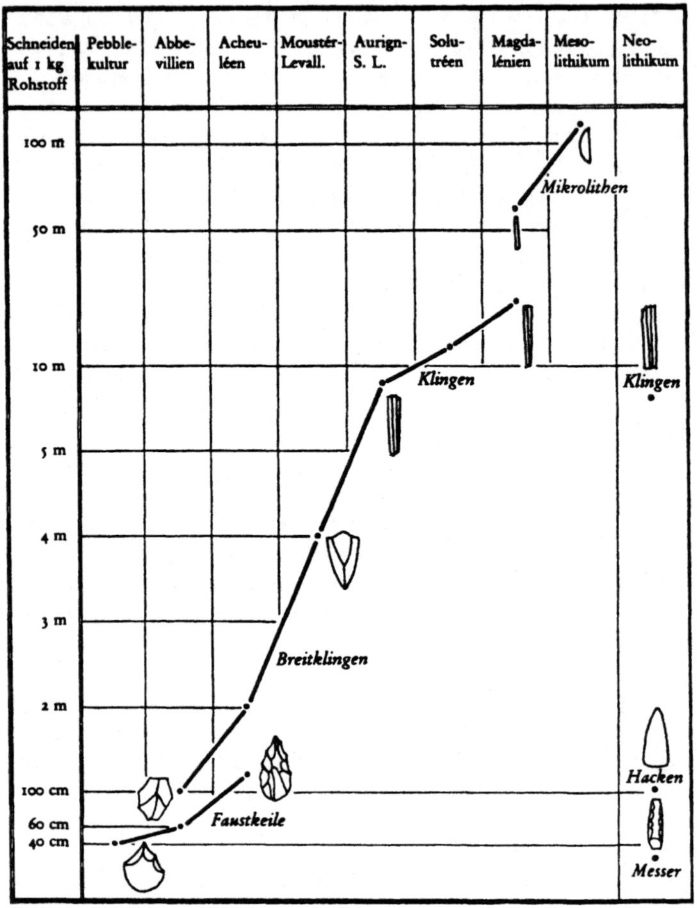

Abb. 64

von den *Mikrolithen* der mittleren Steinzeit abgelöst werden. Frappiert von der Ähnlichkeit dieser Entwicklung mit bestimmten paläontologischen Entwicklungen, bin ich vor einigen Jahren auf den Gedanken gekommen, diese Feststellung könne eine allgemeine technische Tatsache darstellen, die unabhängig von der Form der Werkzeuge auf eine wirkliche *Orthogenese* zurückgehe. Die Ausgangshy-

pothese lautete: die Extraktion einer Schneide aus einem Feuerstein variiert in der Zeit in Abhängigkeit vom Verhältnis zwischen der Länge der gewonnenen Schneide und dem Volumen des Feuersteins, das erforderlich ist, um diese Schneide zu erhalten (Abb. 64).
Die experimentelle Verifikation ist sehr einfach, denn es genügt, die Länge der brauchbaren Schneiden auf ein Kilogramm Feuerstein festzustellen, das zu Werkzeugen einer bestimmten Form zugerichtet ist. Die Tafel zeigt die erstaunliche Progression dieses Verhältnisses, in dem sich die erste Verbindung des Menschen mit seinen unterirdischen Ressourcen ausdrückt. Vollends überraschend ist die Feststellung, daß der Fortschritt dieser Verbindung sich genau parallel mit der Evolution der Menschen selbst entwickelt; die Vorgeschichte der Schneidgegenstände gewinnt dadurch einen einzigartig biologischen Charakter. Diese Parallele wird noch deutlicher, wenn man die Aufeinanderfolge der Formen im einzelnen betrachtet.

Vom Chopper zum Faustkeil: Die Schneide, die in groben Umrissen durch senkrechte Schläge auf den Rand eines Geröllsteins bestimmt wird, ergibt einen *Chopper*, ein *Kern*-Werkzeug, den Prototyp einer langen Serie. Die ersten Abschläge am Rande des Steins führen nach einer Reihe weiterer Abschläge auf beiden Seiten zur Herausbildung einer Spitze, die eine bessere Situierung der Schneide gestattet. In diesem noch sehr groben Werkzeug haben wir einen Zweiseiter vor uns, ein schweres mandelförmiges Messer, das sich während der nächsten 400 000 Jahre nur langsam weiterentwickelt. Die Schneide, die zunächst durch eine Serie von gleichartigen senkrechten Schlägen gewonnen wird (60 cm), nimmt im frühen Acheuléen eine regelmäßigere und feinere Gestalt an (1,20 m); erreicht wird dies durch die Anwendung eines tangentialen Schlages, der zu den ersten länglichen Abschlägen führt. Auf dem Gipfel seiner Entwicklung ist der Faustkeil zu einer Mandel aus Feuerstein geworden, dick, aber von großer Gleichmäßigkeit, dessen kufenförmiges Profil eine Dissymmetrie aufweist, die aus den beiden unterschiedlichen Bearbeitungsschritten bei der Herstellung stammt. Lange, von den Spitzen des Kerns ausgehende Kanten zeigen die Ablösung von Abschlägen mit regelmäßiger Gestalt, die ihrerseits als Messer verwendet werden.

Vom Faustkeil zur Levallois-Spitze: An diesem Punkt der Entwicklung wird der Faustkeil selbst zur Quelle von Abschlägen, er hört auf, ein *Kernwerkzeug* zu sein, und wird selbst zum Kern. Die Dissymmetrie in seiner Dicke vergrößert sich, mehr und mehr wird er zu einem Block, aus dem man Abschläge von vorbestimmter Form gewinnt. Durch Anpassung hat sich eine langsame Veränderung eingestellt, und etwa 10 000 Jahre lang, während des Levalloisien-Moustérien, sichert der stereotypisierte Nukleus die Extraktion von drei oder vier Klingentypen, ovalen, länglichen und dreieckigen. Der Gipfel der Technik ist in den Spitzen mit abgeflachter Basis erreicht, die eine Länge von 20 cm überschreiten können. Der technische Fortschritt gegenüber dem Zweiseiter ist doppelter Art, denn aus dem gleichen Volumen Feuerstein lassen sich nun dreimal mehr brauchbare Schneiden gewinnen, und darüber hinaus können nun relativ kleine Steine ausgenutzt werden. Dadurch wird die Bindung des Menschen an die Orte, die ihm das Feuerstein-Rohmaterial liefern, beträchtlich reduziert.

Von der Levallois-Spitze zu den Mikrolithen: Die Menschen des Moustérien haben wahrscheinlich die bedeutsamste technische Revolution in der Geschichte der Menschheit vollbracht, als sie ein Verfahren fanden, aus dem Kern Abschläge herauszulösen, die einer vorausbestimmten Form entsprachen, denn nach ihnen setzt sich die Entwicklung nur noch in kleineren Veränderungen der Extraktionstechniken fort. Die Verbesserung der Schlagtechnik führt zu einer Verlängerung des Nukleus und zur Gewinnung von echten Klingen, die im Laufe der Zeit immer gerader und feiner werden. Dieser Fortschritt ist im Jungpaläolithikum durch die Tatsache gekennzeichnet, daß die Klingen zu Werkzeugen mit den verschiedensten Formen weiterverarbeitet werden. Andererseits findet jedes abgeschlagene Stück je nach seiner Form eine bestimmte Verwendung, so daß vom Gravettien an, um 25 000 vor unserer Zeit, der Verlust von Feuerstein bei der Bearbeitung nahezu auf Null reduziert wird. Das Spektrum der Werkzeuge ist im Magdalénien, um 12 000, so groß, daß die Menschen aus zwei oder drei Kilogramm Feuerstein mehrere hundert Werkzeuge gewinnen. Daraus erklärt sich auch, warum der Feuerstein in dieser Zeit auch an Wohnstätten anzutreffen ist, die Hunderte von Kilometern von jeder natürlichen Quelle dieses Rohmaterials entfernt sind. Gegen Ende des Magdalénien und im Mesolithikum, zwischen 8000 und 6000 vor unserer Zeit, verstärkt sich die Tendenz zum Mikrolithen noch, und ein weiteres Glied reiht sich in die Kette der technischen Entwicklung: die aus dem Kern gewonnenen Klingen werden zerstückelt und zu kleinen geometrischen Stücken verarbeitet, so daß die Klinge ihrerseits zum Grundstoff für weitere Produkte wird.

Die Traditionen halten sich auch im Neolithikum im wesentlichen durch, aber das Verhältnis von Schneiden und Gewicht ändert sich brüsk und fällt auf sehr niedrige Werte. Ursache dafür ist die Tatsache, daß die Landwirtschaft die technischen Bedürfnisse vollständig umwandelt und daß die Hacke oder das Querbeil bei einer kurzen Schneide sehr große Gewichte verlangen. Bei den Feuersteinmessern dagegen bleibt ein Verhältnis erhalten, das dem des Jungpaläolithikums nahekommt (zwischen 6 und 8 Metern). In der Morgendämmerung der Metallurgie gewinnt man in Frankreich, in den Werkstätten von Grand-Pressigny um 2000 vor unserer Zeit noch aus gewaltigen Kernen, die nach den alten Traditionen bearbeitet werden, genaue Nachahmungen der ersten Kupfermesser, die eine Länge von mehr als 30 cm erreichen können.

So folgt die Gewinnung von Schneiden von den ersten *Choppers* bis hin zu den langen Klingen von Grand-Pressigny einer einzigen Entwicklungslinie, die von Stufe zu Stufe, ohne Berücksichtigung der Formen, zu einer immer besseren Anpassung des Materials an die Funktion führt. Die geologische Chronologie des Quartärs ist noch mit sehr vielen Unsicherheiten behaftet, und wenn die Schätzungen der Geologen auch um 100%, von 500000 bis 1000000 Jahren, schwanken, so sind die allgemeinen Proportionen doch mit weitgehender Übereinstimmung anerkannt, und vom Jahr 100000 an besteht fast vollständige Übereinstimmung. Abbildung 65 zeigt die chronologische Entwicklung des Verhältnisses Schneide – Gewicht und stellt dem das Hirnvolumen verschiedener anthropiner Fossilien gegenüber.

Diese scheinbar künstliche Gegenüberstellung, künstlich, weil sie biologische Daten mit einem Phänomen des technischen Fortschritts konfrontiert, verdeutlicht denn auch eine sehr charakteristische Evolution. Zunächst verlaufen beide Kurven parallel und steigen während der Entwicklung der Anthropinen bis einschließlich zu den Archanthropinen kaum an; im Moustérien-Levalloisien und zur Zeit der Entwicklung der frühen Paläanthropinen steigen beide Kurven sodann stark an; schließlich geht die Kurve der Industrie in die Vertikale über und die des Gehirnvolumens stagniert bis in unsere Zeit. Diese

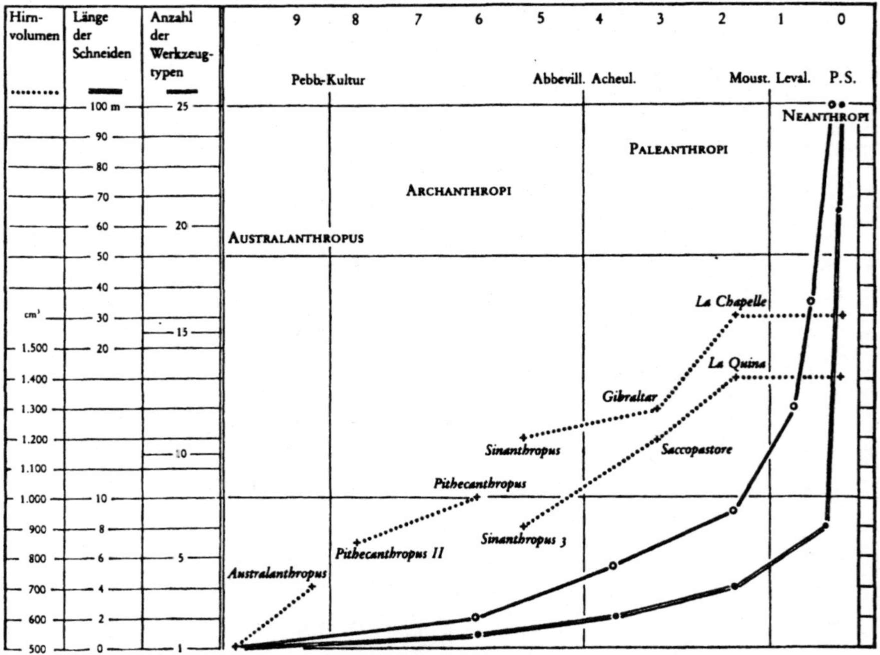

Hirn-volumen
Länge der Schneiden
Anzahl der Werkzeug-typen
9
8
7
6
5
4
3
2
1
0
Pebb-Kultur
Abbevill. Acheul.
Moust. Leval.
P.S.
100 m
90
80
70
60
50
40
30
20
10
8
6
4
2
0
25
20
15
10
5
1
cm³
1.500
1.400
1.300
1.200
1.100
1.000
900
800
700
600
500
NEANTHROPI
PALEANTHROPI
ARCHANTHROPI
AUSTRALANTHROPUS
La Chapelle
La Quina
Gibraltar
Saccopastore
Sinanthropus
Pithecanthropus
Sinanthropus 3
Pithecanthropus II
Australanthropus

Abb. 65

Feststellung bestätigt, was sich schon im letzten Kapitel abzuzeichnen schien: die langsame Entfaltung des Kortikalfächers, die sich wahrscheinlich recht getreu in einer Vergrößerung der Hirnkapazität ausdrückt, setzt sich von Stufe zu Stufe bis hin zu den Paläanthropinen fort; diese geraten dabei in eine wirkliche biologische Krise, die sich in dem Augenblick löst, da es zur Entriegelung des Stirnbereichs kommt. Bis dahin ist die technische Aktivität ein getreuer Ausdruck der biologischen Situation, und wäre es bei einer Menschheit geblieben, wie sie der Stufe vor dem *homo sapiens* entsprach, so hätte man im Magdalénien den Austrittspunkt der Entwicklungskurve der Technik irgendwann zwischen 200 000 und 400 000 *nach* und nicht um 10 000 vor unserer Zeit ansetzen müssen. Mit anderen Worten, es spricht alles dafür, daß die »Vorgänge im Stirnbereich« die Kurve der biologischen Evolution gesprengt haben, die den Menschen zu einem zoologischen Wesen macht, das den normalen Gesetzen des Verhaltens der Arten unterworfen ist. Die Technik ist beim *homo sapiens* nicht mehr an den Zellfortschritt gebunden, sie scheint sich vielmehr vollständig davon zu lösen und in gewisser Weise ihr eigenes Leben zu führen. Diese Loslösung wird in allen folgenden Kapiteln unter verschiedenen Beleuchtungen auftauchen.

Diversifizierung der Produkte

Eine gewichtige Bestätigung unserer Thesen läßt sich erreichen, wenn man die aufeinanderfolgenden Errungenschaften im Bereich der Werkzeuge zu den Entwicklungsstadien der Bearbeitungstechniken ins Verhältnis setzt. Abbildung 66 gibt einen Gesamtüberblick über die Evolution bis hin zur Spezialisierung der Werkzeuge und über die Bedeutung, die im letzten Stadium den Knochenindustrien und den Schöpfungen zukommt, die jenseits der bloßen Subsistenz stehen.
Ein Zug schält sich mit aller Deutlichkeit heraus: die drei ersten Stadien entwickeln sich nach einer einzigartigen Ordnung, durch die Kumulation neuer Formen, die aus den alten Formen abgeleitet sind, jene alten Formen aber nicht vollständig aufgeben; ein einziger Strom durchzieht die Formen der Industrie von der Pebble-Kultur bis ins Moustérien und festigt die Auswirkungen der kohärenten biologischen Evolution von den Australanthropinen bis zu den Neandertalern. Gleichwohl befindet sich das dritte Stadium bereits zum Teil auf

	erstes Stadium	zweites Stadium	drittes Stadium	viertes Stadium
Stein	senkrechter Schlag Kernwerkzeug	senkrechter Schlag tangentialer Schlag Kernwerkzeug	senkrechter Schlag tangentialer Schlag vorbearbeiteter Kern Abschlagwerkzeug	senkrechter Schlag tangentialer Schlag vorbearbeiteter Kern Abschlagwerkzeug Klingenwerkzeug
	Chopper Clactonien-Abschlag	Chopper Faustkeil Clactonien-Abschlag Klingenabschlag Axt (Schaber)	Chopper Faustkeil Clactonien-Abschlag Klingenabschlag Levallois-Abschlag Axt Schaber Levallois-Spitze Eckstichel (Klinge mit retuschiertem Rücken) (Mittelstichel) (Kerbmesser)	Breitklinge Klinge und Blattklinge Klinge mit retuschiertem Rücken Kerbklinge Blattspitze Kerbspitze geometrische Stücke Eckstichel Kerbmesser Mittelstichel Bohrer
Knochen			(Stichel)	Stichel Nadel Speerspitze Harpune Speerschleuder durchbohrter Stab Spatel halbrunder Stab Keil Hacke
Verschiedenes	Polyeder	Polyeder?	Polyeder (Farbstoffe) (Fossilien) (Hütten) (Gräber)	Farbstoffe Fossilien Schmuck Lampen Hütten Gräber figurative Kunst

Abb. 66

einem neuen Wege, und die Neandertaler besitzen schon einige Züge des folgenden Stadiums. In jedem Falle aber erscheinen erst am Ende ihrer langen Herrschaft einige wirklich bearbeitete Knochenstichel. Im vierten Stadium ist der Kontrast nahezu total. Ein rapider Wandlungsprozeß, der etwa zwischen 35 000 und 30 000 in Westeuropa abläuft, konfrontiert uns nicht nur mit einem dreimal so reichhaltigen Spektrum von Werkzeugen, sondern auch mit Werkzeugen und Gegenständen, die ein direktes Echo in den heutigen primitiven Kulturen finden. Klingenwerkzeuge, Schaber, Ahlen, Nadeln, Spieße, Harpunen, Bohrer und Lampen sah man und sieht man noch heute in den Händen lebender Völker. Eine andere technische Welt eröffnet sich hier, unsere Welt.

Die Steinindustrie des vierten Stadiums (Jungpaläolithikum) hat kräftige Wurzeln in den vorausgegangenen Stadien; wir stehen hier vor einer schnellen und fortschreitenden Verkettung der neuen mit den alten Formen. Die beiden Kurven des Verhältnisses von Schneide und Gewicht und der Diversifizierung der Formen streben zwischen dem Ende des Moustérien und dem Magdalénien in die Vertikale, aber hier könnte man noch von einer bloßen Beschleunigung sprechen und nicht von einem Wandel in der Natur der Tatsachen. Ganz anders steht es bei der Knochenindustrie, die buchstäblich an der Schwelle zum Jungpaläolithikum geboren wird.

Weiter oben war von der Existenz einer Knochenindustrie in den früheren Stadien die Rede. Es scheint jedoch unmöglich, den Knochenabschlägen, die den Australopithecinen, dem Sinanthropus oder den Moustériens der Alpen zugeschrieben werden, den Status einer wirklichen Industrie zuzubilligen. Allenfalls könnte man sagen, daß sie aus den Bruchstücken jener Knochen, die sie zerschlagen hatten, um das Mark herauszuziehen, solche Stücke aussuchten, die spitz waren und sich direkt für eine Benutzung anboten, aber dafür besitzen wir keinerlei Beleg. Alles was wir an unbestreitbaren Belegen besitzen, sind ein paar zerstückelte Hirschgeweihe, und erst am Ende des Moustérien tauchen einige wenige knöcherne Stichel auf, die übrigens in bemerkenswerter Weise bearbeitet sind.

Dieser Mangel ist in höchstem Maß bedeutsam und könnte im Zusammenhang mit sehr wichtigen und generellen Verhaltenstatsachen stehen. Auf den ersten Blick erscheint es unerklärlich, daß Archanthropus und Paläanthropus, die doch bemerkenswerte Techniker waren und die Form ihrer Zweiseiter oder ihrer Spitzen in einem rohen

Block voraussehen konnten, unfähig gewesen sein sollen, einen Stichel oder eine Lanzenspitze aus einem Knochenstück herauszulesen. Überdies weisen ihre Steinwerkzeuge und einige andere materiellen Zeugnisse darauf hin, daß sie wahrscheinlich auch Spieße und Lanzen aus Holz besessen haben. Nicht weniger merkwürdig ist der Umstand, daß die Werkzeuge, die aus Knochenmaterial bestanden, zur gleichen Zeit erscheinen wie die Schmuckgegenstände, die aus demselben Material hergestellt wurden: Stichel und Lanzenspitzen gehen einher mit den geschnittenen Anhängern und den Tierzähnen, die so bearbeitet wurden, daß man sie aufhängen konnte. Offenbar können wir mit unserem Verstand eines *homo sapiens* nicht nachvollziehen, daß es zweier völlig verschiedenartiger Operationen bedarf, wenn man im Verlauf einer kurzen Bearbeitungsfolge ein Werkzeug aus dem Feuerstein heraushaut, einen Stock aufnimmt, um ihn zu einem Spieß zu machen, oder aber wenn man in langer Arbeit aus dem gewaltigen Stoßzahn eines Mammut eine Lanzenspitze schnitzt. Man mag sich vorstellen, daß das Bedürfnis nach einem Stichel oder nach einer verbesserten Spitze für die Wurfwaffen erst am Ende des Moustérien auftrat, aber dieses Auftreten ist selbst schon enthüllend für einen ganzen Tätigkeitsbereich und einen Komplex technischer Mittel, der den alten Anthropinen fremd war. Am Ende ist es vielleicht weniger ungewöhnlich sich vorzustellen, daß sie den Punkt, an dem diese Techniken auftauchten, einfach noch nicht erreicht hatten, als sie mit unseren Vorlieben und Bedürfnissen ausgestattet zu denken und ihnen unter allen Umständen eine Knochenindustrie aufzudrängen.

Diversifizierung der Ethnien

Das Phänomen des Menschen läßt sich umfassend nur durch eine ganze Serie von Untersuchungen erfassen, durch die man die Ausgangshypothesen in zahlreichen Punkten kontrolliert. Für den Augenblick scheint es, als wäre mit der Entriegelung der Stirn eine sehr tiefgreifende Veränderung eingetreten, zu dem Zeitpunkt nämlich, als die regelmäßig ansteigenden Kurven des technischen Fortschritts und der Entwicklung des Hirnvolumens in spektakulärer Weise auseinandertreten: das Gehirn scheint sein größtes Volumen erreicht zu haben, das Werkzeug dagegen tritt in einen Bereich vertikalen Anstiegs ein. An dieser Stelle läßt sich der Punkt ansetzen, an dem eine noch von den biologischen Rhythmen beherrschte kulturelle Evolution abgelöst wird von einer kulturellen Evolution, die von den sozialen Phänomenen beherrscht wird.

Ist es möglich, für diesen Übergang eine erste Verifikation beizubringen? Ideal wäre es, wenn wir in den Spuren, die uns aus der Vorgeschichte überkommen sind, wenigstens auf ein Kriterium ethnischer Differenzierung stießen. Wenn wir von einer Dominanz der sozialen Phänomene sprechen, so postulieren wir damit ja in der Tat den Zusammenhalt der Menschen in Gruppen mit kulturellen Affinitäten und nicht mehr aufgrund von Formen, die noch eine Parallelisierung mit Gesellschaften gestatten, wie wir sie bei den am höchsten entwickelten Wirbeltieren finden. In der heutigen Welt fällt die Suche nach solchen Kriterien leicht, die Linguistik bietet hier die besten Möglichkeiten, aber auch die sozialen oder religiösen Bräuche und die ästhetischen Traditionen geben uns ein Mittel an die Hand, auf der weiten Fläche menschlicher Lebensformen ethnische Grenzen aufzufinden. Unglücklicherweise ist keines dieser Kriterien auf die Vorgeschichte anwendbar. Die Kunst tritt erst zu spät auf, um uns auf dem Niveau, auf dem wir uns in diesen ersten Kapiteln noch bewegen, Elemente einer Differenzierung zu bieten. Es bleibt allein die Technik. Wenn man sich aber daran macht, den Wert der Technik als Kriterium für die ethnische Gliederung der heutigen Welt zu erproben, so stellt sich eine gewisse Enttäuschung ein. Gewiß gestatten uns schon winzige Details, eine dänische Sichel von einer österreichischen, spanischen oder türkischen Sichel zu unterscheiden; sähe man sich diese Gegenstände aber mit einem zeitlichen Abstand von mehreren tausend Jahren an und hätten sie zu allem Überfluß auch noch ihren Griff verloren, wäre es dann noch sicher, daß man in ihnen die Zeugen so unterschiedlicher kultureller Persönlichkeiten wie des Dänischen, Österreichischen, Spanischen oder Türkischen sähe? Unsere prähistorischen Dokumente führen die Forschung auf sehr ungünstiges Gelände: dennoch muß man zugeben, daß die Werkzeuge das einzige Mittel sind, mit dem sich die Existenz ethnischer Unterschiede belegen ließe, so mittelmäßig sie als Zeugen auch sein mögen. Implizit hat die Differenzierung der Ethnien die Prähistoriker eigentlich stets geplagt. Unter dem unbewußten Einfluß der Geschichte, in der sich alles zwischen Völkern abspielt, ist die Gewohnheit entstanden, die Menschen des Acheuléen, des Aurignacien, des Périgordien u. a. jeweils als wirkliche ethnische Entitäten anzusehen und manchmal sogar als zugleich ethnische und anthropologische Einheiten. Diese Haltung wird besonders deutlich, wenn sie sich um bestimmte staunenerregende oder leicht zu erkennende Objekte wie die »Lorbeerblätter des Solutréen« kristallisiert. Allzu leicht werden da die Menschen des Solutréen zu einem Volk und selbst zu einer Rasse, die im Maße, wie die Forschung und die Funde voranschreiten, in allen Richtungen durch Europa und die ganze Welt wandern. Das Solutréen ist aber, um bei unserem Beispiel zu bleiben, nicht eine besondere Art Mensch, sondern eine bestimmte Weise der Herstellung eines Objektes; im weiteren Sinne noch ist es ein bestimmter Stil der Bearbeitung von Feuersteinen, hier angewendet auf einen Gegenstand, der aller Wahrscheinlichkeit nach die Transposition von Speerspitzen aus Knochen in Stein ist. Hält man sich an seinen einzig realen Inhalt, so besteht die Tatsache des Solutréen in nichts weiter als der Ausbreitung von Ideen: eines Tages, wenn die Prähistorie weiter vorangeschritten sein wird, wird man die Ausbreitung der Idee des Solutréen über das Europa der Zeit um 15 000 aufzeigen können, wie man heute die Karte der Verbreitung von Fernsehapparaten in den ländlichen Bereichen Westeuropas erstellen kann. Dieses Beispiel zeigt, wie vergeblich es ist, wenn man die innere Persönlichkeit einer Ethnie in Objekten sucht, die eine Epoche durch den revolutionären Charakter ihrer Innovation kennzeichnen. Hat man dies erst einmal verstanden, so bleibt der Prähistorie nur der Versuch, nicht die Ethnien von den Werkzeugen her zu bestimmen, sondern an den Objekten nach den trotz alledem noch möglichen Reflexen einer ethnischen Differenzierung zu forschen. Mit anderen Worten, brauchbare Hinweise müßten sich aus der Kartographie der Haupttypen und insbesondere ihrer Varianten ergeben. Die Prähistorie vermag diese Arbeit erst in den gröbsten Zügen zu leisten, aber schon in dieser Form liefert sie uns wertvolle Hinweise. Die Dokumente, die wir aus dem ersten Stadium, d. h. aus der Pebble-Kultur besitzen, zeigen über den gesamten afrikanischen Kontinent keine anderen Differenzen als solche, die mit der Natur der verwendeten Steine zusammenhängen. Da als gesicherte Merkmale des ersten Stadiums bis heute nur der Chopper und der Clactonien-Abschlag bekannt sind, scheint die Existenz von Varianten kaum wahrscheinlich.

Im zweiten Stadium ist die Situation, trotz großer Lücken, durch die Existenz mehrerer großer Industrien gekennzeichnet, in denen der

Akzent bald auf dem Faustkeil, bald auf dem Clactonien-Abschlag oder den großen, durch tangentiale Bearbeitung gewonnenen Breitklingen liegt. Indonesien, Asien, Indien, Mitteleuropa, der Mittelmeerraum und Afrika zeigen diese verschiedenen Einflüsse in jeweils großen Bereichen. Diese Situation verweist zumindest auf unterschiedliche »Zivilisationen«, wie man sagen könnte, wenn der Ausdruck *Zivilisation* nicht solchen Phänomenen vorbehalten wäre, die mit dem Erscheinen der Städte zusammenhängen. Für das Altpaläolithikum kann man an die Existenz sehr großer Kulturräume denken. Da alles darauf hindeutet, daß im Inneren dieser Kulturräume keine anderen Variationen bestehen als solche, die mit dem verwendeten Rohstoff zusammenhängen, kann man zu dem Schluß kommen, daß die Differenzierung auf diesem Niveau noch von der gleichen Art ist, wie sie auch in den zoologischen Untergruppen zum Vorschein kommt, und dies um so mehr, als die Verteilung grundlegend durch das Klima und die Zufälle der kontinentalen Konfiguration bestimmt bleibt. Während des Abbevillien und des Acheuléen in Europa und Afrika scheint es schwierig, die Existenz echter kleiner kultureller Einheiten zu beweisen. Eine Kenntnis der Sprachen des Acheuléen könnte hier vielleicht das Gegenteil erweisen und zeigen, daß es eine ganze Fülle von Dialekten gab, aber das Material zwingt uns zu der Feststellung, daß ein Zweiseiter aus der Sahara und ein Zweiseiter von der Somme aufgrund ihrer Technik überhaupt nicht voneinander zu unterscheiden sind.

Das dritte Stadium, das den Komplex des Levalloisien-Moustérien umfaßt, zeigt keine sonderlich veränderte Situation. Die Zahl der Formen bleibt ziemlich niedrig, und Varianten finden sich nur selten. Betrachtet man den Bereich, über den wir am meisten wissen, Europa und Afrika nördlich des Äquators, so lassen sich allenfalls die Stielwerkzeuge aus der Atérien-Tradition als frappierende Beispiele einer regionalen Variante anführen. Es ist jedoch nicht ausgeschlossen, daß eine tiefergehende Untersuchung der Industrien Osteuropas z. B. zu zeigen vermöchte, daß die Gliederung der großen Flächen im mittleren Paläolithikum sehr viel weiter fortgeschritten ist als im Altpaläolithikum.

Im vierten Stadium verändert sich die Situation völlig. Es gibt wohl noch Formen wie die Speerspitze mit abgeflachter Basis aus dem Aurignacien oder die Solutréen-Spitze, die auf dem gesamten europäischen Kontinent zu finden sind, aber für die Gesamtheit der Werkzeuge zeichnet sich schon mit aller Deutlichkeit der Reflex regionaler Aufteilungen ab. Die Unvollständigkeit der bisherigen Studien macht es bislang unmöglich, die Karte der einzelnen Tatsachen Jahrtausend für Jahrtausend zu erstellen, und dies auch dann, wenn man sich auf Europa beschränkte; eine Feststellung ist jedoch trotz dieser Unvollkommenheit möglich: während der Faustkeil über mehrere hunderttausend Jahre hinweg von England bis nach Südafrika unverändert bleibt, weisen die zwanzig grundlegenden Werkzeugtypen in der oberen Altsteinzeit in einer Zeitspanne von zwanzigtausend Jahren und allein schon in Westeuropa mehr als zweihundert Varianten auf. Man könnte annehmen, dieser gewaltige Variationsreichtum hänge nicht so sehr mit der Diversifikation der Ethnien zusammen als vielmehr mit der gleichen Beschleunigungsbewegung, die wir oben mit dem Hinweis auf den Zusammenhang zwischen den Schneiden und dem Gewicht des verwendeten Rohstoffes aufgezeigt haben. Aber dies hieße, die wirkliche Reihenfolge der Faktoren umzukehren, denn wie in den folgenden Kapiteln noch deutlich werden wird, war die kulturelle Diversifizierung auf dem Niveau des *homo sapiens* der wichtigste Regulatur der Evolution. Wenn das Werkzeug, wie wir ja gezeigt haben, das schlechteste Kriterium ist, das man auswählen kann, so zeigt die Kunst, über die man seit dem Jungpaläolithikum verfügt, dagegen ganz unbestreitbar, daß abgegrenzte regionale Einheiten Seite an Seite gelebt haben, Einheiten, die durch die gleiche materielle Kultur verbunden waren, sich aber durch die tausend Details ihrer Gruppenpersönlichkeit voneinander unterschieden.

Kapitel V
Der soziale Organismus

Biologie der Gesellschaften

Bisher haben wir den Menschen als Phylum betrachtet, d. h. als eine Folge von Kollektivindividuen, die einander in der Zeit ablösten und schließlich zum *homo sapiens* führten. Diese besonderen Individuen (Australanthropus, Archanthropus, Paläanthropus) haben die Entwicklung von Technik und Sprache bis zu ihrer Einmündung in den *homo sapiens* begleitet. Mit dem *homo sapiens* werden wir nun Zeugen eines Wandels im Rhythmus der technischen Entwicklung, einer Transformation, für die eine wichtige Modifikation des Hirnapparates verantwortlich zu sein scheint. Schließlich fallen diese beiden Entwicklungen mit der Entstehung einer auf kulturellen Werten basierenden sozialen Organisation zusammen, welche die zoologische Art Mensch in Ethnien aufspaltet, ein Tatbestand, der zu einem neuen Typ von Beziehungen zwischen dem Individuum und der Gruppe führt, aus der es seine Handlungsfähigkeit bezieht. Daraus könnte man den Schluß ziehen, soziales Leben erscheine erst auf dem Niveau des *homo sapiens*; dieser Schluß wäre jedoch falsch, denn aus mehreren Gründen müssen wir den Anthropinen zugestehen, daß sie selbst in den primitivsten Entwicklungsstadien soziale Wesen sind. Zum Beleg dafür brauchen wir nicht einmal auf die Anthropoiden zurückzugreifen, die unter vielfältigen Formen ein organisiertes soziales Leben besitzen, denn bei den Säugetieren und allgemein bei allen Wirbeltieren, ja noch allgemeiner in der ganzen Welt des Lebendigen, gibt es genug Beispiele für eine auf wechselseitigen Nutzen gerichtete Gruppenbildung, um den Nachweis zu führen, daß man im sozialen Leben mit dem gleichen Recht von einer fundamentalen biologischen Option sprechen kann wie bei der Alternative von bilateraler und radialer Symmetrie oder bei der Spezialisierung des vorderen Gliedes für das Greifen.

Das Verhältnis zwischen Individuum und Gesellschaft variiert beim Menschen in direkter Abhängigkeit von den techno-ökonomischen Strukturen, und es ist wichtig, diese Strukturen zu bestimmen, damit einige der Eigenschaften des sozialen Körpers in den verschiedenen

Phasen der Evolution verständlich werden. Die unmittelbarste Auswirkung des technischen Niveaus auf die soziale Gruppe betrifft die Dichte eben dieser Gruppe; von dem Augenblick an, da die geistige Entwicklung Werte schafft, die dem *homo sapiens* eigentümlich sind, wird das Verhältnis »technisches Niveau – soziale Dichte« zum wichtigsten Faktor des Fortschritts. In Kapitel XIII werden wir sehen, wie der Mensch die Außenwelt mit Hilfe von Symbolen erfaßt und wie es zur Konstitution eines vollständig humanisierten Universums kommt. An dieser Stelle ist es hinreichend, aber auch unerläßlich, uns die Umstände jenes materiellen Zugriffs des Menschen auf seine Umwelt klarzumachen und die großen Etappen seiner technischen und ökonomischen Entwicklung zu bestimmen.

Die Analyse der Techniken zeigt, daß sie sich in der Zeit wie lebende Arten verhalten; sie besitzen offenbar einen eigenen Entwicklungsimpuls, der sie einer Beherrschung durch den Menschen zu entziehen scheint. Zweifellos ist die inzwischen banale Formel vom Menschen, den seine Techniken überholen, in mancherlei Hinsicht ungenau; gleichwohl besteht eine auffällige Ähnlichkeit zwischen der Paläontologie und der Entwicklung der Technik (auf die ich mehrfach hingewiesen habe, insbesondere in *Milieu et Techniques*, S. 357–361). Wir bräuchten also eine wirkliche Biologie der Technik, die den sozialen Körper als ein vom zoologischen Körper unabhängiges Wesen betrachtet, das zwar vom Menschen beseelt wird, jedoch eine solche Vielzahl von unvorhersehbaren Wirkungen zeitigt, daß seine innere Struktur die Wahrnehmungsfähigkeit der Individuen bei weitem übersteigt. Ist nun dieser gewaltige soziale Körper das Ergebnis einer fortschreitenden Evolution, die der Entwicklung des Gehirns vergleichbar und mit ihr synchronisierbar wäre, oder bestimmen andere, nicht-biologische Ursachen die Form, die die heutigen Gesellschaften in weniger als 10 000 Jahren angenommen haben? Eine kurze Auflistung der Gesellschaften, wie wir sie von Zeitalter zu Zeitalter zu rekonstruieren vermögen, wird uns vielleicht einige Elemente einer Antwort liefern.

Wenn ich im ersten Teil dieses Buches die Geschichte von Hirn und Hand behandelt habe, so weil ich mit einem wirklichen Anfang beginnen wollte, denn der Mensch ist zunächst in seiner körperlichen Realität faßbar, und erst im nächsten Schritt scheint es sich anzubieten, das Ergebnis der Tätigkeit seiner Hand zu erörtern, d. h. die Dinge zu betrachten, die der Mensch hergestellt hat, um sein Denken umzusetzen. In einem solchen Vorgehen liegt eine gewisse Gefahr, es kann zu einer Verkennung des Nicht-Körperlichen in der Wirklichkeit des Menschen führen. Wenn man sagt, ein menschliches Gehirn, also menschliches Denken, gäbe es nicht ohne den aufrechten Gang, so blendet man damit die Tatsache aus, daß es den »menschlichen« aufrechten Gang nicht ohne die allgemeine Tendenz des Zentralnervensystems zu einem adaptiven Fortschritt gäbe. Die Koinzidenz von Entwicklung der Körperhaltung und Entwicklung des Nervensystems bei der Herausbildung des Menschen liegt auf der Hand, und seine menschliche Bestimmung erscheint geradezu als eine paläontologische Berufung, die sich im Sinne Teilhards als die langsame Herausbildung des reflektierenden Denkens durch die geologischen Zeitalter hindurch kennzeichnen ließe. Während man die erste Behauptung jedoch an Fundstücken belegen könnte, lassen sich für die Behauptung, das Denken habe die Evolution geleitet, allenfalls metaphysische Beleggründe beibringen; die Debatte gerät so auf ein Gebiet, für das die paläontologische Methode nur unvollkommen gerüstet ist. Geht man von der paläontologischen zur ethnologischen Ebene über, so ist die Situation genau die gleiche. Es läßt sich beweisen, daß das materielle, technische und ökonomische Gleichgewicht die sozialen Formen und folglich auch die Art des Denkens unmittelbar beeinflußt, während es umgekehrt nicht möglich ist, eine Gesetzmäßigkeit zu beweisen, nach der das philosophische oder religiöse Denken mit der materiellen Evolution der Gesellschaften zusammenfällt. Wäre dies möglich, so erschiene uns das Denken Platons oder das des Konfuzius ebenso überholt wie die Pflüge aus dem ersten Jahrtausend vor unserer Zeit. Wenngleich beider Denken den sozialen Bedingungen, die durch die Entwicklung der materiellen Hilfsmittel geschaffen wurden, unangemessen erscheinen kann, enthalten sie doch Konzepte, die uns heute noch zugänglich sind. Die Gleichwertigkeit menschlichen Denkens ist eine Tatsache der Zeit wie des Raumes: soweit es nicht mit dem Bereich der Techniken und ihrem historischen Zusammenhang verbunden ist, besitzt das Denken eines Afrikaners oder eines Galliers eine völlige Gleichwertigkeit mit dem meinigen. Das soll nicht heißen, daß es keine Besonderheiten besäße, sondern lediglich, daß seine Werte durchschaubar sind, sofern nur sein Bezugssystem bekannt ist. Diese Tatsache läßt sich allerdings nicht auf die materielle Welt transponieren – so wenig wie man von der expansiven Kraft des Gehirns in der Evolution des Schädels Gebrauch machen kann. Jeder Bereich hat seine eigenen Begründungs- und Beweisverfahren, beim materiellen Bereich liegen sie auf techno-ökonomischem Gebiet und in der Historie, beim Denken in der Moralphilosophie oder der Metaphysik; wenn es gerechtfertigt ist, sie als komplementär anzusehen, so ist diese Komplementarität ein echter Gegensatz.

Technik, Ökonomie und Gesellschaft

Die Aussage, die gesellschaftlichen Institutionen stünden in engster Übereinstimmung mit der techno-ökonomischen Organisation, wird von den Tatsachen aufs beste belegt. Ohne daß die moralischen Probleme sich wirklich im Wesen veränderten, formt die Gesellschaft ihre Verhaltensmuster mit den Instrumenten, die ihr die materielle Welt bietet; die Sozialversicherung wäre bei den Mammutjägern ebenso unvorstellbar wie die patriarchalische Familie in einer Industriestadt. Der techno-ökonomische Determinismus ist eine Realität, die das Leben der Gesellschaften tief genug durchdringt, um die Existenz von Strukturgesetzen der kollektiven materiellen Welt zu verbürgen, die ebenso fest sind wie die Moralgesetze, mit denen die Individuen ihr Verhalten sich selbst und den anderen gegenüber regeln. Wenn man die Realität der Welt des Denkens gegenüber der materiellen Welt anerkennt, ja selbst wenn man behauptet, letztere existiere nur als Wirkung der ersteren, so schmälert man dadurch nicht das Gewicht der Tatsache, daß das Denken sich in organisierte Materie umsetzt und daß diese Organisation, in wechselnden Modalitäten, sämtliche Zustände des menschlichen Lebens prägt.

Die Entwicklung der Rhythmen und die raum-zeitliche Organisation werden im folgenden die Möglichkeit eröffnen, die enge Verbindung zwischen dem sozialen Verhalten und dem techno-ökonomischen Apparat in einer Dialektik herauszuarbeiten, die der des Zusammenhangs zwischen dem Körper und dem vom Nervensystem getragenen Denken vergleichbar ist. Bei allen Vorbehalten, die der Tatsache Rechnung tragen, daß die menschliche Gruppe lebende Materie ist, muß die Forschung doch vom techno-ökonomischen Gerüst ausgehen, und eben in diesem Geiste habe ich vor zwanzig Jahren *L'Homme et la matière* geschrieben.

Seit J.-J. Rousseau sind viele Arbeiten dem Verhalten des »primitiven« Menschen gewidmet worden. Die Arbeiten des 18. und 19. Jahrhunderts waren entschieden auf eine der politischen Soziologie verpflichteten Gedankenführung ausgerichtet. Ihnen ging es weniger um die Beobachtung der australischen Ureinwohner oder der Feuerländer als um den Aufriß eines theoretischen Bogens zwischen den gesellschaftlichen Institutionen, um den Aufweis, wie weit sich die westlichen Gesellschaften davon entfernt hatten und welcher Weg einzuschlagen sei, damit die soziale Wohlfahrt der zukünftigen Menschheit besser gesichert werde. Der Marxismus hat hier seinen Ausgang genommen und ist dabei stehengeblieben. Die Soziologie des politischen Handelns entnimmt der Beobachtung nur die Elemente, die sie für die praktische Demonstration benötigt. Als die Soziologie der Primitiven gegen Ende des 19. Jahrhunderts Gestalt gewann, nahm sie ihren Impuls direkt aus der allgemeinen soziologischen Bewegung; in Frankreich gewannen Durkheim, Mauss und Lévy-Bruhl die Elemente für eine Konstruktion des elementaren sozialen Verhaltens aus der indirekten Beobachtung der lebenden Primitiven. Heute bemüht sich die Schule um Lévi-Strauss, diese Funktionen auf der Grundlage einer Sozialanthropologie in einer Perspektive wiederaufzunehmen, die von den exakten Wissenschaften inspiriert ist. Im Ausland verlief die Entwicklung genau gleich: außer in der russischen Schule der Historiker der materiellen Kultur wurde die techno-ökonomische Infrastruktur in der Regel nur dort berücksichtigt, wo sie die Superstruktur der matrimonialen Praktiken und Riten unübersehbar prägte. Die Kontinuität zwischen den beiden Seiten der Existenz von Gruppen ist von den besten Soziologen in scharfsichtiger Weise dargestellt worden, aber mehr im Sinne eines Überfließens des Sozialen ins Materielle denn als ein in beiden Richtungen fließender Strom, bei dem der stärkere Impuls vom Materiellen ausgeht. Mit der Folge, daß man den Prestigeaustausch besser kennt als den täglichen Austausch, die rituellen Leistungen besser als die alltäglichen Dienste, die Zirkulation der Brautgelder besser als die von Gemüse und schließlich das Denken der Gesellschaften weit besser als deren Körper.

Diese Beobachtung soll die Soziologie oder die Sozialanthropologie keineswegs herabsetzen, sie registriert lediglich einen gegebenen Zustand: Während Durkheim und Mauss die »totale soziale Tatsache« mit großem Aufwand verteidigten, setzten sie die techno-ökonomische Infrastruktur als bekannt voraus. Unter einem solchen Blickwinkel ist das materielle Leben vollkommen in die soziale Tatsache eingebettet. Diese Perspektive ist zwar (wie man im zweiten Teil sehen wird) besonders gut geeignet, den spezifisch menschlichen Aspekt der ethnischen Gruppenbildung aufzuzeigen, sie läßt jedoch die andere Seite im Dunkeln, die Seite der allgemeinen biologischen Bedingungen, vermöge derer die menschliche Gruppe sich ins Lebendige einführt und auf denen die Humanisierung der Sozialphänomene gründet.

Die beiden Seiten der Erforschung des Menschen schließen einander nicht aus, sie vervollständigen sich wechselseitig. Daß die humane Tatsache total ist, wird aus der einen wie der anderen Richtung klar, nur ist es in unterschiedlicher Weise bemerkbar. Für den Soziologen oder den Sozialanthropologen ist die soziale Tatsache vollkommen menschlich, weil sie den Menschen von der Spitze des Berges an dessen Fuß versetzt. Für den, der eine »Tiefenethnologie« betreibt, erschiene die soziale Tatsache als eine allgemeine biologische Tatsache, die jedoch vollständig humanisiert ist. Die theoretischen Etappen dieser Humanisierung sind vielfach skizziert worden, selten dagegen ist der Versuch unternommen worden, ein analytisches Bild davon zu entwerfen. Am Beispiel des Zinjanthropus festzustellen, daß die Menschwerdung bei den Füßen beginnt, ist vielleicht weniger erregend als die Vorstellung, das Denken sprenge die anatomischen Fesseln, um sich ein Gehirn zu schaffen – dafür ist es aber ein sehr sicherer Weg. Auch beim Gesellschaftsbau lohnt es sich, diesen Weg einzuschlagen.

Die primitive Gruppe[11]

Die Anthropinen haben mit sämtlichen Primaten ein kurzes Gebiß gemein, dessen Backenzähne zu Mahlzähnen ausgebildet sind; des

11 Der Ausdruck *primitiv* bezeichnet hier den techno-ökonomischen Zustand der ersten menschlichen Gruppen, d. h. die Ausbeutung der wilden natürlichen Umwelt. Er umfaßt daher sämtliche prähistorischen Gesellschaften vor der Entstehung von Ackerbau und Viehzucht und in erweitertem Sinne jene nicht sehr zahlreichen Völker, die noch heute im primitiven Zustand leben. Die Ethnologen haben diesen Ausdruck, dem die sozialen, religiösen oder ästhetischen Tatsachen widersprechen und der von daher eine pejorative Färbung angenommen hat, beharrlich widersprochen, gleichwohl

weiteren einen Verdauungstrakt mit einem einfachen Magen und einem einfachen Darmtrakt mittlerer Länge, in dem die Verdauung und Aufnahme von Zellulose keine beachtenswerte Rolle spielt. Die einfachste und fundamentalste Größe der menschlichen Ökonomie hat ihren Grund in dieser Ausstattung für die lebensnotwendige Ernährung.

Aufgrund seiner Organisation ist der Mensch auf den Verzehr von »fleischlicher« Nahrung angewiesen: von Früchten, Wurzeln, jungen Trieben, Insekten, Larven. Seine Lebensweise ist gleichermaßen der Pflanzen- und der Tierwelt entlehnt, er ist der einzige Primat, der den Verzehr von tierischem Fleisch entwickelt hat. In der Tat hat es eher zufälligen Charakter, wenn Affen Reptilien oder Vögel fangen und verzehren. Soweit die Archäologie ein Urteil darüber zuläßt, ist diese Sachlage schon sehr alt, denn der Australanthropus war bereits Jäger; im Gegensatz zu den Gorillas, die mit gewaltigen Eckzähnen ausgestattet sind und sich gleichwohl von Trieben und Früchten ernähren, sind die ältesten Anthropinen Fleischfresser und besitzen keine entwickelten Eckzähne. Sie waren gewiß nicht ausschließlich Fleischfresser, die Tatsache, daß allein knöcherne Nahrungsreste in den Lagerstätten erhalten geblieben sind, täuscht einen vorwiegend fleischlichen Charakter der Ernährung bei den fossilen Menschen nur vor. Stellt man für das Europa des letzten Jahrhunderts eine Liste der Getreidearten, Früchte, Stengel und wilden Baumrinden auf, die von den Bauern verzehrt wurden, und vergleicht sie mit der Liste der Pflanzen, die bei uns auch in den rauhen Eiszeiten wuchsen, so wird deutlich, daß der Neandertaler die Möglichkeit hatte, eine Vielzahl von Pflanzen zu verzehren.

Dieser Ernährungstyp setzt eine erste Bedingung für die Form der menschlichen Gruppe. Ob Pflanzen oder Tiere, die fleischliche Nahrung ist in der Natur spärlich vorhanden und wesentlichen Verände-

haben sie ihn nicht aufgegeben, weil sie keinen anderen Ausdruck fanden, mit dem sich die schriftlosen und abseits der »Hochkulturen« stehenden Völker in ähnlich globaler Weise kennzeichnen ließen. So wird er denn auch zumeist in Anführungsstriche gesetzt. In der hier verwendeten Bedeutung ist er jedoch präzise und begründet, denn er unterscheidet die Primitiven von allen Gruppen, deren Ökonomie auf der künstlichen Ausbeutung der natürlichen Umwelt beruht. Er bringt darüber hinaus die gemeinsamen und besonderen Merkmale jener Gruppen zum Ausdruck, deren Ökonomie ausschließlich auf Jagen, Fischfang und Sammeln beruht.

rungen im Jahresverlauf unterworfen. Hätte der Mensch ein Mahlgebiß und einen Wiederkäuermagen besessen, wären die Grundlagen der Soziologie gänzlich andere gewesen. Fähig zum Verzehr von Gräsern, hätte er wie die Bisons wandernde Herden aus Tausenden von Individuen bilden können. Da er sich von fleischlichen Produkten ernährte, sah er sich von Anfang an sehr bestimmten Bedingungen der Gruppenbildung unterworfen. Dies ist natürlich eine äußerst banale Vorstellung, ohne sie gibt es jedoch keinen Ausgangspunkt für die Untersuchung der menschlichen Gruppen.

Das Territorium

Das Verhältnis zwischen Nahrung, Territorium und Bevölkerungsdichte bildet auf allen Stufen der techno-ökonomischen Evolution eine Gleichung mit variablen, aber korrelativen Werten; für die primitive Gruppe stehen die drei Ausdrücke der Gleichung in einem Verhältnis der Identität, ob es sich nun um Eskimos, Buschmänner, Feuerländer, afrikanische Pygmäen oder um bestimmte amerikanische Indianer handelt. Diese Konstanz ist so deutlich ausgeprägt, daß die prähistorischen Zeugnisse nur im gleichen Sinne interpretiert werden können. Die Nahrungsbeschaffung ist an eine profunde Kenntnis der tierischen und pflanzlichen Lebensräume gebunden; das alte Bild von der umherirrenden primitiven »Horde« ist mit Sicherheit falsch: eine gewisse Verschiebung des Territoriums einer Gruppe ist möglich, eine zufällige und brutale Emigration ist gleichfalls möglich, die normale Situation besteht jedoch in der längeren Frequentierung eines Territoriums, in dem sämtliche Ernährungsmöglichkeiten bekannt sind. Die normale Beschaffenheit des Territoriums beim Australanthropus oder beim Archanthropus läßt sich gewiß nur schwer bestimmen, seit dem Paläanthropus jedoch gestattet die durch Funde belegte Existenz von Hütten oder Zelten einen Vergleich mit den heutigen Primitiven. Die Übertragung von Normen, die der Tierwelt entnommen sind, auf Australanthropus und Archanthropus führt im übrigen zu sehr ähnlichen Ergebnissen: das Territorium der Primaten oder der Raubtiere mag riesig sein, es bietet jedoch Fixpunkte für Nahrung und Schutz, die es nicht als struktur- und grenzenlose Fläche erscheinen lassen.

Die Frequentierung des Territoriums setzt die Existenz von periodisch benutzten Wanderwegen voraus. Die primitive Gruppe ist in der Regel nomadisch, d. h. sie wandert im Rhythmus des Entstehens und Verschwindens ihrer Ressourcen und beutet ihr Territorium in einem Zyklus aus, der in den meisten Fällen von den Jahreszeiten abhängt. Es besteht jedoch ein komplexer Zusammenhang zwischen der Dichte der Nahrungsressourcen, dem Bereich täglicher Bewegungen zur Nahrungsbeschaffung um zeitweise feste Punkte herum und der Gesamtfläche des Territoriums, die von der zureichenden Kenntnis der jahreszeitlich wechselnden Orte möglicher Nahrungsbeschaffung abhängt – ein Gleichgewicht zwischen der Nahrung, dem Gefühl der Sicherheit im eigenen Lebensgebiet und den Grenzen zu den Territorien anderer Gruppen. Ein letzter Zusammenhang besteht schließlich zwischen der Nahrungsmenge, der Anzahl der die Gruppe bildenden Individuen und der Fläche des frequentierten Territoriums. Die Nahrungsdichte bildet einen unmittelbar limitierenden Faktor für die Anzahl der Nahrungsverbraucher; die Größe des Territoriums übt einen ebenso starken Zwang aus, denn die Gruppe vermag nur soweit zu existieren, wie die täglichen Bewegungen einen Zusammenhalt erlauben und wie die periodischen Ortsveränderungen die Ernährung der jeweiligen Anzahl der in der Gruppe zusammengefaßten Individuen sicherstellen. Die von den lebenden Primitiven in dieser Gleichung erreichten Werte sind in doppeltem Maße variabel – im Maße der konstanten und der periodischen Ressourcen. Die konstanten Ressourcen gewährleisten lediglich die normale Subsistenz einer Gruppe von höchstens 10–20 Individuen. Die periodischen Ressourcen – wie der vorübergehende Überfluß von Lachsen oder Rentieren – können die Vereinigung mehrerer elementarer Gruppen ermöglichen. Das Geflecht der sozialen Beziehungen wird demnach an seinen Ursprüngen aufs engste von dem Verhältnis zwischen Territorium und Nahrung bestimmt.

Die Gattengruppe (Abb. 67): In allen bekannten menschlichen Gruppen weisen die techno-ökonomischen Beziehungen zwischen Mann und Frau eine deutliche Komplementarität auf; bei den Primitiven kann man sogar von einer deutlichen Spezialisierung sprechen. Dieser Umstand ist um so bemerkenswerter, als wir hier im Gegensatz zum Territorium keine wirkliche Parallele in der Welt der höheren Tiere besitzen. Bei den Raubtieren jagen Männchen und Weibchen gleichermaßen, bei den Primaten erfolgt die Nahrungssuche individuell und zeigt keinerlei Spuren einer geschlechtsspezifischen Spezialisierung. Wie es in dieser Hinsicht bei den ältesten Anthropinen stand, werden wir vielleicht nie erfahren, eine Hypothese läßt sich allenfalls aufgrund plausibler Annahmen aufstellen. Bei den Menschen setzt die Nahrungsbeschaffung zwei sehr unterschiedliche Tätigkeitsarten voraus: die gewaltsame Beschaffung des Fleisches großer Tiere und die friedlichere Beschaffung von kleinen Tieren, Wirbellosen und Pflanzen. In allen bekannten lebenden Gruppen von Primitiven ist die Jagd in der Regel Sache der Männer, das Sammeln Aufgabe der Frauen. Diese Aufteilung mag man durch religiöse oder soziale Zusammenhänge erklären, ihr organischer Charakter wird jedoch durch die Tatsache belegt, daß die Grenze zwischen dem männlichen und dem weiblichen Bereich sich als fließend erweist, wenn man mehrere Völker miteinander vergleicht. Bei den Eskimos jagen die Frauen nicht, bei einigen Indianern Ost-Amerikas ist die Kaninchenjagd jedoch ihre Aufgabe. Bei den Buschmännern sammeln die Männer im Prinzip nicht, tatsächlich beteiligen sie sich aber an der Suche und Ernte solcher pflanzlicher Produkte, die zu selten sind, als daß die Barrieren geschlechtsspezifischer Spezialisierung aufrecht erhalten werden könnten. Demnach scheint diese Spezialisierung auf physiologischen Eigenschaften zu basieren. Die stärker ausgeprägte Aggressivität der Männer, ein in der Tierwelt häufig anzutreffendes Charakteristikum, und die geringere Mobilität der Frauen liefern eine Erklärung für die Spezialisierung in der Suche nach einer Nahrung, die sowohl Tiere als auch Pflanzen umfaßt. Das äußerst langsame Heranwachsen der Kinder schränkt die Mobilität der Frauen natürlich ein, und angesichts ihrer doppelten Ernährungsgrundlage erscheint der primitiven Gruppe keine andere organische Lösung möglich als die Aufteilung von Jagen und Sammeln auf Männer und Frauen. Die Humanisierung dieses biologischen Imperativs liegt in den sozio-religiösen Modalitäten, die sich für jede menschliche Gruppe daraus herleiten. Das zugrundeliegende Phänomen ist durchaus eine allgemeine Erscheinung, die nur deshalb eine Besonderheit des Menschen darstellt, weil seine Ernährungsweise außergewöhnlich ist; die zuweilen sehr strengen Grenzen der Spezialisierung und all die daraus resultierenden traditionellen Rationalisierungen des Nahrungsaustauschs zwischen Mann und Frau gehören dagegen vollständig der menschlichen, sozialen Seite dieses Phänomens an.

Technische Vielseitigkeit (Abb. 68)

Bei den Primitiven besteht die Gruppe also aus einer begrenzten Zahl von Individuen beiderlei Geschlechts, die in funktioneller Hinsicht spezialisiert sind und in einem periodischen Zyklus das Territorium durchwandern, das dem Gleichgewicht ihrer Bedürfnisse entspricht. Grundsätzlich bildet diese Gruppe eine Subsistenzeinheit, sie kann sich zeitweilig mit anderen Gruppen verbinden, ist aber in der Lage, ihren Fortbestand eigenständig zu sichern. Ihre wichtigste Eigenschaft liegt in der vollständigen Kenntnis der lebensnotwendigen Praktiken und in ihrer technischen Vielseitigkeit. Die elementare Gruppe, die von einer begrenzten Zahl von Paaren und deren Nachkommen gebildet wird, bietet bei den australischen Ureinwohnern, den Eskimos oder den Feuerländern ein umfassendes Bild der jeweiligen Gesellschaften, denn für das Überleben der Gemeinschaft in der Isolierung ist der Besitz der gesamten materiellen Kultur unerläßlich. Genauer noch ist die gesamte lebensnotwendige Kultur in der Gattengruppe vorhanden und zwischen Mann und Frau aufgeteilt. Insbesondere bei den Eskimos kann es geschehen, daß ein Paar sich zeitweilig von jeder anderen sozialen Einheit getrennt findet. Die Tatsache, daß die technische Spezialisierung in der primitiven Gruppe nicht bis in den Bereich der lebensnotwendigen Tätigkeiten hineinreicht, entspricht genau den Bedingungen der primitiven Ökonomie, in der jede soziale Parzelle alles zum Überleben erforderliche Wissen besitzen muß. In der Regel umfaßt die elementare Gruppe genug Individuen, um eine gewisse Aufgabenteilung zwischen den Gruppenmitgliedern zu ermöglichen – die Alten oder Schwachen finden ihre Aufgabe in sekundären Verrichtungen –, diese Spezialisierung stellt jedoch nicht die eigentliche Grundlage der Gruppe in Frage, die in der Vielseitigkeit jedes Individuums liegt.
Die elementare primitive Gruppe ist auf dem Niveau des *homo sapiens* als eine ständig isolierte nicht denkbar, es sei denn in der Abstraktion einer Urgemeinschaft, die sich in mehrere elementare Gruppen aufspaltet. In der Regel steht eine Gruppe im Zusammenhang mit einem größeren Umfeld, das von mehreren anderen Gruppen gebildet wird, mit denen sie auf mehreren Ebenen in Austauschbeziehungen steht, insbesondere in bezug auf die Heirat. Die Soziologen, und bei uns vor allem Lévi-Strauss, haben die Rolle der Heiratsordnung in

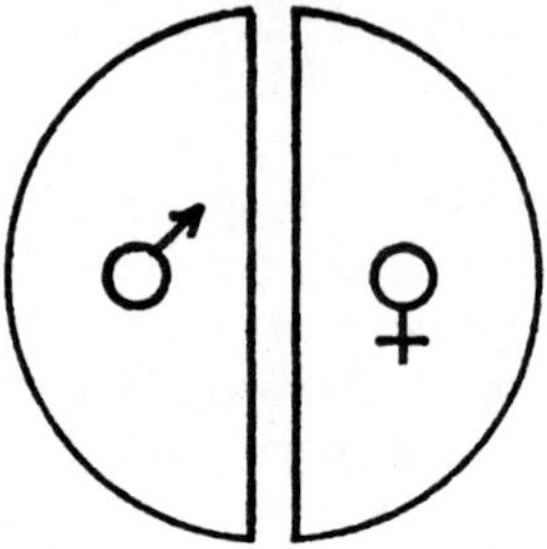

Abb. 67

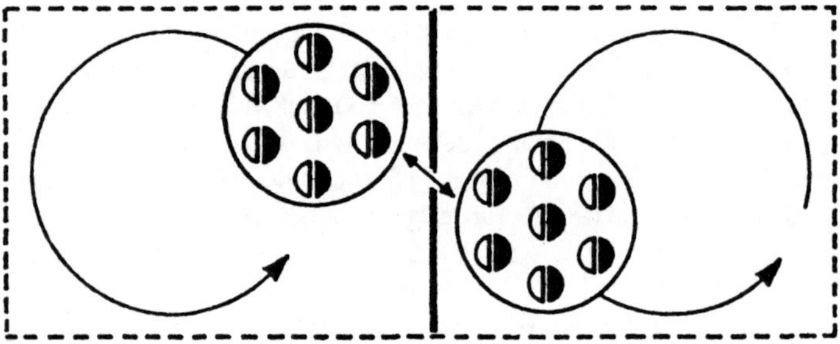

Abb. 68

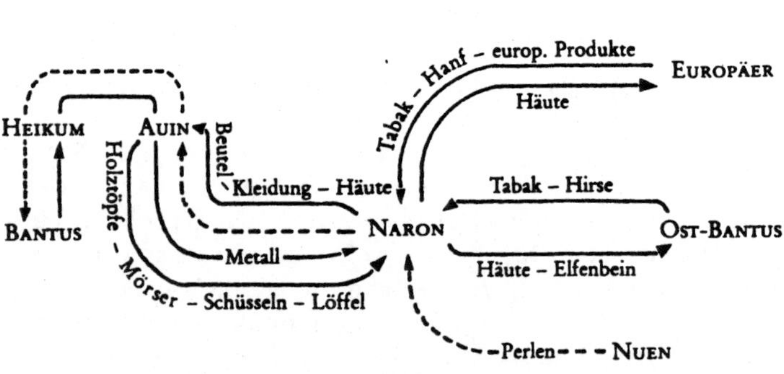

Abb. 69

der Organisation jener sekundären Einheiten deutlich herausgearbeitet, die von der traditionellen Soziologie zusammenfassend, aber recht nachlässig als »Clan« bezeichnet wurden. Seit langem haben sie auch schon das komplexe Netz des Austauschs von Produkten und Frauen aufgedeckt und die Bedeutung, die den Tätigkeiten der Nahrungsbeschaffung und -konsumierung in der Normalisierung der Beziehungen zwischen Frauen-tauschenden Gruppen zukommt. In techno-ökonomischer Hinsicht lassen sich Fortpflanzung und Nahrungsbeschaffung auf dem Niveau der Anthropinen nicht voneinander trennen; die oft sehr komplexen Systeme, die das Verhalten der Gruppe unter diesen beiden grundlegenden Aspekten zu einem menschlichen Verhalten machen, sind nur die Reflexe einer Tatsache, die normalerweise eine biologische bleibt. Die Idee der »primitiven« sexuellen Promiskuität ist auf biologischer Ebene ebensowenig haltbar wie die der »umherschweifenden Horde«. Die Tiergesellschaften besitzen in ihrem Fortbestand eine dauerhafte und genau bestimmte Organisation, die zwischen den Arten in Abhängigkeit vom Gleichgewicht zwischen der Gesellschaft und ihrer Umwelt variiert. In den vorangegangenen Kapiteln haben wir gezeigt, daß die neuro-anatomische Kohärenz der Anthropinen nicht geringer war als die der Tiere; die Entwicklung eines bio-ökonomischen Apparats, der auf der manuellen und sprachlichen Technizität basiert, führt zu einer ebenso bestimmten sozialen Prägung, sie schafft eine kohärente Elementarzelle mit ihren Ernährungsbedürfnissen, die mit den benachbarten Zellen durch ein kohärentes Netz von Austauschbeziehungen mit seinen Reproduktionserfordernissen verbunden ist. Auf diesen beiden Stufen der Gruppenbildung charakterisieren die Tatsachen der Nahrungsbeschaffung wegen ihrer Vordringlichkeit vor allem die primäre Gruppe (Paar oder Hausgemeinschaft), die Tatsachen der Gattenbeschaffung dominieren in der Großgruppe (Verwandtschaftsgruppe, Ethnie).

Symbiosen
(Abb. 69 und 70)

Die komplementären technischen Aktivitäten der Gatten bilden eine Symbiose im strengen Sinne des Wortes, denn es läßt sich auf techno-ökonomischer Ebene keine Formel für eine Trennung vorstellen, die

Abb. 70

nicht zu einer Enthumanisierung der Gesellschaft führen müßte. Damit sie überleben kann, ist die primitive Gruppe auf der engstmöglichen Basis aufgebaut, die dem unmittelbaren Überleben dienende Symbiose ist auf das Paar beschränkt. Es gibt jedoch Bereiche des techno-ökonomischen Lebens, in denen das Überleben unter diesen Bedingungen über kurz oder lang gefährdet wäre; zumindest gibt es Produkte, Stoffe oder Gegenstände, die als notwendig erachtet werden und der elementaren Gruppe nicht zur Verfügung stünden. Bei den lebenden Primitiven trifft man regelmäßig auf die Zirkulation von Produkten oder Rohstoffen. Aufgrund ihrer speziellen Ressourcen ist die kleine Gruppe als ganze gesehen und im Verhältnis zu ihren Nachbarn ein Spezialist. Bei den Eskimos beruhte das Gleichgewicht bis vor kurzem noch zu einem großen Teil auf der Zirkulation von Steinlampen, von Holz für die Schäfte der Harpunen sowie von Rentierfellen für die Winterkleidung. Bei den Buschmännern bilden Häute, Schmuckstücke aus Perlen, die aus Straußeneiern herausgeschnitten werden, und bei den Australiern verzierte Bumerangs und Steinklingen den Gegenstand von Tauschprozessen, deren Unterbrechung oft das Überleben der elementaren Gruppe in Frage gestellt hätten. Der Austausch von Lebensmitteln, Gegenständen und Rohstoffen – wie auch von Leistungen – ist eine der Voraussetzungen für das Funktionieren der Gruppe von matrimonialen Zellen die das bilden, was frühere Autoren als »Clan« bezeichnet haben; es handelt sich hier mindest ebenso sehr um eine techno-ökonomische wie um eine soziale Gleichgewichtsformel, und nichts berechtigt zu der Annahme, es hätte zumindest seit dem Jungpaläolithikum anders sein können. Es gibt Belege dafür, daß bestimmte Feuersteine von besonderer Qualität zirkuliert haben, und wir beginnen, mit hinreichender Klarheit im Stil der Gebrauchsgegenstände regionale Einheiten wahrzunehmen, so daß kaum angenommen werden kann, es hätten territoriale Strukturen bestanden, die von den aus jüngeren Zeugnissen bekannten Strukturen erheblich abgewichen wären.

Die Vorstellung einer Urbevölkerung, die aus kleinen, in endlosen Gebieten umherirrenden Horden ohne jeden wechselseitigen Kontakt bestanden hätte, widerspricht den einfachsten Regeln der Biologie. Bei allen Arten ist zum Überleben eine symbiotische Organisation einer hinreichend großen Zahl von Individuen erforderlich, sei es in vielen, zusammenhängenden Gruppen bei den Arten, die über eine reiche Nahrungsgrundlage verfügen, sei es in der Form von Individuen, die sich auf benachbarte Territorien verteilen, wie es bei Arten mit spärlichen Nahrungsressourcen der Fall ist. Wir haben gesehen, daß der Mensch weder in der Herde noch als vereinzeltes Individuum überleben kann, und es ist nicht zu verkennen, daß seine spezifische Gesellungsform, die letztlich für alle soziologischen Folgen verantwortlich ist, überall dort, wo die Ausgangsbedingungen erhalten geblieben sind, noch die gleiche ist, die wir auch heute noch sehen. Diese spezifische Form setzt eine zumindest relative Permanenz des Territoriums und dessen Zusammenhang mit anderen permanent bewohnten Territorien voraus, so daß die spezifisch menschlichen Phänomene des technischen, ökonomischen und sozialen Lebens entstehen und fortexistieren können.

Für die letzten 40 000 Jahre kann man diese Situation mit Sicherheit unterstellen; der Übergang von der zoologischen Art zur »ethnischen Art« setzt notwendig eine solche Gesellung der Menschen voraus. Aber war dies auch vorher so, als das Denken des *homo sapiens* noch nicht gesichert war? In Kapitel III und IV haben wir den brüsken Anstieg in den Kurven der technischen Evolution zu jenem Zeitpunkt gesehen, da der *homo sapiens* erscheint; und wir haben diese plötzliche Entwicklung der Entriegelung der Stirn zugeschrieben, dem Zugang zu einer höheren Form des Denkens, in der die Symbole als Instrumente zur Beherrschung der äußeren Welt bedeutsam werden. Eine solche Beherrschung, die ohne Sprache nicht denkbar wäre, ist auch ohne eine komplexe soziale Organisation nicht vorstellbar. Welches Bild kann man sich nun in der Rückschau von der Gesellschaft des Pithecanthropus oder des Australanthropus machen? Die Existenz kontinentaler technischer Stereotype und der Mangel an Daten über die wirkliche Lebensweise verleihen jeder Überlegung einen äußerst abstrakten Charakter. Ganz natürlich drängt es uns, die Familiengruppen der Gorillas oder Schimpansen zum Vergleich heranzuziehen, ihre relative Gattenbindung, ihre polygame Organisation, ihre recht stabilen Territorien und die Bildung benachbarter Gruppen durch Aufspaltung. In den höheren Arten, bei denen das Wachstum der Jungtiere noch langsamer erfolgt, kann die soziale Organisation nicht sehr weit von dem allgemeinen Typus entfernt sein, zu dem der heutige Mensch gehört. Man kann sich zwar eine geringere Dauer der matrimonialen Einheiten vorstellen oder fließendere Konturen in den wechselseitigen Abhängigkeiten der Gruppenmitglieder, es scheint jedoch, daß die fundamentale Organisation der Anthropinen-Gesellschaften schon zu Beginn wirklich und vollständig Anthropus-Charakter besaß, daß sie in ihrer Form fest durch Gesetze verankert war, die von den aufeinander folgenden Kulturen in Gestalt von Recht oder Dogma paraphrasiert wurden, ihre Stabilität aber in Wirklichkeit biologischen Ursachen verdankten.

Der Übergang zur Agrikultur

Gegen Ende des Paläolithikums kommt es bei den um das Mittelmeer angesiedelten Gesellschaften zu einer radikalen Wende auf techno-ökonomischem Gebiet. Zwischen 8000 und 5000 vor unserer Zeit bildet sich eine techno-ökonomische Struktur heraus, die auf Landwirtschaft und Viehzucht basiert; die Gesellschaften nehmen eine Gestalt an, die völlig verschieden ist von der Gestalt, die sie seit den Anfängen kannten. Nach geologischen Zeitdimensionen liegt zwischen dem letzten Auerochsen-Jäger und den mesopotamischen Schreibern nur ein Augenblick, der Zugang zu den neuen Ökonomien ist eine Explosion. In dieser Weise hat man das Phänomen lange dargestellt, und noch heute trifft man gelegentlich auf Autoren, die von der »Erfindung« der Landwirtschaft sprechen. In einer ähnlichen Vorstellungswelt formulierten die Prähistoriker der vorangegangenen Generation das Problem einer zumindest partiellen Domestikation des Rentiers und des Pferdes. Die Welt der Urmenschen und die Welt der Bauern und Hirten sind offenkundig so verschieden, daß man, soweit man sich keine »Erfindung« vorstellt, nicht auf den ersten Blick zu sehen vermag, wie beide zusammenhängen. In *Milieu et Techniques* habe ich die Bedeutung des »günstigen Milieus« für das Phänomen der Erfindung aufgezeigt und auch auf deren zumeist unpersönlichen Charakter hingewiesen. Es gibt keinen Grund, im Falle der Landwirtschaft und der Tierzucht normale Bedingungen anzunehmen, wir müssen unsere Aufmerksamkeit auf die Umstände konzentrieren, in denen es zu dieser spontanen Verbindung hat kommen können. In den letzten zehn Jahren sind große Fortschritte in dieser Richtung gemacht worden; die Archäologie des Nahen Ostens hat eine der Ursprungsbereiche dieser beiden Techniken zwischen dem Mittelmeer und dem Kaspischen Meer ausgemacht; mit den Ausgrabungen im Nord-Irak, in Syrien, dem Libanon, Pakistan und der Türkei scheinen wir nun dem Problem sehr nahegekommen zu sein und die Elemente einer Lösung bereits in der Hand zu haben. In den inzwischen berühmten Lagerstätten von Jarmo, Shanidar, Zawi-Chemi und Catal Hüyük besitzen wir Zeugnisse aus der Zeit zwischen 8000 und 5000 vor unserer Zeit, die den Übergang von der primitiven Ökonomie der Sammler von wildem Getreide und der Jäger von Wildziegen zur Ökonomie der Getreideanbauer und Ziegenhirten erhellen. Dieser Übergang erfolgt auf kaum wahrnehmbare Weise; Sicheln gab es schon vor der Landwirtschaft, und nur die Statistiken zeigen, daß man aufhörte, die Ziegen zu jagen. Das Beispiel des Irak bietet einen idealen Beleg, denn die Transformation erfolgte hier im Verlauf einiger Jahrhunderte, in denen keinerlei Erschütterung das Überleben der Kultur bedrohte; es bedarf jedoch einer vergleichenden Untersuchung, wenn wir den Mechanismus der Transformation klären wollen.

Die Entstehung einer Viehzucht, die die Jagd abzulösen imstande ist, erfordert ganz besonders günstige Umweltbedingungen, denn sie setzt voraus, daß Jäger und Jagdwild in gewisser Weise persönliche Beziehungen unterhalten. Von daher sind die großen wandernden Grasfresser ausgeschlossen, deren Herden ein- oder zweimal im Jahr in Reichweite der Waffen vorüberziehen; auch die großen, gefährlichen und schnellen Grasfresser sind ausgeschlossen, Rinder, Büffel, Pferde – sämtliche Großtiere, denen man sich nur schwer nähern und die man unmöglich einkreisen kann. Untersucht man die Elemente eines möglichen Übergangs zur Viehzucht, so wird deutlich, daß die physikalischen Umweltbedingungen in noch höherem Maße bestimmend sind als die bio-zoologischen, daß die Chancen für die Entstehung der Tierzucht in den Steppen Afrikas und Zentralasiens sehr gering waren. Studiert man die allgemeine Situation der elementarsten Viehzüchter, die wir in der heutigen Welt kennen, so stellt sich das Problem in klaren Umrissen. Die Rentierzüchter Nord-Lapplands und Ost-Sibiriens leben in einer Umwelt, in der das Ren noch wild existiert; ihre Art der Ausbeutung der domestizierten Herde besteht in einer engen Symbiose, die durch das geographische Milieu erleichtert wird. Im Westen wie im Osten wird das Bergland von schroffen Tälern durchschnitten, die die Wanderungen der Herden zwischen den höher gelegenen Weideflächen des Sommers und den im Winter aufgesuchten Niederungen auf einigen Dutzend Kilometern kanalisieren und isolieren. Die gleichen Herden wandern alljährlich hinauf und hinunter, eingekreist von den Hirten, die die Tiere beschützen, ohne ihr natürliches Verhalten merklich zu beeinflussen. Die Voraussetzungen für den Übergang zur Tierzucht sind hier gegeben, weil sie mit den Grenzen des Territoriums der menschlichen Gruppe zusammenfallen und weil sie sich in die natürlichen Wanderwege der Grasfresser und den Rhythmus der Beschaffungskampagnen komplementärer pflanzlicher Produkte einfügen.[12] Die Bedingungen, die im

12 Entstehung oder Übernahme der Viehzucht sind an die Interferenz zweier Faktoren gebunden: an die biologischen und biogeographischen Merkmale der gezüchteten Art und an das techno-ökonomische Niveau des Züchters. Die biologischen Merkmale vermögen zu erklären, warum der Hund, dessen Jagdverhalten durch Laufen und Hetzen bestimmt ist, eher als die Katze

Nord-Irak für die Ziege bestanden, stimmen genau mit jenen überein, die heute noch für das Rentier gelten; mit hoher Wahrscheinlichkeit ist die Tierzucht in den Gebirgen entstanden. Das ist noch um so wahrscheinlicher, als das einzige große Säugetier, das die Indianer Amerikas domestiziert haben, gleichfalls ein im Gebirge lebender Pflanzenfresser ist, das Lama der Anden. Schließlich ist es möglich, daß im Magdalénien recht ähnliche Bedingungen um das Zentralmassiv und in den Tälern der Pyrenäen bestanden; die Bedingungen waren vielleicht noch nicht reif für die Viehzucht, aber die Beziehungen der Jägergruppen zu den in den Tälern wandernden Rentierherden mußten zu einer wachsenden Vertrautheit führen.

Der domestizierte Hund, der mit der Entstehung der Viehzucht erscheint, hat ganz offensichtlich eine bedeutende Rolle gespielt. Als Treiber und Jäger auf freier Bahn zeigen die Raubtiere ein Verhalten, das dem der menschlichen Jäger sehr nahekommt. Obwohl wir noch nichts über die Herkunft des Hundes wissen, den die Menschen des Magdalénien noch nicht besaßen, so verstehen wir doch sehr gut, wie sich der Gleichklang zwischen Raubtier und Mensch auf der Jagd und in der Kanalisierung der Herden herstellen konnte.

Der Übergang von der Ziegen- oder Schafhaltung im Gebirge zur Domestikation der großen Grasfresser und der Schweine ist noch dunkel. In jedem Falle scheint er mit dem ersten Anstoß, den die Vorform der Ziegenhaltung gab, zusammenzuhängen, denn er vollzieht sich etwas später kreisförmig um den Ursprungsbereich herum. Zwischen 6000 und 3000 vor unserer Zeit werden Schaf und Rind,

domestiziert wurde, die ihrer Beute auflauert und dem Menschen bei einer ähnlichen Technik nutzlos wäre. Das gleiche gilt für das Damwild, dessen Fluchtverhalten durch Zerstreuung gekennzeichnet ist, im Gegensatz zu den Rindern, die zusammenbleiben und in Herden gelenkt werden können. Die geographischen Merkmale spielen eine bedeutende Rolle, wenn man die kurzen Höhenwanderungen der lappländischen Rentierherden mit den gewaltigen, weiträumigen Bewegungen der amerikanischen Karibus vergleicht. Die Interferenz des techno-ökonomischen Systems wird z. B. im Falle der Rentiere deutlich, die von den Tschukschen, echten Proto-Hirten, und von den Tungusen oder Süd-Lappen in ganz verschiedener Weise gehalten werden, bei ihnen handelt es sich um echte Hirten, die durch die Nachbarschaft der Bauern-Hirten Sibiriens oder Skandinaviens beeinflußt werden. Die geringe Zahl der gezüchteten Tierarten zeigt, daß die Bedingungen äußerst beschränkt sind, daß die Viehzucht nur an wenigen Orten spontan entstehen konnte und nur ganz bestimmte Tiere betraf.

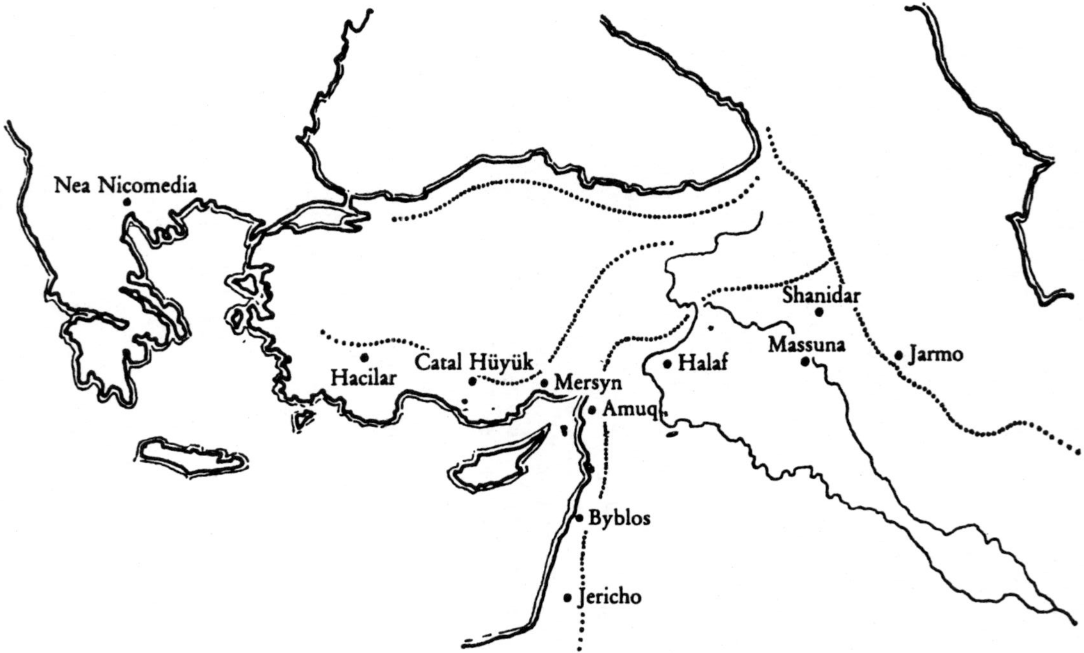
Nea Nicomedia
Hacilar
Catal Hüyük
Mersyn
Amuq
Halaf
Shanidar
Massuna
Jarmo
Byblos
Jericho

Abb. 71

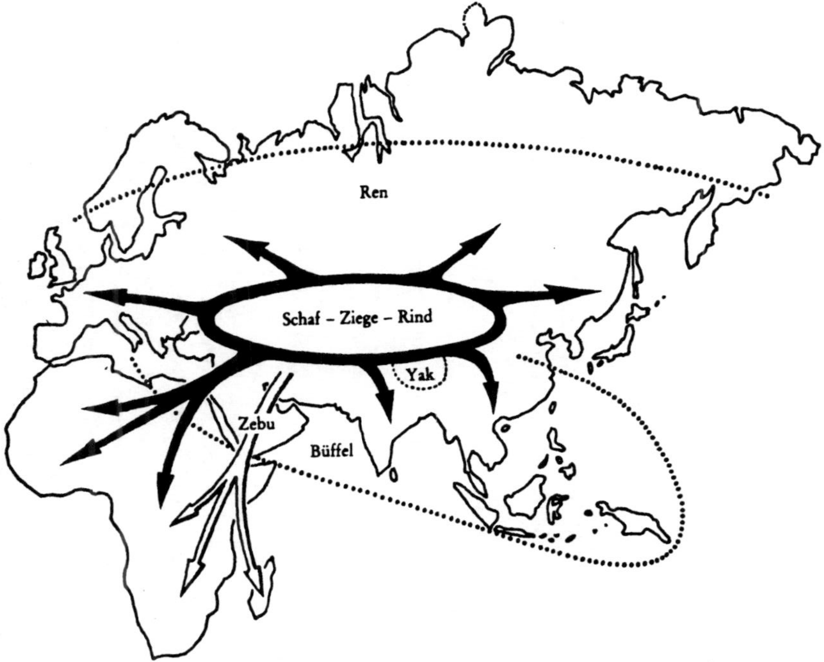

Abb. 72

Schwein, Esel und Pferd und weiter nach Osten Büffel, Zebu und Elefant domestiziert, und ausgehend vom Nahen Osten breitet sich die Viehzucht allmählich nach Asien, Europa und Afrika aus (Abbildung 72).

In dieser Bewegung ist allein der Anfangsschub ausschlaggebend, denn mit Ausnahme des Lamas in Amerika bildet das Phänomen der Viehzucht einen kohärenten historischen Zusammenhang. Ist das Prinzip einmal erworben, bringt seine Anwendung auf neue Arten weniger Schwierigkeiten als der Übergang von der Töpferei zur Metallurgie. Es ist interessant festzuhalten, daß mit Ausnahme des Rentiers, dessen Nahrungsbedingungen sehr außergewöhnlich sind, sämtliche in die Viehzucht eingegangene Pflanzenfresser Grasfresser im engeren Sinne sind (Rind, Schaf, Pferd, Kamel), sämtlich Tiere, die in dichten Gesellschaften auf einem durchgehenden Pflanzenteppich leben und deren Fluchtverhalten durch Gruppenbildung bestimmt ist. Die Treibertätigkeit der Hirten und ihrer Hunde ist in höchst wirksamer Weise darauf abgestimmt. Die Blätterfresser (Hirsche), die in kleinen Gruppen an geschützten Stellen leben und deren Fluchtverhalten durch Zerstreuung gekennzeichnet ist, blieben dagegen von der Zucht ausgeschlossen.

Vorformen der Agrikultur

Ein sehr bedeutsamer Umstand liegt in der Tatsache, daß der Ackerbau zur gleichen Zeit und in den gleichen Gebieten aufkommt wie die Viehzucht. Hält man sich vor Augen, was wir hinsichtlich der technoökonomischen Konstitution der primitiven Gruppe gesagt haben, so liegt in dieser Tatsache freilich nichts Überraschendes. Die menschliche Gruppe stützt sich in ihren Grundlagen auf eine gemischte Nahrungsökonomie und findet die ganze Vorgeschichte hindurch ihr Gleichgewicht in der komplementären Ausbeutung der Tier- und Pflanzenwelt. Sehr schnell und vielleicht von Anfang an muß es zu einer Aufteilung zwischen Bauern und Hirten gekommen sein. Man kann sich in der Tat primitive Einheiten von Proto-Hirten vorstellen, die auf das Sammeln pflanzlicher Produkte angewiesen waren, und Gruppen von Proto-Bauern, die ihren Nahrungsbedarf durch Jagen vervollständigten. Die Evolution vollzog sich wahrscheinlich im Schoße benachbarter Gemeinschaften, die mehr oder weniger gleichzeitig zur organisierten Produktion der pflanzlichen und tierischen Nahrung übergingen. Geht man davon aus, daß die relativ außergewöhnlichen geographischen Bedingungen des Nahen Ostens die Kanalisierung von Herden und den Übergang zu Vorformen der Tierhaltung gestattet haben, so muß man auch davon ausgehen, daß in der gleichen Region günstige botanische Bedingungen zusammenkamen, die den Übergang zum Ackerbau ermöglichten, ohne daß es sich dabei notwendig um die gleichen ethnischen Einheiten gehandelt haben muß.

Unter den zahllosen zum Verzehr geeigneten Wildpflanzen spielen die Pflanzen, deren Samenkörner eßbar sind, eine erstrangige Rolle, zumindest gilt dies für den gesamten Bereich der gemäßigten Zone oder genauer ihren südlichen Teil, Afrika nördlich des Tropengürtels, den Mittleren Osten, Zentralasien und Amerika. Vor der Austrocknung dieser Gebiete und in der Zeit, da sich der Übergang zu den Vorformen des Ackerbaus vollzog, bildete die periodische Ausbeutung der körnertragenden Kräuter mit Sicherheit einen wesentlichen Teil der Nahrungsbeschaffung. Die eigentlichen Gräser nehmen unter diesen Pflanzen eine wichtige Stelle ein; obwohl sie nur kleine Körner tragen, stellen sie ein Nahrungsmittel dar, das hohen Nährwert besitzt und lange aufbewahrt werden kann. Seit kurzem wissen wir, daß es in den Regionen des Nahen Ostens, insbesondere im Nord-Irak, zumindest seit der Mitte der letzten Eiszeit Gräser mit großen Körnern gegeben hat, die Vorfahren der heutigen Getreidearten. Die Grundbedingungen für die fortschreitende bäuerliche Ausbeutung von Wildweizen findet sich danach in den gleichen Regionen realisiert, in denen auch die Ziegenzucht zum erstenmal auftrat.

Über die Umstände des Übergangs von einer Ökonomie zu einer anderen können wir bislang nur Vermutungen anstellen, wir sehen jedoch bereits recht gut, wie es möglich war, daß Gruppen von Jägern-Sammlern, die über ein Jagdwild verfügten, das in seiner Fortbewegung auf das Innere von Tälern eingeschränkt war, und auf eine in großen Flächen auftretende Wildpflanze zurückgreifen konnten, auf eine immer engere Ausbeutung von Pflanzen verfielen, ohne dabei ihr Gleichgewicht zu verändern. Vom 17. bis zum Beginn des 20. Jahrhunderts kannten die Indianer Wisconsins, des Gebiets also, indem heute Chicago liegt, eine Ökonomie, die es uns gestattet, die Etappen einer solchen Evolution recht gut nachzuvollziehen. In den Sümpfen um den Oberen See und den Michigansee wächst ein Gras, der Wild-

reis (zizania aquatica), das von verschiedenen Stämmen in beträchtlichem Umfang ausgebeutet wurde. Die Umstände dieser Nutzung sind äußerst aufschlußreich. Die Dakota-Sioux, Bison-Jäger und Sammler von Wildpflanzen, unternahmen zur Zeit der Reisreife Beutezüge und ernteten einfach die ganze Pflanze ab, die lediglich einen zusätzlichen Bestandteil ihrer Nahrung bildete. Die Menomini, ein Stamm aus der Algonkin-Gruppe, die in den Wäldern jagten und Ahornzucker ernteten, lebten dagegen in enger Symbiose mit dem wilden Reis, von dem ihre Ernährung in Herbst und Winter abhing. Sie praktizierten weder Bodenaufbereitung noch Saat und beschränkten sich darauf, die Ähren zu bündeln, um die Körner vor Vögeln zu schützen. Die Wuchsflächen des wilden Reises wurden nach einem hochentwickelten Bodensystem aufgeteilt. Ähnliche Formen des Schutzes und der persönlichen Zuordnung der Wuchsflächen von Wildpflanzen finden sich auch bei anderen primitiven Gruppen.
Der Mechanismus der Entstehung einer Ökonomie vom Typ der »neolithischen« Ökonomie, die zumindest teilweise auf bodenständigen pflanzlichen Ressourcen und in begrenztem Maße auf nomadischen tierischen Ressourcen beruht, ist relativ klar. Ackerbau und Viehzucht sind fest miteinander verbunden und die Grenze zwischen der primitiven Ökonomie und der Ökonomie der Bauern-Hirten ist nicht wahrnehmbar; es handelt sich um eine enge Verschränkung. Wir werden noch sehen, daß diese Situation sich bei den Gesellschaften des Nahen Ostens sehr schnell zugunsten einer ausschließlichen Bauern- und Hirtenökonomie auflöst, aber an den Grenzen des ursprünglichen Ackerbaubereiches wirkt die Ausgangssituation (Proto-Bauern und Proto-Hirten mit einer durch Jagd und Sammeln ins Gleichgewicht gebrachten Ökonomie) weiterhin in der Richtung der notwendigen Übergangsprozesse. In der Tat haben die ersten bäuerlichen Bevölkerungen Europas Ackerbau und Viehzucht später als die Völker des Mittelmeerraums entwickelt: zwischen 6000 und 4000 vor unserer Zeit. Sie haben Getreide und Vieh gleichzeitig übernommen, aber beide haben keineswegs sofort eine grundlegende Rolle gespielt. In regional unterschiedlichen Proportionen fand sich die neue Ökonomie verbunden mit den Techniken der Jagd und des Sammelns. Erstaunlicherweise findet man in manchen neolithischen Lagerstätten Frankreichs noch ebenso viele Knochen von Wild wie von Vieh, und die Pflanzenfunde zeigen, daß noch in der Eisenzeit ein recht beträchtlicher Teil der Nahrung aus wilden Körnern bestand. Es wird

ganz gewiß unumgänglich sein, die Urteile über die landwirtschaftliche »Revolution« zu revidieren. Nach geologischen Dimensionen ist sie nur ein Augenblick, für die Generationen jedoch, die sie selbst erlebt haben, muß sie, wenn sie überhaupt wahrnehmbar war, zumindest sehr diskret verlaufen sein.

Ackerbau und Viehzucht

Wie es auch um den fortschrittlichen Charakter der Übernahme der agrarischen Ökonomie und um die Übergangsformen an der Peripherie bestellt sein mag, der Prozeß, der während der mittleren Steinzeit um 8000 im Nahen Osten ausgelöst wurde, hat bereits um 5000 die Gesellschaftsstrukturen von Mesopotamien bis in die Türkei, von Griechenland bis nach Ägypten vollständig verwandelt. Die Basisökonomie hat sich noch vor der Entwicklung der Töpferei (zwischen 6000 und 5000) durch die Verbindung von Weizen und Gerste mit dem Schaf, der Ziege und dem Schwein herausgebildet, und es erscheinen die ersten ständig bewohnten Dörfer. Die kulturellen Gegebenheiten sind bereits äußerst vielfältig, aber die Dokumente reichen noch nicht aus, um ein detailliertes Bild von der Lebensweise jener ersten Bauern-Hirten zu zeichnen, deren Umwelt noch weit weniger wüstenartig war, als sie es heute ist. In jedem Falle dürfen wir bei ihnen zumindest für einen wesentlichen Teil des Jahres Seßhaftigkeit annehmen, denn es bestehen bereits echte Dörfer und eine Organisation, die das Vieh in einem zumindest periodischen Kontakt mit dem festen Wohngebiet hält.

Mit großer Wahrscheinlichkeit steht die Formel der Proto-Viehzucht, die den Hirten zwang, den Wanderungsbewegungen seiner Herden zu folgen, gemeinsam mit dem Beginn eines gewissen Stadiums bäuerlichen Seßhaftwerdens unmittelbar am Ursprung jener Aufspaltung der nahöstlichen Bevölkerungen in seßhafte und nomadische Teile. Die Proto-Viehzucht entspricht einem Gleichgewicht, das noch nicht mit den vorangegangenen Strukturen bricht, dagegen stellt die bäuerliche Seßhaftigkeit ein neues Faktum dar, dessen Folgen von größter Bedeutung sind. Es gibt Proto-Bauern, die einen Teil des Jahres in Gebieten mit wildem Getreide bleiben; Seßhaftigkeit liegt jedoch wirklich erst in dem Augenblick vor, wo das Überleben der Gruppe vollkommen von dem angebauten Getreide abhängt. Die permanente

Seßhaftigkeit ist zugleich von der Überwachung der Felder und vom Vorhandensein des Nahrungsmittel-Reservoirs bestimmt.[13]
Vollständige Grundrisse bäuerlicher Ansiedlungen aus dieser ersten Periode kennen wir kaum, aber die Ausgrabungen der letzten Jahre haben in Mesopotamien, der Türkei, in Syrien, im Libanon und in Israel wichtige Elemente von Niederlassungen aus präkeramischer Zeit und aus der ersten Periode der Töpferei (Abb. 73) erbracht. Andererseits existieren in West- wie Osteuropa zahlreiche Dokumente über Niederlassungen aus der ersten Zeit des Ackerbaus. Das funktionelle Schema ist fast überall das gleiche; es umfaßt Wohnzellen von verschiedenartiger Form und unterschiedlichem Material, die in dichter Anordnung gruppiert sind und keinerlei Gebäude aufweisen, die von ausgeprägten sozialen Unterschieden zeugten. Die prä-urba-

13 Im Verhältnis zur bäuerlichen Ökonomie lassen sich für die Viehzucht folgende Unterscheidungen treffen:
A: *Verbindung zwischen einem Hirten und einem Tier*, das in seinem Biotop und seinem natürlichen Verhalten bewahrt bleibt. Situation des Proto-Hirten, bei dem Jagd und Sammeln noch eine sehr bedeutende Rolle spielen. Heute auf einige Gruppen von Rentierhirten in Ostsibirien beschränkt.
B: *Verbindung des Tieres mit einem nomadischen Züchter, der in Symbiose mit bäuerlichen Gemeinschaften steht*; hirtenförmige Zucht, bei der jeweils das Rind, das Schaf oder das Kamel dominiert. Hinzu kommt in der Regel die Haltung von Esel, Pferd und Ziege. Entspricht den ausgedehnten Weideflächen der Alten Welt und setzt eine Symbiose von Züchtern und Bauern in gewöhnlich exogamen Stämmen voraus (Türken, Mongolen, Tuareg, Peul, osteuropäische Sarakatsanen).
C: *Verbindung des Tieres mit einem seßhaften Bauern.*
a. Tierhaltung in großen Gemeinschaften (Herden);
semi-pastorale Zucht: die bäuerlichen Gesellschaften verfügen selbst über spezialisierte Hirten, die zeitweilig oder permanent die Aufgaben der Tierhaltung erfüllen (so bei den Malgaschen, den Massa des Tschad, den Hirten der Alpen und der Pyrenäen, den Cowboys und Gauchos in Amerika).
b. Tierhaltung in kleinen Gemeinschaften;
bäuerliche Viehzucht: die Familie spezialisiert partiell ihre Hirten und Hüter (Kinder und Alte) für die Beaufsichtigung des Viehs im Umkreis der Ackerflächen (in Europa die geläufigste Form der Viehhaltung, findet sich auch in zahlreichen außereuropäischen Gesellschaften).
c. Einzelne Tiere oder sehr kleine Gemeinschaften;
bäuerliche Domestikation: das Tier ist in die Hauswirtschaft integriert und wird als technisches Instrument eingesetzt (Ochse, Esel und Pferd in zahlreichen Gesellschaften Eurasiens und Afrikas nördlich des Tschad).

nen Siedlungen Palästinas, des Libanons und der Türkei mögen sakrale Bauten oder reicher ausgestattete Häuser besessen haben, gleichwohl kennt man noch keine richtigen Paläste, und der Unterschied zwischen der Basis und der Spitze der sozialen Stufenleiter hat noch nicht die Bedeutung, die er später annehmen wird. Dieser Siedlungskern ist umgeben von Schutzbauten, Palisaden oder Wällen, von Pferchen für das Vieh und Erdsilos für das Getreide. Was im Vergleich mit den primitiven Gruppen unmittelbar ins Auge fällt, ist die Konzentration einer relativ hohen Zahl von Individuen. Die Folgen der bäuerlichen Seßhaftigkeit sind in allen Gebieten, in denen sie aufkommt, die gleichen; sie bestehen in der Bildung menschlicher Gruppen, die mehrere Dutzend Individuen zählen, um Nahrungsmittelreservoire versammelt sind und sich gegen die natürliche Umwelt und ihresgleichen durch einen Verteidigungsapparat schützen. Diese unmittelbaren Konsequenzen stehen am Ursprung jener vollständigen Transformation, der die menschlichen Gesellschaften auf diesem Niveau unterworfen sind. Schon lange haben die Soziologen die markantesten Züge dieser Transformation herausgearbeitet: Kapitalisierung, soziale Unterwerfung, militärische Hegemonie; wir können uns hier deshalb auf die Punkte beschränken, die für die techno-ökonomische Funktion unmittelbare Bedeutung haben.

Seßhafte und Nomaden

Die bäuerliche Seßhaftigkeit führte in den Gesellschaften, in denen sie entstand, zu einer Aufspaltung in Bauern mit geringer Viehhaltung und in Nomaden mit großer Viehhaltung; diese Spaltung verleiht noch heute vielen Zivilisationen von Afrika bis nach Peking ihre besondere Prägung. In der Savannen- und Steppenzone bildete sich eine Gruppenspezialisierung heraus, die Analogien zur Spezialisierung in den primitiven Kollektiven aufweist und wie diese mit einer Symbiose verbunden ist. Wie beim primitiven Paar ist der pflanzliche und der tierische Bereich auf zwei komplementäre technische Gruppen verteilt, bei denen sich die gleichen Gründe für geringere oder größere Mobilität der in Symbiose stehenden Teile finden. Diese neuerliche Zweiteilung im techno-ökonomischen Bereich ist in funktioneller Hinsicht von gleicher Art wie die vorangegangene, unterscheidet sich jedoch in konstitutioneller Hinsicht tiefgreifend von ihr; für die bäu-

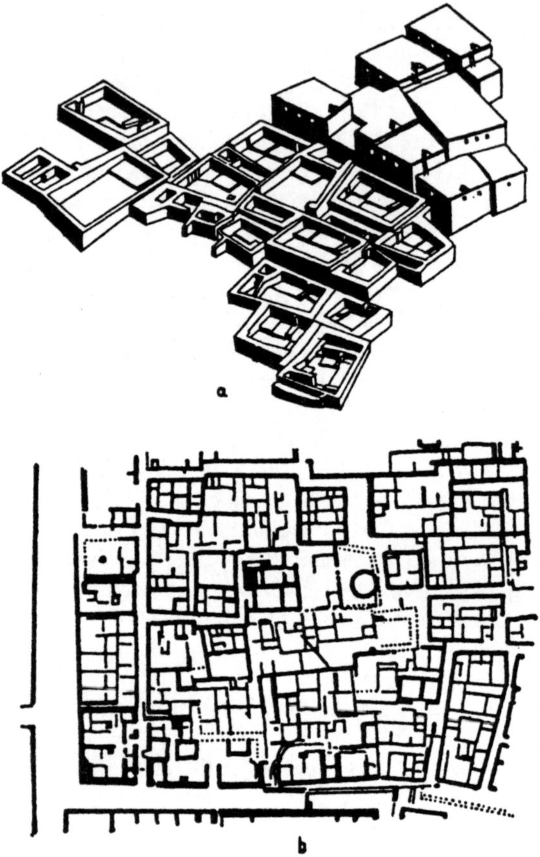

Abb. 73

erlichen Gesellschaften, die mit Hirtengesellschaften in Symbiose stehen, handelt es sich nicht mehr um ein Phänomen, das Fraktionen der gleichen Kultur und des gleichen technischen Niveaus betrifft, sondern um verschiedene techno-ökonomische Systeme, die zwar ökonomisch verbunden, aber in zwei soziale Gebilde aufgeteilt sind, die keine komplementären Heiratsgruppen mehr darstellen, sondern meistens gegeneinander abgeschlossen sind. Der Komplementarität des Paares und der Komplementarität von Gruppen, die in einem

Austauschsystem verbunden sind, überlagert sich eine Struktur höherer Ordnung, in der zwei getrennte Gesellschaften Beziehungen ähnlicher Art unterhalten. Das Faktum, das wir hier antreffen, ist jener Erscheinung bei den lebenden Organismen vergleichbar, bei der die vegetativen Systeme mit wachsender Komplexität von der Zusammenfügung freier Zellen zur Zusammenfügung von Organismen übergehen, die eine beträchtliche Zahl aggregierter Zellen koordinieren. Diese Parallele hatte übrigens Teilhard de Chardin im Sinne, als er auf die Gründung des Sozialen im Zoologischen hinwies. Es ist normal, daß gleiche Ursachen gleiche Wirkungen haben, denn am Ursprung der den Bauern-Hirten-Gesellschaften eigentümlichen Merkmale steht das Wachstum der Bevölkerungsdichte, das von der Nahrungsmittelproduktion bestimmt und erfordert wurde: Ursache und Wirkung der Transformation in den Komplementaritätsbeziehungen. Von diesem Zeitpunkt an setzen Bauern und Hirten den komplexen Ablauf ihrer Symbiose in Gang. Ökonomisch unlösbar aneinandergekettet, ist ihr Verhältnis im Wechsel der Gesellschaften und im Laufe der Geschichte bald durch die Herrschaft des Bauern über den Hirten, bald durch die umgekehrte Anordnung bestimmt. Durch mehrere Jahrtausende hindurch, von der biblischen Antike bis zu den Einfällen der Hunnen und Mongolen oder zu den Wanderungen der Peul und Bantus Afrikas lebte die Alte Welt einen wichtigen Teil ihrer Geschichte in den Alternativen jener Komplementarität der beiden Ökonomien.

Der Krieg. Die Komplementarität von Bauern und Hirten hat oft gewalttätige Formen angenommen; ein weiteres Merkmal, das auch den heutigen Formen der Ökonomie noch anhaftet. Ebenso wie für die vorangegangenen Tatsachen handelt es sich hier nicht um einen wirklich neuen Zustand, sondern um einen Grundzug, der sich in Grad und Form gewandelt hat. In den primitiven Gesellschaften interessiert ein Mord die Individuen nur, soweit er das Innere des Verwandtschaftssystems betrifft, und die Blutrache bewegt die Untergruppen aus Gründen, die im allgemeinen individuellen Charakter haben. Zu Streitigkeiten um die Aneignung von Produkten, Frauen oder neuen Territorien kommt es zwischen Fraktionen, die in einem Verwandtschaftsverbund stehen oder verschiedenen Ethnien angehören. Wenn es auch keinen Grund gibt, den Primitiven weniger Aggressivität zu unterstellen, so muß doch festgestellt werden, daß die

Aggression bei ihnen aus organischen Gründen ganz andere Züge trägt, als sie der Krieg mit der Existenz starker seßhafter Einheiten annimmt. Der Krieg tritt hier nämlich in den Bereich der Innovationen ein und bleibt bis heute unlöslich mit dem Fortschritt der Gesellschaft verbunden. Das Verhältnis der Gemeinschaften zur Aggression hat in der Geschichte erst sehr spät eine deutliche Ablösung vom Aneignungsverhalten erfahren, und dies auch nur soweit, wie man heute mehr als nur die Vorzeichen eines bloßen Einstellungswandels feststellen kann. Zu allen Zeiten erscheint die Aggression als eine Technik, die fundamental mit der Aneignung verbunden ist, bei den Primitiven liegt der Ausgangspunkt in der Jagd, bei der Aggression und Nahrungsaneignung miteinander verschmelzen. Beim Übergang zu den bäuerlichen Gesellschaften erfährt diese elementare Tendenz einen deutlichen Richtungswechsel, da die gesellschaftliche Organisation einer beträchtlichen Flexion hinsichtlich des Ablaufs der biologischen Evolution des Menschen unterworfen wird. Das Aggressionsverhalten gehört spätestens seit dem Australanthropus zur menschlichen Realität, und die beträchtliche Beschleunigung der gesellschaftlichen Organisation hat am langsamen Verlauf der phyletischen Reifung nichts geändert. Zwischen der Jagd und ihrem Gegenstück, dem Krieg, kommt es zunehmend zu einer subtilen Assimiliation, und zwar in dem Maße, wie beide sich in einer Klasse konzentrieren, die aus der neuen Ökonomie entstanden ist: den Kriegern. Als Schlüssel zur Überwindung der primitiven Menschheitsstufe öffnen Getreide und Vieh den Weg zum technischen Fortschritt, befreien jedoch keineswegs auch von den genetischen Zwängen, so daß die Geschichte auf drei gesonderten Ebenen abläuft, auf der Ebene der Naturgeschichte, die dafür sorgt, daß der *homo sapiens* des 20. Jahrhunderts sich nur sehr wenig vom *homo sapiens* des 300. Jahrhunderts vor der Zeit unterscheidet, auf der Ebene der sozialen Evolution, die die fundamentalen Strukturen der biologischen Gruppe eher schlecht als recht mit den aufkommenden Strukturen der technischen Evolution in Einklang bringt, und auf der Ebene der technischen Evolution, jenem gewaltigen Auswuchs, dem die Art des *homo sapiens* seine Effektivität verdankt, ohne doch auch biologisch die Kontrolle über ihn zu haben. Die Vermittlung zwischen diesen beiden Extremen, dem physischen Menschen und den Techniken, für die er am Ende bloß als Mittel erscheint, erfolgt durch einen Gesellschaftsbau, dessen Antworten auf die gestellten Fragen stets ein wenig spät kommen, und durch moralische Konzepte, die von den Religionen oder Ideologien sanktioniert werden, deren Wurzeln wiederum in der gesellschaftlichen Moral liegen. Aufgrund des Gegenbildes, das diese moralischen Konzepte zum biologischen Menschen entwerfen, helfen sie, in freilich noch sehr abstrakten Umrissen, das Bild eines *homo* zu schaffen, der das Stadium *sapiens* bereits überschritten hat. Der bäuerliche Mensch bleibt in der gleichen Schale gefangen wie der Mensch jener dunklen Zeit der Mammutjagd, aber die Flexion der ökonomischen Organisation, die ihn zum Produzenten seiner Ressourcen macht, macht ihn Zug um Zug auch zum Jäger und zur Beute.

Soziale Klassen

Die Schatzbildung ist ein Grundzug der Tier- und Pflanzenproduktion auf dem Niveau der Bauern und Hirten. Getreide, Datteln und Oliven halten die Gruppe bei ihren Nahrungsvorräten fest, wie die Herde den Nomaden an ihren Zug bindet. Die neuen Beziehungen zwischen dem Nahrungsvorrat und dem Menschen führen über eine unerläßliche Anpassung der sozialen Beziehungen zu einer sozialen Schichtung, die selbst zur Quelle des Fortschritts wird. Kaum 2000 Jahre nach der Entstehung der ersten Dörfer erscheinen bereits die ersten Städte mit allem, was sie an Oberhäuptern und Kriegern, Dienern und unterworfenen Dörflern mit sich bringen. Die Theorie dieser Evolution ist seit einem Jahrhundert vom historischen Materialismus formuliert worden, es sei jedoch im Vorübergehen angemerkt, daß es sich hier um ein normales Gleichgewichtsphänomen und nicht um eine pathologische Verirrung handelt, wie es die Theorien der ersten Soziologen behaupteten. Wenn die sozialen Formen erst mit einer merklichen Verzögerung der techno-ökonomischen Anpassung folgen, so antworten sie damit nur so gut es geht dem unlösbaren Dilemma zwischen der phyletischen und der technischen Evolution; durch die unglaubliche Verschwendung von Menschen und Ressourcen hindurch, die die Geschichte kennzeichnet, ist der Mensch die treibende Kraft in der Anpassung der aufeinanderfolgenden Zustände.

Die Befreiung des Technikers
(Abb. 74 und 75)

Schon lange weisen die Prähistoriker auf die Plötzlichkeit hin, mit der die größeren »Erfindungen« in der Geschichte der heutigen Gesellschaften auftauchen. Der Ackerbau hat sich gerade erst konsolidiert, um 6000, da ist die Keramikherstellung bereits sehr fortgeschritten; dann, um 3500, beginnen die Metallurgie und die Schrift sich herauszubilden; es fällt ins Auge, daß den östlichen Gesellschaften nur 2500 Jahre Ackerbau genügt haben, um die techno-ökonomischen Grundlagen zu schaffen, auf denen noch heute das menschliche Gebäude ruht, während der *homo sapiens* 30 000 Jahre benötigte, um die Schwelle zum Ackerbau zu überschreiten. Voraussetzung für diese Transformation ist die Entstehung eines Konstitutionselementes der Gruppe, das in den primitiven Gesellschaften nicht existiert: die Möglichkeit, den Nahrungskonsum von Individuen abzudecken, die sich mit Aufgaben befaßten, die sich nicht unmittelbar wieder in Nahrung umsetzten.

Der technische Fortschritt tritt in der Tat in einen Kreislauf ein, der durch das Vorhandensein lagerfähiger Nahrungsprodukte bei den Bauern in Gang gesetzt wird. Wenngleich man die ersten Zivilisationen des Nahen Ostens nicht verstehen kann, ohne die Viehzüchter in den evolutiven Komplex einzubringen, mußte der Prozeß gleichwohl seinen Anfang innerhalb der seßhaften Fraktion nehmen. In der Tat spielen zwei Ursachen bei den »Erfindungen« der Keramik und der Metalle eine Rolle: der Rhythmus der Arbeiten und die Existenz von lagerfähigen Ressourcen. Die handwerklichen Tätigkeiten setzen die Möglichkeit voraus, die Individuen für eine ganz beträchtliche Zahl von Stunden freizustellen, gleich ob es sich nun um Nahrungsmittelproduzenten handelt, die zwischen den bäuerlichen Arbeiten freigestellt werden, oder um richtige Spezialisten, die keinerlei unmittelbar ernährungswichtige Aufgaben mehr wahrnehmen. Der saisonale, pulsierende Charakter der landwirtschaftlichen Arbeiten und die Verfügbarkeit einer Nahrungsmenge, die eine merklich konstante Versorgung ermöglicht, schufen die Bedingungen eines »günstigen Milieus«. Wie die befreite Hand des Australanthropus nicht lange leer blieb, so füllte sich auch die freie Zeit der bäuerlichen Gesellschaften schnell. Die Seßhaftigkeit begünstigte die Entwicklung von Techniken wie der Korbmacherei oder der Weberei, die zweifellos schon vorher existier-

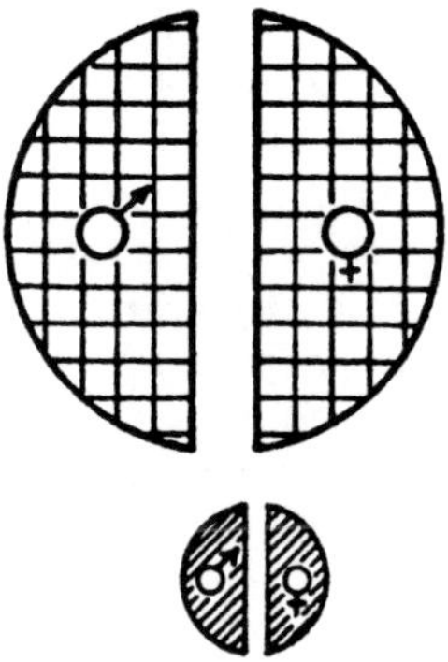

Abb. 74

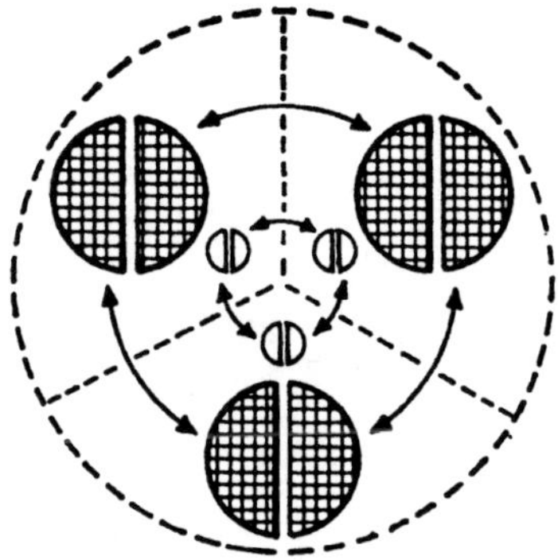

Abb. 75

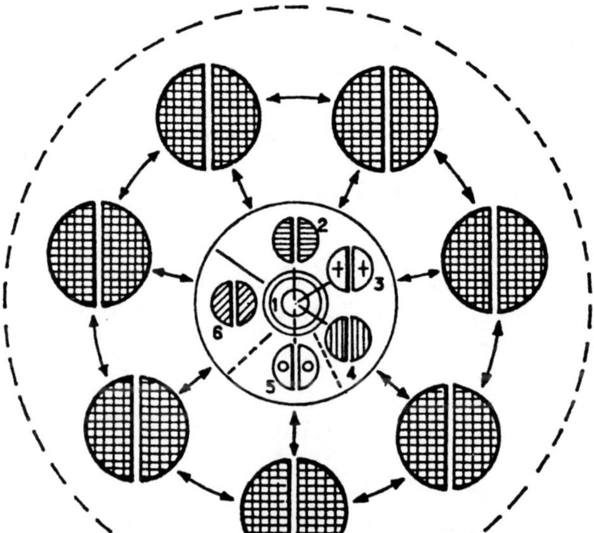

Abb. 76

ten, wegen der landwirtschaftlichen Erfordernisse und dem Rückgang des Verhältnisses zwischen Jagdbeute und Bevölkerung aber den Charakter der Notwendigkeit annahmen. Die wichtigste Innovation liegt zweifellos in der Handhabung des Feuers, und um die *Handwerke des Feuers* kristallisiert sich auch der technische Fortschritt. Der Anfang liegt sehr weit zurück, denn schon in der Altsteinzeit war ein noch akzidentielles Wissen um das Brennen von Tonerden verbreitet. Die andernorts schon 35 000 Jahre vor unserer Zeit in Gestalt von Eisenpyrit oder Bleiglanzkristallen aufgekommenen Metalle wurden von den Menschen des Chatelperronien und des Aurignacien zu wahrscheinlich magisch-religiösen Zwecken gesucht und gesammelt. Dieses Wissen führt weder zur Keramikherstellung noch zur Metallurgie, weil die gewaltige, auf zahllose Individuen verteilte Zeit, die erforderlich ist, um diese Erfindung zu entwickeln, der primitiven Gruppe nicht zur Verfügung stand.

Aber die Verfügbarkeit von Zeit ist nicht die einzige Größe, die im Spiel ist; aus dem ständigen Bevölkerungswachstum und der Steigerung der Kollektivbedürfnisse resultiert ein echtes »Erfordernis der Erfindung«, das sich bei den im Gleichgewicht lebenden Gesellschaften nur sehr begrenzt einstellt. Die Stabilisierung im Raum und die Möglichkeit, an Ort und Stelle die Ressourcen zu steigern, indem man die Anzahl der Individuen vergrößert, schaffen einen besonderen Zustand des inneren Milieus, der mit der Befreiung der Zeit zusammenfällt. Auf dieser Grundlage erst löst sich die Lawine des beschleunigten technischen Fortschritts in einem sozialen Feld, das durch dichte territoriale Einheiten charakterisiert ist, die untereinander durch das Netz friedlicher oder kriegerischer Austauschprozesse kommunizieren.

Zivilisation
(Abb. 76)

Der Übergang von der wesentlich ländlich bestimmten Jungsteinzeit zum Zeitalter der Metalle fällt mit der Entwicklung eines territorialen Gebildes zusammen, das Schritt für Schritt aus ihr hervorgeht, der »Zivilisation« im strengen Sinne, d. h. des Eintritts der Stadt in den Funktionszusammenhang des ethnischen Organismus. Mit Sicherheit war dieser Übergang nicht wahrnehmbar. Man mag immer ältere halb-städtische Einheiten bis hin zu den Grenzen des Proto-Ackerbaus entdecken, niemals wird man wahrscheinlich die erste Stadt entdecken; leicht lassen sich dagegen aus den archäologischen Funden zwischen 6000 und 3000, von Mesopotamien bis nach Ägypten, die Elemente abstrahieren, die für ein Verständnis des Phänomens der Stadt erforderlich sind.

Der Übergang von bestimmten bevorzugten und auf natürlichen Erhöhungen angelegten Dörfern zu den ersten Städten, die auf den *Tells*, den von den Ruinen früherer Dörfer gebildeten Hügeln, errichtet wurden, ist eigentlich nicht wahrzunehmen; in den Schichten, die aus den aufeinanderfolgenden Ruinen bestehen, zeigt die Archäologie eine permanente Besiedlung seit der Jungsteinzeit. Die Zivilisation ist durch ein funktionelles Schema und nicht durch klare, von Anfang an bestehende morphologische Merkmale gekennzeichnet. Diesem Schema entspricht eine Gruppe von Dörfern, die organisch an eine Agglomeration anschließen, der die Rolle eines Hauptortes zukam. Eine solche Anordnung setzt eine gesicherte soziale Hierarchisierung voraus, die Konzentration der Autorität und des Kornkapitals in den Händen einer Elite, die zugleich auf militärischer und religiöser Macht beruht. Unter technisch-ökonomischer Perspektive liegt das wichtigste Faktum im Auftreten des Handwerkers, denn auf ihm ruht die gesamte technische Evolution.

Die Zivilisation stützt sich auf den Handwerker, und seine Situation innerhalb des Funktionsschemas hängt von Umständen ab, die von der Ethnologie erst sehr unvollkommen bestimmt worden sind. Seine Funktion nimmt unter den fundamentalen Funktionen eine Stelle ein, die noch mit der geringsten Ehre verbunden ist. Durch die ganze Geschichte hindurch und in allen Völkern steht er, dessen Tätigkeit aufs engste mit dem religiösen System verbunden ist, im Hintergrund. Verglichen mit der »Heiligkeit« des Priesters, dem »Heldentum« des Kriegers, dem »Mut« des Jägers, dem »Ansehen« des Redners und noch der »Ehrbarkeit« der ländlichen Aufgaben ist seine Tätigkeit lediglich »geschickt«. Er ist es, der das Menschlichste im Menschen materialisiert, aber aus seiner langen Geschichte schält sich die Empfindung heraus, daß er nur einen der beiden Pole darstellt, den der Hand im Gegensatz zum Denken. Am Ursprung der Unterscheidung, die noch wir zwischen dem »Intellektuellen« und dem »Techniker« machen, steht die Hierarchie, die von den Anthropinen zwischen technischer Tätigkeit und Sprache, zwischen dem Werk, das mit

dem Wirklichsten der Wirklichkeit befaßt war, und dem Werk, das sich auf die Symbole stützt, hergestellt wurde. In der Tat errichtet der Reichtum, der Besitz von Geld, in den bäuerlichen Gesellschaften sehr bald eine Stufenleiter, die der Hierarchie der Funktionen von Priester, Oberhaupt, Handwerker und Bauer parallel ist, aber selbst heute, da die Vergötterung der Erfindung zu einem Kult der Technik führt, wird der Soldat, der in einer Rakete sitzt, heroisiert, während der Ingenieur, der sie entwickelt hat, nur ein großer Diener der menschlichen Wissenschaft ist, ein *Hand*langer. Es ist unerläßlich, den zutiefst biologischen Wert solcher banaler sozialer Themen zu begreifen, damit wir unseren Aufstieg nicht für einen bloßen Zufall oder für das Spiel einer geheimnisvollen Bestimmung halten, denn der Zufall wirkt seit den Anfängen in eine konstante Richtung, und das Geheimnis liegt im Ganzen der Entwicklung und nicht in ihren Teilen.
Als Ganzes bildet sich auch die ursprüngliche Organisation der Zivilisation heraus. Die Seßhaftigkeit, die ihren Ausgang bei der landwirtschaftlichen Vorratshaltung nahm, führt zur Bildung hierarchisierter Gesellschaften und zur Konzentration der Reichtümer wie auch der zweifachen religiösen und militärischen Macht in den Hauptstädten. Die Oberhäupter und ihre Hauptstadt sind in organischem Sinne der »Kopf« des ethnischen Körpers, ein etymologisches Bild, das eine Konstitution zum Ausdruck bringt, in der die Organisation der von hierarchisierten sozialen Gruppen wahrgenommenen Funktionen an die Stelle der innerindividuellen Hierarchisierung dieser Funktionen in der primitiven Gruppe tritt. Die soziale Organisation verdankt ihre Konstitution als Makroorganismus den gleichen Quellen wie die Gesellschaften bei allen Lebewesen von den Korallen bis hin zu den Bienen; auch der individuelle menschliche Organismus ist nach dem gleichen Plan gebaut: Aggregate spezialisierter und zu Organen zusammengefaßter Zellen, die die verschiedenen Bereiche der Ökonomie des Lebens abdecken. Es ist normal, wenn die zivilisierten Individuen mit komplexeren Formen der Gruppenbildung immer mehr das Aussehen eines Körpers annehmen, dessen Teile immer strenger dem Ganzen unterworfen sind. Charakteristisch für den sozialen Körper ist gleichwohl, daß er zwar die Wege der Evolution in der Form übernimmt, nicht aber im Rhythmus seiner Entwicklung. Tatsächlich entwickelt sich der Gipfel der Pyramide nur wenig: Seit der Gründung der ersten mesopotamischen Städte sind zwar Fortschritte im religiösen und philosophischen Denken feststellbar, aber kann man

behaupten, daß irgend jemand (im strengen Sinne) tiefer denkt als Platon? Offenbar hatte der *homo sapiens* schon sehr bald alle seine psychischen Möglichkeiten ausgeschöpft, um das Immaterielle zu durchdringen; ihm bleibt wohl nur, darauf zu warten, daß der Fluß der Evolution ihn langsam zu klareren Perspektiven führt. Wenn es einen geistigen Fortschritt gibt, so ist er biologisch nicht wahrnehmbar, und er erstreckt sich mehr auf die Erweiterung der Mittel und der Spekulationsbereiche als auf die psycho-physiologischen Möglichkeiten ihrer Durchdringung.

Umgekehrt erübrigt es sich, auf die Befreiung der Techniken vom Rhythmus der bilogischen Evolution besonders hinzuweisen. Nachdem der bäuerliche Organismus sich einmal herausgebildet hat, tritt die Menschheit in einen Prozeß vertikaler Evolution ein, der sie direkt bis zum heutigen Tag führt. Nach einem höchst einfachen Funktionsschema (Oberhaupt, Hauptstadt, Kapital, Handwerker, bäuerliche Produzenten) schaffen die gesellschaftlichen Institutionen einen falschen Ausgleich zwischen dem zum Prinzip erhobenen Zustand einer harmonischen sozialen Ordnung und dem faktischen, weitgehend von techno-ökonomischen Imperativen beherrschten Zustand. Die Techniken, die sich seit dem ersten Fehltritt des ersten Australanthropus vom Körper des Menschen gelöst haben, ahmen in schwindelerregendem Takt den Ablauf von Milliarden Jahren geologischer Evolution nach bis hin zur Herstellung von künstlichen Nervensystemen und Elektronengehirnen. Die Gründung der ersten Städte, die Geburt der zivilisierten Welt, bezeichnet also den Punkt, an dem, in höchst gebieterischer Weise, der Dialog zwischen dem physischen Menschen, der noch dem gleichen Strom angehört wie die Dinosaurier, und der Technik beginnt, die seinem Denken entsprungen ist, aber die Fesseln der Genetik gesprengt hat.

Ein prometheischer Aufstieg
(Abb. 77)

Der einzige Bereich, der bei der Entwicklung der zivilisierten Gesellschaften unmittelbar ins Spiel kommt, ist die Metallurgie, aber die Metallurgie ist nicht zu verstehen, wenn man sie nicht in den Rahmen aller Freuerhandwerke stellt (Keramik, Glas, Farbstoffe, Kalk und Gips), sie bilden ein unauflösbares Bündel. Völlig falsch wäre, wenn

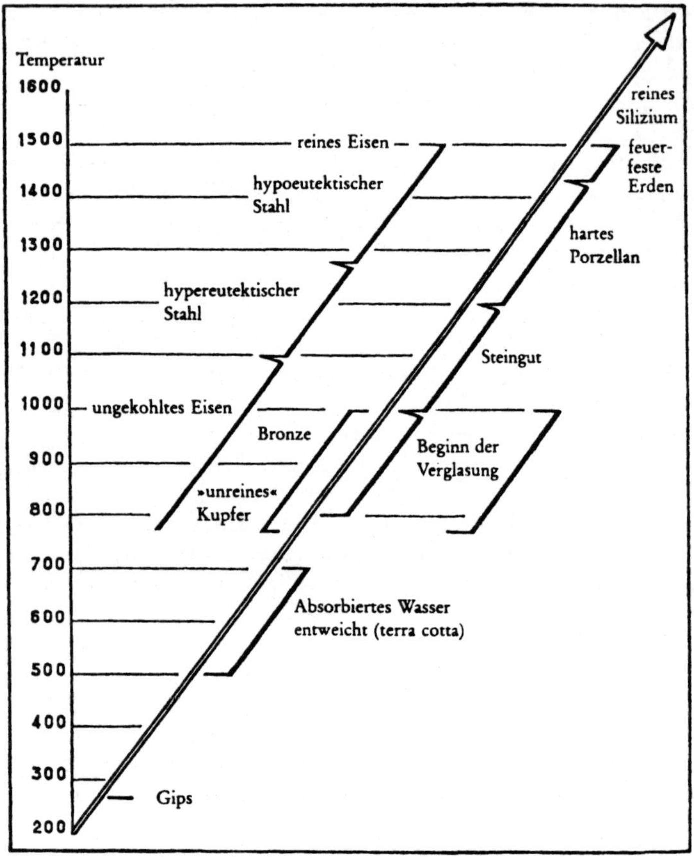

Abb. 77

man in der Erfindung eine einzigartige geniale Tat sähe, die aus dem Nichts einen isolierten technischen Körper zöge. Eine gewisse Dichte ist nötig, damit ein individuelles Genie sich am Stoff betätigen kann: nur in einem ganzen Feld von Techniken, die über Jahrhunderte hinweg zahlreiche Individuen beschäftigten, konnte die Metallurgie entstehen. Die Domestizierung des Feuers läßt sich nicht datieren; wir wissen lediglich, daß der Sinanthropus mit ihm umging und der Paläanthropus es schon besaß. Die erste uns bekannte technische Ver-

wendung des Feuers außerhalb seines Gebrauchs zur Zubereitung von Speisen geht bis in die Morgenröte der oberen Altsteinzeit, um 35 000 vor Christus, zurück. Seit dieser Zeit gibt es Zeugnisse für das Ausglühen eisenhaltigen Ockers zur Gewinnung verschiedener Farbtöne zwischen Gelb-Orange und Rot-Violett. Die Behandlung eisenhaltiger Farbstoffe durch Feuer geht den übrigen Verwendungsweisen lange voraus, denn kein Dokument gestattet es uns, an eine praktische Anwendung des Brennens von Ton zu denken, zu dem es gleichwohl – und dann freilich zufällig – schon in den Feuerstätten der Höhlenbewohner kam. Erst um 6000 scheinen im Irak kleine modellierte Figuren und aus Ton geformtes Backwerk zwar zufällig, aber recht häufig gebrannt worden zu sein, und erst um 5000 erscheint die eigentliche Keramik und breitet sich in den ersten bäuerlichen Gesellschaften aus. In der gleichen Zeit taucht zum ersten Mal der Gips auf, und von Mesopotamien bis ans Mittelmeer liefert die Reduktion von Steingips zu gebranntem Gips durch Feuer einen Überzug für Böden und Wände.
Keramik und Gipsherstellung verweisen auf eine schon sichere Beherrschung von Temperaturen zwischen 500 und 700 Grad und auf die Fähigkeit, in manchen, noch sehr begrenzten und gut belüfteten Teilen des Ofens mehr als 1000 Grad zu erreichen. Wir dürfen also annehmen, daß um 4000 vor unserer Zeit zahlreiche Töpfer oder Kalkbrenner mit einem Feuer umgehen, das sich fortschreitend auf die Qualitäten zubewegt, die für die Reduktion von Metalloxyden zu Metall erforderlich sind. Die Handhabung von aus Kalkstein gewonnenem Kalk erfordert zudem noch die Anwesenheit eines chemischen Reduktionselementes im Ofen, das in der Lage ist, den Fusionspunkt des Minerals zu senken. Damit ist ein günstiges Milieu für die Aneignung der Metallurgie zumindest virtuell gegeben.
Temperatur und Reduktionselement bilden zwei von drei Ausdrükken der metallurgischen Gleichung. Der dritte Ausdruck, das Mineral, ist auch vorhanden, denn unter den Farbstoffen erscheint außer dem eisenhaltigen Ocker, dessen Reduktion noch Schwierigkeiten bereitet, der Malachit oder Kupferspan, der einen hohen Kupfergehalt aufweist. Wahrscheinlich als Schminke verwendet, ist er in Ägypten verbreitet, und wenn wir auch nichts Genaues über die Entdekkung der Reduktion von Kupfer wissen, so wissen wir doch, daß die erforderlichen Elemente zwischen 5000 und 3000 gesammelt wurden, daß Kupfer nach 3000 von Ägypten bis nach Mesopotamien ge-

bräuchlich war und daß um 2000, als das Eisen aufkam, Bronze und Kupfer sich wie ein Ölfleck vom Atlantik bis nach China ausbreiteten.

Das Zusammentreffen der ersten Metallurgie mit den ersten Städten ist mehr als ein Zufall, es ist die Bestätigung einer techno-ökonomischen Formel, die bereits sämtliche Konsequenzen der Geschichte der großen Zivilisationen in sich enthält. Faßt man ihre Elemente jeweils gesondert, so bleibt die Zivilisation unverständlich; sie als Evolution einer religiösen oder politischen Ideologie zu begreifen, hieße das Problem verstellen, sie als bloßes Spiel techno-ökonomischer Kontingenzen zu sehen, wäre im übrigen ebenso ungenau, denn zwischen dem Gipfel und der Basis stellt sich ein Kreislauf her: die Ideologie wird gewissermaßen in die techno-ökonomische Gußform gegossen, um deren Entwicklung zu bestimmen, gerade so wie das Nervensystem – in den früheren Kapiteln haben wir dies aufgezeigt – die Gußform des Körpers füllt. Aber auf der Ebene, auf der dieses Kapitel sich bewegt, scheint die techno-ökonomische Basis das fundamentale Element zu sein. Man kann in der Folge erforschen, wie der ideologische Strom verläuft, in dem das Individuum dem Zugriff der materiellen Gegebenheiten zu entkommen sucht, die ihn mehr und mehr zu einer entpersonalisierten Zelle machen; man würde jedoch nur die Haut fassen, wenn man nicht zuvörderst vom Skelett und den Muskeln der Gesellschaft ein reales Bild gäbe. Die Völker, die uns Zeugnis sind für diese erste Periode der modernen Gesellschaften, waren sich des zweideutigen Charakters dieses in Entstehung begriffenen Organismus bewußt, und es hat seinen Grund, wenn der Mythos des Prometheus zugleich einen Sieg über die Götter und eine Fesselung spiegelt, es hat auch seinen Grund, wenn die Bibel in der Genesis die Ermordung Abels durch den Bauern Kain schildert, den Erbauer der ersten Stadt und Vorfahr jenes Tubalkain, des ersten Metallurgen.

Der Techniker ist also der eigentliche Meister der Zivilisation, weil er Meister in den Handwerken des Feuers ist. Aus den Brennöfen (die einige Jahrhunderte Keramikherstellung ihn zu unterhalten gelehrt haben) kommt der Gips und wenig später Kupfer und Bronze. Und aus den Schlacken, den Rückständen der Metallherstellung, entsteht das Glas. Doch der Handwerker ist ein unterjochter Demiurg. Wir haben bereits gesehen, daß seine Position in der techno-ökonomischen Organisation eine untergeordnete ist: er schmiedet die Waffen, die seine Herren benutzen, er schafft den Schmuck, den deren Frauen tragen, er hämmert die Weihegefäße der Götter, er, der allmächtige, hinkende und lächerliche Vulkanus. Er war es, der durch 50 Jahrhunderte hindurch, in denen das ideologische Niveau sich nicht wirklich entwickelte, den »Großen« Männern die Mittel in die Hand gab, den Triumph der künstlichen Welt über die der Natur zu erringen. Die Atmosphäre von Fluch und Abwehr, mit der in nahezu allen Zivilisationen die Geschichte der Handwerker des Feuers beginnt, ist lediglich der Reflex eines Verlustes, der schon von Anfang an intuitiv verstanden wurde.

Die Stadt
(Abb. 76, 78 und 79)

Um 2000 vor unserer Zeit gibt es von Ägypten bis in die Türkei und zum Indus, in China und im nördlichen Umkreis des Mittelmeeres Städte, die die erste große Entwicklung der Zivilisation zur Geltung bringen. Ihre Struktur ist von einzigartiger Uniformität, aber dies ist nicht erstaunlich, haben wir doch gesehen, daß die Stadt der Ausdruck der neuen Funktionsordnung ist, die sich die menschliche Gemeinschaft geschaffen hat.
Zu allen Zeiten und auch in Amerika, im nicht-mediterranen Europa und in Schwarzafrika nimmt stets, wenn die Gruppe die Schwelle des Ackerbaus erreicht und sodann auch die Schwelle der Metallurgie überschritten hat, die gleiche Funktionsordnung Gestalt an. Die Stadt ist deren Nabe. Sie ist umschlossen von ihrem Verteidigungsgürtel und schließt sich um die Getreidevorräte und den Schatz. Die Zellen, die sie beleben, sind der König oder sein Stellvertreter, die militärischen Würdenträger und die Priester, die von einem Volk von Domestiken und Sklaven bedient werden. Die Handwerker bilden im Inneren des städtischen Gebildes eine Folge von im allgemeinen endogamen Zellen: ihr Schicksal ist eng an das der herrschenden Klasse gebunden, ihre Lage ist im allgemeinen weder ganz die von Sklaven noch ganz die von Menschen im Vollbesitz der damit verbundenen Würde. Die Stadt und ihre Organe sind mit dem Land verzahnt, aus dem sie ihre Nahrung beziehen und dessen Zusammenhalt sie durch ein Netz von Verwaltern sichern, von Mittlern zwischen dem König und einer im allgemeinen unterjochten Landbevölkerung (Abb. 76). Recht schnell, mit der Entstehung des Geldes, kommt ein weiteres

soziales Element hinzu, der einheimische oder häufiger auswärtige Händler, und kompliziert die Grundanordnung, ohne freilich tiefgreifende strukturelle Veränderungen auszulösen.
Seit der Entwicklung der ersten agrarischen Ökonomien geht die Evolution in Richtung auf eine Überseßhaftigkeit – Folge der Herausbildung eines Kapitalismus, der die unmittelbare Konsequenz aus der Unbeweglichkeit im Bereich der Getreidevorräte ist. Die Unbeweglichkeit führt zur Herausbildung eines Verteidigungssystems, das ganz unvermeidlich eine soziale Hierarchisierung mit sich bringt. Diese Hierarchisierung erfolgt auf ganz natürlichen Grundlagen, denn wie ein lebender Organismus besitzt der soziale Körper einen Kopf, in dem die Ideologie der Gruppe ausgearbeitet wird, Arme, die ihm die Mittel zum Handeln schaffen, und ein weites System der Aufnahme und des Konsums, das für die Aufrechterhaltung und das Wachstum der Gruppe sorgt.
Die Entwicklung des städtischen (und im etymologischen Sinne zivilisierten) Organismus bringt unvermeidlich alle negativen Erscheinungen der heutigen Gesellschaften mit sich. In der Tat hängt seine Effektivität direkt vom Grad der sozialen Absonderung ab, jener Form, die in diesem künstlichen Organismus die Spezialisierung der Zellen bei den Lebewesen der natürlichen Welt annimmt: Besitzende, Bauern, Gefangene bilden eine um so wirksamere Abstufung, je größer die Distanz zwischen ihren Funktionen ist. Auf der Ebene der agrarischen Gesellschaften ist die soziale Ungerechtigkeit das Gegenbild zum Triumph über die natürliche Umwelt.
Ein weiterer charakteristischer Aspekt der Zivilisation ist die Polarisierung der Spezialisten im Verteidigungsgürtel der Hauptstadt. Wie wir gesehen haben, lebt der Handwerker vom Nahrungsüberschuß, jenem den primitiven Gesellschaften unerreichbaren Luxus, dem Vorschuß, den die Gruppe auf ihr Kapital mit Blick auf vermehrte Handlungsressourcen in der Zukunft macht; seine Existenz ist allein dank der Überversorgung der herrschenden Klasse denkbar. Bis heute hat diese Tatsache ihre Wirksamkeit behalten, und noch in unserer Zeit erweist sich die technische Forschung als ein Luxus, noch heute ist sie auf Zivilisationen beschränkt, die, unter verschiedenen politischen Formen, über einen beträchtlichen Kapitalüberschuß verfügen, und wie stets zielt sie auf die technische Überversorgung einer leitenden Gruppe innerhalb der Gemeinschaft. Der Handwerker ist von Anfang an vor allem Waffenhersteller, auch Goldschmied, und erst in

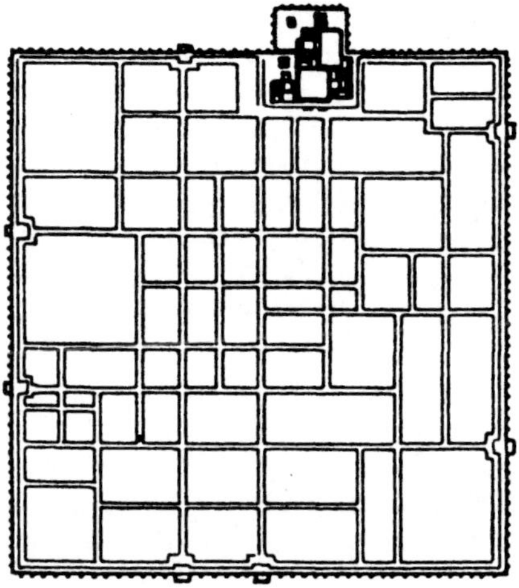

Abb. 78

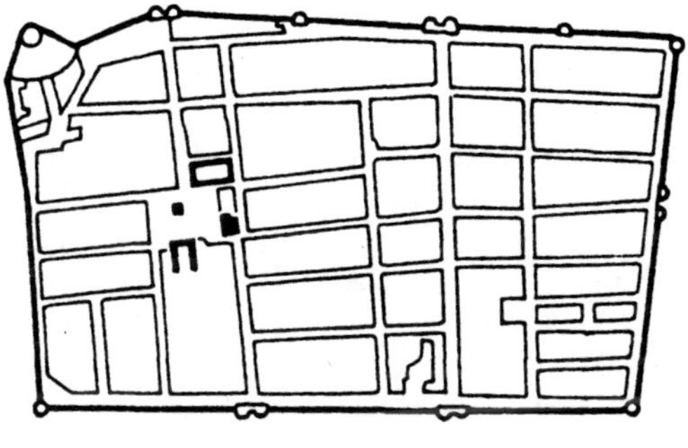

Abb. 79

zweiter Linie produziert er Werkzeuge. Schon recht bald verfügen Zimmermann und Steinmetz, die Erbauer der Paläste, über Metallwerkzeug, und zwar in dem Maße, wie auch sie an die Überversorgung der Hauptgruppe angeschlossen werden; aber erst in der Eisenzeit, als ein Mineral, das überall vorhanden ist, die Entwicklung eines kleinen ländlichen Hüttenwesens erlaubt, tauscht der Bauer seine Holzhacke gegen eine Metallhacke.

Wir verstehen jetzt vielleicht etwas besser, welche Kohärenz in den sozialen Formen einer Menschheit besteht, von der wir uns noch kaum gelöst haben, und wie die techno-ökonomische Organisation der agrarischen Gesellschaften bereits in ihren Anfängen sämtliche Elemente des technischen Fortschrittes und der sozialen Probleme enthielt. Das Bild rundet sich jedoch erst ab, wenn man bedenkt, daß die Entwicklung der ersten Städte nicht nur mit der Erscheinung der Techniker des Feuers zusammenfällt, daß vielmehr auch die Schrift zur gleichen Zeit entsteht wie die Metallurgie. Auch hier handelt es sich keineswegs um ein zufälliges Zusammentreffen, sondern um einen Zusammenhang. Die ersten *Sapiens*-Gesellschaften der oberen Altsteinzeit kennzeichnet nicht nur die im Vergleich zu den Paläanthropinen außergewöhnliche Entwicklung der Techniken, sondern auch die Hervorbringung der ersten graphischen Zeichen. Sobald die agrarischen Gesellschaften aus der ersten Übergangsphase heraustreten und ihre reale Gestalt annehmen, schaffen sie sich ein symbolisches Ausdrucksmittel, das ihren Bedürfnissen entspricht. Wie wir aus zahllosen Zeugnissen wissen, ist dieses Instrument als Mittel des Zählens und Rechnens entstanden und wurde schnell zum Mittel eines historischen Gedächtnisses. Mit anderen Worten, zu dem Zeitpunkt, da sich ein agrarischer Kapitalismus zu etablieren beginnt, entsteht auch das Mittel, ihn in einer geschriebenen Rechnung festzuhalten, und zu dem Zeitpunkt, da die soziale Hierarchisierung sich festigt, schafft die Schrift auch deren erste Genealogien. Dieser graphische Aspekt der Entwicklung des menschlichen Gedächtnisses ist der Gegenstand des nächsten Kapitels.

Die Explosion der Stadt
(Abb. 80)

Bis zum Ende des 18. Jahrhunderts ändert sich die techno-ökonomische Organisation nur kaum gegenüber der der Antike. Umgeben vom Land, aus dem sie ihre Nahrung bezieht, mit ihrer ländlichen Umgebung und der ferneren Welt durch ihre Märkte und ihre außerhalb der Mauern abgehaltenen Messen verbunden, umschließt die Stadt in ihren Mauern um einen religiösen und administrativen Kern die Händler und Handwerker in einem Ordnungssystem, dessen topographische Einschließung um so rigoroser ist, je unterschiedlicher

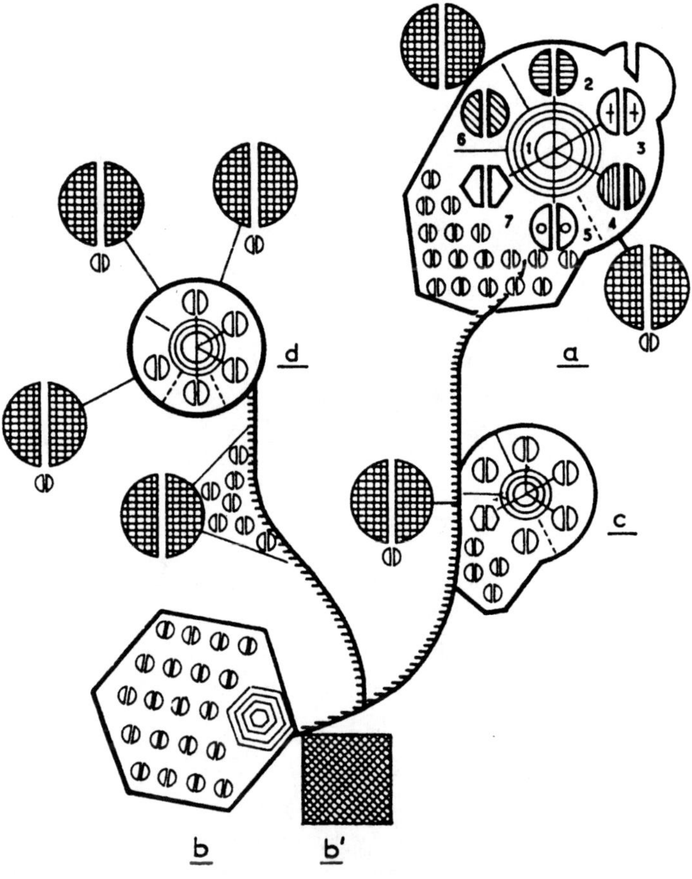

Abb. 80

die sozialen Gruppen werden, die der Raum zu einem Zusammenleben zwingt. Die Entwicklung zu einer neuen techno-ökonomischen Formel beginnt in Europa. Seit dem Mittelalter hat die Spezialisierung der Handwerker des Feuers in den Hochkulturen Asiens und Europas zur Herausbildung von Zentren der Metall-, Keramik- und Glasherstellung außerhalb der Städte geführt, die den Übergang des Handwerks zu vorindustriellen Strukturen anzeigt. Wenn die Kera-

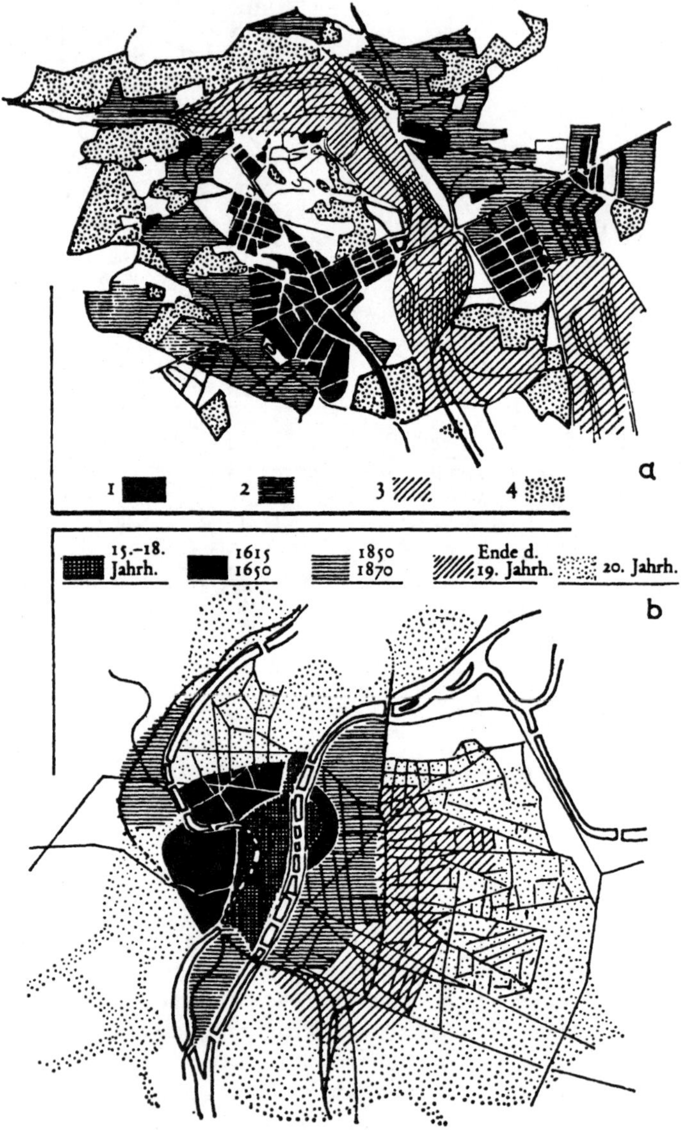
a
1
2
3
4
15.–18. Jahrh.
1615 1650
1850 1870
Ende d. 19. Jahrh.
20. Jahrh.
b

Abb. 81

mikherstellung einen lokalen Charakter bewahrt, so gilt dies nicht mehr für die Metallurgie: die wachsenden Bedürfnisse führen dort, wo Verbrennungsmaterial und Erz vorhanden sind, zu einer Konzentration von Spezialisten, die eine neue Form der Zusammenballung vorwegnimmt: die Industriestadt (Abb. 81).

Es ist nicht leicht, über Tatsachen zu sprechen, die die heutige Geschichte so eng betreffen, ohne sich in Banalitäten zu ergehen: der Hinweis auf die Dezentralisierung des Hüttenwesens, auf die Entstehung von Städten, die allen traditionellen Charakter verloren haben und nur noch *Zusammenballungen* von Arbeitern um die Fabrik sind, ist jedoch ebenso wichtig und interessant wie der Hinweis auf die vorrangige Bedeutung der technischen Spezialisierung beim primitiven Paar oder auf den fundamentalen Zusammenhang zwischen Bauern und Hirten im Übergang zur agrarischen Ökonomie. Dies festzustellen ist um so wichtiger, als die industrielle Revolution in den agrarischen Gesellschaften die einzige größere Transformation war, die sich innerhalb von fünf Jahrtausenden ereignet hat. Diese Überlegung schließt mit ein, daß es sich hier um eine Tatsache handelt, deren erschütternde Wirkung auf das gesamte soziale Gebäude eine Bedeutung hat, die den Erschütterungen beim Übergang zur agrarischen Ökonomie vergleichbar ist. In der Tat führt die metallurgische Dezentralisierung und die Schaffung von städtischen Einheiten in den Bergbau- und Hüttengebieten zu einer vollständigen Umbildung des gesamten sozialen Gebäudes in weniger als einem Jahrhundert – die religiösen Strukturen inbegriffen. Wenn es auch banal ist, auf die Erschütterungen hinzuweisen, die von der industriellen Revolution ausgelöst werden, so ist es doch notwendig aufzuzeigen, daß diese Erschütterungen nicht im Widerspruch, sondern im Einklang mit der funktionalen Entwicklung eines künstlichen sozio-technischen Organismus stehen, dem wir immer mehr Eigenschaften aufdrücken, die wie ein Reflex der lebendigen Organisation wirken. Es ist gleichfalls nicht ohne Bedeutung, wenn wir herausstellen, daß die Probleme von Landwirtschaft und Metallurgie sich schon um 3000 vor unserer Zeit stellten – und schon damals in Gestalt von Krisen. Solange die agrarischen Gesellschaften ihre anfängliche Struktur bewahren, wird das Handwerk und dann die Industrie den mächtigen und ein wenig schädlichen Motor der materiellen Evolution bilden – im Dienste einer Gesellschaft, die mehr und mehr Menschen umfaßt, die zoologisch gleichwohl ihrer Natur unterworfen bleiben.

Die techno-ökonomische Formel hat sich im Laufe der letzten Jahrhunderte in der Größenordnung gewandelt, ohne ihre Elemente zu verändern. Die winzige nahöstliche Stadt des 2. Jahrtausends mit ihren Oberhäuptern, ihren Amtsträgern, ihren Handwerkern, ihrem Markt, ihrem Land, ihren Herden, ihren kleinen Kriegen und Raubzügen, ihren unterdrückten Klassen, die den Überschuß produzierten, der für die Entwicklung einer Organisation unterläßlich war, deren Kopf alleine das von der Gesellschaft erreichte Niveau kennzeichnete; diese Stadt der Hochantike ist ohne Veränderungen auf alle großen europäischen Staaten des 19. Jahrhunderts übertragbar – mit dem einzigen Unterschied, daß der Aktionsbereich sich von einer Hemisphäre zur anderen erweitert hat, daß die koloniale Ausbeutung als Lieferant des Überschusses an die Stelle der Versklavung der Bauern jenseits der Vorstädte getreten ist. In *Milieu et Techniques* habe ich die biologische Kohärenz dieses Systems von »Zivilisierten, Barbaren und Wilden« aufgezeigt und die Tatsache herausgearbeitet, daß der materielle Fortschritt der Menschheit bis in unsere Zeit an dieses System gebunden ist. Wie jedes organische Lebewesen umfaßt dieses System privilegierte Elemente und namenlose Massen, deren Aufgabe es ist, um den Preis gewaltiger Verluste jenen kleinen Antriebsüberschuß zu liefern, der den Übergang zur nächsten Stufe ermöglicht. Diese biologische Wahrheit übersetzt sich auf sozialer Ebene in die Begriffe von Gerechtigkeit und Ungerechtigkeit, die beide nur wenig zur Lösung eines Problems beitragen, das in strengem Sinne organischen Ursprungs ist.

Wie weit behält nun diese Anfangsformel ihre Gültigkeit? Sollen die negativen Zwänge, die aus der techno-ökonomischen Organisation des agrarisch-metallurgischen Komplexes erwachsen, verschwinden, so müßte der *homo sapiens* eine neue biologische Stufe erreichen, die ihn vielleicht sogar dazu befähigen müßte, die Aggressivität zu beherrschen, auf der, mehr noch als auf dem Fortschritt, die Werte von Gerechtigkeit und Ungerechtigkeit beruhen. Die Verringerung des aggressiven Potentials, das mit dem Aneigungstrieb zusammenhängt, müßte übrigens zu einer entsprechenden Schwächung des schöpferischen Antriebs und letztlich der Lebenslust führen, denn der Geist der Schöpfung und der Geist der Zerstörung sind nur die beiden Seiten, die strahlende und die finstere Seite, ein und desselben Phäno-

mens; dagegen könnte eines Tages jener Zirkel durchbrochen werden, in den die Gesellschaft sich einschloß, als der Mensch seine eigene und nahezu einzige Jagdbeute wurde. Vielleicht ist es erforderlich, daß Landwirtschaft und Metallurgie einer anderen techno-ökonomischen Organisation Platz machen, einer Organisation, die wir uns heute kaum vorstellen können, weil die menschliche Ernährung auf Pflanzen und Tiere angewiesen bleibt und das Metall auch heute noch der erste Diener des Fortschritts ist. Die sozialistische Ideologie hat sich seit mehr als einem Jahrhundert mit dem Problem auseinandergesetzt, ohne jene Momente auszuschöpfen, die besonders interessant werden, wenn man die allgemeine Linie der Evolution rekonstruiert. In der Tat hat seit der oberen Altsteinzeit, insbesondere aber seit der Entstehung der Landwirtschaft, die Welt der (religiösen, ästhetischen und sozialen) Symbole stets höheren Wert besessen als die Welt der Techniken, und die soziale Pyramide gewann eine zweideutige Gestalt, als sie den symbolischen Funktionen den Vorrang vor der Technologie gab, die doch gleichwohl der Motor allen Fortschritts ist. Die sozialistische Ideologie tendiert dahin, dieses biologische Problem zu lösen, indem sie die Gesellschaft der Technik unterwirft, d. h. auf den ersten Blick, indem sie der Hand den Triumph zuspricht.
Handelt es sich wirklich um einen Ausgang oder nicht eher um eine Sackgasse? Die Gleichförmigkeit im Verhalten der marxistischen und der kapitalistischen Staaten auf diesem Wege bietet in jedem Fall die Gewißheit einer Evolution zu einer neuen Formel. Man mag sich fragen, ob es sich wirklich um eine Evolution zu einem neuen Gleichgewicht handelt, in dem alle Werte den ihnen zukommenden Platz in der Formel des Anthropus finden (in der die Spitze, wie es faktisch auch ist, vom Kopf, und die Basis von der Hand eingenommen wird) oder ob es sich um den Bruch mit jenem Gleichgewicht handelt, dem die physische Konstitution des Menschen entspricht, einen Bruch, der von dem künstlichen Organismus getragen wird, zu dem sich die Zivilisationen entwickelt haben. Dann erhielte die gängige Formel vom Menschen, den seine Techniken überholen, wirklich Geltung.
Selbst wenn man sich an die Theoretiker der einen oder der anderen Ideologie hält, fällt es schwer, sich ein Gleichgewicht vorzustellen, das ein unbegrenztes Wachstum der materiellen Wohlfahrt einer grenzenlos wachsenden Zahl von Individuen gestatten könnte. Die Verhältnisse zwischen Produktion, Konsum und Materie lassen die Voraussicht zu, daß der Mensch immer besser, aber ohne Möglichkeit des

Ersatzes, von der eigenen Substanz lebt, d. h. von dem, was ihm aus der natürlichen Umwelt zufließt. Heute noch hat die Gruppe, die schon den ganzen Planeten umspannt, trotz sozialer Anstrengungen und Entkolonialisierung die gleiche Form wie die Gruppen der kleinen mesopotamischen Gesellschaften vor 4000 Jahren, d. h. eine strenge, hereditäre oder selektive soziale Hierarchisierung konditioniert (unter allen politischen Formen) die Individuen zu immer stärker determinierten Funktionen. Die weltweite Ökonomie beruht letztlich immer noch auf der Ausbeutung von Tieren und Pflanzen, bedeutsame Umwälzungen gab es hier nur auf der Ebene der technischen Mittel, und die Industrie, die Erbin des frühen Handwerks, beruht immer noch auf dem Metall; gewechselt haben nur die Brennstoffe.

So hat also der Mensch den stolzen Triumph über die Materie um den Preis einer wirklichen Substitution errungen. An die Stelle des zoologischen Gleichgewichtes ist, wie wir gesehen haben, im Verlaufe der Evolution des Anthropus ein neues Gleichgewicht getreten, das seit den Anfängen des *homo sapiens* in der oberen Altsteinzeit erkennbar ist. Die ethnische Gruppe, die »Nation«, ersetzt den Raum, und der Mensch, der körperlich ein ganz normales Säugetier bleibt, verdoppelt sich zu einem kollektiven Organismus mit praktisch unbegrenzten Möglichkeiten der Kumulation von Innovationen. Seine Ökonomie bleibt selbst nach dem Übergang zu Landwirtschaft und Viehzucht die eines hochgradig raubtierartigen Säugers. An diesem Punkt gewinnt der kollektive Organismus ein immer zwingenderes Übergewicht, der Mensch wird zum Instrument eines techno-ökonomischen Aufstiegs, dem er seine Ideen und seine Hände leiht. So kommt es, daß die menschliche Gesellschaft in erster Linie Menschen konsumiert – in allen Formen der Gewalt oder der Arbeit. Der Mensch gewinnt dabei zunehmend die Herrschaft über die natürliche Welt, eine Herrschaft, die, verlängert man die techno-ökonomischen Größen der Gegenwart in die Zukunft, in einem totalen Sieg enden muß – bis man endlich die letzte Hand voll Gras und die letzte Ratte mit dem letzten Tropfen Öl kochen wird. Diese Perspektive ist weniger eine Utopie denn die schlichte Feststellung der einzigartigen Eigenschaften der menschlichen Ökonomie, einer Ökonomie, über die der zoologische, d. h. intelligente Mensch offenbar auch nicht die mindeste Kontrolle mehr hat. Immerhin haben die letzten 20 Jahre gezeigt, daß neben das Konsumideal ein gewisses Mißtrauen in die Unfehlbarkeit des techno-ökonomischen Determinismus getreten ist.

Kapitel VI
Sprachliche Symbole

Im letzten Kapitel habe ich die Entwicklung der techno-ökonomischen Organisation betrachtet und die Bildung sozialer Mechanismen, die aufs engste mit der Entwicklung der Techniken verbunden sind; in diesem Kapitel will ich nun die Evolution einer Erscheinung erörtern, die mit dem *homo sapiens* in der Entwicklung der Anthropinen auftaucht. Die Fähigkeit, das Denken in materiellen Symbolen zu fixieren. Bildende Kunst und Schrift sind zwar in zahllosen Studien bereits untersucht worden, die Beziehungen zwischen beiden Bereichen wurden jedoch oft nur unzureichend bestimmt, so daß es recht lohnend erscheint, sie in einer allgemeinen Perspektive zu untersuchen. Im dritten Teil dieser Arbeit werden wir die Rhythmen und die Werte in ihrer ästhetischen Bedeutung betrachten; an dieser Stelle, am Ende langer Erörterungen, in denen die materiellen Betätigungen der Menschen im Vordergrund standen, ist es ganz sinnvoll, wenn wir einmal untersuchen, auf welchen materiellen Wegen sich langsam jenes System herausgebildet hat, das es der Gesellschaft ermöglicht, die Produkte individuellen und kollektiven Denkens auf Dauer zu bewahren.

Die Geburt des Graphismus

Die allerersten Beispiele graphischer Zeichen stellen uns vor eine äußerst wichtige Tatsache. In den Kapiteln II und III haben wir gesehen, daß die zweipolige Technizität zahlreicher Wirbeltiere bei den Anthropinen zur Herausbildung zweier Funktionspaare führte (Hand–Werkzeug und Gesicht–Sprache), wobei der Motorik von Hand und Gesicht der größte Einfluß auf die Ausgestaltung des Denkens zu Instrumenten materieller Tätigkeiten und zu Lautsymbolen zukam. Das Aufkommen graphischer Symbole gegen Ende der Herrschaft des Paläanthropus setzt die Einrichtung neuer Beziehungen zwischen den beiden kooperativen Polen voraus, Beziehungen, die ein exklusives Merkmal des Menschseins im engen Sinne des Wortes bildeten, insofern es einem Denken entsprach, das in gleichem Maße symbolisierendes Denken war wie das unsrige. In diesen neuen Beziehungen erhält der Gesichtssinn eine Vorrangstellung in den Paaren Gesicht–Lesen und Hand–Zeichnen.

Diese Beziehungen sind ausschließlich menschlich, denn wenn man vom Werkzeug sagen kann, daß es auch bei manchen Tierarten vorkommt, und von der Sprache, daß sie lediglich eine Erweiterung der in der Tierwelt anzutreffenden Lautsignale sei, so gibt es bis zum Erscheinen des *homo sapiens* nichts dem Zeichnen und Lesen von Symbolen Vergleichbares. So kann man sagen: wenn in Technik und Sprache sämtlicher Anthropinen die Motorik das Ausdrucksverhalten determiniert, so bestimmt in der Bildersprache der jüngsten Anthropinen die Reflexion den Graphismus.

Die ältesten Spuren reichen bis ans Ende des Moustérien zurück; um 35 000 vor unserer Zeit, im Zeitalter von Chatelperron, gibt es eine Fülle davon. Sie tauchen zur gleichen Zeit auf wie die Farbstoffe (Ocker und Mangan) und die Schmuckgegenstände. Es handelt sich um kufenförmige Linien oder Folgen von in Knochen oder Stein eingegrabenen Kerben, kleine in gleichem Abstand angeordnete Einschnitte, die fern jeder bildlichen Konkretheit vom Beginn der bildlichen Darstellung zeugen und die ältesten Beispiele rhythmischer Äußerungen darstellen: ein präziser Sinn läßt sich in diesen sehr bescheidenen Zeugnissen (Abb. 82) nicht mehr ausmachen; man hat in ihnen *Jagdzeichen* gesehen, eine Art Buchführung, aber weder in der Vergangenheit noch in der Gegenwart findet sich ein substantieller Beweis, der diese Hypothese vernünftig abstützen könnte. Eine gewisse Parallele ließe sich einzig mit den australischen *Tschuringa* herstellen, kleinen Blättchen aus Stein oder Holz, auf denen abstrakte Motive eingraviert sind (Spiralen, gerade Linien und Anordnungen von Punkten), die den Körper des mythischen Vorfahren oder die Orte darstellen, an denen sein Mythos sich abspielt (Abb. 83). Zwei Aspekte der *Tschuringa* lassen sie geeignet erscheinen, die Interpretation der paläolithischen »Jagdzeichen« anzuleiten: zunächst einmal ist dies der abstrakte Charakter der Darstellung, der, wie wir sehen werden, auch die älteste uns bekannte Kunst kennzeichnet, und dann der Umstand, daß die *Tschuringa* zur Konkretisierung von Beschwörungsformeln dienen, daß sie diese unterstützen und der Priester den Figuren im Rhythmus seiner Deklamation mit dem Finger folgt. So mobilisieren die *Tschuringa* die beiden Quellen des Ausdrucks, die rhythmische Sprachmotorik und einen im gleichen dynamischen Vor-

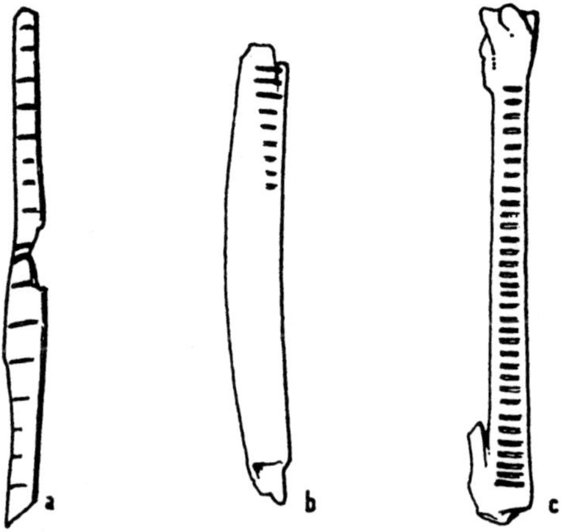

Abb. 82

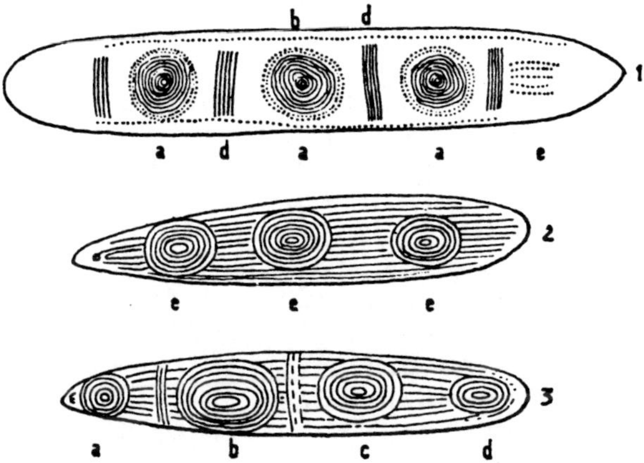

Abb. 83

gang eingeschlossenen Graphismus. Ich will damit keinesfalls sagen, daß die Kerbenreihen des oberen Paläolithikums sich mit den *Tschuringa* gleichsetzen ließen, ich glaube jedoch, daß man unter den möglichen Interpretationen die eines rhythmischen Hilfsmittels mit Beschwörungs- oder Deklamationscharakter in Betracht ziehen kann.

Über einen Punkt besteht nun freilich völlige Gewißheit: der Graphismus hat seinen Ursprung nicht in der naiven Darstellung der Wirklichkeit, sondern im Abstrakten. Die Entdeckung der prähistorischen Kunst am Ende des 19. Jahrhunderts hat das Problem eines *naiven* Zustandes, einer Kunst, die das, was sie sah, in einer Art ästhetischer Entspannung dargestellt hätte, gelöst. Man hat schnell, schon zu Beginn unseres Jahrhunderts, erkannt, daß diese Vorstellung falsch ist und daß man die bildende Kunst des Quartärs magisch-religiösen Tätigkeiten zuordnen muß (dies gilt im übrigen für die Kunst aller Menschen, Ausnahmen finden sich nur auf Stufen höherer kultureller Reife). Gleichwohl hat man erst in jüngster Zeit bemerkt, daß die Zeugnisse aus dem Magdalénien, auf denen die Idee eines paläolithischen Realismus gründete, eine bereits sehr späte Stufe der bildenden Kunst darstellen, denn sie entfalten sich zwischen 11 000 und 8000 vor unserer Zeit, während der wirkliche Anfang schon mehr als 30 000 Jahre zurückliegt. Von besonderem Interesse für unsere Fragestellung ist die Tatsache, daß der Graphismus nicht von einem Ausdruck ausgeht, der in einem gewissermaßen dienenden oder photographischen Verhältnis zur Wirklichkeit steht, daß er sich vielmehr in einer Zeitspanne von etwa 10 000 Jahren im Ausgang von Zeichen organisiert, die zunächst einmal nicht Formen ausgedrückt haben dürften. In der Tat tauchen erst um 30 000 die ersten Formen auf (Abb. 84–87), die im übrigen auf stereotype Figuren beschränkt sind, bei denen allenfalls einige konventionelle Details die Identifikation mit einem Tier gestatten.

Aus diesen Überlegungen läßt sich der Schluß ziehen, daß die bildende Kunst an ihrem Ursprung unmittelbar mit der Sprache verbunden ist und der Schrift im weitesten Sinne sehr viel näher steht als dem Kunstwerk. Sie ist eine symbolische Umsetzung und nicht Abbild der Realität, d. h. zwischen dem graphischen Zeichen, in dem man einen Bison sieht, und dem Bison selbst besteht die gleiche Distanz wie zwischen dem Wort und dem Werkzeug. Beim Zeichen wie beim Wort korrespondiert das Abstrakte mit einer fortschreitenden Anpassung der Motorik des Ausdrucks an immer nuanciertere zerebrale Anforderungen. Die ältesten bekannten bildlichen Darstellungen stellen daher keine Jagdszenen, Tiere oder ergreifenden Familienszenen dar, es sind vielmehr graphische Pflöcke ohne deskriptiven Bezug, Stützpunkte eines mündlichen Kontextes, der unwiederbringlich verloren ist.

Abb. 84

Abb. 85

Abb. 86

Abb. 87

Die Tatsache, daß die Zeugnisse prähistorischer Kunst sehr zahlreich sind und daß man beginnen kann, mit den Mitteln der Statistik an eine Masse heranzugehen, deren chronologische Ordnung in großen Zügen bestimmt ist, ermöglicht es uns, den allgemeinen Sinn der Darstellung zu durchschauen oder sogar zu entziffern: in tausend Variationen kreist die prähistorische Kunst um ein wahrscheinlich mythologisches Thema, in dem sich Bilder von Tieren und Darstellungen von Mann und Frau komplementär gegenüberstehen. Die Tiere korrespondieren offenbar einem Paar, in dem Bison und Pferd einander gegenüberstehen, die menschlichen Wesen werden durch Symbole dargestellt, die sehr abstrakte Abbilder der Geschlechtsmerkmale sind (Abb. 91 und Band 2 Abb. 143). Will man den Zusammenhang zwischen der Abstraktion und den ersten graphischen Symbolen begreifen, so ist es sehr wichtig, den Wert des Inhalts zu bestimmen.

Erste Entwicklungen des Graphismus

Die rhythmischen Folgen von Strichen oder Punkten finden sich noch bis ans Ende der oberen Altsteinzeit; parallel dazu finden sich mit dem Beginn des Aurignacien, etwa um 30000 vor unserer Zeit, die ersten figürlichen Darstellungen. Dies sind die ersten Kunstwerke der ganzen menschlichen Geschichte, und wir sehen mit Erstaunen, daß ihr Inhalt eine Voraussetzung hat, die untrennbar mit von der Sprache bereits hoch organisierten Konzepten zusammenhängt. Wenn der Inhalt bereits sehr komplex ist, so ist doch die Ausführung noch tastend: die besten Darstellungen zeigen ohne jede Ordnung übereinander gezeichnete Tierköpfe und bereits extrem stilisierte sexuelle Symbole.

In der folgenden Epoche, dem Gravettien, um 20000, finden sich bereits stärker durchgebildete Figuren. Die Tiere werden durch ihre Nacken-Rücken-Linie wiedergegeben, daran schließen sich die für die Arten charakteristischen Merkmale an (die Hörner des Bisons, der Rüssel des Mammuts, die Mähne des Pferdes usw.). Der Inhalt dieser Ansammlungen von Figuren ist der gleiche wie zuvor. Nur der Ausdruck hat sich verbessert. Im Solutréen, um 15000, verfügen die Techniken des Graveurs oder Malers bereits über sämtliche Mittel, sie unterscheiden sich kaum von denen der heutigen Graveure oder Maler. Die Bedeutung der Figuren hat sich nicht verändert; die Wände und verzierten Plaketten zeigen in zahllosen Variationen das Thema der beiden Tiere, der Frau und des Mannes. Dennoch hat sich eine merkwürdige Entwicklung vollzogen: die Darstellungen von Menschen scheinen jeden realistischen Charakter verloren zu haben, sie sind zu jenen Dreiecken, Vierecken, Punktfolgen und Strichen geworden, von denen die Wände der Höhle von Lascaux etwa übersät sind. Die Tierdarstellungen entwickeln sich dagegen nach und nach in Richtung auf einen Realismus der Form und der Bewegung; im Solutréen sind sie davon, trotz allem, was man über den Realismus der Tiere von Lascaux gesagt haben mag, jedoch noch weit entfernt. Die Beherrschung der Technik und der mythologische Inhalt entsprechen in ihrem Charakter genau den Figuren des *paläolithischen Mittelalters*; dennoch darf man diese Darstellungen nicht mit den Fresken in den Basiliken oder den Gemälden gleichsetzen. In Wirklichkeit handelt es sich hier um *Mythogramme*, die der Ideographie näherstehen als der Piktographie und der Piktographie näher als einer auf Abbildung bedachten Kunst.

Das Magdalénien, zwischen 11000 und 8000, in dem die großen Felsmalereien von Altamira und Niaux geschaffen wurden, zeigt für die Abbildung von Menschen einesteils eine noch weitergehende Entwicklung hin zum Ideogrammatischen, zum anderen aber, und ganz im Gegensatz dazu, eine entschiedene Rückkehr zur realistischen Darstellung von Mann und Frau. Die Tierdarstellungen zeigen eine Strömung, in der wachsende Geschicklichkeit die Figuren nach und nach zu einem Akademismus der Formen führt (dies ist der Fall in Altamira) und schließlich, gegen Ende des Magdalénien, zu einem manierierten Realismus mit photographischer Präzision in Bewegung und Form. Diese der letzten Periode angehörige Kunst war die erste, die uns bekannt wurde, an ihr hat sich die Idee eines ursprünglichen Realismus entzündet.

Die paläolithische Kunst ist wegen ihres immensen Umfangs und des Überflusses ihrer Materialien eine unersetzliche Grundlage für das Verständnis von künstlerischer Darstellung und Schrift: was seit der Entstehung der Landwirtschaft als zwei divergierende Linien erschien, bildet in Wirklichkeit nur eine einzige. Es ist äußerst bemerkenswert, daß der symbolische Ausdruck schon im Aurignacien sein höchstes Niveau erreichte (Abb. 84–87). Die Kunst scheint sich gewissermaßen von einer wirklichen Schrift loszulösen und einen Weg einzuschlagen, auf dem sie, ausgehend vom Abstrakten, Schritt für Schritt die Darstellungsweisen von Form und Bewegung herausarbeitet, um am Ende der Kurve zum Realismus zu finden und schließlich zu verlöschen. Diesen Weg ist die historische Kunst so oft gegangen, daß man ihn wohl als generelle Tendenz, als einen Reifungszyklus, betrachten muß; das Abstrakte ist offenbar wirklich der Ursprung des graphischen Ausdrucks. In Kapitel XIV werden wir uns mit dem Problem einer Rückkehr der Künste zu einem neu gedachten Abstrakten befassen. Wir werden sehen, daß die Suche nach reiner Rhythmizität, nach einem Nicht-Figurativen in der modernen Kunst und Poesie, wie sie aus der Betrachtung von Kunstwerken der noch lebenden primitiven Völker entstand, zugleich Regression, eine Flucht zu den ursprünglichen Reaktionen, und neuer Aufbruch ist.

Expansion der Symbole

Wir haben gesehen, daß die bildende Kunst untrennbar mit der Sprache verbunden ist und daß sie ihren Ursprung in der Konstitution eines intellektuellen Paares, Lautbildung und Zeichenbildung, hat. Es liegt darum auf der Hand, daß Lautbildung und Graphismus von Anfang an dem gleichen Ziel dienen. Ein Teil der bildenden Kunst –

und vielleicht handelt es sich hier um den wichtigsten – steht in einem engen Zusammenhang mit etwas, das ich in Ermangelung eines besseren Ausdrucks als *Pikto-Ideographie* bezeichnen möchte. 4000 Jahre linearer Schrift haben uns zu einer Trennung von Kunst und Schrift geführt, und wir müssen schon alle Kräfte der Abstraktion aufbieten und sämtliche ethnographischen Arbeiten, die in den letzten 50 Jahren durchgeführt wurden, heranziehen, wenn wir wieder Zugang zu einer Bildauffassung finden wollen, die allen Völkern gemein war – und immer noch ist –, deren Entwicklung abseits der Phonetisierung und insbesondere des graphischen Linearismus verlaufen ist.

Die Linguisten, die sich mit dem Ursprung der Schrift befaßt haben, projizieren auf die Piktographien vielfach eine Mentalität, die aus der Praxis der Schrift stammt. Interessant ist in diesem Zusammenhang, daß die einzigen wirklichen *Piktographien*, die wir kennen, aus jüngster Zeit stammen und daß die Mehrzahl von ihnen in Gruppen entstanden ist, die keine Schrift besaßen; und zwar im Anschluß an einen Kontakt mit wandernden Völkern oder mit den ursprünglichen Einwohnern von Ländern mit Schriftgebrauch (Abb. 88–90). Auch scheint es nicht möglich zu sein, die Piktographie der Eskimos oder Indianer als Vergleichsgröße heranzuziehen, um die Ideographie der Völker vor der Entwicklung der Schrift zu verstehen. Andererseits hat man den Ursprung der Schrift oft mit Verfahren zur Memorierung von Zahlenwerten in Verbindung gebracht (regelmäßige Folgen von Kerben, Knotenschnüre usw.). Wenngleich die alphabetische Linearisierung von Anfang an mit den Zählverfahren in Verbindung gestanden haben mag, die ja mit Sicherheit linearen Charakter hatten, so gilt dies nicht für die ältesten Formen eines figurativen Symbolismus. Aus diesen Gründen sehe ich mich veranlaßt, in der Piktographie etwas anderes als Frühformen der Schrift zu sehen.

Auf dem Niveau des Menschen ist das reflexive Denken imstande, in einem analytischen Vorgang von wachsender Präzision Symbole aus der Realität zu abstrahieren, die parallel zur wirklichen Welt eine Sprachwelt konstituieren, mit der sich die Realität ergreifen läßt. Dieses reflekierte Denken, das sich wahrscheinlich schon seit den Ursprüngen der Anthropinen konkret in einer vokalen und mimischen Sprache ausdrückte, gewinnt in der oberen Altsteinzeit den Zugang zu Darstellungsformen, die es dem Menschen gestatten, sich über die materielle Gegenwart hinweg auszudrücken.

Auf den beiden Polen des operativen Feldes bilden sich, im Ausgang

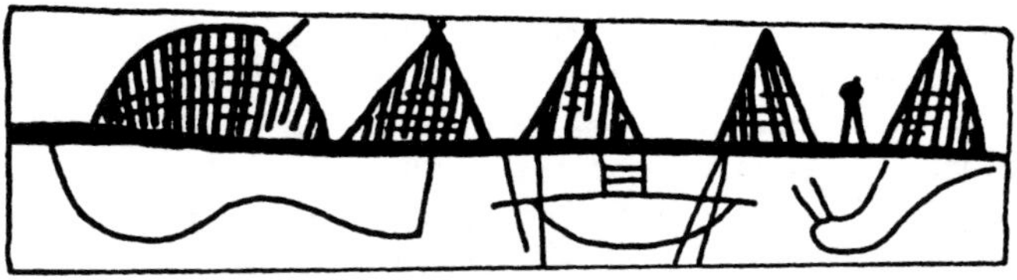

Abb. 88

Abb. 89

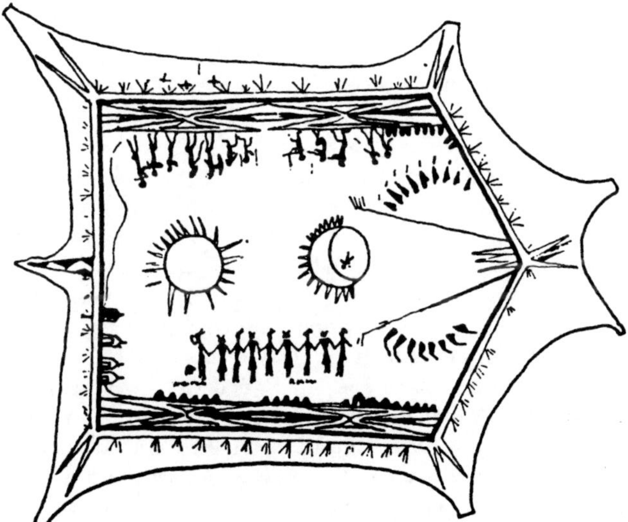

Abb. 90

von den gleichen Quellen, zwei Sprachen heraus; die eine ist dem Hörsinn verhaftet und mit der Evolution jener Bereiche verbunden, die für eine Koordination der Töne zuständig sind; die andere beruht auf visueller Wahrnehmung und ist mit der Evolution der Bereiche verknüpft, die für eine Koordination der in materielle graphische Symbole übersetzten Gesten sorgen. So ließe sich auch erklären, warum die ältesten bekannten Graphismen einen unmittelbaren Ausdruck rhythmischer Werte darstellen. Wie dem auch sei, der graphische Symbolismus besitzt gegenüber der phonetischen Sprache eine gewisse Unabhängigkeit: sein Inhalt drückt in den drei Dimensionen des Raumes aus, was die phonetische Sprache in der einzigen Dimension der Zeit zum Ausdruck bringt. Die Leistung der Schrift bestand eben darin, den graphischen Ausdruck durch die Verwendung der linearen Anordnung vollständig dem phonetischen Ausdruck unterzuordnen. Auf der Stufe, mit der wir uns hier befassen, ist der Zusammenhang zwischen Sprache und graphischem Ausdruck durch Koordination und nicht durch Subordination gekennzeichnet. Das Bild besitzt noch eine dimensionale Freiheit, die der Schrift stets fehlen wird; es vermag den Sprachvorgang auszulösen, etwa die Erzählung eines Mythos, ist diesem Vorgang aber nicht verhaftet; sein Kontext verschwindet mit dem Erzähler. So erklärt sich die reiche Entfaltung der Symbole in den Systemen, die jenseits der linearen Schrift angesiedelt sind. Die verschiedensten Autoren haben in diversen Arbeiten über das frühe China, über Australien, über die Indianer Nordamerikas oder bestimmte Völker Schwarzafrikas die Züge eines mythologischen Denkens herausgearbeitet, das die Ordnung der Welt in ein außerordentlich reiches System symbolischer Korrespondenzen integriert. Mehrere dieser Autoren haben auch die Existenz reichhaltiger Systeme von graphischen Darstellungen bei den beobachteten Völkern herausgestellt. Bei keinem dieser Völker – mit Ausnahme der Chinesen, für die Material erst nach dem Übergang zur Schrift vorliegt – läßt sich etwas anderes als Gruppen von Figuren ausmachen, die in einem System angeordnet sind, das der linearen Organisation und folglich den Möglichkeiten einer fortlaufenden Phonetisierung fremd ist. Zwischen dem Inhalt der Figuren der paläolithischen Kunst, der Figuren der afrikanischen Dogon oder den Rindenmalereien der australischen Ureinwohner und der linearen Anordnung von Zeichen besteht der gleiche Abstand wie zwischen Mythos und historischem Bericht. Mythologie und vieldimensionaler Graphismus treten im übrigen bei den primitiven Gesellschaften in der Regel gemeinsam auf, und wenn ich vom strikten Wortsinne ausgehe, so bin ich versucht, eine Parallele zwischen der »Mytho-logie«, die eine auf dem gesprochenen Wort basierende mehrdimensionale Konstruktion darstellt, und einer »Mythographie« herzustellen, die deren genaues manuelles Gegenstück bildet.

Die Evolution des *homo sapiens* ist zu ihrem größten Teil durch Formen des Denkens gekennzeichnet, die uns fremd geworden sind, wenngleich sie einem wesentlichen Teil unseres Verhaltens weiterhin zugrunde liegen. Während wir in der Praxis einer einzigen Sprache leben, deren Laute sich in eine mit ihr verbundene Schrift einschreiben, können wir uns nur mit Mühe die Möglichkeit einer Ausdrucksweise vorstellen, in der das Denken graphisch über eine gewissermaßen strahlenförmige Organisation verfügt. Eine der erstaunlichsten Tatsachen beim Studium der paläolithischen Kunst bietet sich uns in der Anordnung der Figuren auf den Höhlenwänden (Abb. 91). Die Anzahl der dort dargestellten Tierarten ist gering, ihre topographischen Beziehungen sind konstant: Bison und Pferd nehmen das Zentrum der Fläche ein, Steinböcke und Hirsche umgeben sie auf beiden Seiten, Löwen und Nashörner nehmen den Rand der Fläche ein. Das gleiche Thema kann sich mehrfach in der gleichen Höhle wiederholen: Es findet sich, trotz seiner Variationen identisch, in einer Vielzahl von Höhlen. Es handelt sich also um etwas anderes als um eine in ihrer Anordnung zufällige Darstellung von Jagdtieren, auch nicht um eine *Schrift* und ebensowenig um ein *Gemälde*. Hinter der symbolischen Figurenansammlung hat mit großer Sicherheit ein mündlicher Kontext gestanden, der in einem engen Zusammenhang mit der symbolischen Anordnung stand und dessen Werte räumlich reproduzierte (Abb. 92 und 93). Die gleiche Tatsache wird deutlich, wenn die australischen Ureinwohner jene spiralförmigen Figuren in den Sand zeichnen, die den Ablauf des Mythos der Eidechse oder der Honigameise symbolisch zum Ausdruck bringen, oder wenn die Ainu in einer mit Schnitzereien verzierten hölzernen Schale den mythischen Bericht des Bärenopfers materialisieren (Abb. 94).

Eine solche Art der Darstellung ist fast von Natur aus mit dem kosmischen Symbolismus verbunden, wir werden seine Entwicklung in Kapitel XIII bei der Behandlung der Humanisierung von Zeit und Raum wiederaufnehmen. In den Zivilisationen, in denen die Ideographie den Vorrang vor der phonetischen Notation behalten hat (Abb.

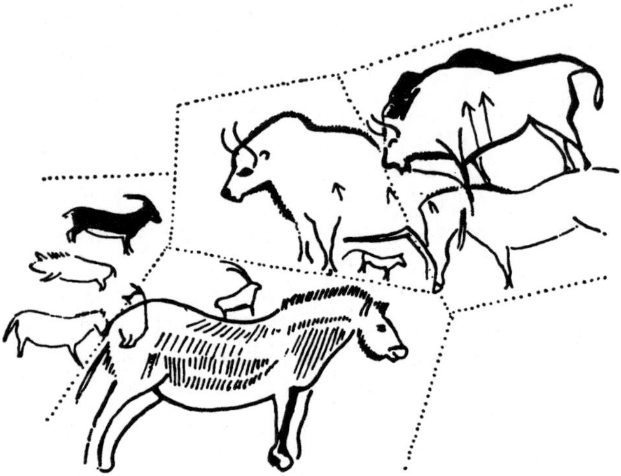

Abb. 91

Abb. 92

Abb. 93

95–97), widersteht diese Darstellungsform dem Erscheinen der Schrift, auf die sie einen beträchtlichen Einfluß ausübt. Sie bleibt in den Bereichen des Denkens lebendig, die zu Beginn des linearen schriftlichen Ausdrucks entstanden, und es gibt zahlreiche Beispiele in vielen verschiedenen Religionen für die räumliche Organisation

von Figuren, die einen – im präzisen ethnologischen Sinne – mythologischen Kontext symbolisieren (Abb. 98). Vorrangige Bedeutung behält sie auch in jenen Wissenschaften, in denen die Linearität der Schrift ein Hindernis darstellt; die algebraische Gleichung und die Formeln der organischen Chemie vermögen den Zwang zur Eindimensionalität in Figuren zu überwinden, bei denen die Phonetisierung nur noch als Kommentar wirksam wird und die symbolische Anordnung aus sich selbst heraus *spricht*. Sie taucht schließlich wieder in der Werbung auf, die an tiefergelegene, infraverbale Zustände des geistigen Verhaltens appelliert (Abb. 99).
Wenn die Kunst daher so eng mit der Religion verbunden ist, so weil der graphische Ausdruck der Sprache die Dimension des Unaussprechlichen wiedergibt, die Möglichkeit, der Mehrdimensionalität der Tatsachen durch visuelle Symbole, die zur gleichen Zeit zugänglich sind, gerecht zu werden. Die fundamentale Verbindung von Kunst und Religion ist emotionaler Art, aber sie ist dies nicht auf verschwommene Weise, sie hängt vielmehr eng mit der Schaffung eines Ausdrucksmodus zusammen, der die wirkliche Situation des Menschen in einem Kosmos restituiert, in dessen Zentrum er sich selbst stellt und den er noch nicht durch eine Vernunft zu durchdringen versucht, in der die Buchstaben aus dem Denken eine buchstäblich eindringende Linie machen, eine Linie, die zwar von großer Reichweite, aber dünn wie ein Faden ist.

Schrift und Linearisierung der Symbole

Graphische Systeme, die auch nur im entferntesten der linearen Schrift zugeordnet werden könnten, finden sich ausschließlich bei Bauernvölkern. Die klassischen Gegenbeispiele der Eskimos und der Prärie-Indianer beziehen sich auf Gruppen, die in der Berührung mit Alphabeten eine Piktographie entwickelt haben. In der Tat liegt das grundlegende Merkmal *mythographischer* Aufzeichnung in ihrer zweidimensionalen Struktur, die sie von der gesprochenen Sprache, deren Fluß linearen Charakter hat, unterscheidet. Dagegen vermitteln uns die Überreste des mehrdimensionalen figurativen Systems in zahlreichen nichtalphabetischen Schriften das Gerüst des ersten Notationssystems; dies gilt für Ägypten, China, für die Mayas und die Azteken. Man ist versucht, für diese *Schriften* einen piktographischen

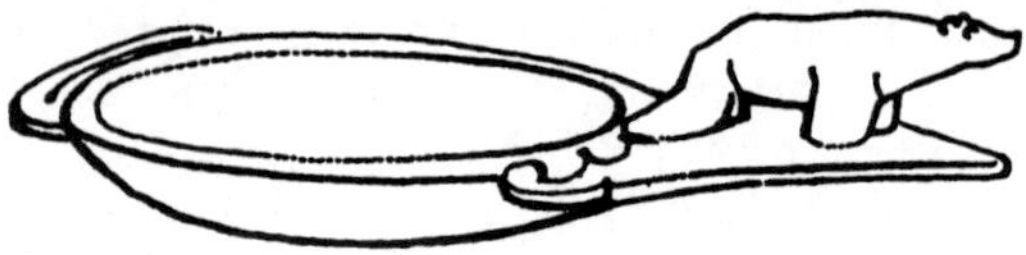

Abb. 94

Abb. 95

Abb. 96

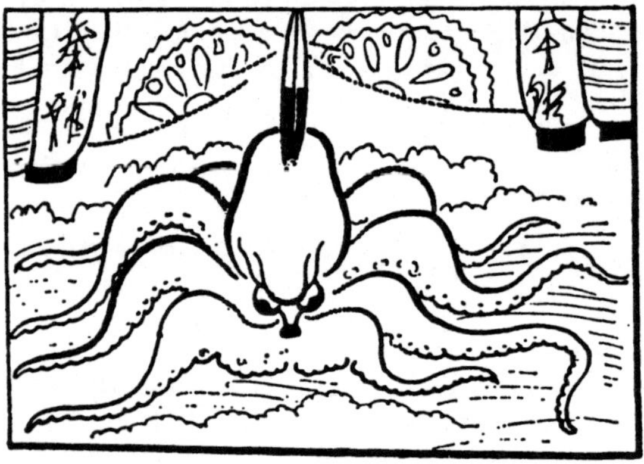

Abb. 97

Ausgangspunkt anzunehmen, in dem die Zeichen, die konkrete Objekte wie einen Ochsen oder einen daherschreitenden Mann abbilden, sich in eine Reihe geordnet hätten, um dem Fluß der Sprache zu entsprechen. Mit Ausnahme von Rechenlisten im protohistorischen China oder auf nahöstlichen Zählbrettern sind uns jedoch tatsächlich

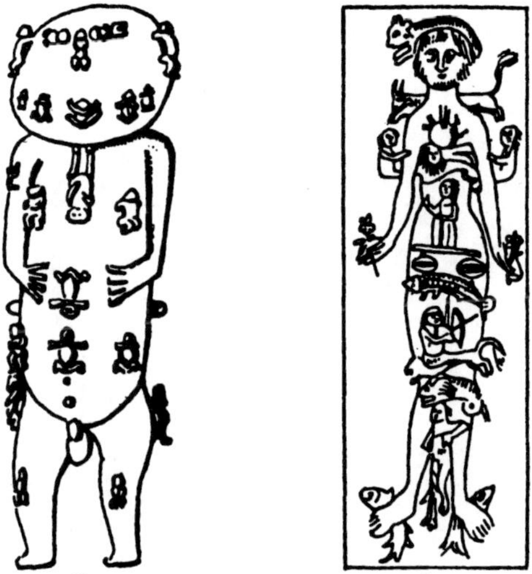

a b

Abb. 98

Abb. 99

keine piktographischen Zeugnisse am Ursprung von Schriften bekannt; der Übergang erfolgt von Gruppen mythographischer Figuren, einfachen »Felszeichnungen« oder Verzierungen zu linearisierten Symbolen, die bereits tief mit der Phonetisierung verschränkt sind. Die piktographische Hypothese unterstellt einen Anfang bei Null,

a

b

Abb. 100

eine Ausgangsidee, nach der die Bilder aneinandergereiht werden, um sie dem Fluß der Wörter anzupassen; diese Hypothese wäre annehmbar, wenn vorher kein anderes Symbolsystem existiert hätte, sie könnte jedoch falsch sein, wenn man die Regel des *günstigen Milieus* anwendet und wenn man von einem Übergang und nicht von einem Bruch ausgeht. Die Schrift entsteht nicht aus einem graphischen Nichts, so wenig wie die Entwicklung der Landwirtschaft ohne vorgängige Zwischenstufen denkbar wäre. Das System der organisierten Darstellung mythischer Symbole und das eines elementaren Rechnens scheinen zu einem bestimmten Zeitpunkt (Abb. 100), der mit den Regionen variiert, zusammenzufließen und bringen die primitiven Schriften der Sumerer und Chinesen hervor, in denen die dem gebräuchlichen Figurenrepertoire entnommenen Bilder eine weitgehende Vereinfachung erfahren und sich aneinanderreihen. Dieses Vor-

gehen ermöglicht noch keine wirklichen Texte, gestattet aber die Aufzählung von Lebewesen und Gegenständen. Die Vereinfachung der Figuren, die durch den wenig monumentalen und provisorischen Charakter der Dokumente bestimmt war, wurde zur Quelle für ihre fortschreitende Ablösung von jenem Kontext, den sie materiell evozierten; aus Symbolen mit dehnbaren Implikationen wurden Zeichen, wirkliche Werkzeuge im Dienste eines Gedächtnisses, in das die Strenge des Rechnens Eingang fand.
Das Rechnen und die schriftliche Abfassung von Genealogien ist den primitiven Gesellschaften fremd; erst mit der Konsolidierung urbanisierter bäuerlicher Organismen setzt sich die soziale Komplexität in Urkunden um, die sich auf die Menschen oder die Götter berufen. Wenn uns eine Rechnungsaufstellung begreiflich erscheint, in der Ziffern und vereinfachte Zeichnungen von Tieren oder Kornmaßen aneinandergereiht sind, so fällt es schwer, sich die Aufreihung piktographischer Zeichen, die Handlungen und nicht mehr Gegenstände ausdrücken, ohne die Intervention des phonetischen Phänomens begreiflich zu machen. Das *Mythogramm* ist in der Tat bereits ein Ideogramm; dies kann man sich deutlich machen, wenn man betrachtet, was davon in unserem heutigen Denken noch anzutreffen ist: so genügt etwa die gemeinsame Darstellung eines Kreuzes, einer Lanze und eines Schilfrohrs, das an seiner Spitze einen Schwamm trägt, um in uns den Gedanken an die Passion Christi hervorzurufen. Die Figur ist jeder phonetisierten mündlichen Notation fremd, sie besitzt dagegen eine Dehnbarkeit, die die Schrift nicht kennt, und umfaßt alle Möglichkeiten der mündlichen Vergegenständlichung von dem Wort *Passion* bis hin zu den umfänglichsten Kommentaren über die christliche Metaphysik. In dieser Form geht die Ideographie der Piktographie voraus, und alle paläolithische Kunst ist ideographisch.
Auf der anderen Seite fällt es leicht, ein System zu begreifen, das drei Striche und die Zeichnung eines Ochsen sowie sieben Striche und die Zeichnung eines Kornsacks aneinanderreiht. In diesem Falle ist die Phonetisierung spontan, die Lektüre buchstäblich unvermeidlich. Wahrscheinlich ist dies die einzige Form der Piktographie, die vor der Entstehung der Schrift existiert hat. Kaum war sie entstanden, mußte sie auch sogleich mit dem schon existierenden ideographischen System zusammenfließen. Diese spontane Vereinigung vermag auch die Tatsache zu erklären, daß die ältesten Schriften des Mittelmeerraumes, des Fernen Ostens oder Amerikas ihren Ausgang zugleich von

Abb. 101

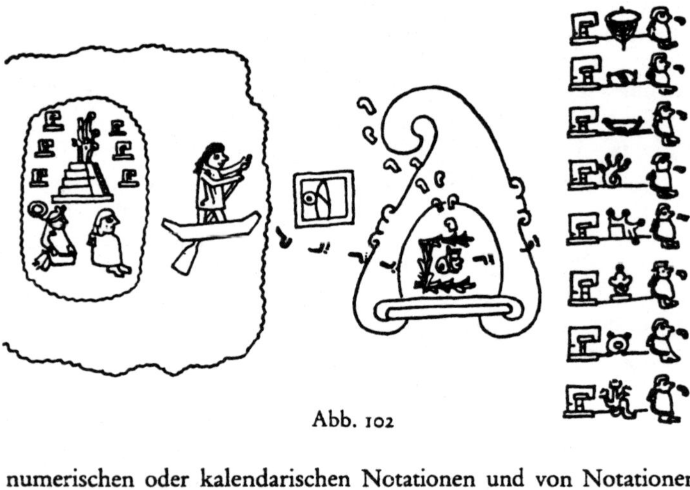

Abb. 102

numerischen oder kalendarischen Notationen und von Notationen der Namen von Gottheiten oder hochgestellten Persönlichkeiten nehmen, und zwar in Form von Figuren, die in der Art aneinandergereihter Mythogramme in kleinen Gruppen angeordnet sind. Die Schriften der Ägypter, Chinesen und Azteken kennen wir als Folgen phonetisierter Mythogramme und nicht in der Form aneinandergereihter Piktogramme (Abb. 100–102). Die Mehrzahl der modernen Autoren zeigt ein gutes Gespür für die Schwierigkeiten der piktographischen

Stufe, eine phonetisierte Schrift zu entwickeln, sie scheinen jedoch kaum das Band bemerkt zu haben, das die sehr alten Systeme piktographischer Notation, die eine Ideographie jenseits der mündlichen Dimensionen impliziert, und eine Schrift verbindet, die sich von Zahlen und Qualitäten ausgehend zu phonetisieren scheint.

Chinesische Schrift
(Abb. 103)

Die Zahl der Schriften, die sich zu einem vollständig elaborierten phonetischen System entwickelt haben, ist sehr begrenzt, und dies trotz der Vielfalt der bekannten phonetischen Schriften. In der Tat sind die amerikanischen Schriften abgestorben, noch bevor sie sich über die ersten Stufen hinaus entwickeln konnten. Die Indus-Schrift hat keine bekannten Nachfolger hinterlassen. Für den Block der Schriften des Nahen Ostens gab es, nachdem er einmal entstanden war, nur ganz ausnahmsweise noch Anlaß zu neuen Aufbrüchen, und die euro-asiatischen Sprachen gingen direkt zu Silben-, Konsonanten- oder Alphabetschriften über. Lediglich Ägypten auf dem einen und China auf dem anderen Pol der alten Zivilisationen entwickelten phonetisierte ideographische Systeme. Ägypten hat seit dem 7. Jahrhundert vor unserer Zeit einen großen Teil seiner archaischen Merkmale verloren, so daß China uns heute das einzige System bietet, das mehr als eine Dimension in den graphischen Symbolen bewahrt hat.
Das chinesische System vereinigt die beiden gegensätzlichen Aspekte der graphischen Notation. Eine Schrift ist dieses System in dem Sinne, daß jeder Schriftzug die Elemente seiner Lautgestalt enthält und in linearer Anordnung zu den übrigen Schriftzügen eine Position einnimmt, die es gestattet, Sätze mündlich zu lesen. Gleichwohl ist der phonetische Bezug der Wörter nur ein ungefährer, d. h. ein Ideogramm, das nur noch zur Darstellung des Lautes dient – eine Phase, die auch die Buchstaben-Sprachen durchlaufen haben. Als phonetisches Werkzeug entspricht das chinesische – mit freilich größerer Subtilität – in etwa dem Stadium eines graphischen Wortspiels oder eines *rebus*, bei dem der Ausdruck *andante* im Sinne von *an Dante* gelesen würde. So unvollkommen dieses Werkzeug auch wegen der Vielzahl der Zeichen erscheinen mag, so hat es doch eine zufriedenstellende phonetische Notation der Sprache ermöglicht. Es ist jedoch

festzuhalten, daß alleine die mündliche Übersetzung der Zeichen deren Phonetik zu erhalten vermag; ginge sie verloren, wären die chinesischen Schriftzüge für immer unaussprechlich, selbst wenn man eine vollständige Aufzeichnung der gesprochenen Sprache besäße. Wie dem auch sei, die chinesische Schrift gehorcht in ihrer phonetischen Gestalt den Regeln einer Schrift, denn sie zeichnet Töne auf, deren Ordnung den Fluß der Sprache nachzeichnet.

In linguistischer Perspektive gilt das Chinesische als eine Wortschrift: die einzelnen Zeichen stehen nicht für einen Buchstaben, sondern für die Lautgestalt eines Wortes. Die Situation ist jedoch nicht eindeutig, denn da die chinesischen Wörter anfangs mehrsilbig waren und sich im Laufe der Jahrhunderte zu Einsilbern entwickelt haben, so folgt daraus: 1. daß die literarische Schrift praktisch aus einer Folge von Wortsilben besteht, die ohne Rückgriff auf die visuelle oder vorgestellte Lektüre der entsprechenden Zeichen nur schwer verständlich sind; 2. daß die gesprochene Sprache letztlich zu einer Silbenschrift führt, da sie durch Verkoppelung von Einsilbern zahlreiche Zwei- und Dreisilber rekonstituiert hat. So gesehen bietet das Chinesische einen anschaulichen Beleg für die These, daß die Schrift aus der Verschränkung zweier Systeme entstanden ist: dem der *Mythogramme* und dem der phonetischen Linearisierung. Die etwas gezwungene und oft recht mühsame Anpassung des Chinesischen an die phonetische Sprachgestalt und die Tatsache, daß es diese Aufgabe letzten Endes recht gut erfüllt, haben die mythographische Notation in einer besonderen Form und nicht nur in der Erinnerung an eine *piktographische* Phase erhalten.

In der Tat bieten sich die ältesten chinesischen Inschriften (aus dem 11. und 12. Jahrhundert vor unserer Zeit) wie die ersten ägyptischen Inschriften und die aztekischen Glyphen in Gestalt von Figuren dar, die zu Gruppen versammelt sind und den Gegenstand oder die Handlung mit einem Halo versehen, der den verengten Sinn, den die Worte in den linearen Schriften angenommen haben, weit übersteigt. Transkribiert man *ngan* (der Friede) und *kià* (die Familie) in Buchstabenschrift, so reduzieren sich die so hervorgerufenen Vorstellungsgehalte auf ihr Skelett. Vergegenwärtigt man dagegen die Vorstellung des Friedens, indem man eine Frau unter ein Dach setzt, so eröffnet man damit eine im eigentlichen Sinne *mythographische* Perspektive, weil darin weder die Transkription eines Lautes noch die piktographische Darstellung einer Handlung oder einer Qualität zum Ausdruck

Abb. 103

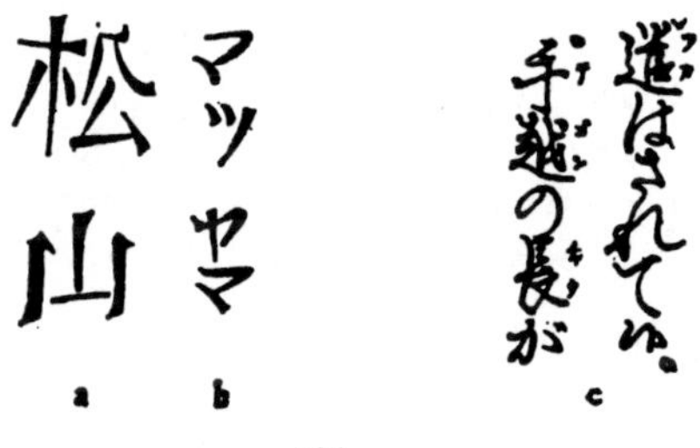

Abb. 104

kommt, sondern die Verschränkung zweier Bilder, die mit der ganzen Tiefe ihres ethnischen Umfeldes ins Spiel kommen. Noch deutlicher wird dies, wenn man sieht, daß die Familie durch die Zusammenstellung eines Daches und eines Schweins dargestellt wird: eine prägnante Verkürzung, die die ganze techno-okönomische Struktur der familialen Gruppe des archaischen China im Hintergrund erscheinen läßt. Man könnte meinen, daß letztlich kaum ein Unterschied zwischen einer solchen Schrift und der Piktographie besteht, wenn man unter

Piktographie die Abfolge von Zeichnungen versteht, in denen Handlungen oder Gegenstände unabhängig von jeder Phonetisierung dargestellt sind. Die chinesische Schrift käme dem aufgrund ihres Prinzips, wonach die eine Hälfte des Schriftzugs *piktographisch*, die andere Hälfte phonetisch ist, scheinbar nahe, es wäre jedoch eine willkürliche Einschränkung ihrer Bedeutung, wenn man in den chinesischen Schriftzügen lediglich die Verbindung eines Kategorialzeichens (Wurzel) und eines phonetischen Partikels sähe. Wir brauchen lediglich ein modernes Beispiel wie *Glühbirne* zu betrachten, um uns der Flexibilität, die diese Bilder bewahrt haben, bewußt zu werden (Abb. 103). Tien-K'i-teng bedeutet für den Sprecher nichts weiter als *Glühbirne*. Dem aufmerksamen Leser eröffnet die Zusammenstellung der drei Schriftzeichen »Blitz-Dampf-Beleuchtung« eine ganze Welt von Symbolen, die das banale Bild der elektrischen Birne umgeben: den Blitz, der aus einer Regenwolke fährt, für das erste Zeichen; den Dampf, der aus einem Topf Reis aufsteigt, für das zweite Zeichen; das Feuer und einen Behälter oder das Feuer und die Tätigkeit des Aufsteigens für das dritte. Natürlich sind diese Bilder parasitär und mögen dem Denken einen diffusen Charakter verleihen, es in eine Richtung leiten, die keinen Bezug mehr zu dem bezeichneten Gegenstand besitzt und vollends bedeutungslos wird, wenn es sich um einen modernen Gegenstand handelt; ein so banales Beispiel vermag uns aber einen Eindruck davon zu geben, worin das Besondere eines Denkens bestanden haben mag, das vieldimensionale, diffuse Schemata evozierte, und worin es sich von einem System unterschieden haben mag, das die Sprachen fortschreitend in eine phonetische Linearität einzwängte.

Interessant ist auch die Tatsache, daß die Verschränkung von ideographischer und phonetischer Notation in der chinesischen Sprache mittels sinnentleerter Ideogramme in gewisser Weise die mythographische Notation durch deren Umleitung vertiefte und zwischen dem notierten Laut (dem auditiven poetischen Material) und seiner Notation (der Vielfalt von Bildern) ein Verhältnis schuf, das äußerst reich an Symbolen ist und der chinesischen Poesie wie auch der poetischen Kalligraphie außergewöhnliche Möglichkeiten bietet; der Rhythmus der Worte wiegt sich im Rhythmus der Schriftzeichen, schwebt über Bildern mit komplexen Wechselbeziehungen, in denen sämtliche Teile jedes Schriftzeichens und die Schriftzeichen untereinander in einer Hülle von Andeutungen um die Worte schwingen.

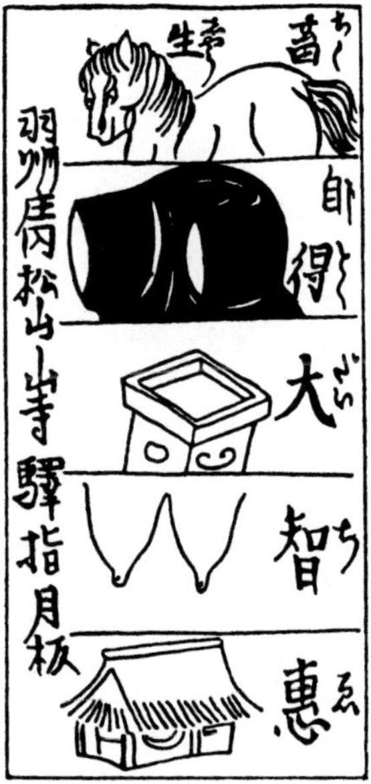

Abb. 105

Die beiden Aspekte der chinesischen Schrift, ihr ideographischer und ihr phonetischer Aspekt, sind in solchem Maße komplementär und zugleich einander fremd, daß sie außerhalb Chinas zu jeweils verschiedenen Notationssystemen geführt haben. Die Übernahme der chinesischen Schrift durch das Japanische läßt sich in Ausdrücken, die einem europäischen Denken verständlich sind, nur schwer kennzeichnen (Abb. 104 und 105). Die beiden Sprachen sind einander weit fremder als das Lateinische und das Arabische, und die chinesische Schrift hängt der japanischen Sprache etwa so an, als wolle man sich darauf kaprizieren, das Französische mit Hilfe von Briefmarken zu schreiben, deren Hauptmotiv annähernd dem Sinn der zu transkribierenden Worte entspräche: das ganze grammatische System und die gesamte phonetische Aufzeichnung fallen so heraus. Die Übernahme der Schriftzeichen erfolgte darum auf einer strikt ideographischen Ebene, die japanische Phonetik verbindet sich mit Zeichen, die von ihrer chinesischen Lautgestalt vollständig befreit sind – genau wie das Zeichen 3 in allen Sprachen mit unterschiedlicher Phonetik gelesen

werden kann. Nur erstreckt sich die Übernahme nicht auf zehn Zeichen, wie es für unsere Ziffern der Fall ist, sondern auf Tausende von Zeichen, die das Lautmaterial der Sprache vollkommen außerhalb der Schrift belassen. Das Vorstellungsmaterial ist seinerseits auf die Begriffe beschränkt und bleibt außerhalb jeder grammatischen Flexion, die vollkommen unberücksichtigt bleibt. Um diesen Mangel auszugleichen, hat das Japanische dem Chinesischen im 8. Jahrhundert vor unserer Zeit 48 Schriftzeichen entnommen, die allein wegen ihres phonetischen Werts benutzt wurden, und daraus ein Repertoir von Silben-Notationen erstellt, das sich nun zwischen die Ideogramme schiebt: wenn das Chinesische – aus mehrdimensionalen Elementen aufgebaut – in jede Gruppe von Figuren, die ein Schriftzeichen bilden, phonetische Anhaltspunkte eingebaut hat, so hat das Japanische die Schriftzüge ihrer phonetischen Färbung entkleidet, um ihnen nachträglich jeweils gesonderte phonetische Zeichen beizugeben.
Das chinesische und das japanische System werden als wenig *praktisch* beurteilt, als inadäquat für die Zielsetzung einer graphischen Übersetzung gesprochener Sprache. In Wirklichkeit ist dieses Urteil nur in dem Maße gültig, wie die geschriebene Sprache dazu bestimmt ist, inhaltsarme, aber präzise Begriffe, deren lineare Aufreihung Effektivität verspricht, ökonomisch zu übersetzen. Die Sprache der Wissenschaft und der Technik entsprechen diesem Bild, und die Alphabete sind ihnen angemessen. Es scheint mir jedoch möglich zu sein, die anderen Ausdrucksmöglichkeiten des Denkens nicht aus dem Auge zu verlieren, insbesondere jene, die der Flexibilität der Bilder gerecht zu werden vermögen, die den Halo der Assoziationen, all die komplementären und gegensätzlichen Darstellungen, die um das Zentrum eines Begriffes kreisen, zum Ausdruck bringen. Die chinesische Schrift stellt einen in der Geschichte der Menschheit einzigartigen Gleichgewichtszustand dar, sie gestattet es (trotz allem), Mathematik oder Biologie mit hinreichender Genauigkeit darzustellen, und hat dennoch nicht die Fähigkeit zum Rückgriff auf jenes ältere System graphischen Ausdrucks verloren: Symbole nebeneinanderzustellen, die keine Sätze, sondern Gruppen von signifikativen Bildern bilden.

Es ist nicht erforderlich, die Geschichte der linearen Schriften lange zu erläutern. Von den sumerisch-akkadischen Schriften, die schon vor dem Jahre 3000 eine beträchtliche Anzahl von Ideogrammen im Übergang zur phonetischen Transkription umfaßten, gelangt man zu den Konsonantenschriften, deren ältestes Beispiel das Phönizische um 1200 vor unserer Zeit ist, und schließlich zum griechischen Alphabet des 8. Jahrhunderts vor Christus. Diese fortlaufende Evolution führt durch alle möglichen Etappen: die der realistischen Darstellung eines Gegenstandes, um das darauf bezogene Wort zu übersetzen, die einer ebenso realistischen Repräsentation, um den gleichen Laut nach dem System des *rebus* in andere Wörter zu transkribieren, die Etappe der Vereinfachung, die es gestattet, den Gegenstand zu vernachlässigen, und daraus ein strikt phonetisches Symbol macht, und schließlich die der Zusammensetzung verschiedener Symbole, um Laute durch die Verbindung von Buchstaben zu transkribieren. Diese Entwicklung ist oft beschrieben worden, sie begründet den Ruhm der großen Zivilisationen, und dies zu recht, denn sie war es, die ihnen das Instrument ihres Aufstieges in die Hand gab.

In der Tat besteht ein enger Zusammenhang zwischen der techno-ökonomischen Evolution der mediterranen und europäischen Zivilisationen und dem graphischen Werkzeug, das sie zur Vollkommenheit entwickelt haben. Wir haben oben gesehen, daß die Bedeutung der Hand als Mittel zur Schaffung von Werkzeugen der Bedeutung der Gesichtsorgane als Mittel zur Schöpfung der gesprochenen Sprache gleichkommt; wir haben weiter gesehen, daß die Hand zu einem bestimmten Zeitpunkt, kurz vor dem Erscheinen des *homo sapiens*, in der Schöpfung eines graphischen Ausdrucksmodus Bedeutung erlangte, der gleiches Gewicht besaß wie die gesprochene Sprache. Die Hand wurde so zur Schöpferin von Bildern, von Symbolen, die nicht unmittelbar vom Fluß der gesprochenen Sprache abhängen, sondern eine echte Parallele dazu darstellen. Auf dieser Stufe bildete sich eine Sprache heraus, die ich in Ermangelung eines besseren Ausdrucks als »mythographisch« bezeichnet habe, weil die geistigen Assoziationen, die sie auslöst, Parallelen zum sprachlichen Mythos besitzen, d. h. eine rigorose Spezifizierung der raum-zeitlichen Koordinaten nicht kennen. In ihrem ersten Entwicklungsstadium bewahrt die Schrift einen großen Teil dieser mehrdimensionalen Sicht; sie behält die Fähigkeit, Vorstellungsbilder auszulösen, die nicht ungenau, aber von einem Nimbus umgeben und geeignet sind, in mehrere divergierende Richtungen zu führen. Wenn die anatomische Evolution des Menschen auch hinter die Evolution der technischen Mittel zurücktrat, so verliert die globale Evolution der Menschheit dennoch nicht ihren Zusammenhalt. Der Cro-Magnon-Mensch besaß ein Gehirn, das dem unsrigen vielleicht gleichkam (jedenfalls gibt es keinerlei Beweis für das Gegenteil), er war jedoch weit davon entfernt, sich auch entsprechend den Fähigkeiten seines Nervenapparates auszudrücken; die Evolution ist vor allem die der Ausdrucksmittel. Bei den Primaten besteht ein durchgängiges Gleichgewicht zwischen den Tätigkeiten der Hand und denen des Gesichts, und der Affe nutzt dieses Gleichgewicht in großartiger Weise, wenn er seinen Wangen die Rolle eines Instruments zum Transport der Nahrungsmittel zuweist, die seine noch mit der Fortbewegung beschäftigte Hand nicht zu erfüllen vermag. Bei den primitiven Anthropinen trennen sich Hand und Gesicht gewissermaßen, leisten aber beide ihren Beitrag zur Suche nach einem neuen Gleichgewicht: die Hand durch Werkzeug und Geste, das Gesicht mit der Stimmbildung. Mit der Entstehung der graphischen Abbildung stellt sich die Parallelität zwischen beiden wieder her, die Hand hat ihre Sprache, deren Ausdruck sich auf den Gesichtssinn bezieht, das Gesicht hat seine Sprache, die an den Hörsinn geknüpft ist, und zwischen beiden liegt jener Halo, der dem Denken vor der Entstehung der Schrift im eigentlichen Sinne einen eigentümlichen Charakter verleiht: die Geste interpretiert das Wort, und dieses wiederum kommentiert den Graphismus.

Im Stadium des linearen Graphismus, der für die Schrift charakteristisch ist, wandelt sich das Verhältnis beider Bereiche von neuem: phonetisiert und linear im Raum, ordnet sich die geschriebene Sprache vollständig der gesprochenen Sprache unter, die ihrerseits phonetisch und linear in der Zeit ist. Der Dualismus zwischen gesprochener Sprache und Graphismus verschwindet, und der Mensch verfügt über einen einheitlichen Sprachapparat, ein Instrument zum Ausdruck und zur Bewahrung eines Denkens, das seinerseits mehr und mehr in der Vernunft kanalisiert wird.

Der Übergang vom mythologischen Denken zum rationalen Denken erfolgte in einem kräftigen Schub und vollkommen synchron mit der Evolution der Stadt und der Metallurgie. Die ersten Keime der Schrift lassen sich in Mesopotamien um 3500 vor unserer Zeit (2500 Jahre nach dem Erscheinen der ersten Dörfer) datieren. 2000 Jahre später, um 1500 vor unserer Zeit, tauchen in Phönizien die ersten Konsonanten-Alphabete auf, um 750 entstehen in Griechenland die Vokal-Alphabete. Um 350 steht die griechische Philosophie in voller Blüte.
Über die Organisation des primitiven Denkens besitzen wir nur schwer zu interpretierende Zeugnisse, sei es, weil wir unsere Interpretationen auf höchst fragmentarische prähistorische Dokumente stützen müssen, sei es, weil die Dokumente über das Denken der australischen Ureinwohner oder der Buschmänner uns nur gefiltert erreichen, gefiltert von Ethnographen, die nicht immer eigene Untersuchungen angestellt haben. Was wir wissen, spricht für einen Vorgang, bei dem die Gegenüberstellung der Werte sich nach einer Logik der Teilhabe ordnet, die das Denken der Primitiven eine Zeitlang als *prälogisch* hat erscheinen lassen. Das Denken der Primitiven scheint sich in einer Zeit und einem Raum zu bewegen, die ständig in Frage gestellt werden (siehe Kapitel XIII). Die freie Koordination zwischen der gesprochenen Sprache und den graphischen Abbildungen bildet mit Sicherheit eine der Quellen dieses Denkens, dessen raum-zeitliche Organisation von der unsrigen verschieden ist und eine permanente Kontinuität zwischen dem denkenden Subjekt und der Umwelt impliziert, auf die sich dessen Denken bezieht.
Die Diskontinuität taucht erst mit dem bäuerlichen Seßhaftwerden und den ersten Schriften auf. Die Grundlage bildet die Schaffung eines kosmischen Bildes, dessen Angelpunkt die Stadt ist. Das Denken der Bauernvölker organisiert sich gleichermaßen in den Dimensionen von Raum und Zeit um einen Bezugspunkt, *omphalos*, um den der Himmel kreist und von dem her sich die Abstände bestimmen. Das Denken der vor-alphabetischen Antike ist strahlenförmig wie der Körper des Seeigels oder des Seesterns, es beginnt eben erst die geradlinige Fortbewegung in den archaischen Schriften zu beherrschen; deren Ausdrucksmittel bleiben mit Ausnahme des Rechnens noch sehr diffus. Die Einschließung der Welt in das Netz *exakter* Symbole steht noch ganz am Anfang, und das Denken erreicht im Mittelmeer-

raum oder im China des 1. Jahrtausends vor unserer Zeit den größten Reichtum im Umgang mit dem mythologischen Denken. Die Welt ist noch das Himmelsgewölbe, das durch ein Netz unbegrenzter Korrespondenzen mit der Erde verbunden ist – das goldene Zeitalter eines vorwissenschaftlichen Wissens, das als nostalgische Erinnerung bis in unsere Zeit wirksam ist.

Die durch die bäuerliche Seßhaftwerdung bestimmte Bewegung fällt, wie wir gesehen haben, mit einem immer effektiveren Zugriff des Individuums auf die materielle Welt zusammen. Der fortschreitende Triumph des Werkzeugs ist untrennbar mit dem der Sprache verbunden, es handelt sich in der Tat nur um ein einziges Phänomen, und dies im gleichen Sinne, wie Technik und Gesellschaft ein und denselben Gegenstand bilden. Die Sprache steht in der Tat auf der gleichen Ebene wie die Techniken, sobald die Schrift nichts anderes mehr ist als die phonetische Aufzeichnung des Redeflusses. Ihre technische Effizienz steht in direktem Verhältnis zur Ausblendung jenes Halo assoziierter Bilder, der die archaischen Formen der Schrift kennzeichnet.

So tendiert die Schrift also zu einer Verengung der Bilder, zu einer rigorosen Linearisierung der Symbole. Mit dem Alphabet ausgerüstet, verfügt das klassische und moderne Denken über mehr als nur ein Mittel, die genaue Bilanz der fortschrittlichen Errungenschaften in den verschiedenen Bereichen seiner Tätigkeit im Gedächtnis zu behalten, es verfügt vor allem über ein Werkzeug, dank dessen das gedachte Symbol in Wort und Geste die gleiche Notation erfährt. Diese Vereinheitlichung des Ausdrucksvorganges geht mit der Unterordnung des Graphismus unter die gesprochene Sprache einher; sie reduziert den Verlust an Symbolen, der noch für die chinesische Schrift charakteristisch ist, und entspricht dem gleichen Prozeß, dem die Techniken im Laufe ihrer Evolution folgen.

Sie bedeutet auch eine Verarmung an Mitteln zum Ausdruck irrationaler Momente. Wenn man der Ansicht ist, der von der Menschheit bis heute verfolgte Weg sei ihrer Zukunft uneingeschränkt nützlich, d. h. wenn man in die bäuerliche Seßhaftwerdung mit allen ihren Konsequenzen ein vollständiges Vertrauen setzt, so kann man diesen Verlust eines mehrdimensionalen symbolischen Denkens nicht anders beurteilen als die Verbesserung des Laufvermögens der Pferde, die eintrat, als sich ihre drei Zehen auf einen einzigen reduzierten. Wenn man dagegen der Ansicht ist, der Mensch verwirkliche sich erst voll in einem Gleichgewicht, in dem er den Zugang zur Totalität der Wirklichkeit behielte, so kann man sich fragen, ob nicht das Optimum nur allzu schnell in dem Augenblick überschritten wurde, als der technische Utilitarismus in einer vollständig kanalisierten Schrift das Mittel einer unbegrenzten Entwicklung fand.

Jenseits der Schrift: das Audiovisuelle

Die alphabetische Schrift beläßt dem Denken ein gewisses Maß an persönlichem Symbolismus. In der Tat führt das Lesen einer Schrift zur Rekonstruktion des Lautes, der individuell bleibt, und in einer engen, aber mit Sicherheit vorhandenen Bandbreite zu einer persönlichen Interpretation des Lautmaterials. Mehr noch bleiben die durch die Lektüre ausgelösten Bilder der mehr oder weniger reichen Imagination des Lesers überlassen. Das Alphabet wechselt zwar die Ebene und ersetzt die ideographischen Symbole durch Buchstaben, es zerstört damit aber nicht alle Möglichkeiten einer Neuschöpfung. Mit anderen Worten, wenn die Alphabetschrift den Bedürfnissen des sozialen Gedächtnisses gehorcht (siehe Kapitel VI), so beläßt es dem Individuum doch den Vorteil jener Interpretationsanstrengung, die sie von ihm verlangt.
Man mag sich fragen, ob die Schrift nicht trotz der wachsenden Bedeutung gedruckten Materials in der gegenwärtigen Zeit nicht schon zum Tode verurteilt ist. Tonaufzeichnung, Kino und Fernsehen haben sich seit einem halben Jahrhundert in die Verlängerung jenes Weges eingeschaltet, der seinen Ausgang vor dem Aurignacien nahm. Von den Stieren und Pferden der Höhle von Lascaux bis zu den mesopotamischen Zeichen und dem griechischen Alphabet wandelten sich die Bildsymbole vom Mythogramm zum Ideogramm, vom Ideogramm zum Buchstaben, und die materielle Zivilisation stützt sich auf Symbole, in denen der Spielraum zwischen der Kette der ausgesendeten Konzepte und ihrer Wiedergabe immer enger wird. Die Aufzeichnung des Denkens und seine mechanische Wiedergabe verkürzen diese Schwingungsweite nochmals, und man muß sich fragen, zu welchen Konsequenzen eine solche Verengung führen wird. Erstaunlicherweise ist die mechanische Aufzeichnung der Bilder in weniger als einem Jahrhundert dem gleichen Weg gefolgt, wie ihn die Aufzeichnung des Wortes in mehreren Jahrtausenden durchlaufen hat. In der

Tat waren es die zweidimensionalen visuellen Bilder, die als erste, in der Photographie, ihre automatische Reproduktion erlebten. Und wie im zweiten Schritt die Schrift entstand, so erfuhr dann auch das Wort in der Tonaufzeichnung seine mechanische Fixierung. Bis zu diesem Punkt erfahren die geistigen Aufnahmemechanismen noch keinerlei Verzerrung: Als rein statistisches und visuelles Medium beläßt die Photographie der Interpretation ebensoviel Freiheit, wie sie in der Altsteinzeit vor den Bisons von Altamira bestand. Und auch der Phonograph reproduziert eine auditive Kette, der sich eine freie und persönliche geistige Sicht überlagert.
Der Stummfilm veränderte die herkömmlichen Bedingungen nicht merklich; der stumme Bildstreifen stützte sich auf unbestimmte, lautliche Ideogramme, die von einer Musikbegleitung geliefert wurden und den Spielraum zwischen dem vorgestellten Bild und dem Individuum bewahrten. Die Bedingungen wandelten sich erst grundlegend mit dem Tonfilm und dem Fernsehen: sie mobilisieren gleichzeitig die visuelle Wahrnehmung der Bewegung und die akustische Wahrnehmung und erfordern die passive Beteiligung des gesamten Wahrnehmungsbereiches. Die Bandbreite individueller Interpretation findet sich hier in extremem Maße reduziert, weil das Symbol und sein Inhalt sich in einem Realismus verschmelzen, der auf höchste Perfektion zielt, und weil auf der anderen Seite die so geschaffene reale Situation dem Zuschauer keinerlei Möglichkeit eines aktiven Eingriffs beläßt. Diese Situation unterscheidet sich von der eines Neandertalers, weil sie vollkommen zwanghaft und passiv ist, und auch von der eines Lesers, weil sie ein totales, d. h. visuelles und auditives Erlebnis ist. Unter diesem doppelten Aspekt erscheinen die audiovisuellen Techniken als neue Stufe in der menschlichen Evolution, als eine Stufe, die den Kern des Menschen trifft, das reflektierende Denken. Aus sozialer Perspektive bedeutet das Audiovisuelle fraglos eine Errungenschaft, denn es gestattet eine präzise Information und wirkt auf die informierte Masse in einer Weise ein, die deren sämtliche Interpretationsmöglichkeiten eliminiert. Darin folgt die Sprache der allgemeinen Evolution des kollektiven Überorganismus und entspricht damit der immer vollkommeneren Konditionierung der individuellen Zellen. Läßt sich auf individueller Ebene eine Rückkehr zu vorfigurativen Stufen denken? Mit Sicherheit bietet die Schrift eine außergewöhnlich effiziente Anpassung des audiovisuellen Verhaltens, das den Grundmodus der Wahrnehmung beim Menschen bildet, sie

stellt aber auch einen beträchtlichen Umweg dar. Die Situation, die sich jetzt einzustellen beginnt, müßte danach eine Perfektionierung bedeuten, weil sie die Anstrengung der *Imagination* (im etymologischen Sinne) ökonomisiert. Aber die Imagination ist eine fundamentale Fähigkeit der Intelligenz, und eine Gesellschaft, in der die Fähigkeit zur Schöpfung von Symbolen nachließe, verlöre zugleich ihre Handlungsfähigkeit. In der Welt führt dies zu einem gewissen individuellen Gleichgewicht oder genauer zu einer Tendenz, wie sie auch das Handwerk kennzeichnet: zu einem Verlust von Phantasie in den vitalen Handlungsketten.

Die audiovisuelle Sprache konzentriert tendenziell die gesamte Produktion von Bildern in den Hirnen einer Minderheit von Spezialisten, die den Individuen ein vollständig figuriertes Material vorlegen. Die Schöpfer von Bildern, Maler, Dichter und technische Erzähler, waren stets, und selbst in der Altsteinzeit, eine soziale Ausnahme, ihr Werk blieb aber unabgeschlossen, offen, weil es auf die persönliche Interpretation angewiesen blieb, ganz gleich auf welchem Niveau sich der Gebrauch der Bilder bewegte. Heute realisiert sich die auf kollektiver Ebene höchst profitable Arbeitsteilung zwischen einer schmalen Elite, als einem Organ intellektueller Verarbeitung, und den Massen, die zu bloßen Aufnahmeorganen geworden sind. Diese Evolution berührt nicht allein das Audiovisuelle, das lediglich den Endpunkt eines allgemeinen, den ganzen Bereich des Graphischen umfassenden Prozesses darstellt. Die Photographie hat in ihren Anfängen keine Modifikationen der intellektuellen Wahrnehmung von Bildern eingeführt; wie alle Innovationen stützte sie sich zunächst auf das Bestehende: die ersten Automobile waren Kutschen ohne Pferde, und die ersten Photographien Porträts und Bewegungen ohne Farbe. Der Prozeß der *Vor-Verdauung* nimmt erst mit der Ausbreitung des Kinos Gestalt an, das die Wahrnehmung der Photographie und der Zeichnung in einem eigentlich piktographischen Sinne vollständig umwandelt. Die sportliche Momentaufnahme und der Comic-Strip reagieren mit dem *Digest* auf die Arbeitsteilung zwischen dem Schöpfer und dem Konsumenten von Bildern innerhalb des sozialen Körpers.

Die Verarmung liegt nicht in den Themen, sie beruht vielmehr auf dem Verschwinden der persönlichen Vorstellungsvarianten. Die Themen der populären (oder gehobenen) Literatur waren immer sehr beschränkt, es ist darum nichts Außergewöhnliches, wenn wir immer den gleichen sehr schönen und sehr starken Supermann antreffen, die gleiche *femme fatale*, wenn wir stets den gleichen mehr oder weniger dümmlichen Hünen mitten zwischen Sioux und Bisons agieren oder voll in den Wirren des Hundertjährigen Krieges verstrickt sehen, wenn wir ihn an Bord eines Piratenschiffes, im Feuerhagel einer Gangsterjagd oder in einem Raumschiff zwischen zwei Planeten antreffen. Die endlose Wiederholung der gleichen Bilder entspricht dem äußerst schwachen Reflex, den in den Individuen die Vorführung von Gefühlen auslöst, die um Aggressivität und Sexualität kreisen. Es kann kein Zweifel bestehen, daß die Comic-Strips die Handlung weit besser übersetzen als die alten Bilder von Epinal. In diesen war der Faustschlag ein unabgeschlossenes Symbol, der Schlag, den *superman* an das Kinn des Verräters setzt, läßt an traumatischer Präzision nichts zu wünschen übrig; alles erhält eine absolut nackte Realität, die sich ohne jede Mühe, mit trägem Hirn aufnehmen läßt.

Wir haben die Sprache in diesem ersten Teil auf der gleichen Ebene untersucht wie die Technik, als eine rein praktische Angelegenheit, als Resultat der biologischen Verfassung des Menschen. Das anfängliche Gleichgewicht zwischen den beiden Polen des Relationsfeldes stellt die Evolution des Menschen in eine Reihe mit der Evolution aller Tiere, die ihre Operationen zwischen dem Spiel des Gesichtes und dem des oberen Gliedes aufteilen; es knüpft aber auch, implizit, die Existenz der Sprache an die der manuellen Techniken. Die Evolution des Gehirns, soweit wir sie vernünftig rekonstruieren können, läßt uns den Zusammenhang begreifen, der im Hinblick auf die neuen Techniken zwischen dem aufrechten Gang, der Befreiung der Hand und der Erweiterung der Gehirnflächen besteht, sämtlich Voraussetzungen für die Anwendung der physischen Fähigkeiten auf die Entwicklung einer menschlichen Handlungsfähigkeit. Die Verschränkung der beiden Manifestationen menschlicher Intelligenz ist auf dem Niveau des Gehirns so eng, daß wir trotz des Fehlens fossiler Belege nicht umhin können, schon von Anfang an das Vorhandensein einer Sprache zu unterstellen, die von der Sprache der Tiere wesentlich unterschieden war, einer Sprache, die aus der Reflexion zwischen den beiden Spiegeln der technischen Geste und des lautlichen Symbolismus hervorging. Diese Hypothese über die dem *homo sapiens* vorangegangenen Menschen bis hin zu den fernen Australanthropinen erhält den Charakter der Gewißheit, wenn wir die enge Synchronie betrachten, die in der Folgezeit zwischen der Evolution der Techni-

ken und der Evolution der Sprache besteht; und mehr noch wenn wir bedenken, in welchem Maße Hand und Stimme im Ausdruck des Denkens miteinander verknüpft bleiben.
Während die Entwicklung der materiellen Techniken sich mit dem *homo sapiens* außerordentlich beschleunigt, zeigt die paläolithische Kunst zur gleichen Zeit, daß das Denken einen Grad der Abstraktion erreicht hat, der bei der Sprache einen entsprechenden Zustand voraussetzt. Von da an erscheint die graphische oder plastische Gestaltung als Mittel zum Ausdruck eines symbolisierenden Denkens mythischer Art, das durch eine graphische Unterstützung der gesprochenen Sprache gekennzeichnet, aber unabhängig von der phonetischen Notation ist. Wenngleich die Sprachen der oberen Altsteinzeit keinerlei fossile Spuren hinterlassen haben, so deuten die Zeugnisse, die wir von der Hand derer, die sie sprachen, besitzen, ganz eindeutig auf einen Zustand, der den symbolischen Aktivitäten entsprach und ohne Sprache nicht vorstellbar ist, und auf technische Aktivitäten, die ohne eine verbalisierte intellektuelle Fixierung nicht denkbar sind.
Von Stufe zu Stufe setzt sich die Parallelität der Entwicklung fort, und als die bäuerliche Seßhaftwerdung eine hierarchisierte und spezialisierte soziale Struktur schuf, gingen daraus für Technik und Sprache synchrone Impulse hervor. Wenn die topographische Entfaltung des Hirnkortex der primitiven Anthropinen die gemeinsame Entwicklung des Materiellen und Sprachlichen zur Folge hatte, so übersetzt die topographische Strukturierung des Überorganismus Stadt den gleichen Zusammenhang. Wie das ökonomische System den Kapitalismus des Getreides und die Metallurgie hervorbringt, so auch wiederum in enger Gemeinschaft die Wissenschaften und die Schrift. Zur gleichen Zeit, da die Techniken im Schoße der Stadt den Aufbruch zur heutigen Welt markieren, da Raum und Zeit sich in einem geometrischen Netz organisieren, das im gleichen Zuge Himmel und Erde erfaßt, gewinnt auch das rationalisierende Denken die Überhand über das mythische Denken, linearisiert es die Symbole und paßt sie fortschreitend dem Fluß der gesprochenen Sprache an, bis schließlich die graphische Phonetisierung ins Alphabet mündet. Seit dem Beginn der geschriebenen Geschichte wie auch in den voraufgegangenen Stadien ist der Reflexionsbereich von Sprache und Technik total, und unsere gesamte Entwicklung hängt davon ab. Der Ausdruck des Denkens durch Sprache findet mit dem Gebrauch der Alphabete, die das Graphische vollkommen dem Lautlichen unterordnen, ein Instru-

mentarium mit unbeschränkten Möglichkeiten, aber sämtliche älteren Formen bleiben in unterschiedlichem Grade lebendig, ja, wir werden im weiteren Verlauf dieses Buches sehen, daß ein ganzer Teil des Denkens sich von der linearisierten Sprache abspaltet, um den Zugang zu jenen Inhalten zu bewahren, die der strengen Notation entgehen. Der Spielraum zwischen den beiden Polen der auditiven und visuellen Gestaltung wandelt sich im Übergang zur phonetischen Schrift beträchtlich, er läßt jedoch die individuelle Fähigkeit zu einer Visualisierung des Sprachlichen und des Graphischen unangetastet. Die heutige Entwicklung ist einmal durch die audiovisuelle Integration gekennzeichnet, die einen Ausdrucksmodus hervorbringt, in dem die individuelle Interpretation einen großen Teil ihrer Möglichkeiten verliert, zum anderen durch die soziale Funktionsteilung zwischen der Schöpfung von Symbolen und der Rezeption der Bilder. Noch hier tritt das enge Wechselverhältnis von Technik und Sprache deutlich hervor. Das Werkzeug verläßt schon früh die Hand des Menschen und wird zur Maschine: am Ende werden gesprochene Sprache und visuelle Wahrnehmung dank der technischen Entwicklung dem gleichen Prozeß unterworfen. Die Sprache, die der Mensch in den Werken seiner Hand, in Kunst und Schrift objektiviert hatte, erreicht nun den höchsten Grad ihrer Ablösung vom Menschen und vertraut ihre innersten phonetischen und visuellen Qualitäten dem Wachs, dem Film und dem Magnetband an.

Zweiter Teil
Das Gedächtnis
und die Rhythmen

Kapitel VII
Die Befreiung des Gedächtnisses

Art und Ethnie

Seit dem 18. Jahrhundert findet sich die Philosophie hinsichtlich des Verhältnisses zwischen tierischer und menschlicher Gesellschaft in zwei Lager gespalten: für das eine Lager besteht zwischen den beiden Welten eine wesentliche Identität, dem anderen gilt deren Verhältnis als disparat. Tatsächlich entstammen beide Vorstellungen demselben Strom, der bis auf die Ursprünge der Philosophie zurückgeht: der Wahrnehmung des Gegensatzes von Materiellem und Geistigem. Diese Wahrnehmung verbindet sich im Laufe der Jahrhunderte mit den verschiedensten ideologischen Inhalten, und von den ältesten Metaphysiken bis hin zur modernen Soziologie kehrt der Gegensatz zwischen Natur und Kultur, zwischen dem Zoologischen und dem Soziologischen beharrlich wieder. Betrachtet man die Vorstellungen der australischen Ureinwohner oder der Einwohner Ostsibiriens über die Tierwelt, so stellt man fest, daß für sie grundsätzlich kein Wesensunterschied zwischen Tier und Mensch besteht; beide sind mit den gleichen intellektuellen Gaben ausgestattet, und im Lichte der Mythologie zeugen ihre Reaktionen von der Gleichheit zwischen Tieren und Menschen und von einer möglichen Kontinuität in ihren Beziehungen. Diese Vorstellung scheint auch in den europäischen Volkstraditionen durch, etwa in den Märchen, in denen die Tiere sprechen und sich in die menschlichen Handlungsabläufe einschalten können.

In literarischer Form findet sich die gleiche Haltung auch heute noch in den traditionellen Erzählungen, bei Kipling gerade so wie bei der *Micky-Maus*. Der Umstand, daß diese Literatur als Kinderliteratur gilt, nimmt ihr nichts von ihrer tiefen Bedeutung. Zwischen dieser Haltung und der Einstellung, mit der ein Naturforscher des 19. Jahrhunderts an die Ameisengesellschaft herantritt, besteht nur ein geringfügiger Unterschied; der Anthropozentrismus ist in der Erforschung der »Ameisensprache« nicht weniger auffällig als in den zahllosen Mythen, in denen der Bär eine menschliche Frau heiratet. Er ist wohl auch nicht weniger auffällig in den Bemühungen um eine radikale Trennung zwischen Tier und Mensch, die vom Gegensatz zwischen Instinkt und Intelligenz ausgehen.

Wenn Tier und Mensch dem mythologischen Denken im Wesen gleich erscheinen, so trennen sich ihre Wege doch zu einem bestimmten Zeitpunkt. Der Bär wird zum Mann, und Schlange und Vogelweibchen werden zu Frauen, wenn sie ihre Bären-, Schlangen- oder Vogelhülle ablegen; in deren Kleid nehmen sie auch deren spezifisches Verhalten an; genau wie die Menschen das Verhalten ihrer Ethnie oder ihrer sozialen Klasse annehmen, sobald sie sich mit deren Kleidungsattributen versehen. Diese gleichfalls anthropozentrische Sicht zeugt von der Erkenntnis, daß die Welt des Lebendigen in verschiedene soziologische Einheiten aufgespalten ist, in Einheiten, die sich nach ihren Sitten und ihren äußeren Merkmalen unterscheiden und in ihrer Sonderung gewissermaßen die Kehrseite jener Identität bilden, die alle Lebewesen in ihrem Naturzustand eint. Diese Anschauung ist so spontan und universell, daß sie schon einer realen Tatsache entsprechen muß: der Trennung zwischen dem physischen Menschen und seiner sozialen Umgebung; zwar überträgt sie die menschlichen Merkmale auf die Tierwelt, aber sie analysiert auch die wesentliche Tatsache der doppelten Zugehörigkeit des Menschen zur zoologischen und zur soziologischen Welt. Überdies bringt sie jene andere wesentliche Tatsache zur Geltung, wonach die Lebewesen für die Menschen nur über ihr gruppenspezifisches Verhalten Bedeutung erlangen; und wenn man sich vor Augen hält, daß die Tiere in den Mythen echten Ethnien gleichgestellt werden, so zeigt sich, daß diese Vorstellung auch zur Erkenntnis des determinierenden Charakters der ethnischen Zugehörigkeit führt.

Das wissenschaftliche Denken der letzten beiden Jahrhunderte zeigt auf zwei verschiedenen Wegen die gleiche Einstellung in der Erforschung von Instinkt und Intelligenz und in der Erforschung der Trennung von Natürlichem und Kulturellem. Den ersten Weg schlug die Tierpsychologie ein, den zweiten die Ethnologie. Ich habe weiter oben gezeigt, daß die Evolution der Anthropinengesellschaften zu einer schrittweisen Lösung der Verbindung zwischen dem Zoologischen und dem Soziologischen führt; daraus können wir ersehen, daß das Problem sich gleichzeitig auf beiden Wegen stellen kann, oder besser, daß es einen dritten Ausgang gibt, der sich deutlich dem empirischen Bild der schriftlosen Gesellschaft annähert. Dieser Weg bestünde darin, das Problem der Gesellung als dominierendes Moment in den Problemen von Animalität oder Menschsein zu begreifen, die Gesellschaft beim Tier wie beim Menschen in einem Korpus von »Traditionen« gehalten zu sehen, dessen Grundlage nicht *entweder instinktiv oder intellektuell*, sondern in verschiedenen Graden *zugleich zoologisch und sozial* ist. Für einen äußeren Beobachter haben eine Ameisengesellschaft und eine menschliche Gesellschaft in der Tat nichts anderes gemein als die Existenz von Traditionen, in denen jene Operationsketten von einer Generation zur anderen weitergegeben werden, die das Überleben und die Entwicklung der sozialen Gruppe sicherstellen. Im einzelnen mag man Übereinstimmungen und Unterschiede diskutieren, in jedem Falle aber überlebt die Gruppe durch die Existenz eines wirklichen Gedächtnisses, in das sich die Verhaltensweisen einschreiben; beim Tier beruht dieses artspezifische Gedächtnis auf einer sehr komplexen Instinktausstattung, bei den Anthropinen gründet das den Ethnien eigene Gedächtnis auf dem nicht weniger komplexen Apparat der Sprache. Den Instinkt der Sprache gegenüberzustellen und nicht der Intelligenz ist nur dann legitim, wenn die beiden Ausdrücke der Gegenüberstellung einander wirklich entsprechen; und eben dies wollen wir in diesem Kapitel aufzeigen. Wenn es zutrifft, daß die *Art* die charakteristische Form der Gruppenbildung bei den Tieren ist und die *Ethnie* die charakteristische Form der Gruppenbildung bei den Menschen, so muß jedem der Traditionsbündel eine spezifische Form des Gedächtnisses entsprechen.

Instinkt und Intelligenz

Zahllose Studien haben sich mit dem scheinbar unlösbaren Problem von Intelligenz und Instinkt befaßt. Bis zum Beginn des 20. Jahrhunderts war die Debatte von anthropozentrischen Vorstellungen gekennzeichnet; seit einer Generation scheint sie ihr Interesse zum größten Teil eingebüßt zu haben. Weder der Instinkt noch die Intelligenz lassen sich als Ursachen ansehen, sie sind selbst noch Wirkungen; der Instinkt liefert keine Erklärung für das Instinktverhalten, er bezeichnet lediglich philosophisch das Ergebnis komplexer Prozesse und vielfältiger Ursachen. Für das Individuum stünde der Instinkt am Kreuzungspunkt seiner artspezifischen Mittel und der äußeren Ursachen für deren Wirksamwerden in den Operationsketten, wobei die äußeren Ursachen zugleich in der Erziehung und im Reiz gelegen sind.

Einen gewissen praktischen Wert hat die Unterscheidung zwischen Instinkt und Intelligenz nur für die Extreme, Insekt und Mensch, aber auch hier läßt sich der wirkliche Wert der Unterscheidung nur schwer ausmachen. In der Tat sind die Operationsprogramme bei den niederen Wirbeltieren in hohem Maße vom inneren Milieu und den äußeren Reizen bedingt; das operative Verhalten einer Amöbe oder eines Ringelwurms ist auf kurze Ketten beschränkt, in denen Auslösung und Ablauf an Ursachen gebunden zu sein scheinen, für die eine Unterscheidung zwischen einer »automatischen« und einer reflektierten Intelligenz kaum sinnvoll erschiene. Es ist darum nicht möglich, die Evolution eines Instinktes von den einfachsten bis zu den höheren Tieren festzustellen, der sich dann auf dem Gipfel in Intelligenz verwandelte. Die einzige Tatsache, die uns die Beobachtung des Tierverhaltens hier an die Hand gibt, ist die Formbarkeit des individuellen Verhaltens hinsichtlich seiner artspezifischen Mittel, und darin läßt sich keine Befreiung vom Instinkt sehen, sondern eine Befreiung von den Ketten, die sich an den Schnittflächen des inneren biologischen Milieus und der äußeren Umwelt herausbilden. Es handelt sich also mehr um eine Frage des nervösen Apparates als um ein spezifisches Merkmal der Tierwelt. Genauer gesagt, das Nervensystem ist keine Maschine zur Produktion des Instinktes, es antwortet vielmehr auf innere und äußere Reize durch die Konstruktion von Programmen. Wenn der Instinkt heute als ein Konzept erscheint, das allzu unbestimmt bleibt, und wenn man sich die Komplexität des vererbten Verhaltens vor Augen führt, so läßt sich die Existenz eines artspezifischen Gedächtnisses[14] kaum noch bestreiten. Dieses Gedächtnis kann sich in Form von Handlungsketten herausbilden, die sich der fortschreitenden Konditionierung des Individuums unter der Einwirkung äußerer Reize verdanken und die einzigen Antworten darstellen, die

14 *Gedächtnis* verstehe ich hier in einem sehr weiten Sinne, nicht als Eigenschaft der Intelligenz, sondern, was immer dies sei, als Grundlage, in die sich die Handlungsketten einprägen. In diesem Sinne kann man von einem *Art-Gedächtnis* sprechen, um so die Fixierung des Verhaltens bei den Tierarten zu definieren, von einem *ethnischen Gedächtnis*, das die Reproduktion des Verhaltens in den menschlichen Gesellschaften gewährleistet, und schließlich von einem *künstlichen Gedächtnis*, das in seiner neuesten Form elektronischer Art ist und ohne einen Rückgriff auf Instinkt oder Reflexion die Reproduktion mechanischer Handlungsketten sicherstellt.

ihm erbmäßig zur Verfügung stehen; in der Abfolge der Generationen reproduzieren sich die gleichen oder recht ähnliche Ketten von einem Individuum zum nächsten. Der Instinkt, wie er im artspezifischen Gedächtnis zum Ausdruck kommt, ist nur in dem Maße eine Realität, wie man die Konstanz der daraus resultierenden Operationsketten ins Auge faßt. Das Problem läßt sich also nicht in einem Gegensatz von Instinkt und Intelligenz festmachen, sondern im Kontrast zweier Programmierweisen, deren eine, beim Insekt, ein Maximum genetischer Prädetermination erreicht, während die andere, beim Menschen, genetisch offenbar nicht determiniert ist. Tatsächlich kommt diese Unterscheidung in sehr unterschiedlichen Hirnausstattungen beim Insekt und beim Menschen zum Ausdruck, und das Problem erweist sich weniger als eines der Philosophie denn als eines der Neurophysiologie.

Mit Bezug auf den Instinkt und die Intelligenz könnte man die Lebewesen summarisch drei großen Typen zuordnen. Der erste Typ umfaßte die niederen Wirbellosen mit sehr elementarem Zerebralsystem, bei denen die Programme kurze und stereotypisierte Ketten sehr einfacher Handlungen bilden, in denen das Gleichgewicht des Organismus mit seiner Umwelt zum Ausdruck kommt. Bei Tieren wie dem Regenwurm, der Ackerschnecke oder der Schüsselschnecke läßt sich das Gedächtnis recht gut mit dem eines Elektronengehirns vergleichen, und zwar insofern, als (1) das Tier mit einem bestimmten Spektrum von Bedürfnissen und von Mitteln zu deren Befriedigung geboren wird, (2) seine Operationsketten auf der Suche nach einem Gleichgewicht zwischen organischen Antrieben und äußerer Umwelt ablaufen und dies in einem Kreislauf, bei dem die Auslösung und die Verkettung der Handlungen durch physiologische oder externe Ursachen determiniert werden, und (3) das Gedächtnis sich in Programme einschreibt, die den Konditionierungsprozeß des Tieres bestimmen. Die technische Verwirklichung von Nervensystemen dieses einfachen Typs ist bereits gelungen, und der elektronische Steuerungsapparat von Raketen ist bereits weit komplizierter als das Gehirn der niederen Weichtiere oder der Ringelwürmer.

Der zweite Typus bringt weit größere Schwierigkeiten; zu ihm müßten die Biene, die Ameise und die Insekten gehören, deren Verhalten die Existenz recht komplizierter Programme vorauszusetzen scheint, die genetisch verankert sind und bei der Larve oder dem Insekt schon von Anfang an und mit einer verblüffenden Perfektion ablaufen. In-

zwischen erweist sich die Ausführung dieser Programme als weniger vollkommen, als sie den älteren Autoren erschienen war; aber es fällt gleichwohl schwer, darin lediglich das Spiel des äußeren und des inneren Milieus zu erblicken, das zur Herausbildung eines konditionierten Gedächtnisses führt. Man muß schon einen Nervenapparat unterstellen, der in seinen Antworten auf visuelle, olfaktorische und taktile Eindrücke extrem determiniert ist, wenn man die Auswahl von pflanzlicher oder tierischer Nahrung, das Bauverhalten und die dem sozialen Zusammenhalt dienenden Handlungen erklären will. Eine solche hereditäte Determinierung entspricht der Existenz eines virtuellen Gedächtnisses, dessen Operationen durch den Umstand vorausbestimmt zu sein scheinen, daß es nur eine minimale Auswahl unter den Antworten zuläßt. Man kann sich aber durchaus einen technischen Apparat vorstellen, der Lichteindrücke, Vibrationen oder chemische Eindrücke selegierte und in komplexen Handlungsketten kanalisierte. Es ließe sich sogar ein System vorstellen, das eine gewisse Unbestimmtheit, eine Wahl zwischen als äquivalent eingestuften Eindrücken zuließe. Wenn jeder Zustand des internen Chemismus spezifische Reaktionen hinsichtlich der von außen empfangenen Eindrücke hervorriefe, so käme die Ökonomie einer solchen Steuerungseinheit der eines Insekts sehr nahe.
Der dritte Typus müßte die Wirbeltiere umfassen. Bei ihnen findet sich das Verhalten der niederen Wirbellosen wieder, denn ein wesentlicher Teil der Konditionierung des operativen Gedächtnisses beruht auf dem mechanischen Determinismus, den physiologischen Antrieben und den Reizen aus der äußeren Umwelt. Mit wachsender Komplexität der zerebralen Organisation verringert sich dann der Umfang jener Konditionierung, die an die Existenz des virtuellen Gedächtnisses geknüpft ist, d. h. der automatischen, »instinktiven« Verhaltensweisen, die aus einer gentischen Selektion der möglichen Reaktionen resultieren. Die Wirbeltiere verhalten sich hierin, als ob sie einem vorbestimmten Programm folgten, einem »Instinkt«, der zuweilen zu absurden Folgen führt, weil ihnen die Möglichkeit einer Anpassung an nicht im Gedächtnis enthaltene Situationen zu fehlen scheint; tatsächlich aber produzieren sie Reaktionsfolgen, die in der Reihe ihrer organischen Möglichkeiten verkettet sind. Bei den niederen Wirbeltieren, den Fischen und Reptilien, bleibt fast das ganze Verhalten in den Grenzen der beiden ersten Typen eingeschlossen, und man könnte sich ein Elektronengehirn vorstellen, das wie die Eidechse auf

Foto- oder Thermotropismus reagierte, seine Aktivität abhängig von der Temperatur steigerte, jedwede in Bewegung befindliche Beute von absorbierbarer Größe verfolgte, solche Beuteobjekte zurückwiese, deren Geschmack oder Konsistenz als gefährlich verzeichnet wären, andere identische Maschinen angriffe, sobald sein innerer Chemismus aggressive Reaktionen auslöste, flüchtete und eine farbige Oberflächenzeichnung unter der Wirkung einer visuellen oder olfaktorischen Erregung hervorbrächte. Man könnte noch hinzufügen, daß einmal vollbrachte Handlungen durch sukzessive Versuche dem Programm in einer Serie von Gedächtnissen einverleibt würden und daß in der Folge das Spiel dieser verschiedenen Gedächtnisse zur Herausbildung komplexer Operationsketten führte, aus denen sogar eine Veränderung des Verhaltens im Verlauf der Operationsketten resultieren könnte. Was für die Fische und die Reptilien gilt, trifft in noch weit beträchtlicherem Umfang für die Vögel zu, die in großer Detailvielfalt zeigen, daß die höchste Entwicklung im automatischen Verhalten die Operationen betreffen, die bei der Reproduktion im Spiel sind. Hier handelt es sich um eine generelle Tatsache, auf die ich im Kapitel über die »sozialen Symbole« noch zurückkommen werde, um den Zusammenhang zwischen der Ästhetik und der Aufrechterhaltung der Kohäsion in der zoologischen Gruppe aufzuzeigen. Auf der Ebene, die uns hier interessiert, genügt es festzuhalten, daß die fundamentalen Bereiche der auf das individuelle Überleben gerichteten Operationen und der das Überleben der Art sicherstellenden Operationen beträchtliche Unterschiede hinsichtlich ihrer automatischen Verankerung aufweisen.

Das Verhalten der niederen Wirbeltiere kann in das der höheren Wirbeltiere eingehen und dort die Konstitutionsgrundlage für deren Gedächtnis bilden. Geht man in der Folge aufwärts, so erscheint jedenfalls ein neues Element, woraus sich die Annahme begründen läßt, daß die beiden vorausgegangenen Tableaus noch nicht ganz vollständig waren. In der Tat ist es für das individuelle Verhalten der Säugetiere, zumindest für das Überlebensverhalten, charakteristisch, daß eine Wahlmöglichkeit zwischen den Operationsketten und eine Kontrolle über deren situationsspezifische Angemessenheit bestehen, ein gewisser Verfügungsspielraum also, der zwischen den Arten variiert, bei den Raubtieren und den Primaten aber bereits sehr groß ist. Wollte man die Parallele zu den Elektronengehirnen fortsetzen, so müßte man dem Reaktions- und Gedächtnisapparat einen zusätzlichen Apparat hinzufügen, der einen Vergleich ermöglichte und die Hinwendung zu der einen oder anderen dieser Reaktionen bestimmte. Im Gang der Evolution scheinen die Nervensysteme in der Tat in zwei verschiedene Richtungen fortzuschreiten, im einen Falle (dem der Insekten oder der Vögel) kanalisiert der Nervenapparat das Verhalten in immer engeren Grenzen; im anderen Fall (dem der Säugetiere und des Menschen) werden die Nervenstränge immer reichhaltiger mit Verbindungselementen versehen, die es gestatten, Verbindungen zwischen den in der Erfahrung bereits durchlebten Situationen und der neuen Situation herzustellen. Das Gedächtnis des Individuums, das sich in der ersten Phase eines Lebens herausbildet, knüpft so an das artspezifische Gedächtnis an, das lediglich das Resultat der ererbten Dispositionen des Nervenapparates ist.

Instinkt und Freiheit

Das Charakteristikum des Menschen liegt darin, daß sein Gehirn ein auf Gegenüberstellung und Vergleich ausgerichteter Apparat ist. Gleichwohl liegen die Regulationszentren des elementaren Verhaltens auf den unteren Stufen des Nervensystems, insbesondere im sympathischen System: der Organismus bleibt den gleichen Gesetzen eines Gleichgewichts zwischen äußerer und innerer Umwelt unterworfen, wie sie schon für die einfachsten Wirbellosen gelten. Es findet sich auch die mittlere Stufe, die des »Instinks«, denn sein operatives Verhalten ist nach dem genetischen Grundgerüst gestaltet. Da der Mensch vornehmlich auf Sehen und Hören ausgerichtet ist, sind seine Handlungen genetisch verschieden von denen eines Tieres, dessen Bezugssystem grundlegend durch olfaktorische und taktile Größen bestimmt ist; wenn Instinkt vor allem in der Ausführung von Handlungen zum Zuge kommt, deren Instrumente genetisch konditioniert sind, so ist ein bedeutender Teil der menschlichen Aktivität instinktiv. Die genetisch erworbenen intellektuellen oder physischen »Gaben« bilden in den kurzen Abstammungslinien, die sich im Schoße der beständig umgemodelten menschlichen Masse herausbilden, das Äquivalent des »Instinktkapitals« der tierischen Abstammungslinien. Die Parallelität zwischen den angeborenen Fähigkeiten der menschlichen Individuen und den angeborenen Fähigkeiten der Tierarten kann uns dazu verhelfen, die Natur des instinktiven Verhaltens zu begreifen. In beiden Fällen handelt es sich tatsächlich keineswegs um geheimnisvolle Programme, die als Atavismen überkommen sind und dann unter günstigen Umständen automatisch ablaufen, sondern um vererbte neuro-vegetative Dispositionen, die die Herausbildung eines Gedächtnisses ermöglichen, das sich in Handlungsketten einschreibt. Unter 1000 Personen, die eine musikalische Erziehung erhalten, ist vielleicht ein einziger genetisch so ausgestattet, daß aus ihm ein großer Virtuose werden kann, von dem sich sagen läßt, er spiele »aus Instinkt«, aber unter 1000 musikalisch begabten Personen hat vielleicht nur ein einziger die Gelegenheit, eine musikalische Erziehung zu erhalten, die anderen dagegen werden niemals ihr Gedächtnis für die Beherrschung eines Instrumentes ausbilden und damit niemals die Verbindung zwischen ihren genetischen Fähigkeiten und den Reizen der äußeren Umwelt materialisieren. Die berufliche Orientierung in den modernen Gesellschaften ist nichts als die empirische Suche nach den genetischen Fähigkeiten des Menschen, die er mit der gesamten Tierwelt gemein hat.

Die operativen Äußerungen des Menschen stehen also auf einer ganz beträchtlichen Instinktgrundlage, die aus den Dispositiven zur Regulation der tiefen, allen Individuen gemeinsamen organischen Antriebe besteht und aus den Dispositiven, die der Einprägung operativer Programme eigen sind, welche ihrerseits im Detail zwischen den Individuen ganz erheblich variieren können. Dieser individuelle Variationsspielraum, der beträchtlich größer ist als selbst bei den am höchsten entwickelten Säugetieren, bildet einen wesentlichen Zug der menschlichen Gesellschaft; der »Denker« und der Virtuose spielen eine entscheidende Rolle im Dialog zwischen dem physischen Menschen und dem kollektiven Organismus, den die Gesellschaft darstellt. Wir dürfen nicht übersehen, daß individuelles Genie in der menschlichen Art etwas genetisch Normales sein kann, noch auch, in welchem Maße der Fortschritt weniger eine Sache des persönlichen Genies als eine Frage des günstigen kollektiven Milieus ist.

Diese Tatsachen werden auch von den entgegengesetzten Positionen des Spiritualismus und des Materialismus in den Ideologien der heutigen Gesellschaften wahrgenommen. In den großen Religionen und insbesondere im Christentum überschreiten die individuellen genetischen Fähigkeiten nicht die Schwelle zur Ewigkeit; die Hierarchie erhebt sich auf Grundlagen, die diese Fähigkeiten transzendieren; der Heilige ist entschieden kein Denker, Erfinder oder Virtuose, sondern ganz im Gegenteil jemand, der den Operationskreis durchbricht und darüber hinausgreift; alle großen Metaphysiken gründen auf diesem Bruch, der für die Befreiung von der genetischen und im gleichen Zuge von der sozialen Bindung steht (hier kommt auf einer anderen Ebene wieder die Homologie von Art und Ethnie zum Ausdruck). Die materialistische Ideologie, die nicht nur in den marxistischen, sondern praktisch in allen menschlichen Gesellschaften anzutreffen ist, hält sich dagegen eng an die Ebene der sozialen Einflüsse und betont die Bedeutung der genetischen Bindung, indem sie das »begabte« Individuum heroisiert. In den kapitalistischen Gesellschaften steht diese Disposition im Rahmen einer Hierarchie, die von den sozialen Klassen beschnitten ist, während sie in den marxistischen Gesellschaften zu einer vollen Nutzung der genetischen Ressourcen tendiert, man denke hier an die Helden der Arbeit und den Personenkult, eine lineare Hierarchie also, die auf der Effizienz der Individuen basiert.

Die Probleme des Menschen dürfen freilich keinesfalls nur auf der Instinktebene betrachtet werden, und wenn man der allzu oft vergessenen Bedeutung des Zoologischen im Operationsverhalten Rechnung tragen muß, so erfaßte man doch nur die Infrastruktur, falls man die Intelligenz nicht in den allgemeinen biologischen Prozeß zu integrieren versuchte. Wir haben in Kapitel III gesehen, daß die Zerstörung der motorischen Areae des Hirnkortex einen folgenreichen Fortschritt vom Hund zum Affen und vom Affen zum Menschen deutlich machte. Beim Hund bringt die Zerstörung des motorischen Kortex das Gedächtnis der erlernten Operationsketten zum Verschwinden, beim Affen muß man, soll das gleiche Ergebnis erzielt werden, die Zerstörung auf die Assoziationszonen ausdehnen, die an die fundamentale motorische Area anschließen; beim Menschen führt erst die Zerstörung sehr weiter Bereiche zum gleichen Ergebnis. Diese Daten haben es uns oben ermöglicht, das Wesen der Evolution zu einer reflektierten Motrizität herauszuarbeiten. Hier nun geben uns eben diese Daten in gewisser Weise ein Maß für die Befreiung des menschlichen Hirns an die Hand. Diese ständig wachsende Aureole, von der die Zentren der willkürlichen Motorik umgeben sind, entspricht in strengem Sinne der Intelligenz, d. h. zugleich der Einschreibung zahlreicher Operationsketten in das Gedächtnis und der Freiheit der Auswahl zwischen diesen Ketten. Zwischen den am höchsten entwickelten Affen und dem Menschen ist der Unterschied in der

Wahlfreiheit quantitativer Art; auch der intelligenteste Anthropoide verfügt nur über eine begrenzte Zahl von Programmen, die er einander gegenüberstellen kann, und diese Gegenüberstellung hängt von einem Neuro-Apparat ab, der weit beschränkter ist als der des Menschen; der entscheidende Unterschied hat jedoch qualitativen Charakter, denn die Reflexion ist eng mit der Sprache verknüpft.
In den geläufigsten operativen Praktiken scheint die Sprache keine Rolle zu spielen, und zahllose Handlungen erfolgen im Zustand eines Dämmerbewußtseins, das sich nicht grundsätzlich von dem Zustand unterscheiden läßt, mit dem die tierischen Operationen ablaufen; aber sobald die Operationsketten durch eine Wahlmöglichkeit in Frage gestellt werden, kann diese Wahl nicht ohne die Beteiligung eines klaren Bewußtseins erfolgen, das eng mit der Sprache verbunden ist. Die Freiheit des Verhaltens läßt sich in der Tat nur auf dem Niveau der Symbole realisieren und nicht auf dem Niveau der Handlungen, und die symbolische Repräsentation der Handlungen ist unlösbar mit Gegenüberstellung und Vergleich verbunden. Von den niederen Tieren bis hin zu den höheren Säugetieren erleben wir eine Umkehrung in den Proportionen zwischen dem genetisch Konditionierten und dem erlernt Konditionierten und sodann die Entstehung einer Wahlmöglichkeit zwischen den einfachen Operationen. In jedem Falle bleibt das operative Verhalten vollkommen im Bereich des bereits Erlebten, denn zu einer Projektion kann es erst in dem Augenblick kommen, da die Operationen von ihrer materiellen Abhängigkeit befreit und in Symbolketten transformiert sind. So ist es offenbar durchaus möglich, tierischen Instinkt und menschliche Intelligenz gegenüberzustellen, vorausgesetzt, wir gehen von der herkömmlichen Bedeutung der beiden Ausdrücke ab und machen aus dem Instinkt ein Ensemble von so komplexen Phänomenen, daß dem Wort Instinkt keine präzise Bedeutung mehr zukommt, und betrachten die Intelligenz als Fähigkeit, symbolische Ketten zu projizieren. Ein solches Vorgehen läuft darauf hinaus, aus der Sprache das Instrument einer Befreiung vom Erlebten zu machen. Parallel dazu erschiene das Handwerkszeug als Instrument der Befreiung von den genetischen Zwängen, die das organische Werkzeug der Tiere an die zoologische Art binden. Die menschliche Intelligenz umfaßt demnach auf den Ebenen der Sprache und des Werkzeugs eben jene Beziehungen, die wir oben aufgezeigt haben.
Das technische Verhalten des Menschen und dessen Konsequenzen in

der schwindelerregenden Entwicklung des instrumentellen Apparates der Gesellschaft erscheinen auf drei Niveaus: dem Niveau der Spezies, dem sozio-ethnischen Niveau und dem individuellen Niveau. Auf dem Niveau der Spezies ist die technische Intelligenz des Menschen an den Entwicklungsgrad seines Nervensystems und an die genetische Determination der individuellen Fähigkeiten gebunden; bei gleichen Proportionen unterscheidet es sich in nichts vom tierischen Verhalten, insbesondere was die Abhängigkeit vom äußerst langsamen Rhythmus der allgemeinen Entwicklung der Arten angeht. Auf dem sozio-ethnischen Niveau verhält sich die menschliche Intelligenz in einer ganz besonderen, völlig einzigartigen Weise, denn sie schafft außerhalb des Individuums und jenseits der artspezifischen Bindungen einen kollektiven Organismus, der mit den Eigenschaften einer unerhört schnellen Evolution ausgestattet ist. Die sozio-ethnischen Zwänge sind für das Individuum ebenso gebieterisch wie die zoologischen Zwänge, die es zum *homo sapiens* haben werden lassen; die Terme dieser Zwänge sind jedoch verschieden, denn sie lassen unter bestimmten Bedingungen die Möglichkeit einer gewissen persönlichen Freiheit zu.
Auf dem individuellen Niveau zeigt die menschliche Art ein ebenso einzigartiges Bild, denn da ihre Hirnausstattung ihr die Möglichkeit gibt, in Symbole übersetzte Situationen miteinander zu konfrontieren, ist das Individuum in der Lage, sich symbolisch von den gleichermaßen genetischen und sozio-ethnischen Bindungen zu lösen. Auf diesen beiden Befreiungen gründen die zwei komplementären Situationen, zwischen denen die Realität des menschlichen Lebens zustande kommt: jener Situation, in der die Gegenüberstellung der Operationsketten zu einer materiellen Beherrschung der organischen Welt führt, und jener Situation, bei der es durch die Schöpfung intuitiver Situationen, in denen die Spiritualität begründet ist, zu einer Befreiung von der organischen Welt kommt.

Das soziale Gedächtnis

Wenn wir bei den Primaten ein ererbtes operatives Verhalten feststellen, das mehr und mehr von einem individuell konstruierten Gedächtnis überlagert wird, so wird das Problem des operativen Gedächtnisses beim Menschen vom Problem der Sprache beherrscht. In der Tat wird bei uns ein beträchtlicher Teil der genetischen und der durch individuelle Erfahrung bestimmten Konditionierung vollkommen von der Erziehung überlagert, in deren Verlauf die Individuen ihr gesamtes operatives Verhalten erwerben. Das individuell konstruierte Gedächtnis und die Einschreibung persönlicher Verhaltensprogramme sind vollständig durch das Wissen kanalisiert, dessen Bewahrung und Übertragung die Sprache in jeder ethnischen Gemeinschaft sichert. So kommt es zu einem echten Paradoxon: die Möglichkeiten der Gegenüberstellung und des Vergleichs und damit der Befreiung des Individuums beruhen auf einem virtuellen Gedächtnis, dessen Inhalt der Gesellschaft gehört. Bei den Insekten ist die Gesellschaft nur in dem Maße Inhaber des Gedächtnisses, wie diese Gesellschaft das Überleben einer bestimmten genetischen Kombination bedeutet, in der das Individuum keine merklichen Möglichkeiten des Vergleichens besitzt. Der Mensch ist zugleich zoologisches Individuum und Schöpfer des sozialen Gedächtnisses; so erklärt sich vielleicht auch die Verbindung zwischen Art und Ethnie und der Kreis, der sich im Fortschritt (dem charakteristischen Merkmal menschlicher Gemeinschaften) zwischen dem innovierenden Individuum und der sozialen Gemeinschaft ausbildet.

Der Umstand, daß das ethnische Gedächtnis sich außerhalb der zoologischen Art stellt, hat zwei sehr bedeutsame Konsequenzen: die Freiheit des Individuums, den bestehenden ethnischen Rahmen zu verlassen, und die Fähigkeit des ethnischen Gedächtnisses selbst sich fortzuentwickeln. Vergleicht man die menschlichen Gesellschaften mit den Insektengesellschaften, so vergißt man gelegentlich, daß sich die genetische Einschreibung des Verhaltens bei den letzteren gebieterisch aufdrängt, woraus sich für das Individuum der Zwang ergibt, das gesamte Kapital des kollektiven Wissens zu besitzen, und für die Gesellschaft der Zwang, nur im Rhythmus der paläontologischen Entwicklung voranzuschreiten. Ein wirklich begründetes *tertium comparationis* läßt sich für die beiden Gesellschaftstypen nicht angeben, denn der Mensch ist frei, seine Situationen selbst zu schaffen, und seien sie gänzlich symbolischer Natur. Der Bruch in der Verbindung zwischen der Art und dem Gedächtnis scheint der einzige Weg (und eine nur dem Menschen gelungene Lösung) zu sein, der zu einer schnellen und stetigen Entwicklung führt. Deshalb laufen die menschlichen Gesellschaften niemals Gefahr, sich in ein den Insekten vergleichbares Verhalten einzuschließen. Die Insekten und wir haben völlig verschiedene Wege eingeschlagen. Die Paläontologen haben oft hervorgehoben, daß der Mensch seine Spezialisierung zugunsten der Bewahrung sehr allgemeiner Fähigkeiten betrieben hat. Das geht weit über den physischen Rahmen hinaus; es stimmt, daß wir nicht so schnell laufen wie das Pferd, daß wir keine Zellulose verdauen können wie das Rind, daß wir schlechter klettern können als das Eichhörnchen und daß schließlich unser gesamter osteo-muskulärer Apparat nicht in dem Maße überspezialisiert ist, daß wir nicht fähig blieben, alles zu tun, der wichtigste Punkt liegt aber darin, daß das menschliche Gehirn sich in einer Weise entwickelt hat, die ihm die Fähigkeit gegeben hat, alles zu denken, und daß es bei der Geburt praktisch leer ist.

Von seiner Geburt an ist das Individuum mit einem Korpus von Traditionen konfrontiert, die seiner Ethnie eigentümlich sind, und auf den verschiedenen Ebenen entspinnt sich schon in der Kindheit ein Dialog zwischen ihm und dem sozialen Organismus. Die Tradition ist für die menschliche Art biologisch ebenso unerläßlich, wie es die genetische Konditionierung für die Insektengesellschaften ist. Das Überleben der Ethnie beruht auf Routine, der Dialog, der sich einstellt, schafft ein Gleichgewicht zwischen Routine und Fortschritt, wobei Routine für das Kapital steht, das für ein Überleben der Gruppe erforderlich ist, und der Fortschritt für die Intervention individueller Innovationen, die ein verbessertes Überleben ermöglichen sollen.

Der besondere Charakter des sozialen Gedächtnisses läßt sich auf einer anderen Ebene erfassen. Die Schöpfung des ersten künstlichen Werkzeugs durch den ersten Anthropinen hat die Technik jenseits der zoologischen Realitäten gestellt, jenseits des jahrtausendelangen Ablaufs der Evolution, und das soziale Gedächtnis hat im gleichen Schlage die Möglichkeit zu rascher Totalisierung gewonnen. In den vorausgegangenen Kapiteln haben wir gesehen, daß die Evolution des Gehirns bis zum *homo sapiens* unabgeschlossen blieb und daß die technische Evolution der äußerst langsamen Entwicklung dessen zu folgen schien, was dem Menschen noch fehlte, um über einen wirkungsvollen Apparat zu Gegenüberstellung und Vergleich zu verfügen. Wir haben gesehen, daß die Artentwicklung des Menschen im gleichen Zuge mit der Entriegelung des Präfrontalbereichs eine technische Welt aus dem Boden schießen ließ, die nicht mehr aus den Quellen der genetischen Evolution schöpfte. Mit dem Erscheinen des *homo sapiens* beherrscht die Konstitution des sozialen Gedächtnisses sämtliche Probleme der menschlichen Evolution. Wir werden in Kapitel IX sehen, auf welchen Wegen die Gesellschaften sich bis hin zur Schöpfung künstlicher Gehirne darum bemüht haben, mit der Einschreibung und Bewahrung eines Wissenskapitals fertigzuwerden, das über alle Grenzen wächst.

Der Gegensatz zwischen dem Materiellen und dem Moralischen tritt von neuem hervor. Das Thema des »Menschen, der von seinen Techniken überholt wird« verweist auf die Disparität zwischen der Evolution der Techniken und der Evolution der moralischen Fähigkeiten der Gesellschaft: der Mensch erwirbt im Verlaufe von Jahrtausenden technische Mittel, die ihm zu einem individuell ausgeglichenen Zugriff auf die materielle Umwelt verhelfen könnten, aber der größere Teil dieser Mittel wird weiterhin in ungeordneter Weise zur Befriedigung räuberischer Neigungen eingesetzt, die auf jene Zeiten zurückgehen, da der Mensch noch Nashörner zum Gegner hatte. Diese offenkundige Unfähigkeit, ein moralisches Verhalten zu entwickeln, das auf dem gleichen Niveau stünde wie das technische Verhalten, ist weder unnormal noch besonders entmutigend. In der Tat scheint es recht sicher, daß die menschliche Evolution ihren Ausgang nicht vom Gehirn, sondern von den Füßen genommen hat und daß die höheren Qualitäten nur nach langen Phasen der Vorbereitung und Reifung entstehen können.

Individuell haben die Menschen schon seit Jahrtausenden Zugang zu Konzepten eines moralischen Gleichgewichtes gefunden, die ebenso hoch entwickelt waren wie jene, die hinsichtlich des technischen Gleichgewichtes erreicht worden sind. Die Gesellschaften haben diese Konzepte in ihren großen moralischen oder religiösen Gesetzen niedergeschrieben, aber das genetische Verhalten hat nicht bei allen Mitgliedern der Gesellschaft die Befreiung von den fundamentalen Zwängen ermöglicht, die im Wesen räuberischer Natur bleiben. Müssen wir daraus den Schluß ziehen, daß es einiger weiterer zehntausend Jahre bedarf, bis ein menschliches Gehirn von höherem Entwicklungsgrad als das des *homo sapiens* dem Inhalt des moralischen Gedächtnisses zur Wirksamkeit verhilft? Evident ist dies keineswegs; es ist in der Tat zu bedenken, daß der Fortschritt in diesem Bereich, auch wenn er machtvoll durch eine mangelhafte Befreiung von den biologischen Zwängen gebremst wird, gleichwohl aus den Mitteln schöpfen kann, die die Technik für eine kollektive Bewußtwerdung zur Verfügung stellt. Gerade aus einer klaren Wahrnehmung der biologischen Gesetze können die Mittel für eine Kanalisierung und Orientierung der artspezifischen Aggressivität erwachsen; deren völliger Verlust müßte wahrscheinlich das Verschwinden der menschlichen Art bedeuten, während die bewußte Bearbeitung der Verbindung zwischen dem Denken und dem physiologischen Apparat eine optimistische Zukunftsperspektive zu eröffnen vermag.

Das Operationsgedächtnis

Die Herausbildung der Operationsketten stellt auf den verschiedenen Stufen das Problem der Beziehungen zwischen dem Individuum und der Gesellschaft. Der Fortschritt hängt von einer Kumulation der Innovationen ab, während das Überleben der Gruppe von der Einschreibung des kollektiven Kapitals bestimmt ist, das den Individuen in den tradierten lebensnotwendigen Programmen dargeboten wird. Die Herausbildung der Operationsketten erfolgt im Wechselspiel zwischen der Erfahrung, die im Individuum eine Konditionierung durch »Versuch und Irrtum« erzeugt, wie sie auch bei den Tieren anzutreffen ist, und der Erziehung, in der die Sprache eine variable, aber stets beherrschende Rolle spielt. Wie wir weiter oben gesehen haben, lassen sich im operativen Verhalten des Menschen drei Ebenen unterscheiden: Die erste Ebene ist eine Tiefenstruktur, die unmittelbar mit der biologischen Natur des Menschen verbundene automatische Verhaltensweisen betrifft. Diese Ebene stellt lediglich eine Grundlage dar, in die die Erziehung die Daten der Tradition einprägt. Das körperliche, das sexuelle oder das Nahrungsverhalten stützt sich auf diese genetische Grundlage, unter Umständen freilich, die deutlich von ethnischen Unterschieden geprägt sind. Die zweite Ebene ist die eines maschinenförmigen Verhaltens, sie betrifft Operationsketten, die durch Erfahrung und Erziehung erworben werden und sich zugleich in das gestische und das Sprachverhalten einschreiben, die aber in einem Halbdunkel ablaufen, das gleichwohl keine Automatik bedeutet, denn jede zufällige Unterbrechung im Ablauf des Operationsprozesses führt zur Einschaltung der Vergleichstätigkeiten auf dem Niveau der Sprachsymbole und damit zu einem Übergang auf die dritte Ebene. Diese dritte Ebene ist die des bewußten Verhaltens, auf der die Sprache eine überragende Bedeutung erhält, sei es, daß sie dazu beiträgt, einen zufälligen Bruch im Ablauf der Operation zu kitten, sei es, daß sie die Schöpfung neuer Operationsketten anleitet. Diese drei Ebenen verbinden sich auf den verschiedenen Niveaus des menschlichen Verhaltens in unterschiedlichen Proportionen und in direktem Zusammenhang mit dem Überleben der sozialen Struktur.

Maschinenförmige Operationsketten

Wie jede Unterteilung eines Kontinuums ist die Unterscheidung von drei Ebenen im operativen Verhalten willkürlich, sie entspricht jedoch der psychologischen Unterscheidung des Unbewußten, Vorbewußten und Bewußten, die ihrerseits drei Funktionsniveaus des neuro-psychischen Apparats des Menschen entspricht. Diese Unterscheidung ist gewiß wichtiger als die zwischen Instinkt und Intelligenz, denn sie trennt zwischen den eigentlich instinktiven, genetisch kanalisierten Manifestationen, dem Ablauf der Ketten, der ohne eine geordnete Intervention der Sprache erfolgt, und dem Bewußtsein, das in der Verwendung der Symbole zum Ausdruck kommt. Die psychologischen Termini ließen sich auch auf technische Operationen anwenden, aber sie bringen eine Reihe von Implikationen mit sich, die wir hier besser nicht einführen, und deshalb verwenden wir zur Charakterisierung der praktischen Operationen lieber die Ausdrücke automatisch, maschinenförmig und luzide.
Die automatischen Praktiken werden von der Ethnologie ignoriert, sie hält sich lieber an die Unterschiede zwischen den Kulturen als an das, was allen Menschen physiologisch gemein ist. Die Rassenkunde befaßt sich mit Vorliebe mit der Erforschung von Unterschieden im physischen Funktionieren der Rassen, und in Ansätzen gibt es sogar eine Rassenpsychologie, aber welche Merkmale genetisch signifikant sind, ist nahezu unbekannt, denn die Mehrzahl der erfaßten Unterschiede gehört in den Bereich der kulturellen Superstruktur. Die Literatur über die Wolfskinder, die recht deutlich im Bereich des Legendären bleibt, liefert kaum wissenschaftliche Daten über das Verhalten eines Menschen, der allein auf seiner genetischen Grundlage lebte. Obgleich die anatomisch-physiologische Grundlage mit Sicherheit eine bestimmende Rolle spielt, muß man letztendlich doch zu der Feststellung gelangen, daß das spontane operative Verhalten in der menschlichen Art von dem Verhalten überlagert wird, das über die

soziale Gemeinschaft erworben wird. Unter der Perspektive, die wir in diesem Buch annehmen, können wir freilich nicht umhin, dieser Grundlage beträchtliche Bedeutung beizumessen, und wir werden das Problem später nochmals aufnehmen, wenn wir uns mit der Geste und den ästhetischen Kategorien befassen.

Wenn uns nur wenige Elemente für eine Behandlung der automatischen Aspekte des operativen Verhaltens zur Verfügung stehen, so bieten uns dagegen die aus der kollektiven Umgebung erwachsenden Praktiken ein Feld von Beobachtungen über die wechselseitigen Einflüsse von Individuum und Umwelt. Sämtliche Handlungen des Subjektes gehen in sein operatives Verhalten ein, freilich in ganz verschiedenen Formen und mit recht unterschiedlichen Intensitäten, je nachdem, ob es sich um elementare und alltägliche Praktiken handelt, um Praktiken, die in größeren Zeitabständen periodisch auftreten, oder um außergewöhnliche Praktiken; die Programme setzen verschiedene Ebenen der intellektuellen Intervention und verschiedene Beziehungen zwischen Individuum und Gesellschaft voraus. Die elementaren Praktiken bilden die lebenswichtigen Programme des Individuums, all das, was in den täglichen Gesten sein Überleben als soziales Element betrifft: Körperhaltung, Ernährungs- oder Hygienepraktiken, professionelle Verrichtungen und das Verhalten in den Beziehungen zu anderen. Diese Programme, deren Grundlage unveränderlich ist, organisieren sich in Ketten stereotypisierter Gesten, deren Wiederholung das normale Gleichgewicht des Subjektes in seiner sozialen Umgebung und sein eigenes psychisches Wohlbefinden innerhalb der Gruppe sicherstellt. Die elementaren Operationsketten werden in der ersten Lebensphase erworben, und zwar unter dem dreifachen Einfluß der Dressur (auf der Basis von Nachahmung), der Erfahrung (aufgrund von Versuchen) und der sprachlichen Kommunikation. Das Subjekt wird in dem Maße sozial integriert, wie es seine Operationsketten unauffällig und in der sozial angemessenen Reihenfolge produziert. Mit Sicherheit erfordert die Mehrzahl der Ketten, die wir von morgens bis abends ablaufen lassen, nur ein geringes Maß bewußter Intervention. Dabei werden sie nicht in einer Automatik abgespult, bei der die Intervention des Bewußtseins gleich Null wäre, sondern in einem psychischen Halbdunkel, aus dem das Subjekt nur dann heraustritt, wenn es zu unvorhergesehenen Ereignissen im Ablauf der Sequenzen kommt. So außergewöhnlich bei den Gesten, die man im Verlauf der Toilette, des Essens, des Schreibens, des Umhergehens und Transportierens aneinanderreiht, eine Rückkehr zur Luzidität auch ist, so ist sie doch entscheidend; gerade darum erscheint es mir angebracht, den Ausdruck einer »maschinenförmigen« und nicht einer automatischen, unbewußten oder instinktiven Operationskette zu verwenden.

Die maschinenförmigen Operationsketten bilden die Grundlage des individuellen Verhaltens, sie repräsentieren beim Menschen das wesentliche Element des Überlebens. Unter Lebensbedingungen, die für den Menschen charakteristisch sind, treten sie an die Stelle des »Instinktes«, denn in ihnen kommt ein gehobenes Niveau der Disponibilität des Gehirns zum Ausdruck. In der Tat ließe sich ein Operationsverhalten, das eine beständige Luzidität erforderte, gar nicht vorstellen; das gleiche gilt für ein vollständig konditioniertes Verhalten, bei dem die Luzidität gar keine Rolle spielte; im ersten Falle müßte jede kleinste Geste stets neu erfunden werden, der zweite Fall entspräche einem vollständig präkonditionierten und folglich unmenschlichen Gehirn. So wie es konstruiert ist, entfremdet das menschliche Gehirn einen Teil seiner Disponibilität und bringt jene elementaren Programme hervor, der es die Freiheit für sein außergewöhnliches Verhalten verdankt. Gerade die elementaren Praktiken, deren Ketten sich von der Geburt an herausbilden, verleihen dem Individuum noch am deutlichsten sein ethnisches Gepräge. Die Gesten, die Haltungen, die Art des banalen und alltäglichen Verhaltens machen den Teil der Verbindung zur sozialen Herkunftsgruppe aus, von dem das Individuum sich niemals vollständig befreit, wenn es in eine andere Klasse oder eine andere Ethnie verpflanzt wird.

Die politischen Veränderungen und die heutige »Planetisierung« stellen in dieser Hinsicht ernsthafte Probleme. Die Diversifizierung der Ethnien und die Herausbildung von operativen Verhaltensweisen, die mehr oder weniger großen Einheiten gemein sind, antwortet für das Individuum auf ein psychisches Gleichgewicht, das für die menschlichen Bevölkerungen stets charakteristisch war. In unserer besonderen zoologischen Gruppe tritt die Ethnie an die Stelle der Art, und die menschlichen Individuen sind ethnisch verschieden, wie die Tiere artspezifisch sind. Auf dem Niveau der elementaren Praktiken wird diese Spezifizierung nur als Kontrast bewußt: Gesten, die ich vollführe, werden in dem Maße als meiner Gruppe eigentümlich empfunden, wie sie sich von den Gesten der fremden Gruppe abheben. Die ethnischen Praktiken sind also Quelle von Gegensätzen, aber im gleichen Zuge auch Quelle von Wohlbefinden und Intimität unter den Individuen mit gleicher Gruppenzugehörigkeit, Quelle der »Entwurzelung« für Individuen, die in fremder Umwelt isoliert sind. Für die Gesellschaft, die im Hinblick auf ihren Fortschritt Individuen verbraucht, wären Menschen, die untereinander völlig auswechselbar wären, sicherlich von Vorteil, aber in welchem Umfange vermöchte die Gesellschaft weiterhin Menschen zu erfassen, wenn diese keine ethnischen Unterschiede mehr besäßen? Was es auch mit diesem Aspekt auf sich haben mag, den wir später nochmals aufnehmen werden, die mechanischen Operationsketten bilden jedenfalls die Grundlage des individuellen Verhaltens, das den Mitgliedern der gleichen ethnischen Gruppe gemein ist, sie sind auf einer tiefen Ebene des kollektiven Gedächtnisses angesiedelt und berühren die Sprache nur in begrenzter Weise. Erst in einem sehr fortgeschrittenen Stadium der Organisation des kollektiven Bewußtseins findet sich die soziale oder professionelle Geste in Abhandlungen über die Lebenskunst, in Werken über die Berufe oder in ethnographischen Handbüchern fixiert. Die Weitergabe der elementaren Ketten ist daher wesentlich an die Organisation sozialer Zellen gebunden, insbesondere an die Organisation der Familie oder der Gruppen von Jugendlichen. Die Spiele, in denen es um die Imitation der Erwachsenen geht, haben dabei große Bedeutung.[15]

Das handelnde Individuum orientiert demnach den größten Teil seiner Aktivität mit Hilfe von Programmfolgen, die im Verlaufe der Evolution der ethnischen Gruppe herausgebildet wurden und die

15 Diese Tatsache gilt für die primitiven Gesellschaften gerade so wie für die modernen; in den primitiven Gesellschaften leben Kinder und Jugendliche häufig von den Erwachsenen getrennt und bilden so eine isolierte soziale Gruppe; in den modernen Gesellschaften wird entsprechend die Schule als ein Mittel verstanden, mit dem sich das Verhalten nachhaltig formen läßt. Die ideologischen Aspekte der Erziehung lassen die operativen Aspekte leicht in den Hintergrund treten, obgleich diese einen fundamentalen Teil der kollektiven Persönlichkeit ausmachen. Soll die ideologische Prägung total sein, so erfordert sie eine Mobilisierung des elementaren Operationsverhaltens; von den Spartanern bis hin zum britischen College oder zur sozialistischen Pädagogik umfaßte das Erziehungsprogramm zur Bildung eines vollkommen ans kollektive Ideal angepaßten Individuums stets die Herausbildung maschinenförmiger Ketten. Das witzige Beispiel des englischen Beamten, der, auf einsamem Posten tief im Dschungel völlig isoliert, gleichwohl zu den konventionell festgelegten Zeiten und in der gehörigen Kleidung diniert, ist eine gute Illustration für den – zugleich individuell und ethnisch – persönlichkeitsprägenden Charakter der elementaren Ketten.

durch Erziehung in seinem motorischen Gedächtnis verankert werden. Es spult seine Ketten in einem Zustand ab, in dem das luzide Bewußtsein eingreift, um die Glieder zu ordnen. Genauer gesagt, die Luzidität folgt einer Sinuskurve, deren Täler den mechanischen Folgen entsprechen, während die Gipfel die Anpassung der Folgen an die Umstände der Operation bezeichnen. Dies ist bereits für die Intelligenz der höheren Säugetiere charakteristisch und zeigt sich beim Menschen mit einer Intensität, die daraus ein entscheidendes Merkmal des Verhaltens macht. In der Tat ermöglicht luzide Intervention, die mit der Möglichkeit des Vergleichens verbunden ist, nicht nur die Orientierung des Operationsprozesses, sie gestattet es auch, auf zufällige Situationen zu reagieren, d. h. den Operationsprozeß durch die Einrichtung geeigneter Ketten wieder in Gang zu bringen. Die Möglichkeit der Wiederherstellung und Verbesserung im Bereich der sozialen Beziehungen wie im Bereich der Techniken bildet den Faktor der Erfindung und stellt das menschliche Individuum als Erfinder in den Gang des Fortschritts. Das Charakteristikum der menschlichen Gesellschaften, die Fähigkeit, technische Innovationen zu akkumulieren und zu bewahren, ist mit dem kollektiven Gedächtnis verbunden, während es Sache des Individuums ist, seine Operationsketten bewußt in Richtung einer Fixierung neuer Operationsprozesse zu organisieren.

Periodische und außergewöhnliche Operationsketten

Die Organisation des kollektiven Gedächtnisses ist verschiedenartig, je nachdem, ob es sich um Operationen handelt, die über die maschinenförmigen Ketten hinausgehen, wie es bei der saisonalen Wiederholung bäuerlicher Arbeiten, beim Ablauf eines Festes, dem Bau eines Hauses, der Durchführung eines kollektiven Fischzuges oder einer Jagd der Fall ist. Je nach der Dauer der Periode kommt der Intervention jenes Dispositivs, das die Operationsfolgen im kollektiven Gedächtnis verankert, größere oder geringere Bedeutung zu. In allen Fällen werden die auszuführenden Handlungen von der Sprache gestützt, und alle schriftlosen Gesellschaften besitzen ein Spektrum von Fixierungsmitteln in Gestalt feststehender Redewendungen, Vorschriften und Rezepte, deren Bewahrung oft auf dem Gedächtnis einiger Individuen beruht. Die periodischen Operationen, und insbesondere die langfristigen, gehen über die maschinenförmige Fixierung hinaus und bilden einen der Züge, durch die sich die menschliche Gesellschaft am radikalsten von der ganzen übrigen zoologischen Welt unterscheidet. In den Tiergesellschaften gibt es Operationen, die im Wechsel der Jahreszeiten oder ein einziges Mal im Leben eines Subjektes ablaufen und vom Rhythmus der Jahreszeiten oder der physiologischen Reifung ausgelöst werden. Das Tier spult dann neue Ketten im Kanal seiner genetischen Prädeterminierung ab oder findet erneut den Faden von Operationen, die es unter identischen Bedingungen bereits durchlebt hat. Auch für den Menschen ist ein bedeutender Teil seiner Haltung gegenüber den periodischen Operationen an den Zyklus der Jahreszeiten und an die physiologische Reifung gebunden: die gleiche kollektive Operation wird je nach Alter und Erfahrung des Subjekts verschieden durchlebt, aber ihr Ablauf ist durch Tradition und nicht genetisch bestimmt, ihr Inhalt stützt sich auf einen Korpus sprachlicher Formeln, die zum Bestand des ethnischen Kapitals gehören.

Das globale Operationsverhalten

In seiner scheinbaren Einheit umfaßt das operative Verhalten des Menschen höchst komplexe Äußerungen. Es scheint eng mit dem sozialen Leben verbunden zu sein, hat aber nichts mit einer Formel zu tun, in der sich der Instinkt der Biene und die Intelligenz des Menschen wie zwei Blöcke einander gegenüberstellen ließen, noch auch mit einer Formel, die aus der Identität der gesellschaftlichen Zustände auf eine wesentliche Gemeinschaft zwischen den Insektengesellschaften und den menschlichen Gesellschaften schließen ließe. In Wirklichkeit ist der Mensch der Tierwelt viel näher, als man aus dem traditionellen Gegensatz von Intelligenz und Instinkt annehmen konnte, und er ist dennoch viel weiter von ihr entfernt, als die frappierenden Übereinstimmungen es glauben machen, die wir in den sozialen Strukturen bei den Tieren mit kollektiver Lebensform antreffen. Es scheint, daß wir nichts von dem verloren haben, was unsere entfernte Verwandtschaft mit dem Trilobiten oder dem Regenwurm ausmachen mag. Nichts ist uns von dem verlorengegangen, was in der psychischen Organisation der Wirbeltiere deren vitales Gleichgewicht

ausmacht, aber all dies ist gewissermaßen das Schwungrad, das unsere vegetative Aktivität hinter allem, was uns eigen und in strengem Sinne eigen ist, unterhält: die Fähigkeit der Symbolisierung oder allgemeiner noch jene Fähigkeit des menschlichen Gehirns, einen Abstand zwischen dem Erlebten und dem Organismus zu halten, der ihm als Stütze dient. Das Problem des Dialogs zwischen dem Individuum und der Gesellschaft, das sich gebieterisch aufdrängte, als wir die Frage von Intelligenz und Instinkt erörterten, und das in der Folge noch oft wiederkehren wird, ist nichts anderes als diese Distanzierung des Menschen von jenem zugleich äußeren und inneren Milieu, in dem er sich bewegt. Diese Ablösung, die in der Trennung des Werkzeugs von der Hand und in der Trennung des Wortes vom Gegenstand zum Ausdruck kommt, spiegelt sich auch in der Distanz wider, die die Gesellschaft gegenüber der zoologischen Gruppe einnimmt. Die ganze menschliche Evolution läuft darauf hinaus, all jenes, was in der übrigen Tierwelt der Anpassung der Arten unterliegt, außerhalb des Menschen zu stellen. Die eindrucksvollste Tatsache im materiellen Bereich ist gewiß die »Befreiung« des Werkzeugs, aber die fundamentale Tatsache ist in Wirklichkeit die Befreiung des Wortes und jene einzigartige Fähigkeit des Menschen, sein Gedächtnis aus sich heraus in den sozialen Organismus zu verlegen.
Diese beiden Distanzierungen, die des Werkzeugs und die des Gedächtnisses, bilden den Gegenstand der folgenden Kapitel.

Kapitel VIII

Geste und Programm

Eine Technologie, die sich auf die Klassifikation der Formen von Werkzeugen und auf die Analyse ihrer Herstellungsverfahren beschränkte, stünde zur Ethnologie im gleichen Verhältnis wie die systematische Zoologie zur Tierbiologie. Tatsächlich existiert das Werkzeug nur im Operationszyklus; von ihm gibt es ein recht gutes Zeugnis, denn es trägt im allgemeinen signifikante Spuren, aber dies etwa im gleichen Sinne, wie das Skelett eines Pferdes von jenem schnellfüßigen grasfressenden Wesen geprägt ist, dessen Gerüst es einstmals gebildet hatte. Wenn die systematische Technologie, die der Gegenstand meines zweibändigen Buches *Evolution et techniques* war, eine unerläßliche Grundlage bildet, so existiert das Werkzeug real nur in der Geste, in der es technisch wirksam wird.

Schon der Begriff des Werkzeuges muß von der Tierwelt her aufgenommen werden, denn technische Aktivitäten gibt es bei den Wirbellosen gerade so wie bei den Menschen, und es wäre nicht sinnvoll, sie ausschließlich auf die künstliche Produktion zu beschränken, zu der allein wir fähig sind. Beim Tier sind Werkzeug und Geste in ein und demselben Organ vereinigt, so daß zwischen dem motorischen und dem Handlungsanteil eine vollkommene Kontinuität besteht. Die Schere der Krabbe und ihre Kiefer verschmelzen mit dem Operationsprogramm, durch das sich das Verhalten des Tieres bei der Nahrungsaufnahme umsetzt. Die Tatsache, daß die menschlichen Werkzeuge vom Körper ablösbar und daß seine Merkmale nicht artspezifisch, sondern ethnisch geprägt sind, bringt keine grundlegende Veränderung. An die Stelle der sozio-kulturellen Einschnitte, aufgrund derer eine technische Operation etwa als typisch neu-kaledonisch in ihrem Ablauf und ihrer Werkzeugausstattung bezeichnet werden kann, treten lediglich die psycho-zoologischen Einschnitte, die bestimmte Operationen und die Ausstattung, die diese Operationen umsetzt, zu typischen Merkmalen einer Tierart machen.

Die operative Synergie von Werkzeug und Geste setzen die Existenz eines Gedächtnisses voraus, in dem das Verhaltensprogramm niedergelegt ist. Auf tierischem Niveau verschmilzt dieses Gedächtnis mit dem gesamten organischen Verhalten, und die technischen Operationen zeigen einen im üblichen Sinne instinktiven Charakter. Wie wir oben gesehen haben, kommt es beim Menschen aufgrund der Abgelöstheit von Werkzeug und Sprache zu einer Exteriorisierung der Operationsprogramme, die mit dem Überleben des Kollektivs verbunden sind; wir müssen also nun die Entwicklungsstufen dieser Befreiung der Operationen verfolgen, die in den heutigen Gesellschaften so weit fortgeschritten ist, daß sie nicht allein das Werkzeug, sondern in der Maschine auch die Geste, im mechanischen Automaten das operative Gedächtnis und in den Elektronengehirnen sogar die Programmierung betrifft. Über das Werkzeug ist nach den Ausführungen der vorangegangenen Kapitel nicht mehr viel zu sagen. Die Geste ist dagegen nur selten Gegenstand von Untersuchungen gemacht worden, in denen das Tierverhalten und die reflektierten motorischen Aktivitäten des Menschen in einer einheitlichen Perspektive untersucht werden.

Elementare Analyse der Geste

Die osteo-muskuläre Ausstattung der Primaten ist der des Menschen so ähnlich, daß man ihren Armen und ihrer Hand mechanische Merkmale zubilligen muß, die den unseren eindeutig äquivalent sind. Wenn man schon Abstufungen in der Feinheit der Bewegungsabläufe beim Menschen und bei den Affen einführen will, so sind mit Sicherheit die anatomischen Unterschiede gegenüber denen der neuro-motorischen Ausstattung zu vernachlässigen. Die gewöhnlichen Affen, die Anthropoiden und der Mensch lassen sich daher auf den gleichen Grundlagen und hinsichtlich der gleichen gestischen Möglichkeiten untersuchen.

Die wesentlichen Züge der dem Menschen eigenen technischen Gestik sind offensichtlich mit dem Greifen verbunden, und wir haben gesehen, daß Greiftätigkeiten vor allem bei einer Kategorie von Säugetieren vorkommen, die ausgehend von den Nagern und den Raubtieren in unterschiedlichem Maße die gleichen Fähigkeiten zeigen. Auf den verschiedenen Niveaus wird hier eine Unterscheidung bedeutsam, die Unterscheidung zwischen solchen Operationen, in denen die Tätigkeit der Hand mit der Tätigkeit des Gesichtes, insbesondere der Lippen und der vorderen Zähne verknüpft ist, und solchen, in denen die Tätigkeit der Hand ohne eine Beteiligung des Gesichtes

in bilateraler oder unilateraler Weise abläuft. Zu dieser Unterscheidung, deren Bedeutung bei der Analyse der Herausbildung des vorderen Operationsfeldes in den ersten Kapiteln deutlich wurde, tritt eine weitere Unterscheidung: die von Aktionsmodi der Hand, und ihr kommt eine wesentliche Bedeutung zu, wenn es um die Analyse des technischen Verhaltens beim Menschen geht. Diese für die Hand charakteristischen Aktionsmodi beruhen auf der Möglichkeit, mit den Fingernägeln Verletzungen beizubringen, auf den Greifoperationen, bei denen Finger und Handfläche beteiligt sind, und auf den Greifoperationen, bei denen allein die Finger eingesetzt werden. Eine vierte Größe betrifft die Hebel des Unter- und Oberarmes und ermöglicht die Analyse des gestischen Verhaltens im technischen Bereich, da sie zugleich die Haltung des Hand-Werkzeuges und seinen Antrieb durch Rotations- und Translationsbewegungen umsetzt. In einer vollständigen Analyse müßte die Beteiligung des gesamten Körpers berücksichtigt werden, aber auf der gegenwärtigen Stufe genügt es aufzuzeigen, wie sich die Grundkategorien des gestischen Verhaltens bei höheren Säugetieren und Menschen ordnen lassen.
Es ist interessant, das den Affen und dem Menschen gemeinsame Kapital zu bestimmen; man sollte jedoch nicht danach fragen, was sich vom Menschen im Affen finden läßt, sondern zu klären versuchen, welche Bedeutung den gemeinsamen Elementen der physiologischen Anatomie zukommt. Abbildung 106 zeigt das technische Verhalten der Primaten und das technische Kapital des Menschen von den Anfängen bis zum Erscheinen des *homo sapiens*.
Das elementare Verhalten der Affen und der Anthropoiden bringt auf der dynamischen Grundlage der Körpermaße die koordinierte oder isolierte Tätigkeit des vorderen Gliedes und des Gesichts ins Spiel, und zwar in den Operationen, die mit der Beschaffung und Aufnahme von Nahrung, mit Angriff oder Verteidigung und mit dem Relationsverhalten durch Gesichts- oder Handkontakt zusammenhängen. Im Gegensatz zu den Nagetieren, die zunächst fast ausschließlich mit den Lippen und Zähnen greifen, setzen die Primaten vor allem die Hand ein.[16] Diese Umkehrung im Verhältnis von Gesicht und Hand für eine Reihe von Tätigkeiten, die sich nicht grundlegend von denen der Nagetiere mit Greifhänden unterscheiden, reicht

16 Bei den Säugetieren weist das Verhältnis zwischen dem Greifen mit Zähnen und Lippen und dem ein- oder beidhändigen Greifen eine beträchtliche Vielfalt auf. Bestimmender Faktor ist hier der Grad der Befreiung des vorderen Gliedes, aber auch die

aus, um die Primaten von den übrigen Säugetieren abzusondern; sie öffnet den Weg für das Operationsverhalten des Menschen.
Vom Primaten zum Menschen erfahren die Greifoperationen keine wesentliche Veränderung, sie erlangen lediglich eine größere Vielfalt in den Zielen und in der Feinheit ihrer Ausführung (Abb. 106). Die Operationen des Greifens mit Fingern und Hand, des liebevollen oder feindseligen Kontakts, des Knetens oder der Verwendung der Hand als Gefäß behalten in den Techniken der bloßen Hand ihre grundlegende Bedeutung, während die Operationen, bei denen nur die Finger beteiligt sind, wie das Lausen und Reinigen bei den Primaten in jenen Techniken eine beträchtliche Bedeutung erlangen, die wie der Umgang mit Fasern und Fäden eine gewisse Feinheit der Ausführung verlangen. Besser noch als in jeder anderen Untersuchung wird in einer Analyse der technischen Geste deutlich, daß das heutige Gehirn des Menschen seine letzte Errungenschaft ist, denn die technischen Ergebnisse haben keinerlei Voraussetzungen in der osteo-muskulären Ausstattung, die nicht auch schon die höheren Affen besäßen: worauf es ankommt, ist der Nervenapparat.

Entwicklung des motorischen Kortex und die Art der Nahrungsbeschaffung. Das Kaninchen greift trotz der Fähigkeit zu sitzender Haltung überhaupt nicht; beim Goldhasen ist beidhändiges Greifen gegenüber dem Greifen mit Zähnen und Lippen sekundär und bleibt auf das Festhalten der Nahrung beschränkt. Bei den ausgeprägten Greifern unter den Nagetieren (Biber, Murmeltier, Hamster, Eichhörnchen, Ratte) führt das Greifen mit Zähnen und Lippen in sitzender Haltung zu einer direkten und koordinierten Beteiligung beider Hände; die Hände sind dabei so unabhängig, daß sie das Objekt auszurichten und den Zähnen in der günstigsten Position darzubieten vermögen. Auf einen primären Einsatz der Hände als Greiforgane trifft man jedoch selten. Bei den Greifern unter den Raubtieren, den Katzen etwa, alternieren ein- und beidhändiges Greifen je nach Art der ausgeführten Handlung mit dem Zahn-Lippen-Greifen. Beim Sprung auf ein Beutetier ist die beidseitige Aktion der Hand primär, beim Festhalten der Beute und in dreibeiniger Sitzhaltung dominiert das einhändige Greifen, beim Fressen schließlich ist das olfaktorische Erkennen mit einem Zahn-Lippen-Greifen bei geduckter vierfüßiger Haltung verbunden. Beim Bär, bei den wieselartigen Sohlengängern wie dem Dachs und beim Waschbär, bei denen die Fortbewegung auf Bäumen und eine aufgerichtete Körperhaltung große Bedeutung haben, sind die Aktivitäten nach einem Schema aufgeteilt, das dem der Katzen ähnelt, jedoch größere Vielfalt besitzt und dem Verhalten der Primaten schon recht nahe kommt. Der Bär vermag ein Objekt mit einer Hand aufzunehmen, es an die Nase zu führen, um es zu identifizieren, es sodann mit den Lippen zu ergreifen, um es zu fressen, wobei er eine Hand oder auch beide Hände zu Hilfe nehmen kann. Bei den verschiedenen Affenarten ist die (oft einseitige) Handaktivität in je unterschiedlicher Intensität primär, die Aktivität von Zähnen und Lippen – wie beim Menschen – sekundär.

		SCHLAG/STOSS MIT DEN ZÄHNEN	SCHLAG/STOSS MIT DER HAND	SCHLAG/STOSS MIT DEN NÄGELN
	Aggression – Beschaffung / Nahrungssuche	Reiben Schneiden	Hämmern	Schaben Kratzen
GREIFEN MIT ZÄHNEN UND LIPPEN	Relation	———	— Zerreißen —	
MIT FINGERN UND HANDFLÄCHE	Brachiation affektive Berührungen Kneten (Schöpfen) Kauern, Schutz	**Mahlstein Messer Pfriem Spieß**	**Chopper-Schläger Keule (Spatel)**	**Kerbmesser Grabstock Hacke – Haue**
MIT DEN FINGERN	Zupfen Lausen (Formen)	**Stichel (Ahle) (Nadel)**		**Schaber**
WURF		**Speer**	**Wurfstein Bola**	

Abb. 106

Geht man von den Primaten zum ersten Besitzer von Werkzeugen über, so liegt die Grenze nicht in den technischen Möglichkeiten; auch die Großaffen greifen, tasten, sammeln, kneten, zupfen und manipulieren; sie zerreißen Gegenstände zwischen Fingern und Zäh-

nen und zermalmen sie mit den Mahlzähnen, sie schneiden mit den Schneidezähnen, stechen mit den Eckzähnen, hämmern mit der Faust, kratzen und graben mit den Nägeln. Dieses Inventar enthält bereits alles Nötige, um die Operationen auszuführen, die man aus den frühen Werkzeugen erschließen kann.
In einem der vorangegangenen Kapitel sind wir zu dem Eindruck gelangt, der Mensch habe das Werkzeug im Verlauf seiner Evolution in gewisser Weise ausgeschwitzt. Es kommt der Augenblick, da der Reifungsprozeß der Abstammungslinien zu jenen Zweifüßern mit freier Hand führt, dem der erste Teil dieses Buches gewidmet war. Dieser Zweifüßer entsteht, ohne auch nur im mindesten den Kontakt zur Kontinuität der Lebewesen zu verlieren; er unterscheidet sich in seiner noch sehr elementaren Menschlichkeit vollständig von den höchstentwickelten Affen, aber er wird vom gleichen Strom getragen. Der gleiche Eindruck drängt sich bei der Analyse der technischen Geste auf, ja er ist noch stärker, denn hier sehen wir das Werkzeug buchstäblich aus den Zähnen und den Nägeln der Primaten hervorgehen, ohne daß irgend etwas in der Geste den Bruch bezeichnete.
Die technische Ausrüstung der ältesten Anthropinen, des Australanthropus und des Archanthropus, besteht aus Schlägern, aus *Choppers* mit grober Schneide, aus Hirschgeweihen, die zu Keulen oder Grabstöcken geschnitten sind, und aus Wurfkugeln – und die Bewegung all dieser Werkzeuge schließt unmittelbar an die früheren Gesten an. Menschlich ist die menschliche Hand durch das, was sich von ihr löst, und nicht durch das, was sie ist: ein recht einfacher osteo-muskulärer Apparat, der schon bei den Affen in der Lage ist, mit großer mechanischer Ökonomie Bewegungen des Greifens, der Rotation und der Translation auszuführen, die in der Folge unverändert bleiben. Der menschliche Wert der Geste liegt also nicht in der Hand, deren hinreichende Bedingung in ihrer Freiheit während der Fortbewegung besteht, sondern einzig im aufrechten Gang und in dessen paläontologischen Konsequenzen für die Entwicklung des Hirnapparates. Die fortschreitende Entfaltung der taktilen Sensibilität und des neuromotorischen Apparates hat qualitative Bedeutung und führt zu keiner wesentlichen Veränderung der Grundausstattung.
Auf dem primitiven Niveau der Anthropinen behalten die komplexen Tätigkeiten des Greifens, der Manipulation und des Knetens ihre Bedeutung: Sie bilden noch einen großen Teil unserer technischen Gesten. Mit dem Erscheinen des Schlägers, des Choppers und der als

Werkzeug benutzten Hirschgeweihe wird dagegen deutlich, daß die Operationen des Schneidens, Zerschlagens, Formens, Kratzens und Grabens in das Werkzeug auswandern. Die Hand hört auf Werkzeug zu sein und wird Motor.

Die Indienstnahme des Werkzeugs und der motorischen Geste

Im Verlauf der menschlichen Evolution vervielfältigt die Hand ihre Aktionsmodi im Operationsprozeß. Auf die *manipulative Aktivität* der Primaten, in der Geste und Werkzeug miteinander vermischt sind, folgt mit den ersten Anthropinen die Aktivität der *Hand in direkter Motorik*, bei der das manuelle Werkzeug von der motorischen Geste ablösbar wird. Auf der folgenden Stufe, die möglicherweise schon vor dem Neolithikum erreicht wurde, annektieren die manuellen Maschinen die Geste, und die Hand steuert *in indirekter Motorik* lediglich noch den motorischen Antrieb bei. Im Laufe der historischen Zeiten verläßt auch die motorische Kraft den menschlichen Arm, die Hand *löst den motorischen Prozeß* in den tierischen Maschinen oder den automotorischen Maschinen wie der Mühle aus. Im letzten Stadium schließlich *löst die Hand einen programmierten Prozeß* in den automatischen Maschinen aus, die nicht nur das Werkzeug, die Geste und die Motorik exteriorisieren, sondern auch das Gedächtnis und das mechanische Verhalten usurpieren.
Diese Indienstnahme des Werkzeugs und der Geste in exteriorisierten Organen des Menschen besitzt alle Merkmale einer biologischen Evolution, denn sie entwickelt sich in der Zeit wie die Evolution des Gehirns durch die Addition von Elementen, die den Operationsprozeß verbessern, ohne daß eines das andere eliminierte. Wie wir bereits gesehen haben, bewahrt das Gehirn des *homo sapiens* sämtliche Etagen, die es seit den Fischen erworben hat, und jede dieser Etagen spielt auch nach der Überlagerung durch die jeweils neuere eine Rolle in den entwickelten Formen des Denkens. In gleicher Weise implizieren Existenz und Funktionsweise einer automatischen Maschine mit komplexem Programm, daß auf den Stufen ihrer Herstellung, ihrer Einrichtung und ihrer Reparatur sämtliche Kategorien der technischen Geste im Hintergrund präsent bleiben: die Bearbeitung des Metalls mit der Feile, das Aufwickeln der elektrischen Leitungen und die manuelle oder mechanische Zusammenfügung der Teile.

Die ersten komplexen Operationen des Greifens, Drehens und der Translation, die für die Bewegung der Hand charakteristisch sind, haben sich durch alle Zeiten hindurch unverändert erhalten. Sie bilden auch weiterhin die wichtigste Grundlage der Gestik, das Privileg der menschlichen Hand, die im Vergleich zu den Entwicklungen in der Tierwelt äußerst archaisch und nur in sehr geringem Maße spezialisiert ist – man denke nur an die großartigen Apparate zum Festhalten oder Laufen, wie wir sie in der Hand des Löwen oder des Pferdes vor uns haben. Das Merkmal großer Beständigkeit, das in der Paläontologie jenen Arten eigen ist, die sich ein weites Spektrum möglicher Tätigkeiten bewahren, ist auch für die Operationen der bloßen Hand charakteristisch, und die vollkommensten Formen des Bauens, Töpferns, Flechtens und Webens sind auch heute noch auf die bloße Hand angewiesen.

Apparate, die in der Lage sind, Gegenstände zu ergreifen, zu transportieren und in eine günstige Position zu bringen, kamen erst mit den hochindustrialisierten Prozessen der Montagebänder und automatischen Werkzeugmaschinen auf. In den Kränen und Winden, die schon seit der Antike bekannt sind, ist die Hand lediglich als Haken präsent, und die Maschine bleibt auf die bloße Exteriorisierung der Antriebskraft beschränkt. Überzeugend ist auch das Beispiel des Webens; bei den alten und am weitesten entwickelten Stoffen wie denen Perus oder den Brokatstoffen des Orients nimmt die Hand die Kettfäden einzeln auf, wenn sie den Dekor herstellt. Aber schon recht bald, vielleicht sogar bereits im Neolithikum, werden die Handgriffe bei der wiederholten Aufnahme eines Fadens auf zwei oder drei beschränkt, wodurch sich eine Befreiung der Finger ergibt. Aber erst im 19. Jahrhundert erreicht der mechanische Webstuhl durch die Einführung eines in Lochkarten niedergelegten Programmes das Niveau, das die bloße Hand schon sehr früh verwirklicht hatte. In beiden Fällen ist der Weg der gleiche: Auf der ersten Stufe ist die bloße Hand in der Lage, Tätigkeiten auszuführen, die in Kraft und Geschwindigkeit beschränkt, aber unendlich vielfältig sind; auf der zweiten Stufe wird eine einzelne Wirkung der Hand isoliert und auf die Maschine übertragen, dies gilt für die Winde ebenso wie für den Webstuhl; auf der dritten Stufe schließlich restituiert die Schaffung eines künstlichen rudimentären Nervensystems die Programmierung der Bewegungen.

Im Gegensatz zu den manuellen Operationen wurden die Tätigkeiten, die mit den Zähnen und Nägeln ausgeführt wurden, schon sehr früh exteriorisiert; der Hand fällt dabei lediglich noch die Rolle einer Zange am Ende eines unmittelbar motorischen Dispositivs zu, das die Schlag- und Klopfaktivitäten der verschiedenen Kategorien auszuführen fähig ist (siehe *L'homme et la matière*).

Das Repertoire der Schlagtätigkeiten, zu denen ein Menschenaffe fähig ist, ist ausgesprochen groß, aber das wichtigste Instrument ist dabei das Gebiß. Die Schneidezähne schneiden und schaben, die Eckzähne stechen und reißen, die Backenzähne mahlen. Die Rolle der Hand besteht vor allem darin, den Zähnen den zu bearbeitenden Gegenstand darzubieten oder ihn für die Nahrungsaufnahme vorzubereiten. Die Nägel kommen nur bei Operationen ins Spiel, die mit dem Kratzen und Graben zusammenhängen, Operationen im übrigen, die wegen ihrer Rhythmizität von größter Bedeutung sind. Eine Betrachtung des Operationsverhaltens bei den Großaffen hinterläßt den Eindruck einer sparsamen, virtuellen Technizität, die sich auf Stoß- und Schlagaktivitäten des Gebisses, manuelle Operationen und wiederholte Kratzbewegungen verteilt. Alles, was die menschliche Technizität ausmacht, ist bereits vorhanden und fließt in dem Augenblick, da das Werkzeug erscheint, zusammen.

Da es keine Dokumente gibt, läßt sich nur schwer nachvollziehen, wie die Schneidezähne zum Chopper werden, d. h. wie das einzige zum Schneiden geeignete organische Werkzeug, das sich an der Spitze der Kiefer befindet, auf die Hand übergeht, die nun einen zerschlagenen Stein zum Schneiden einsetzt; gewiß scheint jedenfalls, daß dieser Vorgang schon in frühester Zeit, in jedem Falle bereits bei den Australanthropinen, abgeschlossen war. Ganz entscheidend ist hier der aufrechte Gang. Bei den Affen werden die beiden Operationsfelder in sitzender Haltung gleichzeitig wirksam (Stoß- und Schlagaktivitäten des Gebisses und manuelle Operationen), in der Laufhaltung dagegen getrennt voneinander: Das Gebiß der Vierfüßer bleibt dabei das wichtigste Relationsorgan, der exponierteste Punkt des Körpers. Mit dem aufrechten Gang wird die Hand das Relationsorgan, für die im Sitzen ausgeführten Operationen gilt weiterhin die Gleichzeitigkeit der Gesichts- und Handaktivitäten (Nahrungsaufnahme und technische Operationen, bei denen die Zähne beteiligt sind), aber der Lippen-

Zahn-Kontakt ist nicht länger dominant wie bei den Vierfüßern, ja nicht einmal mehr gleichwertig wie bei zahlreichen Affenarten. Bedeutung hat er beim Menschen nur noch in den affektiven Berührungen und in einigen technischen Operationen, bei denen der Mund zusätzlich zum Festhalten eingesetzt wird. Der Übergang zum Werkzeug findet sich also in funktioneller Hinsicht durch die Verlagerung des Relationsfeldes in die Hand begründet.

Es wäre kindisch, wollte man im Chopper an die Fingerspitzen verlagerte Schneidezähne sehen oder im Schläger einen in der Faust geschwungenen Mahlzahn, aber das Spektrum der Tätigkeiten bleibt vor und nach der Verlagerung das gleiche, und diese Verlagerung erfolgt zu dem theoretischen Zeitpunkt, da der aufrecht gehende Primat die Stoß- und Schlagaktivitäten seiner Zähne in einen von der Hand bewegten Stein verlegt. Die gewaltige Masse von Gegenständen, die den Menschen umgeben, verdeckt die grundlegende Einfachheit der für das Überleben erforderlichen Elemente. Die in strengem Sinne technische Ausstattung der australischen Ureinwohner ist auf wenige Formen beschränkt (Abb. 107): den Speer und den Bumerang für die Jagd, den Grabstock für das Sammeln, Steinschläger, Messer, Chopper und Feuersteinschaber für die Zubereitung und Aufnahme der Nahrung, Knochennadeln und Fasern für Bänder und Rindenschalen als Behälter. Was wir von den fossilen Menschen wissen, gehört bis einschließlich zu den Paläanthropinen der gleichen Ordnung an und deckt genau das Spektrum der Gebiß- und Handaktivitäten bei den Primaten ab: die Aktivitäten der Mahlzähne werden vom Schlagstein übernommen, Kratzen und Schaben werden mit Geweihknochen ausgeführt, die als Grabwerkzeuge benutzt werden, und mit Schabern, mit denen man Holz glättet. Die Aktivitäten, die für die Schneidezähne charakteristisch sind, gehen auf scharfkantige Bruchsteine, den Chopper oder den Faustkeil über, die man mit der Hand führt oder wirft. Mit dem *homo sapiens* erweitert sich in der oberen Altsteinzeit zwar das Spektrum, aber mit Ausnahme der Brechstangen (die ja Hebel darstellen) oder der Schlingen deutet bislang nichts darauf hin, daß die indirekte manuelle Motorik davon berührt wäre.

Die indirekte Motorik der Hand bedeutet eine weitere *Befreiung*, denn die motorische Geste findet sich in eine manuelle Maschine *freigesetzt*, durch die sie verlängert und modifiziert wird. Der Zeit-

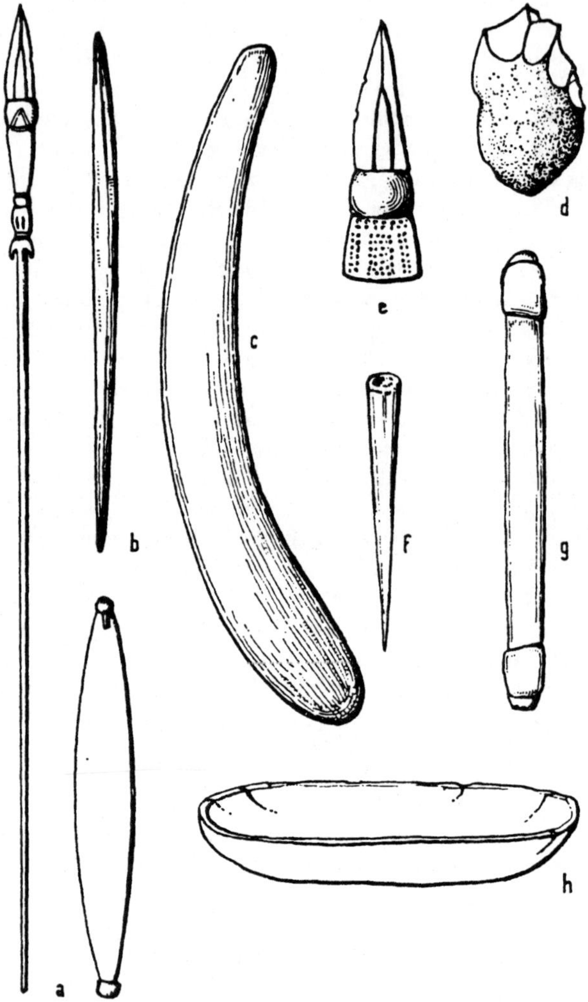

Abb. 107

punkt, zu dem diese wichtige Stufe erreicht wurde, läßt sich nur schwer bestimmen. Im Jungpaläolithikum jedenfalls läßt sich die indirekte Motorik wenigstens in zwei Instrumenten nachweisen: dem Lochstab und der Speerschleuder. Im ersten Fall handelt es sich um die Stange eines Rentiergeweihs, die mit einem Loch versehen ist und mit größter Wahrscheinlichkeit dazu benutzt wurde, Langknochen im Feuer geradezurichten. Die Bewegung der Hand erfährt mit diesem Instrument eine Transformation, die sowohl deren Kraft als auch deren Richtung betrifft. Die noch sehr einfache Anwendung der indirekten Motorik bei diesem Werkzeug, das auf die Richtung der Bewegung einwirkt, erscheint bereits im Aurignacien, ungefähr 30 000 Jahre vor unserer Zeit. Die Speerschleuder ist erst für die Zeit des Magdalénien, vor ungefähr 15 000 Jahren, bezeugt. Hier handelt es sich um einen Stab, der mit einem Haken versehen ist und eine höhere Wurfgeschwindigkeit ermöglicht (siehe *Milieu et techniques*), da er dem Arm des Werfers den mechanischen Vorteil eines zusätzlichen Ellenbogens und Unterarms bietet. Von diesem Punkt an bis zum Beginn der historischen Zeiten entfalten sich die Anwendungen der indirekten Motorik. Beim Übergang zur Ökonomie der Bauern und Hirten akkumulieren sie sich in verschiedenen Techniken: *manuelle Maschinen* wie Bogen, Armbrust, Schlinge, Winde, Mühle, Kran und Transmissionsriemen greifen auf Federkraft, Hebel und alternierende oder gleichförmige Kreisbewegung zurück. Diese Maschinen, die wir in *Milieu et techniques* näher untersucht haben, bilden eine logische Etappe in der Evolution des Menschen. Der Prozeß, der nach und nach sämtliche Instrumente aus dem Menschen heraussetzt, bietet sich hier mit der gleichen Deutlichkeit dar wie im Falle des Hand-Werkzeugs: die Gebißaktivitäten gehen auf die Hand über, die das losgelöste Werkzeug führt, sodann löst sich das Werkzeug auch von der Hand und wird zu einem Teil der Geste, die vom Arm auf die manuelle Maschine übergeht.

Die Hand in indirekter Motorik

Diese Evolution setzt sich fort, und mit der Ausnutzung der tierischen Motrizität und der Bewegungsenergie von Wasser und Luft löst sich auch die Muskelkraft vom Körper; ein einzigartiges Merkmal der Spezies Mensch, die sich periodisch einer Spezialisierung ihrer Organe, durch die sie endgültig festgelegt würde, entzieht, indem sie sich auf eine Steuerungsrolle beschränkt. Jede Anpassung der Hand der ersten Anthropinen in Richtung auf ein Werkzeug im eigentlichen Sinne hätte allenfalls eine Gruppe von Säugetieren hervorbringen können, die in hohem Maße an beschränkte Aktivitäten angepaßt wäre, nicht aber den Menschen, dessen (physische und mentale) Unangepaßtheit gerade sein entscheidendes genetisches Merkmal darstellt: er ist Schildkröte, wenn er sich unter ein Dach zurückzieht, Krabbe, wenn er seine Hand durch eine Schere verlängert, Pferd, wenn er zum Reiter wird, aber alles bleibt für ihn disponibel, wenn er sein Gedächtnis in Büchern weitergibt, seine Kraft durch den Ochsen vervielfacht oder seine Faust durch den Hammer verbessert.

Die Loslösung der Motorik ist die wichtigste Stufe nicht vielleicht für den Menschen, wohl aber für die Gesellschaft, die kollektiv über seine Handlungsmöglichkeiten verfügt. Das Phänomen tritt erst sehr spät auf: Zugtiere und wasser- oder windgetriebene Maschinen gehören bereits der Alten Geschichte an, sie sind zudem auf einige Kulturen Eurasiens beschränkt, die darauf bis ins 18. Jahrhundert hinein ihre techno-ökonomische Überlegenheit gründeten. Das Aufkommen des Wagens, des Pfluges, der Mühle und des Schiffes wird allgemein als ein historisches Phänomen mit technischer Bedeutung begriffen, wir müssen darin jedoch auch ein biologisches Phänomen sehen, eine Mutation jenes äußeren Organismus, der beim Menschen an die Stelle des physiologischen Körpers tritt. Die tierische Maschine setzt eine entwickelte Form der Muskelbeteiligung voraus; die Motorik erfährt in gewisser Weise eine Umleitung und wird auf die Lenkung des tierischen Motors ausgerichtet; die erforderliche Kraftanstrengung bleibt gleichwohl beträchtlich. Zudem stabilisiert sich der Wirkungsgrad der tierischen Maschine sehr bald auf einem mittelmäßigen Niveau. Die Zahl der Pferde vermag die Geschwindigkeit des Fahrzeuges nicht zu steigern, noch vermindert sie sonderlich die Anfälligkeit gegen Ermüdung. Die *automotorische Maschine* zeigt selbst in den einfachsten wassergetriebenen Hammerwerken oder Mühlen ein ganz anderes Verhältnis zwischen dem Menschen und seiner exteriorisierten Kraft. Die Hand löst den Antrieb aus und greift dann nur noch ein, um ihn mit Nachschub zu versorgen oder abzuschalten. Es liegt in der Hand des Menschen, diese Kraft zu steigern oder sie auf Werkzeugmaschinen zu verteilen, die sämtliche Arbeiten ausführen, zu denen sein Denken sie bestimmt.

Wenn die Eroberung der Wind- und Wasserkraft schon recht früh in der Geschichte, in der Antike nämlich, erfolgte, so blieb der automotorische Antrieb doch über Jahrhunderte hinweg auf wenige Bereiche beschränkt: Noch im 18. Jahrhundert hängen die Sägewerke und Schmieden von ihr ab. Erst im 19. Jahrhundert wird mit der Nutzung von Dampfkraft die entscheidende Schwelle überschritten.

Die Menschheit hat den umwälzenden Charakter der Veränderungen sehr schnell erkannt, die in ihren Beziehungen zur natürlichen Umwelt eintraten. Seit der Bronzezeit war kein Fortschritt von vergleichbarer Bedeutung. Die Eroberung des Metalls war ein Sieg der Hand, die Eroberung des Dampfes besiegelte endgültig die Exteriorisierung der Muskeln.

Die Beteiligung des Menschen bleibt dennoch sehr beträchtlich, das Jahrhundert des Dampfes ist zugleich die Zeit, da die Unterwerfung des Handarbeiters die drückendsten Formen annimmt. Tatsächlich besitzt die automotorische Maschine des 19. Jahrhunderts weder ein Gehirn noch eine Hand. Ihr Nervensystem ist äußerst rudimentär und beschränkt sich auf Geschwindigkeits- und Druckregler, die eine konstante, aber blinde Kraft freisetzen. Für diese Kraft ist der Arbeiter das Gehirn, das sie in nützliche Bahnen lenkt, die Hand, die das Feuer unterhält, die dem Werkzeug den Rohstoff darbietet, die ausrichtet und korrigiert.

Dennoch ist die Entstehung des automotorischen Antriebs eine wesentliche biologische Entwicklungsstufe, wenn man davon ausgeht, daß die biologische Transformation eine Tatsache ist, die zugleich die physische Organisation und das Verhalten der von ihr berührten Lebewesen betrifft. Wenn die Transformation zu einer neuen lebendigen Realität führt, spielt es keine Rolle, daß es sich hier um Organe handelt, die dem Körper äußerlich sind. Wie wir bereits gesehen haben, zeugt die menschliche Evolution vom *homo sapiens* an von einer immer offeneren Trennung zwischen dem Ablauf der physischen Transformationen, deren Zeit nach geologischen Dimensionen bemessen ist, und den Veränderungsprozessen der Werkzeuge, die im Rhythmus der Generationenfolge ablaufen. Eine Akkomodation war unerläßlich, wenn die Spezies überleben sollte, eine Akkomodation, die nicht nur die technischen Bräuche betrifft, sondern bei jeder Mutation zu einer Neugestaltung der Gesetze führt, nach denen die Individuen sich zu Gruppen organisieren. Wenn sich die Parallele zur zoologischen Welt nur um den Preis der Paradoxie durchhalten läßt, so läßt sich auch nicht verkennen, daß die Menschheit jedesmal, wenn sie Werkzeuge und Institutionen durch neue ersetzt, ein Stück ihrer Spezies verändert. Wenngleich eine Besonderheit des Menschen, ist die Kohärenz der Transformationen, die die gesamte Struktur des kollektiven Organismus berühren, von der gleichen Ordnung wie jene Transformationseinheit, die sämtliche Individuen einer Tiergemeinschaft betreffen. So gewinnen die sozialen Beziehungen mit der unbegrenzten Exteriorisierung der Antriebskraft einen neuen Charakter. Ein außerirdischer Beobachter, der von den Erklärungen unbeeinflußt wäre, an die uns Geschichte und Philosophie gewöhnt haben, würde den Menschen des 18. und den des 19. Jahrhunderts ebenso voneinander trennen, wie wir zwischen Löwe und Tiger oder Wolf und Hund unterscheiden.

Die *automatische Maschine*. Die Maschinerie des 19. Jahrhunderts war noch weit davon entfernt, die ideale Mutation zu verwirklichen, nach der der Mensch außerhalb seiner selbst einen weiteren, völlig künstlichen Menschen besäße, der mit unbegrenzter Geschwindigkeit, Präzision und Kraft agierte; weit auch von dem Augenblick, da alles, Werkzeug, Geste, Kraft und Denken, in ein doppeltes, perfektes Bild des gesellschaftlichen Ideals umgewandelt wäre. Die langsame Herausbildung eines sozialen Organismus, in dem das Individuum mehr und mehr die Rolle einer spezialisierten Zelle einnimmt, förderte tatsächlich immer deutlicher die Unzulänglichkeit des Menschen aus Fleisch und Blut zutage, eines lebenden Fossils, das auf historischer Ebene unbeweglich, zu Zeiten, als es über das Mammut triumphierte, perfekt angepaßt, aber schon als seine Muskeln die Triremen vorantrieben, überholt war. Die beständige Suche nach stärkeren und präziseren Mitteln mußte notwendig zum biologischen Paradoxon des Roboters führen, der die menschliche Phantasie angesichts der Automaten schon seit Jahrhunderten beflügelt. Und in der Tat stellt sich dem Bild des Affenvorfahren aus dem ersten Kapitel, diesem Ausdruck einer nostalgischen Rückwendung zu den Urgründen der eigenen Vergangenheit, nicht das spirituelle Bild des Engels oder des glorreich verklärten Körpers entgegen, sondern das des perfekt fabrizierten Menschen, das mechanische Ebenbild des Anthropoiden, und dies in einer Konstellation, die um den Menschen aus Fleisch und Blut, um Tarzan, den Astronauten und den Roboter kreisen läßt.

Das 19. Jahrhundert hat zahllose Monstren hervorgebracht, die noch heute fortexistieren, Maschinen ohne Nervensystem, die der beständigen Unterstützung durch einen menschlichen Partner bedürfen. Die Fortschritte in der Anwendung der Elektrizität und insbesondere die Entwicklung der Elektronik haben, weniger als ein Jahrhundert nach der Mutation der automotorischen Maschinen, eine weitere Mutation hervorgebracht, jenseits derer nicht mehr viel am Menschen zu exteriorisieren bleibt. Die Maschine hat eine radikale Transformation erfahren; diese Transformation gründet in der Entwicklung von kleinen Motoren, lichtempfindlichen Zellen, Gedächtnissen, Transistoren und einer Fülle von miniaturisierten Vorrichtungen. Dieses disparate Arsenal liefert in all seinen Einzelstücken die Elemente einer Anordnung, die merkwürdige Übereinstimmungen mit biologischen Mustern besitzt. Während die Maschinerie des 19. Jahrhunderts mit ihren voluminösen Energiequellen eine einzige Kraft über enorme Transmissionssysteme auf blinde Organe übertrug, konstruiert die heutige Mechanik mit ihrer Vielzahl von Kraftquellen ein regelrechtes Muskelsystem, das von einem echten Nervensystem gesteuert wird, dessen Verbindungen zu einem Organ, das seinerseits ein echtes sensito-motorisches Gehirn darstellt, den Ablauf eines komplexen Operationsprogramms gewährleistet.

Von der Walzstraße, einem wahrhaften Brontosaurus mechanischer Art, bis hin zum automatischen Piloten der Flugzeuge hat die mechanische Automatisierung die vorletzte aller möglichen Stufen jenes Prozesses erreicht, den der mit seinem Chopper bewaffnete Australanthropus einst ausgelöst hatte. Die Befreiung der motorischen Rindenfelder, die endgültig mit dem aufrechten Gang erreicht war, ist in dem Augenblick abgeschlossen, da der Mensch sein motorisches Gehirn exteriorisiert. Darüber hinaus ist allenfalls noch die Exteriorisierung des intellektuellen Denkens vorstellbar, die Konstruktion von Maschinen, die nicht nur urteilen (diese Stufe ist bereits realisiert), sondern ihr Urteil auch noch affektiv zu färben verstehen, die Partei ergreifen, sich begeistern oder angesichts ihrer unermeßlichen Aufgaben in Verzweiflung versinken. Wenn *homo sapiens* dann noch dafür gesorgt haben wird, daß die Apparate sich mechanisch reproduzieren können, bleibt ihm nur noch der Rückzug ins paläontologische Halbdunkel. In Wirklichkeit brauchen wir freilich kaum zu befürchten, daß die mit Gehirnen ausgestatteten Maschinen den Menschen auf der Erde ersetzen werden; die Gefahren liegen im Innern der im engeren Sinne zoologischen Art und nicht unmittelbar in der Exteriorisierung von Organen. Das Bild von Robotern, die den Menschen durch einen

Wald von Röhren verfolgen, hat nur dann Sinn, wenn die Automaten von einem anderen Menschen gesteuert wären. Zu befürchten ist allenfalls, daß *homo sapiens* sich in tausend Jahren, wenn seine Exteriorisierung abgeschlossen sein wird, durch jenen veralteten osteo-muskulären Apparat behindert fühlen könnte, den er aus der Altsteinzeit ererbt hat.

Mechanisches Programm und mechanisches Gedächtnis

Die Realisierung automatischer Programme ist ein Höhepunkt in der menschlichen Geschichte, in der Bedeutung vergleichbar mit dem Erscheinen des Choppers oder der Landwirtschaft. Zugleich ist sie ein Phänomen, das sich in nahen historischen Zeiten entfaltet hat und daher eine Vorstellung vom Mechanismus der großen technischen Mutationen zu geben vermag. Die Idee, eine Reihe technischer Gesten mechanisch zu verwirklichen, tritt sehr langsam in historischen Zeiten hervor. Die Realisierung automatischer Maschinen mit einer einzigen Funktion gelang mit den wassergetriebenen Hammerwerken bereits in der mediterranen oder der chinesischen Antike, aber die Idee einer wirklichen Programmierung findet im technischen Milieu der Hochkulturen vor dem Mittelalter keinerlei Realisierungsmöglichkeiten. Erst das Uhrwerk bietet die erste Gelegenheit zu einer Programmierung durch rein mechanische Verfahren. Das für die Innovation günstige Milieu wird in der Tat durch einen technischen Korpus geschaffen, dessen spezialisierte Funktion die Materialisierung eines Bildes der Zeit ist. Als Spezialist für Abläufe und Bewegungen kombiniert der Uhrmacher im Spiel der Zahnräder und Hebel die kreisförmige mit der geradlinigen Bewegung durch die Verwendung von Pleuelstangen und verwirklicht so bereits im Mittelalter die einfachen Programme der ersten bewegten Uhren und Automaten. Die Evolution der Maschinenbewegung hängt von der Entwicklung der Kraftquellen ab; vom 12. bis ins 15. Jahrhundert werden die Uhrwerke durch den geradlinigen Zug eines Gewichts angetrieben, wodurch ihre Möglichkeiten außerordentlich beschränkt bleiben. Vom 15. Jahrhundert an gestattet es die Verwendung von Spiralfedern, die Automaten leichter und beweglicher zu machen. Durch eine Perfektionierung der Mechanik gelangt man so zu den Automaten des 18. Jahrhunderts, sie bilden den Gipfel dessen, was sich durch eine am

Uhrwerk orientierte Programmierung erreichen ließ. Im 19. Jahrhundert gewinnt die Verwendung von Zahnrädern und Hebeln eine neue Größenordnung und bringt Maschinen hervor, die auf eine einzige Vorrichtung beschränkt sind und durch Dampf angetrieben werden. Diese Maschinen stellen wie die Automaten, die ihnen vorangingen, ein höchst interessantes Stadium der technischen Evolution dar, zu der es auch in der Evolution der Tiere Parallelen gibt.

In der Tat besteht die Programmierung der mechanischen Automaten in einer Kette einfacher Gesten, deren Abfolge den mechanischen Organen selbst eingeschrieben ist. Das Operationsgedächtnis liegt in den Hebeln, unmittelbar hinter dem Antriebsteil des Apparats, und es gibt kein anderes Nervensystem, kein anderes Koordinationsnetz als die Teile der mechanischen Transmission. Die Automaten Vaucansons stehen zu den Elektronengehirnen im gleichen Verhältnis wie der Regenwurm zum Säugetier, d. h. sie ähneln Organismen mit einem segmentierten Gedächtnis, das in jedes aktive Element des Apparats eingelassen ist. Die Bewegungshebel verteilen sich auf jedes zu bewegende Teil wie die Ganglienketten, über die jedes einzelne Glied des Wurms bewegt wird.

Zu Beginn des 19. Jahrhunderts findet die Automatik in die Weberei Eingang, und zwar auf einem ganz anderen Wege, als es bei den Uhrwerken geschah. Jacquard steuert den Webvorgang bei gemusterten Stoffen über Lochkarten, die bei jedem Durchschuß die Aufnahme eines bestimmten Fadens auslösen. Dieses Verfahren gestattet es, Schuß für Schuß ein komplexes Muster auf völlig automatische Weise herzustellen. Um die gleiche Zeit erscheinen übrigens die Lochstreifenorgeln, die auf dem gleichen Prinzip beruhen. Man könnte sogar sagen, Jacquards Webstuhl und Barbaries Orgel bilden ein Paar automatischer Maschinen, das aufgrund ihres Prinzips dem Paar Automat – Spieldose gegenübergestellt werden kann. Tatsächlich verfügen die lochkartengesteuerten Maschinen über ein zentrales Gedächtnis, das von den Ausführungsorganen unterschieden ist; das Gedächtnis übermittelt den Ausführungsorganen eine echte Botschaft, gemäß einem Programm, das zahlreicher Abwandlungen fähig ist. Das Programm, das den Finger des Automaten steuert, ist wie die Melodie der Spieldose oder der Vogelorgel in einem Spiel von Rädchen enthalten; für eine gegebene mechanische Situation ist es unveränderlich, und will man es verändern, so muß man eine andere mechanische Formel wählen, so wie die Fortbewegung bei den Ringelwürmern sich auf die Koordination der einfachen Bewegungen einer Kette von Gliedern beschränkt, deren Motorik jeweils unveränderlich ist. Das Programm des Jacquardschen Webstuhls ist den Ausführungsorganen äußerlich, es ist, wenn man so will, »intelligent« im Verhältnis zur mechanischen Vorrichtung, und man braucht nur den Lochkartenstapel zu wechseln, damit die Maschine ohne mechanische Veränderungen eine andere Operationsfolge ausführt. Ein Nervensystem im eigentlichen Sinne gibt es noch nicht, aber das technische Milieu umfaßt zu Beginn des 19. Jahrhunderts bereits alles, was zur Realisierung eines mit Gedächtnis begabten Apparates erforderlich ist.

Erst in den letzten zwanzig Jahren hat die künstliche Nachbildung des Lebendigen ein einigermaßen hohes Niveau erreicht. Dazu bedurfte es erst eines Jahrhunderts, in dem man sich mit der Elektrizität und sodann mit der Handhabung von Elektronenströmen vertraut machen konnte. Das Ergebnis ist die heutige Maschine, die, was immer ihre Bestimmung sein mag, eine Synthese der verschiedenen zurückgelegten Entwicklungsschritte darstellt. Die mechanischen Ausführungsorgane, die von so vielen Energiequellen angetrieben werden, wie eine gute wechselseitige Abstimmung es erfordert, werden durch ein Programm gesteuert, das zumindest auf einer seiner Etappen in Bändern materialisiert ist. Die wesentliche Veränderung liegt in der Existenz eines echten Nervensystems, das die Übermittlung von Befehlen und die Kontrolle durch zentrale Organe gewährleistet. Die Folge der mechanischen Gesten ist durch modifizierbare Gedächtnisse verknüpft; die physische Gesundheit der Maschine wird von Organen kontrolliert, die Geschwindigkeit, Temperatur und Feuchtigkeit der verschiedenen Organe regeln; Zusammensetzung und Form des bearbeiteten Materials werden durch Wiegeeinrichtungen, Taster und wärme- oder lichtempfindliche Organe ermittelt, die sodann ihre Eindrücke an automatische Steuerungszentren weitergeben, und die Maschine vermag ihre Tätigkeit aufgrund der Daten, die sie von ihren Sinnesorganen erhält, festzulegen, zu korrigieren oder zu unterbrechen. Einem Biologen fällt es schwer, keine Parallele zwischen der Mechanik entwickelter Tiere und diesen Organismen zu ziehen, die inzwischen eine zweite Welt von Lebewesen bilden.

Wir dürfen uns nach allem einigen Nutzen versprechen, wenn wir die gesamte Evolution des Menschen unter einem einheitlichen Gesichtswinkel betrachten. Wir sind zunächst von einem sehr allgemeinen biologischen Phänomen ausgegangen; danach bedient sich die Evolution der vorausgegangenen Entwicklungsstufen, indem sie sie durch Innovationen verlängert, für die diese Stufen nur noch das aktive Substrat bilden. Daran anknüpfend konnten wir die Evolution des Nervensystems über die Hinzufügung von Rindenfeldern betrachten, die zunächst die technische Motrizität und die Sprache hervorbringen und sodann eine hochreflexive Technizität und das figurative Denken. Es ist bereits deutlich, daß der aufrechte Gang und die allgemeine osteo-muskuläre Struktur auf paläontologischem Niveau schon zu dem Zeitpunkt nicht mehr die erste Stelle einnehmen, da sie sich im Australanthropus als menschliche Merkmale realisiert finden. Die Hand, die schon beim Affen vorhanden ist, erfährt keine weiteren Veränderungen, allenfalls erfolgt noch eine Anpassung neuro-motorischer Art – und zwar von dem Punkt an, da sie das Werkzeug erobert; so spielt sich für die primitiven Anthropinen fast alles in der neuromotorischen Ausstattung des manuellen und facialen Kortex ab. In osteo-muskulärer Hinsicht besteht die Evolution also nur noch in geringfügigen Anpassungen und Variationen, die Spitze der eigentlichen Evolution verschiebt sich auf das Werkzeug.

Die Verrichtungen, die mit Werkzeugen ausgeführt werden, sind relativ einfach und gering an Zahl; Hämmern, Schneiden und Stechen, die bis heute die Grundlage der Fertigungsverfahren bilden, werden recht schnell gewonnen. Die Evolution verschiebt sich sodann im Schwerpunkt auf die Werkstoffe und auf die Bewegung. Die Evolution der Bewegung führt zu einer Ablösung der Motorik, und mit den ersten bäuerlichen Gesellschaften wird die Eroberung der Kraft gemeinsam mit der Gewinnung neuer Werkstoffe zum beherrschenden Faktum der heutigen Welt: die Umwandlung geradliniger in kreisförmige Bewegung, die Umwandlung der Kraftrichtung durch Transmissionen, die Verlagerung des Antriebs in das Tier und schließlich in den Motor. Die Nutzung neuer Werkstoffe berührt zugleich das Werkzeug und dessen Antrieb. Zunächst ist sie auf die Metalle beschränkt, im Laufe der Geschichte führt sie dann zunehmend zum Problem der direkten oder indirekten Nutzung von Brennstoffen für den Antrieb.

Zwischen der Bronzezeit und dem 18. Jahrhundert entwickeln sich sehr langsam und mit größten Schwierigkeiten die Techniken des Drehens, sie stehen vor dem Problem, Werkzeuge aus widerstandsfähigerem Material mit größerer Kraft zu bewegen. Das Hüttenwesen löst die Probleme, die sich aus der ungenügenden Kraft der Schmiedewerke ergeben, durch einen Bias, bis dann bei Kohle und Dampf alles vom Brennstoff abhängt: Bewegung und Rohstoff finden sich in den gleichen Zyklus eingebunden. Der gewaltige Sprung, den das 19. Jahrhundert machte, liegt in der Tatsache begründet, daß die Kohle zugleich den Anforderungen der Stahlproduktion, der Gußmetallherstellung und der Antriebskraft entspricht, mit der das Erz gewonnen und die Werkzeugmaschinen bewegt werden. Er bedeutet also auf breiter Front einen großen Schritt hin zur Befreiung der Kraft und stellt im Gegenzug die gesamte innere Struktur der Menschheit in Frage. Hinsichtlich der Lebensformen führt die Kohle zu ebenso bedeutsamen Konsequenzen, wie sie bei einer tierischen Entwicklungslinie durch eine rasche Transformation des Gebisses und des Verdauungsapparates heraufbeschworen würden. Die Eisenbahn und die Herausbildung des Proletariats haben unter den unmittelbaren Folgen der Befreiung der Antriebskraft einen direkten Einfluß auf die gesamte Organisation der Spezies. Die Anpassung der Individuen, die das Gehirn und den Körper des Cro-Magnon-Menschen behalten, geschieht über eine wachsende Verzerrung.

Auch heute ist dieser Anpassungsvorgang noch nicht abgeschlossen; die Evolution hat eine neue Stufe erreicht, die der Exteriorisierung des Gehirns, und unter streng technologischer Perspektive ist die Mutation bereits abgeschlossen; in einer allgemeineren Perspektive dagegen ist die Distanz zwischen den Nachkommen der Rentierjäger und ihren vernunftbegabten Maschinen noch gewachsen. Die Verdichtung der Zeit, die Verkürzung der Entfernungen, die Beschleunigung der Handlungsrhythmen, die Unfähigkeit zur Anpassung an Kohlenmonoxyd und sonstige industrielle Gifte und die Anfälligkeit gegen Radioaktivität stellen uns vor das ungewisse Problem der physischen Eignung des Menschen für eine Umwelt, die nun für lange Zeit die seine sein wird. Es fragt sich, ob wir nicht einsehen müssen, daß allein die Gesellschaft uneingeschränkten Nutzen aus diesem Fortschritt zieht; der einzelne Mensch wäre demnach ein veralteter Organismus, nützlich zwar wie das Kleinhirn oder der Rhinenzephalon, wie der Fuß und die Hand, aber von zweitrangiger Bedeutung, die Infrastruktur einer Menschheit, für die sich die »Evolution« mehr interessierte als für den einzelnen Menschen. Dies wäre im übrigen nur eine Bestätigung der Identität zwischen der Spezies Mensch und den Tierarten, bei denen ja auch nur solche Entwicklungen betrachtet werden, die für die Spezies als ganze bedeutsam sind.

Evolution der Operationsketten

Die Befreiung der Technik führt zweifellos zu einer Verminderung der technischen Freiheit des einzelnen. Vom Australanthropus bis zur Mechanisierung wird das operative Verhalten der Individuen immer reicher, verändert sich aber nicht in seinem Wesen. Das technische Leben, das der Jäger ebenso wie später das der Bauern und Handwerker, umfaßt eine größere Zahl von Ketten, die den vielfältigen Tätigkeiten des materiellen Überlebens entsprechen. Diese Ketten sind empirischer Art und stützen sich auf eine kollektive Tradition, die von einer Generation zur nächsten weitergegeben wird. Wichtigstes Merkmal ist ihre ausgeprägte lokale und individuelle Färbung, und dies trotz der Einheit, die sie in den großen Zügen zeigen, und trotz ihrer Verbreitung über große polyethnische Gebiete. Alles was gemacht wird, Werkzeuge, Gesten und Produkte, ist durch die Ästhetik der Gruppe geprägt und besitzt eine ethnische Persönlichkeit, von der schon der oberflächliche Besuch eines ethnographischen Museums einen Eindruck vermitteln kann. Im Rahmen der Traditionen entfaltet das Individuum seine persönlichen Varianten und schöpft aus dem ihm belassenen Spielraum, um in der Sicherheit, die ihm die Integration in die Gruppe bietet, einen Teil seines Gefühls, als Individuum zu existieren, auszuleben.
Mit dem Übergang zur industriellen Motrizität verändert sich die Situation grundlegend. Die Operationsketten sind dazu bestimmt, die immer noch sehr weiten Leerräume im Verhalten der Maschine auszufüllen. Der Arbeiter wird mit Teilstücken von Ketten konfrontiert, die vom Rhythmus der Maschine bestimmt werden, mit Serien von Gesten, die das Subjekt außerhalb lassen. Eine völlige »technische Dekulturation« tritt ein und verbindet sich mit dem Verlust der Zugehörigkeit zu einer Gruppe, die über eine ausgeprägte Persönlichkeit und eine angemessene innere Strukturierung verfügte.
Die Industrialisierung erfolgt zunächst über einen Prozeß, der den

Arbeiter nach und nach an die Maschine anpaßt, ohne der Maschine auch nur das mindeste von ihrem Vorrang zu nehmen. Die »Taylorisierung« der Gesten ist mit einer Normalisierung der Werkzeugköpfe und der Produkte verbunden, mit einer intensiven Anpassung an die kontinuierliche Kreisbewegung (Rotation, Drehungen, Kreisel ...), mit einer undifferenzierten Behandlung des Werkstoffs. Dann kommt es zunehmend zur Einführung mechanischer Automaten; der Arbeiter kontrolliert hier den Eintritt des Rohmaterials, den Ablauf des Programms und den Ausgang des fertigen Produktes.

Über Entwicklungsprozesse sollte man keine Werturteile fällen. Man mag den Gigantismus der Dinosaurier des Sekundärs für »schlecht« halten, weil sie ausgestorben sind, während die Krokodile überlebt haben, wir wissen jedoch nichts über die Zukunft und insbesondere nicht, was an die Stelle des *homo sapiens* treten könnte. Dagegen sind wir schon tief genug in die derzeitige Entwicklungsphase verstrickt, um ermessen zu können, was sich irreversibel verändert hat. Vom Pithecanthropus bis zum Schreiner des 19. Jahrhunderts erfuhr die Gestalt der Operationsketten keine Veränderung. Der Arbeiter hat seinen Werkstoff vor sich, er nutzt die besonderen Mängel und Qualitäten, die er ihm bietet, kombiniert den möglichen Ablauf der Tätigkeitsketten aufgrund eines traditionellen Wissens, er gestaltet den Fertigungsprozeß, korrigiert und gelangt schließlich zu dem Produkt, dessen Urheber er ist, in einer ausgeglichenen Verausgabung muskulärer und gedanklicher Bewegungen. So mechanisch sein Verhalten auch sein mag, es setzt Bilder, Vorstellungen und zumindest dunkel auch Sprache voraus. Das artspezifische operative Verhalten des Menschen ist über mehrere hunderttausend Jahre hinweg total und in einen kollektiven Zusammenhang eingebettet, der unmittelbar signifikativ und untrennbar mit der menschlichen Qualität verbunden ist. Daß man Holz in eine Maschine eingeben kann, ohne sich weiter um irgend etwas kümmern zu müssen, und am Ende ein Standardparkettbrett herauskommt, das dann automatisch verpackt wird, bedeutet zweifellos einen sehr wichtigen gesellschaftlichen Gewinn, es läßt dem Menschen aber keine andere Möglichkeit, als darauf zu verzichten, ein *homo sapiens* zu bleiben, um irgend etwas, vielleicht Besseres, in jedem Falle aber anderes zu werden. So müssen wir also über den Menschen nachdenken, der sich als zoologisches Wesen nicht innerhalb eines Jahrhunderts verändern kann, und uns fragen, welche Auswege sich ihm bieten, wenn er nach einem anderen Lebensgefühl strebt als der Befriedigung, eine depersonalisierte Zelle in einem Organismus zu sein, der vielleicht sogar – und höchst bewundernswert – planetarische Ausmaße gewonnen hat.

Das Schicksal der Hand

Die gleichen Tatsachen lassen sich auch in einer anderen Perspektive betrachten, die aus einem weiteren Aspekt jener Mutation erwächst, in der die Spezies Mensch begriffen ist. In den vorindustriellen Gesellschaften ist der individuelle Einsatz an Technizität vergleichsweise hoch; genauer gesagt, das Leben aller Individuen ist durch vielfältige manuelle Aktivitäten geprägt, die zumindest ein für das Überleben ausreichendes Niveau erreichen. Die Gruppe paßt sich die hypovalenten Individuen in Erfüllungsfunktionen an, und die Virtuosen treiben ihr Spiel auf allen Gebieten und bieten das stimulierende Bild des Talents. Begabte Handwerker, Musiker oder Bauern – jede kleine Gruppe besitzt ihr Teil an Modellen und erhält sich im Kontakt mit ihnen. Im derzeitigen Stadium ist in diesen Verhältnissen eine tiefgreifende Wandlung eingetreten; gewaltige Massen stehen einer immer geringeren Zahl von Modellen gegenüber. Partizipation gibt es noch, aber sie ist nicht mehr direkt, sondern durch Druckwerke oder audiovisuelle Medien vermittelt: Astronaut, Held der Arbeit oder persische Prinzessin, das makrokollektive Modell ist von einer Weite, die keinerlei gemeinsames Maß mehr mit dem Kapitän des Wolfszeughauses, dem Schmied des großen Platzes oder der Kaffeehauskellnerin hat – um den Geschmack der Nähe beraubt, bleibt ihm jedoch nur noch sein Wert als Quelle von Illusionen.
Im manuellen Bereich ist die Situation genau dieselbe. Am Anfang war die Hand eine Zange zum Festhalten von Steinen, der Triumph des Menschen hat sie zur immer geschickteren Dienerin seiner Produktionsvorstellungen gemacht. Vom oberen Paläolithikum bis ins 19. Jahrhundert hat sie einen endlosen Höhenflug hinter sich gebracht. In der Industrie spielt sie noch eine wesentliche Rolle bei wenigen Werkzeugmachern, die jene Teile der Maschinen herstellen, vor denen die Masse der Arbeiter nur noch einen Greifer mit fünf Fingern hat, der das Rohmaterial verteilt, oder einen Zeigefinger, der auf Knöpfe drückt. Noch handelt es sich um ein Übergangsstadium, denn es kann kein Zweifel bestehen, daß die nicht mechanisierten

Phasen in der Herstellung von Maschinen nach und nach ausgeschaltet werden.
Es wäre nicht sonderlich wichtig, daß die Bedeutung der Hand, dieses Schicksalsorgans, abnimmt, wenn nicht alles darauf hindeutete, daß ihre Tätigkeit eng mit dem Gleichgewicht der Hirnregionen verbunden ist, die mit ihr in Zusammenhang stehen. »Mit seinen Händen nichts anzufangen wissen« wäre auf der Ebene der Spezies nicht sonderlich beunruhigend, denn es dürften noch Jahrtausende vergehen, bevor ein so altes neuro-motorisches Dispositiv sich zurückbildet; aber auf individueller Ebene liegt die Sache ganz anders. Mit seinen Händen nicht denken können bedeutet einen Teil seines normalen und phylogenetisch menschlichen Denkens verlieren. Auf der Ebene des Individuums und vielleicht auch auf der Ebene der Spezies stehen wir also in Zukunft vor dem Problem einer Regression der Hand. Ich werde dieses Problem im dritten Teil des Buches nochmals aufnehmen und zeigen, daß die Störung des manuellen Gleichgewichts jenes Band, das zwischen der Sprache und dem ästhetischen Bild der Realität bestand, bereits teilweise zerrissen hat. Wir werden sehen, daß die nicht-figurative Kunst durchaus nicht zufällig mit einer »entmanualisierten« Technizität zusammenfällt.

Kapitel IX
Die Expansion des Gedächtnisses

Im letzten Kapitel haben wir ein Phänomen untersucht, das allein dem Menschen vorbehalten bleibt, die Exteriorisierung der technischen Organe. Nun bietet es sich an, jene Fragen nochmals auf einem Mittelweg anzugehen, die sich erheben, wenn die Maschine in den Besitz eines Nervensystems und eines vorgängigen *Bewußtseins* ihrer Handlungen gelangt. Wiederum stellt sich die Frage nach dem Verhältnis zwischen biologischer Art und Ethnie, diesmal jedoch auf den Ebenen: Instinkt, Intelligenz, »künstliches Denken« oder spezifisches Gedächtnis, soziales Gedächtnis, »mechanisches Gedächtnis«. Es mag unangemessen erscheinen, Maschinen mit Lebewesen gleichzusetzen, und es wäre auch ganz sinnlos, wenn man einen solchen Vergleich in rein zoologischer Perspektive anstellte; ich meine jedoch, daß wir uns einigen Nutzen davon versprechen dürfen, wenn wir eine ontologische Perspektive wählen. Dann kann man den Menschen aus Gründen der Ökonomie in seine Bestandteile zerlegen und nur jene Teile auswählen, die mit der wissenschaftlichen Systematik vereinbar sind. Denkt man an Descartes, der den Versuch macht, den Menschen vor dem Hintergrund der Tier-Maschine zu denken, so kann man sich vorstellen, daß er sich wohl eher dem Maschinen-Tier zugewandt hätte, wenn er die heutigen Elektronengehirne gekannt hätte. In einer weiteren Perspektive kann man auf die dunklen Gefühle der Masse eingehen; auf die wesentlichen Merkmale reduziert, wiederholen die Comics und Bilderserien der Zeitungen und Illustrierten aller Sprachen in endlosen Folgen stets nur das Treiben dreier Akteure: des wilden Tieres, des Menschen und des Roboters – und dies in einer Folge bezeichnender Abstufungen, die sich für die amerikanisch inspirierte Literatur in folgender Entwicklungslinie fassen ließe: Bison, Gorilla, Cowboy, Wissenschaftler, Astronaut, Roboter. Für den Übergang zwischen den einzelnen Ausdrücken der Folge *wildes Tier – Mensch – denkende Maschine* stehen das denkende Tier (Gorilla), der Muskelmensch (Cowboy), der Gehirnmensch (Wissenschaftler), die Mensch-Maschine (Astronaut) und der Maschinen-Mensch (Roboter).

Von daher kann man sich fragen, ob sich aus dem Block des kollekti-

ven Denkens nicht eine Klassifikation abstrahieren läßt, die ein Verständnis der Evolution menschlicher Kollektivität ermöglicht.
Den für das menschliche Gedächtnis grundlegenden Umstand haben wir bereits erörtert: wie das Werkzeug so wird auch das Gedächtnis des Menschen exteriorisiert, als Behälter dient die ethnische Gemeinschaft. Darin liegt der Unterschied zum tierischen Gedächtnis, von dem wir im übrigen nur wenig wissen, allenfalls, daß sein Träger die biologische Art ist. Wesentliche Unterschiede bestehen zwischen dem tierischen Gedächtnis, dem Gedächtnis des Menschen und dem Gedächtnis von Maschinen. Das Gedächtnis der Tiere bildet sich durch Erfahrung innerhalb enger genetischer Kanäle aus, die von der biologischen Art vorbestimmt sind. Das Gedächtnis des Menschen konstituiert sich durch Erfahrung auf der Grundlage von Sprache. Das Gedächtnis von Maschinen entwickelt sich aufgrund von Erfahrung im Kanal eines vorgegebenen Programms, eines von der menschlichen Sprache abgezogenen Codes, den der Mensch in die Maschine eingibt. Das Maschinengedächtnis hat durchaus gewisse Ähnlichkeit mit dem tierischen Gedächtnis; in jeder Maschine besteht eine »artspezifische« Konditionierung, aber das Operationsprogramm ist vollkommen instinktbestimmt, denn es ist den Handlungen materiell präexistent und zeichnet all deren Peripetien vor. So gesehen, entspricht die Maschine der klassischen Definition von Instinkt weit besser als das Tier.
In funktioneller Perspektive lassen sich daher die drei Formen des Gedächtnisses als verschieden, aber vergleichbar betrachten. Das ererbte Gedächtnis des Menschen existiert bereits vorgängig in der ethnischen Gruppe, und wenn der Mensch fast gar nichts aus Instinkt tut, so weil er wie das Tier kein hypothetisches, atavistisches Gedächtnis besitzt. Aber das Tier läßt seine Erfahrung auf einer eng begrenzten und im voraus gestimmten Klaviatur spielen, während der Mensch über eine breite Klaviatur verfügt und von der Gesellschaft Programmfolgen erhält, die er aufnimmt und weiterspinnt. So gesehen, nimmt das Maschinengedächtnis eine Zwischenposition ein, denn das Elektronengehirn besitzt nur eine enge Klaviatur, erhält aber eine Ausbildung in Gestalt eingegebener Programme.

Die Weitergabe von Programmen

Die Geschichte des kollektiven Gedächtnisses läßt sich in fünf Perioden einteilen: die mündliche Überlieferung, die schriftliche Überlieferung durch Tafeln oder Register, die Übermittlung durch Karteikarten, die mechanische Aufzeichnung und die elektronische Aufzeichnung.

Mündliche Überlieferung

Der Wissensbestand einer Gruppe bildet das Grundelement ihrer Einheit und ihrer Persönlichkeit, und die Weitergabe dieses geistigen Kapitals ist die notwendige Voraussetzung für das materielle und soziale Überleben. Diese Weitergabe betrifft dabei die Hierarchie der Operationsketten.

Die mechanischen Operationsketten entsprechen dem gemeinsamen Familiengedächtnis, sie betreffen sämtliche materiellen und moralischen Episoden des Alltagslebens; ihre Einprägung in das persönliche Gedächtnis der Individuen erfolgt in der Kindheit und unter Umständen, bei denen der Sprache nicht unbedingt die wichtigste Rolle zufällt. Anders steht es mit solchen Praktiken, die seltener oder nur in außergewöhnlichen Fällen vorkommen. Sie beruhen in allen schriftlosen Gesellschaften auf dem Gedächtnis echter Spezialisten: betagter Familienoberhäupter, Sänger und Priester, die in der traditionalen Menschheit die äußerst wichtige Aufgabe hatten, den Zusammenhalt der Gruppe aufrechtzuerhalten. Die Einprägung des Wissenskapitals ist mit der Entwicklung einer mündlichen Literatur und der bildlichen Darstellung überhaupt verbunden; wir werden im dritten Teil des Buches darauf zurückkommen. Das praktische, technische oder im weitesten Sinne wissenschaftliche Wissen wird nur sehr selten in der Literatur festgehalten, wenngleich es sich in der Regel in einem Kontext befindet, bei dem der magische oder religiöse Stoff nicht deutlich von den praktischen Formeln geschieden ist. In den bäuerlichen Gesellschaften und für die handwerklichen Aufgaben spielt die soziale Strukturierung der Berufe eine wesentliche Rolle, gleich ob es sich um die Schmiede Afrikas und Asiens oder um die europäischen Zünfte bis ins 17. Jahrhundert handelt. Weitergabe und Bewahrung der Berufsgeheimnisse erfolgen in allen sozialen Zellen der Ethnie.

Auf diesem Niveau, das gleichermaßen der primitiven wie der rezenten Agrikultur entspricht, ist der Inhalt des technischen Gedächtnisses noch frei von jeder systematischen Organisation. Genauer gesagt, jede Gruppe von Operationsketten oder jede Kette bildet eine nahezu unabhängige Einheit, einen Block demonstrativer Gesten und mündlicher Kommentare.

Die erste schriftliche Überlieferung

Die Entstehung der Schrift ist kein Zufall. Nach Jahrtausenden der Reifung in den Systemen mythographischer Darstellung kommt mit dem Metall und mit der Sklaverei die lineare Notation des Denkens auf (siehe Kap. VI). Auch die ersten Inhalte der Schrift sind nicht zufällig: Rechnungen, Schuldverschreibungen gegen Götter und Menschen, dynastische Folgen, Orakel und Strafkodizes. Der beschränkte und im übrigen auch nur schlecht dokumentierte Charakter der älteren Texte ist für den Ethnologen eine beständige Quelle der Enttäuschung. Wieviel mehr wüßten wir doch, hätten uns die Sumerer auch Küchenrezepte, Anleitungen zur Lebensführung und Handbücher über den Umgang mit Holz und Metall hinterlassen. In Wirklichkeit ist es gar nicht vorstellbar, daß die Schrift für solche Gegenstände entwickelt worden wäre, deren Überlieferung ja schon immer durch das mündliche Gedächtnis gesichert war. Die Evolution knüpft in erster Linie an das Neue an, und wenngleich die aufkommende Metallurgie neu war, hätte sie sich nicht unmerklich in die mechanischen Praktiken einfügen dürfen, hätte sie eine außergewöhnliche Operation sein müssen, die keinerlei Verbindung mit dem ganzen Apparat verketteter Gesten hätte besitzen dürfen – eine Vorstellung, die für eine handwerkliche Technik ganz undenkbar ist. Oder aber die Schrift hätte ohne jeden Gegenstand über Jahrhunderte hinweg reifen müssen, bis sie über Mittel verfügt hätte, Gegenstände aufzuzeichnen, die es erst in jüngster Zeit aufzuzeichnen gibt – eine Hypothese, die ebenso unbegründet erscheint wie die erste. Das kollektive Gedächtnis bedarf zu Beginn der Schriftentwicklung keines Bruches mit seiner traditionellen Bewegung, allenfalls noch, soweit es in einem entstehenden sozialen System außergewöhnliche Erscheinungen festzuhalten gilt. Es ist also kein Zufall, wenn die Schrift nicht das aufzeichnet, was im Leben und in der Produktion ganz normal

abläuft, sondern das Gerüst einer urbanisierten Gesellschaft, für die der Knotenpunkt des Nervensystems in einer ökonomischen Zirkulation zwischen den himmlischen und menschlichen Produzenten und den Herrschenden liegt. Die Innovation erfolgt an der Spitze des Systems und umfaßt selektiv die finanziellen und religiösen Tätigkeiten, die Opfergaben, die Genealogien, den Kalender, alles, was in den neuen städtischen Strukturen weder durch Ketten von Gesten noch durch Produkte vollständig im Gedächtnis bewahrt werden kann.
Das Schriftgedächtnis hält von der aufkommenden Wissenschaft nur die charakteristischen Elemente fest; in den Hochkulturen Mesopotamiens, Ägyptens, Chinas und des präkolumbianischen Amerika beziehen sich die ältesten Dokumente dieser Art auf den Kalender und auf Entfernungen. Wissen über die Zeit und den Raum ist den Primitiven vor der bäuerlichen Seßhaftwerdung nicht fremd, beides gewinnt jedoch eine neue Bedeutung, als die Hauptstadt zum Angelpunkt zwischen der himmlischen Welt und dem humanisierten Raum wird.
Im Maße, wie das Instrument sich vervollkommnet, das die Worte und Sätze in das Gedächtnis der Generationen einzuschreiben gestattet, entwickelt sich auch die Aufzeichnung und gewinnt immer tiefere Schichten des Wissens, aber selbst in der klassischen Antike begrenzt die Hierarchie der sozialen Werte die Tatsachen, die auf die nachfolgenden Generationen überkommen sollen, auf ganz bestimmte Bereiche: auf religiöse, historische, geographische und philosophische Texte. Wir können mithin sagen: auf den beiden Ebenen der Götter und der Menschen, deren wechselseitiges Verhältnis das Grundthema darstellt, bildet das dreifache Problem der Zeit, des Raumes und des Menschen den Stoff für das Gedächtnis. Die Landwirtschaft erscheint in Gedichten, deren tragendes Element die Jahreszeiten sind, die Architektur in Beschreibungen, die den kosmischen Raum den Tempeln und Palästen einverleiben. Mathematik und Physik erscheinen gemeinsam mit der Medizin, erste Elemente einer Wissenschaft im eigentlichen Sinne, die jedoch noch von einem Hof aus Magie und Religion umgeben bleiben.

Bis zur Entstehung der Druckkunst in China und im Westen besteht zwischen mündlicher und schriftlicher Überlieferung keine eindeutige Trennung. Die Masse des Wissens ist in die mündlichen und technischen Praktiken integriert; die Spitze des Wissens, seit der Antike in ihrem Rahmen unverändert, wird handschriftlich niedergelegt und auswendig gelernt. Im Verlauf der Jahrhunderte, die Homer oder den Großen Yu von den ersten Druckwerken des Okzidents und des Orients trennen, bildete sich mit der wachsenden Masse der aufgezeichneten Tatsachen auch ein Begriff von Referenz und Verweisung heraus, aber die Schriften bleiben allenthalben noch kompakte Folgen, die durch Siglen und Randbemerkungen rhythmisiert werden, an denen der Leser sich dann in der Art eines primitiven Jägers orientiert, d. h. eher entlang einer Bahn als auf einer Ebene. Die Umwandlung der Wortfolge in ein System von Orientierungsfeldern ist noch nicht erfolgt. Wir haben aber gesehen, daß die Umwandlung des zweidimensionalen Mythogramms, das nicht auf einen phonetischen Satz reduziert ist, in eine lineare Folge alphabetischer Zeichen die Befreiung der Sprache und eine gewisse Reduktion der Fähigkeit zu individueller Symbolisierung bedeutet: mit der Entstehung der Druckkunst setzt dann ein neuer Wandlungsprozeß ein, der wegen des gewaltigen Überflusses an Texten bald völlig unvermeidlich wird.

Der Stoff der antiken und mittelalterlichen Handschriften besteht aus Texten, die dazu bestimmt sind, vom Leser in sein Gedächtnis aufgenommen zu werden, zumindest so weit, daß er sich bei der Lektüre schnell zu orientieren vermag. Zugleich gibt es auch gewöhnlicheren Schriftstoff, den gleichen wie an den Anfängen der Schrift, Briefe und Verträge. In jedem Falle wird dieser Stoff von Interessenten und Notaren bewahrt, und Probleme einer praktischen Orientierung stellen sich nicht. Anders steht es da mit den Druckwerken, die schnell den Kreis der klassischen Genres überschreiten. Der Leser wird nicht nur mit einem gewaltigen kollektiven Gedächtnis konfrontiert, dessen Inhalt er nicht mehr vollständig aufzunehmen vermag, er wird oft auch vor die Aufgabe gestellt, selbst neue Schriften auszuwerten. Wir haben es hier mit einer schrittweisen Exteriorisierung des individuellen Gedächtnisses zu tun; die Arbeit der Orientierung im Geschriebenen muß von außen erfolgen. Wörterbücher und Glossare boten dazu seit

Jahrhunderten eine Möglichkeit; sowohl die chinesische Schrift mit ihren phonetisierten Mythogrammen als auch die griechische und die lateinische Schrift ermöglichten es dem Leser, sich am Leitfaden der traditionellen Abfolge ideographischer oder phonetischer Zeichen zu orientieren. Dennoch eröffnete das Wörterbuch dem Schriftgedächtnis nur einen schmalen Ausgang, ein Wissen, das zugleich linearisiert und pulverisiert und letztlich unvereinbar mit der Entwicklung eines Denkens war, wie es in der Folgezeit aufkam.

Das 18. Jahrhundert markiert in Europa das Ende der antiken Welt im Druckwesen und in den Techniken. Es bietet uns den größten Traditionsreichtum und zugleich die ersten Ansätze jener Transformation, aus der unser heutiger Zustand hervorgegangen ist. In den Büchern verschlingt das soziale Gedächtnis in wenigen Jahrzehnten die gesamte Antike, die Geschichte der großen Völker, Geographie und Ethnographie einer Welt, die endgültig Kugelgestalt angenommen hat, Philosophie, Recht, Wissenschaften, Künste, Techniken und eine aus zwanzig verschiedenen Sprachen übersetzte Literatur. Der Strom wird sich bis zu uns noch verbreitern, aber berücksichtigt man die Proportionen, so hat es zu keinem anderen Zeitpunkt in der menschlichen Geschichte eine so schnelle Ausdehnung des kollektiven Gedächtnisses gegeben. Auch trifft man schon im 18. Jahrhundert auf sämtliche Formeln, mit denen sich ein vorkonstituiertes Gedächtnis an den Leser herantragen läßt.

Die Wörterbücher gelangen an ihre Grenzen in den Enzyklopädien aller Art, die zum Gebrauch der Manufakturen oder der Geschäftsleute wie auch für die Hand der Gelehrten publiziert werden. Der erste echte Anstoß zu einer technischen Literatur fällt in die zweite Hälfte des 18. Jahrhunderts; alles steht bereit, und die Sprache hat sich das deskriptive Vokabular geschaffen, das wir heute noch gebrauchen. Das Wörterbuch stellt eine hoch entwickelte Form des äußeren Gedächtnisses dar, aber wo das Denken sich bis ins Unendliche zerstückelt sieht, ist die *Große Enzyklopädie* von 1751 eine Folge kleiner Handbücher im Gewande eines Wörterbuches: man stellt fest, daß die Kunst der Dokumentation sich zu dieser Zeit auf dem gleichen Niveau befindet wie die Kunst der mechanischen Bewegung: der Gipfel, den die Automaten erreichen, ist eine Bewegung durch isolierte Hebel, die für jedes Organ ein parzelliertes Gedächtnis bewahren. Die Enzyklopädie ist ein parzelliertes alphabetisches Gedächtnis, jedes einzelne Rädchen enthält einen belebten Teil des gesamten Gedächtnisses. Zwischen dem Automaten Vaucansons und der *Enzyklopädie*, die derselben Zeit angehören, besteht das gleiche Verhältnis wie zwischen einer elektronisch gesteuerten Maschine und einem mit Speichern ausgestatteten Rechner.

In seinen stets neu überarbeiteten Werken akkumuliert das 18. Jahrhundert nahezu sämtliche bekannten Verfahren, insbesondere die mittelalterlichen Randbemerkungen, sie fassen die Paragraphen zusammen oder führen Verweisungen ein; in den meisten Fällen stehen sie inzwischen bereits am Fuß der Seite. Alphabetische Register am Ende des Bandes, die schon im 16. Jahrhundert häufig anzutreffen sind, werden nun fast zur Regel.

Die aus unserer Perspektive interessanteste Entwicklung ist ein Gegenstück zur alphabetischen Indizierung und betrifft den globalen Inhalt des Werkes. Seit dem Mittelalter und regelmäßig dann seit dem 16. Jahrhundert dienten die Randbemerkungen dazu, eine Inhaltszusammenfassung der Teile zu bieten: recht häufig stand am Anfang des Werkes ein sehr knappes und ohne Seitenangaben gedrucktes Verzeichnis des behandelten Stoffes; nach und nach organisiert sich die Präsentation und ermöglicht dem Leser, der den Inhalt nicht kennt, eine leichtere Orientierung – eine Funktion, die aufs genaueste der Rolle eines äußeren Gedächtnisses entspricht. Auf zwei Wegen entfaltet sich eine Entwicklung, die bis an den Beginn des 20. Jahrhunderts reicht. Der eine Weg besteht darin, jedem Kapitel ein Argument voranzustellen, das dessen Inhalt zusammenfaßt; der andere darin, an den Anfang oder das Ende des Werkes eine Übersicht über den Inhalt, unser *Inhaltsverzeichnis* zu stellen. Die Kapitelzusammenfassung ist ein Überbleibsel jener Haltung, die vom Leser eine hohe Beteiligung seines persönlichen Gedächtnisses erwartet; heute ist sie bis auf ganz wenige Ausnahmen verschwunden. Nach der Lektüre der Übersicht war dies ein rationeller Schritt zu den Einzelheiten des Inhalts, aber es bestand eine Tendenz, aus der Inhaltsübersicht fast ein Mythogramm zu machen, d.h. eine signifikative Ansammlung von Symbolen, bei der Auge und Geist nicht gezwungen sind, dem geradlinigen Lauf der Schrift zu folgen. Damit dies möglich wird, enthält die Inhaltsübersicht keine Elemente der Syntax mehr, sondern freie Wörter, aus denen der Leser seine Information zusammensetzt. Wir haben im Bereich des Gedruckten diesen seit zwei Jahrhunderten erreichten Stand nicht überwunden, und wie auf allen Gebieten hat sich die Spitze der Entwicklung verschoben, sie liegt nun nicht mehr im Bereich der Bücher, der freilich als dokumentarische Infrastruktur fortexistiert, sondern in Dokumentationselementen, die von jedem Kontext befreit sind.

Karteikarten

Das kollektive Gedächtnis erreichte im 19. Jahrhundert einen solchen Umfang, daß man von einem individuellen Gedächtnis nicht länger erwarten konnte, den Inhalt der Bibliotheken in sich aufzunehmen. Es erwies sich als notwendig, das im gedruckten Gehirn der Gemeinschaft erstarrte Denken durch ein zusätzliches Netz zu organisieren, auf das sich ein überaus vereinfachtes Bild des Inhalts projizieren ließ. Vor allem war es unerläßlich, daß die Zellen dieses neuen Netzes unbegrenzt erweitert und durch geeignete Umorganisation jeder möglichen Suchanordnung im dokumentarischen Material angepaßt werden konnten. Das 18. und ein großer Teil des 19. Jahrhunderts lebten noch von Notizbüchern und Buchkatalogen. Dann begann man mit der Dokumentation auf Karteikarten, die sich erst richtig zu Beginn des 20. Jahrhunderts durchsetzte. Schon in der rudimentärsten Form entspricht sie der Herausbildung eines echten äußeren Kortex, denn eine einfache bibliographische Kartei eröffnet dem Benutzer eine Fülle von Anordnungsmöglichkeiten: nach Autoren, nach Sachgebieten, nach geographischen oder chronologischen Gesichtspunkten und mit all den Kombinationsmöglichkeiten, die so speziellen Kriterien entsprechen wie den Publikationsorten oder den jeweiligen Proportionen der Stiche in religiösen Werken und Romanen. Deutlicher noch wird dies in einer wissenschaftlichen Kartei, in der jedes Dokumentationselement ganz nach Belieben mit allen übrigen Elementen zusammengebracht werden kann. Das Bild der Hirnrinde ist übrigens in gewisser Hinsicht falsch, denn wenn eine Kartei auch ein Gedächtnis im strengen Sinne ist, so ist sie doch eines, das nicht über die Mittel zur eigenen Vergegenwärtigung verfügt, und soll es mit Leben erfüllt werden, so muß es in das visuelle und manuelle Operationsfeld des Benutzers eingebracht werden.

Lochkarten und das Gedächtnis der Elektronengehirne

Eine weitere Stufe wird erreicht, wenn die Kartei mit Indizes, mit Farbkennzeichnungen etwa, versehen ist, die es gestatten, das bestehende Indizierungssystem mit einem zweiten Bezugssystem zu schneiden; besser noch aber, wenn es sich um eine Kartei aus Lochkarten handelt. Das Buch ist dem Handwerkszeug vergleichbar; so vollkommen es auch sein mag, es erfordert eine vollständige technische Beteiligung von seiten des Lesers. Die einfache Kartei gleicht schon einer manuellen Maschine, denn ein Teil der Operationen wird transformiert und virtuell in den Karteikarten aufbewahrt, die dann nur noch mit Leben erfüllt werden müssen. Die Lochkarten stellen eine weitere Stufe dar, vergleichbar der Stufe der ersten automatischen Maschinen. Ob es sich nun um Karten mit Randlochung handelt, die manuell gehandhabt werden, oder um irgend eine andere Formel, die eine mechanische oder elektronische Auslese gestattet, das Prinzip der Lochkarte bleibt stets dasselbe: die Daten werden in einen binären Code übertragen, der einen negativen Ausdruck besitzt (kein Loch) und einen positiven Ausdruck (Loch), und das Auslesegerät sondert die Karten je nach Fragestellung aus und liefert nur solche Karten, die eine positive Antwort bedeuten. Das gleiche Prinzip hatte Jacquard bei den Webstühlen eingeführt, und es ist merkwürdig, daß es mehr als ein Jahrhundert dauerte, bis das Dokumentationssystem die Stufe erreichte, die in der Weberei schon im 19. Jahrhundert realisiert worden war. Aber wenn der Mechanismus auch der gleiche ist, so ist der Grad der Ausnutzung in beiden Fällen doch ganz verschieden, denn beim Webstuhl stellen die Lochstreifen Antworten dar, während die Lochkarten im Dokumentationswesen ebensovielen möglichen Fragen entsprechen. Lochkartenkarteien sind Maschinen zur Sammlung von Erinnerungen, sie funktionieren wie zerebrale Gedächtnisse mit unendlicher Kapazität und sind weit besser noch als das menschliche Gedächtnis in der Lage, jede Erinnerung mit jeder anderen zu kombinieren.

Jenseits dieser Stufe gibt es zumindest derzeit nur noch Fortschritte in den Proportionen, denn das Elektronengehirn basiert zwar auf anderen und subtileren Prozessen, arbeitet aber nach den gleichen Prinzipien. Theoretisch können die zerebralen Fähigkeiten der Lochkartengeräte und der (generell assoziierten Rechner) mit den Vergleichsmöglichkeiten des Gehirns konkurrieren. Sie vermögen in gigantischem Umfang und in minimalen Zeiträumen Berge von Daten in einem bestimmten Sinne zu verarbeiten und alle möglichen Antworten zu geben. Sie können diese Antworten gewichten, wenn man ihnen Auswahlkriterien eingibt, und sind in der Lage, diese vorgegebene Gewichtung durch Erfahrungsurteile anzureichern, die sie aus der Akkumulation von Präzedenzfällen in ihrem Gedächtnis beziehen. Die Überlegenheit des Elektronenrechners gegenüber der Kartei beruht auf der Dichte der Informationen, die er in kürzester Zeit aufgrund der simultanen Arbeit mehrerer Selektionszentren verarbeiten kann, die sich wechselseitig kontrollieren und korrigieren. Die Karten mit der höchsten Informationsdichte (20000 Daten pro Karte, das sind 10 Millionen Elemente auf 500 Karten) erfordern dagegen eine direkte Beteiligung des Operators und beträchtlich mehr Zeit. Mit Sicherheit steht der Bau von künstlichen Gehirnen erst am Anfang, und ganz gewiß handelt es sich nicht um eine Kuriosität oder um kurzatmige Versuche ohne Zukunftsperspektive. Wer behauptete, es werde in nächster Zeit keine Maschinen geben, die das menschliche Gehirn in den Leistungen überflügeln, bei denen das Gedächtnis und rationale Urteilsfähigkeit gefordert sind, der gliche dem Pithecanthropus, der die Möglichkeit eines Faustkeils leugnete, dem Bogenschützen, der über Büchsen nur zu lachen vermöchte, oder mehr noch dem homerischen Rhapsoden, der die Schrift als aussichtsloses Memorierungsverfahren abtäte. Der Mensch wird sich also mit der Einsicht abfinden müssen, daß er schwächer ist als seine künstlichen Gehirne – wie auch seine Zähne schwächer sind als ein Mühlstein und seine Flugfähigkeit völlig vernachlässigenswert im Vergleich zum schlechtesten Düsenflugzeug.

Eine sehr alte Tradition unterstellt dem Gehirn den Erfolg der menschlichen Art, und es hat die Menschheit nicht überrascht, die Fähigkeiten der Beine, Arme und Augen überflügelt zu sehen, denn für all das gab es ja einen höhergestellten Verantwortlichen.

Seit einigen Jahren nun ist auch der Schädelkasten von solcher Überflügelung betroffen, und hält man sich an die Fakten, so kann man sich fragen, was vom Menschen überhaupt noch bleiben wird, wenn er alles besser nachgebaut haben wird. Fest steht heute, daß wir in der Lage sind oder bald sein werden, Maschinen zu bauen, die sich an alles erinnern und die komplexesten Situationen beurteilen können, ohne sich zu irren. Daraus läßt sich die schlichte Tatsache ablesen, daß die Hirnrinde, so bewundernswert sie sein mag, ebenso unvollkommen ist wie die Hand und das Auge, daß elektronische Analyseverfahren sie ergänzen werden, und endlich, daß die Evolution des Menschen, der verglichen mit der heutigen Lage ein lebendes Fossil ist, ihre Fortsetzung auf anderen Wegen als über die Neuronen finden wird. Oder positiver ausgedrückt: um ein Maximum an Freiheit durch die Vermeidung jeder Überspezialisierung seiner Organe zu verwirklichen, ist der Mensch zunehmend gezwungen, immer höhere Fähigkeiten zu exteriorisieren.

Sollten die Computer eines Tages in der Lage sein, vollkommene Theaterstücke zu schreiben und unnachahmliche Bilder zu malen, so wäre es an der Zeit, sich ernsthaft Gedanken zu machen. Sollten sie auch noch zu lieben beginnen, wäre das Schicksal der zoologischen Art beschlossen. Bevor wir jedoch ein Bild in die Zukunft projizieren, das durchaus falsch sein könnte, scheint es mir angebracht, im letzten Teil des Buches die Dinge zu erörtern, die von der Maschine noch nicht eingenommen worden sind, denn letzten Endes bewegen wir uns von Anfang an in einem Dreieck Hand – Sprache – sensomotorischer Kortex, zwischen Affe und Mensch, stets auf der Suche nach einem Ausblick auf etwas, das wir nicht mit dem Rest der Welt teilen, gleich ob sie nun zoologisch oder mechanisch belebt ist.

Dritter Teil
Die ethnischen Symbole

Kapitel X

Einführung in eine Paläontologie der Symbole

Im ersten Teil des Buches war viel die Rede von der Evolution der physischen Grundlagen der Menschheit. Wir haben die zwei wichtigsten Kriterien, Technizität und Sprache, auf ihren gemeinsamen Ursprung zurückverfolgt und so Einsicht in die engen Bande gewonnen, die alle menschlichen Äußerungen mit der gesamten Evolution eines zoologischen Zweiges vereinen. Im zweiten Teil haben wir uns vornehmlich mit dem kollektiven Organismus befaßt, den die Ethnie bildet. Technizität und Sprache kamen dort nicht mehr in einer zoologischen Perspektive ins Spiel, sie schienen vielmehr Entwicklungsgesetzen unterworfen, die Parallelen zu den zoologischen Gesetzen aufweisen, jedoch weit größere Evolutionsgeschwindigkeit besitzen. Die Evolution des Menschen erschien hinsichtlich ihrer beiden Grundmerkmale, der manuellen und sprachlichen Technizität, kohärent, zugleich aber dissoziiert auf zwei Ebenen, der Ebene der phyletischen Evolution, nach der die heutige Menschheit eine Ansammlung von Individuen ist, die sich in ihren physischen Eigenschaften nur wenig von dem unterscheiden, was sie vor 30 000 Jahren waren; und der Ebene der ethnischen Evolution, nach der die Menschheit ein exteriorisierter Körper ist, dessen globale Eigenschaften einer beschleunigten Transformation unterworfen sind. Es gibt etwas, das jenseits dieser beiden Bilder der menschlichen Maschine und der perfekten Kopie steht, die der Mensch von ihr in seiner Produktion besitzt. Unsere Analyse hat bislang eines entschieden außer Betracht gelassen: das Beziehungsnetz zwischen dem Individuum und der Gruppe, d. h. alles, was mit dem ästhetischen Verhalten zusammenhängt. Stellt man die Beziehungen der Individuen untereinander und mit der Gruppe zusammen, so stößt man auf funktionelle Formeln wie Heirat oder ökonomischen Austausch, die lediglich Ausdruck der fundamentalen Physiologie jeder Gesellschaft sind, einer Physiologie, die auf Gesetze der Spezies oder der sozialen Gruppenbildung zurückführbar sind, nicht aber den Eigenheiten der verschiedenen menschlichen Gemeinschaften Rechnung tragen. Die Unterscheidung von Spezies und Ethnie erwies sich als notwendig, weil festzustellen

ist, daß die Glieder der zoologischen Art Mensch sich zu Gruppeneinheiten zusammenfinden, die keinen zoologischen Charakter mehr tragen. Die Merkmale der Ethnie sind bislang nur soweit zur Sprache gekommen, wie sie auf funktionelle Formeln zurückgehen; die Regeln der Besonderung, die das spezifisch Menschliche im Menschen berühren, standen bislang außerhalb des techno-ökonomischen Schemas und bleiben noch zu bestimmen. In den vorangegangenen Kapiteln sahen wir uns genötigt, dem Menschen Schritt für Schritt einen Teil seiner herkömmlichen Attribute zu nehmen. So konnten wir zeigen, daß die Menschen, als Masse genommen, einen sozialen Makroorganismus bilden, der in der Lage ist, Maschinen zu bauen, die schneller und effizienter denken können als sie selbst. Ein Individuum ist nicht fähig, die Bahn einer Rakete – die das Produkt einer Vielzahl von Individuen ist – so rechtzeitig zu berechnen, daß sie in großer Entfernung eine Anzahl Individuen wirksam auszulöschen vermag, und dies noch mit hinreichender Rentabilität für jenes Kollektiv, das die Vernichtungsmaschine gebaut hat. Das künstliche Gehirn ist dazu in der Lage. Nach alledem stellt sich eine wichtige Frage. Was bleibt am Ende einer solchen Entwicklung überhaupt noch vom Menschen? Der Sinn für das Schöne und Gute als nicht überholbare affektive Qualität, die der Maschine auf ewig verwehrt ist? Oder bloß die Fähigkeit zur Reproduktion von Maschinen durch einen »zwischengeschalteten« Menschen und dank einer kunstreichen Kombination männlicher und weiblicher Elemente, den Schöpfern der unerläßlichen Produzenten?
Es wäre wohl unvorsichtig, wollte man allzu schnell behaupten, die Maschinen würden niemals fähig, Sinn für das Gute und Schöne zu entwickeln; sie verstehen es bereits heute, das Wahre auf fraglose Daten zu reduzieren, und in naher Zukunft werden sie wahrscheinlich zwar nicht sagen können, gegenständliche Malerei sei der abstrakten vorzuziehen, wohl aber werden sie die statistischen Verhältnisse der jeweiligen Inhalte derart kunstvoll und minutiös auseinanderbreiten können, daß man dem Künstler ein Datenblatt liefern wird, aus dem er bis ins einzelne ersehen kann, welches Sujet, welche Farben, Formen, Dimensionen, Details und welcher Rahmen ihm die größte Aussicht versprechen, ergriffene Aufmerksamkeit, plastisches Empfindungsvermögen oder Snobismus anzusprechen. Es wird möglich sein, Roboter zur Schöpfung solcher Skulpturen zu bauen, die sich am besten für eine finanzielle Spekulation über drei Generatio-

nen hinweg eignen, oder solcher Skulpturen, die die beste Aussicht haben, die Traumata der Fluchten und Untergänge zu überstehen. Bei einer Bestandsaufnahme der Teile, die den osteo-muskulären Apparat des *homo sapiens* bilden, fragt man sich von nun an zu Recht, was eigentlich noch bleibt, wenn eines Tages die Analyse von vierzehn Millionen guten Taten die dominierenden physiologischen Antriebe zutage fördert, die unendlich höhnische Banalität der Gefühle von Größe und Gerechtigkeit, ihre hormonale Motivationsgrundlage und schließlich die ganze Nacktheit des gewaltigen menschlichen Gewebes, das, für zwei oder drei Generationen jeweils zugleich ans Licht tretend, seit den Tiefen der Zeit abrollt. Die Apokalypsen flimmern in geheimnisvollen Ziffern; die elektronische Apokalypse ist selbst eine bloße Ansammlung von Ziffern mit unermeßlich entmystifizierender Gewalt. Es ist vielleicht nicht ganz uninteressant, den langen Weg der Evolution ein weiteres Mal zurückzuverfolgen, nicht um herauszufinden, ob die Evolution einen Sinn hat – die Maschinen werden eines Tages sagen, wieviel Milliardstel die Chancen für das Abenteuer des Menschen betrugen –, wohl aber, um die Frage zu klären, ob der Mensch noch eine andere Bestimmung hat als die, Schöpfer einer übermenschlichen Maschinerie zu sein. Und darum habe ich diese letzten Kapitel geschrieben.

Ästhetisches Verhalten

Die Bedeutung, die wir hier dem Ausdruck *ästhetisch* geben, ist recht weit und bedarf daher der Erläuterung. Wenn es in der Tat um die Erforschung dessen geht, was die Philosophie zur Wissenschaft des Schönen in Natur und Kunst gemacht hat, so geschieht dies hier in der gleichen Perspektive, die auch die bisherige Arbeit geleitet hat, also in einer im weitesten Sinne paläontologischen Perspektive, in der das dialektische Wechselspiel von Natur und Kunst die beiden Pole des Zoologischen und Sozialen markiert. In einer solchen Perspektive geht es keineswegs darum, den Begriff des Schönen auf die wesentlich auditive und visuelle Emotivität von *homo sapiens* einzuengen; erforscht werden soll in der ganzen Dichte der Wahrnehmungen, wie sich in Zeit und Raum ein Code jener Gefühle herausbildet, die dem ethnischen Subjekt die klarste Eingliederung in seine Gesellschaft ermöglichen. Dieser Code der ästhetischen Gefühle gründet auf biologischen Eigenschaften, die allen Lebewesen gemein sind, solchen der Sinne nämlich, die eine Wahrnehmung der Werte und Rhythmen ermöglichen und schon bei den einfachsten Wirbellosen eine reflexhafte Teilhabe an den Rhythmen und eine Reaktion auf Veränderungen in den Werten gestatten. Die fortschreitende Intellektualisierung der Empfindungen führt beim Menschen zur reflektierten Wahrnehmung und Produktion von Rhythmen und Werten, führt zu Codes, deren Symbole eine ethnische Bedeutung tragen, wie es bei der Musik, der Poesie oder den sozialen Beziehungen der Fall ist. Die ästhetischen Äußerungen besitzen variable Berührungsebenen, und manche von ihnen zeigen in allen menschlichen Gesellschaften die gleiche Bedeutung, während die große Mehrzahl ihre volle Bedeutung erst im Schoße einer bestimmten Kultur entfaltet.

Die Vorlieben im Bereich der Speisen, der Architektur, der Kleidung, der Musik und auf anderen Gebieten bilden das Eigentümliche von Kultur, sie symbolisieren *realiter* die Einschnitte zwischen den Ethnien. Nimmt man den verschiedenen kulturellen Merkmalen die Aureole ihrer Werte, so bleiben nur noch unpersönliche, kulturfremde, austauschbare Züge. Die partikularisierende Funktion gründet auf mechanischen Praktiken, die tief mit dem physiologischen und dem sozialen Apparat zusammenhängen. Ein wesentlicher Teil der Ästhetik knüpft an die Humanisierung von Verhaltensweisen an, die Mensch und Tier gemein sind, etwa an die Gefühle des Wohlbefindens oder Mißbehagens, an die visuelle, auditive oder olfaktorische Konditionierung oder an die symbolisch vermittelte Intellektualisierung der biologischen Tatsache des Zusammenhanges mit der natürlichen und sozialen Umwelt.

Die Äußerungen können auf der Ebene von Aktivitäten der Körperökonomie liegen, wie im Fall des Geschmackes; sie können auf der Ebene der Techniken liegen, wie bei der Regulation berufstypischer Tätigkeiten, oder auf der Ebene des Sozialen, wie bei den Einstellungen der Lebenskunst. Schließlich können die Äußerungen auch reflektierter, figurativer Art sein, wie es in Kunst und Literatur der Fall ist. Diese Ebenen, die *physiologische*, die *technische*, die *soziale* und die *figurative* Ebenc, markieren hier die großen Einschnitte, zwischen denen sich die Empfindungen ordnen. Die ästhetische Sensibilität des Menschen hat ihre Ursprünge in den tieferen Bereichen der viszeralen und muskulären Sensibilität, in der Hautsensibilität, in den Sinnen des Riechens/Schmeckens, Sehens und Hörens und schließlich auch

im intellektuellen Bild, dem symbolischen Reflex des gesamten Empfindungsgeflechts.
Es mag sein, daß es der ästhetischen Wirklichkeit besser entspräche, wenn man sie auf den Bereich der Symbole beschränkte, wenn man in deren Manifestationen nur jene Aspekte berücksichtigte, die spezifisch menschlich erscheinen, letztlich also die Fähigkeit zur Schaffung von Bildern der Außenwelt, die im Denken reflektiert und in Schöpfungen künstlerischer Art materialisiert werden. Mit anderen Worten, es könnte genügen, wenn man in der bildlichen Darstellung die Grundlage der Ästhetik sähe und die Unterschiede etwa in den Komfortvorstellungen in Japan und China nicht auf physiologische Ursachen zurückführte, sondern auf gesellschaftliche und künstlerische Normen, die den Individuen Einstellungen aufprägen, in denen sich die Gewöhnung durch Gefühle des Wohlbefindens ausdrückt. So könnte man auch die Ästhetik der Höflichkeitsformen nicht auf den sozialen Zusammenhalt zurückführen, sondern als Reflex einer bestimmten Vorstellung vom Verhalten eines wohlerzogenen Menschen werten, einer Vorstellung, die ihr Vorbild in der Kunst der Zeremonie findet: Das Individuum spielt die Rolle eines höflichen Menschen.
Auf der Strecke bliebe damit allerdings die archäologische Perspektive. Die einzige Ebene ästhetischer Konstruktion, derer wir uns auf dem Niveau des Archanthropus sicher sein können, gründet nun einmal auf den physiologischen Werturteilen. Von den Raubtieren oder den Primaten bis hin zum heutigen Menschen haben wir im Geschmack, im Geruch und im Tastsinn einen Bereich vor uns, der allen gemeinsam ist; für einen Vergleich ist dieser Bereich um so besser geeignet, als er zu keinerlei figurativen Aktivitäten führt. Auf dem Niveau von Archanthropus und Paläanthropus verfügen wir nur über ein einziges kohärentes Zeugnis, das des Gleichgewichts in den effektiven Formen von Werkzeugen und Gerätschaften – eine Organisation spezifisch menschlicher funktioneller Werte, die zu einer ästhetischen Wertschätzung der Formen führt, nicht aber zu einer bildlichen Symbolisierung. Ein Bild, auf dem eine Schmiede abgebildet ist, ist ebenso wenig eine Symbolisierung der Funktion (die sich gar nicht anders realisieren ließe als in der Funktion selbst), wie eine Mahlzeit aus Pappmaché in einem Theaterstück eine Abbildung des Geschmacks wäre. Gleichwohl läßt sich nicht leugnen, daß auf beiden Gebieten Werturteile möglich sind und Normen bestimmt werden, die weder vollkommen technischer noch moralischer, sondern ästhe-

tischer Natur sind. Wenn man also auf dem Niveau des *homo sapiens* feststellt, daß die ästhetischen Werte vom Gipfel der Figuration bis zu den physiologischen und funktionellen Grundlagen hinabreichen, so ist es ganz unerläßlich, von diesen Grundlagen, die allein paläontologisch gesichert sind, auszugehen, will man den Übergang zu höheren Formen verstehen und insbesondere die darin noch vorhandenen archaischen Überreste begreifen. Die Bestrebungen der heutigen abstrakten Kunst müssen – als Rückkehr zu den Quellen – ganz unverständlich bleiben, solange diese Quellen nicht erforscht sind.

Im Bereich des Sozialen stellt sich das Problem ganz anders. Die Tiersoziologie ist inzwischen recht weit fortgeschritten; so lassen sich die Unterwerfungsgesten bei Wölfen, die Hochzeitstänze der Vögel, die Wahrnehmung charakteristischer Merkmale von Jungtieren, Männchen oder Weibchen und die periodischen Versammlungen bei zahlreichen Tierarten mit den entsprechenden Manifestationen im Spielverhalten des Menschen vergleichen. Ohne daß Sprache hier in irgendeiner Weise hereinkäme, verortet die Farbe der Krawatte das Individuum ebenso präzise im Schoße der menschlichen Gruppe, wie es der rote Fleck des Rotkehlchens im Falle der Vogelgesellschaft leistet. Aber im Gegensatz zu den physiologischen oder technischen Manifestationen ist das Tragen eines Kleidungsabzeichens ein Symbol, das eine ganze Reihe sozialer Bilder ins Spiel bringt. Als funktionelles Element steht es an der Grenze zur Technik; als bewegliches und konventionelles Zeichen steht es auf der Grenze zur Darstellung. Aus diesem Grunde habe ich die Äußerungen der sozialen Ästhetik im Übergangsfeld beider Bereiche angesiedelt. Jenseits davon stehen nur noch Bilder, die nach einer Ordnung gegliedert sind, welche von der Physiologie und deren Interpretationsniveaus inspiriert ist. Die motorische Figuration der Mimik und des Tanzes bildet die Basis: Die Geste, die untrennbar mit der Sprache verbunden ist, mußte ihre erste Entwicklung durchmachen und sehr bald in die Darstellung münden. Darauf folgen die auditiven Darstellungen der Musik und der Poesie, denn ihre Verbindung zur Geste (hinsichtlich der Musik) und zur Sprache (hinsichtlich der Poesie) macht sie zu einem Vermittlungsglied zu den visuellen Formen. Die visuellen Formen wie die Malerei betreffen den beim Menschen dominierenden Sinn, bei dem zugleich auch die Symbolisierung am weitesten von der konkreten Bewegung entfernt ist und die Intellektualisierung die wirklichen Formen ihres Gehalts entkleidet hat, um nur noch deren Zeichen zu

bewahren. Die Schrift ist mit der visuellen Ästhetik verschränkt, sie führt zu rein intellektuellen Bildern, zu einer vollständigen Interiorisierung der Symbole.
In der hier betrachteten Folge ist es interessant, nach der Stellung der Sprache auf den verschiedenen Stufen zu fragen. Von allen Zweigen der Philosophie läßt sich die Ästhetik noch am schwersten in Worte fassen. Wo dies gelingt, geschieht es durch Evokation; man bietet der Vorstellungskraft genügend konkrete Erfahrung, um die Worte zu evozieren, ohne sie aber zu rekonstruieren. Die Sprache ist offenbar für den Ausdruck ästhetischer Manifestationen ungeeignet. Das Wunder der Poesie liegt in der Schöpfung eines Schwebezustandes zwischen dem Rhythmus und den Worten, die er transportiert, und im Gesang sind die Worte um so weniger intelligibel, je mehr der Gesang wirklich Musik ist – so als neigte die Stimmfunktion bald dazu, sich in den Dienst des intellektuellen Ausdrucks zu stellen, bald zu etwas anderem, an dem die Intelligenz, im Sinne einer Fähigkeit des Begreifens, keinen Anteil hat.
Es scheint, daß die Eroberung des Werkzeugs und der Sprache nur einen Teil der menschlichen Evolution ausmacht und daß die hier als Ästhetik gefaßten Momente in unserem Aufstieg eine ebenso wichtige Rolle spielen. Aber während die Paläontologie uns eine hinreichend detaillierte Rekonstruktion der Entwicklungsstufen von Gehirn und Hand gestattet, während die Steinindustrie einen guten Einblick in die Evolution der Technik vermittelt, sieht man auf den ersten Blick nicht so recht, wie man wohl entdecken könnte, was weder im Skelett noch in den Werkzeugen seinen Niederschlag gefunden hat.
Bei unserem Versuch einer Paläontologie der Sprache war uns ein Bias zu Hilfe gekommen, ein Bias in der durchgängigen Existenz eines facial-manuellen Relationsfeldes und in der zerebralen Verbindung des Gesichts- und Handapparates. Die Entstehung der Figuration und dann auch der Schrift hatten es uns erlaubt, diese Verbindung über einen Zeitraum von nahezu 50 000 Jahren zu kontrollieren. Bei dem Versuch, die ästhetische Evolution zu erhellen, müssen wir uns nach anderen Anhaltspunkten umsehen.
Die oben dargestellte Reihenfolge: Physiologie – Technik – Soziales, bildet ein sehr allgemeines biologisches Schema, mit dem das Leben der Insekten ebenso abgedeckt ist wie das der Nagetiere oder der Menschen, denn alle Arten bis hin zu den Parasiten zeigen zumindest zeitweilig das technische Verhalten, das ihre Nahrungsbeschaffung,

und das soziale Verhalten, das ihre Fortpflanzung zu sichern vermag. Hier haben wir also das Substrat vor uns, auf dem das ästhetische Verhalten notwendig gründet. In den Techniken erhalten Tatsachen, die zutiefst im Zoologischen verankert sind, im Verlaufe unserer Evolution eine menschliche Wendung. In der Sprache trifft man in reflektierter Gestalt auf Tatsachen interindividueller Beziehungen, die in der Masse der lebenden Spezies gründen. Kann man nun in der Wahrnehmung und Hervorbringung rhythmischer Symbole gleichfalls nach einer Quelle suchen, die in der Tierwelt gründet und die in dem Augenblick, da sie auf menschlichem Niveau erscheint, die gleichen Merkmale zeigt wie Technik und Sprache? Anders gesagt, da die technische Funktion sich auf menschlichem Niveau in das losgelöste Werkzeug exteriorisiert und da der wahrgenommene Gegenstand in einem sprachlichen Symbol äußerliche Gestalt gewinnt, müßte auch die Bewegung sich in all ihren Formen, der visuellen, auditiven und motorischen, befreien und ihrerseits in diesen Entwicklungszyklus eintreten.

Wie bei den Techniken und der Sprache zeigt diese Loslösung Abstufungen. Noch die reinste Kunst ist stets in tiefsten Schichten verankert, sie taucht nur mit der Spitze aus jenem Sockel aus Fleisch und Blut hervor, ohne den sie nicht wäre. Ich denke, wenn eine Paläontologie der Symbole auch Gefahr läuft, eher einer Psychoanalyse zu ähneln als einer vergleichenden Anatomie, so sollten wir deren Prinzip zumindest formulieren.

Es ist sehr wichtig, das Verhältnis von Technik, Sprache und Ästhetik zu bestimmen, denn diese drei fundamentalen Äußerungen der Qualität des Menschen sind eng miteinander verbunden. Ihre Beziehungen lassen sich auf unterschiedliche Art darstellen. Man könnte die Annahme machen, daß Sprache und Technik eine notwendige und hinreichende Basis für das Überleben darstellen, auf der sich dann nach und nach die ästhetischen Tönungen herausbilden, die in gewisser Weise unabhängig und zu einem späteren Zeitpunkt in der Evolution erworben werden. Im Abstieg von den Höhen der Kunst bis hinab ins späte Paläolithikum erreichte die ästhetische Tönung nach und nach die Praxis und heute sähe man sie gerade damit beginnen, die physiologischen Manifestationen einzubeziehen. Eine solche Hypothese postulierte den besonderen Charakter der ästhetischen Äußerungen, sie erforderte eine Erforschung ihrer Einführung in den Hirnapparat und ginge von der Annahme aus, daß über die Fähigkeit zur Hervorbringung einer abstrakten Sprache hinaus im Hirnkortex noch etwas anderes entstanden sein muß, das neue Beziehungen zwischen den Bildern herzustellen vermag. Argumente für diese Hypothese ließen sich leicht finden, denn wir können eine Bereicherung der ästhetischen Möglichkeiten auf den Gebieten der Technik und der taktilen und olfaktorischen Wahrnehmung feststellen; schwierig ist jedoch der Nachweis, daß es sich hier um einen Übergang aus den künstlerischen Formen handelt und nicht um eine globale Bereicherung.

Man kann sich auch der Hypothese zuwenden, daß die Ästhetik, da Technik und Sprache nur zwei Aspekte ein und desselben Phänomens sind, einen dritten Aspekt eben dieses Phänomens bildet. In diesem Falle hätten wir einen Leitfaden in der Hand: Wenn Werkzeug und Sprache sich über die gleichen Entwicklungsstufen und nahezu synchron zur Maschine und zur Schrift befreit haben, so könnte der gleiche Vorgang auch bei der Ästhetik abgelaufen sein. Vom behaglichen Gefühl des Verdauens bis hin zum formschönen Werkzeug, zur Tanzmusik und zum Tanz, dem man aus seinem Sessel heraus zuschaut, stünden wir vor demselben Exteriorisierungsprozeß. Man müßte dann in der Geschichte für die Ästhetik Phasen ausmachen können, die dem Übergang vom Mythogramm zur Schrift und vom Werkzeug zur automatischen Maschine entsprächen, eine »handwerkliche« oder »vorindustrielle« Phase der Ästhetik, eine Periode also, in der die Künste, die soziale Ästhetik und die Freude an der Technik ein Maximum individueller Prägung erreichten, und sodann auch eine Phase der Spezialisierung, in der das Mißverhältnis zwischen den Produzenten ästhetischen Materials und der wachsenden Masse von Konsumenten vorfabrizierter und vorgedachter Kunstwerke zunähme. Die zweite Hypothese entspricht wohl besser, wenn nicht gerade der ganzen Wirklichkeit, so doch immerhin der generellen Richtung, in die die biologischen Tatsachen zu weisen scheinen. Und diese Hypothese will ich im folgenden weiter ausführen, denn sie führt in das Problem der Organisation des Menschen in ethnischen Einheiten jenes Element ein, das einer Theorie, die sich auf Technik und Sprache beschränkte, fehlen muß.

Auch die präziseste und detaillierteste Beschreibung ethnographischer Tatsachen vermag der wirklichen Bedeutung, die der Ethnie zukommt, nicht gerecht zu werden. Man kann einen bestimmten Gegenstand, einen Bauernbrauch oder eine Glaubensvorstellung, die jeweils nur in einer ganz bestimmten Gruppe anzutreffen sind, herausarbeiten und durch deren Addition eine Formel gewinnen, die diese Gruppe unverwechselbar kennzeichnet. Aber der größere Teil der Kultur besteht aus Zügen, die der ganzen Menschheit, einem Kontinent oder zumindest einer ganzen Region und darin zahlreichen Gruppen gemein sind, die sich gleichwohl sämtlich als besondere Gruppen fühlen.

Diese ethnische Besonderheit, durch die die banale Aufzählung von Äxten, Blasebälgen und Heiratsformeln zum Ausdruck des »Geistes« eines Volkes wird, läßt sich sprachlich nicht klassifizieren; sie ist ein Stil, der seinen eigenen Wert hat und die ganze Kultur der Gruppe durchtränkt. Genau wie ein Weinkenner den Boden herausschmeckt, so erkennt der erfahrene Ethnologe an den Harmonien der Formen oder Rhythmen, aus welcher Kultur ein Produkt stammt. Wir haben es hier mit einem empirischen Verfahren zu tun, und man kann sich durchaus vorstellen, daß die elektronische Analyse eines Tages durch einige Gleichungen den undefinierbaren persönlichen Geschmack in den Werken der verschiedenen Ethnien klären wird. Das ändert aber nichts an der Tatsache, daß der Stil sich in der Umgangssprache nicht erfassen läßt, während die technischen und linguistischen Merkmale definierbar sind. Man kann durch eine detaillierte mechanische Analyse erklären, worin sich englische Automotoren von französischen oder russischen unterscheiden, obwohl das Faktum »Automobil« dasselbe ist. Aber es bedürfte schon einer gewaltigen Analyse, wollte man erklären, warum der Betrachter ein Auto auf den ersten Blick als »gut englisch« erkennt. Offenbar ist der Jazzstil von New-Orleans zu einem Besitz der ganzen Welt geworden, und im Prinzip ist er stilistisch unveränderlich. Das hindert freilich nicht, daß dem Ohr eine schwedische und eine amerikanische Version desselben Stückes durchaus nicht verwechselbar erscheinen. Wenn die Ethnologie nicht in der Lage ist, das eigentliche Objekt ihrer Forschung zu definieren, dann fehlt ihr etwas, das in einem sprachfernen Bereich angesiedelt und so bedeutsam ist, daß es die eigentliche Realität der Ethnie ausmacht. Hier stehen wir vor einer Tatsache, die mehreren Zweigen der Naturwissenschaft, solchen nämlich, in denen die Erforschung des Menschen und seiner Produkte eine Rolle spielt, gemeinsam ist. Die Rassenanthropologie besitzt alle Merkmale einer exakten Wissenschaft; gleichwohl braucht der geübte Anthropologe nur wenige Sekunden, um die geographische Herkunft eines Schädels zu bestimmen, und verbringt dann Wochen damit, den zahlenmäßigen Beweis dafür zu erbringen, einen Beweis im übrigen, der fast all die Merkmale unberücksichtigt läßt, auf der die spontane Identifizierung unbewußt gründete.

In der Zoologie hat man für die seßhaften Arten festgestellt, daß die Zeit eine genetische Orientierung unterschiedlichen Gewichts hervorbringt, die sich in der Entstehung lokaler Variationen äußert, Variationen, die oft recht subtil und fließend sind und sich im Kontakt mit anderen Populationen derselben Spezies rasch wieder auflösen. Dasselbe gilt für kulturelle Merkmale; sie entstehen auf oft recht weit verbreiteten gemeinsamen Grundlagen, partikularisieren sich in jeder hinreichend kohärenten Gruppe und bringen lokale Varianten hervor, die häufig nur geringe Verbreitung haben und mit den Zufällen der Geschichte entstehen oder vergehen. Dieses Spiel umfaßt technische oder soziale Detailinnovationen und Formen aus allen denkbaren Gebieten, von der Krümmung eines Hackenstiels bis hin zur Ordnung eines Rituals. Die Konstitution dieses Stromes, die dazu führt, daß keine menschliche Gruppe zweimal vorkommt, und daß jede ethnische Gruppe sich von allen übrigen und zu zwei verschiedenen Zeitpunkten ihrer Existenz auch von sich selbst unterscheidet, ist sehr komplex, denn wenn die individuelle Innovation auch eine ursprüngliche Rolle spielt, so spielt sie diese Rolle nur unter dem direkten Einfluß der vorausgegangenen und der zeitgenössischen Generationen. Zudem variiert der Grad des Bewußtseins mit dem Niveau der Innovationen, und dies unter den gleichen Voraussetzungen, die auch für die technischen Operationsketten gelten. Die alltäglichen Formen sind einer langsamen, unbewußten Modellierung unterworfen, so als formten sich die gebräuchlichen Gegenstände und Gesten im Verlaufe ihrer Benutzung zunehmend und ganz nach der Disposition eines Kollektivs, dessen Mitglieder sich untereinander vermischen. Die außergewöhnlichen Formen zeigen dagegen im besonderen Gepräge der Gruppe wirkliche Mutationen, sofern die individuelle Erfindung nicht durch eine rigide Tradition eingedämmt wird. Auf den beiden

Extremen sättigen sich die Tätigkeiten und Gegenstände des Haushalts oder der Landwirtschaft, die Werkzeuge des Handwerkers und seine Verrichtungen langsam mit den Rhythmen und Formen, die durch die Isolation immer charakteristischere Züge annehmen, während die Festbekleidung oder die periodischen Tänze bei jeder Wiederkehr abrupte und oft recht wesentliche Variationen aufweisen können.

In den alltäglichen Praktiken und in ihrem Rahmen ist die stilistische Prägung tiefgreifend und steht außerhalb des wachen Bewußtseins; wie es bei den technischen Operationen der Fall ist, sind sie ein lebendiges Kennzeichen der aufeinanderfolgenden Generationen. Bestimmte Attitüden, Höflichkeits- oder Verständigungsgesten, der Rhythmus des Schrittes, die Tischsitten und das Hygieneverhalten zeigen eine ethnische Tonalität, die sich von Generation zu Generation überträgt. In den Darstellungspraktiken wie der Musik, dem Tanz, der Poesie oder der Plastik besteht eine deutliche Trennung zwischen dem Grund und den individuellen Varianten, weil die Darstellung die gleichen operativen Grade umfaßt. Bei einem musikalischen oder bildhauerischen Genre bleibt das Gerüst der Darstellung oft jahrhundertelang unverändert, weil es den einzelnen die Möglichkeit bietet, persönliche Varianten zu gestalten, ohne deren Grundstruktur zu verändern. Die Feststellung über den Integrationsgrad der ästhetischen Praktiken bestätigt die Ordnung, die wir oben eingeführt haben. Den physiologischen Manifestationen kommt eine vorrangige Bedeutung in den alltäglichen Operationen zu, sie bringen die tiefsten Schichten des paläontologischen Substrats und zugleich jenen Bereich zum Ausdruck, der von den Lebenden häufiger frequentiert wird. In der Figuration sind darüber hinaus die motorischen Manifestationen eng mit ihnen verknüpft. Auch die technischen Manifestationen, die gesamte »funktionelle« Ästhetik, kommt in weitem Maße in den häufigsten Operationsketten zum Zuge, aber der Grad einer bewußten Beteiligung ist hier größer und der Spielraum der außergewöhnlichen Innovationen weiter. Die Tatsache, daß sich weder für das Physiologische noch für das Technische eine figurative Integration feststellen läßt, stellt deren Substratcharakter noch deutlicher heraus.

In zweifacher Hinsicht kommt dem Sozialen die Rolle eines Scharniers zu. Einerseits zeigen die sozialen Operationen das gesamte Spektrum der häufigsten Praktiken und eine Stilisierung, die von der mechanischen Geste, mit der man seine Kleidung zuknöpft, um korrekt angezogen zu sein, bis zu den Zeremonien der Staatsempfänge reicht. Auf der anderen Seite zeigen sie eine Abstufung im Grad der Mechanisierung, die vom rein Physiologischen in den Körperhaltungen etwa bis hin zum abstrakten Symbolismus im Umgang mit den Zahlen und dem Kalender reicht. Im Verhältnis zu den operativen Praktiken bilden das Physiologische, das Technische und das Soziale daher drei aufeinanderfolgende Niveaus. Diese Folge ist in den Darstellungspraktiken nicht gleichermaßen wahrnehmbar, sie besitzen vielmehr wie die Sprache eine eigene Entwicklungslogik.

Der ethnische Stil ließe sich daher als die einem Kollektiv eigene Art und Weise definieren, die Formen, Werte und Rhythmen aufzunehmen und zu kennzeichnen. Unter dieser Perspektive ist die ästhetische Persönlichkeit durchaus nicht ungreifbar, es läßt sich vielmehr eine analytische Methode vorstellen, die ebenso präzise wäre wie die der Technologie oder die der beschreibenden Soziologie. Die Spektren des Geschmacks, des Geruchs, der Berührungen, Geräusche und Farben zeigen eine höchst charakteristische Bandbreite. Die Distanz, die in einer Kultur zwischen den natürlichen Körperhaltungen und den in Gesellschaft einzunehmenden Attitüden besteht, gibt ein verläßliches Maß für die Freizügigkeit des Kollektivs. Die Form der Werkzeuge läßt sich einer präzisen Funktionsanalyse unterziehen, desgleichen die raum-zeitliche Integration der Individuen in ihre häusliche und weitere Umwelt. Jenseits dieser Bereiche stehen die Instrumente der Kunstanalyse zur Verfügung. Sie wären im übrigen im Hinblick auf eine vergleichende Analyse zu organisieren, denn der ethnische Stil ist ein totaler Ausdruck. Selbst auf den Gipfeln der poetischen Äußerungen befinden wir uns lediglich am Kopf einer Reihe, deren letzte Glieder tief ins Halbdunkel der Hormone getaucht sind. Auch am Gipfel des persönlichen Genies eines Bildhauers stehen wir noch vor einem ganz bestimmten Individuum, das einer bestimmten ethnischen Gruppe angehört und in einem bestimmten sozialen Milieu aufgewachsen ist, haben wir es mit einem Wortführer zu tun, der sich manchmal bis hin zu scheinbarer Einsamkeit vorgewagt hat, einem Wortführer jedoch, der trotz allem für eine ozeanische, chinesische oder türkische kollektive Realität spricht.

Die dritte Tafel des ethnologischen Tryptichons ist nicht dunkler als die beiden anderen, aber sie steht in einem ganz andersartigen Umfeld. Man kann sich mit der Technik und der Sprache und sodann auch mit dem sozialen Gedächtnis befassen, ohne irgendwelche Werturteile ins Spiel zu bringen, es handelt sich um Tatsachen, die vorliegen oder nicht vorliegen und sich in kohärenten Gruppen entfalten, um dem Menschen eine global wachsende Effektivität zu verleihen. Das Soziale steht hier weit über dem Individuum, und die Evolution kennt kein anderes Kriterium als das des kollektiven Ertrags. Die Ästhetik hat einen ganz anderen Widerhall, die Gesellschaft dominiert hier nur insofern, als sie den Individuen das Gefühl beläßt, im Schoße einer Gruppe zu existieren. Die Ästhetik gründet auf der Beurteilung von Nuancen. Dies erfolgt freilich mit dem Ziel, die Wahl auf einen Konformismus auszurichten, der ebenso streng ist wie der Konformismus der Techniken, aber einer ganz anderen Ordnung angehört, weil er auf dem Gegensatz zwischen Werten beruht, dessen sozialintegrative Lösung das Subjekt besitzt. Die Benutzung einer Axt setzt kein Urteil voraus, sie drängt sich auf, oder sie verschwindet mit der Maschinensäge. Die Ästhetik, mit der die effektive Form und die Bewegung der Axt umgeben ist, bleibt dagegen Sache jedes einzelnen, der über Gut und Schön nicht absolut entscheidet, sondern in der Sicherheit der Ästhetik seiner Gruppe und in der freien Phantasie seiner Wahl.

Kapitel XI

Die physischen Grundlagen der Werte und der Rhythmen

Geht man davon aus, daß Ästhetik auf dem Bewußtsein von Bewegung und Form (oder Rhythmen und Werten) beruht, einem Bewußtsein, das nur der Mensch besitzt, weil nur er Werturteile zu fällen vermag, so stellt sich sogleich die Frage, aus welchen Quellen er die Fähigkeit zur Wahrnehmung von Bewegung und Form schöpft. Als Säugetier unter vielen anderen mag er zwar ein Gehirn von beispielloser Komplexität besitzen, er verfügt jedoch über kein einziges Wahrnehmungsorgan, das er nicht mit allen übrigen Säugern gemein hätte. Seine sensorische Ausstattung, die im Dienste eines großartigen Apparates zur Umwandlung von Empfindungen in Symbole steht, arbeitet in der gleichen Weise wie die der Tiere; und mögen die Tiere auch ein mentales Leben führen, das von jenem symbolisierenden Apparat abgeschnitten ist, so lebt doch auch der Mensch in der ganzen Dichte seines sensitiven Lebens, er folgt der Bewegung seiner Verdauung und ißt zu bestimmten festliegenden Stunden, erfährt wie das Schaf den Rhythmus des kollektiven Schrittes in der Menge, sein Geschmack gründet auf den gleichen Organen wie bei den Fischen, seine Muskeln spannen und entspannen sich, ohne daß ihm jede Bewegung auch bewußt würde, kurz, seine ganze animalische Maschine funktioniert auf mehreren Ebenen, die sich bis hin zur Ebene der intellektuellen Integration nicht von denen der übrigen Lebewesen unterscheiden. Wir können a priori behaupten, daß die intelligente Symbolbildung in der Lage ist, sich vom Gipfel bis in die Tiefen der Basis hinein zurückzuwenden, und daß alles im Menschen in den Gang des ästhetisch konstruktiven Denkens Eingang zu finden vermag. Fragen kann man sich aber auch, ob das ästhetische Denken nicht dort haltmacht, wo das *natürliche* Verhalten beginnt. Von beiden Hypothesen scheint mir die erste dem bis hierher verfolgten Weg noch am nächsten zu stehen, wenngleich es zu ihrer Stützung noch einer weiteren Annahme bedarf: Wenn das Denken ein gewisses Bewußtsein vom Gelebten wirksam gewährleisten kann, so bleiben in der sensorischen Ausstattung gleichwohl Teile, deren Aktivität infrasymbolischen Charakter behält. Dies gilt zum Beispiel für den Geschmackssinn im strengen Sinne, der sich letztlich nur mit sich selbst vergleichen läßt, es ist ganz unmöglich, ein Bild vom Geschmack des Specks zu geben.

Die sensorische Ausstattung

Aus sensorischer Sicht lassen sich die einfachsten Verhaltensweisen bei den Tieren auf drei Ebenen zurückführen: die Ebene des Ernährungsverhaltens, das die Funktionsfähigkeit des Körpers sicherstellt, indem es die vom Organismus assimilierbaren Stoffe behandelt; die Ebene der physischen Affektivität, die das genetische Überleben der Art gewährleistet, und die Ebene der räumlichen Integration, die erst die beiden übrigen möglich macht. Diese drei Ebenen, die sich mit der Evolution der Arten diversifizieren, entsprechen drei Niveaus des Bezuges der Individuen untereinander und zu ihrer Umwelt, deren ästhetische Implikationen noch beim Menschen spürbar bleiben. Die drei Ebenen der physiologischen Ästhetik bringen in unterschiedlichen Verhältnissen die verschiedenen Instrumente des sensorischen Dispositivs ins Spiel: die viszerale Sensibilität, die muskuläre Sensibilität, Geschmack, Geruch, Tastsinn, Gehör und Gleichgewichtssinn, schließlich den Gesichtssinn.

Jedes dieser Dispositive ordnet sich einem dynamischen Ganzen ein, dessen wichtigste Mechanismen vom Tier bis zum Menschen die gleichen sind. Das Ernährungsverhalten hat zum Motor die viszeralen Rhythmen, und als Mittel der Wahrnehmung dienen der Geschmacks-Geruchssinn und der Tastsinn. Das affektive Verhalten findet sein Gleichgewicht zwischen der Wahrnehmung des Muskelspiels und dem Tast-, Geruchs- und Gesichtssinn. Dem Verhalten raumzeitlicher Verortung dienen die Gleichgewichtsorgane und die Wahrnehmung des Körpers im Raum, jeweils mit Bezug auf den dominierenden Sinn: den Gesichtssinn beim Menschen, Geruch, Gehör und Tastsinn bei anderen Arten. Keine der drei Ebenen des Umweltbezuges ist ohne eine gewisse Körperrhythmik und ohne ein Referenzdispositiv denkbar. Ohne Ernährungsaktivitäten wäre Geschmack etwas Abstraktes, und die affektiven Verhaltensweisen der Sympathie und der Aggression sind lediglich das Band zwischen der Wahrnehmung und der von ihr ausgelösten Mobilität; räumliche Integration gibt es nur in dem Maße, wie der physische Körper den Raum wahr-

nimmt. Mit anderen Worten, die Verbindung von Bewegung und Form ist die erste Voraussetzung allen aktiven Verhaltens.
Das handelnde Subjekt, gleich ob Mensch oder Tier, steht in einem Netz von Bewegungen, die von der Außenwelt oder dem eigenen Körper ausgehen und deren Form von den Sinnen interpretiert wird. In einer noch weiteren Perspektive stellt sich seine Wahrnehmung zwischen die äußeren Rhythmen und die Antwort, die es motorisch darauf gibt. Die Meeresringelwürmer, die in ihren Röhren im Rhythmus der Gezeiten auf- und absteigen, gründen ihre motorische Integration auf den Geschmackssinn und auf einen Tastsinn, der für Temperaturen und Schwingungen empfindlich ist. Ernährungsverhalten und raum-zeitliche Integration entsprechen ihrer sehr kurz greifenden Integration in die Umwelt. Auf sehr viel höherem Niveau lebt das Säugetier in seinem an Gerüchen und Geräuschen reichen Territorium und im Wechsel der Tage und Nächte, der Temperaturen und visuellen Bilder notwendig in der Synergie der Rhythmen und Formen, der Reize, ihrer Interpretationen und der Antworten darauf.
Auf menschlichem Niveau bleibt die Situation offenbar dieselbe, mit dem einen Unterschied allerdings, daß sie in einem Netz von Symbolen reflektiert und folglich mit sich selbst konfrontiert werden kann. Die reflektierten Rhythmen und Werte führen im Verlauf der menschlichen Evolution zur Schaffung eines Raumes und einer Zeit, die dem Menschen eigen sind, sie schließen das Verhalten in einem Rahmen aus Maßen und Skalen ein und konkretisieren sich schließlich in einer Ästhetik im engeren Sinne. Dennoch bewahren die biologischen Grundlagen all ihre Mittel und stellen der künstlerischen Superstruktur auch keine weiteren zur Verfügung. In ihrem reflektierten Ausdruck bleibt die Ästhetik doch, was sie in der Welt, aus der sie stammt, bereits war – dominierend bleiben Gesichtssinn und Gehör, auf denen die zoologische Evolution unseren Raumbezug gegründet hat. Man stelle sich nur einmal vor, wie die Ästhetik beschaffen wäre, wenn der Tastsinn, die subtile Wahrnehmung von Schwingungen oder der Geruchssinn die primären Sinne geworden wären; »Syntaktien« oder »Olfaktien« wären möglich geworden, Gemälde aus Gerüchen und Symphonien aus Berührungen, Bauwerke aus harmonischen Schwingungen, Gedichte aus Salzen und Säuren – ästhetische Formen, die uns zwar zugänglich sind, in unseren Künsten jedoch kaum Platz gefunden haben. So sollten wir ihnen diesen Platz wenigstens in den Fundamenten des ästhetischen Lebens einräumen.

Offenbar müssen wir das dumpfe, normale Funktionieren der physiologischen Maschine vergessen, sind doch die daran geknüpften Wahrnehmungen dunkel und schlecht lokalisiert; auch können sie unmittelbar nichts zur ästhetischen Äußerung beitragen. Freud und die Psychoanalytiker haben jedoch deutlich genug die Bedeutung der Libido und der Frustrationen herausgearbeitet, um der psycho-physiologischen Konditionierung Einfluß auf die höchsten Formen des ästhetischen Lebens zuzugestehen, ja man könnte sogar sagen, vor allem auf die höchsten Formen, denn bildnerisches Schaffen ist das Hauptelement der individuellen Befreiung, während das technische und soziale Verhalten kollektiven Normen folgt, die eine *konforme* Ausführung verlangen.

Die wichtigste Äußerung der viszeralen Sensibilität ist mit den Rhythmen verbunden. Der Wechsel von Zeiten des Schlafens und Wachens, von Verdauung und Hunger, all die physiologischen Rhythmen bilden ein Raster, dem alle Aktivität sich einschreibt. Diese Rhythmen sind allgemein mit einem weiteren Raster verbunden, dem Wechsel von Tag und Nacht, den Veränderungen des Wetters und der Jahreszeiten. Daraus resultiert eine wahrhafte Konditionierung, die den alltäglichen Handlungen eine stabile Grundlage bietet; beim ästhetischen Verhalten kommt diese Grundlage jedoch nur so weit herein, wie der menschliche Körper darin als Instrument fungiert. Die Zustände viszeralen Wohlbefindens stellen lediglich die normalen Voraussetzungen von Aktivität her; Zustände des Leidens und des physiologischen Mangels vermögen beträchtliche Modifikationen im individuellen ästhetischen Feld herbeizuführen, jedoch nur aufgrund ihrer Konsequenzen für die normale Aktivität im weitesten Sinne.

Dagegen wird man zugeben müssen, daß die Brüche im rhythmischen Gleichgewicht eine bedeutende Rolle spielen, wenn man sich vor Augen hält, daß ein beträchtlicher Teil der nicht-habituellen motorischen oder sprachlichen Äußerungen dort auftritt, wo in einer geistigen Grenzüberschreitung nach einem zweiten Zustand gesucht wird. Bei den außergewöhnlichen Ritualen, ekstatischen Offenbarungen und Besessenheitspraktiken, in deren Verlauf sich die Subjekte Tänzen oder Gesängen hingeben, die mit einem übernatürlichen Potential geladen sind, besteht eines der universell verwendeten Mittel darin, den Handelnden aus seinem alltäglichen Rhythmus herauszureißen, indem man die Routine des physiologischen Apparates durch Fasten und Schlafentzug zerbricht. Wenn das Ergebnis auch psychische Erregung ist, so ist der Ausgangspunkt doch viszeralen Charakters; ein solcher Zustandswechsel muß notwendig auf die tiefsten Schichten des Organismus zurückgreifen.

Mangel und Kontrolle

Die Brüche in den natürlichen Rhythmen, langes Wachen, die Umkehrung von Tag und Nacht, Fasten, sexuelle Abstinenz, fallen eher in den Bereich der Religion als der Ästhetik, einfach weil die Trennung beider Bereiche in den modernen Kulturen nahezu vollkommen ist; das ist jedoch eine recht neue Konsequenz der Evolution des sozialen Organismus, das Resultat eines Rationalisierungsprozesses, dessen Protagonisten wir selbst sind. Auf gesellschaftlicher Ebene bedeutet die Durchbrechung des normalen Kreislaufs eine Verringerung des technischen Ertrags. Durch die wechselseitige Abschottung von Religion und Ästhetik gelingt es, Störungen der vitalen Rhythmen zu vermeiden und das Individuum in eine Lage zu versetzen, die für das Funktionieren des sozio-technischen Dispositivs günstig ist. Explizit oder implizit ist diese Tatsache schon seit dem Konfuzianismus verstanden und in ganz beträchtlichem Maße in den modernen Gesellschaften zur Anwendung gebracht worden. Voraussetzung ist auf der einen Seite die Spezialisierung weniger Virtuosen in den gegen-rhythmischen Lebenspraktiken und auf der anderen Seite für die Masse der Menschen das Ventil gefilterter Äußerungen, die in Zeit und Raum dosiert und ohne größere Verwirrung konsumierbar sind. Besonders eklatant wird diese Tatsache in den Bemühungen einiger islamischer Länder, den Fastenmonat Ramadan wegen seines produktivitätshemmenden Charakters abzuschaffen; und auch in der katholischen Kirche zeigt sie sich seit mehreren Jahren in einigen geschmeidigeren Tendenzen. Es sei jedoch nochmals auf die Neuheit dieses Phänomens hingewiesen; nichts berechtigt uns dazu, seine Resultate auf jene 30 000 Jahre zu projizieren, in denen der Mensch sein Leben ohne eine solche Aufspaltung lebte und physiologische Beherrschung die Grundlage der großen Triebkräfte bildete.

Auf einer anderen Ebene mag man sich durchaus vorstellen, der

Initiationstanz sei vorher einstudiert worden und ein wohlgenährter und klarsichtiger Dichter habe jene Verse verfaßt, die von der Pilgerschar im Delirium gesungen werden. Wäre das nicht ganz allgemein ungenau, müßte man also Schöpfung und Ausführung voneinander trennen, so würde dies an der Tatsache gar nichts ändern, denn das ästhetische Verhalten ist ebenso wenig von der Schöpfung des Kunstwerks geschieden, wie das Schmiedehandwerk auf die Erfindung der Metallurgie beschränkt ist. Im übrigen hat die Improvisation in den Praktiken vor der Entwicklung der Schrift eine so überragende Bedeutung, daß man ästhetische Produktion und Konsumption durchaus im gleichen Feld zusammenfassen darf.

Wichtiger noch ist allerdings die methodische Suche nach dem Bruch, die Schaffung eines dauerhaften zweiten Zustands. Die großen Mystikschulen Indiens, Chinas, des Islams und des Westens strebten alle nach einer Beherrschung der Physis, nach einer Unterwerfung der Rhythmen durch Kontemplation und Kontrolle des viszeralen Apparates. Der Yoga ist die populärste Variante dieser Entziehungstechniken, das Streben nach einer Kontrolle der Rhythmen erstreckt sich dort auf sämtliche Organe einschließlich des Herzens, und der vollkommene Asket taucht in ein ästhetisches Universum der Ekstase, alle Organe sind ruhig gestellt, alle äußeren Rhythmen der Zeit und des Raumes aufgehoben – eine Antithese, die, wie wir noch sehen werden, nicht so weit entfernt ist von jener anderen, mit der die figurative Kunst zur figurativen Leere gelangt. Auch der Taoismus kennt Techniken zur Unterwerfung der wechselnden Zyklen des männlichen und weiblichen Prinzips, rigorose Ernährungsvorschriften, eine Disziplinierung des Atmens, die sämtlich auf einem Konzept des Universums gründen, in dem alles auf komplementäre rhythmische Werte antwortet, das bewegende Gerüst des Kosmos, in das der Weise sich einfügt, jenseits von Zeit und Raum und ohne Berührung mit den Dingen. Auf das Problem der Einfügung des Menschen zwischen Himmel und Erde werden wir bei den sozialen Symbolen nochmals stoßen, hier sei jedoch angemerkt, daß für den Weisen das Aufgehen im Kosmos schon im Bereich der Speiseröhre beginnt, mit einem Prozeß ursprünglicher Reinigung, der ihn fortschreitend befähigt, seine Existenz auf das Schlucken bloßer Luft zu stellen. Die Geister anschauen, denen die Organe gehorchen, seine Leber disziplinieren, den Speichel und die Lebenssäfte zurückhalten, den Atem regulieren, den ganzen physiologischen Apparat so weit ruhig stellen,

daß der Körper wie zu Jade erstarrt zurückbleibt – das ist der über Jahrhunderte verfolgte Traum, aus dem die chinesische Philosophie zu einem guten Teil hervorgegangen ist. Für uns ist es wegen des fehlenden Abstandes schwierig abzuschätzen, was die westliche Kunst einer bestimmten Konzeption des Lebens verdankt, die ihre Grundlage im Pakt zwischen dem Menschen und seinem Körper findet. Dagegen zeigt das klassische China, weil es uns diesen Abstand bietet und sicher auch weil es den Ausdruck dieses Paktes sehr weit getrieben hat, in seiner Lebensweise wie in seinen Werken die Kontinuität, die zwischen dem Grund und dem Gipfel besteht.
Die Verbindung von Taoismus und Buddhismus hat die Suche nach einer Entziehung aus dem zirkulären Rhythmus der irdischen Existenz noch erweitert. In China und später in Japan entstand eine umfassende ideale Lebensform: der Weise, zur Ruhe gekommen und Herr seines Körpers, lebt ein Leben in völliger Harmonie mit dem Wind, dem Wasser, den Bäumen und dem Mond, in einem Gleichgewicht, das vom Magen ausgeht und in der Malerei endet.

Muskuläre Sensibilität

Wenn das Knochenskelett auch im normalen Zustand nicht wahrgenommen wird, so ist die Muskelhülle doch der Ort wichtiger Eindrücke, und der osteo-muskuläre Apparat mag zwar nicht als Werkzeug verstanden werden, wohl aber als Instrument zur Situierung in der Existenz. Die Integration der Bewegungen, die im motorischen Hirnkortex erfolgt, müssen wir als intellektuelle Operation beiseite lassen. Dagegen können wir auf den paläontologischen Zusammenhang verweisen, der zwischen dem Innenohr und dem osteo-muskulären Apparat beim Gleichgewicht des Individuums hinsichtlich seiner Umwelt, bei den unmittelbaren räumlichen Wahrnehmungen und in der Organisation der Bewegungen besteht.
Das Körpergewicht wird durch die Muskeln wahrgenommen; es verbindet sich mit dem räumlichen Gleichgewicht, situiert so den Menschen in seinem konkreten Universum und schafft als Antithese zugleich ein imaginäres Universum, in dem Gewicht und Gleichgewicht abgeschafft sind. Akrobatik, Gleichgewichtsübungen und Tanz realisieren in weitem Maße das Bestreben, sich den normalen Operationsketten zu entziehen, etwas zu schaffen, das den alltäglichen Zyklus

der Positionen im Raum zerbricht. Spontan vollzieht sich diese Befreiung in den Flugträumen; das Innenohr und die Muskeln kommen im Schlaf zur Ruhe und schaffen eine Gegenwelt zur Alltagsrealität. Auf andere Weise schafft im Wachzustand das Schauspiel der Akrobaten gleichfalls eine Befreiung, eine Art Herausforderung an die Operationsketten.

Das normale Funktionieren des gesamten intellektuellen Apparates ist an die organische Infrastruktur gebunden, und das nicht nur hinsichtlich eines guten oder schlechten Körperbefindens, sondern in jedem Augenblick des Lebens, in den Rhythmen, die das Individuum in Raum und Zeit integrieren. Beim Tier wie beim Menschen beruht das Gleichgewicht auf dem koordinierten Spiel der Organe und Muskeln, auf dem Ablauf rhythmischer Ketten unterschiedlicher Amplitude, die in eine regelmäßige Ordnung eingebettet sind. Gravierende Störungen der äußeren oder inneren Rhythmik führen das neuropsychische Verhalten auf Wege, die vom Normalen abweichen. Bei wilden Säugetieren, die in Gefangenschaft gehalten werden, führt die Verkümmerung der körperlichen Operationsketten zu einer künstlichen Rhythmik, zu periodischen Schaukelbewegungen, die für das gefangene Tier einen Rahmen schaffen, in den es räumlich und zeitlich integriert ist. Beim Menschen zeigen sich die gleichen Erscheinungen einer exteriorisierten Rhythmik, wenn die Schaffung eines künstlichen Rahmens mit der Loslösung von normalen Operationszyklen zusammenfällt oder wenn dieser künstliche Rahmen an die Stelle der natürlichen Rhythmen tritt und den physischen Apparat an einen Prozeß intellektueller Assimilation ankoppelt. Beispiele dafür gibt es viele: das rhythmische Wiegen der chinesischen Schüler beim Aufsagen von Zeichenlisten oder die rhythmischen Bewegungen unserer Schüler beim Aufsagen der Multiplikationstafeln oder auch die Gebetsschnüre des Nahen Ostens, die man durch die Finger gleiten läßt. Oft unterstützen solche auf einen Körperteil beschränkten Bewegungen den Gang von Tagträumen, man »dreht die Daumen«, knetet etwas Plastisches oder wendet beharrlich einen rundlichen Gegenstand in den Fingern. Es ist klar, daß diese rhythmischen Äußerungen nur selten auf das bloße Muskelspiel beschränkt bleiben, daß sie vielmehr oft in einem größeren Zusammenhang stehen, in dem das Gehör eine wesentliche Rolle spielt, so etwa, wenn der buddhistische Mönch beim Psalmodieren rhythmisch einen Gong schlägt.

An diesem Punkt beginnt die Qualität der Superstruktur die Rolle der osteo-muskulären Infrastruktur aufzulösen. Rhythmisches Stampfen, Drehen, Choreographie, Verbeugungen, periodische Kniefälle und Prozessionen, sämtlich Techniken der Integration in außergewöhnliche Operationsketten, gehörten auf der ganzen Welt und zu allen Zeiten zum festen Bestand religiöser und profaner Äußerungen. Gestützt auf die Musik, gewinnen sie im Verhältnis zu den Manifestationen, die wir im letzten Abschnitt behandelt haben, den Charakter eines wahrhaften Herausreißens aus der alltäglichen Lebenswelt. Die Äußerungen, zu denen sie hinführen, haben stets einen entmaterialisierenden Wert; vom Gleichschritt einer defilierenden Marschkolonne bis hin zu den tranceartigen Besessenheitszuständen ist die muskuläre Entfremdung total.

Der Zugriff der Gesellschaft auf das Individuum durch rhythmische Konditionierung erfolgt über kollektive Attitüden, die äußerst charakteristisch sind. *In Gleichschritt fallen* ist durchaus nicht nur ein militärisches Bild, rhythmische Uniformisierung, die Zusammenfassung von Individuen zu konditionierten Massen wird auch in den Gängen der Métro sichtbar, auf Begräbnissen, in den Übungen der Derwische und beim wilden Aufbruch einer Klasse, die in die Pause entlassen wird. Die Wissenschaft der muskulären Konditionierung wird empirisch zu Zwecken politischer Uniformität schon seit den Anfängen der Stadt praktiziert, auf ihr beruhen die Bewegung von Mengen und das Verhalten von Massen, die »wie ein Mann« marschieren.

Auf das gleiche Phänomen stößt man bei der funktionalen Architektur; sie versucht, die Bewegungen in der Arbeits- oder Wohnumwelt zu ordnen und das heißt rhythmisch zu organisieren. Auch der Einsatz von Musik an den Arbeitsstätten läßt sich als Versuch einer muskulären Konditionierung werten; unter solcher Musikberieselung zu arbeiten bedeutet in der Tat eine Mutation im operativen Verhalten, bedeutet die Anwendung von Beruhigungstechniken auf Prozesse, die normalerweise zu einer höchst effizienten Umweltintegration bestimmt sind. Im übrigen ist hier eine Unterscheidung angebracht: einmal können komplexe und bewußte Operationsketten vor einem Lauthintergrund ablaufen, der keinerlei rhythmische Verbindung mit der Arbeit hat; zum anderen können stereotype Ketten bei einer rhythmisch in die Arbeit integrierten Musik ausgeführt werden, das Ergebnis ist ein totaler Integrationsprozeß. Auf die zweite Form stößt man bei kollektiven Aufgaben wie dem Pflügen und Jäten der

Felder, dem Dreschen und dem Tauziehen bei den verschiedensten Gesellschaften. Wie bei der industriellen Fertigung geht es auch hier darum, eine bestimmte Zahl von Individuen zu desintegrieren, um sie sodann in ein kollektives Werkzeug zu reintegrieren. Der inhumane Aspekt, den man den rhythmischen Verfahren der industriellen »Arbeitsmotivierung« beilegt, beruht auf der Tatsache, daß die Individuen in den Industriegesellschaften für sehr fern liegende Entitäten arbeiten und sich nach der Arbeit zerstreuen und vereinzeln, während die technische Operation in den traditionalen Gesellschaften recht nahen Nutznießern zugute kommt und nur eine Phase in einem kollektiven Prozeß bildet, dessen Verbindungen auch in anderen Manifestationen des Gruppenzusammenhalts zum Ausdruck kommen.

Das Schöne, Gute und Höchste wird in den folgenden Kapiteln einen immer intellektuelleren Wert annehmen, ja wenn man in vollkommener Ruhe ein Gedicht liest, wird man sogar vergessen, daß jedes von den Worten ausgelöste Bild nur in dem Maße Bedeutung hat, wie es sich auf all die Erfahrungen bezieht, die man irgendwann einmal in konkreten Situationen gemacht hat und mit dem poetischen Bild zumindest so weit vergleichbar sind, daß dieses Bild intellektuell faßbar wird. Alle konkrete Erfahrung hat ihren ersten Bezug in der körperlichen Grundlage, in der *Situation* (wie es die verschiedenen Bedeutungen dieses Wortes zum Ausdruck bringen), also in ihrem Verhältnis zu Raum und Zeit, wie sie körperlich wahrgenommen werden. Diese dem Geist präsente Vorstellung müssen wir unbedingt festhalten, wenn wir die ästhetischen oder spirituellen Äußerungen von höherem Niveau beurteilen wollen. Aus der Sicht der Tiere oder aus der Sicht eines Wesens, das völlig verschieden von uns wäre, erschiene der Mensch wie besessen von Zeit und Raum, die alle seine Tätigkeiten unter allen Formen des Denkens seit der Entstehung der Zivilisation beherrschen. Die materielle Eroberung des geographischen, dann des kosmischen Raumes, der Gewinn von Zeit durch Geschwindigkeit und durch die Anstrengungen der medizinischen Forschung durchwirken sein ganzes praktisches Leben. Spekulationen über die Astronomie und das Licht, über die Metrologie und die Atomphysik füllen seine philosophischen und wissenschaftlichen Träume. Die Eroberung der Ewigkeit und des Himmels nähren seine spirituellen Träume. Sein größtes Spiel ist seit Jahrtausenden die Organisation von Zeit und Raum in Rhythmus, Kalender und Architektur. Seine mikrokosmischen Schöpfungen stützen den religiösen Apparat, der das Schicksal des Universums bestimmt. Selbst noch negativ lasten Zeit und Raum auf all seinem Tun, und wenn er sich in die Wüste zurückzieht, um in Kontemplation zu erstarren, so weil er sich aus seinem *Jahrhundert* herauslösen will, d. h. zugleich aus der Zeit und dem Raum, in die sich die Rhythmen des ablaufenden Lebens einschreiben. Das Leben der großen Virtuosen in der Flucht aus Zeit und Raum ist Gegenstand der Bewunderung bei Taoisten, Buddhisten und Christen. Wenn die Wahrnehmung des flüchtigen Charakters von Zeit und Bewegung das Denken des Menschen ergriffen hat, so einfach, weil das irdische Leben am Schnittpunkt von Zeit und Raum steht: es ist wahrhaftig keine Entdeckung, wenn man feststellt, daß der Mensch ein zugespitztes Bewußtsein davon entwickelt hat. Und dennoch mag man darin eine Entdeckung sehen, denn das Bild von Zeit und Raum ist ein ganz neues, als in der Menschheit die Fähigkeit entsteht, beide nochmals zu durchleben und zu sagen: »er war am Fluß, jetzt ist er bei uns, morgen wird er im Wald sein«. Für den Rest der lebendigen Welt haben Raum und Zeit keinen anderen ursprünglichen Bezug als den auf das viszerale System, auf das Labyrinth und auf die Muskeln. Hunger, Gleichgewicht und Bewegung sind die Grundlage der höheren Sinne, des Tast- und des Geruchssinnes, des Gehörs und des Gesichtssinnes. Nichts davon hat sich beim Menschen geändert, darüber erhebt sich lediglich der gewaltige Symbolapparat, der den gesamten Hintergrund der cartesischen Perspektive einnimmt.

Geschmackssinn

Der Geschmack ist ein zweitrangiger Sinn, beim Menschen wie übrigens auch in der gesamten Tierwelt. Die Rolle der am Eingang zur Speiseröhre angeordneten Papillen ist im wesentlichen defensiv, auf die Abwendung von Schaden gerichtet; sie geben ein Alarmsignal bei der Aufnahme von Säuren oder Salzen, die eine giftige Wirkung haben könnten. Sie sind bei den Wirbellosen wie bei den Wirbeltieren allgemein verbreitet, und ihre Lage ist stets dieselbe: sie überziehen die gesamte Mundöffnung. Das Spektrum der Wahrnehmungen ist recht eng, die Mehrzahl der Tiere vermag, wie auch der Mensch, mehr oder weniger deutlich Saures und Salziges, Bitteres und Süßes zu unterscheiden. Hinzufügen könnte man noch die Schärfe, die jedoch

eher eine Prüfung für den Geschmack als ein direkter Angriff auf die Schleimhäute ist.
Der Geschmackssinn spielt in der Tierwelt keinerlei Rolle beim Raumbezug, Ausnahmen sind einige Fischarten (bei denen er dann mit dem Geruchssinn assoziiert ist). Bei einigen Insektenarten, für die die Suche nach zuckriger Nahrung von großer Bedeutung ist, verbürgt die Anordnung von Geschmackszellen an den Wurzeln der vorderen Füße einen echten Raumbezug; dasselbe kann man von den Ameisen- und Termitenfressern annehmen, deren lange, fadenförmige Zunge die Funktion eines Tastorgans erfüllt. Mit Sicherheit dominiert hier auch der Tastsinn.

Gastronomie

Die gastronomische Ästhetik basiert auf einem sehr allgemeinen biologischen Faktum, dem Erkennen von Nahrung. Jedes Tier, gleich welchem Niveau es angehört, verfügt über ein mehr oder weniger weites Nahrungsspektrum, das es nicht allein mit den Geschmacksorganen erkennt, sondern über eine Assoziation sensorischer Bilder, die einander ergänzen. Mit Ausnahme des Gehörs beteiligen sich alle Sinne in der Reihenfolge ihrer Bedeutung für den räumlichen Bezug: die Vögel, bei denen der Gesichtssinn dominiert, erkennen die Nahrung in erster Linie visuell und in zweiter Linie erst durch Tasten und olfakto-gustativ. Die meisten Säugetiere mit dominierendem Geruchsbezug erriechen die Nahrung, Sehen und Tasten kommen hinzu. Die Fische, deren Raumbezug zu einem beträchtlichen Teil olfakto-gustativ strukturiert ist, erkennen die Nahrung auf die einfachste Weise. Gesichts- und Geruchssinn für ein Erkennen aus der Ferne, Berührung mit dem Mund und die Kombination von Geschmack und Geruch für das unmittelbare Erkennen bilden die Grundlage, auf der die Wirbeltiere die konditionierten Ketten der Nahrungsannahme gründen, Ketten, in denen das Gedächtnis eine beachtliche Rolle bei der Ausrichtung von Vorlieben und Abneigungen spielt. Unter den Säugetieren haben solche erworbenen Vorlieben vor allem bei den Fleisch- und den Allesfressern eine beträchtliche, wenn nicht sogar dominierende Bedeutung, da die Jungtiere sehr lange von der elterlichen Nahrungserziehung abhängig bleiben. Das einmal herangebildete Individuum ist zwar in der Lage, sein Nahrungsspektrum in gewissem Maße zu erweitern, allgemein jedoch bestimmt der in der Kindheit erworbene Geschmack die späteren Präferenzen.

Auch die Nahrungsästhetik des Menschen hat keine anderen Grundlagen. Gesichts- und Geruchssinn wirken hier mit der Mundberührung und dem Geschmackssinn zusammen; um so deutlicher prägen die in der Jugend erworbenen Präferenzketten den Geschmack des Erwachsenen, und dies zuweilen in sehr engen Grenzen. Alles, was eßbar ist, findet seine Verwendung in dem höchst anpassungsfähigen Verdauungsapparat der menschlichen Art, aber längst nicht alles wird auch gegessen. Sofern nicht Hungersnöte zu einem anderen Verhalten zwingen, sind die Völker mit zahlreichen Abneigungen und ausgeprägten Vorlieben ausgestattet, die in der ethnischen Persönlichkeit wurzeln. Ein weiteres Mal tritt der soziale Organismus an die Stelle der zoologischen Art und bestimmt die Herausbildung maschinenartiger Ketten, in deren Rahmen sich der individuelle Geschmack bewegt. Die regionalen Küchen zeichnen die Umrisse der Untergliederungen in der menschlichen Population; sie sind jedoch nicht Ausdruck der Verbreitung eßbarer Tiere und Pflanzen, sondern der jeweiligen Systeme gastronomischer Vorlieben, die auf den einheimischen oder importierten Nahrungsmittelbestand zurückgreifen. Wie bei Gesten, Sprache und Musik entwickeln sich auch hier sensorische Bezugssysteme, die wir einer ästhetischen Analyse unterziehen können, weil sie als menschliche Systeme die Rückwirkungen der Reflexion enthalten.

In der Tat haben die durch ethnische Erziehung erworbenen Vorlieben den gleichen Charakter wie alle menschlichen Traditionssysteme; sie sind in einem Code kanalisiert, dessen allgemeine Ausdrücke die Grundlage für den Geschmack der gesamten Gemeinschaft bilden und dessen Interpretation individuelle Varianten und mehr oder weniger feine Nuancierungen aufweist.

Das Bezugssystem unserer Küche ist relativ komplex, aber es läßt sich auf einen allgemeinen Rahmen reduzieren, in dem sich die gesamte Praxis des individuellen Geschmacks bewegt. Darin gilt es als ausgemacht, daß sich wirklich schmackhafte Wirkungen nur in einem recht engen Tonalitätsspektrum erzielen lassen: bei den verschiedenen Gängen einer Mahlzeit sind die einen gesalzen, die anderen süß und einige schließlich sauer. Der Code bestimmt sogar, daß die einzelnen Geschmackswirkungen in einer festgelegten Reihenfolge stehen: leicht saure Vorspeisen, salzige Hauptgerichte, saure Salate, salziger

Käse, süße Nachspeisen. Salziges und Saures wechseln einander ab, die Schärfe von Pfeffer und Senf kommt bis zum Käsegang hinzu, Salziges und Süßes meiden einander in der klassischen Tradition. Es gibt also geschmackliche Zuordnungen, die als harmonisch gelten, es handelt sich jedoch klar um ethnische Konventionen, denn in manchen Regionen und in anderen Ländern kennt man durchaus eine Verbindung von Salzigem und Süßem, bringt man Süßes und Saures zusammen und benutzt bittere Gewürze. In den afrikanischen Gesellschaften führt die Verwendung von Pottasche anstelle von Salz zu einem Geschmacksspektrum ganz eigener Art.

Es ist interessant zu sehen, wie ein sensorisches Dispositiv sich ästhetisch ordnet, das immerhin noch das bescheidenste von allen ist, denn die Geschmackspapillen sind biologisch bloße Alarmorgane, die die Aufnahme gefährlicher Substanzen verhindern oder einige einfache Nahrungssubstanzen wie Salz oder Zucker erkennen sollen. Eine positive Bewertung von Säure und Süße ist bei den Primitiven durch den Verzehr von Früchten allgemein verbreitet, für das Salz trifft dies nur selten zu, denn weder die Australier noch die Eskimos noch die Buschmänner kennen die direkte Verwendung von Salz, allenfalls noch die Eskimos mit der Benutzung von Meerwasser und dem Verzehr von Algen. Der bescheidene Charakter der eigentlichen Geschmackswahrnehmungen und ihre geringe Variationsbreite erklären die Rolle, die sie in den Kulturen spielen, in denen sich die gastronomische Ästhetik organisiert; ihnen wird die Rolle der Grundnote zugewiesen, wie in der Musik geben sie den Ton und liefern eine Art *basso continuo,* über dem die übrigen Werte sich organisieren.

Diese Werte sind auf die Berührung mit dem Mund und den Geruch verteilt. Der gastronomische Tastsinn entfaltet sich an den Temperaturen und den Konsistenzen. In den hoch entwickelten Küchen treten die Temperaturen in ein Spiel mit den Grundgeschmacksrichtungen ein, und das zusammengesetzte Mahl entfaltet das ganze mögliche Spektrum von heißen Suppen bis hin zum Sorbet glacé, dazwischen die kalten Vorspeisen und die heißen, kräftigen Hauptgerichte. Gleiches gilt für die Konsistenzen; Weiches und Festes, Breiiges und Knuspriges, Saftiges, Sämiges, Fettes und Flüssiges setzen Kontrapunkte zu den Grundgeschmacksrichtungen und zu den Temperaturen.

Geschmacksempfindung und Berührung mit dem Munde bilden so die Grundlage der kulinarischen Ästhetik, auf der die Feinheiten der

Gastronomie der Gerüche gründen. Sie bilden zugleich die primitive Basis, die auch die am wenigsten entwickelten Ernährungspraktiken kennen, und zwar aufgrund von einfachen, mit olfaktorischen Wahrnehmungen verknüpften Assoziationen, deren Ursprung noch nicht im Bereich der Gewürze liegt.

Küche der Gerüche – Küche fürs Auge

Die Superstruktur der gastronomischen Empfindungen beruht vor allem auf den Gerüchen. Die Geruchsorgane sind als Instrumente räumlicher Situierung ungleich feiner in ihrer Identifizierungsfähigkeit als die Relationsorgane der Mundöffnung. Sie bilden ein Bezugssystem, das ebenso vielgestaltig ist wie das des Gesichts- oder des Gehörsinnes, und wenn sie dennoch nur das Niveau einer physiologischen Ästhetik erreichen, so weil sie biologisch keinen Zugang zur Sprache erhalten.

In der Tat kann die olfaktorische Identifizierung in der Tierwelt eine größere Bedeutung erlangen als Gesichtssinn und Gehör, ein Phänomen, das wir bei zahlreichen Säugetieren antreffen. Wenn sie, wie beim Hund etwa, zum wichtigsten Bezugssinn wird, bildet sie die Grundlage des, wie man sagen könnte, intellektuellen Kapitals. Wir können uns gar nicht vorstellen, wie eine Welt aus Geruchsbildern »aussehen« mag, denn die olfaktorische Ausstattung der Primaten und Anthropinen erfüllt in deren Raumwahrnehmung lediglich unterstützende Funktionen. Beim Menschen ergibt sich für den Geruch unter den Sinnen eine besondere Situation. In der Tat gehen nur der Gesichts- und der Gehörsinn, die wie die Hand an der Sprache beteiligt sind, in jenes System des Sendens und Empfangens ein, das den Austausch der Symbole erst ermöglicht. Der Geruchssinn ist ausschließlich rezeptiv, er besitzt kein komplementäres Organ zur Emission von Geruchssymbolen. So bleibt er außerhalb jenes Dispositivs, das gerade das markanteste Charakteristikum des Menschen ausmacht; die Reflexion vermag zwar die Wahrnehmungen zu kodifizieren, diese Wahrnehmungen lassen sich aber nicht mitteilen. Und eben darum steht die Gastronomie, wie die gesamte Ästhetik der Gerüche, außerhalb der Schönen Künste.

Auf der Grundlage jener identifizierenden Wahrnehmung, die in allen auf Nahrung bezogenen Tätigkeiten präsent ist, sind gleichwohl kulturelle Bezugssysteme entstanden, die der Tiefenstruktur der ethnischen Persönlichkeit zugehören. Diese Verbindungen zwischen der Küche und der ethnischen Persönlichkeit sind nahezu ausnahmslos olfaktorischer Natur. In zahlreichen Küchen bildet der Reis das Grundelement, eine Verwechslung zwischen madegassischen, chinesischen, indischen, ungarischen oder spanischen Reisgerichten ist jedoch ausgeschlossen, weil die kulinarische Bearbeitung zur Schöpfung eines Bouquets aus Geruch und Geschmack führt, das jeder Kultur eigentümlich ist.

Das Würzen bildet einen ganz eigenartigen Bereich der Kunst, denn im Unterschied zu allen übrigen Bereichen bleibt es außerhalb jeden raum-zeitlichen Bezuges. Ein Werkzeug hat geradeso wie eine Statue die Bewegung zum Korrelat, das gleiche gilt für eine Höflichkeitsform, ein Bauwerk, für ein Gedicht oder eine Hymne. Die Verbindung von Thymian mit Salz und Muskat läßt sich nicht in Bewegungen übersetzen, ja nicht einmal in Worte. Die kulinarische Kunst hat keinen Zugang zu jenem Merkmal aller übrigen Künste, zu den figurativen Möglichkeiten, sie gelangt nicht auf das Niveau der Symbole. Theoretisch läßt sich alles symbolisieren, aber in der Gastronomie wird dies nur durch eine echte Prothese möglich: die Ordnung einer Mahlzeit mag den Gang der Welt symbolisieren, entscheidend sind hier aber der Rhythmus der Gänge und die Bedeutung der Gerichte, nicht deren gastronomische Merkmale; der Geruch von Thymian mag ein Symbol für die morgendliche Heide sein, hier handelt es sich aber nur um einen Rest raum-zeitlichen Bezuges im Geruchssinn des Menschen; ein Gericht mag ein Gemälde sein, es tritt dann zwar in das visuelle Bezugsfeld ein, seine Präsentation bietet jedoch kein Abbild seines Geschmackes.

Was in der Gastronomie auf andere Dinge als die ästhetische Entwicklung des Erkennens von Nahrung zurückgeht, ist nicht mehr gastronomisch. Geschmack, Geruch und Konsistenz bilden theoretisch die reale Basis dieser sprachlosen Ästhetik. Der Gesichtssinn ist beim Menschen jedoch zu wichtig, als daß er außerhalb bleiben könnte. In seiner Funktion des raum-zeitlichen Bezuges bleibt er für die Wahrheit aber nur nebensächlich; von einem Gericht kann man sagen, es sei schlecht dargeboten, habe aber einen hervorragenden Geschmack; in den bildenden und in den darstellenden Künsten wäre so etwas ganz unmöglich, es zeigt, welche Kluft in der Küche zwischen der nahrungsästhetischen Grundlage und der raum-zeitlichen

Ästhetik besteht. Dagegen kommt dem Gesichtssinn für das Erkennen der Nahrung eine wesentlich größere Bedeutung zu. Als Säuger mit recht ärmlichem Geruchssinn erkennt der Mensch die Nahrung vornehmlich visuell; serviert man etwa eine Mahlzeit bei violettem Licht, so wird auch das olfaktorische Erkennen äußerst unzuverlässig und seine Integration in die beteiligten und ausgelösten viszeralen Vorgänge empfindlich gestört. Dabei haben wir es nicht mit dem gleichen Phänomen zu tun wie bei einem Huhn aus Karamelbiskuit, das dem echten Geflügel täuschend ähnlich sieht; die Wirkung wäre hier die eines *trompe-l'œil* und würde sogleich einer Transposition unterzogen, die keinerlei Störungen für die Aufnahme nach sich zöge. Wir hätten es hier mit einem zusätzlichen ästhetischen Effekt zu tun, nicht mit einem Bruch in der normalen Harmonie.

Geruchssinn

Über das Erkennen von Nahrung hinaus wird der Geruchssinn beim Menschen in verschiedenen Graden noch bei zwei weiteren Funktionen wirksam: bei Erkennungsleistungen überhaupt und bei der raumzeitlichen Integration. Bei den Techniken bleibt seine Identifizierungsfunktion bei solchen Operationen bedeutsam, in denen seine Mitwirkung erforderlich ist; fast stets handelt es sich hier um Techniken, die der Chemie nahestehen, also um Prozesse, die dem kulinarischen Prozeß recht ähnlich sind.
Auch im affektiven Verhalten, das zu seinem größeren Teil in der sozialen Ästhetik materialisiert ist, behält der Geruch eine bedeutende Rolle in den Beziehungen zwischen den Individuen. Parfüms, ätherische Öle, Desodorantien, die zum Teil den natürlichen Körpergeruch überdecken, zum Teil ein idealisiertes Bild des Körpers schaffen sollen, bilden ein beachtliches Element in den Beziehungen zwischen den Geschlechtern. Besonders interessant ist der Umstand, daß hier bildliche Darstellung in gewissem Maße präsent ist; zwischen das Verhalten des Hundes oder der Zibetkatze, die ihr Revier markieren, und den Gebrauch von Parfüms oder des Sekrets der Zibetkatze durch die Frauen schiebt sich der Darstellungsprozeß. Der Geruch wird zum Symbol eines motorischen Ablaufs, der seine Bezüge nicht mehr in der figurativ unzugänglichen Verdauungsmechanik findet, sondern in der Muskeldynamik, der gemeinsamen Basis des affekti-

ven Verhaltens wie auch der räumlichen Integration. In diesem Stadium steht der Geruch an der Schwelle zum Imaginären im strengen Sinne des Wortes.
Er überschreitet diese Schwelle, wenn er Verbindung zur raum-zeitlichen Integration gewinnt, wenn er zur Grundlage für die Wahrnehmung einer Situation wird. Für viele Tiere ist die Welt vor allem eine Geruchswelt. Die Ausbildung eines Wissensbestandes, der auf der räumlichen Analyse von Gerüchen basiert, ist durchaus vorstellbar: während der Mensch seine Wahrnehmung auf dem Paar *Gesichtssinn-Gehör* aufbaut, konstruiert der Hund seine Wahrnehmung auf dem Paar *Geruch-Gehör*, wobei der Gesichtssinn der zusätzlichen Bestätigung dient. Wir können leicht ermessen, wie weit ein solchermaßen konstruiertes Denken vom menschlichen Denken entfernt ist. Deduktionsketten vermögen sich hier in dem Maße herauszubilden, wie die Muskeldynamik hereinkommt und dem Denken eine operative Basis bietet; Chancen für ein reflektiertes Verhalten, wie es unser Denken ermöglicht, bestehen freilich nicht. Versuchte man, sich einen Hund vorzustellen, der ein Gehirn von gleichem Entwicklungsstand wie das unsere besäße, so stieße man auf ein gewaltiges Riechhirn, in dem sich Instrumente zu einer außergewöhnlich feinen Wahrnehmung der Welt durch deren Gerüche herausgebildet hätten und zugleich damit eine Hyperaffektivität, die ihm anstelle unserer rationalen eine »empfindsame« Intelligenz verliehe. Wir dürfen nicht aus dem Auge verlieren, daß gerade die Dualität der facialen und manuellen Operationsfelder und die fundamentale Verbindung von Greifen und Sehen den Menschen ausmachen. Beim Hund ist das Relationsfeld sehr eng zwischen der Nase, die aus der Ferne exploriert, und den Eckzähnen, die zugreifen, lokalisiert, beim Menschen dagegen dient der Gesichtssinn der Exploration und ermöglicht der Hand nicht nur das Greifen, sondern auch komplexe konstruktive Tätigkeiten. Während die Entwicklung des Hundes auf Felder hinausläuft, die dem Geruchssinn und der Affektivität gemein sind, nicht aber figurative Möglichkeiten einschließt, öffnet die Entwicklung des Menschen mit der Dominanz des Gesichtssinns und mit der manuellen Motrizität das Universum einer rationalen Imagination. Die Welt der Gerüche ist also für uns von sekundärer praktischer Bedeutung, wenngleich nicht zu vernachlässigen, reicht doch ein Rauchgeruch im Haus, um den Bewohner zu veranlassen, seine Nase in den Wind zu halten und so aus der Luft seinen räumlichen Bezug zu schöpfen. In ästhetischer

Hinsicht ist der Geruchssinn eng mit den visuellen und auditiven Ketten verbunden; ein ganz bestimmter, seit vielen Jahren nicht mehr wahrgenommener Geruch weckt plötzlich die Erinnerung an Szenen oder Geräusche, die seit der Kindheit verschollen waren. Dabei kann man sich an Gerüche nicht in der gleichen Weise erinnern wie an Ereignisse, aber gerade weil die Geruchswahrnehmung physiologische Zonen mobilisiert, die mit der Reflexion in keinem Zusammenhang stehen, verleiht sie den reflektierten Bildern beträchtliche Tiefe und Intensität.

Aus eben diesem Grunde können Gerüche auch zu einem bestimmten Element des Bruches mit gewöhnlichen Ketten werden, vermögen sie Ruhe- oder Erregungszustände herbeizuführen. Bestimmte, der raum-zeitlichen Banalität entzogene Milieus sind mit einem Geruchsambiente ausgestattet, das sie gegen das normale Leben abgrenzt. Solcher Art sind die Gerüche des Weihrauchs in den Kirchen und Heiligtümern, der »Rauch der Sühneopfer«, der Pulverdampf, jenes Rauschmittel der Helden, dessen Rolle nicht auf die eines bloßen Gewürzes beschränkt ist. In der Tat sind die Gerüche wegen der tiefgreifenden Reaktionen, die sie auslösen, in solchen Fällen das bestimmende Element in der Herstellung der Situation. Man stelle sich nur einmal eine Kirche vor, in der ein penetranter Küchengeruch schwebte, oder ein Schlachtfeld, durch das plötzlich Frühlingsdüfte wehten, so wird man die daraus folgenden Brüche in der Konditionierung leicht erkennen – Konditionierung, weil die Gerüche zutiefst im Physiologischen verankert bleiben. Die biblische Frömmigkeit war in einem Ambiente von gebratenem Fleisch zentriert, und Kriege finden zuweilen zwischen Mimosen statt, woraus zugleich die Bedeutung erworbener Traditionen und der flexible Charakter olfaktorischen Verhaltens als Situationsbezug erhellt, denn ein Hund verlöre den Glauben ans Fleisch, wenn es plötzlich nach frisch gemähtem Gras röche, und der Mensch verlöre den Glauben an den Kampf, wenn das Schlachtfeld plötzlich von den Bildern eines Volksfestes bevölkert wäre.

Tastsinn

Der Tastsinn, Quelle eines unmittelbaren Raumbezuges, zeigt bei allen Wirbeltieren die gleiche topographische Verteilung. Eine besonders hohe Dichte weisen die Tastorgane in der vorderen Gesichtszone auf, eine etwas geringere an der Extremität des vorderen Gliedes, und auf dem übrigen Körper sind sie dann weit spärlicher angeordnet. Die Lippen besitzen in der Tat die feinste Sensibilität für Temperaturen, Vibrationen und Berührung; ihre sensorische Ausstattung wird vielfach durch Palpen verstärkt, so etwa bei den Fischen, oder durch lange, steife Haare wie bei Katzen und Nagetieren. An seinem Ursprung mit dem Gehörsinn verwandt, scheint der Tastsinn bei zahlreichen Tieren eine Kombination mit dem Gehör einzugehen, insbesondere gilt das für die Fische und die Säuger mit schwachem oder völlig fehlendem Gesichtssinn wie den Maulwurf. Gehör und taktile Wahrnehmung im weitesten Sinne spielen eine bedeutende Rolle im Herdenverhalten; die Bewegungen von Fischschwärmen und von eng formierten Herden gehen grundsätzlich auf sie zurück.

Beim Menschen zeigt sich die gleiche Verteilung der Tastorgane wie bei allen übrigen Wirbeltieren: auf ein Zehntel Millimeter Oberfläche nehmen die Lippen eine Belastung von 5 bis 6 Milligramm wahr, die Fingerspitzen Belastungen von 40 bis 50; der Rest des Körpers besitzt eine beträchtlich geringere Sensibilität verschiedenen Grades.

Der Tastsinn der Wirbeltiere wird beim Fehlen eines visuellen Bezuges, bei Blinden, in der Dunkelheit oder außerhalb des visuellen Feldes, zur Quelle des räumlichen Bezuges. In solchen Situationen erscheint er im Gegensatz zum Geruchssinn als äußerst fein. Im Gegensatz zum Gesichtssinn, dessen Wahrnehmung vornehmlich synthetisch funktioniert, analysiert der Tastsinn; er rekonstruiert die ertasteten Körper aufgrund von Bewegungen der Hand und der Finger; seine charakteristische Verbindung von Berührung und Bewegung weist ihn einem Bereich zu, in dem figurative Wahrnehmung möglich ist.

Der Tastsinn der Lippen ist mehr mit dem Ernährungs- oder dem affektiven Verhalten verbunden als mit dem für die figurative Ästhetik bedeutsamen Verhalten; der Tastsinn des Körpers bezieht sich auf das Wohlbefinden und die Situierung im Raum; eine wirklich taktile Ästhetik besteht nur im manuellen Feld. Diese Ästhetik bleibt eng mit der physiologischen Ebene verbunden, sie kreist um Empfindungen des Streichelns und betrifft glatte Oberflächen, Pelze, Körner, plastische Materialien und weiche, elastische Stoffe; in der Technik wird sie in der Suche nach angenehm zu berührenden Oberflächen wirksam, und schließlich findet sie ihre Bedeutung in der plastischen Darstellung. Die alltäglichen Operationen sind ein beständiges Feld

taktiler Urteile, und im Gegensatz zum Geruch sind Berührungserlebnisse wohl selten die Quelle von Entrückungszuständen, zumindest bilden sie nicht die bestimmende Wahrnehmung. Denn wenn außergewöhnliche Bewegungen, Gerüche und rhythmische Geräusche Zustände der Exteriorisierung gegenüber alltäglichen Ketten auszulösen vermögen, so kann man sich tatsächlich nur schwer eine Konditionierung durch Berührung vorstellen. Das liegt vor allem am analytischen Charakter taktiler Wahrnehmungen, der eine globale Situationswahrnehmung kaum zuläßt.
Mit Sicherheit jedoch beeinflußt der Tastsinn jenen Bereich, in dem die Bewegung wiederholter Berührung zu einer Transformation des Muskelverhaltens führt. In der ganzen Welt trifft man auf die gleichmäßig wiederholte Manipulation kleiner Gegenstände, die Meditationszustände oder ruhige Träumereien begleitet (siehe den Abschnitt über muskuläre Sensibilität); Beispiele dafür sind die christlichen, islamischen oder buddhistischen Gebetsketten, Körner oder Jadestücke, die man zwischen den Fingern wendet, oder weiche Gegenstände, die mit großer Beharrlichkeit geknetet werden. Dieser Bereich ist der einzige, in dem spezifisch auf die taktile Ästhetik ausgerichtete Gegenstände vorkommen, er entspricht der Fokussierung der Formwahrnehmung auf ein eng begrenztes Feld, jenseits dessen die Stille des Körpers herrscht.

Raum-zeitliche Integration

Zur Vervollständigung der physiologischen Ästhetik bliebe noch das Gehör und der Gesichtssinn abzuhandeln; in Wirklichkeit hieße dies, in beiden den fortwirkenden Anteil infrasprachlichen Verhaltens zu bezeichnen. Mit Sicherheit eignet sich alles, was im sensorischen Verhalten des Menschen aus den Tiefenschichten der Spezies ererbt ist, für eine Erforschung dessen, was allein durch einen Rückgriff auf die Quellen verständlich wird. Was den Geschmack, den Geruch, den Tastsinn wie auch die viszerale Sensibilität und die Muskelwahrnehmungen angeht, so haben die menschlichen Wahrnehmungs- und Ausdrucksformen die zoologische Grundlage kaum erst entfaltet. Es wäre möglich, den Aufstieg zu den nobleren Sinnen zu verfolgen und aufzuzeigen, daß die Raumintegration eines Menschen, der in seiner Hütte ruht, sich kaum von der eines Dachses in seinem Bau unterscheidet und daß soziales Erkennen recht nahe bei jenen Codes liegt, die es den Vögeln gestatten, ihre wechselseitigen Beziehungen durch Gefiederzeichen zum Ausdruck zu bringen. Aber schon ist die Grenze überschritten, die den erlebten Raum des Dachses vom symbolisch konstruierten Raum des Menschen scheidet, oder den Schmuck des Auerhahns von der symbolischen Uniform des höheren Offiziers, oder auch den Gesang der Nachtigall von einer sentimentalen Melodie. Beim Menschen haben wir es mit einem Verhalten zu tun, das durch den Filter der Bilder erlebt wird, und wenn die Einsicht nottut, daß dieses Verhalten aus tiefen Schichten hervorgeht, so wäre es doch ganz sinnlos und paradox, wollte man es aus übertriebener Logik in diesem Bereich fixieren. Aus diesem Grunde werden wir, sobald wir die funktionelle Ästhetik, die es mit den Eigenschaften der menschlichen Hand zu tun hat, abgehandelt haben, den Gesichtssinn und das Gehör gemeinsam mit dem Körpergleichgewicht in den Kapiteln wieder aufnehmen, die der sozialen und der figurativen Ästhetik gewidmet sind.

Kapitel XII
Funktionelle Ästhetik

Die Analyse von Gebrauchsgegenständen wie Werkzeugen, Maschinen, Motoren, Häusern oder Städten bringt eine besondere Art ästhetischer Qualitäten zum Vorschein, die unmittelbar an deren Funktion anknüpfen. Beurteilt man die Angemessenheit einer Form für die ihr zugedachte Funktion, so formuliert man damit in der Praxis mit Sicherheit zugleich ein ästhetisches Urteil. Ja, erstaunlicherweise steht der absolute ästhetische Wert in der Regel, wenn nicht gar immer, in direktem Verhältnis zur Angemessenheit der Form für ihre Funktion. Verfolgt man die Entwicklung zahlreicher technischer Gegenstände durch die Zeiten hindurch, so zeigt sich eine fortschreitende Entwicklung zu größerer Ausgeglichenheit in den Formen; am Beispiel der Flugzeuge läßt sich der Wert dieses allgemeinen Gesetzes leicht ermessen.
Die Gesetzmäßigkeit der Funktionsentwicklung ist seit langem bekannt; die Erforschung der Modalitäten dieses Gesetzes, die in den meisten technischen Bereichen noch empirisch erfolgt, ist inzwischen in das Stadium einer systematischen Prospektion getreten; in Seefahrt, Luftfahrt und Raumfahrt ist man auf die Entwicklung von Formen höchster Wirksamkeit bedacht. Besonders bedeutsam erscheint mir, daß diese Forschung zu weitreichenden Vergleichen mit den von der Natur entwickelten Formen geführt haben. Diese Feststellung müßte uns aufhorchen lassen: In der Tat kann man sich fragen, ob es sich hier nicht um ein und dasselbe Phänomen handelt, ob nicht die funktionelle Qualität menschlicher Werke eher die bloße Übertragung eines absolut natürlichen Prozesses in den menschlichen Bereich ist als eine figurative Leistung.
Zur Stützung einer solchen Annahme lassen sich einige Argumente anführen: funktionelle Schönheit kommt in dem Maße zustande, wie das Objekt frei von Figuration wird. Das Automobil hat lange gebraucht, bis es sich vom Bild der Pferdekutsche befreien konnte; zu einer, im übrigen nur relativen, funktionellen Angemessenheit gelangte es nur in dem Maße, wie es den Gesetzen entsprach, die für die schnelle Bewegung von festen Körpern in Luft unter Wahrung der notwendigen Bodenhaftung gelten. Daß funktionelle Schönheit

nicht-figurativen Charakter hat, wird deutlich, wenn man Gruppen von Gegenständen gleicher Funktion aus verschiedenen Kulturen oder verschiedener Funktion aus derselben Kultur untersucht. Ob man nun Schnallen, Webstühle, Hacken, Angelhaken oder Schreibmaschinen betrachtet, stets wird man feststellen, daß die mehr oder weniger gut befriedigte Funktion durch die Verzierungen hindurchscheint, von denen die Formen eingehüllt sind. Ob man sich nun als Beispiel eines funktionsgerechten Gegenstandes einen Louis-Treize-Sessel oder einen afrikanischen Königsthron mit menschenförmigen Füßen vorstellt, stets scheinen die funktionellen Formen durch die figurative Hülle, durch den Dekor, hindurch, der pflanzlich oder anthropomorph inspiriert sein mag und eine direkte Übersetzung sprachgebundener Symbole darstellt. Entblößt man den Gegenstand und nimmt ihm diese Hülle, so bleibt nur eine funktionelle Formel, in unserem Beispiel die Formel einer Sitzgelegenheit, die ein annähernd bequemes Ruhen bei würdevoller Haltung ermöglicht. Die würdevolle Haltung ist eine Folge der sozialen Ästhetik, sie stellt den Rang dar, den die betreffende Person innehat. Denkt man sich die beiden Sessel weg, so braucht man nur einen Abdruck der in sitzender Ruhehaltung zu stützenden Person zu nehmen und man erhält eine Negativform, in der sich die reine Funktion materialisiert, eine Art Schale mit geschickt ausgerichteten Stützfortsätzen, die ihr natürliches Gegenstück in einigen Meeresmuscheln findet.
Die Angemessenheit der natürlichen Formen ist gleichwohl nicht absolut. Man muß schon bis zu den vor-evolutionistischen Naturforschern und bis zu Bernardin de Saint-Pierre zurückgehen, wenn man auf die Vorstellung stoßen will, die Pflanzen und Tiere besäßen genau die Form, die ihnen die beste biologische Integration bietet. Dagegen braucht man nur dem paläontologischen Strom zu folgen, um zu erkennen, daß die Evolution der Formen zu funktionellen Formeln führt, die erst in relativer Weise realisiert sind. Funktion und Form, beide aus der Tiefe der Zeit kommend, stehen in beständiger Wechselwirkung. Nicht weniger überraschend ist der Umstand, daß die funktionellen Formeln in jedem Stadium ihrer Entwicklung von »dekorativen« Hüllen umgeben sind, von Farben, Fortsätzen, verwirrenden Linien, analog zu den Umhüllungen der menschlichen Gegenstände, ganz so, als ehorchte auch die Dekorationsfunktion beim Menschen einem nicht-künstlichen Gleichgewicht. Das Verhältnis von Funktion und Form ist aber in Wirklichkeit ganz anders geartet als das Verhält-

nis von Form und Dekoration; bei Tier und Mensch besteht die nichtfunktionelle Hülle aus Ererbtem, aus Zeichen eines phyletischen Ursprunges, die beim einen an die Vergangenheit der Art, beim anderen an die Vergangenheit der Ethnie geknüpft sind. Daß die Flügelzeichnung des Schmetterlings mimetischen Wert hat, gehört einer ganz anderen Ordnung an als die Anpassung dieses Flügels an die Bedingungen des Fluges; letzteres läßt sich auf Formeln der Mechanik, die den Charakter physikalischer Gesetze haben, zurückführen; die Flügelzeichnung gehört dem veränderlichen Bereich des Stils an, wenngleich sie für eine gewisse Zeit in der Geschichte der Arten ganz im darwinistischen Sinne einer Schutzfunktion entspricht. Der menschliche Schmuck liefert nur eine weitere Bestätigung für die durchgängige Ersetzung der Art durch die Ethnie; die gleichen Phänomene zeigen sich in der Persistenz, die den Zeichen der Gruppenpersönlichkeit eignet.

Nach diesem Vergleich zeichnet sich die Natur der funktionellen Ästhetik etwas deutlicher ab. Wie es scheint, gehorcht sie einem wirklichen mechanischen Determinismus, eher den Gesetzen der Materie als denen des Lebendigen; so erklärt sich auch, weshalb die Natur der funktionellen Ästhetik bei Pflanzen, Tieren und Menschen identisch ist. Die Bienenwabe ist eine perfekte Lösung für das Problem des Verhältnisses von Oberfläche und Volumen bei maximaler Festigkeit, aber auch die pflanzlichen Gewebe kennen diese Lösung, und die menschliche Industrie praktiziert sie gleichfalls. Ist die Formel der hexagonalen Zellen erst einmal gewonnen, bleibt kein Raum mehr für artspezifische oder ethnische Färbungen, der ästhetische Wert entfaltet sich vollkommen in der Absolutheit einer perfekten mechanischen Formel.

In der Welt des Lebendigen, die Menschheit inbegriffen, sind perfekte funktionelle Formeln nur selten realisiert, denn Leben bedeutet von einem bestimmten Niveau an Funktionsvielfalt, so daß hohe funktionelle Angepaßtheit eher bei einfunktionalen Lebewesen und Gegenständen anzutreffen ist. Mit Sicherheit ist die Makrele in mechanischer Hinsicht vollkommener als der Affe, sie besitzt einen hydrodynamischen Körper, der sich in nahezu idealer Weise für eine sehr schnelle Fortbewegung und abrupte Bewegungen eignet. Bei diesem Fisch bildet die Fortbewegung die einzige Relationsfunktion, sie sichert zugleich das Aufspüren und das Ergreifen der Nahrung. Der Stichel ist ein Werkzeug, das in mechanischer Hinsicht seit dem Ende des Moustérien fertig ist; ob aus Knochen oder Stahl hergestellt, in jedem Fall handelt es sich um einen zylindrisch-konischen Körper, mit dem sich weiche Materialien durchstechen lassen. Der Stichel kommt einer idealen funktionellen Formel unvergleichlich näher als ein zehnteiliges Taschenmesser, das eine Schere, einen Korkenzieher, ein Pfropfmesser, einen Ohrenreiniger und an dem Korkenzieher noch eine Säge, einen Stichel und drei Messerklingen enthält. Der Affe und, zumindest in gleichem Grade, der Mensch kommen dem zehnteiligen Taschenmesser weit näher als dem Stichel. Die Vielzahl der Lebewesen und Gegenstände steht im Spannungsfeld eines sehr komplexen Spiels: 1.der Evolution jeder Funktion zu befriedigenden Formen, 2.des Kompromisses zwischen den verschiedenen Funktionen, der die Formen auf einem mehr oder weniger hohen Niveau der Angemessenheit hält, und 3.der aus der biologischen oder ethnischen Vergangenheit ererbten Superstrukturen, die sich in »dekorativen« Formeln ausdrücken. Die funktionsästhetische Analyse ist daher in den meisten Fällen lediglich eine Messung der funktionellen Angemessenheit.

Genau genommen, kann man noch etwas weiter gehen, wenn man bedenkt, daß der globale ästhetische Wert davon abhängt, wie weit die mechanischen Formeln ihren Wert durch die Hülle der figurativen Superstrukturen hindurch bewahren. Um das oben angeführte Beispiel des Sessels nochmals aufzunehmen: das Ziel einer absolut funktionellen Schale wird natürlich nie erreicht, es bleibt stets eine gewisse funktionelle Plastizität (anderenfalls könnte der Sessel ja auch nur einer einzigen Person, und dieser nur in einer einzigen Stellung passen); es bleibt auch die Hülle des Stils, die noch den kühlst berechneten modernen Sessel zu einem amerikanischen, japanischen oder finnischen Produkt aus der Mitte des 20. Jahrhunderts macht. Der gleiche Gedanke drängt sich bei einer Betrachtung der Aerodynamik beim Automobil auf, sie ist eine doch sehr approximative Tendenz, die vom globalen Stil und von der Dekoration mit ihrer großen ethnischen Vielfalt überformt wird.

Es ist daher legitim, die funktionellen Züge zu isolieren und einer gesonderten Analyse zu unterziehen, selbst wenn eine solche Isolierung fast immer unvollständig bleibt. Dagegen mag es als eine Frage bloßer Bequemlichkeit erscheinen, wenn man in der Funktionsanalyse die Entwicklungen der Funktion, der Form, des Materials und des Rhythmus voneinander trennt. Ein Hackmesser ist für eine bestimmte Funktion geeignet, einen geradlinigen Schwungschlag, der bestimmt ist durch die Form des Werkzeugs, durch den Stein, die Bronze oder den Stahl seiner Klinge und durch die rhythmische Bewegung (die ihrerseits vom relativen Gewicht und von der Muskelkraft des Benutzers abhängt). Die Analyse der funktionellen Entwicklung des Hackmessers müßte folglich gleichzeitig auf vier Ebenen voranschreiten, was freilich wegen der Linearität des rationalen Denkens und der Sprache ausgeschlossen ist. Selbst wenn dieses Hindernis nicht bestünde, ließe sich immer noch einwenden, daß die Funktion des geradlinigen Schwungschlages auch der Machete innewohne, daß die Form des Hackmessers den gleichen mechanischen Tendenzen folge wie andere Werkzeuge mit geradlinigem Schwungschlag: etwa das Querbeil, die Hacke, der Hammer, die Keule usw...., daß der Übergang vom Stein zum Stahl bei weitem nicht auf die Werkzeuge mit Schwungschlag beschränkt sei und daß endlich der Bewegungsrhythmus des Hackmessers denen der Sense oder des Kornstößers in hohem Maße ähnele.

Funktion und Form

In meinem Buch *L'Homme et la matière* habe ich die Funktion der Werkzeuge mit der technischen *Tendenz* in Verbindung gebracht, mit dem Ausmaß, in dem auf rein technischem Niveau immer spezifischere Formen entwickelt werden. In paläontologischer oder historischer Perspektive zeugen die verschiedenen Entwicklungsstufen ein und derselben funktionellen Tendenz nicht allein von der Spezialisierung der Formen, sondern auch von echten Mutationen; eine durchgehaltene Funktion verbessert sich durch eine Reihe neuer Formen hindurch. Die noch heute vorhandene Funktion des Messers (schräg, linear und longitudinal angesetzter Stoß) beim Schneiden irgendwelcher Gegenstände bietet uns ein bemerkenswertes Beispiel, denn die Paläontologie des Messers reicht lückenlos bis zu den ersten Werkzeugen zurück (Abb. 108). Von der noch schlechten, kleinen und unregelmäßigen Schneide des Choppers der Australanthropinen geht die Entwicklung zur Schneide des schweren Faustkeils und weiter zum Schaber. Zu Beginn des Paläolithikums treten die schmalen, scharfen Klingen an die Stelle der ovalen Schaber, und das Messer erhält eine Form, die sich bis zum Aufkommen des Metalls nicht mehr merklich verändert. In der Bronzezeit nimmt es dann seine heutige Gestalt an, es hat das Ende seiner funktionellen Evolution erreicht: eine Klinge, die mit ihrer Verlängerung in einem Griff befestigt ist. Aber die Funktion, die bereits durch vier oder fünf Formen hindurchgegangen ist, geht nun in die Maschine ein und paßt sich dort der Umformung geradliniger in kreisförmige Bewegung an, wie es bei Bandmessern und Brotschneidemaschinen geschieht. Vergleichbare Entwicklungen ließen sich bei zahlreichen Werkzeugen nachzeichnen, so etwa für die Folge, die vom Meißel (zum Schneiden von Knochen oder Holz) über das Querbeil und den Schreinermeißel bis zur Fräsbank führt. Ein weiteres und ebenso erstaunliches Beispiel sind die Motoren; dabei können wir den Übergang vom Antrieb durch Gewichte zu einem Antrieb durch Federkraft beiseite lassen und uns auf die Zeit vom Ende des 18. Jahrhunderts bis heute beschränken; die Folge reicht von den ersten Balancier- und Kolbenmotoren über den Bleuel- und Wellenkolben der ersten Lokomotiven, die durch Kurbelwellen koordinierten Automotoren und die Turbinenmotoren bis hin zum Reaktor.

Dieser Überblick mag genügen, um die Bedeutung eines Phänomens herauszustellen, bei dem das Verhältnis von Funktion und Form in einem anderen, einem komplementären Licht erscheint als dort, wo die Form in gewisser Weise dahin tendiert, mit der Funktion zu verschmelzen.

Die Funktion erscheint hier wiederum, aber deutlicher, als eine bloße physikalische Formel, die in ihrer Abstraktheit keine andere ästhetische Grundlage hat als die Harmonie der Gleichungen. Der ästhetische »Augenblick« im Entwicklungsgang jeder Form liegt an dem Punkt, da diese Form der Formel am nächsten kommt: Der hoch entwickelte Faustkeil, der fein gearbeitete Schaber, das Bronzemesser, das besonders gut für seine spezielle Verwendung geeignet ist, sie alle lassen gleichermaßen die ästhetische Qualität des Zusammentreffens von Funktion und Form durchscheinen.

Die Prinzipien der funktionellen Ästhetik sind den Gesetzen der Materie entnommen, als menschlich können sie daher nur in einem sehr relativen Sinne verstanden werden. In der Tat läßt sich das Prinzip, nach dem vollkommene Formen einfachen Funktionen entsprechen, ebenso gut auf den Flügel eines Vogels anwenden, der wie der Albatros nichts als ein Flieger sein will, wie auf einen Spieß, der einzig und allein zum Stechen bestimmt ist. Als ästhetisch gelten uns solche

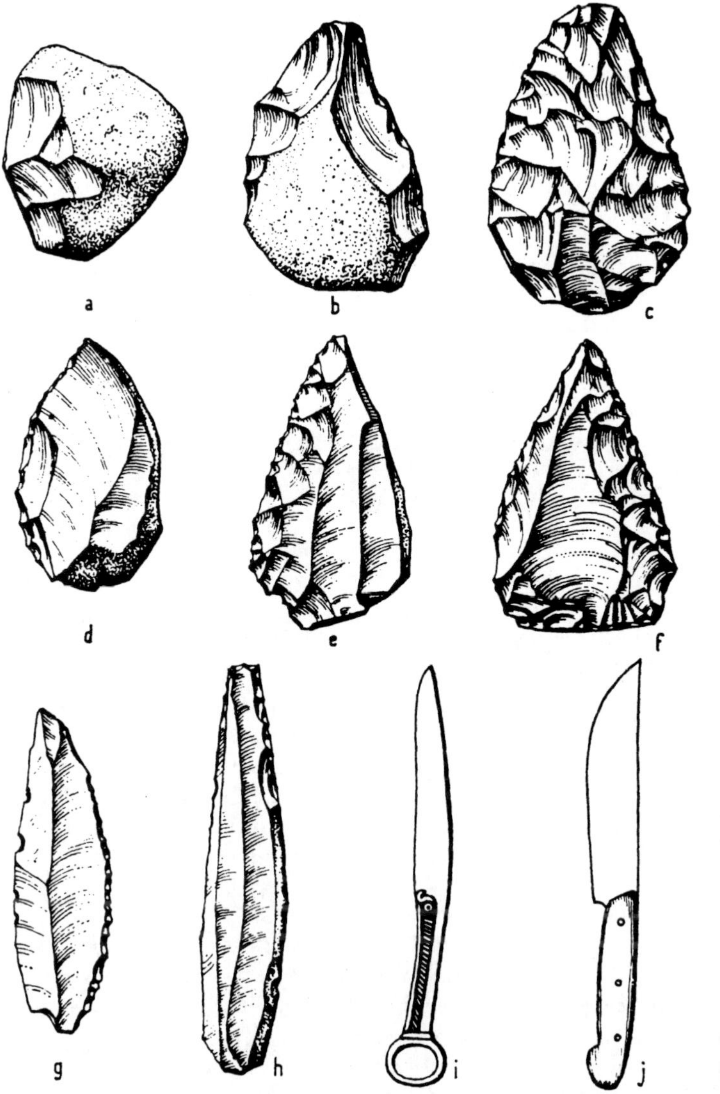

Abb. 108

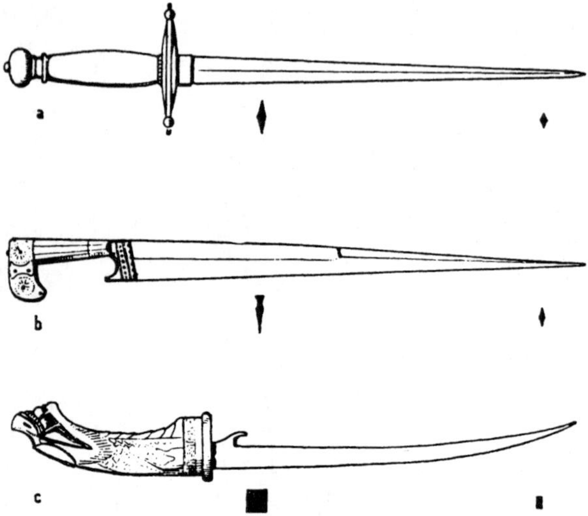

Abb. 109

vollkommenen Formen heute, weil unsere Kultur von Mathematik und Physik durchdrungen ist; dagegen gibt es aber nur wenige Kulturen, in denen diese Vollkommenheit nicht als Ärmlichkeit empfunden würde. Der japanische Säbel ist ein Wunder an funktioneller Ausgeglichenheit, aber die Waffen Chinas, Indiens und Indonesiens sind voller hinderlicher Formen, die Funktion erstickt unter einer Fülle von Fortsätzen und Schnörkeln, die Furcht erregen sollen. In aller Regel sind vollkommene Formen von größter Bescheidenheit und werden von der ethnischen Phantasie wegen ihrer Banalität nicht beachtet.

Und das ist wahrscheinlich nicht ohne Grund so; die Reduzierung der Formen auf nackte Formeln müßte in Widerspruch zum Gleichgewicht in der Diversifizierung der Arten wie der Ethnien geraten. Der heutige Kampf gegen die Nüchternheit allzu perfekter Formen ist in dieser Hinsicht sehr bezeichnend.

Nach dem bisher Gesagten scheint der Ursprung der Form in der Suche nach Koinzidenz mit der idealen Funktion zu liegen, es ist aber auch deutlich geworden, daß die funktionelle Approximation die Regel ist. Zwei gegensätzliche Tendenzen scheinen sich in die Ursachen dieses Approximationszustandes zu teilen. Die erste Tendenz ist der Ästhetik äußerlich und hängt mit Umständen zusammen, die ich in der Theorie des günstigen Milieus entfaltet habe (siehe dazu *Milieu et techniques*): weder der Werkstoff noch die Technik ließ es im Moustérien zu, aus dem Steinschaber das vollkommene Messer zu machen; und ebenso wenig sind wir in der Lage, das ideale künstliche Gehirn herzustellen, das im übrigen wohl nicht sehr groß und relativ einfach sein dürfte. Die effektiven Formen unterliegen einer Diversität in Zeit und Raum, die von den Entwicklungsstufen der verschiedenen Techniken abhängt.

Die zweite Tendenz ist im eigentlichen Sinne ästhetisch, denn sie entspricht einer gewissen Freiheit in der Interpretation des Verhältnisses von Form und Funktion. Betrachtet man eine Reihe von steinernen Pfeilspitzen, etwa aus der Sahara, so fällt die außergewöhnliche Vielfalt ins Auge, mit der die funktionelle Formel abgewandelt wird: Variationen im Verhältnis von Länge und Breite, Variationen in der Winkelöffnung des Körpers, feine Unterschiede in der Konvexität oder Konkavität der Schneiden. Durch die Zwänge des Werkstoffs hindurch bemerkt man das persönliche Spiel des Produzenten, bemerkt man, wie er um den empirisch wahrgenommenen funktionellen Umriß herum mit dem Werkstoff komponiert.

Dieselbe Funktion kann sich in verschiedenen Kulturen in äquivalente Formen kleiden, die freilich jeweils durch die Gesamtpersönlichkeit der Gruppen geprägt sind. Ein besonders gutes Beispiel sind die *Dolche*, die eigens dazu bestimmt sind, Panzerhemden oder die Gelenke von Rüstungen zu durchbohren (Abb. 109). Damit die Waffe diese Funktion erfüllen kann, muß sie mit einer 30 bis 40 cm langen Klinge ausgestattet sein, deren vorderer, sehr spitzer Teil einen quadratischen oder rautenförmigen Querschnitt hat. Dieses funktionelle Ideal wurde zwischen dem 14. und dem 16. Jahrhundert in Europa, im Nahen Osten und in Japan erreicht. Die Dolche der drei großen Zivilisationen sind in der Qualität des Stahls und in der Stichfestigkeit ihrer Spitzen praktisch identisch. Der europäische Dolch ist jedoch zu einem kurzen, doppelschneidigen Degen gezogen, der nahöstliche hat die Form eines geraden Messers, und der japanische Dolch ähnelt in seiner Krümmung einem kurzen Säbel. Natürlich ließe sich zeigen, daß keine der drei Formen vollkommen dem theoretischen Ideal einer Stichwaffe entspricht, und wir müssen schon auf den Begriff der funktionellen Approximation zurückgreifen, um sie als Antworten

auf gegensätzliche Anforderungen charakterisieren zu können, Anforderungen der mechanischen Angemessenheit auf der einen Seite, des Gepräges des inneren Milieus der Gruppe auf der anderen. In diesem Sinne lassen sich auch die englischen, italienischen und amerikanischen Rennwagen als funktionelle Approximationen betrachten, denn trotz der aerodynamischen Erfordernisse, die sie eigentlich ununterscheidbar machen müßten, bewahren sie einen ethnischen Stil. Mit ähnlichem Erstaunen stellen wir fest, in welchem Maße doch die amerikanischen und russischen Raketen und Satelliten trotz äußerst gebieterischer funktioneller Anforderungen den Reflex der Kulturen zeigen, aus denen sie hervorgegangen sind.
Diese Beispiele machen deutlich, in welchem Maße die funktionelle Ästhetik und die figurative Ästhetik einander in den Gegenständen durchdringen, die jede Kultur hervorbringt. Stellt man das technische Niveau in Rechnung, so kommt die ideale Funktion ihrer Realisierung in zahlreichen Gegenständen recht nahe, die gleichwohl einen Stil bewahren, der sich in dem engen Spielraum entfaltet, den die Funktion der Form beläßt.

Form und Stoff

Produktion ist stets ein Dialog zwischen dem Produzenten und seinem Werkstoff; sie eröffnet einen weiteren Bereich funktioneller Approximation. Am Beispiel der Axt oder des Beils mit ihrer fast achttausendjährigen Geschichte tritt das Funktionsverhältnis zwischen Form und Werkstoff mit aller Deutlichkeit hervor (Abb. 110). Die Axt aus poliertem Stein und die stählerne Axt entsprechen der gleichen idealen Formel: eine kurze, gerade Schneide ist längsseitig an einem Stiel befestigt, der eine beträchtliche Beschleunigung ermöglicht; ein schwerer Kopf sorgt dafür, daß hinter der Auftreffgeschwindigkeit auch eine hinreichend große Masse steht, die es der Schneide ermöglicht, in Holz einzudringen. Die Idealformel scheint schon im ersten Anlauf realisiert worden zu sein, denn die neolithischen Äxte, deren Stiele uns erhalten geblieben sind, sind hinsichtlich der Stiellänge, des Kopfgewichtes und des Schneidwinkels bereits vollkommen. Dennoch stellten sich zahlreiche Probleme: Wie ließ sich eine wirkungsvolle Ausrichtung der polierten Steinschneiden gewährleisten? Wie konnte man ein Ablösen des Stiels verhindern und

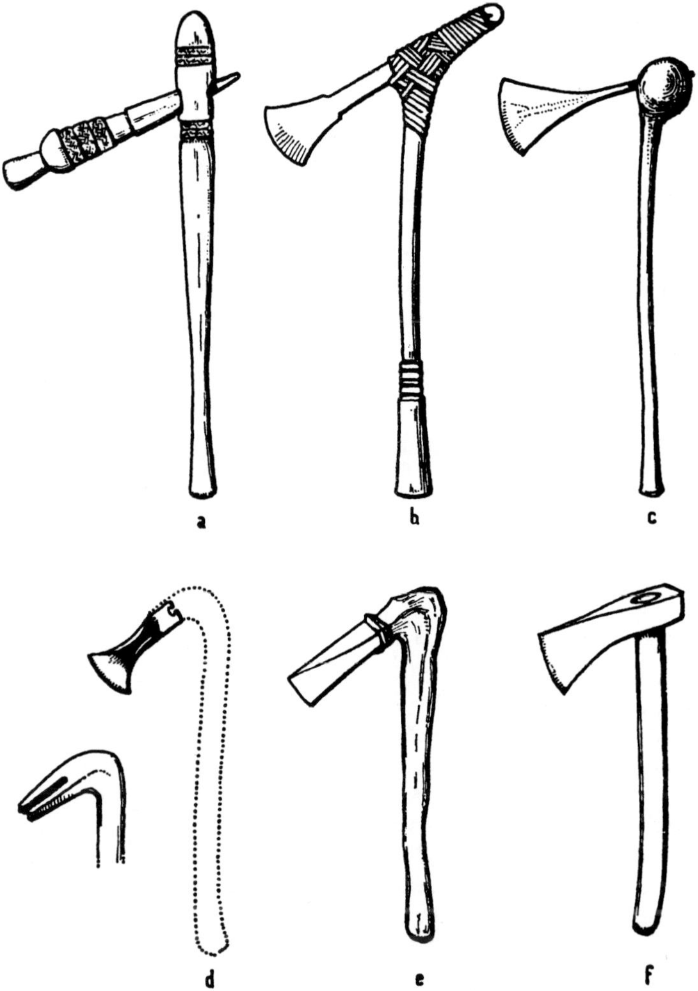

Abb. 110

wie einen tiefen Einschlag ermöglichen, ohne daß die Klinge sich verkeilte, zumal diese sich nicht mit einem Loch für den Stiel versehen ließ, ohne damit jede Festigkeit zu verlieren? Weitere Probleme entstanden in der Bronzezeit; sie fanden in den Flügel- oder Tüllenklingen eine Lösung, die der Technik der Bronzegießer entsprach. Wieder neue Probleme kamen mit der Eisenmetallurgie auf; die Klinge wurde nicht mehr nur gegossen, sondern auch geschmiedet. Obgleich von Anfang an gelöst, materialisierte sich die funktionelle Formel in einer ganzen Folge von Formen, die den verschiedenen Rohmaterialien der Klinge angepaßt waren. Hier geht es nicht um die langsame Suche nach den Mitteln, mit denen sich die Funktion verwirklichen ließ, denn vor der Axt wurden die Bäume mit Feuer und Schaber gefällt, und nach der Axt, heute, benutzt man dazu Motorsägen, woraus erhellt, daß die Lösung der *Axt* ein homogenes Stadium darstellt. Es geht auch nicht um eine Interferenz zwischen Figuration und mechanischer Funktion, denn Äxte desselben Typs finden sich, unmittelbar an ihrem Stil erkenntlich, im neolithischen Europa, im indianischen Amerika und im heutigen Ozeanien, woraus erhellt, daß in der Form eines Werkzeugs drei Werte miteinander interferieren: die ideale mechanische Funktion, die materiellen Lösungen, die mit ihren funktionellen Approximationen dem Stand der Technik entsprechen, und der Stil, der von der ethnischen Figuration abhängt.
In allen Bereichen der Technologie stößt man auf diese Entwicklung des dreifachen Aspekts der Ästhetik in den Produkten menschlicher Industrie, und dies in Proportionen, die den ambivalenten Charakter der Funktion deutlich hervortreten lassen. In einigen Fällen, etwa dem Stichel, wird die Form auf Anhieb realisiert; was folgt, ist nur noch der langsame Durchgang der Form durch immer effizientere Werkstoffe. In anderen Fällen, etwa der Keramik, legt der Werkstoff der Funktion nur wenige Hindernisse in den Weg, hier tritt das Wechselspiel zwischen der reinen Funktion und dem Stil in den Vordergrund. Bei multifunktionalen Gesamtheiten wird die Analyse schwieriger; das gilt zum Beispiel für die Stadt. Aus den Proportionen der Gebäude, der Natur des Umlandes und der Anordnung der Stadtviertel läßt sich gleichwohl recht deutlich bestimmen, welche Merkmale einer Maya-Stadt, einer mesopotamischen, mittelalterlichen oder modernen Stadt jeweils der funktionellen Formel und welche den beiden Spektren der funktionellen Approximation und der bildlichen Symbolisierung entsprechen. In der Tat ist die Stadt ein Instrument, das

mächtigen materiellen Zwängen unterworfen ist, und zugleich, wie wir noch sehen werden, das symbolische Abbild des Universums.
Es ist schwierig, eine mehr als nur theoretische Unterscheidung zwischen Form und Stoff zu treffen, und zwar sowohl auf der funktionellen als auch auf der figurativen Ebene, denn die rationellen und die als schön empfundenen Formen greifen vielfach auf die gleichen physikalischen Formeln zurück. In der Töpferei entspricht eine leichte Durchbrechung der Rundung zur Öffnung oder zum Boden hin dem Spiel der Funktionen und des Geschmacks; die leichte Assymmetrie in einem entwickelten Faustkeil ist mechanisch gerechtfertigt, weist aber auch auf eine ästhetische Bedeutung der Formen hin. Kreis- und Kugelgestalt, Symmetrie, ebene Flächen und geschwungene Oberflächen sind rational hinsichtlich der Funktion und darüber hinaus zugleich reizvoll. Diese ästhetische Zweideutigkeit macht man sich in manchen Werken der modernen Kunst zunutze, etwa in den Maschinen Giacomettis oder Tinguelys, mechanischen Gebilden ohne vernünftige Funktionen.
Der Stoff läßt sich ohne direkte Verbindung zur Form mit den Funktionen verbinden; das ist etwa bei den Körpern der Fall, denen die Funktion von Hüllen zukommt. Die Oberfläche einer Keramik zeigt je nachdem, ob es sich um Gefäße zur Aufnahme von Korn oder um ein Gefäß zur Aufbewahrung frischen Wassers oder aber um völlig undurchlässige Behälter handelt, eine körnige, poröse oder glatte Beschaffenheit unmittelbar funktionellen Charakters, die an Bezüge aus dem Bereich der physiologischen Ästhetik anknüpft. Das gleiche gilt für Rinden, Häute, Felle, Gewebe und die modernen Kunststoffmaterialien, deren Anblick und taktile Qualität – in ästhetischer Hinsicht – aus der Verbindung zwischen der Funktion und dem verwendeten Material folgen.
So bilden funktionelle, physiologische und figurative Ästhetik einen echten Zyklus in jenen Produkten der menschlichen Industrie, die keine rein figurativen Werke darstellen. Den Gipfel dieser zyklischen Kombination bildet die Kombination jener Kategorien, denen die Produkte angehören, aber in der Regel trägt jede Kategorie, und sei es nur andeutungsweise, zur Vertiefung der ästhetischen Wahrnehmung bei.

Die Rhythmen sind die Schöpfer von Raum und Zeit, zumindest für das Subjekt; Raum und Zeit werden nur in dem Maße erlebt, wie sie in einer Hülle von Rhythmen materialisiert sind. Die Rhythmen sind zugleich die Schöpfer der Formen. Was aber über die muskuläre Rhythmizität gesagt wurde, gilt *a priori* auch für die technischen Operationen, die durch eine Wiederholung von Gesten in regelmäßigen Intervallen gekennzeichnet sind. Ein Großteil dieser Gesten folgt dem Modell des Hämmerns, das man bei vielen Vögeln findet, die von Weichtieren oder Körnern leben oder ihre Nahrung in den Rinden von Bäumen suchen. Bei den Säugetieren und selbst bei den Großaffen ist es jedoch nur in Ausnahmefällen anzutreffen. Schon in den frühesten Entwicklungsstadien bestand eines der operativen Merkmale der Menschheit in der Anwendung oft wiederholter rhythmischer Schläge. Diese Operation markiert sogar als einzige den Eintritt des Australanthropus in die Menschheit, denn sie hat als Spuren die Choppers aus zerschlagenen Geröllsteinen und die polyedrischen Kugeln hinterlassen, die durch ausdauerndes Hämmern entstehen. Von Anfang an stehen die Fertigungstechniken in einem rhythmischen Rahmen, der gleichermaßen muskulären, auditiven und visuellen Charakter hat und aus der Wiederholung von Schlagbewegungen hervorgeht. Die Bewegung des Sägens muß aus der gleichen Zeit stammen, denn das Behauen der Kiesel geschieht in der Absicht, eine Schneide herzustellen, und auch die Bewegung des Schabens dürfte kaum weniger alt sein. Das Hämmern verlangt einen Schwungschlag, Sägen und Schaben schräge, aufgesetzte Schläge (siehe *L'homme et la matière*); bis in unsere Zeit und in allen Kulturen haben diese Bewegungen einen wesentlichen Teil der Techniken ausgemacht.
Zum rhythmischen Rahmen des Ganges tritt beim Menschen also noch die rhythmische Bewegung des Armes hinzu; während die Rhythmik des Ganges für die raum-zeitliche Integration sorgt und am Ursprung der Bewegung im sozialen Bereich steht, öffnet die rhythmische Bewegung der Arme einen anderen Weg; die Integration des Individuums in ein Dispositiv der Schöpfung nicht mehr von Raum und Zeit, sondern von Formen. Die Rhythmik des Schrittes hat letztlich zum Kilometer und zur Stunde geführt, die Rhythmik der Hand zur Erfassung und Immobilisierung von Volumen, der Quelle einer ausschließlich menschlichen Belebung. Zwischen dem musikali-

schen Rhythmus, der ganz Zeit und Maß ist, und dem Rhythmus von Hammer und Hacke, der ganz Schöpfung von unmittelbaren oder verzögerten Formen ist, besteht eine erhebliche Distanz, denn der eine bringt ein Verhalten hervor, das die Trennung von natürlicher Welt und humanisiertem Raum symbolisch aufzeigt, während der andere eine materielle Transformation der rohen Natur in Instrumente der Menschwerdung bewirkt. Beide stehen in einem engen Komplementaritätsverhältnis, aber wie wir in Kapitel V gesehen haben, wo ich von einem prometheischen Aufstieg gesprochen habe, nehmen beide nicht die gleiche Position auf der Stufenleiter der Werte ein. Die Musik, der Tanz, das Theater, die gelebten oder nachgeahmten sozialen Situationen gehören der Imagination an, einem Bereich also, der ein Licht auf die Wirklichkeit wirft, das den platt zoologischen Ablauf der menschlichen Situation in menschlichem Sinne erhellt. Sie sind die Hülle des sozialen und interindividuellen Verhaltens, das in die allgemeinsten biologischen Normen eingebettet ist; sie sind das innerste Merkmal der Sprache, soweit sich diese in einen Gegensatz zur manuellen Technizität stellt. Der technische Rhythmus kennt keine Imagination, er humanisiert kein Verhalten, sondern Rohmaterialien. Während die figurativen Rhythmen seit Jahrhunderten schon den Mond und die Venus in den Kreis der vom Menschen beherrschten Welt eingebracht und sie zu beruhigenden Akteuren auf jener gewaltigen Szene gemacht haben, auf der die Menschen ihre Götter schaffen und entthronen, sind die Techniker noch mühsam damit beschäftigt, die ersten kosmischen Räume zu durchstoßen. Dennoch hat die langsame Invasion der Technik die Imagination nach und nach in eine neue Situation versetzt, die fortschreitende Auflösung des mythologischen Denkens (Kapitel VI) hat die am höchsten entwickelten Gesellschaften innerhalb mehrerer Jahrhunderte auf den Weg des *l'art pour l'art* gebracht und die Krise der Figuration überdeckt. Derzeit sind die Individuen getränkt und bestimmt von einer Rhythmizität, die das Stadium einer praktisch totalen Maschinisierung (eher als das einer Humanisierung) erreicht hat. Die Krise des Figuralen ist das Gegenstück zum Sieg des Maschinenförmigen; in den folgenden Kapiteln werden wir uns wiederholt mit dem Problem des Überholens eines entmystifizierten Raumes und einer entmystifizierten Zeit befassen. Es ist schon erstaunlich, daß gerade in den Gesellschaften, in denen Wissenschaft und Arbeit die metaphysische Ebene ausschließen, die größten Anstrengungen unternommen werden, um das Figurale durch eine Transposition mythologischer Werte zu retten, man denke an die Historienmalerei, den Kult der Helden der Arbeit, die Vergöttlichung der Maschine. In der Tat scheint es, als könnten wir ein so beständiges Gleichgewicht wie jenes, das seit den Anfängen die Rollen der Figuration und der Technik koordiniert, nicht brechen, ohne den Sinn des menschlichen Abenteuers überhaupt in Frage zu stellen.

Kapitel XIII

Soziale Symbole

Die technische Geste ist die Schöpferin von Formen, die aus der unbelebten Welt hervorgehen und mit Leben erfüllt werden können. Der Pfeil existiert nur im Bogenschuß oder in all den Bildern von Bewegung, die er suggeriert; die Agora ist mehr als bloß eine leere Fläche nur in dem Maße, wie die Gesellschaft in ihr den Raum findet, in dem sie ihre Integration ins Universum vollzieht. Der Mensch ist nur in dem Maße Mensch, wie er mit seinesgleichen zusammenkommt und sich mit den Symbolen seiner *raison d'être* umgibt. Nackt und bloß ist der Hohepriester wie der Vagabund nichts als der Kadaver eines höheren Säugetiers in einer Zeit und einem Raum ohne Bedeutung, denn sie sind nicht länger der Halt eines symbolisch menschlichen Systems. Die Totentänze des Mittelalters sind ein tiefgründiges Echo auf den Gegensatz zwischen der biologischen Realität, in der Spirituelles und Zoologisches ineinander verlaufen, und dem symbolischen Apparat des sozialen Lebens der Menschen. Das Leben der Tiere hängt am Faden der genetischen Art, das Leben der menschlichen Gruppen vermag den Ersatz der genetischen Ordnung durch die ethnische Ordnung nur unter der Hülle einer Zeit, eines Raumes und einer Gesellschaft zu verwirklichen, die vollkommen symbolischen Charakter tragen und wie die Gestade einer Insel zwischen der notwendigen Stabilität und der anarchischen Bewegung der natürlichen Welt liegen.

Die Domestikation von Zeit und Raum

Die menschliche Tatsache *par excellence* ist vielleicht weniger die Schöpfung des Werkzeugs als die Domestikation von Zeit und Raum, d. h. die Schöpfung einer menschlichen Zeit und eines menschlichen Raumes. In der Tat sind Werkzeug und Sprache die Attribute einer neuen zoologischen Gruppe, deren erste uns bekannte Stufe der Australanthropus bildet, der noch den ganzen Aufstieg bis hin zur *sapiens*-Stufe vor sich hat. Kurz bevor er dahin gelangt, treffen wir bei den letzten Paläanthropinen auf die ersten Spuren eines graphischen

Symbolismus. Zwischen dem Ende des Moustérien und dem Chatelperronien, also zwischen 50 000 und 30 000 vor unserer Zeit, erscheinen gleichzeitig die ersten Behausungen und die ersten gravierten Zeichen, zunächst nicht mehr als Reihen paralleler Striche oder Kerben.

Ohne jeden Zweifel wurden bereits sehr viel früher Schutzhütten gebaut, bedeutsam ist aber, daß die ersten längerfristig bewohnten Häuser mit dem Erscheinen der ersten rhythmischen Darstellungen zusammenfallen. Die Integration in einen konkreten Raum und eine konkrete Zeit haben alle Lebewesen gemein; ich habe hinsichtlich der physiologischen Ästhetik schon darauf hingewiesen. Bei den Tieren erfolgt diese Integration auf verschiedenen Wegen, insbesondere aber im Bereich des Zufluchts- und Sicherungsverhaltens; hierher gehören der Einschluß des Individuums in den Raum und den Rhythmus der Herde, die Reaktionen innerhalb des Sicherheitsbereiches und der Aufenthalt an einem permanenten oder zeitweiligen geschlossenen Zufluchtsort, etwa einem Nest oder Bau. Auch beim Menschen beruht das moralische und physische Wohlbefinden letztlich auf der gänzlich tierischen Wahrnehmung des Sicherheitsbereiches, des Zufluchtsortes oder der sozialisierenden Rhythmen. Es hat keinen Sinn, nach einem weiteren Schnitt zwischen dem Tier und dem Menschen zu suchen, um dadurch die Existenz von Gefühlen beim Menschen zu erklären, die eine Bindung an den Rhythmus des sozialen Lebens und an den bewohnten Raum zum Ausdruck bringen. Die Hand ist auch beim Affen schon vorhanden, ohne daß darum von Technizität im menschlichen Sinne die Rede sein könnte; lautliche Zeichen gibt es schon auf einem Niveau, auf dem man von Sprache noch gar nicht sprechen kann, und geradeso existiert die raum-zeitliche Wahrnehmung von allem Anfang an und folgt bruchlos allen Stufen der Menschwerdung. Wie wir in den Kapiteln III und VI gesehen haben, ist es, parallel zur Entwicklung des Werkzeugs, die uns aus den Resten der fossilen Industrie bekannt ist, möglich, den Entwicklungsrhythmus der Sprache der verschwundenen Anthropinen zu erschließen. Anders als bei der Sprache erscheint es recht leicht, im Boden die Spuren ausfindig zu machen, die den Übergang von einem passiv hingenommenen Raum zu einem konstruierten Raum erhellen können; in Wirklichkeit lassen sich die Stufen dieser Entwicklung weit schwerer nachzeichnen. Diese Schwierigkeit rührt zunächst daher, daß der Bau von Schutzgelegenheiten im Gegensatz zu Werkzeug und

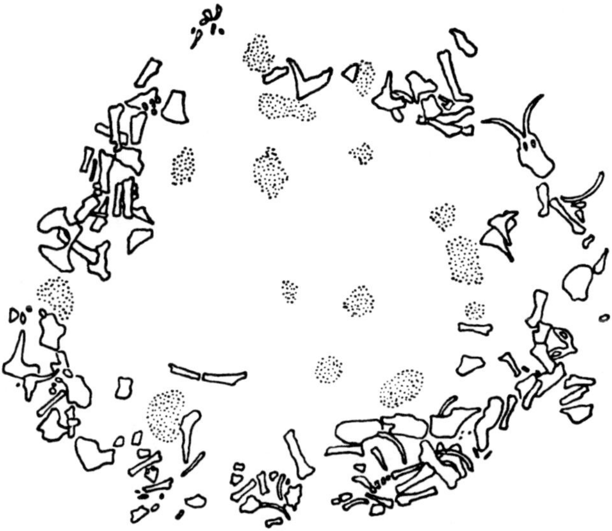

Abb. 111

Abb. 112

Sprache dem Menschen und zahlreichen Tieren gemeinsam ist. Sie beruht aber auch auf den Unzulänglichkeiten der archäologischen Quellen: die Zahl wohlerhaltener Wohnstätten aus der Zeit vor dem *homo sapiens* ist gering, und wenige von ihnen sind bislang so sorgfältig ausgewertet worden, daß wir über hinreichend detaillierte Dokumente verfügen. Das wenige, das wir wissen, reicht dennoch zu der Feststellung, daß in einem bestimmten Augenblick eine tiefgreifende Wandlung eintrat, in einem Augenblick, der mit der Entwicklung des Hirnapparates der dem *homo sapiens* nahestehenden Formen zusammenfällt und zugleich mit der Entwicklung des abstrakten Symbolismus und der raschen Diversifizierung der ethnischen Einheiten (Abb. 111-113). Diese archäologischen Feststellungen gestatten es, die Phänomene der raum-zeitlichen Integration von der oberen Altsteinzeit an in einen Zusammenhang mit dem symbolischen Dispositiv zu bringen, dessen wichtigstes Instrument die Sprache ist; diese Phänomene bedeuten eine regelrechte, durch Symbole vermittelte Inbesitznahme von Zeit und Raum, eine Domestikation im strengsten Sinne des Wortes, denn sie führen mit dem Haus und ausgehend vom Haus zur Schöpfung eines beherrschbaren Raumes und einer beherrschbaren Zeit.

Diese symbolische »Domestikation« führt auch zum Übergang von der natürlichen Rhythmik der Jahreszeiten, der Tage und der zu Fuß zu bewältigenden Distanzen zu einer Rhythmik, deren Regelmäßigkeit durch das symbolische Netz des Kalenders, der Uhr und der Längenmaße bestimmt wird – durch eben jene Symbole also, die den humanisierten Raum und die humanisierte Zeit zu einer Szene machen, auf der das Spiel der Natur unter die Herrschaft des Menschen gelangt. Der Rhythmus der regularisierten Kadenzen und Intervalle tritt an die Stelle der chaotischen Rhythmizität der natürlichen Welt und wird zum wichtigsten Element in der menschlichen Sozialisation, ja er wird gar schlechthin zum Bild der sozialen Integration, so daß die triumphierende Gesellschaft am Ende nur noch einen Rahmen kennt: das Koordinatensystem der Städte und Straßen, in dem die Bewegung der Individuen von der Uhrzeit beherrscht wird. Der enge Zusammenhang zwischen humanisierter Raum-Zeit und Gesellschaft ist dem Bewußtsein schon seit Jahrhunderten präsent, denn wer immer sein spirituelles Gleichgewicht wiederzufinden sucht, dem bietet sich in allen Zivilisationen kein anderer Ausweg als der Weg ins Kloster oder darüber hinaus in die Höhlen und Wüsten und letztlich doch der Weg des Säulenheiligen Simeon oder des Boddhidharma; die doppelte Verweigerung gegen die Zeit und den Raum in der kontemplativen Erstarrung.

Die Trennung von Raum und Zeit ist eine bloß technische oder wissenschaftliche Konvention, und wenn man sagt, Moskau liege dreieinhalb Flugstunden von Paris entfernt, so drückt man damit eine sehr viel reichere Wirklichkeit aus als mit der Feststellung, daß die Entfernung zwischen beiden 2500 km beträgt. Reicher ist diese Wirklichkeit, weil sie mit einem Schlage eine ganze gelebte Zivilisation umfaßt; so konnte man um 1800 sagen, daß Lyon fünf Tage von Paris entfernt lag. Und im gleichen Sinne verbindet ja auch die Uhrzeit, die man von einer Uhr abliest, die Zeit mit der räumlichen Stellung der Zeiger. Wenn es auf ethnologischer Ebene möglich ist, von Zeit zu sprechen, so nur als Abstraktion, als von einem der beiden Pole des Rhythmus.

Die ersten Zeugnisse rhythmischen Ausdrucks sind die Knochenfragmente oder Steine, auf denen in regelmäßigen Abständen Einschnitte angebracht sind; sie tauchen gegen Ende des Moustérien auf und sind im Chatelperronien schon sehr zahlreich (Abb. 82). Unter all den Hypothesen, die man an sie knüpfen kann, erscheint mir, wie man in Kapitel I gesehen hat, noch am wahrscheinlichsten, daß diese Kerbenfolgen etwas mit dem Rhythmus der Sprache zu tun haben. In der Tat kann man sich nur schwer vorstellen, daß sie der Abbildung von Abständen gedient hätten, und wenn man die zahlreichen Zeugnisse studiert, so spricht nichts für eine Hypothese, die sie in einen Zusammenhang mit dem Zählen bringt. Es ist nicht ausgeschlossen, aber auch nicht beweisbar, daß diese Kerbenfolgen den wesentlichen Rhythmus des tierischen Lebens, den des Herzschlages, repräsentiert hätten. Nun, welchen Sinn sie auch gehabt haben mögen, in jedem Falle zeugen diese Dokumente, viele Jahrtausende vor den ersten Maßsystemen, von der frühesten Wahrnehmung regelmäßiger rhythmischer Intervalle. In der natürlichen Welt gibt es nur wenige regelmäßige Rhythmen, den der Sterne, der Jahreszeiten und Tage, den Rhythmus des Laufens und Gehens und schließlich den des Herzens; in unterschiedlichen Graden geben sie der Zeitvorstellung die Priorität vor der des Raumes. Diesen vorgegebenen Rhythmen überlagert sich das dynamische Bild des Rhythmus, den der Mensch in seinen Gesten und seinen lautlichen Hervorbringungen schafft und formt, und schließlich auch die graphischen Spuren, die mit der Hand auf Stein oder Knochen angebracht wurden.

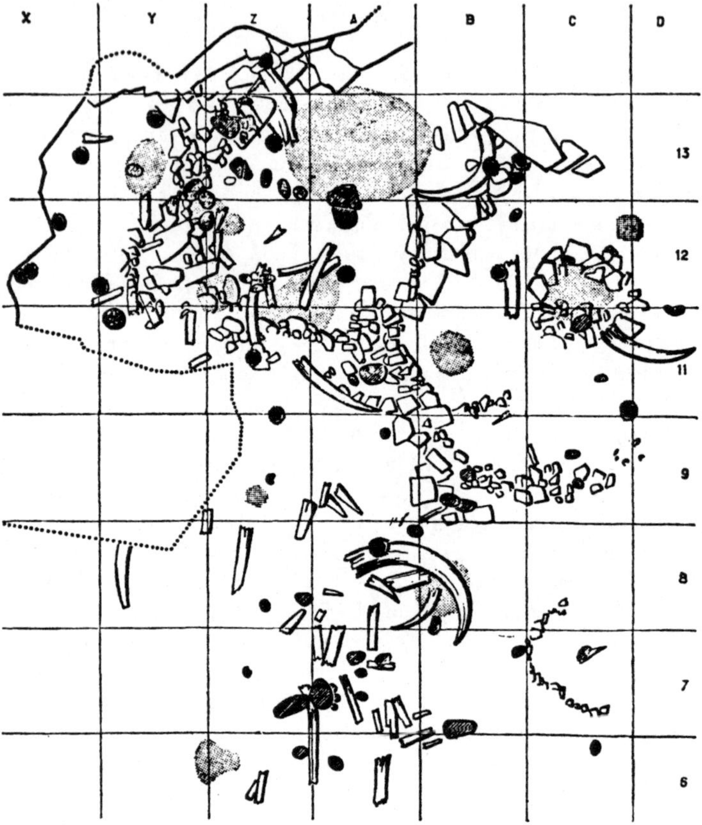

Abb. 113

Die Zeit bleibt beim Menschen ein zweideutiges Maß, denn die natürlichen Rhythmen sind der gesamten lebenden Materie gemein. Das Maß der gelebten Zeit bezieht sich auf Phänomene, die dem Maß selbst fremd sind; die Erforschung der Kalendersysteme ist in dieser Hinsicht höchst aufschlußreich. Die komplexen Abfolgen der Sternenbewegungen haben in allen Bauern-Hirten-Zivilisationen zur Entstehung von astronomischen Bezugssystemen geführt, die bei den Mayas wie bei den Chinesen, Ägyptern oder Römern die gleiche

Tendenz zeigen: Sie ordnen den Lauf der Jahre geometrisch in einem Netz, das durch die, periodisch bestätigte, räumliche Position einiger Hauptsterne festgelegt ist. Die Bemühungen um eine Absicherung der Regelmäßigkeit des Kalenders sind untrennbar mit den Fortschritten in der Berechnung des Raumes und in der Berechnung von Quantitäten verbunden. Die Getreidemaße, die Zähleinheiten für Herden und die architektonische Integration der Welt haben weit größeren Einfluß auf die Erstellung eines Zeitmaßes als die abstrakte Konzeption ideal gleichwertiger Perioden. Sieht man einmal von den Zeitspezialisten ab, die bei der Herausbildung der ersten städtischen Einheiten auftreten, so wird die fundamentale Vorstellung der Dauer in der Tat nur durch die Wiederkehr lebenswichtiger Produkte oder Operationen wahrgenommen. Der Kalender der Primitiven und der Bauern, der von der mythischen Zeit durchwirkt ist, erweist sich als ein Zyklus, der durch die Wiederkehr eines bestimmten Jagdwildes, durch die Reife einer bestimmten Pflanze oder durch die Feldarbeit markiert ist; die Zeit ist hier eine konkrete, operative Zeit, an der die astronomischen Körper teilhaben, sei es als Mitakteure in der gewaltigen techno-religiösen Maschine, sei es als weit entfernte Spender. Die periodische Wiederkehr der Robbe bei den Eskimos oder das Nachwachsen des Getreides in den bäuerlichen Kulturen bildet den Ausgangspunkt für eine Zeitsymbolik, in der das religiöse Denken zunächst auf die Realität der Operationen bezogen bleibt. Erst in einer Phase sehr weit fortgeschrittener Urbanisierung entwickelt sich in den bäuerlichen Gesellschaften nicht nur das abstrakte Maß der Zeit, sondern auch jene Ideologie, die den großen, hellen Sternen die Rolle der höchsten Gottheiten zuweist. Es ist kein Zufall, wenn die Reisenden des 18. Jahrhunderts fast bei allen Völkern, die sie besuchen, ohne Zögern die Verehrung der Sonne und der Sterne festzustellen meinen, während zur gleichen Zeit der Kalender der Französischen Revolution die Zeit mit den Verrichtungen des bäuerlichen oder technischen Lebens zu verbinden sucht. Auf der einen Seite ist das philosophische Denken von der außerordentlichen Bedeutung der astronomischen Maschinerie und der jahrtausendealten Traditionen der Astrologie durchtränkt, auf der anderen Seite wirkt die praktische Tradition des Lebens- und Arbeitsjahres als Gegengift gegen die Zeit der Götter.

Die Individualisierung der Zeit ist ein Reflex der fortschreitenden Integration der Individuen in den sozialen Überorganismus; im Verlaufe Zehntausender von Jahren wird die komplexe und elastische

Bewegung der natürlichen Zeit nach und nach von einem zunächst noch sehr dünnen Symbolraster überzogen. Das Leben der Tiere ist nicht weniger reguliert als das der Bauern aus dem letzten Jahrhundert; »mit der Sonne aufstehen und mit den Hühnern zu Bett gehen«, beides ist noch in einen Zyklus eingeschlossen, in dem ein dreifacher Gleichklang zwischen der Natur, dem Individuum und der Gesellschaft herrscht. Aber was noch bis ins 20. Jahrhundert hinein für das ländliche Milieu gilt, gilt schon seit Jahrhunderten nicht mehr für das städtische Milieu und insbesondere nicht für die am weitesten sozialisierten Fraktionen, für die religiösen und militärischen Klassen. Für sie hängen Gang und Überleben der sozialen Gruppe von der abstrakten Zeit ab. Ihre motorische und intellektuelle Integration stützt sich auf ein rigoroses rhythmisches Netz, das seine Materialisierung in den Glockenschlägen und Trompetensignalen findet, die zugleich die Signale eines Integrationscodes und die Abschnitte der Zeit sind. Mit der Notwendigkeit konfrontiert, das kollektive Überleben zu sichern – denn in allen großen Religionen gründet der normale Gang des Universums auf der Pünktlichkeit der Opfer –, waren es die religiösen Funktionsträger, die seit dem Aufgang der Zivilisationen in der Alten und der Neuen Welt die Zeit in, zumindest ideal, invariable Abschnitte einteilten, und damit wurden sie auch zu den Spendern der Monate, Tage und Stunden. Erst in neuerer Zeit, mit der Integration der Massen in einen sozialen Mechanismus, bei dem das Versagen der Spezialisten zu kollektiver Unordnung führt, hat die symbolische Zeit einen absolut imperativen Wert gewonnen. In den voraufgegangenen Kapiteln habe ich mehrfach bemerkt, daß die Linien einer Freisetzung der verschiedenen Fähigkeiten sämtlich zu einer beschleunigten Perfektionierung nicht des Individuums als solchen, sondern des Individuums als Element des sozialen Überorganismus geführt haben. Diese Tatsache, die tausendfach von Soziologen der verschiedensten Richtungen zum Ausdruck gebracht worden ist, beruht auf der Existenz der parallel zur biologischen Evolution ablaufenden materiellen Evolution, die der Mensch in dem Augenblick hervorbringt, da die Sprache die Grenze des Konkreten überschreitet. Sie hat zur Exteriorisierung des Werkzeugs geführt (die als fundamentale Voraussetzung schon seit langem realisiert ist), zur Exteriorisierung der Muskeln und schließlich zur Exteriorisierung der Relationsfunktionen des Nervensystems. Die Zeit exteriorisiert sich, synchron dazu, auf einem parallelen Wege, sie formt jene Gitter, zwischen denen die

Individuen eingeschlossen werden, sobald das Relationssystem die Übermittlungsverzögerung auf Stunden, dann auf Minuten und schließlich auf Sekunden reduziert. In den Sektoren, in denen die Grenze erreicht ist, funktioniert das Individuum wie eine Zelle, wie ein Element des kollektiven Programms, es reagiert auf einen Satz von Signalen, der nicht nur seine Gesten oder sein effizientes Denken bestimmt, sondern auch sein Recht auf Abwesenheit kontrolliert, d. h. die Zeiten der Ruhe oder der Muße. Der Primitive arrangiert sich mit der Zeit, die perfekte soziale Zeit arrangiert sich mit nichts und niemand, nicht einmal mit dem Raum, denn der Raum existiert nur als Funktion der Zeit, die erforderlich ist, um ihn zu durchqueren. Die sozialisierte Zeit impliziert einen humanisierten Raum, der ganz und gar symbolischen Charakter trägt, so wie Tag und Nacht zu festen Stunden über Städte hereinbrechen, in denen Winter und Sommer auf mittlere Maße reduziert und die Beziehungen zwischen den Individuen und dem Ort ihrer Tätigkeit eine Sache des Augenblicks geworden sind. Bislang ist dieses Ideal erst zum Teil realisiert, aber man rufe sich nur einmal die Beleuchtung, die Heizung und die öffentlichen Verkehrsmittel in den Städten des letzten Jahrhunderts ins Gedächtnis, so wird deutlich, daß ein wichtiger Teil des Weges bereits zurückgelegt ist.

Der humanisierte Raum

Der Mensch gehört zu jener Gruppe von Säugetieren, die einen Teil ihres Lebens in künstlichen Schutzbauten verbringt. Darin unterscheidet er sich von den Affen, bei denen auch die Vertreter hochentwickelter Arten den Ort, an dem sie die Nacht verbringen, nur oberflächlich vorbereiten, ähnelt aber zahlreichen Nagetieren, die einen zuweilen sehr ausgedehnten Bau besitzen, einen Bau, der das Zentrum ihres Territoriums bildet und oft auch die Nahrungsreserve beherbergt. Das Territorialverhalten des Menschen haben wir unter techno-ökonomischer Perspektive in Kapitel V behandelt, hier soll nun von dem humanisierten Bild des Territoriums die Rede sein.
Über die Anfänge der menschlich organisierten Spezies besitzen wir nicht einmal bruchstückhafte Informationen. Die Australanthropinen haben uns keine Wohnstätten hinterlassen, die im einzelnen ausgewertet worden wären; der Sinanthropus hat seine Spuren in einer

Tropfsteinhöhle hinterlassen, deren Untersuchung nur mit größter Mühe durchgeführt werden konnte; bis hin zu den Paläanthropinen wissen wir praktisch nichts. Nach einer zählebigen wissenschaftlichen Tradition lebte der prähistorische Mensch in Höhlen; wenn das stimmte, liefe dies auf interessante Parallelen mit dem Bären oder dem Dachs hinaus, die beide wie der Mensch Allesfresser und Sohlengänger sind; angemessener ist es jedoch, wenn wir annehmen, daß der Mensch gelegentlich auf Höhlen zurückgegriffen hat, soweit sie bewohnbar waren, daß er aber mit überwältigender statistischer Häufigkeit ständig an der freien Luft und, soweit die Dokumente zurückreichen, in künstlich errichteten Schutzbauten gelebt hat.

Die Dokumente sind spärlich, aber sie liegen recht günstig im Übergangsbereich zwischen dem Paläanthropus und dem *homo sapiens*, etwa um die Zeit herum, als auch die ersten graphischen Symbole auftauchen. Wir dürfen daher mit einigen Gründen annehmen, daß die Wohnstätten des Moustérien den höchsten Punkt in der Evolution des Raumes bei den archaischen Anthropinen darstellen und daß die Wohnstätten der oberen Altsteinzeit den Beginn der heutigen Phase markieren.

Wir besitzen genaue Aufzeichnungen über drei Wohnstätten des Moustérien, eine davon unter freiem Himmel in Molodowo am Dnjestr, zwei in Höhlen gelegen: in der Grotte de l'Hyène und in der Grotte du Renne von Arcy-sur-Cure im Yonne. In der Form unterscheiden sie sich beträchtlich, die Wohnstätte in der UdSSR (Abb. 111) ist eine kreisförmige Fläche von ungefähr acht Metern Durchmesser, offenbar die Stellfläche eines Zeltes oder einer Hütte; die Wohnstätte in der Hyänenhöhle liegt in einem Saal von fünf bis sechs Metern Durchmesser, die der Rentierhöhle liegt auf einem Galeriestück von zwei Metern Breite und fünf bis sechs Metern Länge (Abb. 112). Trotz dieser Verschiedenheit weisen die drei Wohnstätten frappierende Übereinstimmung auf; sie bestehen aus einem Zentralbereich, in dem sich die Feuerstellen befinden und der relativ frei von Tierresten, aber reich an Steinwerkzeugen ist; umgeben ist dieser Zentralbereich von einem dichten Gürtel abgeschabter und zertrümmerter Knochen. Sieht man einmal von dem Bau ab, der in Molodowo existiert haben muß, so ergibt die Rekonstruktion ein recht ärmliches Bild: Der Neandertaler lebte umgeben von den Resten seiner Jagdbeute, die er ein wenig nach außen schob, um sich einen Raum zum Leben zu schaffen.

Vergleicht man dieses Bild mit den Wohnstätten aus der Zeit um 30000, so ergibt sich ein frappierender Kontrast. Die ältesten unter ihnen sind die Wohnstätten aus dem Chatelperronien in der Rentierhöhle von Arcy (Abb. 113); ein Vergleich läßt sich hier besonders leicht herstellen, weil sie sich am gleichen Ort befinden wie eine der früheren Wohnstätten. Es handelt sich um die Stellflächen von Zelten, die am Eingang der Höhle errichtet waren. Jede von ihnen bildet einen Kreis von drei oder vier Metern Durchmesser mit einer zentralen Fläche aus versteinertem und aufgehäuftem Ton, die wiederum von einem Ring aus Steinplatten, einer Art Pflaster umgeben ist. An der Grenze des Kreises sind senkrechte Löcher angeordnet, in die große Mammutstoßzähne eingelassen waren, sie bildeten das Gerüst. Der ganze Raum ist sorgfältig gesäubert; außerhalb stößt man auf einige Haufen größeren Schutts und, über die Abhänge verstreut, auf die »Abfallhaufen«, kleine Ansammlungen von Asche, die mit Steinabfällen und winzigen Knochenfragmenten durchsetzt ist. Der Zeitpunkt in der Evolution, zu dem die ersten bildlichen Darstellungen auftauchen, ist also zugleich der Punkt, da der Wohnraum gegen das Chaos der Umgebung abgegrenzt wird. Die Rolle des Menschen als Organisator des Raumes erscheint hier als dessen systematische Einrichtung. Dieses älteste Beispiel wird durch zahlreiche Stellflächen von Zelten und Hütten bestätigt, die in Mähren, der Ukraine und in Rußland aufgefunden wurden, Spuren kreisförmiger oder länglicher Wohnstätten mit ihren Feuerstellen und Knochengruben. In Frankreich haben in den letzten Jahren genauere Grabungen als in der Vergangenheit vergleichbare Wohnstätten zutage gefördert, die in Höhlen oder unter dem Schutz überhängender Felsen errichtet waren. Erst kürzlich wurde schließlich in Pincevent, in der Nähe von Montereau, eine sehr ausgedehnte Ansammlung von Wohnstätten aus dem Magdalénien entdeckt.

Die Organisation des bewohnten Raumes ist keine Frage bloßer technischer Bequemlichkeit, sie ist im gleichen Sinne wie die Sprache der symbolische Ausdruck eines allgemein menschlichen Verhaltens. In allen bekannten menschlichen Gruppen ist die Wohnstätte Ausdruck einer dreifachen Notwendigkeit; des Erfordernisses, eine technisch effiziente Umgebung zu schaffen, der Notwendigkeit, dem sozialen System einen Rahmen zu geben, und des Erfordernisses, im umgebenden Universum von einem Punkt her eine Ordnung zu schaffen. Das erstgenannte Merkmal gehört in den Bereich der funktionellen

Ästhetik und wurde oben bereits behandelt: jede Wohnstätte ist offensichtlich ein Instrument und daher den Regeln unterworfen, die für die Evolution des Verhältnisses von Funktion und Form gelten.

Der soziale Raum

Seit einem Jahrhundert vertritt die Soziologie den Gedanken, daß die Wohnstätte und weiter noch der Siedlungsraum das konkrete Symbol des sozialen Systems ist; klassische Beispiele sind die Niederlassungen der Buschmänner oder der Indianer des Südwestens, die Dörfer am Amazonas oder in Neu-Kaledonien (Abb. 114, 115, 116); in ihrer topographischen Anordnung kommen die Einschnitte zwischen den Familien und Clans zum Ausdruck. Man braucht im übrigen nur ein Branchenverzeichnis durchzublättern, um sich klarzumachen, daß auch Paris noch dieser Regel in sehr hohem Maße entspricht.
Besonders interessant wäre es, nach dem Punkt zu suchen, an dem in der Wohnstätte die ersten Spuren des sozialen Funktionalismus auftreten, und insbesondere nach der möglichen Koinzidenz zwischen der sozio-geographischen Organisation und der techno-ökonomischen Evolution. Die Dokumente der frühen Vorgeschichte sind in dieser Hinsicht völlig dunkel: in den Unterkünften des Moustérien läßt sich kein Zug ausmachen, der sich vernünftig als Hinweis auf soziale Differenzierungen interpretieren ließe. Die Wohnstätten der oberen Altsteinzeit eröffnen da bessere Perspektiven: Trotz ihres oft recht mangelhaften Erhaltungszustandes müßten der organische Charakter ihrer Anlage und die Vielfalt der Objekte ein gewisses Licht in die Zusammenhänge bringen. Einen beinahe idealen Fall gibt es: den der Wohnstätten aus der oberen Altsteinzeit in Malta, Sibirien (Abb. 117). Hier handelt es sich um außerordentlich gut erhaltene Stellflächen von Zelten, für die M. Gerasinow an mehreren Beispielen belegen konnte, daß die Feuerstellen auf der linken und der rechten Seite jeder Wohnstätte von verschiedenen Objekten umgeben waren: bei den einen lagen weibliche Statuetten, Nähnadeln und Schaber zur Bearbeitung von Häuten, bei den anderen Vogelstatuetten, Speere, Messer und große Nadeln. Zumindest in einem Falle läßt sich feststellen, daß die beiden komplementären Fraktionen des Paares auf dem Niveau der primitiven Ökonomie in topographischer Hinsicht durch eine Trennung zwischen den Einrichtungs- und Ausrüstungsgegen-

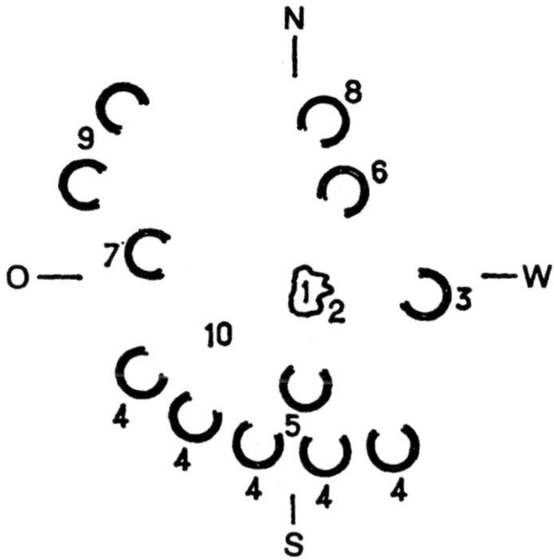

Abb. 114

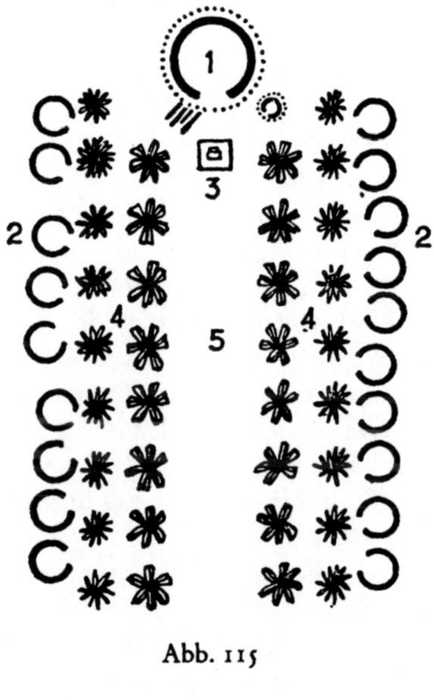

Abb. 115

ständen des Mannes und der Frau zum Ausdruck kommen. Die Niederlassungen der heutigen Buschmänner reflektieren eine recht ähnliche sozio-funktionale Organisation (Abb. 114): Die gemeinsamen Feuerstellen der Männer und die Feuerstellen jeder einzelnen Frau, die Hütten der Paare, der Mädchen und der jungen Männer. Auch die Topographie der Wohn-Iglus bei den Eskimos spiegelt aufs genaueste diese Abgrenzung zwischen den jeweiligen Bereichen des Mannes und der Frau. Den Grundmerkmalen der Gesellschaften mit primitiver Ökonomie entspricht eine räumliche Organisation, bei der die techno-ökonomischen Funktionen des Paares den dominierenden sozialen Einschnitt bilden.

Wir besitzen bislang nur wenige archäologische Dokumente über die erste bäuerliche Ökonomie. In der Tat hat die Archäologie einen großen Teil ihrer Arbeit noch vor sich, bislang hat sie sich vor allem darum bemüht, eine Chronologie zu erstellen. Eine Interpretation des Gebrauchs von Gegenständen, ihre Verwendung durch Männer oder Frauen und ihre Lage im bewohnten Raum bleiben erst noch durch Grabungen zu erschließen, die auf einer erschöpfenden Aufzeichnung der Tatsachen beruhen. Zwar gibt es Lageskizzen von Dörfern, aber nur wenige sind vollständig, und keine von ihnen ist so weit spezifiziert, daß sämtliche Gegenstände in ihrer genauen Lage verzeichnet wären. Die Gräber sind besser erforscht, weil sie deutlicher abgegrenzt sind. In einigen Fällen, in denen die kollektive Grabstelle ein Bild von der Welt der Lebenden ist, wie in den künstlichen Höhlen an der Marne, drängt sich eine soziologische Vision auf, aber wir sind noch weit von dem Punkt entfernt, da keine Gefahr mehr besteht, daß selbst das beste Dokument den Ausgräbern entgeht. Was die nicht urbanisierten bäuerlichen Gesellschaften betrifft, so zeichnet sich aus den Grabungen in verschiedenen Teilen der Welt ein noch recht unbestimmtes Merkmal ab: die relative Gleichförmigkeit der Wohneinheiten innerhalb eines Dorfes, die Häufigkeit sehr großer Wohnbereiche mit getrennten Feuerstellen und die kollektiven Grabstätten ohne feststellbare soziale Hierarchie. Obgleich es zahlreiche Varianten gibt, lassen sich diese Tatsachen auch in den nicht-urbanisierten bäuerlichen Gesellschaften der heutigen Welt feststellen, insbesondere in Amerika, Ozeanien und Indonesien, d. h. an den Rändern der urbanisierten Welt. Sie entsprechen einem techno-ökonomischen Stadium, in dem die Bedeutung des Paares abnimmt und die Gesellschaft ihren Zusammenhalt in komplexen und vielfältigen Verwandtschaftssyste-

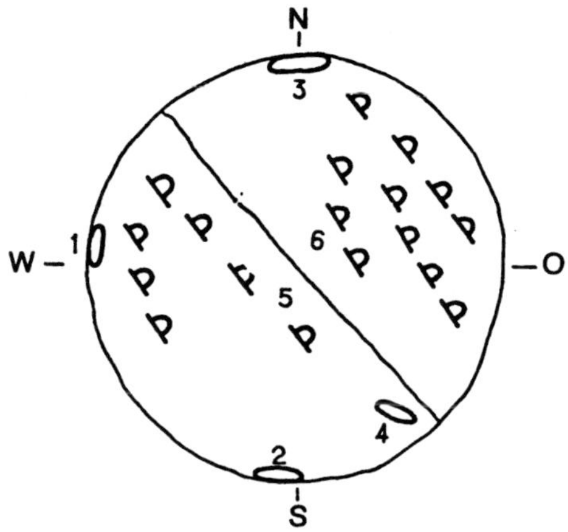

Abb. 116

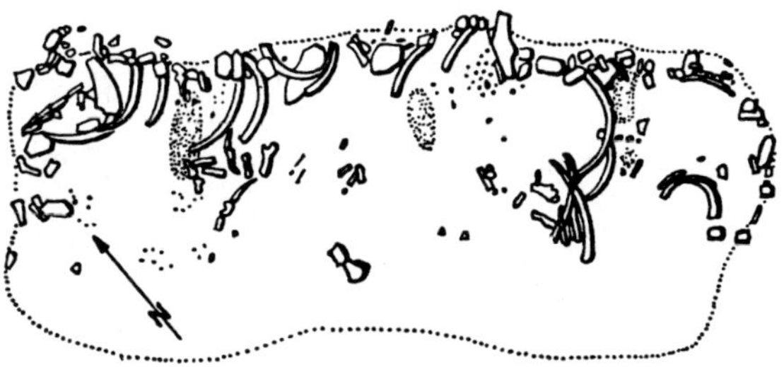

Abb. 117

men sichert, deren Funktion es ist, nicht mehr Individuen, sondern Familieneinheiten durch matrimoniale und ökonomische Arrangements ins Gleichgewicht zu bringen. Wie in der Evolution des Gehirns oder bei der Entwicklung des Werkzeugs addieren sich die Strukturen, ohne einander auszuschließen; die neueren Entwicklungen gründen auf den früheren, so daß die Bedeutung des Paares als Infrastruktur fortexistiert, gerade so wie die erweiterte Familie in den späteren Phasen fortexistieren wird, indem sie sich an die vorausgegangene Familienform anschließt. Das räumliche System der frühen Bauern scheint schon sehr verschieden von dem der primitiven Jäger-

Sammler zu sein, denn, wie wir in Kapitel V gesehen haben, verwandelt die Seßhaftwerdung nicht nur das soziale Dispositiv, sondern gerade auch das Bild, das man sich von der Welt macht.

Dynamischer und statischer Raum

Die Wahrnehmung der umgebenden Welt erfolgt auf zwei Wegen, der eine ist dynamisch und besteht darin, den Raum zu durchqueren und dabei von ihm Kenntnis zu nehmen, der andere Weg ist statisch und gestattet es, um sich herum die aufeinanderfolgenden Kreise anzuordnen, die sich bis an die Grenzen des Unbekannten erstrecken. Der erste Weg gibt das Bild der Welt als Strecke, die man zurücklegt oder die es zurückzulegen gilt, als Bahn, der zweite integriert das Bild in zwei einander gegenüberliegende Oberflächen, den Himmel und die Erde, die am Horizont zusammenlaufen. Diese beiden Wahrnehmungsmodi existieren, gemeinsam oder getrennt, bei allen Tieren; der Modus der Wegstrecke ist vor allem für die Landtiere charakteristisch, der Modus der strahlenförmigen Wahrnehmung insbesondere bei den Vögeln. Man wird auch sagen können, daß der erste Modus an ein Übergewicht der muskulären und olfaktorischen Wahrnehmungen gebunden ist, während der zweite vor allem die Arten mit hochentwickeltem Gesichtssinn betrifft; im übrigen ist diese Verteilung nur allzu summarisch, denn in Ruhe muß auch der Wolf die Welt in der Form »olfaktorischer Oberflächen« wahrnehmen. Beim Menschen bestehen die beiden Modi nebeneinander und sind grundsätzlich mit dem Gesichtssinn verknüpft; sie haben zu einer doppelten Repräsentation der Welt geführt, zu simultanen Modalitäten, die aber offenbar diesseits und jenseits der Seßhaftigkeit in umgekehrten Proportionen repräsentiert sind.
Die Mythologie der Jäger-Sammler enthält als wesentliches Element Bilder von Bahnen oder Fahrten, den Bahnen der Sterne oder den Fahrten der ordnungstiftenden Heroen. In zahlreichen Mythen aus allen Teilen der Welt und auch im prä-agrikulturellen Substrat der Mittelmeerkulturen ist das Universum zu Anfang ein Chaos, das von Monstren bevölkert ist. Und es ist eine Fahrt, eine Reise, in deren Verlauf der Held die Monstren besiegt, die Lage der Berge und Flüsse bestimmt und den Lebewesen ihren Namen gibt, das Universum also in ein symbolisch reguliertes Bild verwandelt, das vom Menschen

aufgenommen und kontrolliert werden kann. Die Mythologien der Indianer Nordamerikas bieten sehr schöne Beispiele für solche ordnungstiftenden Reisen, unter den Beispielen aus dem Mittelmeerraum zeigt die Reise des Herakles, daß die ersten städtischen Zivilisationen wahrscheinlich die Überreste einer vorausgegangenen Ideologie aufgenommen haben.

Besonders wichtig wäre es, wenn wir uns das Bild vorstellen könnten, das die Menschen des Paläolithikums sich vom Universum machten. Die prähistorische Kunst müßte in dieser Hinsicht eine wertvolle Quelle sein. Die Höhlenkunst bietet uns eine Organisation und eine Bildwahl, die auf den ersten Blick verwirrend sind. Bis vor kurzem hat man in ihr eine wesentlich magische Kunst gesehen, aber es scheint, daß es sich um ein allgemeineres figuratives System mit mythologischem Gehalt handelt, ein System, das männliche und weibliche Figuren zu Paaren anordnet, dazu ein Tierpaar, in den meisten Fällen Bison und Pferd, und ein drittes Tier, in der Regel Steinbock, Hirsch oder Mammut. Die Figuren sind im Ablauf der topographischen Anordnung über mehrere Säle verbreitet und zeigen eine Progression, die ans Ende, in den rückwärtigen Teil der Höhle, die großen Raubkatzen und Nashörner plaziert. Sobald die Figuren jene, die sie schufen, umgeben, enthält jede Anordnung etwas von dem Bild, das deren Schöpfer sich vom humanisierten Universum machten. Da in der Höhlenkunst vom statischen Wahrnehmungsmodus nichts aufzufinden ist und die Perspektive, die das Symbol der Oberflächen realisiert, völlig fehlt, erschien die Organisation der Figuren lange verwirrend, denn die Ordnung, die in ihnen existiert, ist der unseren fremd, und man hat in ihnen das Chaos zufällig hingeworfener Bilder gesehen. Im Schein der Lampe ordnen sich die Figuren von Lascaux nicht zu einem flächenförmigen Zusammenhang, sondern entlang einer Bahn; sie sind miteinander durch das Band eines Themas verknüpft, dessen Sinn wir nicht kennen, dessen Ablauf sich aber von Wand zu Wand wiederholt bis hin zu den Rhinozerosfiguren im Grund der Höhle. Noch deutlicher tritt dieser Umstand in Niaux hervor, dort reihen sich die Bilder in kleinen Gruppen über mehr als einen Kilometer; und noch deutlicher schließlich in La Cullalvera (Provinz Santander), wo auf zwei Kilometern ein und dieselbe Version des Themas Figur nach Figur in Intervallen von mehreren hundert Metern wiederkehrt. Handelt es sich bei der paläolithischen Kunst um eine Kosmogonie? Das Fehlen jeglicher Darstellung von

Sternen in dem Sinne, wie wir es gewohnt sind, ist nicht unbedingt ein Gegenbeweis, umgekehrt gibt es jedoch auch keinen Beweis für diese Hypothese. Sicher ist aber, daß dieser Mythos, was immer seine Bedeutung sein mag, durch lineare Anordnung und Wiederholung gekennzeichnet ist.

Der statische Raum

Der nomadische Jäger-Sammler erfaßt die Oberfläche seines Territoriums über die Wege, auf denen er es durchwandert; der seßhafte Bauer konstruiert die Welt in Kreisen, die konzentrisch um seinen Speicher angeordnet sind. Das irdische Paradies ist ein Garten, der auf einem Berg liegt, im Zentrum steht der Baum der Erkenntnis, und vier Flüsse gehen in alle Himmelsrichtungen bis zu den Grenzen der

Abb. 118

Welt – ein Bild, das keinerlei Zusammenhang mit dem von Lascaux und auch nicht mit der Reise des Herakles hat; die Dinge sind vom Menschen benannt (sie sind also symbolisch existent), aber an Ort und Stelle, offenkundig im Zentrum von Eden selbst. Die Form, in der uns die Genesis überkommen ist, zeigt in idealer Weise die Darstellung der Welt in einer Gesellschaft, die bereits zu einem hohen Grad bäuerlicher Seßhaftigkeit gelangt ist; gleiches gilt praktisch für die Kosmogonien der Hochkulturen Amerikas und Chinas, sie konfrontieren uns mit Systemen, die bereits in hohem Maße vom Strom systematischer Aufarbeitung geprägt sind, einer Aufarbeitung, die auf die Schrift zurückgeht. Jenseits der ersten schriftlichen Dokumente ist es sehr schwierig, die Entwicklung zu fassen, die in den ersten fünf- oder sechstausend Jahren der landwirtschaftlichen Revolution erfolgte. Die zahllosen Figuren der Felsmalerei in Europa, Afrika und Asien zwischen dem Ende des Paläolithikums um 8000 und dem Bronzezeitalter bringen nur wenig Licht in die Forschung; immerhin zeichnen sich zwei Aspekte ab, die in der paläolithischen Kunst fehlen, echte Szenen (aus dem Bereich der Jagd, der Kultur oder der Viehzucht), perspektivische Darstellungen oder solche mit einer Tiefenstaffelung (Abb. 93), unter denen auch einige Abbildungen von Wohnstätten sind. Zum ersten Mal treten auch Sonnenräder und Mondsicheln auf. Im Jahre 1961 brachten die Ausgrabungen J. Mellaarts in Anatolien Teile eines frühneolithischen Dorfes zutage, das etwa um 6000 vor unserer Zeit datiert wurde; bei mehreren Häusern waren die Wände mit Fresken geschmückt (Abb. 118). Diese ältesten uns bekannten Mauermalereien zeigen umfangreiche Szenen, in denen mit Bogen bewaffnete Menschen (Jäger oder Tänzer) im Kreis um Stier- und Hirschfiguren angeordnet sind. In Konstruktion und Sujet besteht eine gewisse Ähnlichkeit mit den minoischen Fresken auf Kreta, die etwa 3000 Jahre jünger sind. Diese außerordentliche Entdeckung macht deutlich, in welchem Maße die Seßhaftigkeit schon mit dem Beginn der Agrikultur dem Dispositiv des sozialen Lebens eine neue Form aufprägt. Die voneinander abgeschlossenen, viereckigen Häuser mit ihren dicken Mauern, mit ihren Innenhöfen und verzierten Räumen, die Gräber der Toten unter den Fußböden, auf denen die Lebenden geschlafen haben müssen, die in den Mauern eingeschlossenen Getreidevorräte, all dies bildet einen vollständig humanisierten Mikrokosmos, um den herum sich die Felder, dann der Wald und schließlich das Gebirge erstreckten.

Mikrokosmos und Makrokosmos

Obgleich die Dokumente keine detaillierte Aufschlüsselung der Entwicklung gestatten, konfrontieren uns die ersten Texte doch mit einem System der symbolischen Darstellung des Universums, das in seinen großen Zügen in Amerika, China, Indien, Mesopotamien (Abb. 76, 78), Ägypten und überall, wo eine Kultur die Schwelle zur Schrift überschreitet oder überschritten hat, überraschende Ähnlichkeiten aufweist. Diese Konzeption enthält zwei Momente: die Fixierung der Hauptstadt am Kreuzungspunkt der wichtigsten Linien und die Konstruktion eines Korrespondenzcodes, der nach und nach die gesamte Schöpfung in sein Netz hereinzieht (Abb. 119).

Mit der städtischen Zentralisierung erhalten die symbolischen Daten, die sich auf Raum und Zeit beziehen, eine überragende Bedeutung, und wir haben gesehen, daß die techno-ökonomische Evolution zur gemeinschaftlichen Herausbildung der Feuerhandwerke (Metallurgie, Glasherstellung und Keramik), der Schrift, der Monumentalarchitektur und einer recht weitgehenden sozialen Hierarchie führt, die aus der Hauptstadt der ethnischen Gruppe den vollkommen humanisierten Kern eines Territoriums macht, aus dem diese die lebensnotwendigen Rohstoffe und Nahrungsmittel bezieht. Dieser techno-ökonomische Prozeß ist seit der bäuerlichen Seßhaftwerdung hunderte Male abgelaufen, gelegentlich eingebunden in die Entwicklung eines bestimmten historischen Zusammenhanges, gelegentlich sozusagen isoliert. Seine Ursachen liegen im technischen Determinismus, und es ist deshalb theoretisch gleichermaßen vergeblich, darin nach den Spuren eines historischen Zusammenhanges zwischen Mesopotamien und den Mayas zu suchen oder einen automatischen Konvergenzeffekt zu vermuten: Beides ist jeweils alternativ richtig. Das gleiche gilt für die Kosmogonien, also die Metaphysiken, die allen bäuerlichen Zivilisationen auf dem techno-ökonomischen Niveau der frühen Urbanisierung eigen und gemein sind. Der erste, der Seßhaftigkeit entsprechende Zugriff auf die Ordnung des Universums ist außerordentlich logisch und rational, alles ist hier Ordnung und Korrespondenz, und die gleiche Verführungskraft geht von den Mutmaßungen über die geheimnisvolle Wissenschaft der Ägypter, der Chinesen, der Atlanten und der Mayas aus. Es wäre interessant, der Frage nachzugehen, warum diese »Wissenschaft« zur gleichen Zeit entsteht wie die ersten Strafrechtskodizes, die öffentlichen, baulich gestalteten Plätze und die durch Unterschrift beglaubigten Darlehen.

Die Existenz einer vollkommen humanisierten Fläche und die Integration dieser Fläche in das umgebende Universum stellen ebenso präzise Probleme wie die räumliche Integration des Individuums: Der kollektive Organismus muß seine Raumintegration in der Bewegung

Abb. 119

realisieren. Die Integration der Individuen in den städtischen Organismus wird durch Rhythmen gewährleistet, die die kollektive Konditionierung bestimmen. Wie wir gesehen haben, ist die städtische Zeit eine humanisierte Zeit par excellence, aber die Integration des Kerns, den die Menschen und ihre techno-ökonomische Umwelt bilden, kann nur in der Suche nach einer geordneten Kontinuität zwischen diesem humanisierten Kern und der umgebenden natürlichen Welt erfolgen.

Diese ideale Kontinuität wird durch die Bewegung des Himmels gewährleistet, die den Kreuzungspunkt der wichtigsten Linien oder alle anderen, als fix empfundenen astralen Bezugspunkte liefert. Die Stadt steht so im Zentrum der Welt, und ihre Unverrückbarkeit garantiert gewissermaßen die Drehung des Himmels um sie herum. Als Zentralpunkt des Himmels und der Erde ist sie in ein Universum integriert, dessen Bild sie reflektiert: gleich weit entfernt von *ihr* geht die Sonne in *ihrem* Osten auf und in *ihrem* Westen unter, und ihre Einwohner werden zu der Vorstellung gedrängt, daß es jenseits ihres Kreises weniger begünstigte Zentren gibt, die näher zum Westen und dem Land des Schattens oder näher zum Ausgangspunkt der aufgehenden Sonne gelegen sind. *Ihr* Westen und *ihr* Osten sind Westen und Osten schlechthin, denn sie bezeichnen den Eintritts- und den Austrittspunkt des Gestirns in einem vollkommen humanisierten und symbolischen Mikrokosmos (Abb. 120).

Aus Gründen, die zwischen Architektur, Schrift und räumlicher Integration einen Zusammenhang herstellen, wird die Stadt zum Bezugspunkt der Metrologie. Der Feldmeßkunst kommt darin eine zentrale Rolle zu, die symbolischen Strahlen der Windrose stellen einen Zusammenhang zwischen den Grenzen der Welt her. Man gelangt so zu einem geometrischen Bild der Welt und der Stadt, in dem ein elementares Netz räumlicher Korrespondenzen mitschwingt. Die Stadttore fallen mit den wichtigsten Punkten zusammen, und wenn man das Nordtor als *Tor des Winters* bezeichnet, so reichert sich die Raumsymbolik mit der ganzen Dynamik der Zeit an. Wenn man die verschiedenen Jahreszeiten, den Frühling oder den Sommer, jeweils an einem anderen Stadttor empfängt, so erwächst daraus nicht nur die raum-zeitliche Integration, sondern in gewisser Weise auch die mechanische Kontrolle über die Maschinerie des Universums. Dieser hier als fortschrittliches Phänomen beschriebene Prozeß ist lediglich die Anpassung einer Eigenschaft der Sprache oder allgemeiner noch

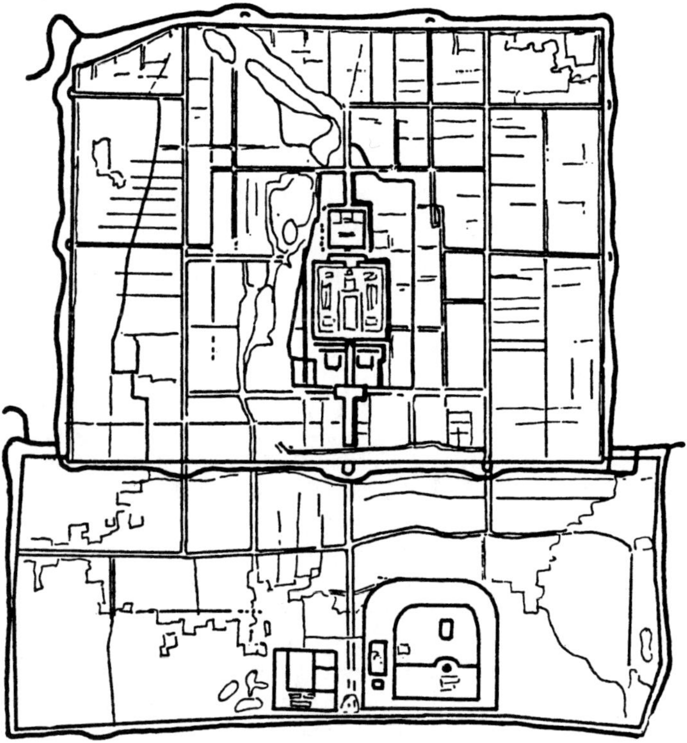

Abb. 120

der Fähigkeit zur Symbolisierung an die Nabelfunktion der Stadt. Nach dieser absolut generellen Eigenschaft regiert das Symbol den Gegenstand, existiert eine Sache nur, wenn sie benannt ist, hat man Macht über einen Gegenstand, wenn man nur sein Symbol besitzt. Diese Einstellung, die man gewöhnlich dem »magischen« Verhalten »primitiver Gesellschaften« zuschreibt, ist auch in einem hochwissenschaftlichen Verhalten nicht minder wirksam, denn wir haben über die Erscheinungen nur in dem Maße Macht, wie das Denken durch die Worte hindurch auf sie Einfluß nehmen kann, indem es ein symbolisches Bild konstruiert, das dann materiell verwirklicht wird.
Der Zusammenhang zwischen dem geographischen Osten und dem

Osttor ist daher der ganz normale Zusammenhang zwischen einem Gegenstand und seinem Symbol, und die fundamentale Eigenschaft der Städte liegt darin, ein geordnetes Bild vom Universum zu entwerfen. Ordnung wird hier als Geometrie und in den Maßen von Zeit und Raum realisiert. Das Leben erfolgt in der Assimilation von Symbolen der Sternenbewegung an diese Bewegung selbst oder über das Symbol einer Wiedergeburt der Pflanzen, das deren wirkliches Wachstum auslöst. Die Religionshistoriker haben auf die recht allgemeine Bedeutung der Ballspiele als Symbol für das Sonnenjahr hingewiesen; in Amerika waren solche Ballspiele weit verbreitet, in China und, bis in unsere Tage, in Japan gaben sie Anlaß zu ausgedehnten Zeremonien mit kosmogonischem Charakter (Abb. 121).

In den geometrischen und nach den Himmelsrichtungen ausgerichteten Hauptstädten Chinas und Japans sind die Kaiserpaläste an einem Ehrenplatz errichtet, sie stehen an der Nordmauer und blicken nach Süden. Der zum Ballspiel bestimmte Platz befindet sich im Innenbereich des Palastes und ist seinerseits geometrisch gestaltet und nach den Himmelsrichtungen ausgerichtet, in der Nordost-Ecke steht ein Kirschbaum (Frühling), im Südosten eine Weide (Sommer), im Südwesten ein Ahorn (Herbst) und im Nordwesten eine Kiefer (Winter). Der Ball, der zunächst in den Zweigen des Frühlingsbaumes liegt, wird in das Spiel zweier Gruppen von jeweils vier Spielern gebracht, die im Kreis aufgestellt sind; im Idealfall befördern sie den Ball mit dem Fuß in einer zweifachen, gegenläufigen Kreisbewegung, die nacheinander in den Ecken der Äquinoktien und der Solstitien (Tagundnachtgleichen und Sonnenwenden) enden. Jeder Spieler befördert den Ball durch das Gebiet, das in seinem Teil der Bahn liegt, die aus einer Folge von Zickzackkursen von Ost nach West und von Nord nach Süd besteht.

Die Bewegung des Universums ist in der Tat nicht nur eine Rotation, sondern auch Wechsel und Opposition der Gegensätze: die Kälte des Nordens – die Hitze des Südens; die Jugend des Ostens – das Alter des Westens, usw. So entsprechen die Teile des Universums (und der Stadt) sowohl Qualitäten als auch Situationen. Damit hält der Mensch die Schlüssel zum Universum in Händen, und in vielfältigen, aber letztlich konvergenten Formen entsteht ein außerordentliches Korpus von Wissen, das gänzlich auf dem Spiel von Identitäten und Gegensätzen beruht, die den gesamten Bereich des Bekannten umspannen, von den Zahlen bis zur Medizin, von der Architektur bis zur Musik.

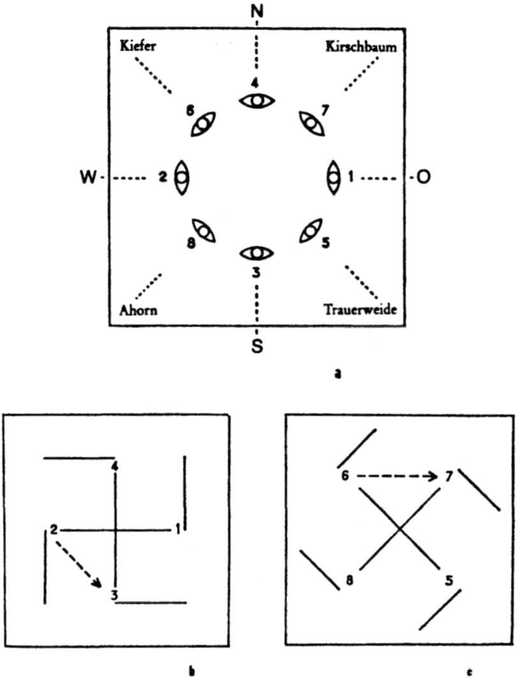

Abb. 121

Den vier Hauptpunkten und dem Zentrum entsprechen im alten China die fünf Elemente: die fünf Himmel, die fünf Arten von Tieren, von Musiknoten, von Gerüchen und Zahlen, die fünf verschiedenen Arten von Opferplätzen, Körperorganen, Farben, die fünf Geschmacksarten und die fünf Arten von Gottheiten. Auf diese Weise wird es evident, daß der Süden, der Sommer, die Vögel, der Geruch von Verbranntem, der Herd, die Lunge, die Farbe Rot, das Bittere, die Zähl sieben, die Note *choy* gleiche Eigenschaften haben und daß man eines durch das andere beeinflussen kann. Die raum-zeitliche Integration ist damit vollkommen und die Sicherheit des Menschen total geworden, denn alles ist erklärt, begriffen, festgelegt. Zwar wird man den Mond nicht hindern können, zuweilen die Sonne zu verfinstern, aber um den Himmel verändern zu können, indem man die

Handlungen der Bewohner des humanisierten Mikrokosmos verändert, ist es wichtig zu wissen, daß diese Finsternis auf einen übermäßigen Einfluß des weiblichen Prinzips zurückgeht. Solche Systeme haben bei den Azteken ebenso wie bei den Griechen oder den Ägyptern bestanden; sie beherrschten auch das europäische Denken noch im 16. Jahrhundert, und einige afrikanische Gesellschaften haben bis heute eine Philosophie bewahrt, die auf diesen Prinzipien gründet. Darin die Früchte eines unvollkommen ausgebildeten Denkens zu sehen wäre ebenso verfehlt wie eine Vorstellung, die hier die Spuren eines geheimnisvollen vollkommenen Wissens vermutete, das uns nur verstümmelt überkommen wäre. Die wunderbare Seite des kosmogonischen Denkens läßt sich um so leichter ausbeuten, als es einem völlig logischen und kontrollierbaren Tatsachenbestand entspricht, als es Wegen folgt, die sich der menschlichen Vernunft spontan öffnen, und zu einem Spiel von Formeln führt, die auf geheimnisvolle Weise alles zu erklären vermögen. Die jahrtausendealte Weisheit der Ägypter oder der Tibetaner wird zusammen mit den Überlieferungen der Kabbala, mit dem Pythagoräismus, dem Geheimnis der Pyramiden oder der Kathedralen in Erinnerung bleiben, weil sie wirklich Weisheit war, d. h. Suche und Reflexion einer Erklärung, mit der sich die Angst des Menschen beruhigen ließ, als Schöpfer von Ordnung allein inmitten einer chaotischen Natur zu leben. Historisch ist dieses Denken verehrungswürdig, weil die Zivilisation mit ihm die Entwicklung der Wissenschaft begann; auch ist es uns noch vollkommen zugänglich, wie wir ja auch die Sichel aus der gleichen Zeit noch heute handhaben können; nur läßt sich schwerlich zugestehen, daß die Sichel die blasse Erinnerung an wunderbare automatische Dreschmaschinen sei, derer sich die Einwohner von Atlantis bedient hätten, um ihre unwiederbringlich versunkenen Felder abzuernten. Eine gewisse historische Kohärenz besteht für die Wissenschaft geradeso wie für die Techniken.

Antike

Die Integration des humanisierten Raumes in das äußere Universum folgt fundamentalen Gesetzen, und es ist nicht verwunderlich, wenn man diese Gesetze zu jedem Zeitpunkt der menschlichen Geschichte antrifft, wie auch immer der techno-ökonomische oder ideologische

Entwicklungsstand bei den betrachteten Kollektiven sein mag. Was beim Menschen in architektonischen oder bildlichen Symbolen zum Ausdruck kommt, wirkt sich beim Tier in den elementarsten Formen des Beschaffungsverhaltens aus; das ständige Hin und Her zwischen Unterschlupf und Territorium bildet das Raster des physischen und psychischen Gleichgewichts jener Arten, die mit dem Menschen die Trennung zwischen der äußeren Welt und dem Zufluchtsort gemein haben. Es ist daher normal, wenn das Verhältnis zwischen Zufluchtsstätte und Territorium den wichtigsten Ausdruck in der raum-zeitlichen Repräsentation bildet und die Form der Zufluchtsstätte zugleich den materiellen Bedürfnissen des Schutzes, der Ökonomie und der Verbindung zwischen Zufluchtsort und Territorium, zwischen humanisiertem Raum und wildem Universum entspricht, d. h. den Ausdrükken der raum-zeitlichen Integration als Situation und Bewegung.
Wie wir gesehen haben, kommt es zu einem entscheidenden Einschnitt, als die primitive Welt mit der bäuerlichen Seßhaftigkeit einen neuen Modus der räumlichen Integration erwirbt. Ist dieser Modus einmal erworben, so geht es nicht mehr um grundlegende Veränderungen, wohl aber um wichtige Abwandlungen, die die Ideologie berühren müssen, mit der die Formen gerechtfertigt werden. Mit anderen Worten, sind die Grundrisse der ältesten Städte erst einmal Wirklichkeit geworden, so gibt es keinen Grund mehr, weshalb sich die materielle Einschreibung der Stadt auf ihrem Boden durch die Antike, das Mittelalter und bis in unsere Zeit in seinen großen Linien ändern sollte. Die Stadt muß ihren kosmogonischen Charakter durch ihre ganze Geschichte hindurch bewahren, aber die ideologische Entwicklung und die historischen Umstände vermögen tiefgreifende Wandlungen in der Art und Weise herbeizuführen, wie sie als Bild der Welt wahrgenommen wird.
Die Schaffung einer künstlichen Fläche, die den Menschen wie ein magischer Kreis isoliert, ist untrennbar von der Fähigkeit, die beherrschten Elemente des äußeren Universums materiell oder symbolisch in diesen Kreis einzuführen; und zwischen der Integration des Speichers, der Nahrungsmittelreserve, und der des Tempels, jenes Symbols des kontrollierten Universums, besteht kein großer Unterschied. Übertragen wir dies auf die Ebene der Tiere, so sehen wir, daß zwischen dem Bau als Zufluchtsort und dem Bau als Speicher von Nahrungsmitteln keine kategorische Differenz besteht. In den mesopotamischen Städten wie in den Dörfern der Dogon stehen Tempel

und Magazin nahe beieinander und sind im übrigen durch ein enges ideologisches Netz miteinander verbunden. Wenn das Netz der Symbole, das die funktionelle Realität der menschlichen Institutionen überzieht, über die Zivilisationen hinweg so außerordentliche Übereinstimmungen aufweist, so deshalb, weil es auf sehr tiefliegenden Faktoren gründet.

Es ist überraschend, daß die Städte der klassischen Antike im Mittelmeerraum, die unter griechischem oder römischem Einfluß standen, eine geometrische Anordnung beibehalten, die direkt von den archaischen Architekturkonzepten inspiriert ist, obgleich die alte Ideologie der wirksamen Korrespondenzen schon im Halbdunkel untergetaucht ist (Abb. 122). Weiterhin, und bis in die Moderne hinein, stellen die Prozessionen die Bewegung der Sterne dar, eröffnen die Opfer den bäuerlichen Jahreszyklus, aber sie tun es durch ein intellektuelles Netz hindurch, in dem der funktionelle Realismus die Stelle der Erklärung eingenommen hat. Besonders deutlich wird dies in der Entwicklung der römischen Welt, in der die rationale Entwicklung der Wissenschaften trotz der religiösen Durchdringung sämtlicher Handlungen bereits eine weitere Erklärung des Universums zu liefern beginnt. Zwischen dem Universum des Herakles oder dem des Gilgamesch und dem Universum Herodots oder Senecas liegt bereits ein weiter Weg. Über einen Prozeß, der schon oft beschrieben wurde, bildet sich ein neuer Erklärungsmodus heraus, die wissenschaftliche Erklärung, die die vorausgegangenen Stadien zwar nicht eliminiert, wohl aber ins Zwielicht rückt. Um sich diese Möglichkeit der Verschiebung und der Überlagerung vorzustellen, braucht man nur an die heutige Situation der Astronomie und der Astrologie zu denken. Niemand dächte daran, die wissenschaftliche Realität des Universums in Frage zu stellen, die dem heutigen Gefühl der Raumintegration der Menschheit zugrunde liegt, und dennoch lesen tausendmal mehr Menschen Horoskope als astronomische Abhandlungen. Der alte Komplex der kosmogonischen Korrespondenzen hat im Halbdunkel überlebt; heute, da der Kontakt zwischen Mars und Erde längst nicht mehr im Tempel der Vorfahren, sondern im Observatorium hergestellt wird, existiert gleichwohl noch ein direktes Netz zwischen dem Planetensymbol und den Individuen, die unter seinem Zeichen geboren sind und in dieser imaginären Verbindung das unverzichtbare Gefühl ihrer kosmischen Integration finden.

Die Hauptstadt bleibt das Zentrum der Welt, weil ihr ganzes Univer-

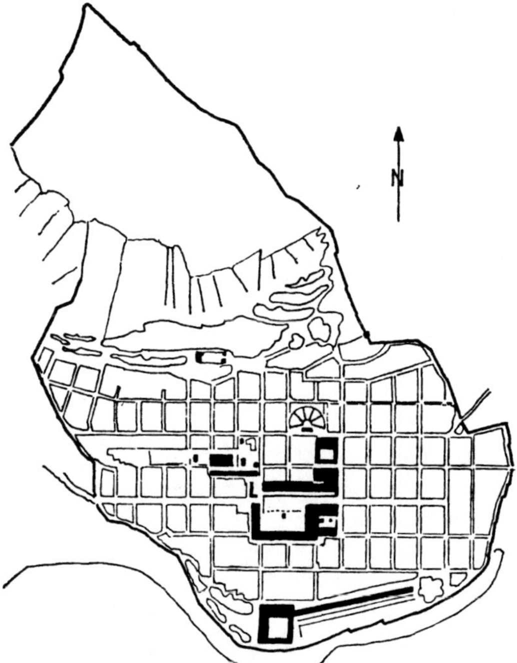

Abb. 122

sum in ihr zusammenläuft. Was einmal metaphysische Erklärung war, nimmt eine Gestalt an, die dem, was wir heute noch kennen, sehr ähnlich ist. Exotik, die Lust an Produkten aus fernen Ländern, Menagerien, Zirkusspiele mit Elefanten, Löwen und Äthiopiern, all dies zeugt von der Gestalt, die die räumliche Integration in der antiken Welt hat annehmen können. Die Stadt ist nicht mehr nur der Konvergenzpunkt der kosmischen Einflüsse, sie tendiert vielmehr dahin, in ihrem Schoße ein höchst materielles Bild des umgebenden natürlichen Universums zu schaffen. Das Problem einer Wiedereinführung der Natur in den überhumanisierten städtischen Raum ist nicht allein das Problem einer sanitären Stadtplanung; es entspricht einem sehr tiefen psychischen Bedürfnis, in gewisser Weise einer symbolischen Fixierung von Reaktionen der Freiheit oder der Aggressivität, die durch

die Konzentration dichter Menschenmassen in einem absolut künstlichen Raum nicht mehr befriedigt werden können.
Die Tatsache, daß die Systeme der Welterklärung zugleich der Religion und der Wissenschaft angehören, ist kein Zufall. Wenn beide seit der Antike als Konkurrenten erscheinen, so weil sie auf zwei verschiedenen Ebenen die gleiche fundamentale Einstellung eines dynamischen Gleichgewichts zwischen Sicherheit und Freiheit zum Ausdruck bringen. Beide bieten das gleiche Doppelgesicht: materielle oder metaphysische Gewißheit und den Vorstoß in eine wirkungsvolle Forschung. Auf den vorwissenschaftlichen Stufen vermengt die Gewißheit beide Aspekte, denn die mikrokosmische Gestalt der menschlichen Stadt ist das wahrnehmbare Zeugnis der metaphysischen Realität; auf der wissenschaftlichen Stufe ist die Trennung nur allzu deutlich, denn die nur unvollkommen integrierten Individuen erwarten mehr oder weniger bewußt von der Metaphysik die materielle Gewißheit über die Realität einer anderen Welt, die weiterhin als Himmel wahrgenommen wird, wenn sie nicht gar von der Wissenschaft den metaphysischen Beweis für eine immaterielle Wirklichkeit fordern. Der Gegensatz von Sicherheit und Freiheit ist zugleich der Gegensatz zwischen der Ordnung und dem Chaos, das nicht als Unordnung erscheint, sondern als Versprechen einer wirksamen Organisation, er ist auch der Gegensatz zwischen der Rhythmik der täglichen Verrichtungen und der Flucht in außergewöhnliche Tätigkeiten, und das heißt die Basis einer fortschrittlichen Ökonomie, die auf Routine als Grundlage des Überlebens basiert, aber auf einer Routine, die von Innovationen durchbrochen wird. Über mehrere Stufen gelangt man so zu derselben Alternative, zum gleichen gegenläufigen Strom oder zu demselben Zyklus, der die Immobilität mit der Bewegung, die Sicherheit mit der Freiheit, die Bequemlichkeit mit dem Schaffensdrang und die Zufluchtsstätte mit dem Territorium verbindet. Auf diesen konstanten Werten errichtet die Evolution Symbolsysteme, die immer komplexeren Charakter annehmen, aber den gleichen Ursprung bewahren.

Mittelalter

Das Mittelalter bringt eine wichtige Veränderung in der Gestalt der Stadt. Die mediterranen Traditionen hatten zu einer geometrischen

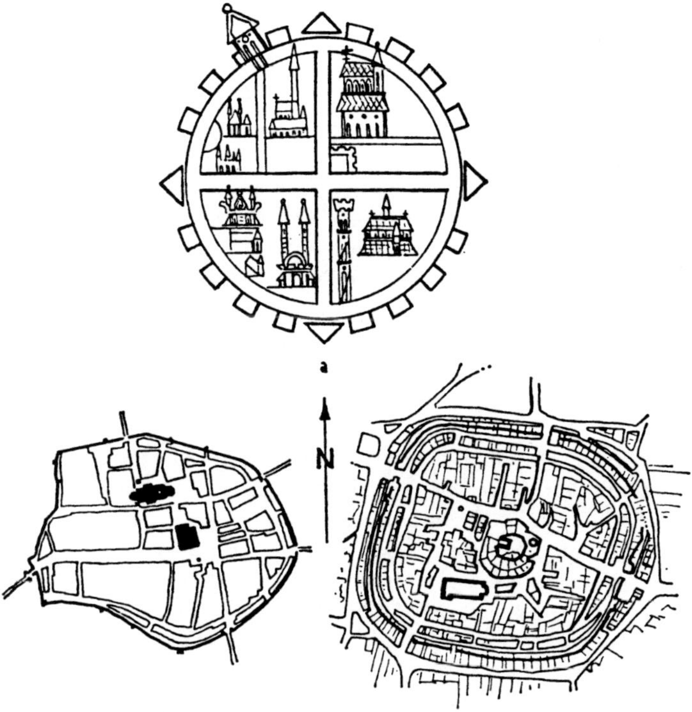

a b c

Abb. 123

Anordnung geführt, die sich dem Gelände ohne merkliche Rücksicht auf dessen Beschaffenheit aufprägte. Die Stadtgründung beruhte auf der Ausgestaltung eines Quadrates, das nach den Himmelsrichtungen ausgerichtet war, kosmogonische Bedeutung trug und von den Baukörpern dann zu einer Stadt transformiert wurde. Die Humanisierung erreicht so mit einem Schlage durch die ganze Stadt oder das römische Lager ihr Maximum. Die Traditionen des europäischen Mittelalters sind anderer Art; sie gehen auf die elementaren bäuerlichen Siedlungsformen zurück, d. h. auf Dörfer mit eng aneinander gedrängten Häusern, die im Innern einer etwa kreisförmigen Einfriedung auf den Ausläufern eines Berges oder auf einem Hügel liegen. Auf eine Ausrichtung nach den Himmelsrichtungen wird geachtet, und wie die mesopotamische oder aztekische Stadt stellt auch die mittelalterliche Stadt eine Verbindung zum Himmel über zwei Wege her, die auf den beiden Hauptachsen der Windrose verlaufen (Abb. 123). Das Heiligtum liegt in der Nähe der Mittelkreuzung, und ein Kreuz, zuweilen auch ein schwarzer Stein, markiert den idealen Mittelpunkt der Stadt. Auch die Kirche ist nach den Himmelsrichtungen ausgerichtet, und das Schema der Raumintegration entspricht der traditionellen Anordnung. Der ideologische Gehalt unterscheidet sich zwar von dem der Antike, und die Symbolik des Kreuzes überzieht den humanisierten Raum, aber das Grundschema ist das gleiche und erstreckt sich auf das ganze bekannte Universum. Jerusalem, selbst kreisförmig und im Innern von kreuzförmiger Gestalt, liegt im Mittelpunkt einer kreisförmigen Welt, die ihrerseits durch vier Meere zu einem Kreuz geformt ist, mit den vier Hauptwinden und den Sternen, die um sie kreisen. Jede Stadt hat ihrerseits zumindest ideal eine kreisförmige Gestalt und wird von ihren vier Hauptstraßen durchschnitten. Das Jerusalem der mittelalterlichen Kartographen umschließt in seinen Mauern den Kalvarienberg wie die mesopotamischen Tempel die Ziggurat und die präkolumbianischen Städte die Pyramide. In der Tat haben wir hier einen konstanten Zug des städtischen Mikrokosmos vor uns, wenn er über die Hauptverbindungen hinaus auch eine Verbindung zwischen dem Zentrum und dem Himmel herstellt. Die christliche Ideologie hat diese Verbindung zu einem rein mystischen Zusammenhang stilisiert, aber der Ort der Himmelfahrt oder des Höllensturzes entspricht dem Mittelpunkt des christlichen Universums.

Die Kohärenz, die das Bild von der Welt seit den ersten Städten bis ins Mittelalter kennzeichnet, die Leichtigkeit, mit der es in ganz anderen Regionen und zu anderen Zeiten wiederersteht, sind ein Beweis für die Tatsache, daß wir es hier mit einem fundamentalen Merkmal menschlichen Verhaltens zu tun haben, das ebenso charakteristisch ist wie die Tätigkeit der Hand oder die Sprache. Die Integration in den Kosmos fließt zwar im Laufe der Jahrhunderte in Kontexte ein, die immer größere Distanz zu den elementaren Korrespondenzen besitzen, als Notwendigkeit bleibt sie jedoch erhalten. Von ihren Anfängen bis in unser Mittelalter hinein drückt sie sich in einer religiösen Vision der Kosmogonie aus, wir müssen sie aber auch durch die Moderne hindurch verfolgen, wo sie in einem kalten wissenschaftlichen Licht erscheinen müßte.

Mit der Renaissance wird das gotische Schema aufgegeben und der Faden, zumindest scheinbar, bei den Traditionen der klassischen Welt wiederaufgenommen. Die Architektur findet wieder Zugang zu den weiten Perspektiven, und der Städtebau schafft sich eine Gedankenwelt, die von der Antike inspiriert ist. Es ist recht schwierig, die Auswirkungen dieser Entwicklung in den Grundrissen der alten Hauptstädte aufzuspüren; viele von ihnen überlagern, wie Paris, den noch wahrnehmbaren römischen Grundriß mit den Kreisen der mittelalterlichen Stadt, und dem neoklassischen Städtebau gelang es allenfalls, einige große Plätze einzufügen. Dagegen zeigen die neu gegründeten Städte, in der Regel Festungsstädte wie Neu-Breisach oder Brouage, eine absolut charakteristische Raumintegration; die zackenförmigen Festungsanlagen, die wegen der Artillerie erforderlich wurden, umschließen ein strenges Kreuzraster, in das die Straßen geometrisch eingeschrieben sind (Abb. 124).
Der Bau neuer Hauptstädte wie Washington und St. Petersburg im 18. Jahrhundert bezeichnet den Höhepunkt eines Städtebaus, der ohne Zweifel von antiken Reminiszenzen inspiriert, vor allem aber von dem Bestreben beherrscht ist, durch die Anlage ein rationales Gleichgewicht des humanisierten Raumes herzustellen. Metaphysische Vorstellungen sind in den Plänen L'Enfants für Washington oder Leblonds für St. Petersburg nicht wahrnehmbar, die Lage der Stadt richtet sich nach den Erfordernissen des Geländes und einer systematischen Humanisierung, die, genau wie in den vorangegangenen Phasen, zur Konstruktion eines geometrischen Netzes von Hauptstraßen führt, die sich im rechten Winkel schneiden. Am Vorabend der industriellen Zivilisation wird die Raumintegration noch als Antithese zum wilden Universum begriffen, d. h. als eine starre Ordnung, die es in das Chaos der Natur zu setzen gilt.
Diese Ordnung ist nicht völlig frei von den Prinzipien der Kosmogonie; das 18. Jahrhundert ist allzu sehr mit dem Vergleich der verschiedenen Religionen und mit der Suche nach einer Metaphysik der Natur beschäftigt, als daß sich nicht eine Art »Neo-Kosmogonismus« breitmachen müßte. Der Architekt Ledoux trieb diese neugedachte Kosmogonie auf die Spitze, als er von einer Ansammlung von Städten träumte, die nach dem Vorbild des Sonnensystems geordnet sein sollte. Seine Projekte, etwa die »Kanonenschmiede« oder die Saline

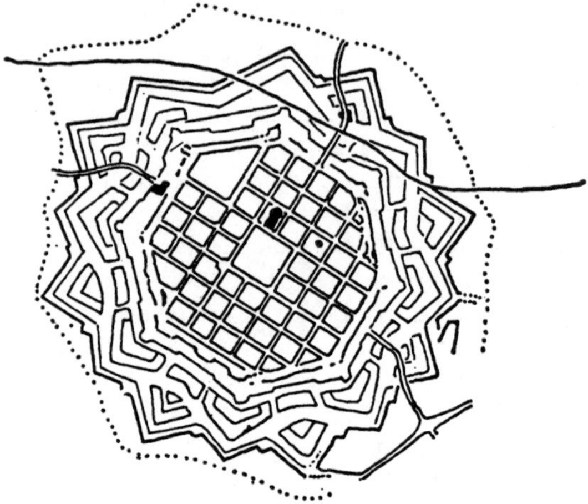

a

b

Abb. 124

von Chaux (die teilweise realisiert wurde), nehmen den heutigen industriellen Städtebau mit symbolischen Ausdrucksmitteln vorweg, von denen die Kaiser des archaischen China nicht einmal geträumt haben (Abb. 125). Der Gehalt dieser Projekte führt den städtischen Raum letztlich auf eine geometrische Fläche mit kreisförmiger oder quadratischer Gestalt zurück, die durch ein Netz sich kreuzender Straßen gegliedert ist.

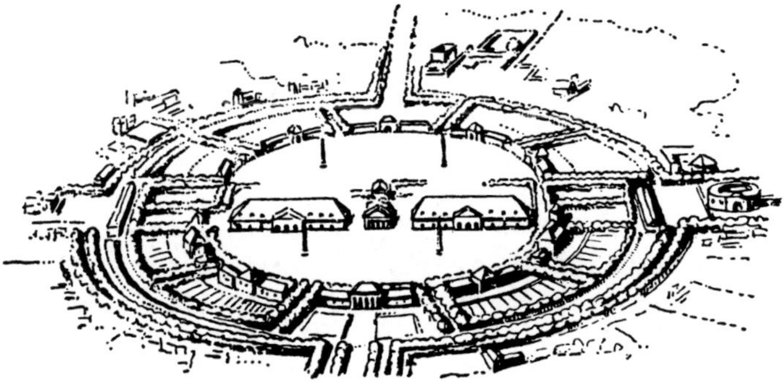

a

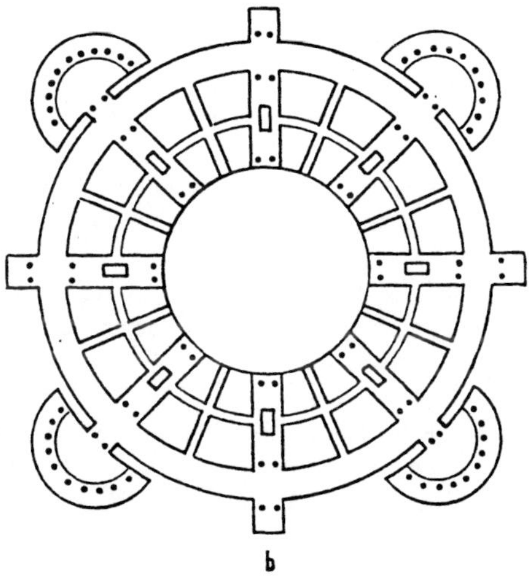

b

Abb. 125

Mit dem Ende des 18. Jahrhunderts nimmt die räumliche Integration eine verwirrende Gestalt an. Die Humanisierung des irdischen Raumes erfolgt nun unter dem Einfluß der Industrialisierung in einem schnellen Rhythmus. Das natürliche Universum wird in ein Netz von Eisenbahnlinien und Straßen eingezwängt, das einen eigentümlichen Wachstumsmodus bestimmt (Abb. 80); es drängt sich ein Vergleich mit dem Wachstum von Mikroorganismen auf, die ein Gewebe erobern. Die Stadt wird zu einer »Agglomeration« von Nutzbauten, zwischen denen die Arterien ganz nach Bedarf hindurchgelegt werden. So entstehen gewaltige humanisierte Räume mit unmenschlichem Charakter, in denen die Individuen unter den Auswirkungen einer zweifachen Desintegration leiden, der technischen und der räumlichen. Die zwei fundamentalen Imperative des Wohlbefindens in der schöpferischen Tätigkeit und in der sozio-geographischen Integration scheinen im Verlaufe jener Jahrhunderte völlig verloren zu gehen, in denen die sozialen Krisen ihren Kulminationspunkt erreichen. Diese anarchische Entwicklung ist noch heute in zahlreichen städtischen Zentren im Gange oder zumindest noch in ihren Auswirkungen spürbar.

Zu keinem Zeitpunkt der Geschichte ist der Zusammenhang zwischen Beschaffung und Raumintegration so deutlich zutage getreten wie in den letzten anderthalb Jahrhunderten. Die Zufluchtsstätte verlassen, um die Welt in sich aufzunehmen, ist biologisch mit der Beherrschung, der siegreichen Inbesitznahme, der Auslöschung des *anderen* verbunden, das konsumierbar oder einfach nur zerstörbar ist, denn im Raum leben und um des Überlebens willen konsumieren sind ein und dieselbe Sache. Aus diesem Grunde ist es auch schwierig, in der Gedankenwelt, die uns die paläolithische Kunst überliefert hat, zwischen den Symbolen der Zeugung und den Symbolen des Todes zu unterscheiden: der Speer vermischt sich hier mit den Symbolen der Männlichkeit, und die tödliche Wunde mit dem weiblichen Geschlecht. Auf seiner Reise beschränkt sich der ordnungstiftende Held der vor-agrikulturellen Mythen Amerikas oder des Ostens nicht darauf, den Flüssen oder Bergen ihren Namen zu geben; er tötet die Ungeheuer, die Flüsse und Berge *sind*, um sie zu fixieren. Die ideale kosmogonische Stadt des protohistorischen und antiken Mittelmeerraumes ist nicht bloß ein Bild des Universums, sie ist der Ausgangs-

Abb. 126

punkt für das Streben nach Herrschaft und der Ort, an dem die Bronze und die wertvollen Metalle bearbeitet werden. Die räumliche Bewußtwerdung des Westens von der Entdeckung Amerikas bis zur Liquidation des letzten Quadratkilometers unbekannten Bodens bedeutete das Todesurteil für die primitive menschliche und tierische Welt, im einen Fall wegen des Goldes, im anderen wegen der Pelze. In dieser Verbindung erschienen die ästhetischen Werte auf den ersten Blick doch als recht mager, wenn man aus der städtischen Architektur die Regeln der räumlichen Integration vollständig herauslösen könnte, die das Gleichgewicht der Formen und die Funktionen der Teile dieser Architektur bestimmen.

Bis ins 19. Jahrhundert haben die städtischen Einheiten, ob groß oder klein, eine ausgeglichene Gestalt, selbst wenn sie durch das Wachstum zu einem hochkomplexen Gefüge geworden sind. Die Aufrechterhaltung dieser Ausgeglichenheit ist in weitem Maße durch den Wert der Entfernungen bestimmt, dessen Maß seit den Anfängen der Stadt der menschliche Schritt ist. Die Städte des 18. Jahrhunderts bilden noch einen Mikrokosmos, in den das Individuum räumlich wie zeitlich gemäß seinen Größenordnungen gestellt ist. Selbst die Hauptstädte sind Aggregate von Mikrokosmen, die eine Wahrnehmung der städtischen Gesamtheit im Rhythmus des Schrittes von Fußgänger oder Reiter gestatten. Eingeschlossen in ihre Mauern oder ihre Boulevards, bleiben die Städte für ihre Einwohner physisch erlebbar.

Die Agglomeration des 19. Jahrhunderts und die städtischen Ungetüme, die unter dem Einfluß der Bevölkerungsexplosion noch heute bestehen (Abb. 80, 81, 126), entsprechen einer Krise, die zweifellos durch eine vollkommene Umwertung der sozialen und ökonomischen Werte ausgelöst wurde, deren unmittelbarer Agent aber im Bereich des Transports zu suchen ist. Während die Masse der Bevölkerung für nahezu ein Jahrhundert weiterhin im Rhythmus des Schrittes verblieb, wurden die traditionellen städtischen Zentren und die neuen industriellen Zentren in rascher Folge durch das Eisenbahnnetz miteinander verbunden. Die wichtigste Erschütterung im Abenteuer des Menschen, der Umsturz, der den Menschen in einen räumlichen Integrationsrahmen von individuell planetarischem Ausmaß versetzte, vollzog sich innerhalb von fünf oder sechs Generationen und in einer Weise, welche die Mehrzahl der Individuen allenfalls oberflächlich berührte.

Seit der Mitte des 19. Jahrhunderts hat das technische Dispositiv der Gesellschaft eine Stufe erreicht, auf der die Entfernungen in keinerlei Verhältnis mehr zu dem Lebenskreis stehen, in dem der Mensch bis dahin stets sein funktionelles Gleichgewicht gefunden hatte. Die Jagdgründe des Magdalénien, die Lage der Felder, die Rundgänge der Bäcker oder der Landbriefträger, die Auslieferung der städtischen Händler, sie alle umreißen jeweils Zonen persönlicher Gravitation im

Rhythmus der Zeiten von Fußgänger oder Pferdewagen; von der Mitte des 19. Jahrhunderts bis ins zweite Drittel des 20. Jahrhunderts geraten diese Zonen freilich zunehmend in ein Mißverhältnis zu den Dimensionen eines Universums, das von den Eisenbahnen, von Telegraph und Telefon bestimmt wird. Die Individuen sind mehr und mehr gezwungen, sich in einer übermäßig expandierenden städtischen Umwelt persönliche Lebenskreise auszusondern, und dies auf einer topographischen Grundlage, die zwar im Verhältnis zu den neuen Mitteln kohärent, im Verhältnis zum raum-zeitlichen Verhalten des zoologischen Menschen aber anarchisch ist.
Ein Raum, in dem sich leben läßt, ist ein geordneter Raum, dessen Grenzen man in einer Zeit, die mit den Zyklen der täglichen Verrichtungen vereinbar ist, erreichen kann. Er ist auch ein Raum, der den fundamentalen ästhetischen Bedürfnissen entspricht und eine Integration der humanisierten Lebensräume in ein hinreichend großes Maß von Himmel und Natur ermöglicht. Seit dem Bau der ersten Behausungen inmitten seines Territoriums hat der Mensch im Gleichgewicht zwischen seinem künstlichen und symbolischen Universum und den materiellen und geistigen Energiequellen der materiellen Welt gelebt. Man kann sich zwar einen Wandlungsprozeß vorstellen, der die Natur ins Konstrukt einführt, etwa einen Stadtgarten, aber die formlose Stadt, die in ihrem Industriegürtel und ihren Verkehrswegen inkohärent ist und unter einer giftigen Dunstglocke dahinvegetiert, läßt sich nur als Ausdruck eines pathologischen Ungleichgewichts begreifen. Als wirksames Instrument zur Effizienzsteigerung des sozialen Organismus zeigt die Stadt des 19. Jahrhunderts, die überall noch fortlebt, einen beunruhigenden Verstoß gegen Gesetze des biologischen Einklangs, auf denen mit größter Wahrscheinlichkeit die menschliche Qualität beruht.

Die heutige Stadt

Die Formel, die eine ideale Integration in den städtischen Mikrokosmos gewährleisten würde, ist einfach, die Stadtplaner haben sie Hunderte Male empirisch aufgezeigt; danach bräuchte jede Familienzelle eine autonome Zufluchtsstätte im Zentrum eines persönlichen Territoriums, das durch ein Stück wilder oder domestizierter Natur gebildet wird, dazu individuelle und schnelle Transportmittel, damit das

Jagdrevier, d. h. der Arbeitsplatz, mit einem Zeitaufwand erreicht werden kann, der den Ortsveränderungen vor der Revolution der Transportmittel entspricht. Wenngleich bis zu einem gewissen demographischen Niveau vorstellbar, ist diese Formel inzwischen weltweit unanwendbar geworden – mit Ausnahme einiger privilegierter Familien –, und man mußte auf eine recht summarische Ersatzlösung zurückgreifen, indem man große Wohnblöcke mit agglomerierten Zellen inmitten von Grünflächen und in der Reichweite von Autobuslinien errichtete.

Es besteht kein Zweifel, daß die heutige Stadtplanung über die notwendigen Daten zur Rekonstruktion eines ausgeglichenen Universums verfügt, ja es ist sogar offenkundig, daß die Stadtplaner dort, wo das unlösbare Problem, Wohnraum für eine exponentiell wachsende Zahl von Menschen bereitzustellen, sich nicht mit solcher Dringlichkeit stellt, Formeln finden werden, die auf eine neue Weise mit den biologischen Imperativen der Integration in Zeit und Raum vereinbar sind. Bis zu einer bestimmten Schwelle bleibt die Stadt mit ihren zentralen Monumenten, ihren Museen, Parks und zoologischen Gärten weiterhin ein kosmischer Reflex des Universums, ein Reflex, der sich in den Straßennamen und den großen Gebäuden wiederfindet, die mit ihren Schildern auf die verschiedenen Provinzen oder auf verbündete, wenn nicht gar eroberte oder Erobererländer hinweisen. Die Straßen, die von ihr ausgehen, sind die des Nordens oder des Südens, und ihre Bahnhöfe markieren den Ausgangspunkt jenes Netzes, in dem das ganze zugängliche Universum eingefangen ist. Zwischen der babylonischen Stadt und der modernen Kapitale besteht kein grundlegender Unterschied, denn eine Stadt ist nicht deshalb das Abbild einer Welt, weil irgendein zufälliges intellektuelles Raffinement es so wollte (Abb. 127).

Es steht außer Zweifel, daß die zukünftige Welthauptstadt ihre Vorstädte in Argentinien, Sibirien und Polynesien haben wird, und ihre Straßen werden wohl nach Mars, Sirius und Alpha Centauri benannt sein. Wir dürfen auch sicher sein, daß ihre archäologischen Museen ein schematisches, nach Zeitabschnitten geordnetes Bild des menschlichen Universums darbieten werden. Vom Pithecanthropus bis hin zum Fernsehgerät des 20. Jahrhunderts werden die ehrwürdigen Überreste der Zeitintegration früherer Generationen ihren Platz finden. Desgleichen werden die zoologischen Gärten ihre neugeborenen Elefanten, Krokodile und gewöhnlichen Hauskühe austauschen, die

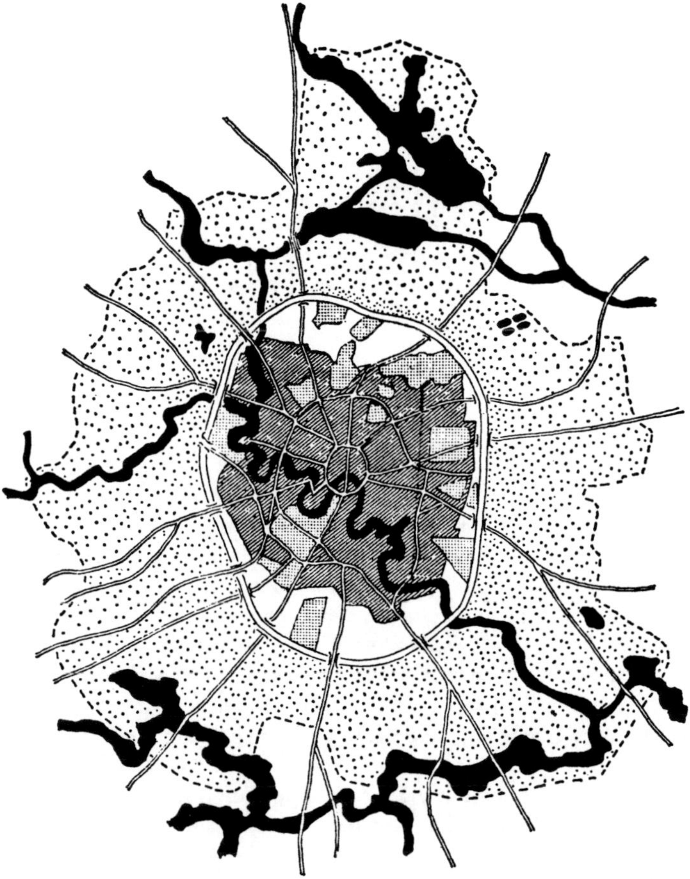

Abb. 127

nirgendwo sonst mehr existieren werden als zwischen jenen Gittern, die sie der Neugier einer gleichmäßig über die ganze Erde verteilten Menschheit aussetzen.

In diesem Stadium werden die Grundgegebenheiten der raum-zeitlichen Integration nicht anders als heute beschaffen sein; in ganz ähnlichen Proportionen wird das Nebeneinander von Tieren, Pflanzen und Menschen zweifellos weiterhin die Verbindung des Menschen zum

Universum gewährleisten. Die Integration wird um so totaler sein, als Millionen Menschen in ihre Sessel zurückgelehnt und zig Kilometer vom nächsten Fleckchen Natur entfernt zur gleichen Sekunde denselben Ausflug in tropische Urwälder erleben werden, einen Ausflug, der dreidimensional, in echten Farben, Geräuschen und Gerüchen auf einen Schirm projiziert sein wird. Am Ende dürfte der überhumanisierte Raum nur noch jene Musterexemplare enthalten, die absolut notwendig sind, um in der menschlichen Population über audiovisuelle Medien und jenseits aller gelebten Wirklichkeit die Wahrnehmung der Bindungen zu ermöglichen, die der Mensch mit dem Universum seiner Handlungen unterhält – mit eben jenem Universum, aus dem seine Vorfahren vor sehr langer Zeit einmal die Grundlagen ihrer Existenz und ihres Handelns schöpften.

Soziale Symbole

Das Raum-Zeit-System, in das der Mensch das wilde Universum eingeschlossen hat, hängt, wie wir gesehen haben, unmittelbar mit der fundamentalsten Tatsache biologischer Existenz zusammen, mit der Integration in eine Umwelt, von der er leben und in der er überleben muß. Auf techno-ökonomischer Ebene unterscheidet sich die Integration des Menschen nicht im Wesen von der solcher Tiere, die über eine territoriale Organisation und über eine Behausung verfügen. Auf ästhetischer Ebene liegt die Sache ganz anders, weil die Integration hier ausschließlich auf symbolischen Bezügen basiert, die von der Gesellschaft über eine rhythmische Konvention angenommen worden sind, welche die Tage und die Entfernungen in ein künstliches Netz einspannt. Das Spiel zwischen freier Zeit und freiem Raum auf der einen Seite und domestizierter Zeit und domestiziertem Raum auf der anderen ist bis vor kurzem recht weit geblieben, eine Ausnahme bildet nur die städtische Umwelt, wo der total humanisierte Rahmen stets die Voraussetzung für die Effizienz der Stadt gewesen ist. Die Infiltration der städtischen Zeit ist in wenigen Jahrzehnten erfolgt, zunächst in langen Intervallen über die regelmäßige Periodizität der Transportmittel, jetzt aber berührt sie auch die Einzelheiten des Tagesablaufs und zwar durch eine Normalisierung der Zeit im Rhythmus der Radio- und Fernsehprogramme. Eine überhumanisierte Zeit und ein überhumanisierter Raum entsprächen in idealer Weise dem synchronen Funktionieren sämtlicher, jeweils auf eine bestimmte Funktion und einen bestimmten Raum spezialisierten Individuen. Über den Bias des raum-zeitlichen Symbolismus fände die menschliche Gesellschaft zur Organisation der perfektesten Tiergesellschaften zurück, jener Gesellschaften, in denen das Individuum nur als Zelle existiert. Die physische und die zerebrale Entwicklung der menschlichen Art schien sie über die Exteriorisierung von Werkzeug und Gedächtnis vor dem Schicksal des Polypen oder der Ameise zu bewahren; aber der Gedanke ist nicht ohne weiteres von der Hand zu weisen, daß die Freiheit des Individuums nur eine Etappe darstellt und die Domestikation von Zeit und Raum letztlich zu einer vollkommenen Unterwerfung sämtlicher Teile des supra-individuellen Organismus führen wird.

Der Raum-Zeit-Faden ist nur ein Element im Geflecht der Gesellschaft, die Beziehungen einer individuellen Identifikation sind darin nicht inbegriffen. Von einem bestimmten Grade der funktionellen Komplexität an gewährleistet in allen Gesellschaften von Lebewesen ein System inter-individueller Bezüge den Zusammenhalt der Gruppe. Das System, das bei den Säugetieren und bei den Vögeln recht weit entwickelt ist, umfaßt körperliche Zeichen visueller oder olfaktorischer Art, Haltungen der Unterwerfung oder der Überlegenheit und vokale Zeichen. Unter diesen drei Formen oder unter der Vorherrschaft einer dieser Formen über die anderen steuert das Relationsdispositiv die Beziehungen zwischen den Geschlechtern, der Jungen zu den Erwachsenen, der Männer in ihrem Konkurrenzverhalten und der Herden in ihrem Herdenverhalten. Es verbindet sich mit der Integration des Territoriums und organisiert den größten Teil der artspezifischen Existenz; es schließt dabei nahezu das gesamte Verhalten ein, das nicht in strengem Sinne mit der Nahrungsbeschaffung zusammenhängt. Die Vögel entfalten außergewöhnliche Aktivitäten in ihrem Brautwerbungsschmuck, den Paraden und Hochzeitstänzen und im Gesang, dessen Aufgabe zugleich in der Paarbildung, der Organisation des Territoriums, der Verteidigung und in der Gestaltung der Beziehungen zu den übrigen Individuen der gleichen Art besteht. Bei den Säugetieren zeigen die Körperhaltungen, die Mimik, die Schwanzbewegungen und die vokalen Zeichen großen Reichtum und beträchtliche Flexibilität, und die höheren Arten, die Raubtiere und die Primaten, verfügen über ein Ausdrucksspiel, das nicht nur die Beziehungen innerhalb der Art normalisiert, sondern auch einen

Code bildet, der eine höchst effiziente Kommunikation zwischen den Arten ermöglicht. Dieser Code von Äußerungen der Abschreckung, der Unterwerfung oder der Sympathie führt zur Herausbildung einer Hierarchie in den Bestandteilen der verschiedenen sozialen Situationen innerhalb der Art und zwischen den Arten.
Das Problem stellt sich beim Menschen nicht sonderlich anders, das Spiel der elementaren Äußerungen ist das gleiche, und seine Aufgabe ist es auch hier, im Inneren der Ethnie die Beziehungen zwischen den Individuen verschiedenen Geschlechts und verschiedener materieller oder moralischer Potenz zu normalisieren. Die Bewegungen und die Mimik, mit denen die einfachen Gefühle der Befriedigung oder des Mißbehagens, der Herrschaft oder der Unterwerfung ausgedrückt werden, gehören – bei freilich größerer Vielfalt, wie sie der Organisation des Menschen entspricht, zu einem Code, den er mit einem Teil der Tierwelt teilt. Typisch für den Menschen ist jedoch, daß dieser Code einer sehr dichten symbolischen Superstruktur zugrunde liegt. Er ist wie das Werkzeug in ein System von ethnischen und nicht von artspezifischen Bezügen exteriorisiert und kommt im Schmuck, in den Attitüden, in der Sprache und im sozialen Dekor zum Ausdruck.

Schmuck

Die Schutzfunktion des Fells oder des Gefieders der Tiere ist nicht weniger bedeutsam für das Überleben als die visuellen oder olfaktorischen Zeichen, die damit verbunden sind. Beim Menschen ist die Form der Kleidung ebenso wichtig wie deren Schutzfunktion; auf ihr und auf den dekorativen Accessoires gründet die erste Stufe sozialen Erkennens. In unserem Code kann man sich sehr leicht einen Mann vorstellen, der gespornte Stiefel, eine Soutane und einen blumengeschmückten Strohhut trüge. Sein schneller Rückzug aus der sozialen Zirkulation wäre der beste Beweis für die Rigidität unseres Bezugssystems. Jedes Individuum, jeder Mann oder jede Frau, trägt auch in Anzug oder Kleid noch eine gewisse Reihe von Zeichen an sich, die es uns gestatten, es anhand der Farbe seiner Krawatte, der Form seiner Schuhe, der Verzierungen seiner Knöpfe, der Qualität des Stoffes und seines Parfüms mit größter Genauigkeit im sozialen Gefüge einzustufen. Was für unsere Gesellschaft gilt, gilt auch für die Gesellschaften Melanesiens, der Eskimos oder Chinas.

Der Schmuck hat vorrangig eine ethnische Bedeutung, die Zugehörigkeit zu einer Gruppe wird vor allem durch die Kleidung zum Ausdruck gebracht. Europäische Kleidung zu tragen ist seit gut einem Jahrhundert ein Zeichen für den Aufbruch in die Zivilisation, das Symbol der Assimilation einer in idealer Weise menschlichen Persönlichkeit, aber umgekehrt bleiben die letzten Reste des Zugehörigkeitsgefühls zu einer Gruppe mit der Volkstracht verbunden. Darin kommt noch eine Spur jener besonderen Kleidung zum Vorschein, die den Bewohnern eines zusammenhängenden Gebietes eigentümlich ist.

Die Funktion der Kleidung und ihres Schmucks erstreckt sich auf eine Vielzahl von Aspekten der sozialen Organisation. Genau wie bei den Vögeln ermöglichen sie die Identifizierung der »ethnischen Art« und zugleich die Unterscheidung der Geschlechter. Wechselseitige Identifizierung bestimmt das Register, in dem die Beziehungen sich herstellen: Das Zusammentreffen fremder Menschen bringt das Verhältnis von Herrschenden und Beherrschten, bringt die Eltern, den männlichen wie den weiblichen Teil, ins Spiel und löst affektive Reaktionen aus, die den Normen der intra-ethnischen Beziehungen entsprechen. Ob es sich um Papuas unterwegs oder um zwei moderne Armeen handelt, die einander gegenüberstehen, die Identifizierung der Kleidung oder der Waffen steht am Anfang der Beziehungen. Es mag unnötig erscheinen, auf einem so banalen Aspekt aller menschlichen Existenz zu bestehen, aber die Ästhetik der Kleidung und des Schmucks ist trotz ihres völlig künstlichen Charakters eines der biologischen Merkmale der menschlichen Art, die am tiefsten in der zoologischen Welt verankert sind. Jedes Verhalten, das den Bereich der Aggression und der Fortpflanzung berührt, bleibt trotz des ganzen Moralapparates eng mit den Quellen verbunden, und wenn man nach einer Diskontinuität sucht, so wird man sie allenfalls in der Fähigkeit des Menschen finden, die Symbole der Abschreckung oder der Verführung zu akkumulieren und in die Kunst des Tötens oder in die Kunst des Liebens, um die sich die Geschichte dreht, ein intellektuelles Raffinement einzubringen, das unserer Art eigentümlich ist.

Der Krieg, die Einnahme einer hierarchischen Position und die Liebe bestimmen den Kleidungsschmuck aller Völker. Unterteilt man diesen grundlegenden Strang nach den Zeichen, die der Unterscheidung der verschiedenen Lebensalter dienen, so erhält man ein klassifikatorisches Netz, mit dem sich die wesentlichen sozialen Funktionen der

Kleidung erfassen lassen. Die Altersklassen schlagen sich nicht durchgängig in der Kleidung nieder. In manchen Gesellschaften gibt es eine effektive, implizite oder explizite Kodifikation der Kleidung in den einzelnen Altersklassen. In Japan zum Beispiel ist die Frauenkleidung durch eine strenge Abstufung in der Länge der Ärmel, der Größe des Blumenschmucks und in der Helligkeit der Farbtöne gekennzeichnet. In unserer traditionellen europäischen Gesellschaft gibt es eine ganz ähnliche Konvention. Eine solche Abstufung wird noch durch die Entwicklung der Formen verstärkt, wie sie unter dem Einfluß der Mode erfolgt, so daß die Kleidung der Alten zugleich symbolisch alt und morphologisch veraltet erscheinen kann. Je nach Gesellschaft und je nach Individuum dominiert die eine oder die andere Nuance.

Zu den geschlechts- und altersspezifischen Symbolen kommen die Symbole der sozialen Situation hinzu. Sie beziehen sich zunächst auf die großen Lebensabschnitte; Initiationszeichen, Hochzeitsschmuck und Witwenkleidung finden sich bei den Primitiven ebenso wie auf allen Stufen der Zivilisationsentwicklung. Sie beziehen sich des weiteren auf die techno-ökonomische Situation und zeigen über die Gruppen hinweg die unendliche Vielfalt der Bekleidung und des Schmucks von Soldaten der verschiedenen Dienstgrade, Oberhäuptern, Händlern, Künstlern und all jenen Repräsentanten des Mosaiks der Funktionen, auf denen das materielle Leben der Gruppe beruht.

Auf der Stufe, auf der sich die europäischen Gesellschaften noch vor einem Jahrhundert, und die übrigen Gesellschaften mit Bauern- und Viehzüchterökonomie noch bis vor kurzem befanden, trugen die Männer und Frauen all jene Zeichen an sich, die eine hinreichende Identifizierung bei der Kontaktaufnahme und eine angemessene Verwendung der Attitüden und der Sprache ermöglichten, die den Beziehungen zwischen den verschiedenen Untergliederungen entsprachen. Die industrielle Entwicklung hat den traditionellen Symbolbestand nachhaltig verändert. In dem Maße, wie soziale Durchlässigkeit, begünstigt durch eine ideologische Entwicklung, die von universellen Kommunikationsmitteln getragen wurde, wuchs, reduzierte sich die Zahl der sozialen Modelle, und das europäische Symbolsystem ersetzte tendenziell überall den regionalen Kleidungsschmuck. Das Verschwinden der National- und Standeskleidungen ist das auffälligste Zeichen für die Desintegration der Ethnien; es handelt sich auch nicht um einen kleineren Unfall, dessen Folgen sich im Verlaufe eines umfassenderen Prozesses der Anpassung an neue Bedingungen ausgleichen ließen, wir haben hier vielmehr eine der Hauptvoraussetzungen für die Anpassung selbst vor uns, eine Voraussetzung, die, wie so oft, der wirklichen Anpassung um mehr als eine Generation vorausgeht. Die Brillen der Intellektuellen wurden in Afrika zum Symbol der Entwicklung, lange bevor das wissenschaftliche Niveau des Vorbilds selbst erreicht wurde. Und das Tragen von Krawatten, das wir heute überall auf der Welt antreffen, ging oft dem Tragen von Hemden voraus.

Als reales Symbol der menschlichen Qualität gibt der Kleidungsschmuck einen exakten Maßstab für die ethnische und soziale Organisation an die Hand; was heute mit ihm geschieht, ist deshalb mit größter Aufmerksamkeit zu beobachten. In Europa und Amerika ist die Uniformisierung weit vorangeschritten; die männliche oder weibliche Kleidung unterscheidet sich hier zwischen den Klassen allenfalls noch im Preis und in der mehr oder weniger schnellen Anpassung an die Mode. Das kann das Zeichen eines generellen Fortschritts, des Verschwindens sozialer Barrieren und der Hebung des Kultur- und Informationsniveaus sein, es ist aber auch ein Indiz für den Verlust jener Bande, die das Individuum ganz persönlich in den Rahmen einer Gruppe integrierten. Das Leben in einer standardisierten Uniform deutet auf eine weitgehende Austauschbarkeit der Individuen als Teile eines universellen Makro-Organismus hin. Die Uniformisierung der Kleidungssymbole bedeutet zugleich die Entstehung eines planetarischen Bewußtseins und den Verlust der relativen Unabhängigkeit der ethnischen Persönlichkeiten. Das Verschwinden der Karnevalskostüme ist ein weiteres Symptom für diese Entwicklung. Man mag es je nach Einstellung beunruhigend finden, daß die Individuen sämtliche Zeichen ihrer Wirklichkeit als Mitglieder einer bestimmten gesellschaftlichen Schicht verlieren, oder für erfreulich halten, daß die Menschheit auf einen einzigen Menschentyp reduziert wird, der in idealer Weise an seine einzige Funktion, die der Produktionszelle, angepaßt ist, das ändert jedoch nichts an der Tatsache, daß die Entwicklung der Kleidungssymbole den Übergang zu einer Menschheit zum Ausdruck bringt, die ganz anders ist als jene, deren Gedächtnis in den lebenden Generationen immer noch fortwirkt.

Die Kleidungsmodelle suchen Zuflucht in der Fiktion; Presse, Fernsehen und Kino bemänteln den individuellen Mangel und bieten dem Zuschauer die Möglichkeit, für kurze Zeit in die Kleider von Helden zu schlüpfen. Wie in allen Bereichen der Phantasie ist die Zahl der

Modelle beschränkt und eintönig; schon eine kurze Liste erschöpft das gesamte Repertoire: der Sioux-Indianer, der Cowboy, der Musketier, ein nicht weiter identifizierbarer antiker Krieger, ein Soldat des letztvergangenen Krieges und der Astronaut decken den Bereich der Aggressionssymbole schon voll ab; der Wissenschaftler mit Kittel und Brille, der Bankier, der Gangster, die *femme fatale*, ein paar Tibetaner, Asiaten in Uniform, der Detektiv und einige »Wilde« im Federschmuck bereichern den Kramladen der Kleidungsthemen. Die sentimentale Literatur zieht ein etwas anderes Register; natürlich arbeitet auch sie mit den genannten Symbolen, aber mit Vorliebe bezieht sie ihre Garderobe aus dem Adel der letzten Jahrhunderte, aus der Hochfinanz, den Herrscherfamilien, bei orientalischen Prinzessinnen und Kinostars. Es scheint, als sei der beständige Exteriorisierungsprozeß wie in anderen Bereichen so auch hier am Werk, der Mensch spielt nicht aktiv die Heldenrolle in seinem eigenen ethnischen Abenteuer, sondern schaut einigen konventionellen Repräsentanten zu, um sein natürliches Bedürfnis nach Zugehörigkeit zu befriedigen.
Die Symbole der Identifikation werden hier tendenziell zu austauschbaren und rein intellektuellen Instrumenten, sie bilden keine biologische Hülle mehr. Als solche gibt es sie nur noch in begrenzten Milieus und außergewöhnlichen Situationen: in Regierungs- und Gerichtszeremonien, bei universitären oder akademischen Feierlichkeiten, bei Pferderennen und im Sport. Die Hochzeitskleidung hat sich eine gewisse Vitalität bewahrt, aber die Initiationssymbole, wie die Erstkommunionskleider, und die Symbole der Trauer sind in einem raschen Rückzug begriffen. Der Abschleifprozeß beläßt der Masse der Individuen letztlich nur noch die Berufskleidung, ein unerläßliches Element für die ökonomische Effizienz des Mechanikers etwa oder des Tauchers, und die zählebigen Spuren der Hochzeitskleidung.
Unberücksichtigt ist bislang das religiöse Ornat geblieben. Es umfaßt zwei entgegengesetzte Aspekte. Der erste Aspekt entspricht den normalen Symbolen der sozialen Situation: In allen Religionen suchen die religiösen Ornate ein möglichst feierliches Bild von der Funktion der Offizianten zu entwerfen. Die Kleidung der sibirischen Schamanen oder der afrikanischen Tänzer, der buddhistischen Bonzen oder der katholischen Priester gehört gleichermaßen in den Bereich der Figuration wie der sozialen Ästhetik. Wie die Kleidung der zivilen oder militärischen Oberhäupter ist sie ein Element des Dekors und

hat isoliert nur eine unvollständige Bedeutung. Der zweite Aspekt betrifft die Symbole der persönlichen Identifizierung, die den Mann der Religion von anderen unterscheidet.
Die gewöhnliche Kleidung der Laien ist beständigen Detailveränderungen unterworfen, die in allen Zivilisationen die Bewegung von einer Generation zur nächsten markieren und so die Mode bilden. Diese Entwicklung berührt oft nur sehr langsam die allgemeine Struktur der Kleidung (die Hauptteile unserer Kleidung haben sich in einem Jahrhundert kaum verändert); da sie aber in einem unmittelbaren Zusammenhang mit der Verführungskunst steht, wird sie zum Schauplatz eines regelrechten Wettkampfes und bringt im stets erneuerten Rhythmus der sexuellen Reifung neuer Generationen zahllose Varianten hervor. So ist es ganz normal, wenn die Entfaltung modischer Dekors wie in der Tierwelt über das Wetter an die Jahreszeiten gebunden ist und eine jährliche Wiederkehr erlebt.
Die Berufskleidung ist einem völlig anderen Entwicklungsrhythmus unterworfen, sie ist nur locker mit der allgemeinen Mode verbunden und kann über Generationen hinweg unverändert bleiben, wenn ihre Funktion sich nicht wandelt. Die Kleidung der Soldaten entwickelt sich im Rhythmus der Kriege und zeigt einen Konservatismus, der sie mit jedem Krieg um eine gewisse Prestigetradition bereichert. Noch ausgeprägter ist dieser Konservatismus bei der Kleidung offizieller Funktionsträger. Ein Jahrhundert Verzögerung ist das Minimum beim Kleidungsschmuck der Repräsentanten politischer, diplomatischer oder juristischer Autorität und der akademischen oder universitären Würdenträger. Große politische Umwälzungen führen in der Regel zu einer Erneuerung gewisser Teile der offiziellen Garderobe und recht häufig auch zur Schöpfung neuen Schmucks, der aber stets auf eine bestimmte, für die Entfaltung von Prestige unerläßliche Vergangenheit zurückgreift.
Allmächtig ist die Tradition bei der religiösen Kleidung, denn Religion ist die Herrschaft über die Zeit. Idealiter muß das religiöse Ornat gänzlich unveränderlich sein, es soll einen Eindruck von der Majestät der Formen und von der Beständigkeit der Zeit vermitteln. In der Praxis folgt das persönlicher Identifikation dienende religiöse Ornat jedoch mit einer gewissen Verzögerung durchaus den Moden in der Laienkleidung, sei es durch schrittweise Veränderung von Details, sei es durch abrupte und von langen Phasen des Beharrens gefolgte Umwandlungen. Die bei den Zeremonien getragenen Gewänder sind je-

doch weit konservativer; der Katholizismus, der Buddhismus und der Shintoismus etwa bewahren heute noch Formen, die mehrere Jahrhunderte alt sind.
Der interessanteste Aspekt des religiösen Schmucks ist negativer Art. Wie wir bereits gesehen haben, beruht individuelle Überschreitung, der Bruch mit dem Kreis der sozialen Operationen, auf Techniken der Beherrschung von Rhythmen, auf der Beherrschung des physiologischen Rhythmus in der Askese, auf der Beherrschung des normalen operativen Rhythmus in jenen Praktiken, die einer rigorosen und unveränderlichen Zeitordnung unterworfen sind. Die Beherrschung der sozialen Identifikation basiert auf der Zurückweisung der Symbole sexuellen oder hierarchischen Erkennens. Der Asket ist nackt oder halbnackt, oder aber seine Kleidung steht im Widerspruch zu allen anerkannten gesellschaftlichen Konventionen, ihr Stoff, ihre Formen und Farben grenzen ihn vom Code der techno-ökonomischen Assimilation ab. Wie er gegen die Zeit lebt, indem er fastet und wacht, wie er gegen den Raum lebt, indem er sich in der Wüste, in der Zelle oder im Staub der Straßenkreuzungen niederläßt, so lebt er auch gegen die Zeichen, indem er sich gegen den Code der Zugehörigkeit zur gesellschaftlich organisierten Menschheit stellt. Da die religiöse Moral in ihrer extremen Gestalt eine Moral der individuellen Befreiung von der gesellschaftlichen Moral ist, die ja auf kollektiver Verpflichtung gründet, sind ihre Zeichen normalerweise auch das Gegenteil der gesellschaftlichen Zeichen. In unterschiedlichen und veränderlichen Abstufungen führt jeder Versuch, mit der Einbindung in ein uniformes Dispositiv zu brechen, zur Herausbildung besonderer Zeichen, sei es individueller wie bei der extravaganten Kleidung eines Künstlers, sei es kollektiver wie bei den Halbstarken.

Attitüden und Sprache

Die Kleidung ist ein geeignetes Mittel, um ein Erkennen zu ermöglichen und das weitere Verhalten zu orientieren; aber sie läßt sich in der täglichen Praxis nicht von den Attitüden und von der Sprache trennen, die das Erkennen vervollständigen und das Beziehungsverhalten organisieren. Es ist bemerkenswert, daß neben der Kleidung vor allem die sozialen Attitüden und die Höflichkeitsformen das meiste Interesse bei den alten Reisenden fanden. Die ersten ethnographi-

schen Werke widmen den größten Teil ihrer Beschreibungen der Kleidung, den Grußformen, den »Tischsitten« und dem Verhalten gegenüber Höhergestellten und Untergebenen. In den Beschreibungen merkwürdiger Völker aus dem 18. Jahrhundert stößt man auf die gleichen Einteilungen wie in den naturhistorischen Darstellungen aus derselben Zeit. Sie basiert auf einer sehr äußerlichen Identifikation und auf höchst allgemeinen Grundzügen des Beziehungsverhaltens. Dies war so, weil das Wissen im allgemeinen nicht durch die oberflächliche Schale zu stoßen vermochte, die das wirkliche Leben der Gruppe umgibt. Gleichwohl ist nur allzu klar, daß die alltäglichen Lebensformen der Tschuktschen oder der Topinambas nach der Kleidung das wichtigste Identifikationsmerkmal darstellen – und dies im Innern der Gruppe wie auch in ihren Beziehungen nach außen.
Die Attitüden und die Sprache der Beziehungen stehen an der Grenze zum figurativen Bereich. Rhythmen und sozialer Raum, Attitüden und Abzeichen drängen die Mitglieder der Gruppe zu permanenter Darstellung ihres eigenen ethnischen Dramas. Das Leben der Gruppe ist ganz Figuration, denn das Individuum ist in die soziale Gruppe nur soweit integriert, wie es die Uniform der Gesten, Formeln und Kleidungsabzeichen anlegt, die seine *homo-sapiens*-Natur einer bestimmten Kultur assimilieren. Von den elementaren und mechanischen Praktiken zu den außergewöhnlichen Praktiken und vom technischen Leben zum sozio-religiösen Leben nimmt das Bewußtsein dieses figurativen Charakters zu und führt schließlich zu zeremoniellen Operationen, in denen die Grenze zwischen dem sozialen und dem figurativen Akt fließend wird.
In den modernen Gesellschaften hat sich nach und nach eine Trennung zwischen dem wirklich Gelebten und dem Dargestellten herausgebildet. Niemand würde einen Ball mit einem Ballett oder eine Messe in Notre Dame mit dem Mysterium der Passion verwechseln. Nicht so leicht fällt es, in den großen traditionellen Feierlichkeiten der Kaiserhöfe Chinas oder Japans zu unterscheiden, was zivile oder religiöse Zeremonie und was Theater oder Wettkampf ist. Noch weniger läßt sich eine formelle Unterscheidung zwischen den sozialen und den figurativen Aspekten in den meisten Äußerungen jener Gesellschaften einführen, in denen das hierarchische System nicht die Orte und die Ausführenden der Zeremonien und Darstellungen voneinander sondert. Tempel oder Palast und Würdenträger, Szene oder Akteure verschwimmen ineinander, wenn die Akteure aus der Menge

der Würdenträger gewählt werden. In den Zeremonien gleich welchen Niveaus sind die Teilnehmer abwechselnd Darsteller und Zuschauer, und dies bis zu einem Punkt, da die Zahlenverhältnisse aus der Masse eine passive Gruppe aussondern, die wirklich nur Zuschauer des Schauspiels ist – gäbe es doch kein Schauspiel, wenn es keinen Wettstreit um die Gunst von »Zuschauern« gäbe.
Die Figuration erscheint so auf einer ersten Stufe als untrennbar mit den sozialen Manifestationen verbunden, die für die Beständigkeit der Ethnie sorgen. Unter diesem Aspekt besteht ein Zusammenhang zwischen dem Grad der Teilnahme an der Darstellung und den techno-ökonomischen Merkmalen der Gruppe. Die Spezialisierung der Darstellung, die Trennung zwischen Akteuren und Zuschauern, erreicht ihren Höhepunkt in den modernen Massen, in denen die Mehrzahl der Individuen kaum noch eine Rolle als soziale Darsteller spielt, sondern alle Prestigeäußerungen über den Kanal des Fernsehens auf den Zustand eines reinen Schauspiels reduziert sind. Dagegen kann es dort, wo es noch Karnevalstreiben gibt, geschehen, daß alle Teilnehmer gleichzeitig beide Rollen übernehmen.
In den primitiven oder den traditionalen Gesellschaften zeigt das figurative Verhalten im sozio-religiösen Bereich sämtliche möglichen Übergangszustände: von der Rolle des isolierten Individuums etwa, des Schamanen, der vor der Menge seine Reise darstellt, die er auf der Suche nach den Geistern eines Kranken unternimmt, bis hin zur Gesellschaft der Initiierten, die das komplexe Schauspiel ihrer Tänze darbietet, oder bis zu jenem australischen Stamm, der unter Beteiligung aller Stammesangehörigen seinen Mythos spielt.
Das figurative Verhalten ist derart tief mit der Qualität des Menschen verbunden, daß man es nur schwer einer systematischen Betrachtung unterziehen kann, ohne seine Realität zu verflüchtigen. Die Schwierigkeit liegt offenbar in dem Umstand begründet, daß die soziale Darstellung in den festen Grund des Zoologischen eingebettet ist. Der menschliche Wert der Attitüden und Abzeichen liegt in ihrer Verbindung mit der ethnischen Besonderung und nicht in ihrer Natur. Seit Buffon den Tanz der Kraniche Numidiens beschrieb, haben die zoologischen Arbeiten eine Fülle von Tatsachen ans Licht gebracht, die zeigen, daß die Attitüden und Körperzeichen das Beziehungsverhalten der Vögel und Säugetiere beherrschen, und zwar auf den beiden Ebenen der Hierarchie zwischen den Individuen und der Beziehungen zwischen den Geschlechtern. Die Grundlinien der so-

zialen Beziehungen sind an diese beiden komplementären Aspekte des biologischen Verhaltens geknüpft. Das Verhältnis zwischen Herrschendem und Beherrschtem und die Hochzeitstänze oder die Beziehungen von Prestige und Koketterie sind auch hier wieder die artspezifische und die ethnische Form ein und desselben Phänomens. Beim Menschen kommt die Superstruktur der Symbole herein, aber als wirkliche Superstruktur, d. h. kein grundsätzlicher Unterschied trennt die Federhaube vom Helmbusch, den Sporn vom Säbel und den Gesang der Nachtigall oder die Verbeugungen der Tauben von einem Sommerball. Die Abwandlungen sind jedoch ebenso vielfältig, wie es Ethnien in einer Welt, aufeinanderfolgende Generationen in einer Ethnie und soziale Einschnitte im Innern der Gruppe gibt.
Die verschiedenen Elemente des Sozialverhaltens: der raum-zeitliche Rahmen, der Schmuck, die Attitüden und Formeln, bilden ein Bündel, dessen sämtliche Teile sich jeweils in Gruppen nach Rhythmen entwickeln, die mit dem Überleben der Ethnie vereinbar sind. Es herrscht ein funktionelles Gleichgewicht, das die verschiedenen Niveaus vom Individuum bis zur gesamten Gruppe im Entwicklungsprozeß miteinander verknüpft. Die Versammlungen, mit denen die religiöse oder die rechtliche Stabilität gesichert wird, enthalten ein Höchstmaß an Ewigkeitssymbolen. In den großen offiziellen Religionen geben die Bauwerke, die Kleidung und eine mindestens tausend Jahre alte liturgische Sprache ein Zeugnis von der zweifachen Beständigkeit einer Zivilisation und der göttlichen Ordnung, die damit verbunden ist. Eine Gerichtssprache, die zwei- oder dreihundert Jahre alt ist, die in einer Umgebung voller Symbole eines strengen Gleichgewichts von einem unpersönlichen Mann im traditionellen Ornat derer, die Recht sprechen, vorgetragen wird, ist geeignet, der rechtlichen Tatsache jenes Gewicht der Dauerhaftigkeit zu vermitteln, das dem Rechtsunterworfenen die Gewißheit einer gesellschaftlich verankerten Verpflichtung gibt. Im Bereich des Schaffens oder im weiteren Sinne des individuellen Lebens, wo das kollektive Überleben auf Innovation gründet, schöpfen die Subjekte dagegen aus dem Gefühl, ihren Platz in einem Symbolsystem von hinreichender Subtilität zu finden, um jeder Altersgruppe eine Vorstellung von Einzigartigkeit zu ermöglichen.
So finden sich, eingehüllt in ein figuratives Netz von spezifisch menschlichem Charakter, die gleichen biologischen Grundlinien, die den Lebewesen generell eigen sind. Auffallend an der modernen Ent-

wicklung ist jedoch der Verlust der meisten sozialen Symbole. Es ist natürlich banal, wenn ich das Verschwinden der ethnischen oder ständischen Trachten und Attribute feststelle oder auf die soziale Abschleifung und Uniformisierung der Beziehungssprache hinweise, aber wir besitzen nicht allzu viele Evolutionskriterien, und dieses Kriterium, das mit einer Vergangenheit von Traditionen bricht, die den sozialen Menschen noch am besten zu charakterisieren schienen, ist nicht zu vernachlässigen. Es wäre schon sehr wichtig zu wissen, ob die Herausbildung eines universellen Typs wenn nicht in den Sprachen, so doch zumindest in den Kleidungsattributen, Sprachformen und Gesten, eines Typs, dessen Merkmale ursprünglich auf die europäischen Oberklassen zurückgehen, nur eine Übergangserscheinung ist, jenseits derer es zu einer neuen Diversifizierung kommt, oder ob die männlichen Elemente einerseits, die weiblichen andererseits eines Tages vollkommen identisch und vollkommen in der Lage sein werden, sich auf den ersten Blick zu erkennen und sich augenblicklich in ihre Produktivitätsklasse einzuordnen. Es ist schon vorstellbar, daß sich eine die ganze Erde umspannende Megaethnie aus uniformen Elementen herausbildet; dies ist sogar explizit oder implizit das Ideal mancher Philosophen und Soziologen seit der Antike, wenngleich wohl noch mehrere Generationen mit der Schaffung partieller und antagonistischer Makroethnien beschäftigt sein werden. Die westliche Welt, die russische Welt, die chinesische, die arabische Welt drücken dieses Ideal.einer Makroethnie bereits deutlich aus. Sofern man sich nicht vorstellt, daß die Idee der Menschheit an die Stelle der Idee der Beherrschung des Universums tritt, sehe ich nicht, wie die mikroethnischen Persönlichkeiten restituiert werden können. Unter diesem strikten Blickwinkel liegt das Dilemma zwischen dem Individuum als Motor eines sozialen Mikrokosmos, der nach seinem Maß gestaltet ist und in dem er selbst das ganze Spektrum seiner ästhetischen und technischen Möglichkeiten entfaltet, und dem Individuum als bloßem Element, als Rädchen im grenzenlos perfektionierbaren Mechanismus einer total sozialisierten Gesellschaft.

Es ist offenkundig, daß der Weg, den die Menschen eingeschlagen haben, zur Megaethnie führt, einer Einheit von globalem Ausmaß wie der Megatod, mit dem man die Zerstörungskraft der Atomwaffen zu bezeichnen versucht. So ist es denn nur noch interessant zu erforschen, mit welchen Mitteln sich der zoologische Strom all dem zu entziehen vermöchte, denn es geht entschieden darum, den Menschen in einer hinreichend qualifizierten *sapiens*-Situation zu halten und eine Entmenschlichung zu verhindern, die für den Output der sozialen Maschinerie berechenbar würde. Anders gesagt, man kann sich fragen, ob nicht eine neue Exteriorisierung im Gange ist, und zwar die des sozialen Symbolismus. In der Tat ist der Prozeß bereits so weit fortgeschritten, daß die Richtung, die er eingeschlagen hat, deutlich erkennbar ist. Die handwerklichen Verfahren sterben im sozialen Leben wie auch in den Berufen und im Kriege aus; die Tendenz zur Exteriorisierung macht sich hier im gleichen Maße bemerkbar, wie sie auch in der indirekten Bearbeitung der Massen in einer immer beschränkteren Zahl von Punkten zum Ausdruck kommt. Die Zeit läßt sich schon absehen, da die gesamte Menge des benötigten Stahls in einigen wenigen Zentren auf völlig automatisiertem Wege hergestellt wird. Dieser Punkt ist beim Erdöl bereits erreicht, wo keine Beschränkungen wegen der großen Produktvielfalt bestehen. Die Zeit ist absehbar, da die Staaten nicht länger auf die unsicheren Dienste der Schützen angewiesen sein werden, sondern die Massen des Megatods auf indirekte Weise und über elektronische Steuerungsarrangements dirigieren werden; die Möglichkeit dazu besteht bereits heute. Im Bereich des Sozialen bieten die audiovisuellen Techniken bei all ihrer heutigen Unvollkommenheit doch bereits ein effizientes Mittel. Wir sind bereits mitten im Überlebensprozeß, und der Arbeiter der Städte tritt noch aus seinem Lebensweg heraus, um einem Fußballspiel beizuwohnen, in Reihe mit anderen zu angeln oder einer Parade zuzusehen; er hat noch ein, freilich beschränktes, Beziehungsleben, das aber immerhin noch bis zur Teilnahme an den Aktivitäten einer Gesellschaft gehen kann. Dennoch sind seine direkten Beziehungsaktivitäten jenseits der lebensnotwendigen Zyklen mehr und mehr in der Jugend und in der Zeit vor der Ehe angesiedelt, wo die direkte Partizipation für das kollektive Überleben erforderlich ist. Solange man nicht bis zu jenem Punkt gelangt, an dem die für die Produktion am besten angepaßten Haustiere heute bereits stehen, der künstlichen Besamung, hat es derzeit den Anschein, als würde zumindest ein Minimum sozialer Ästhetik auch weiterhin die Jahre der sexuellen Reifung begleiten. In den Insektengesellschaften ist diese Periode übrigens die einzige, in der sich wenigstens bei der Minderheit, die zur Fortpflanzung bestimmt ist, eine gewisse Unabhängigkeit des Verhaltens manifestiert.

Soziale Ästhetik und das Leben als Rezeption von Bildern

Wir müssen uns wirklich fragen, ob die Menschheit völlig jener Gefahr entgangen ist, die in der Perfektion der Ameisen und Bienen zum Ausdruck kommt, einer praktisch totalen sozialen Konditionierung also. Wir haben in den letzten Kapiteln gesehen, daß unsere geologische Bestimmung auf der Unabhängigkeit gegenüber bestimmten Funktionen beruhte und daß wir unseren jetzigen Zustand über die Perfektionierung eines Dispositivs erreicht haben, das seine Offenheit bewahrt hat. Es läßt sich nur schwer bestimmen, an welchem Punkt die Menschheit heute steht, sind doch viele ihrer Repräsentanten kaum mehr als eine Generation von jenen Zeiten der Handwerker, Landarbeiter, Dorfhochzeiten, Wandertheater und des ganzen sozialen Apparats entfernt, dessen Spuren noch heute einen wesentlichen Teil der Welt kennzeichnen. Dennoch nimmt die Exteriorisierung von Jahr zu Jahr ausgeprägtere Gestalt an, und es leben bereits Millionen von Menschen, die für den Ethnologen etwas ganz Neues darstellen. Diese Menschen verfügen über das unerläßliche Minimum an sozialen Praktiken, das es ihnen ermöglicht, den Alltag zu bewältigen, über eine Infrastruktur bestimmter persönlicher Fluchtmöglichkeiten in Form bezahlten Urlaubs, der Autobahnen, der Hotels und Campingplätze, einiger Wochen im Jahr also, in denen sie eine *kanalisierte Freiheit* genießen dürfen. Eine leichte Superstruktur gestattet es ihnen, die Übergangsriten, Geburt, Heirat und Tod, mit dem unerläßlichen Minimum an Emotion oder Dekor hinter sich zu bringen. Ihr Anteil an persönlicher Schöpfung ist selbst noch geringer als der einer Wäscherin im 19. Jahrhundert, ihre produktive Funktion ist ganz die eines präzisen Rädchens; Aufstehen, Fahrt zur Arbeit und Arbeit erfolgen nach der Uhr. So könnten sie fast eine Beruhigung für die zukünftigen Generationen sein, denn der genetische Antrieb wäre stark genug, um der Entmenschlichung zu widerstehen. Aber es scheint, daß der aufgezeigte Weg wirklich der Weg der Evolution ist. In der Tat haben diese Menschen die gleiche soziale Partizipation wie ihre Vorfahren, ja sogar eine noch beträchtlich verbesserte. Durch das Fenster des Fernsehens und über die Lippen des Transistors nehmen sie nicht mehr nur an einer Dorffeier teil, sondern an den Empfängen der Großen dieser Erde, nicht mehr nur an der Hochzeit der Bäckerstochter, sondern an der Vermählung von Prinzessinnen. Die Fuß-

ballmannschaften sind die besten des Kontinents, und das Fernsehen bietet noch bei weitem die beste Aussicht. Der Schnee Kanadas, Wüstensand, Papuatänze und die besten Jazzorchester rieseln aus den Öffnungen der magischen Kästen.
In Kapitel VI haben wir das Problem des Verhältnisses zwischen der Sprache und den audiovisuellen Techniken behandelt. Hier kommt nun mit der Exteriorisierung der sozialen Operationsketten ein weiterer Aspekt, eine weitere Konsequenz hinzu. Das Zahlenverhältnis zwischen den wirklich schöpferischen Individuen und der Masse wird sich in der Zukunft gegenüber der Vergangenheit nicht sonderlich ändern, und man kann überzeugt sein, daß es weiterhin Menschen geben wird, die mit eigener Stimme singen, selbst an einer größeren Zeremonie teilnehmen, mit ihren Füßen höchst persönlich einen echten Ball treten oder ihren Stuhl aus einem Baumstamm schnitzen werden. Aber diese Menschen sind das exteriorisierte Element des sozialen Dispositivs, ihre Funktion besteht darin, der Menge das notwendige Maß sozialer Partizipation zu geben. Aber die Menge wird nicht mehr auf den Hochzeiten singen, wird nicht länger an Fackelzügen teilnehmen. Auf ihren kurzen Spaziergängen vermag sie gar noch den Kontakt mit dem Gesang der Vögel zu vermeiden, indem sie den Transistor etwas lauter stellt.
In der Isolierung der Mikroethnie hatten die Gruppenmitglieder, so gut es ging, selbst ihre Hemden und ihre soziale Ästhetik herzustellen, und dies um den Preis eines Zeitverlustes, der dem kollektiven Organismus nur einen bescheidenen Vorteil beließ. Es liegt auf der Hand, daß eine beträchtliche Ökonomie in einem System liegt, in dem das produzierende Subjekt sein Leben zwischen der produktiven Tätigkeit und der passiven Rezeption seines Anteils am kollektiven Leben aufteilt, eines Anteils, der von anderen ausgewählt, dosiert, vorgedacht und gelebt wurde. Wie die Befreiung der kulinarischen Kunst durch die Konserve so ist auch die Befreiung der sozialen Operationen durch das Fernsehen ein kollektiver Gewinn. Die Kehrseite dieses Gewinns ist das Risiko einer sozialen Hierarchisierung, die wahrscheinlich sehr viel ausgeprägter sein wird als in vergangenen Zeiten. Eine rational selegierte Schichtung wird die seltenen Elemente von der Masse sondern und sie zu Produzenten ferngesteuerter Fluchtmöglichkeiten machen. Eine immer kleinere Minderheit wird nicht nur die lebenswichtigen, die politischen, administrativen und technischen Programme ausarbeiten, sondern auch die Gefühlsratio-

nen, die epischen Fluchtmöglichkeiten und das Bild eines Lebens, das total figurativ geworden ist, denn das wirkliche soziale Leben läßt sich durchaus durch ein nur noch dargestelltes soziales Leben ersetzen. Der Weg existiert seit dem ersten Jagdbericht des Paläanthropus, und mehr noch seit dem ersten Roman und seit dem ersten Reisebericht. Schon heute bestehen die Gefühlsrationen aus ethnographischen Montagen, die aus toten Existenzen zusammengesetzt sind: aus Indianern, Kannibalen, Seeräubern, die den Rahmen von ärmlichen und willkürlichen Beziehungssystemen bilden. Man kann sich fragen, welchen Wirklichkeitsgehalt diese oberflächlich zusammengewürfelten Bilder noch haben werden, wenn deren Schöpfer aus der vierten Generation von Eltern stammen, die in ihren audiovisuellen Kontakten zu einer fiktiven Welt ferngesteuert sind. Die Phantasie, die Fähigkeit, aus dem Erlebten heraus Neues zu schaffen, läuft Gefahr, ganz erheblichen Schaden zu nehmen. Das mittelmäßige Niveau der populären Lektüre, der Illustrierten, des Radios und des Fernsehens ist ein interessanter Indikator: Es entspricht einer natürlichen Selektion der Produzenten und der behandelten Themen, und man darf wohl annehmen, daß die statistische Mehrheit der Konsumenten durchaus die emotionale Nahrung erhält, die ihren Bedürfnissen und ihrer Aufnahmefähigkeit entspricht. Aber unsere Welt lebt von einem Kapital aus Überkommenem, das eine gewisse Wiederergreifung der gelebten Wirklichkeit zu sichern vermag. In zehn Generationen wird man den Produzenten von sozialen Fiktionen wahrscheinlich genau auswählen und zur »Renaturierung« in einen Park setzen, wo er sich bemühen wird, mit einem Pflug, den man nach Vorbildern aus dem Museum nachgebaut, und einem Pferd, das man aus einem Gehege reaktiviert hat, ein Stückchen Land zu pflügen. Er wird seine Mahlzeiten im Kreise der Familie einnehmen und Besuche bei Nachbarn organisieren; er wird eine Hochzeit spielen und auf einem kleinen Markt Kohl an andere Kandidaten verkaufen; er wird es wieder lernen, die drei alten Schriften Flauberts mit der nur mager rekonstruierten Realität zu konfrontieren. Und ohne Zweifel wird er dann in der Lage sein, den Organen der Fernsehproduktion eine Sammlung aufgefrischter Gefühle zu liefern.

Solche Perspektiven mögen überzogen oder übertrieben pessimistisch erscheinen. Aber es bleibt ein Aspekt der Evolution, der bislang offenbar noch keine große Beachtung gefunden hat: Nach der optimistischen Perspektive werden in wenigen Generationen die Probleme des manuellen Lebens gelöst, Krieg und politische Differenzen beseitigt sein, d. h. dem erniedrigenden physischen Abenteuer und den Ursachen für die Aufrechterhaltung epischer Ideologien wird der Tod prophezeit. Die Erde wird dicht mit gesunden, wohlgenährten Menschen bevölkert sein, die aktiv damit beschäftigt sind, das Überleben der endgültig in ihren Grenzen stabilisierten Masse zu sichern. Meer, Wald und Gebirge werden dem Abenteuer allenfalls noch Unfälle bieten. Symptomatisch dafür ist bereits heute die Ausrichtung der populären Zeitschriften auf die sentimentalen Abenteuer von Prinzen oder Stars und auf die Katastrophe. Überträgt man die heutige Situation auf eine befriedete und von Menschen bevölkerte Welt, die einander in Lebensweise und Geschmack vollkommen gleichen, so entsteht ein Eindruck von Leere hinsichtlich eines der spezifischen Merkmale von *homo sapiens*, jenes Merkmals nämlich, das vom Körper bis hin zu Hand und Gehirn das individuelle Privileg der materiellen und symbolischen Schöpfung garantiert. Die Teilhardsche Apokalypse und die Apokalypse der atomaren Vernichtung bieten keine Lösung, denn beide können durchaus in geologischen Zeiträumen eintreten, und die Menschheit mag durchaus in naher Zukunft vor das Problem der Rehumanisierung gestellt sein, wie sie heute vor dem Problem ihres Bevölkerungsgleichgewichts steht.

Kapitel XIV
Die Sprache der Formen

Das figurative Verhalten ist unlösbar mit der Sprache verbunden, es geht auf die gleiche Fähigkeit des Menschen zurück, die Wirklichkeit in Sprache, Geste und materialisierten Bildern symbolisch zu reflektieren. Wenn die Sprache an die Entstehung des manuellen Werkzeugs gebunden ist, so kann auch die figurative Darstellung nicht von der gemeinsamen Quelle getrennt werden, aus der heraus der Mensch Objekte und Bilder herstellt. Auch dürfen wir mit einer engen Parallelität in der paläontologischen Entwicklung rechnen, vor allem aber mit einer tiefgreifenden und raschen Wandlung der Materialien im Übergangsbereich zwischen den Paläanthropinen und *homo sapiens*.

Es ist nicht einfach, eine formale Definition für das figurative Verhalten zu geben; wenn wir Theater und Malerei oder das Malen an der Staffelei und das Malen auf Papier klar voneinander trennen, so kreuzen sich die Ebenen, sobald es in die Tiefe der Zeit oder in die verschiedenen ethnischen Formen hineingeht. Wir haben oben gesehen, daß die soziale Ästhetik zutiefst figurativen Charakter trägt: Zwischen Zeremonie und Theater besteht kein kategorischer Unterschied, Theaterdekorationen und Tempelfresken können beide mythologische oder historische Ereignisse darstellen.

Es wäre reizvoll, eine überspitzte Hypothese über jenen Augenblick zu wagen, da die Gesellschaften vom gelebten Zeremoniell zur Theaterdarstellung übergehen oder von der wesentlich erlebten Figuration zur reinen Dekoration. Eine australische Korrobori mit ihren Kostümen und Accessoires, ihren Episoden, in denen die Tänzer das Verhalten mythischer Tiere nachahmen, trennt nicht zwischen Zeremonie und Theater; die obere Altsteinzeit mit ihrer tausendfältig überkommenen Kunst bietet ebenso gute Zeugnisse der Darstellung auf Wänden oder Plaketten wie solche von Gebrauchsgegenständen, die mit vielfältigen Verzierungen versehen sind. An beiden Extrempunkten der Zeit von *homo sapiens* verraten die Primitiven die gleiche Undifferenziertheit. Brauchen wir also nur am Faden der Zeit den Stufen der techno-ökonomischen Hierarchie zu folgen, um den Punkt zu entdecken, an dem das Religiöse, das Soziale und das Theatralische auseinandertreten? Das wäre eine Fiktion, denn in allen Gesellschaften bestehen die Formen nebeneinander und zeigen unmerkliche Abstufungen. Gleich ob es sich um ein Opfer, eine politische Rede oder eine Komödie handelt, das Verhältnis zwischen dem darstellenden Individuum und dem dargestellten Stoff ist stets weniger wichtig als die Werte, die Darsteller und Zuschauer gemein sind und die es gestatten, einer religiösen oder sozialen Operationskette einen ästhetischen Apparat aufzupfropfen, der im Einklang mit den dazu passenden Gefühlen steht. Die emotionale Sprache, deren Werte zum Teil ganz allgemein biologischen Ursprungs und deren Symbolcode im Gegensatz dazu äußerst spezifischen Charakters ist, bildet eigentlich die figurative Kunst.

Aus diesem Grunde hat alle Kunst Gebrauchscharakter: Das Spektrum, Symbol der königlichen Macht, der Bischofsstab, symbolischer Hirtenstab der Bischöfe, das Liebeslied, die patriotische Hymne, die Statue, die die Macht der Götter materialisiert, das Fresko, das die Schrecken der Hölle ins Gedächtnis ruft, sie alle antworten auf unabweisbare praktische Erfordernisse. Die Beliebigkeit liegt nicht in den Triebkräften, sondern in der Vielfalt der Formensprache. Die erstaunliche Verwirrung der Prähistoriker vom Ende des 19. Jahrhunderts angesichts der paläolithischen Kunstwerke bestand in der Erfindung eines fundamentalen *l'art pour l'art,* während Lascaux in Wirklichkeit nicht weniger im sozio-religiösen Leben der Zeitgenossen seiner Maler verankert war als die Sixtinische Kapelle im römischen Leben des 16. Jahrhunderts. Wie die Sprache der Worte, so ist auch die Sprache der Formen mehr oder weniger reich und beredt; sie ist von Grund auf dazu bestimmt, Bedeutung zu tragen; eine Kunst, die ihren Gegenstand verlöre, würde zur Antithese. Auf anderem Wege läßt sich diese Antithese als kontra-imaginativer Notausgang rechtfertigen; sie widerspricht jedoch nicht dem ursprünglichen Charakter der Bedeutungsaspekte: Es ist kein Zufall, wenn so viele moderne Künstler einen Rückweg suchen und Kapellen ausschmücken.

Die Sprache der Worte und der Formen, der Rhythmen und der symmetrischen oder asymmetrischen Gegensätze in Frequenz oder Intensität ist die Domäne der menschlichen Freiheit; sie ist mit den biologischen Grundlagen verbunden und beruht auf einer pragmatischen, sozialen Bedeutung, denn Wort und Bild sind der Zement, der die Elemente der ethnischen Zelle zusammenhält.

Aber auf der anderen Seite und in einer ausschließlich menschlichen Weise ermöglicht sie individuell die befreiende Flucht des Künstlers

oder des Konsumenten in die Behaglichkeit eines vollkommenen Eintauchens in das kollektive Denken oder in den Widerspruch, den Traum.
Die Doppelnatur der Kunst, ihr kollektiver und ihr persönlicher Charakter, begründet die Unmöglichkeit, deutlich zwischen dem »Nützlichen« und dem »Nutzlosen«, zwischen der Kunst um dieses oder jenes Zweckes, und der Kunst um ihrer selbst willen, zu unterscheiden, wie es auch, von den Extremen einmal abgesehen, unmöglich ist, radikal zwischen Figurativem und Dekorativem zu unterscheiden.

Ursprung und frühe Entwicklung des Darstellungsverhaltens

Für die technische Entwicklung besitzen wir, wie im zweiten Teil deutlich wurde, eine Dokumentationsbasis, die lückenlos vom Australanthropus bis zu uns reicht. Durch eine Verbindung dieser Materialien mit den Daten zur Entwicklung des Gehirns habe ich eine Paläontologie der Sprache zu skizzieren versucht, von der wir ja bis zu den ersten Schriften keinerlei Zeugnisse besitzen. Der Versuch einer Paläontologie des Darstellungsverhaltens steht vor dem Problem, daß bis zur oberen Altsteinzeit überhaupt kein Material vorliegt; aber im Vergleich zu den fünftausend Jahren Verzögerung der Schrift gegenüber der Sprache, besitzen wir Zeugen der bildlichen Darstellung aus nahezu dreißigtausend Jahren. Auch scheint es, daß die graphische Darstellung mit der frühesten Entwicklung von *homo sapiens* entstand, ein Hinweis, der von einigem Wert sein dürfte. Wir stehen vor dem Problem, Wege auszumachen, auf denen sich Hypothesen über das Verhalten der ältesten Anthropinen erschließen lassen. Ein erster Weg bestünde in der Klärung der Frage, ob alle figurativen Aktivitäten, die motorischen, sprachlichen und instrumentellen, der graphischen Darstellung assimilierbar sind; sollte dies zutreffen, wäre vor dem letzten Neandertaler nichts zu erwarten. Ein weiterer Weg bestünde in der Klärung des Verhältnisses von bildlicher Darstellung und Sprache; dies könnte uns einen zerbrechlichen, aber interessanten Zugriff ermöglichen, der auf der Gehirnentwicklung basierte.
Wie wir gesehen haben, greift das figurative Verhalten weder auf die funktionelle Ästhetik noch auf jene Sinne zurück, die keiner symbolischen Reflexion fähig sind, Geruch, Geschmack und Tastsinn. Als

Instrumente stehen ihm allein das Gehör, der Gesichtssinn und der Körper mit seiner Gestik zur Verfügung. Geht man von unseren Kenntnissen über die Dispositive der höheren Säugetiere und des Menschen aus, so fließt die Figuration über die dominierenden Relationssinne (Gesichtssinn und Gehör) und über die Motorik unmittelbar in das Relationsleben ein. Mit anderen Worten, die Figuration benutzt die gleichen Wege wie Technik und Sprache: den Körper und die Hand, Augen und Ohr. Was wir als Tanz, Pantomime, Theater, Musik, graphische und plastische Kunst unterscheiden, geht daher auf die gleichen Quellen zurück wie die übrigen Äußerungen. Trotz dieser elementaren Gemeinsamkeit zwischen Technik, Sprache und Figuration scheint es doch kaum möglich, dem gleichen paläontologischen Weg zu folgen, der es uns erlaubt hat, die Entwicklung der Rindenfelder der bewußten Motorik und den Zusammenhang jener Gebiete aufzuzeigen, in denen die technischen und sprachlichen Ketten integriert werden; allenfalls ließe sich so nochmals belegen, daß Sprache und Figuration gleichermaßen auf der Fähigkeit beruhen, aus der Wirklichkeit Elemente auszusondern, die ein symbolisches Bild dieser Wirklichkeit herzustellen vermögen. Aber während die Sprachfiguren in den Worten und in der Syntax Äquivalente der Werkzeuge und der manuellen Gesten darstellen und dazu bestimmt sind, einen wirkungsvollen Zugriff auf die Welt der Stoffe und Beziehungen zu ermöglichen, gründet die Figuration auf einem anderen, allen Lebewesen gemeinsamen biologischen Feld, auf der Wahrnehmung von Rhythmen und Werten. Werkzeug, Sprache und die Schöpfung von Rhythmen sind daher drei zusammenhängende Aspekte ein und desselben Prozesses.

Die Daten über diese Kontiguität lassen sich auf die Anthropinen vor dem *homo sapiens* nur höchst vermittelt anwenden. Wir haben schon gesehen, daß die technischen Schlagrhythmen schon bei den Australanthropinen, also den ältesten bekannten Anthropinen, gesichert waren. Das erste hergestellte Werkzeug mußte durch eine Folge von Schlägen zugerichtet werden, und auch sein Gebrauch bestand in wiederholten Schlägen. Die Schöpfung stimmlicher Rhythmen technischer und nichtfigurativer Art ist von Anfang an gesichert; auf der anderen Seite sind rhythmisches Wiegen und wiederholte Lautsignale bei den höheren Säugetieren so weit verbreitet, daß man sie auch den ältesten Anthropinen wird zubilligen dürfen. Man darf wohl sagen, daß die motorischen und stimmlichen Formen der Figuration virtuell seit dem Erscheinen der ersten Anthropinen existierten, wie man ja auch von der Metallurgie sagen kann, daß sie von dem Augenblick an existierte, da das Mineral, das als Farbstoff bekannt ist, die Schmelzmittel und die hohen Temperaturen der Keramikherstellung nur noch zusammengebracht werden mußten, damit Metall entstand. So wenig wie für die Metallurgie läßt sich auch für die motorische Figuration ein genauer Entstehungszeitpunkt angeben, weil die Elemente bereits vorher als gesonderte Phänomene existieren. Die figurative Rhythmik der Töne und Gesten ist wahrscheinlich wie die Sprache synchron zur Entwicklung der Techniken aus dem geologischen Entwicklungsprozeß hervorgegangen.

In den Stadien des Australanthropus und des Archanthropus dürfen wir kaum mit Äußerungen rechnen, die auf einem anderen Niveau stünden als die Techniken. Die Periode, die zwischen dem ersten Chopper und den letzten Faustkeilen liegt, umfaßt mehrere hunderttausend Jahre; in den Kapiteln IV und XII haben wir gesehen, daß die Formen sich sehr langsam in Richtung auf Symmetrie und funktionelles Gleichgewicht entwickelten, um dann in Werkzeugen zu enden, die in unseren Augen von einem grenzenlosen Streben nach Regelmäßigkeit der Linien und feinster Oberflächenbearbeitung zeugen. Selbst wenn der Produzent dieser Werkzeuge, immerhin erst ein Pithecanthropus, nicht bewußt danach gestrebt haben sollte, selbst wenn man in diesem Gleichgewicht der Formen nur eine zoologische Eigenschaft sehen dürfte, genügte doch die Fähigkeit, die Form durch das Material hindurch vorauszusehen und sie bis an die Grenzen ästhetischer Vollendung zu führen, um den Menschen vor dem Neandertaler ein entsprechendes Niveau in den figurativen Äußerungen zuzubilligen. Wir wissen mit Sicherheit, daß sie nicht das Niveau der gravierten oder gemalten Darstellungen erreichten, denn selbst am Ende seines Weges bietet uns der Neandertaler allenfalls erst Vorzeichen davon; beschränkte Formen des Tanzes, des Gesangs und des Trommelns sind jedoch durchaus vorstellbar, denn wenn die Wurzeln der Technik bis hinunter zum Australanthropus reichen, so gibt es keinen wissenschaftlichen Grund, für die Wurzeln der Sprache und der Rhythmen anderes anzunehmen.

Die Rekonstruktion des figurativen Verhaltens im Bereich der Motorik und der Töne wird stets auf Vermutungen angewiesen bleiben. Mit Sicherheit sangen die Paläanthropinen bereits, aber welche Figuration lag ihren Stimmübungen zugrunde? Man darf wohl annehmen, daß es eher der Ausdruck von Gefühlen war als die Formulierung komplexer Ideen: Auch könnte man durchaus die Hypothese von Jagdgesängen einführen, sie wäre ebenso willkürlich wie die der Totengesänge. Sicher wissen wir nur, daß die Paläanthropinen jagten und sich mit ihren Toten beschäftigten. Dagegen lassen sich die ersten Zeichen fossilisierbarer Figuration nicht übersehen, denn wenn wir auch die Wohnplätze der Archanthropinen und der ältesten Paläanthropinen nur schlecht kennen, haben die Neandertaler Dutzende solcher Fundstätten hinterlassen. Zwischen diesen und den Wohnstätten der oberen Altsteinzeit sehen wir die Kunst des Gravierens, des Malens und der Bildhauerei aufkommen. Sie entsteht mit solchem Schwung, daß wir ganz sicher sein dürfen, hier die Anfänge vor und zu haben. Gegen Ende des Moustérien, etwa um 50 000, tauchen die ersten Bruchstücke aus rotem Ocker auf, ohne daß sich eine Verwendung dieses Farbstoffes bei irgendwelchen Werken nachweisen ließe. Man könnte sich vorstellen, daß er zur Bemalung des menschlichen Körpers diente oder zur Tünchung von Gegenständen und Oberflächen; Positives läßt sich aber erst etwa 20 000 Jahre vor den bekannten klar identifizierbaren Figuren ausmachen. Aus der gleichen Zeit sind auch einige in Blöcke gravierte Züge und näpfchenförmige Vertiefungen in Stein bekannt. Aus Tunesien und Frankreich liegen auch einige Ansammlungen sphäroider Steinkugeln vor. So erscheint kurz vor dem *homo sapiens* ein erster Schimmer. Dieser Schimmer klärt sich durch die Entdeckung einer Reihe von Gegenständen in Arcy-sur-Cure, in einem sehr fortgeschrittenen Wohnplatz des Moustérien, die von den Neandertalern in ihrer Höhle angesammelt worden waren. Es handelt sich um zwei Eisenpyritmassen, die aus rauhen, agglomerierten Kugeln bestehen, des weiteren um den Innenabdruck des Gehäuses einer fossilen Schnecke und um einen kugelförmigen Polypen aus dem Sekundär (Abb. 128). Keinerlei deskriptive Bedeutung läßt sich diesen Spuren, die aus Sphäroiden und einer Spirale bestehen, ausmachen, aber sie sind das erste Zeugnis einer Beachtung von Formen. Sie sind zugleich das erste und sehr bedeutsame Anzeichen für die Suche nach

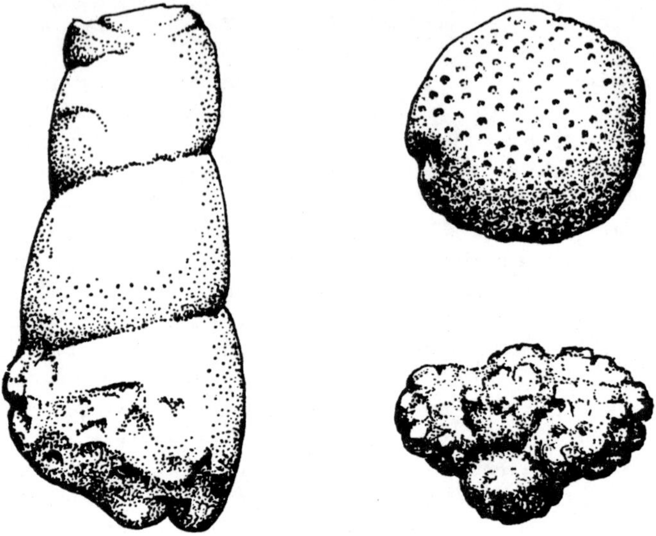

Abb. 128

dem Phantastischen in der Natur. Das ästhetische Gefühl, das nach geheimnisvollen, bizarren Formen sucht, nach Muschelschalen, Steinen, Zähnen oder Hauern, nach fossilen Abdrücken, gehört sicher einer sehr tiefliegenden Schicht des menschlichen Verhaltens an; es ist nicht nur chronologisch die erste ästhetische Empfindung, für die wir Zeugnisse besitzen, sondern auch die Frühform der Naturwissenschaften, denn in allen Zivilisationen beginnt die Wissenschaft mit dem Sammelsurium der Kuriositäten. Natürlich ließe sich leicht ein Zusammenhang mit der Magie herstellen, aber für den Augenblick ist schon die bloße Tatsache bedeutsam genug: Der eigentlichen figurativen Kunst geht etwas Dunkleres und Allgemeineres voraus, das einer reflektierten Betrachtung der Formen entspricht. Das Ungewöhnliche an einer Form, der mächtige Antrieb des Interesses an Figuren, gelangt erst in dem Augenblick zur Existenz, da das Subjekt die Gegenstände, die in sein Wahrnehmungsfeld eintreten, mit einem organischen Bild seines Beziehungsuniversums konfrontiert. In höchstem Maße ungewöhnlich sind jene Objekte, die nicht unmittelbar zur Welt des Lebendigen gehören, aber deren Eigenschaften oder den

Reflex dieser Eigenschaften offenbaren. Die zu Stein erstarrte lebendige Welt der Tiere und Pflanzen, der Steine und des Feuers, zählt auch heute noch zu den etwas trüben Quellen, aus denen das Interesse für Paläontologie, Vorgeschichte oder Geologie schöpft. Die erstarrten Stoffe, die Kristalle, die im Licht funkeln, rühren unmittelbar an den Grund des reflektierten menschlichen Denkens, im Bereich der Natur sind sie, wie Worte oder Gedanken, Symbole der Form oder der Bewegung. Das Geheimnisvolle und Beunruhigende an dem Erlebnis, selbst in der Natur noch auf den erstarrten Reflex des Denkens zu stoßen, ist die Triebfeder hinter dem Ungewöhnlichen.

Es ist eine hochinteressante Feststellung, daß die erste Bewegung einer spontan figurativen Ästhetik identisch ist mit einer durchgängigen menschlichen Erfahrung auf individueller wie auf kultureller Ebene. Gold, Diamanten und Edelsteine schöpfen aus den gleichen Quellen wie die bizarren Steine des Moustérien, denn mit Sicherheit hatte bereits der Neandertaler den Gipfel des Interesses erreicht, das wir der Materie entgegenbringen. Sah er seine Kuriositäten in Zusammenhang mit der Magie? Ein Beweis dürfte uns schwer fallen, wenngleich dies einige tausend Jahre später mit Sicherheit zutrifft.

In der Tat führt der Weg vom Erscheinen der ersten »Kuriosa« bruchlos bis hin zu den Schaufenstern der Antiquitätenhändler. Der Eintritt in die obere Altsteinzeit wird von den Prähistorikern um 35 000 in der westlichen Welt, dem Chatelperronien oder dem Aurignacien, datiert. Diese Festlegung ist nicht willkürlich, wir haben schon gesehen, daß mehrere entscheidende Tatsachen die 10 000 Jahre kennzeichnen, in denen unser Universum sich herausbildete: die Evolution zum *homo sapiens* durch die Entriegelung des Präfrontalbereichs, die intensive Diversifizierung der technischen Produkte, die komplexen Strukturen der Wohnstätten und das Auftreten der ersten Bildzeugnisse. Wir haben weiter gesehen, daß es sich nicht um eine radikale Umwälzung handelte, die Situation vielmehr schon lange bei den Paläanthropinen herangereift war; von einem bestimmten Punkt der Reife an führte dann die Vielzahl der neuen Assoziationsmöglichkeiten zu einer raschen Umwandlung der menschlichen Gesellschaften.

Im Chatelperronien, im Aurignacien und noch bis ins Magdalénien hinein, zwischen 35 000 und 10 000 vor unserer Zeit, sammelt der Mensch eine Vielzahl von Fossilien (Ammoniten, Belemniten, Trilobiten, Quarz- und Bleiglanzkristalle, Eisenpyritstücke); in der nachpalöolithischen Welt gehen sie direkt in die zahllosen Sammlungen bizarrer Steine und ungewöhnlicher Gegenstände ein, die man bei primitiven und zivilisierten Völkern gleichermaßen antrifft. Wie wir aus historischen oder zeitgenössischen Zeugnissen wissen, steht dieses heteroklite Material in der nachpaläolithischen Welt in einem Bedeutungsfeld, das die Ästhetik mit der Magie und der Pharmakopöe zu einem intellektuellen Komplex verbindet, in dem Grenzen zu markieren vergeblich wären. Im übrigen ist nicht einzusehen, weshalb die Kunst der Natur »nutzloser« sein soll, als die Kunst des Menschen, steht sie doch im gleichen Aktivitätsfeld. Einen wertvollen Hinweis liefern uns gerade jene Richtungen, welche die Ästhetik der Formen in den großen Zivilisationen eingeschlagen hat. Die Chinesen und Japaner haben in dieser Hinsicht genau denselben Vermittlungsweg eingeschlagen wie die Europäer: den des Kuriositätenkabinetts. Vom Mittelalter bis ins 19. Jahrhundert wird aus dem ästhetischen Genuß an seltsamen und spontanen Formen eine mächtige Sammelleidenschaft, die nicht mehr nur auf Magie zielt, sondern über Zwischenformen wie die Alchemie auf die Entwicklungsformen des magischen Wissens, auf die Pharmakopöe und die Naturwissenschaften. Ohne jeden Zweifel bleibt *das Museum,* der Erbe des Kuriositätenkabinetts, bis heute der Ort, an dem man die bizarren, monströsen und außergewöhnlichen Formen sammelt, jene Gegenstände also, die sich dem »Wohlbekannten« nicht fügen.

Die heutige Kunst erfaßt die natürlichen Formen, wie es die Kunst des Nahen Ostens schon seit Jahrhunderten tut, unter einem schlicht ästhetischen Blickwinkel. Sie erfaßt sie in dem Exteriorisierungs- oder Befreiungsprozeß, der für die moderne Kunst charakteristisch ist. *L'art »brut«,* die »rohe« Kunst, der sonderbar geformte Stein, die merkwürdig komplizierte Wurzel, Kristalle, der zwischen zwei Schieferschichten eingepreßte Fisch, steht auf einem ästhetischen Niveau, das der chinesische Garten bereits vor einigen Jahrhunderten erreicht hatte; sie trifft sich aber auch mit der Suche der ersten Paläanthropinen nach ungewöhnlichen Formen und bestätigt so einmal mehr die Einheit der Menschheit.

Die Darstellung der Rhythmen

Weiter oben war von den geheimnisvollen Jagdzeichen die Rede, kleinen Knochenstückchen mit regelmäßigen Einkerbungen (Abb. 82).

Sie tauchen schon am Ende des Moustérien auf und sind auf jeden Fall im Chatelperronien schon weit verbreitet. Sie kommen bis ans Ende des Magdalénien vor. Die Bedeutung dieser parallelen Striche, die man auch auf Steinplättchen oder großen Knochen eingraviert findet, ist unbekannt. Zuweilen hat man darin Zähllisten für Jagdwild gesehen, zuweilen einen Kalender. Beim gegenwärtigen Stand des Wissens spielt dies kaum eine Rolle. Soweit sich überhaupt etwas sagen läßt, scheint ihr Zweck die Aufzeichnung von Wiederholung, also Rhythmus zu sein. Schon bei den ältesten Figuren werden die Kerbenfolgen oder die aneinander gereihten Vertiefungen mit weiblichen Symbolen in Verbindung gebracht, was die Darstellung von Rhythmen nicht ausschließt. Was auch immer der Sinn dieser Kerbenfolgen sein mag, in jedem Falle sind sie das erste Zeugnis einer echten bildlichen Darstellung etwa 35 000 Jahre vor unserer Zeit.
Kurz vor Beginn des Solutréen erscheinen die Knochenröhren mit regelmäßig angeordneten Löchern. Wir besitzen nur wenige Exemplare, die besten kommen aus der Höhle von Isturitz im Pyrenäenvorland. Ein ähnlicher Gegenstand ist aus einem Fundort in der Sowjetunion, Molodowo V, bekannt; er stammt aus dem Magdalénien. Anscheinend haben wir hier um 20 000 vor unserer Zeit die ältesten Musikinstrumente vor uns, die uns bekannt sind. Das heißt natürlich keineswegs, daß wir damit den Anfang aufgespürt hätten, sondern lediglich, daß einige in Knochen geschnittene Zeugen dem Verfall entgangen sind. Es ist durchaus vorstellbar, daß es Pfeifen, Flöten oder Harfen aus Holz, Rohr und Mammuthaar gegeben hat, die uns wahrscheinlich unbekannt bleiben werden. Die Dokumente sind also mager, aber deutlich. Zwischen dem 35. und dem 20. Jahrtausend beherrschte der Mensch mit Sicherheit schon die Darstellung von Rhythmen.

Graphischer und plastischer Figuralismus

Musik, Tanz und Poesie der prähistorischen Menschen werden uns zweifellos niemals zugänglich sein. Wir dürfen aber annehmen, daß ihr Durchschnittsniveau nicht unter dem der Malerei oder Bildhauerei lag, was ihren Verlust nur um so schmerzlicher macht. Über Malerei und Bildhauerei dagegen haben wir eine Fülle von präzisen Dokumenten. Sie gestatten es, eine Entwicklungslinie aufzuzeigen, die

längste, die wir in der Kunst kennen, denn sie reicht von etwa 30 000 bis 8 000 vor unserer Zeit.
Die paläolithische Kunst ist bis heute auf das Gebiet zwischen Ural und Atlantik, auf die gemäßigten Zonen Europas also, beschränkt (einzige Ausnahme ist eine Stelle in Sibirien, in der Nähe des Baikalsees). Ihre Darstellung zeigt eine bemerkenswerte räumliche und zeitliche Einheit, ihr durchgängiges Element ist eine Gruppe von männlichen und weiblichen Figuren und von Tieren, deren wichtigste Pferd und Bison sind. Es ist hier nicht der Ort, um das offenbar sehr komplexe System auszubreiten, dem die Symbole folgen, es sei nur hervorgehoben, daß die Figuren, die auf die Höhlenwände gemalt oder in Plaketten graviert wurden, ein kohärentes religiöses Denken zum Ausdruck bringen und daß es sich nicht um die zufällige Ansammlung disparater Figuren handelt. Die statistische Auswertung mehrerer tausend Höhlenbilder oder Kunstobjekte zeigt, daß es ein zentrales Thema gab: Mann–Frau und (oder) Pferd–Bison. Diese beiden Paare bildeten die Ausdrucksgrundlage für die Übersetzung eines wahrscheinlich mythischen Gehaltes. Trotz deutlicher Abwandlungen in Raum und Zeit ist dieser Inhalt unterschiedslos vom Ural bis in die Dordogne und nach Spanien vorherrschend. Die Voraussetzungen sind daher nicht schlechter als bei der Erforschung des figurativen Verhaltens im 2. oder im 20. Jahrhundert, die sich am Leitfaden der christlichen Ikonographie orientierte.
Wichtig ist auch die Feststellung, daß die technischen Zwänge unabhängig vom Ablauf der Zeit sind; die Kunst ist ein besseres Maß für die Menschheit als die Technik, denn wenn auch die Menschen des Aurignacien noch 30 000 Jahre hätten warten müssen, um ihre Intelligenz in der Elektronik zu beweisen, so waren ihr geriebener Ocker und ihr Mangan doch schon gute Farben, die Haare ihrer Jagdbeute gaben gute Pinsel ab, und ihre Feuersteinstichel hätten auch Stahl geritzt; ihr künstlerisches Arbeitsmaterial läßt sie daher hinsichtlich der Ausdrucksmittel nicht hinter den heutigen Menschen zurückstehen. Dieses Material kam gegen Ende des Moustérien auf, aber zwischen 50 000 und 30 000 wurde es noch nicht für eine naturalistische Darstellung eingesetzt: Der Stichel diente zur Bearbeitung von Knochen, und die Farbstoffe wurden für Zwecke eingesetzt, die ohne Zweifel dekorativer Art waren, uns im einzelnen aber unbekannt sind.
Die *präfigurative Periode* umfaßt die ersten Manifestationen: die

Sammlung von Kuriositäten, gravierte parallele Striche, Reihen von Vertiefungen und die vielfältige Verwendung von Farbstoffen freilich ohne Bildzeugnisse. Sie erstreckt sich über das Chatelperronien und reicht bis ins Aurignacien hinein. Im Aurignacien erscheinen dann, zwischen 30 000 und 25 000 vor unserer Zeit, die ersten Figuren.

Die früheste Entwicklung wird durch einige gut datierte prähistorische Fundstätten in Frankreich und Spanien bezeugt; die eine dieser Lagerstätten (Abri Cellier in der Dordogne) lieferte eine Reihe von chronologisch gut abgrenzbaren Werken aus dem Aurignacien, die beiden anderen (La Ferrassie und Isturitz) Werke, die in mehreren Stufen vom Aurignacien (30 000 ±) bis ins mittlere Gravettien (23 000 ±) reichen. Außer diesen drei wichtigsten Fundorten sind noch ein halbes Dutzend weiterer Lagerstätten bekannt, die übereinstimmende Dokumente erbracht haben, Dokumente, die ich in anderen Arbeiten dem Stil I oder der *primitiven Periode* zugeordnet habe.

In ihrer Ausführung entsprechen diese ersten Werke genau dem, was man von einem Anfang erwarten kann. Es handelt sich um Kalkstücke, auf denen sich parallele Kerben oder Reihen von Vertiefungen, Bündel wirrer Striche oder Linien befinden, die linkisch zu Tierköpfen oder weiblichen Symbolen angeordnet sind (Abb. 84 und 85). Vom Chatelperronien bis ins mittlere Gravettien werden die Figuren reifer, freier, die Tiere lassen sich zoologisch identifizieren.

Eine erste Tatsache ist recht überraschend: Die rhythmischen Markierungen gehen den eigentlichen Figuren voraus, aber die Figuren integrieren sich durch Addition, so als handelte es sich um einen einzigen fortschreitenden Kontext, der sich in den visuellen Symbolen expliziert. Die deutlich ausgeprägten Formen sind vor allem weibliche Ovale (Abb. 129) – Ganzdarstellungen von Frauen kommen erst später – und ungestalte Köpfe oder Vorderkörper von Tieren. In allen gut erhaltenen Dokumenten, insbesondere in Abri Cellier, sind die Figuren systematisch angeordnet: rhythmische Zeichen – Vulva – Tier. Noch 10 000 Jahre später in Lascaux und 15 000 Jahre später in Sizilien werden die gleichen Elemente, von Realismus und Geschicklichkeit unberührt, immer noch anzutreffen sein, ihre Beziehungen ähneln denen, die zwischen den palöochristlichen Graffiti, den Mosaiken von Ravenna und den Fresken einer Basilika des 20. Jahrhunderts bestehen.

Wir können die ersten bekannten Manifestationen der Kunst nur »primitiv« nennen. Die primitive Kunst beginnt also im Abstrakten, ja sogar noch im Präfigurativen. Die Werke sind nicht, wie man geschrieben hat, eine Art spontanen Ausdrucks von Jagdfieber, der die Jäger veranlaßt hätte, die Umrisse ihrer nackten Göttinnen und der Mammuts und Rentiere ganz nach Inspiration oder Appetit hinzuwerfen. In Wirklichkeit haben wir hier eine sehr langsame Entwicklung (von mehr als 10000 Jahren) vor uns, die durch den Versuch

Abb. 129

gekennzeichnet ist, einen sprachlich bereits beherrschten Inhalt manuell umzusetzen. Weil es etwas auszudrücken gibt, konstruieren die Menschen des Paläolithikums diese Ansammlungen von Symbolen. Ich habe mich schon in Kapitel VI bemüht, die ersten graphischen Äußerungen in den Rahmen der Sprache zu stellen; hier wird es vielleicht deutlicher, daß die Kunst am Anfang abstrakt war und daß sie es an ihren Ursprüngen garnicht anders sein konnte.

Abstrakte Kunst: Abstrahieren heißt im etymologischen Sinne »etwas im Denken isolieren, einen Teil betrachten, indem man ihn aus dem Ganzen herauslöst«. Dem entsprechen die ersten Formen der prähistorischen Kunst aufs genaueste; sie greifen zunächst die expressiven Details heraus, den Phallus, die Vulva, den Kopf von Bison oder Pferd, und stellen sie zusammen, um so eine mythologische Ganzheit in Symbole umzusetzen und ein Mythogramm zu schaffen. In der Geschichte aller Künste ist der Rückgriff aufs Abstrakte als Ausgangspunkt, als Wiederaufgreifen, als Notwendigkeit in mancherlei Momenten wie der Schrift, der Heraldik oder der Werbung anzutreffen. Die Differenz zwischen Figuration und Techniken liegt genau in der zumindest relativen Freiheit ihrer Entwicklung.
Die erste Gewißheit, die uns die Daten vermitteln, ist die kohärente Weise, in der die figurative Kunst entsteht, ist ihr rasches Aufblühen;

zunächst und lange bevor die Figuren sich im Realismus organisieren, erscheinen die Spitzen des symbolisierbaren Denkens. Erst in den folgenden Jahrtausenden entfaltet sich sehr langsam der Realismus.

Realismus und Schematisierung: Es ist schwierig, diese Ausdrücke in einem Sinne zu verwenden, der vollkommen befriedigen könnte. Ich möchte die Bedeutung von »Realismus« auf eine fortgeschrittene Tendenz zur »exakten« Darstellung der Formen, der Bewegung und der Details beschränken. Manche Rentier- oder Pferdeabbildungen aus dem späten Magdalénien vertragen durchaus den Vergleich mit einer photographischen Abbildung der gleichen Bewegung. Wir dürfen sie daher durchaus als realistisch bezeichnen. Dennoch bleibt der Ausdruck in einem gewissen Sinne mißbräuchlich; die Einzelheiten des Fells etwa sind nicht wahrzunehmen, so daß immer noch eine gewisse Schematisierung in Form, Bewegung und Detail herrscht. Ein weiteres Phänomen kann hinzukommen, und wir finden es recht häufig bei Figuren auf Flechtwerk oder Geweben; die *Geometrisierung,* also die Reduktion der Bilder auf Dreiecke oder verschiedene andere geometrische Figuren, deren Bedeutung oft nicht einmal mehr dem Ausführenden bekannt ist. Der Ausdruck *Stilisierung* könnte ganz nützlich sein, wenn er nicht ausgesprochen unscharf und generell eher als Synonym für *Schematisierung* verwendet würde; besser wäre damit die je charakteristische Prägung einer bestimmten Region oder Epoche bezeichnet. Ein chinesisches Pferd aus der Han-Dynastie ist nach einer Formel *stilisiert,* in der der Realismus der Form, der Bewegung und des Details eine gewisse schematische Verzerrung erfährt, die nur bei einem Pferd der Han-Zeit anzutreffen ist. Wenn der Begriff der *Stilisierung* keinen präsise benannten Prozeß bezeichnet, hat er wenig Nutzen und sollte besser durch den Ausdruck *Stil* ersetzt werden.
Eine weitere Größe ist in die Überlegung einzubeziehen, die *Dekoration,* ein Verfahren, das allen Künsten, den plastischen wie den musikalischen oder gestischen, gemeinsam ist; Dekoration füllt die Leerräume der Komposition mit geeigneten dekorativen Zusätzen. Realismus, Schematismus, Geometrisierung und Dekoration sind Ausdrücke, die allgemein Verwendung finden und hier nur definiert werden, um Zweideutigkeiten in ihrer Bedeutung zu vermeiden. All diese Elemente kommen im Verlaufe der Evolution der paläolithischen Kunst ins Spiel und sollen uns darum als Leitfaden dienen.

Auf einem anderen Gebiete müssen wir die *räumliche Einschreibung* berücksichtigen, die sowohl in der *Komposition* als auch in der *Perspektive* hereinkommt. Schließlich nimmt der bildliche Ausdruck ein bestimmtes Verhältnis zum realen Universum ein, zumindest soweit dieses Universum von den Sinnen analysiert wird. Unabhängig von ihren Mitteln kann sich die Darstellung an die Realität halten, wie sie sich der gewöhnlichen Wahrnehmung darbietet, und ihr Ziel in einem vollkommenen Realismus finden, oder aber nach dem Ultrarealen im Phantastischen suchen, an das der Surrealismus anknüpft, oder schließlich das Infrareale im Nichtfigurativen anstreben.
Die Kombinationsmöglichkeiten zwischen diesen Ausdrücken werden mit unterschiedlicher Häufigkeit realisiert. In allen Künsten ist der Realismus mit einem gewissen Maß an Schematisierung verbunden, schließt aber die Geometrisierung aus, jedenfalls soweit diese nicht auf das Niveau der Komposition erhoben und zum Hauptelement der Raumintegration gemacht wird. Die Dekoration verbindet sich häufig mit dem Phantastischen, ohne jedoch den Realismus auszuschließen, oder sie orientiert sich auf eine Geometrisierung in ihren Elementen oder in ihrer Komposition. Die Paläontologie der Formen umfaßt nur einen kurzen Zeitraum, denn sie geht nicht über die Anfänge von *homo sapiens* hinaus, aber die Dokumente, die wir besitzen, scheinen noch auf einen wirklichen Anfang hinzudeuten, und es ist interessant zu sehen, in welch hohem Maße die gemeinsamen Werte der historischen Zeiten sich in diese Kunst einfügen, die doch bereits seit 7000 Jahren fossilen Charakter besaß, als die griechische Kunst ihre ersten Sprossen trieb.

Paläolithischer Realismus

Der Realismus mit seinen drei Aspekten der Form, der Bewegung und des Details entwickelte sich nur sehr langsam; er bildet eine beunruhigende Reifungsform im Leben der Künste. Man denke nur an die Statuen aus klassischer griechischer Zeit, aus der archaischen Epoche, aus der hellenistischen Epoche und an die der öffentlichen Parks und der Grabmonumente. Den gleichen Eindruck kann man leicht bei der ägyptischen oder der chinesischen Kunst gewinnen. Sieht man einmal vom individuellen Talent ab, das in allen Phasen der Entwicklung einer Kunst Meisterwerke hervorzubringen vermag, so scheint es, als drängte die Zeit alle Formeln zu einer Übereinstimmung von Bild und Realität. Mit anderen Worten, in den Künsten scheint es ein ähnliches Phänomen zu geben, wie wir es in der funktionellen Approximation in den Techniken aufgezeigt haben (siehe Kap. XII). Der Fluß der Zeit bringt unmerkliche Korrekturen hervor, die das Werk zu einem idealen Punkt führen, wo es sich nicht mehr vom Modell unterscheidet, oder zu einem so wunderbaren Gleichgewicht der Werte, daß es danach nur noch Wiederholung oder Niedergang geben kann. Dann müßte sich mit dem Wechsel der Ausdrucksmittel ein neuer Kreis öffnen. Dennoch ist die Parallelität zwischen beiden Phänomenen nicht total; in den Techniken entwickeln sich die Gegenstände tatsächlich hin zu einer funktionellen Perfektion, die durch die Erneuerung der Ausgangsmaterialien gestützt wird, und die angeführten Beispiele haben gezeigt, daß ihre Entwicklung aus Teilstücken besteht, die sich in eine einzige, stetig ansteigende Kurve einfügen. Bei der Kunst liegt die Sache anders. Der Einfluß der materiellen Mittel ist vernachlässigenswert gering; Ocker wird von den Malern auch heute noch verwendet, und er ist nicht besser als der, den die Maler des Aurignacien verwendeten. Es fehlt also der Rückhalt in neuen Materialien, und die Kunst kann sich lange Zeit im Kreise drehen, wie es etwa bei der chinesischen Kunst der letzten Jahrhunderte festzustellen ist. Auswege aus diesem Kreis bieten dann nur noch radikale Richtungswechsel, zuweilen sogar ein wirklicher Neubeginn, der eine neue Entwicklungskurve eröffnet. Solche Richtungswechsel und Neuanfänge werden fast stets durch sozio-ökonomische Umwälzungen ausgelöst, denn die Künste überleben nur selten für längere Zeit die inneren Transformationen einer Gruppe. Diese aus der Geschichte gewonnenen Einschätzungen gewönnen sicher viel, wenn sie sich durch eine entsprechende Entwicklung in der paläolithischen Kunst belegen ließen, und ein solcher Beleg scheint durchaus möglich.

Die Figuren von Stil I zeugen, wie wir gesehen haben, von einem Anfang im Abstrakten, in einem Schematismus, bei dem die Identifizierung der Formen denen möglich ist, die den Schlüssel dazu besitzen. Stil II umfaßt mit dem Ende des Gravettien und dem Beginn des Solutréen die Periode, deren Mittelpunkt etwa das Jahr 20000 vor unserer Zeitrechnung bildet. Die Abgrenzung gegen Stil I ist willkürlich, denn zwischen den verschiedenen Stilen gibt es keine merklichen Einschnitte; bei der Betrachtung von Kunstwerken der aufeinander-

folgenden Epochen bemerkt man lediglich, daß sie gemeinsam eine beträchtliche Fortentwicklung zeigen. Stil II wird durch einige Höhlen wie Pair-non-Pair in der Gironde (Abb. 130–131) oder Gargas in den Pyrenäen und durch zahlreiche Statuetten aus der Sowjetunion (Abb. 132), der Tschechoslowakei, Österreich und Frankreich illustriert. Aus diesen Werken spricht eine vollkommene Beherrschung des Stichels, und die »Venus«figuren von Kostienki, von Willendorf oder von Lespugue sind über jeden Verdacht eines Mangels an Geschicklichkeit erhaben. Die Vielzahl der Beispiele und die große geographische Verbreitung bezeugen einen höchst erstaunlichen Umstand, die Identität des figurativen »Kanons« von Rußland bis in die Dordogne, ein Umstand, der sehr wertvoll ist, um die einzelnen Merkmale zu bestimmen.
Versteht man unter Realismus das Streben nach Genauigkeit in Form, Bewegung und Detail, so zeigt Stil II nur einen recht geringen Grad von Realismus. Frauen, Bisons, Auerochsen und Pferde folgen derselben Konvention: an einen zentralen Kern, den Körper, werden Attribute angehängt, die eine Identifizierung ermöglichen. Bei der Masse des Körpers werden Kopf und Glieder oft nur angedeutet, und auch in den besseren Fällen stehen sie in keinem Verhältnis zum Körperblock. Bei den Tierfiguren sind die Rückenlinien bei allen Arten nahezu identisch; Hörner und ein Bartbüschel beim Bison, eine Mähne und ein etwas feineres Maul beim Pferd ermöglichen mit der größtmöglichen Ökonomie eine eindeutige Bestimmung. Die Frauenfiguren sind jene seltsamen Statuetten, die man als »Venus des Aurignacien« oder als »Fettsteißfiguren« bezeichnet und in denen man ein Porträt der Menschen des Paläolithikums erblickt hat. An einem massiven Körper hängen gewaltige Brüste, der Kopf zeigt keinerlei Einzelheiten, die Arme sind nur angedeutet, die kurzen und schematisierten Beine laufen von den Oberschenkeln her spitz zu. Vergleicht man die Figuren von den beiden entgegengesetzten Enden Europas, so trifft man schwerlich auf eine konventionellere, stärker stereotypisierte Kunst als diese. Dieser Umstand entspricht im übrigen der oben getroffenen Feststellung, wonach die Pulverisierung der Kulturen im oberen Paläolithikum noch wenig fortgeschritten ist. Keinerlei Bewegung ist in den Tieren noch in den Menschenfiguren wahrzunehmen, allenfalls noch die der Arabeske, die jedoch häufig eine bewundernswerte Kraft besitzt. Die Einzelheiten fehlen praktisch völlig oder sind nur schwach angedeutet. Einige dieser Werke sind durchaus bewun-

Abb. 130

Abb. 131

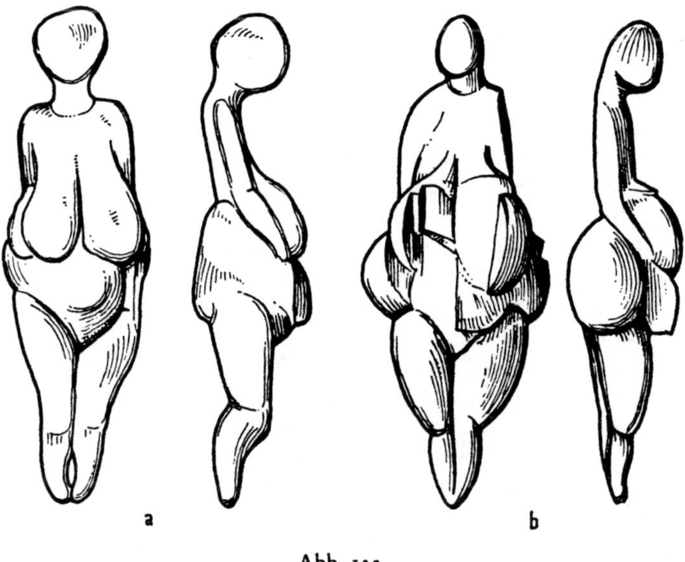

Abb. 132

dernswert, wenn man sie im Sinne dieses konventionellen Gerüstes und ohne ein Vorurteil hinsichtlich ihrer Genauigkeit betrachtet. Die konventionellste dieser »Venusfiguren«, die von Lespugue, gehört zu den zeitlosen Meisterwerken der Bildhauerei.

Stil III ist noch besser dokumentiert; zu ihm zählen Flachreliefs wie die vom Roc de Sers in der Charente und einige reich ausgeschmückte

Höhlen wie Le Gabillou oder Lascaux in der Dordogne. Zeitlicher Mittelpunkt dieses Stils ist das Jahr 15 000 vor unserer Zeit, das entspricht dem jüngeren Solutréen und dem Beginn des Magdalénien. Diese Periode bildet den Gipfel der archaischen Entwicklung. Als Stadium entspräche sie etwa der chinesischen Kunst der Han-Zeit, der ägyptischen Kunst aus der IV. Dynastie, der archaischen griechischen Kunst und der römischen und byzantinischen Kunst. Diese Parallelität gründet nicht auf einem bloßen Eindruck, sondern auf sehr prägnanten inneren Merkmalen. Die Darstellung der Lebewesen folgt keiner maßgerechten Transposition der Proportionen, sondern einer rein affektiven Umsetzung anatomischer Merkmale. Der Kanon bleibt primitiv; die Stiere und Pferde von Lascaux (Abb. 133–134) wirken wie aufgeblasene Schläuche, und trotz der Flexibilität der Umrißlinien sind die Glieder wie Pflöcke eingesetzt, deren Integration oft nur sehr oberflächlich erscheint, und die Perspektiven bleiben der bloßen Konvention verhaftet. Jede Figur steht für sich selbst, und innerhalb jeder einzelnen Figur führt jedes Teil ein Eigenleben und bewahrt nur das notwendige Minimum eines Zusammenhanges mit dem Ganzen. Die Ausführung zeugt von einer vollkommenen Beherrschung der Farbe und des Stichels. Wie in den zum Vergleich angeführten Künsten rufen die Werke des Stils III einen Eindruck von Kraft und Jugend hervor, der in der Folge nicht mehr erreicht wurde (Abb. 135). Dieser Eindruck rührt daher, daß der Realismus eine Aufforderung bleibt und nicht zur Kopie wird; das geheimnisvolle Leben der archaischen Figuren gleicht dem der merkwürdig geformten Steine oder Wurzeln, sie beläßt dem Betrachter einen Freiraum, einen gewissen Appetit, sie eröffnet einen suggestiven Weg. Dieses Phänomen entspricht etwa dem Bestreben der chinesischen oder japanischen Töpferei, in die Umrisse eine ganz leichte Störung einzubauen und damit eine bewußte Unvollkommenheit zu schaffen. Mit Sicherheit sind die alten Darstellungen von galoppierenden Pferden lebendiger und darum auch wirklicher als die kalt exakten photographischen Momentaufnahmen, denn dem Unbewegten läßt sich Bewegung nur durch das Nebeneinanderstellen verschiedener Zeiten oder durch eine gewisse motorische Inkohärenz einflößen. Niemand vermag zu sagen, welche Bewegung bei den Tieren von Lascaux genau gemeint war; sie bewegen sich in einem seltsamen, widersprüchlichen Wirbel.

Dennoch zeigen sich bereits erste Anzeichen eines Realismus der

Abb. 133

Abb. 134

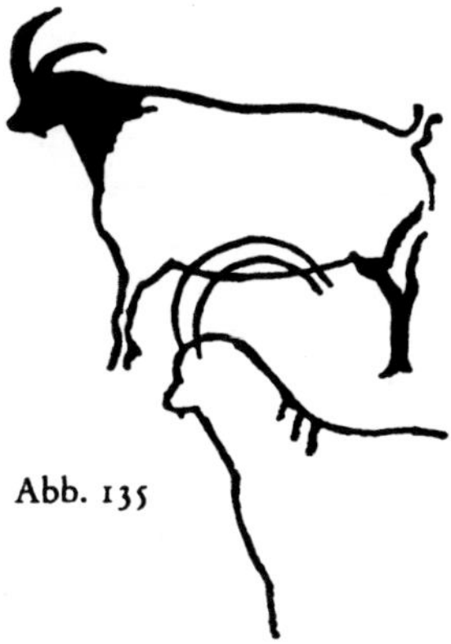

Abb. 135

Abb. 136

Bewegung. Manche Glieder sind verrenkt, um eine Bewegung auszudrücken; ein Pferd ist wirklich aufgebäumt, andere traben doch schon recht überzeugend. Im übrigen handelt es sich hier um recht späte Werke aus Stil III. Auch der Realismus des Details kommt langsam auf. Im Verlaufe der Geschichte von Lascaux sind bei mehreren Pferden die Ohren zwei- oder dreimal neu und in mehr oder weniger genauen Stellungen gemalt worden (Abb. 136); bei einigen Hirschen wurde das archaische Geweih weggewaschen und durch ein neues, in der Perspektive korrigiertes ersetzt. Die fortschreitende Bewältigung des Realismus wird in der Sorgfalt spürbar, mit der die Figuren ausgeführt werden, in den detailliert gezeichneten Fellen und in den durchgearbeiteten Augen und Nüstern.

Die paläolithische Kunst hat noch einen langen Weg vor sich, bevor sie in den Akademismus mündet, der für Stil IV charakteristisch ist. Dieser Stil umfaßt das mittlere Magdalénien (älterer Stil IV) und das jüngere Magdalénien (jüngerer Stil IV) – etwa 13 000–11 000 und 10 000–8000 vor unserer Zeit. Mehrere Dutzend mit Malereien oder Gravuren versehener Höhlen, darunter Altamira in Spanien und Niaux in Frankreich, markieren den Gipfel der Entwicklung; Tausende verzierter Gegenstände bilden eine höchst solide Basis für die Dokumentation und zeigen, bei regionalen Variationen, die bemerkenswerte Einheit der Traditionen. Stil IV ist eine Periode klassischen Glanzes. Es bleibt gerade genug Differenz zwischen Darstellung und platter Wirklichkeit, daß der Geschmack der Figuren spürbar wird, und in der Ausführung herrscht eine Feinheit, die der anekdotischen Lebendigkeit schon nahe kommt. Die Kunst ist inzwischen bereits ein sehr altes Handwerk, und der Realismus zeigt sich auf allen Ebenen. Der Realismus der Aktion zeichnet sich jedoch noch kaum ab. Bis in den neueren Stil IV führen die Elemente des Dekors weiterhin ein Eigenleben, bleiben sie voneinander und vom Rahmen unabhängig. Wir kennen nur drei oder vier Beispiele von Szenen, die alle das gleiche Thema haben, den Angriff eines Bisons oder eines Bären auf einen Menschen. Der Realismus der Formen, der Bewegung und des Details setzt sich immer deutlicher durch. Die Bisons von Altamira (Abb. 137) wirken noch wie aufgehängt in einem irrealen Raum, aber trotz des Fehlens primärer Geschlechtsmerkmale werden die Stiere mit größter Genauigkeit wiedergegeben, und die Abbildungen von Bisons, die sich im Staub wälzen, besitzen bereits eine große Wirklichkeitsnähe. In Niaux scheinen die Füße der Tiere schon auf dem Boden zu stehen, und die Haltungen haben einen deskriptiven Charakter gewonnen, der schon recht weit fortgeschritten ist (Abb. 138). Deutlicher noch wird die Entwicklung in den Einzelheiten des Fells und im Spiel der Lichter auf der Haut. In der Kunst der Felsmalerei und in der beweglichen Kunst bildet sich ein echter Code heraus, der im gesamten franko-kantabrischen Raum der gleiche ist; er bestimmt, wie das Fell des Steinbocks, des Bisons, des Pferdes (Abb. 139) oder des Rentiers dargestellt werden muß, und ist so präzise, daß sich noch

Abb. 137

Abb. 138

Abb. 139

Abb. 141

Abb. 140

aus dem Bruchstück einer Skulptur bestimmen läßt, welches Tier sie einst darstellte.

Von diesem Punkt an bleibt der paläolithischen Kunst nur noch ein Zeitraum von zwei- oder dreitausend Jahren zu durchlaufen, das Optimum ist bereits überschritten. Im jüngeren Magdalénien entstehen noch schöne Werke, wirklich große Werke gibt es nicht mehr. Die großen Höhlenmalereien kommen außer Gebrauch, die Skulptur verschwindet völlig, und die Gravuren auf Steinstücken oder Hirschge-

weihen zeigen Tiere, deren beste einen photographischen Realismus erreichen (Abb. 140 und 141). Die paläolithische Kunst verlöscht um 8000 vor unserer Zeit mit der Veränderung ihrer Existenzbedingungen. Möglicherweise geht ihr Erbe in die proto-agrikulturellen Kulturen ein, deren Zentren sich in den Mittelmeerraum verschieben, aber es bleibt vernachlässigenswert gering, und andere Künste brechen zu neuen Zyklen auf.
Die Entwicklung des Realismus in der paläolithischen Kunst zeigt – buchstäblich in Zeitlupentempo und unter idealen Bedingungen, denn die kulturellen Interferenzen sind schwach oder gar nicht vorhanden –, daß die bildliche Darstellung einem Reifungsprozeß unterliegt, dessen Etappen an ein der technischen Erfindung ähnliches Phänomen gebunden sind; die Kumulation graphischer oder plastischer Innovationen ist auf eine immer engere Annäherung an die exakte physische Darstellung ausgerichtet. Mit Ausnahme der Meisterwerke wird der Gewinn an Präzision durch eine Erstarrung der in den Werken mitgeteilten Eindrücke erkauft, die Geschicklichkeit erhält wachsende Bedeutung, und in einem irreversiblen Prozeß wird die Kunst zunehmend akademisch und fade. Der Kulminationspunkt dieser Entwicklungslinie wird in dem Augenblick erreicht, da die Techniken ausgereift, aber die visuelle Integration noch vollkommen der physischen Realität der dargestellten Objekte unterworfen ist.

Die Geometrisierung: Im historischen Bereich ist die Geometrisierung ein gut gesichertes Phänomen. Aus Gründen, die in den verwendeten Materialien liegen, man denke etwa an die Erfordernisse des Webens oder der Korbflechterei, erhalten die figurativen Elemente eckige Konturen und werden schließlich fortschreitend zu geometrischen Figuren, die keinerlei Bedeutung mehr haben. Andere Formen bietet die Keramik, Formen, die der Anbringung eines umlaufenden Vasenschmucks oder rasch mit dem Pinsel ausgeführter Sujets geschuldet sind. Diese Formen kommen zunehmend in Gebrauch und erhalten schließlich geometrische Gestalt. Diese Entwicklung erfolgte in der Regel nur bei Dekorationsverfahren, bei denen der Rhythmus ja bedeutsamer ist als das Sujet, und man kann sagen, daß seit dem Neolithikum alle Künste Bereiche aufweisen, in denen es zu solch einer Geometrisierung kam. In der paläolithischen Kunst erscheint dieser Vorgang auf zwei verschiedenen Wegen. Der erste Weg ist der übliche und bestätigt nur die allgemeine Regel. Vom Aurignacien bis ins späte Magdalénien lassen sich die verzierten Gegenstände drei Gruppen zuordnen. Die erste Gruppe bilden die Figurinen, die ihre ganze Bedeutung in sich selbst tragen; die zweite und dritte Gruppe bilden Gegenstände, die eine technische Verwendung haben, sei es langfristiger Art, wie die Lochstäbe, sei es kurzfristiger Art, wie die Harpunenspitzen. Die dauerhaften Gegenstände tragen elaborierte Gravuren oder Schnitzereien und zeigen einen ihrer Epoche entsprechenden Grad von Realismus. Die kurzlebigen Gegenstände sind – durchaus ökonomisch – mit sehr einfachen Gravuren verziert, die in der Regel auf geometrische Formen hinauslaufen, Kreissegmente, Kreuze, Rhomben usw ... Wie in den späteren Kulturen sind es technische Anforderungen, die eine Geometrisierung des Dekors nahelegen. Diese technischen Erfordernisse bestimmen eine der Schriftentwicklung vergleichbare Evolution, d. h. den fortschreitenden Verlust des dargestellten Sujets und die Herausbildung einer Folge von Zeichen (Abb. 142). Die Geometrisierung erscheint so als ein Aspekt extremer Schematisierung.

Die Menschen der Altsteinzeit gelangten noch auf einem anderen Wege und unter recht sonderbaren Bedingungen zur Geometrisierung. Ich habe bereits darauf hingewiesen, daß der gesamten paläolithischen Kunst Europas ein mythographisches Thema zugrunde liegt, das für uns undurchschaubar bleibt und in ein und derselben Gruppe den Mann, die Frau, das Bison und das Pferd zusammenbringt. In Stil I kennen wir männliche oder weibliche Darstellungen, die auf die realistische Abbildung von Sexualsymbolen beschränkt sind (Abb. 84 und 85). Schon sehr bald, vielleicht sogar noch in der präfigurativen Phase, vermischen sich die männlichen Symbole mit den Strichreihen oder Punktfolgen, wenngleich der Realismus zuweilen bis ins Magdalénien hinein wieder auftaucht. Die weiblichen Symbole werden durchgängig durch Ovale oder Dreiecke ausgedrückt, die zum Teil von einem Mittelstrich in zwei Hälften geteilt werden. Aber mit Stil II werden diese Figuren immer häufiger durch gekästelte Ovale oder Kreise ersetzt. In Stil III werden sie zu Vierecken, die eine schachbrettartige Rasterung besitzen, wie die »Wappen« von Lascaux (Abb. 143). Wenngleich der paläolithischen Kunst in aller Regel Beschäftigungen zugrunde liegen, die auf die Reproduktion ausgerichtet sind, und obgleich man zuweilen auf ithyphallische menschliche Figuren oder auf Männchen, die ihrer primären Geschlechtsmerkmale beraubt sind, trifft, ist die überwältigende Mehrzahl der Figuren doch

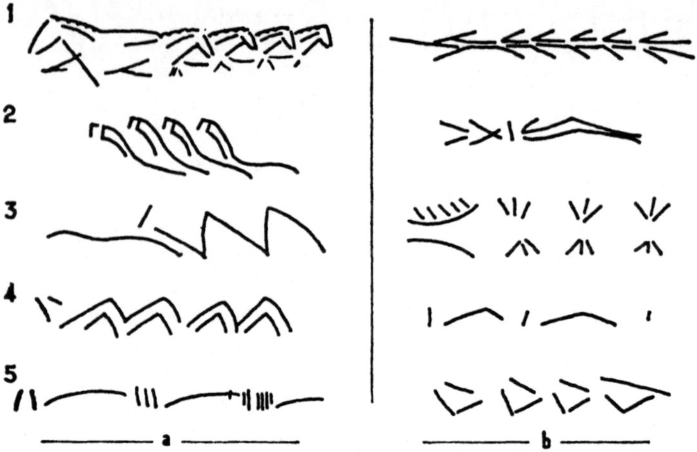

Abb. 142

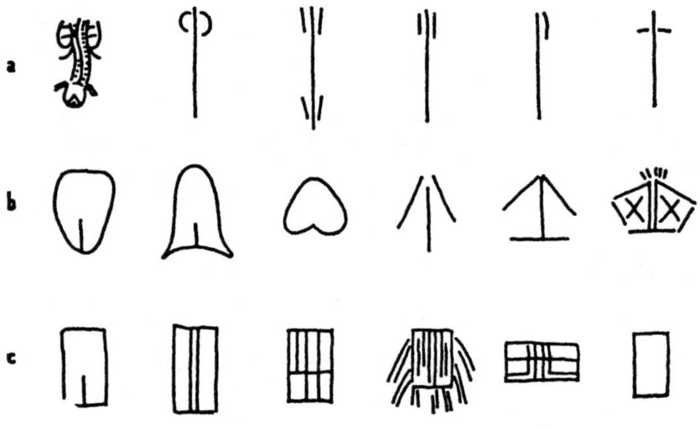

Abb. 143

frei von solchen Zeichen. Außer einigen Details in Fell, Gehörn und Umriß unterscheidet nichts die Männchen von den Weibchen, die dennoch häufig zu Paaren angeordnet sind. Keine einzige Paarungsszene, weder von Menschen noch von Tieren, ist mit Sicherheit nachgewiesen. Es scheint, als hätte in diesem Bereich eine starke moralische oder magische Restriktion geherrscht, woraus sich vor allem in Stil III und im älteren Stil IV die Eingliederung der sexuellen Symbole in die geometrischen Formen erklärt, die sie nahezu unkenntlich macht. Die figurative Esoterik ist praktisch zeitgleich mit der Kunst selbst. Weit davon entfernt, ein spätes Phänomen zu sein, ist sie direkt mit der Tatsache verbunden, daß die Figuren Symbole sind und keine Kopien. Einer der Irrtümer der Historiker über die paläolithische Kunst besteht darin, unter modernen Kriterien Manifestationen zu beurteilen, die *einfach* sein mußten, weil primitiv, und *nutzlos*, weil künstlerisch. Einfach sein heißt aber nicht, die Haare im Schwanz eines Mammuts zählen, damit man sie nicht vergißt; *einfach* bedeutet: die Verbindung der Wortsprache mit der Formensprache. Der beste Beweis, den man für die Existenz einer Sprache im oberen Paläolithikum erbringen kann (falls es dessen überhaupt noch bedarf), liegt gerade in der Tatsache, daß die Figuren ohne Sprache gar nicht verständlich waren. Es ist darum besonders wichtig festzuhalten, daß die Figuren sich schon 20 000 Jahre vor unserer Zeit selbst von dem relativsten Realismus entfernen und die Gestalt von ebenso konventionellen Zeichen annehmen konnten, wie wir sie auch in der Schrift vor uns haben.

Die Dekoration: Die Bedeutung des Ausdrucks *Dekoration* ist recht fließend, und oft liegt die Dekoration mehr in der Intention, die man mit ihr verbindet, als in den eigentlichen Elementen. Eine antike Marmorstatue, die das Kompositionszentrum eines Tempels bildete, kann in einem Park nur eines der Dekorationselemente sein; die dekorative Intention selbst ist flüchtig, denn in einem Heiligtum sind die großen Wandfresken im gleichen Maße Dekorationselemente wie die Laubgirlanden. Der gemeinsame Wert liegt offenbar in der Tatsache, daß die Dekoration eine Vorstellung von der Komposition und von der Raumintegration schafft, dies aber, indem sie eine Art Hierarchie der Werte, eine Unterscheidung zwischen den wichtigeren und den unwichtigeren Formen der Kunst einführt. Es ist angebracht, sich zu fragen, ob der Begriff der Dekoration im Paläolithikum unter seinen normalerweise komplementären Aspekten überhaupt anwendbar ist: dem Aspekt der Organisation von Oberflächen und Volumen durch Figuren von geringerem Charakter oder geringerwertiger Plazierung. In der Felskunst, mit der wir uns unter dem Blickwinkel der Komposition noch befassen werden, fehlen die im üblichen Sinne dekorati-

Abb. 144

ven Elemente vollkommen; die Höhlen gleichen Kirchen, in denen man außer Statuen und Fresken alle überflüssigen Elemente, die ganze Anfüllung mit Kapitellen, Simswerk oder Vergoldungen beiseitegelassen hätte. Die Füllung der Oberflächen mit geometrischen Motiven ist dennoch bei den Werken anzutreffen, die uns zeitlich am nächsten stehen, bei den neolithischen Konstruktionen von Catal Hüyük in Anatolien (Abb. 144), die 2000 Jahre vom Magdalénien trennen. Andererseits gibt es im Paläolithikum zahlreiche verzierte Gegenstände in der beweglichen Kunst. Seit dem Aurignacien finden sich manche Gegenstände wie Stichel und Lochstäbe von einer offenbar dekorativen Hülle aus realistischen oder geometrischen Figuren überzogen. Etwas später, nach dem Solutréen, kommen Speerschleudern, Speere und Harpunen hinzu, und man kann sich vorstellen, daß die Menschen des Magdalénien ihre Waffen und Werkzeuge dekorierten, wie es einst bei uns und so ziemlich auf der ganzen Erde geschah. Über den ästhetischen Aspekt dieser Annahme besteht sicher kein Zweifel. Die Dekoration der Gegenstände steht im Gleichklang mit der Form des Werkzeugs, und die bemerkenswerte Bearbeitung der meisten Werke erfüllt die Anforderungen einer Integration der Verzierung vollkommen. Aber der zweite Aspekt, den wir mit der Dekoration verbinden, die Zweckfreiheit, ist mit Sicherheit irrig, denn der

Dekor hatte nicht nur einen Sinn, er hatte auch eine Funktion, und die figurative Hülle noch des geringsten Speers unterscheidet sich in nichts von den Verzierungen der Höhlen. Wenn das Loch des durchbohrten Stabes von Bisons umgeben und der Schaft mit Pferden verziert ist, so dürfte dies zweifellos darauf zurückgehen, daß der Gegenstand in seinem Loch dem weiblichen Symbol des Bisons und in seinem Schaft dem männlichen Symbol des Pferdes entsprach. Diese Feststellung wird noch dadurch erhärtet, daß zahlreiche Lochstäbe statt des Tierpaares die Symbole des menschlichen Paares tragen. Die Speere, die in die Wunde wie ein männliches Organ eindringen, tragen Pferdehaare, die zuweilen bis zu bloßen geometrischen Elementen schematisiert sind; auf Harpunen ist als Verzierung vielfach der Fisch anzutreffen, gleichfalls ein männliches Symbol. Diese Feststellungen stehen im Einklang mit meinen Bemerkungen über das Verhältnis von Sprache und Figuration. Die Gegenstände »sprechen« seit dem Aurignacien, und sie tun dies weiterhin in den meisten Kulturen, die Bedeutung und Figuration noch nicht voneinander getrennt haben. In gewissem Umfang gilt dies auch noch für die Hochkulturen; in Japan könnte man es sich nicht vorstellen, im Frühjahr ein Chrysanthemenbild aufzuhängen; unter den Verzierungen eines Bischofsstabes suchte man sicherlich vergebens nach Bacchanten, und den Degen eines Mathematikers des Institut de France sähe man wohl kaum mit Mandolinen verziert. Aber seit der Antike gibt es in China wie im Mittelmeerraum eine Trennung zwischen dem allegorischen Thema und den Dekorationselementen.

Die *Komposition:* Die Komposition steht in Zusammenhang mit der Bedeutung der Figuren und dem Gleichklang der Formen im Raum. Wie wir gesehen haben, benutzten die Menschen des Paläolithikums die Bilder wie Mythogramme, und wir können darum annehmen, daß die mit Bedeutung versehene Komposition am Ursprung des figurativen Dispositivs präsent ist. Die figurative Syntax ist untrennbar mit der Syntax der Sprache verbunden. In der Tat versammeln bereits die ältesten bekannten Figuren, die Aurignacien-Stücke von La Ferrassie oder Abri Cellier, Tiere, Strich- oder Punktfolgen und weibliche Ovale in mehrfacher Wiederholung, die sich schließlich auf die Länge ganzer Höhlen ausdehnen; diese Ansammlung entspricht somit dem ersten Teil der Erfordernisse von Komposition. Erstaunlich an den Hunderten bekannter Beispiele ist die Freiheit in der Zusammenstel-

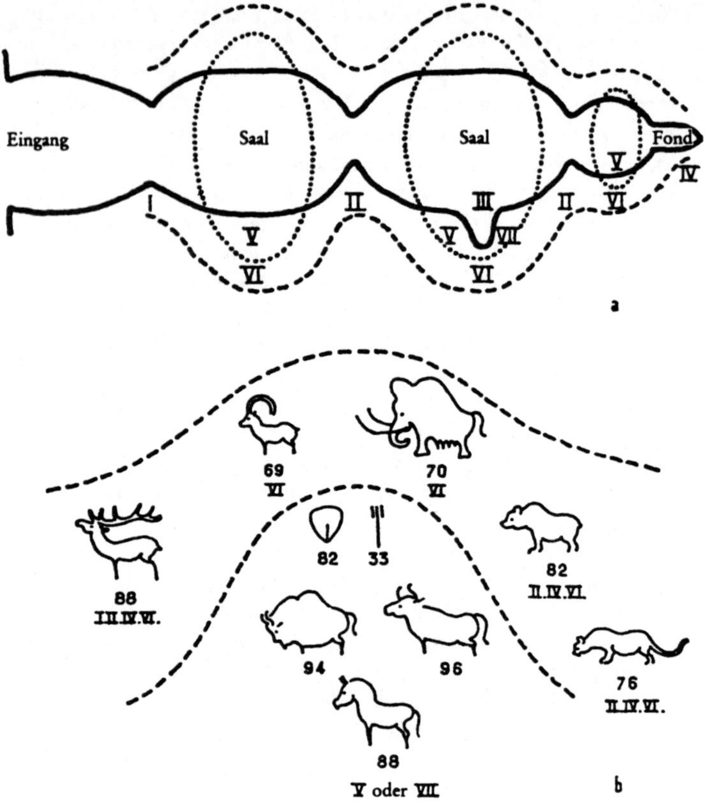

Abb. 145

lung der Elemente, eine Freiheit, die lange zu der Auffassung Anlaß gab, daß hinter ihnen keinerlei Ordnung stünde. Ganze Herden von Bisons, willkürlich dazwischen gestreute Pferde, ein einzelner, improvisiert wirkender Hirsch, dies war schon geeignet, den modernen Blick fehlzuleiten. Das räumliche Gleichgewicht der Formen ist, falls es existiert, nicht von der gleichen Art wie das Gleichgewicht, das seit dem Neolithikum herrscht, und das ist wieder einmal garnicht anders zu erwarten, weil die bäuerliche Seßhaftigkeit, wie wir gesehen haben, zu einer Umgestaltung des Weltbildes führt. In anderen Arbeiten habe ich gezeigt, wie ich aufgrund einer topographischen Statistik der Felsmalereien den Versuch gemacht habe, die Prinzipien aufzudekken, aus denen die dichten Ensembles von Altamira oder Lascaux hervorgegangen sein könnten. Diese Prinzipien der räumlichen Komposition gehören einer eigentümlichen Ordnung an, die aber vollkommen im Einklang mit dem Ausgangspunkt der bildenden Kunst steht. Die »statistische« Höhle (Abb. 145), das kumulierte Bild von 25 wirklichen Höhlen, scheint in der gleichen Weise verziert zu sein wie die Gegenstände. Die Grundlage bildet ein Mann-Frau-Symbolismus, der von der Topographie der Höhlen inspiriert ist. Deren Verengungen und Nischen bieten sich als ebensoviele weibliche Symbole dar, die durch männliche Symbole vervollständigt werden: Punktreihen, Pferde, Steinböcke und Hirsche. Im rückwärtigen Teil der Höhle, in der letzten Kammer, treffen die stärksten männlichen Symbole zusammen: der Mann selbst, der Löwe und das Rhinozeros. Die größten Wände der Zwischensäle tragen das vollständige Mythogramm des Rind-Pferd-Paares sowie männliche und weibliche Symbole, die häufig von komplementären männlichen Symbolen umgeben sind: von Mammutfiguren oder Steinböcken (Abb. 146). In diesen Kompositionen beruht die räumliche Organisation auf dem Sinn und nicht auf dem Streben nach einem Gleichgewicht, das erst nach vielen Jahren der Zivilisation entstanden ist. Die Gliederung ist nicht anarchisch, sie entfaltet sich auf den Flächen oft ohne besondere Rücksichtnahme auf deren besondere Gegebenheiten, dafür aber auch ohne Rigidität. Die Syntax wird in ihren groben Zügen in Lascaux deutlich. An mehreren Stellen stehen Stiere, die durch ein Pferd vervollständigt werden, einer Gruppe von Kühen gegenüber, die ihrerseits durch eine Herde kleiner Pferde ergänzt wird. Die isolierten männlichen Zeichen stehen bei den Stieren, und die weiblichen sind durch Reihen von Kühen ergänzt. Die intellektuelle Integration des Raumes ist also vollkommen, aber wie der Realismus so ist auch das räumliche Gleichgewicht eine spätere Errungenschaft, die am Ende des Magdalénien kaum erst in Andeutungen vorhanden ist.

In der Tat scheint das subtile Spiel von Symmetrie und Asymmetrie in den Figurengruppen und das Spiel der Felder oder der Perspektive dem Realismus der Bewegung zu folgen, der auf dem asymmetrischen Spiel der im Ensemble wahrgenommenen Glieder beruht. Obgleich der Realismus der Bewegung schon vor dem Magdalénien entwickelt wurde, haben wir gesehen, daß die Fähigkeit zur Konstruktion iso-

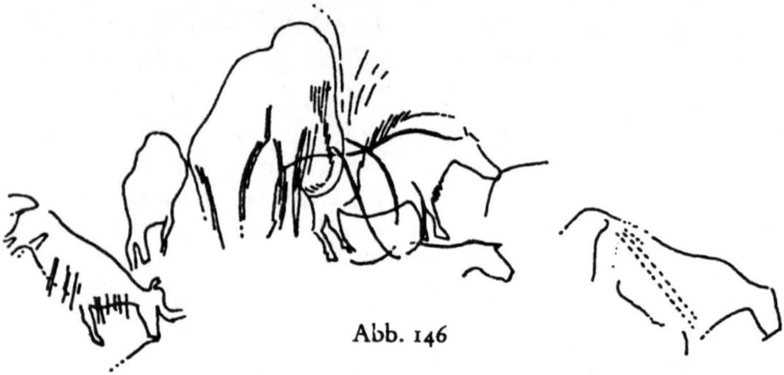

Abb. 146

Abb. 147

Abb. 148

lierter Figuren selten und unvollkommen ausgebildet ist. In den besseren Fällen werden lebendige Bewegungen Glied für Glied umgesetzt. Genau wie der Realismus der Form sind Komposition und bewußte Bewegung eine äußerst mühsame Errungenschaft ausgereifter Künste. Es bedürfte übrigens lediglich noch der Skizze einiger Bäume, eines Dorfes oder auch nur einer Bodenlinie, und die paläolithische Kunst stünde mit einem Schlage auf dem Niveau der assyrischen Kunst; aber hierin liegt gerade ein charakteristischer Zug der paläolithischen Kunst: das Fehlen jeglichen Elements, das dem mythographischen Thema fremd wäre. Die paläolithische Kunst zeigt keinerlei erzählerische Themen; mit Ausnahme des Mannes, der von einem Bison niedergestreckt wird (Abb. 147), bildet sie keinerlei Handlung ab, allenfalls die Haltungen von Tieren, die gerade so gut Attribute darstellen, so etwa die springenden Bisons von Altamira – in Wirklichkeit wohl Darstellungen männlicher Exemplare, die sich im uringetränkten Staub wälzen, um damit später das Territorium abzugrenzen, indem sie sich an Bäumen reiben (Abb. 148). Die späteren Künste und selbst die der heutigen Primitiven bieten nichts, was dem paläolithischen figurativen System wirklich vergleichbar wäre. Die Felsmalereien Afrikas etwa, auf denen Tiere in noch wenig erforschten Anordnungen abgebildet sind, kommen dem vielleicht nahe, allerdings finden sich hier auch handelnde Personen, Szenen aus dem Krieg, vom Sammeln und aus der Familie, Kompositionen mythographischen Charakters zwar, die aber einen erkennbaren narrativen Gehalt besitzen. Die Gravuren in den Höhlen Süditaliens, die mit Sicherheit der gleichen Inspiration folgen wie die unseren, aber aus dem jüngsten Paläolithikum stammen, zeugen von einem Wendepunkt im figurativen System (Abb. 149). Hier trifft man in der gleichen scheinbaren Unordnung auf Paare von Auerochsen, Pferden und Damhirschen, aber sie zeigen einen weit fortgeschrittenen Realismus der Formen und der Bewegung und sind in Gruppen auf imaginären Bodenlinien angeordnet. In großer Zahl finden sich Männer und Frauen, aber sie sind bewaffnet, tanzen, gehen, sitzen oder liegen auf dem Boden.

In einer anderen Richtung wiederum zeigt auch die Kunst der Primitiven gemalte, gravierte oder bildhauerische Mythogramme im Überfluß, aber die Figuren besitzen entweder einen streng hieratischen Charakter wie die Totempfähle Britisch-Kolumbiens und die afrikanischen Statuen, oder die stereotypen Elemente werden akkumulativ wiederholt wie in der Felsenkunst Australiens oder der Dogon, oder aber die Komposition ist in narrativen Szenen organisiert wie in der Piktographie der Eskimos oder in der Malerei der Rothäute.

Einer der interessantesten Aspekte der paläolithischen Kunst liegt in ihrer Nähe zum Ursprung der Figuration. Sie beginnt beim Nullpunkt der Bilder, die sich als abstrakte Ansammlungen präsentieren, und entwickelt sich individuell hin zum photographischen Realismus, ohne daß die Komposition mehr als Konsistenz in den Figuren erreichte. Das folgende Stadium, in dem die Komposition ein narratives Gerüst erhält, beginnt erst zu dem Zeitpunkt, da die paläolithische Kunst verschwindet.

Perspektive: Wenn das Stadium der Komposition nur teilweise über eben jene Entwicklung erreicht wird, die zum Realismus der Formen und Bewegungen führt, so folgt die Perspektive genau dem gleichen Weg, denn in der Tat sind Realismus der Formen, Komposition und Perspektive eng miteinander verbunden. Die Perspektive der isolierten Bilder wurde bereits in Stil III realisiert, und Lascaux bietet zahlreiche Beispiele dafür. Zum Ausdruck kommt sie in einer Fluchtkonvention, in der Zeichnung der Hörner, im Ansatz der Ohren und in der Modellierung der Körperblöcke und Glieder. Mit Sicherheit erreicht man diese Perspektive im Verlauf des Stils III, etwa um 15 000 vor unserer Zeit, denn, wie bereits vermerkt, wurden die Figuren von Lascaux mehrfach verändert, um ihnen eine Perspektive zu geben, die der optischen Wahrheit besser entspricht. In Stil IV werden die Hörner und Ohren in einer Perspektive wiedergegeben, die bereits große Ähnlichkeit mit den Darstellungsformen in den Hochkulturen besitzt; die Körperkonturen erhalten einen absolut konventionellen Charakter (Abb. 150). Ein bemerkenswerter Zug in der paläolithischen Kunst liegt darin, daß die Figuren mit Ausnahme von Stil I und II eine optische Wiedergabe erreichen, die in den bäuerlichen Hochkulturen des Mittelmeerraumes und Asiens erst sehr spät bekannt war, während die Anordnung der Figuren auf einem erstaunlich elementaren Niveau bleibt. Die Verteilung der Tiere oder Zeichen entspricht zunächst den Erfordernissen des Mythogramms und sodann dem ästhetischen Gleichklang der Massen, aber es gibt keinerlei Hinweis, daß man auf eine Verteilung der Ebenen achtete, desgleichen sucht man selbst nach szenographischen Elementen, die auf dem Niveau der australischen Tschuringa stünden, vergeblich; und wichtiger noch, es finden sich keine abfallenden oder nach verschiedenen Ebenen gegliederten Darstellungen, wie wir sie in der afrikanischen Felskunst antreffen, noch auch Transparenzeffekte, bei denen die Organe durch das Tier hindurch zu sehen sind, noch endlich Effekte abnehmender Stufenfolgen. Die Komposition ist optisch in den Figuren, in den Beziehungen fehlt ihr aber jede szenographische Organisation. Die Gravuren in der Höhle von Addaura in Süditalien, die ihrem

Abb. 149

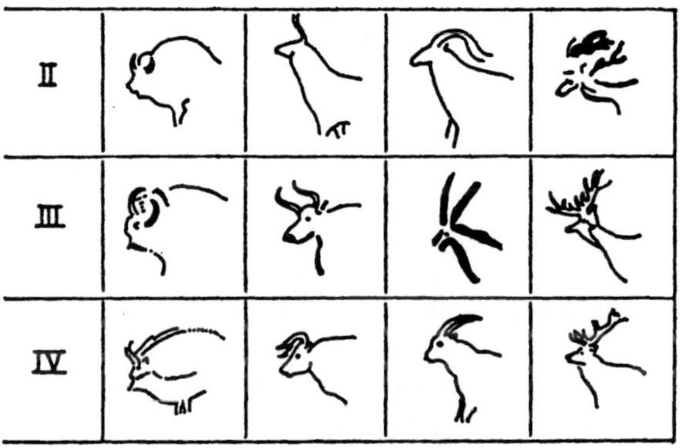

Abb. 150

Inhalt nach durchaus paläolithisch sind, gehören bereits einer anderen Welt an, und dies wegen der Position der Figuren, die einen Kreis tanzender Männer und eine schräg verlaufende Linie gehender Personen darstellen.

Es fragt sich, ob die Perfektion der Elemente und der oberflächliche Charakter ihrer Verbindung nicht im Zusammenhang mit der Evolution der Sprache stehen und ob die Pferdejäger wohl über ein gut geeignetes technisches Vokabular, nicht aber über eine Syntax von mehr als nur elementarem Niveau verfügten. Es ist durchaus möglich, daß eine solchermaßen ausgerichtete Untersuchung der paläolithischen Kunst auf linguistischer Ebene zu unverhofften Ergebnissen führt.

Wir haben gesehen, unter welch paradoxen Bedingungen die früheste bildende Kunst entsteht; diese Bedingungen haben sich nur in Ausnahmefällen nochmals eingestellt, denn in der Folgezeit gibt es keine isolierte Kunst mehr. Die Zyklen laufen ab, sie gehen jedoch wahrscheinlich nie aus dem Nichts hervor, denn selbst die Australier kamen mit melanesischen Ideologien und Symbolen in Berührung. Es ist hier nicht möglich, sämtliche Aspekte der historischen »primitiven« Kunst in die Überlegung einzubeziehen, nützlich wird es jedoch sein, die klassische Kunst mit ihrem wirklichen Antipoden zu konfrontieren. Diese Gegenüberstellung hat die Prähistoriker reichlich verwirrt, und noch heute entgehen ihnen die wesentlichen Züge der in einem absoluten Sinne primitiven figurativen Struktur. Man erwartete Menschen, die noch etwas vom Affen hatten und aus magischen Gründen oder spontan Jagdwild und Frauen, trächtige Stuten und niedergestreckte Stiere zeichneten, ohne sich um die Komposition zu scheren, denn die Figuren schienen in den Höhlen ganz willkürlich verteilt zu sein und nach und nach zusammenhanglose Gruppen gebildet zu haben. Diese Vorstellung ist so stark geblieben, daß es der Arbeiten Laming-Emperaires bedurfte, damit deutlich wurde, daß in dem Gewirr von Lascaux durchaus eine Konstruktion steckte. Nach 8000 Jahren Landwirtschaft und Wissenschaft auf dem Wege zur Genauigkeit sind wir nur schlecht für ein Verständnis der Primitiven gerüstet. In Kapitel I haben wir gesehen, wie sehr das Bild des fossilen Menschen von den Gelehrten bestimmt wurde, die ihrerseits oft von ihren Kindheitslektüren geprägt waren. Vor zwanzig Jahren stellte man mit Erstaunen fest, daß die alte Kunst von Ife in Nigeria höher »entwickelt« war als die heutige Negerkunst. Als die paläolithische

Kunst gegen Ende des 19. Jahrhunderts entdeckt wurde, erstaunte sie zunächst durch die unerhörte anatomische Genauigkeit der Tierdarstellungen, eine Genauigkeit, die vom mittleren Magdalénien an wohl wirklich so zu nennen ist, vorher aber ebenso relativ war wie etwa die der assyrischen Kunst. Was den Forschern lange Zeit entging, ist die Tatsache, daß es sich hier um symbolische Ansammlungen aus nebeneinander gestellten Elementen handelt; daß die abgebildeten Elemente, die Tiere und Menschen, aus einer Zusammenstellung charakteristischer anatomischer Elemente bestehen, deren völlige Integration Jahrtausende unbewußter Verfeinerung und individueller Entdeckungen bedurfte. Die technischen Hindernisse wurden recht schnell überwunden, aber die figurative Syntax blieb auf einer Ebene, die dem Niveau des allgemeinen geistigen Kapitals entsprach.

Das *Phantastische:* Die paläolithische Kunst bietet nur wenige Beispiele, die sich als imaginäre Konstruktionen deuten lassen; Monstren kommen nur in ganz wenigen Fällen vor (Abb. 151 und 152). Die Schöpfung von Monstren in der jüngeren Kunst verdankt sich fast ausschließlich zwei Prozessen. Bei dem einen wird ein normales Thema durch Hinzufügung dekorativer Elemente oder durch wiederholte Schematisierung und Entschematisierung transfiguriert. Das Thema des Jaguars in der südamerikanischen Kunst und die Skulpturen Neu-Mecklenburgs in Melanesien bieten gute Beispiele dafür. Der zweite Vorgang besteht im Zusammenwachsen disparater symbolischer Figuren. Diese Entwicklung verläuft ihrerseits meistens auf zwei Wegen. Der erste Weg besteht in der Hinzufügung tierischer Attribute an die menschliche Gestalt; Beispiele dafür sind Löwenzähne, Stierhörner oder Adlerflügel. Der zweite Weg ist weit verbreitet und als Quelle des Phantastischen sehr bedeutsam; er besteht im Zusammenwachsen mehrerer Tierfiguren zu einer mythographischen Ganzheit. Vor dreißig Jahren habe ich in zwei verschiedenen Arbeiten, die sich mit der chinesischen und der nordeurasischen Kunst befaßten, zu zeigen versucht, wie sich symmetrische, in Reihen angeordnete Figuren verlängerten und Monstren bildeten und wie das sehr verbreitete mythographische Thema des Raubvogels, der Katze und des Grasfressers, die sich nacheinander angreifen, durch Fusion die Chimäre, den Vogel Greif und den geflügelten Stier hervorbrachte und wie aus Adler und Schlange der Drache entstand. Interessant ist die Frage, ob solche Prozesse auch in der langen Entwicklung der

Abb. 151

Abb. 152

Abb. 153

prähistorischen Kunst abliefen. Wir kennen einige Beispiele wie den katzenschwänzigen Bären von Rouffignac oder das gehörnte Pferd von Combarelle, die wahrscheinlich auf einen solchen Prozeß des Zusammenwachsens zurückgehen: Bär und Löwe sind männliche Symbole aus dem Fond der Höhlen, und es ist beinahe die Regel, daß sie dort eng beieinander stehen. Das Bild des gehörnten Pferdes in Combarelle ist eigentlich nur ein unvollständiges Mythogramm (Pferd + Mammut), der Bison ist kaum noch erkennbar, und es scheint, als wären die Hörner dem Pferd erst sehr viel später hinzugefügt worden, um dem Bild einen Sinn zu geben. Eines der bekanntesten Monstren ist das »Einhorn« von Lascaux (Abb. 153), eine schlechte Bezeichnung, denn es scheint in Wirklichkeit zwei gerade Hörner zu besitzen, die im übrigen zweifellos nicht zu ihm gehören. Für den Rest der Figur haben wir keine befriedigende Erklärung: sie steht an der Stelle, an der eigentlich eine Katze zu erwarten wäre, und es ist nicht ausgeschlossen, daß es sich um das Bild eines Panthers handelt (der zu dieser Zeit in dieser Region vorkam, aber doch recht selten war), um ein Bild, das nach mündlichen Überlieferungen gemalt wurde, wie es im Mittelalter bei der Giraffe und dem Rhinozeros geschah. Dagegen sind einige anthropomorphe Figuren ganz offensichtlich Ungeheuer, die durch Vermischung entstanden. Am berühmtesten ist der »Zauberer« aus der *Grotte des Trois-Frères*. Körper und Beine sind eher menschlich, Arme und Geschlechtsteil dürften von der Katze übernommen sein, der Schwanz stammt vom Pferd, Ohren, Mähne und Geweih vom Rentier; Augen und Schnabel dürften von der Eule entlehnt sein. Die Monstren des Paläolithikums unterscheiden sich von den Greifvögeln und Hydren durch ihren intellektuellen, sprachlichen Ursprung. Die Chimären und Drachen, die Sirenen und Zentauren entstehen in gewisser Weise auf mechanische Art, man kann ihre Genese bis zu dem Augenblick verfolgen, da der sekundäre mündliche Kontext ihnen eine eigenständige Existenz verleiht. Der Zauberer von Trois-Frères steht dagegen in einem Kontext, für den er eine der möglichen Interpretationen darstellt: eine Interpretation, die mit dem Wesen der paläolithischen Figuration, die ja im Grunde eine bedeutungstragende Zusammenstellung von Einheiten ist, übereinstimmt. An der Stelle, an der die Figur sich befindet, läßt sich die Zusammenstellung der männlichen Bedeutungselemente auf zwanzig verschiedene Arten lösen, durch das Pferd, den Steinbock, den Hirsch, das Rentier usw ... und dies jeweils isoliert oder über gruppenförmige Anordnungen. Die geniale Lösung besteht hier in der Schaffung eines synthetischen Wesens, das vollkommen symbolischen Charakters ist.

Es mag paradox erscheinen, daß das paläolithische Denken einen solchen Punkt erreicht haben soll, denn wir können in uns selbst nur schwer unterscheiden, was vom Menschen stammt und was das Ergebnis kollektiver Reifungsprozesse ist. Der Ausdruck in synthetischen Symbolen ist von allem Anfang an eine menschliche Qualität, und wenn die Menschen des Aurignacien einen Phallus und eine

Vulva in eine Felswand gravieren, so hat dies ganz offensichtlich keinerlei pornographische Bedeutung, denn es bedurfte schon der ganzen Reife der etwas dekadenten Kulturen des präkolumbianischen Amerika, Indiens, Chinas oder Europas, um dieses Stadium der bildlichen Darstellung zu erreichen. Auch hatten sie wahrscheinlich nicht einmal die Absicht, eine Paarung darzustellen (denn wir besitzen keine Darstellung der Paarung von Menschen oder Tieren aus dieser Zeit), eher schon eine allgemeinere Tatsache, die mit der Vorstellung eines Universums zusammenhängt, in dem die Erscheinungen sich erst in ihren Gegensätzen vervollständigen; denn letztlich gründet jedes Bezugssystem auf dem Wechselspiel der Gegensätze, Tag und Nacht, heiß und kalt, Feuer und Wasser, Mann und Frau usw. Die Verwendung von Symbolen in äquivalenten Gruppen oder komplementären Paaren ist ein Grundzug der Komposition, den man in der gesamten paläolithischen Kunst ausmachen kann. In der Genese der phantastischen Bilder wurden beide Wege beschritten, der einer Verbindung äquivalenter Elemente im »Zauberer« von Trois-Frères und der einer binären Komplementarität in den androgynen Bildern, die – wenngleich selten – auch gelegentlich vorkommen.

Das Nicht-Figurative

Das paläolithische Paradoxon liegt zu einem wesentlichen Teil in dem Umstand begründet, daß die Bilder, die in ihrer Technik meisterhaft und in ihrer Form äußerst einnehmend sind, in ihrem Zusammenhang als bedeutungslos gelten konnten. Mit den Augen eines modernen Menschen betrachtet, drückt die Zusammenstellung der Tiere und Zeichen keinerlei oder allenfalls parzellierte Handlungen aus, kein Bericht scheint in ihnen durch. Man kann sich fragen, ob der Grund dafür nicht unsere Unfähigkeit ist, sie zu lesen, oder ob tatsächlich keine Handlung ausgedrückt wurde. Eine vergleichende Untersuchung der Kunst gestattet die Feststellung, daß die Verfahren zur Komposition größerer Gesamtheiten überall zu expliziten narrativen Formen führen, wenn es sich um Handlungen technischen Charakters handelt. In der Felskunst Eurasiens und Afrikas werden Jagd, Fischfang, Sammeln und häusliche Tätigkeiten zu einem zentralen Thema; die Herden sind von Jägern oder Hirten umgeben, die Menschen handeln. Religiöse Tätigkeiten werden seltener dargestellt, und die metaphysischen Vorstellungen sind Gegenstand abstrakter Darstellungen, aber in der Moderne gibt es kein Beispiel für eine Kunst, die alle Attribute des Narrativen aufwiese, ohne zugleich auch deren Form zu besitzen. Wir kennen solche Ansammlungen von Akteuren ohne Szene und Aktion nicht. Um so stärker drängt sich der Gedanke auf, daß die paläolithischen Fresken etwas ausdrücken, das sie nur auf abstrakte Weise enthalten, zumal es mehrere Beispiele eines einzigen Themas gibt, das des Mannes, der von einem Bison niedergeworfen wird (Abb. 147), in dem deutlich wird, daß zumindest in diesem Falle eine narrative Komposition bestanden hat, die mit den überall anzutreffenden Formen identisch ist. Wenn die paläolithische Kunst wie zahlreiche Künste Amerikas, Ozeaniens oder Afrikas lediglich hieratische und oft bis ins Extreme schematisierte Figuren verwendet hätte, wäre das Problem einfacher gewesen und hätte die Feststellung erlaubt, daß die Kunst sich in zwei Richtungen entwickelt: in Richtung einer sehr konventionellen Darstellung von Entitäten oder Konzepten und in Richtung auf eine realistische Darstellung von Handlungen. In Wirklichkeit erhält die Frage vor allem im Hinblick auf die neueste Kunst eine wesentliche Bedeutung. Der Realismus hat in den mittelmeerischen Kulturen eine lange Entwicklung hinter sich, die ihn bis zu Puvis de Chavannes und den Bilderserien geführt hat. Parallel dazu hat auch die abstrakte Kunst eine lange Laufbahn hinter sich: in der Symbolik der religiösen und astrologischen Zeichen oder in der Heraldik. Am Ende löst sie sich von ihrer Bedeutung und verwandelt sich in eine Kunst, in der die Schematisierung der Formen jenseits aller Pfade der optischen Wahrheit einen Sinn zu suggerieren sucht. Jenseits dessen gibt es offenbar nichts mehr, allenfalls noch die Ablehnung jeder bildlichen Darstellung. Der Surrealismus hat zu einer Formel gegriffen, in der die Zusammenstellung normaler realistischer Elemente zur Negation des Realismus in der allgemeinen Anordnung führt. Sieht man einmal von der Ablehnung jeder Bedeutung in einem Teil dieser Werke ab, so kommt diese Formel der des Paläolithikums recht nahe. Diese Nähe liegt darin, daß der Sinn in Schlüsselelementen angesiedelt ist, die in einem ultradimensionalen, aber syntaxfreien Raum angeordnet sind. So wird deutlich, daß die Leidenschaft des Surrealismus für die primitiven Künste kein Zufall ist. Die Suche nach einem Ausweg durch eine Rückkehr zu den Tiefen der Zeit fällt mit der Ablehnung jenes ganzen Entwicklungsweges zusammen, der die Symmetrie, die Perspektive und die narrative Ordnung der Werte hervorgebracht hat. Der Unterschied zwischen dem Anfang und dem Ende liegt jedoch darin, daß die Menschen des Paläolithikums immerhin eine Innovation entwickelten, während die Surrealisten eine Erneuerung versucht haben, d. h. aus den Bruchstücken veralteter Materialien ein Nichtkonstruiertes zu konstruieren. Ein wirklicher Neubeginn hätte zur Voraussetzung, daß die Menschheit die (inzwischen auf planetarischer Ebene verbreitete) Kunst der mediterranen Kulturen vergäße und darauf verzichtete, die griechische Antike, das italienische Mittelalter, die Flamen, die Modernen und alle Malerei, die sich als Gegenpol zur Tradition begreift, zu verstehen – und dazu noch die ganze, von den Entwicklungen der Jahrhunderte inspirierte Musik. Das soziale Gedächtnis ist präsent, seine *raison d'être* übersteigt die Ästhetik, aber sie umfaßt sie auch, und weit von jeder Ablehnung der Vergangenheit ermuntert die heutige Kultur das Verständnis aller Künste, von der prähistorischen bis hin zur Kunst der Araukarier.

Ein Aufstieg der Künste, der einen jungfräulichen Weg beschritte, ist ein wichtiges Problem, denn der menschliche Tonus ist an die Schöpfung aufsteigender Rhythmen gebunden. Der Verlust einer buchstäblich eigenhändigen Entdeckung und des persönlichen Kontakts zur Materie auf künstlerischem Niveau hat eine der Möglichkeiten individueller ästhetischer Innovation beseitigt. In einem anderen Sinne hat die Vulgarisierung der Kunst den Massen ein passives Erleben der planetarischen Grundlage gebracht, aber mit der Kunst ist es wie mit dem Abenteuer, die chinesischen Gemälde und die Skulpturen der Mayas schrumpfen auf das Maß der Cowboys und Zulus, denn um zu fühlen, bedarf es eines Minimums an Teilnahme. Das Problem des Umfangs persönlicher Kunst ist ebenso bedeutsam für die Zukunft von *homo sapiens* wie das Problem seiner motorischen Verarmung. Das Bedürfnis nach einem schöpferischen Ausweg kommt bereits in der Suche nach dem Nicht-Figurativen und in den Bestrebungen zur Entwicklung einer konkreten Musik zum Ausdruck. Wenn es offenbar unmöglich ist, sich des Gewichts von 6000 Jahren zivilisierter Kunst zu entledigen, so kann dieser Ausweg nur in einer rigorosen Antithese liegen, vergleichbar der des Asketen, der die Zeit verneint, indem er den Schlaf verweigert, und der die soziale Ordnung verneint, indem er sich nackt in die Wüste zurückzieht. Die Antikunst, das ist die schrittweise Ablehnung des Realismus, der Form, jeder Spur von Figuration, die am Ende nur die elementare Grundlage der

Rhythmen und der gegensätzlichen Werte bewahrt. Im Extrem ist die Antikunst sogar die Ablehnung des Rhythmus in den monochromatischen, in Weiß oder Blau gehaltenen Gemälden, oder die Ablehnung der Hand in den gespritzten Gemälden.

Die Malerei, die mit Projektion, Verbrennen oder Zerreißen arbeitet, oder die Skulptur der geschredderten Automobile bedeutet ein Untertauchen in Infra-Sapiens-Strukturen, denn sie führen ganz wie die Kunst der unbearbeiteten Steine oder Wurzeln zu einer ästhetischen Präsentation, die auf dem Niveau des Neandertalers steht, zur Präsentation von Formen, die aus dem Spiel der Naturkräfte hervorgegangen sind. Die Bilder, die man große Menschenaffen hat malen lassen, zeugen, wenngleich sie das Ergebnis von Dressur sind, von einem noch tieferen Vorstoß in die Grundschichten des ästhetischen Verhaltens, von einem Rückgriff auf den Rhythmus, der im Schnittpunkt von Zufall und Psycho-Physiologie entsteht. Diese Tatsachen sind äußerst interessant, denn wenn bizarre natürliche Gegenstände zu allen Zeiten tiefgreifende ästhetische Reaktionen ausgelöst haben, so ist der Einbruch des Zufalls als Grundlage einer antifigurativen Ästhetik ein in seiner Bedeutung für die heutige Zeit typisches Phänomen. In früheren Zeiten gab es im Fernen Osten Asketen der Ästhetik, die in der Kontemplation einen Garten zu sehen vermochten, wo nur eine Fläche weißen Sandes war, eine Fläche jedoch, deren Rhythmus von einem schwarzen Felsbrocken durchbrochen wurde, der sie wieder zu einem endlichen Universum machte. Das ist eine bis zur nahen Auflösung gereinigte Kunst, deren ganze Kraft jedoch in dieser nahen, aber stets aufgeschobenen Auflösung liegt. Wäre der schwarze Stein nicht an seinem Ort, so sähe niemand je mehr als eine blendende Fläche, philosophisch ein Paradoxon, aber ästhetisch eine Wüste. Kann man sich vorstellen, daß die heutige Existenz von »Malern des Leeren« das Zeichen eines Neubeginns wäre? Ein Zeichen der Ermüdung gewiß, aber sicher auch eine Sackgasse der Kreativität. Die Kunst der veralteten bäuerlichen Zivilisationen Eurasiens wird bis zur totalen Ablehnung gehen müssen, bis zu einem Punkt, jenseits dessen es keine Auferstehung mehr gibt, sondern allenfalls noch die Geburt eines neuen Zyklus.

Die Figuration ist die Sprache der sichtbaren Formen; wie die Sprache der Worte ist sie mit der Wurzel des Menschseins verbunden, und es gibt keine andere menschliche Lösung als die Konstruktion historischer Entwicklungsverläufe, die die schöpferische Kraft in einem langen Aufstieg halten, dem dann ein Sturz folgt, an den andere, neue Entwicklungslinien anknüpfen. Menschlich ist die Suche nach figurativen Möglichkeiten also wegen ihrer Zukunftsorientierung; die heutige Krise wird nur dann beunruhigend werden, wenn das Verhältnis zwischen der passiv konsumierenden Masse und der schöpferischen Elite wie im Bereich des Sozialen zu einer Reduzierung im Tonus jener Suche führt. Gegen Ende des 18. Jahrhunderts begann der Übergang von einer Welt, die seit den ersten Bauern bestanden hatte, zu einer anderen Welt; er nahm seinen Ausgang in den Techniken und löste die große Krise unserer Zeit aus. Gleichzeitig wurden die gesellschaftlichen Formen erschüttert, und die Musik begann nur wenig später, sich auf ihrer Grundlage zu drehen. Die Kunst der Bilder brauchte länger, und erst gegen Ende des 19. Jahrhunderts werden hier die Veränderungen spürbar. Die Situation, die nun seit achtzig Jahren herrscht, ist folglich normal. Sie entspricht der gesamten Evolution, und die ergreifenden allegorischen Fresken haben sich den Postkutschen in der Archäologie beigesellt. Die derzeitige Vielfalt der Formeln, die Unmöglichkeit, der Kunst eine bestimmte Richtung zu geben, und die antifigurativen Bestrebungen sind ebenso viele Anzeichen für die Wirklichkeit einer Phase der Erneuerung. Trotz alledem stellt die Zukunft einige Probleme. Der optische Realismus hat mit der Photographie und dem Film seine Bedeutung als Triebkraft verloren, die er in den meisten langlebigen Künsten besessen hatte. Die einfachen Formen des primitiven Symbolismus, wie sie seit einem halben Jahrhundert von den großen Malern und Bildhauern hervorgebracht werden, sind transitorische Formen; normalerweise befände man sich an den Grenzen zur archaischen Periode der kommenden Kunst, der Periode der ersten monumentalen Ensembles, die mit einer noch unsicheren Beherrschung der Beziehungen konstruiert werden. Die Kunst, die in den Bauwerken auf der ganzen Erde zum Ausdruck kommt, erweckt den Eindruck, als stünden wir kurz vor dem Beginn dieses Stadiums. Das Gewicht der im Weltgedächtnis angesammelten Bildung verdeckt durch die Anziehungskraft der Reminiszenzen die genaue Bedeutung einer Evolution, die uns nach einem kurzen Jahrhundert der Reorientierung an den Punkt führt, an dem die unmittelbaren Vorgänger der Maler von Lascaux standen.

Kapitel XV

Die Freiheit der Imagination und das Schicksal von homo sapiens

Freiheit der Imagination . . ., dieser Titel könnte Ausdruck jenes Pessimismus sein, der bestimmte Aspekte der menschlichen Evolution kennzeichnet. Wie in »Der Wolf und der Hund« ist das Halsband der Preis für die Freiheit gegenüber der natürlichen Umwelt. Die Sozialversicherung begrenzt für das Individuum zugleich die Risiken einer allzu rapiden Verschlechterung seiner Lage und die unkontrollierte Entfaltung seiner persönlichen Fähigkeiten. Die Freiheit, ein höchst zerbrechliches Element im menschlichen Bauwerk, hat ihre Grundlage in der Imagination – verstanden zugleich im Sinne von Illusion und im Sinne einer Überschreitung vermittels der Symbole. Imaginär ist schon die Welt des Australanthropus, weil sie auf der ersten Materialisierung des effizienten Symbols Werkzeug gründet, und sie ist es im gleichen Sinne wie die Welt eines modernen Durchschnittsmenschen, der all sein Wissen aus Büchern, Zeitungen und Fernsehen schöpft und der mit den gleichen Augen und mit den gleichen Ohren wie sein ferner Vorgänger den Reflex einer Welt aufnimmt, die sich nach den Proportionen des Universums entfaltet, aber nun zu einer Welt der Bilder geworden ist, zu einer Welt, an der er nur noch imaginativ partizipiert. Gehen wir davon aus, daß der Mensch im Zusammenspiel all seiner Körperteile und seines Geistes lebt, so stellt sich das Problem der Identität des Menschen im Jahre 10 000 und des traditionellen Menschen legitimerweise geradeso wie das Problem der Situation des heutigen Menschen, der noch an den Grenzen des *homo sapiens* steht oder sie bereits überschritten hat.

In mehreren Kapiteln haben wir nach den grundlegenden Bindungen des Menschen gesucht und die zoologische Seite seiner Natur betrachtet. Wir haben gefunden, daß der zoologische Mensch nicht nur weiterhin mit allen übrigen Säugetieren die den Warmblütern eigene Organisation teilte, sondern auch, daß seine Verhaltensformen unter der Humanisierung in funktionierender Weise die eines sozialen, allesfressenden Säugers blieb, für den die Zwänge des Territoriums, der Nahrungsbeschaffung und der Fortpflanzung in zoologischen Ausdrücken denk- und interpretierbar blieben. Eine solche Einstellung,

der man gleichermaßen eine Inspiration durch La Palisse oder einen übertriebenen »Bestialismus« nachsagen könnte, erscheint aus zwei Gründen gerechtfertigt. Der erste Grund liegt darin, daß im Verlauf des menschlichen Aufstiegs und insbesondere seit der Entstehung der Schrift sich ein entmaterialisiertes Bild herausgebildet hat, ein Bild, das für die geistige Entwicklung und den Fortschritt unerläßlich war, das aber insbesondere in den Wissenschaften vom Menschen zu einer Absonderung des Menschen von allen übrigen Lebewesen geführt hat. In Kapitel I habe ich am Beispiel des Affenvorfahren zu zeigen versucht, mit welchen Schwierigkeiten das wirkliche Bild des menschlichen Vorfahren im letzten Jahrhundert zu kämpfen hatte. Der zweite Grund liegt darin, daß die heutige Distanz zwischen dem Menschen, der auf dem Wege ist, das einzige zahlenmäßig bedeutsame Landsäugetier zu werden, und den übrigen Lebewesen ein Verständnis dessen notwendig macht, was der *homo sapiens* wirklich ist, der einstmals in der Zeit der Steppen für die Jagd auf Wildpferde geboren wurde und sich nun zunehmend an eine sitzende Fortbewegung in einer Atmosphäre verbrannten Öls anpaßt. Die Paläontologie des Menschen und die Vorgeschichte, denen das Interesse aus Gründen zufließt, die über eine wissenschaftliche Perspektive weit hinausgehen, werden zu angewandten Wissenschaften, wenn sie zu der Feststellung gelangen, daß der ganze Aufstieg der Zivilisationen mit dem gleichen physischen und intellektuellen Menschen erfolgte, der einstmals das Mammut jagte, und daß unsere kaum fünfzig Jahre alte elektronische Kultur sich auf einen physiologischen Apparat stützt, der selbst gut 40 000 Jahre alt ist. Wenn es angebracht ist, Vertrauen in die Anpassungsfähigkeit des Menschen zu setzen, so gibt es gleichwohl auch Verzerrungen, so besteht dennoch ein Widerspruch zwischen einer Zivilisation mit nahezu unbegrenzten Möglichkeiten und einem Zivilisator, dessen Aggressivität noch heute dieselbe ist wie zu jener Zeit, als das Töten eines Rentiers noch überlebenswichtig war.
Die gesamte psycho-motorische Evolution seit den ersten Wirbeltieren erfolgte durch die Hinzufügung neuer Gebiete, die den vorangegangenen ihre funktionelle Bedeutung nicht nahmen, sondern in den höheren Funktionen stets tiefer eingebettet aufhoben. Bei den Säugetieren erreicht diese Pyramide bereits eine beträchtliche Breite, aber bis hin zu den Großaffen bleibt sie geometrisch kohärent. Der Kortex der neuro-motorischen Integration ist durchaus die Krönung eines großartigen, aber immer noch eindeutig tierischen Apparats. An der

Stelle, an der die primitiven Anthropinen stehen, sieht es so aus, als entwickelte sich auf der tierischen Pyramide, die der Sockel allen menschlichen Verhaltens bleibt, die Spitze einer anderen, umgekehrten (und nach Teilhards Bild »reflektierten«) Pyramide, die immer gigantischere Ausmaße annimmt und von dem gesamten, in der Kultur exteriorisierten Apparat gebildet wird. Während die Basis, auf der wir stehen, das osteo-muskuläre und nervöse Dispositiv der letzten Stufe der Tierwelt ist und notwendig auch bleiben wird, gewinnt die Superstruktur einen völlig künstlichen und imaginären Charakter. Sie entsteht aus dem exteriorisierten Spiel zwischen den beiden Polen der schöpferischen Aktivität, Gesicht und Hand, in Technik und Sprache.

Ein Ergebnis der Erforschung des Menschen unter biologischer und ethnologischer Perspektive liegt in dem Aufweis, daß die motorische Aktivität (deren vollkommenster Träger die Hand ist) von der sprachlichen Aktivität nicht zu trennen ist. Wir haben hier nicht zwei typisch menschliche Merkmale vor uns, auf der einen Seite die Technik, auf der anderen die Sprache, sondern ein umfassendes mentales Phänomen, das neurologisch auf den konnexen Gebieten gründet und gemeinsam von Körper und Stimme zum Ausdruck gebracht wird. Die erstaunliche Beschleunigung des Fortschritts, die mit der Entriegelung des Präfrontalbereichs eintrat, hängt mit zwei Entwicklungen zusammen: Einmal fließt vernünftiges Denken in die technischen Operationen ein, und zum anderen nimmt die Sprache die Hand im graphischen Symbolismus in Dienst und gelangt so zur Schrift.

Deshalb müssen wir uns fragen, wohin *homo sapiens* als denkendes Tier geht. Nach einigen hunderttausend Jahren, in deren Verlauf Techniken und Sprache in einer von der zoologischen Entwicklung bestimmten Evolution einander wechselseitig ins Gleichgewicht brachten, hat *homo sapiens* ein zirkuläres Gleichgewicht erreicht, in dem der sprachliche Ausdruck des Denkens sich in zweifacher Weise veräußerlicht hat, in der Fixierung durch Mythogramme und durch die Schrift. Die Schrift hat im übrigen bis in unser Jahrhundert erst einen statistisch sehr geringfügigen Teil der Menschheit erreicht. Die gesellschaftliche Pyramide stützt den geistigen Fortschritt auf einige wenige Individuen; die Masse der Menschen findet ihr Gleichgewicht noch in der, wie man sagen könnte, normal menschlichen Formel einer Existenz, in der die Imagination noch auf dem Niveau physischer Teilnahme an Zeremonien und auf der Ebene des Mythogramms in der Figuration beruht. Für eine größere Minderheit hat die Schrift noch jene Rolle bewahrt, die sie an ihren Anfängen hatte; sie ist hier kein Instrument spekulativen Denkens, sondern ein praktisches Informationsmedium, das dazu dient, das Recht und das Rechnungswesen zu fixieren und die Masse der ideologischen Aktivitäten auszurichten: religiöse Lektüre, Recht und der Umgang mit Zahlen machte bis zu Beginn des 18. Jahrhunderts in allen literalen Zivilisationen den gewöhnlichen Teil der lese- und schreibkundigen Masse aus. Während eines kurzen Zeitraums, der heute bereits im Niedergang begriffen ist, erschien die Perspektive einer erdumspannenden Alphabetisierung als Äquivalent gesellschaftlichen und geistigen Fortschritts. Die totale Unterwerfung der geistigen Aktivitäten unter den linearen Verlauf der Schrift ist für *homo sapiens* ein Versprechen, das nur von einer besonders begabten Minderheit verwirklicht werden kann; für die Mehrzahl der Menschen ist die Lektüre kurzer und praktisch ausgerichteter Texte die Regel, während die geistige Auseinandersetzung schon mit einem konkreten Text eine Vergegenwärtigung von Bildern erfordert, die ermüdend bleibt. Trotz intensiver Übung mehrerer Generationen hat das paläontologische Gleichgewicht rasch neue Kraft gewonnen; seit dem 19. Jahrhundert hat das Mythogramm in Gestalt der Illustration die Lektüre in dem Maße beherrscht, wie die Alphabetisierung die breite Bevölkerung erreichte: Im 19. Jahrhundert fand die Bilderserie Eingang in die Welt der Bilder, die zunächst in ihren großen Kompositionen einen rein mythographischen Charakter hatte, dann aber in kleine, dem Text beigefügte Bildchen zerfiel. Die Linearisierung der Illustrationen folgt der Ausbreitung des Lesens in den Massen und erreicht in der heutigen populären Lektüre ihren Höhepunkt. Radio und Fernsehen vervollständigen gemeinsam mit dem Kino diese Rückkehr zur mündlichen Literatur und zu einer visuellen Information, die ohne die Vermittlung imaginärer Formen auskommt.

Immerhin mag man sich fragen, ob die audiovisuellen Techniken tatsächlich das traditionelle Verhalten der Anthropinen verändern. Man mag sich auch fragen, welches Schicksal die Schrift in näherer oder ferner Zukunft erfahren wird. Mit Sicherheit war sie durch mehrere Jahrtausende hindurch und unabhängig von ihrer Funktion als Medium des kollektiven Gedächtnisses aufgrund ihrer Eindimensionalität das analytische Instrument, aus dem das philosophische und das wissenschaftliche Denken hervorgegangen sind. Heute sind andere

Mittel der Aufbewahrung von Denken in Sicht, die Bücher werden nur noch kurze Zeit den Vorteil schneller und praktischer Handhabung genießen. Schon in naher Zukunft wird eine gewaltige »Magnetothek« mit elektronischer Selektion eine vorsortierte und augenblicklich zur Hand stehende Information bieten. Trotz einer merklich rückläufigen Bedeutung für die Mehrzahl der Menschen wird die Lektüre noch für einige Jahrhunderte ihre Bedeutung behalten, aber die Schrift wird wohl binnen kurzem zum Aussterben verurteilt sein und durch Diktaphone mit automatischer Aufzeichnung ersetzt werden. Müssen wir darin eine Wiederkehr jenes Zustandes sehen, der vor der Indienstnahme der Hand durch die Sprache bestand? Ich denke eher, es handelt sich hier um einen Aspekt des allgemeinen Phänomens der Regression der Hand (siehe Kap. VIII, »Das Schicksal der Hand«) und um eine neue Befreiung. Welche Konsequenzen dies auf lange Sicht für die Formen rationalen Denkens und für die Rückkehr zu einem diffusen und vieldimensionalen Denken haben wird, ist heute noch nicht abzusehen. Das wissenschaftliche Denken wird durch die Notwendigkeit, sich am Faden der Typographie entlang zu bewegen, eher behindert, und es läßt sich kaum bestreiten, daß Autoren und Leser einen beträchtlichen Gewinn davontrügen, wenn es gelänge, die Bücher so zu präsentieren, daß der Inhalt der verschiedenen Kapitel sich gleichzeitig und in all seinen verschiedenen Aspekten darböte. Wenngleich das wissenschaftliche Denken zweifellos nichts von einem Verschwinden der Schrift zu befürchten hätte, würden Philosophie und Literatur mit Sicherheit Veränderungen in ihrer Form gewärtigen müssen. Das wäre nicht übermäßig bedauernswert, denn die Bücher werden die merkwürdig archaischen Formen des Denkens bewahren, derer sich die Menschen in der Periode des alphabetischen Graphismus bedienten. Was die neuen Formen betrifft, so werden sie sich zu den alten Formen ähnlich wie der Stahl zum Stein verhalten, nicht als Instrument, das in jedem Falle besser schneidet, sondern als eines, das besser zu handhaben ist. Die Schrift wird in die Infrastruktur abwandern, ohne das Funktionieren der Intelligenz zu verändern, wie ein Wandlungsprozeß, der sich einige Jahrtausende vorbereitet hat. Der Verlust der manuellen Aktivität und die Reduzierung des physischen Abenteuers in ein passives sind Phänomene, die größere Probleme aufwerfen.

Die Anpassungsfähigkeit von *homo sapiens* ist weitgehend durch die gesellschaftliche Umwelt bestimmt. Wir dürfen annehmen, daß die normalen Bedingungen einer ausgeglichenen Ausübung der physischen und geistigen Fähigkeiten bis heute für die Mehrzahl der Menschen in den Aufgaben der Bauern, Hirten, Handwerker oder Krieger gesichert waren. Bei den Primitiven und *a forteriori* auch bei den Menschen des Paläolithikums wirkte die Selektion der Umwelt sogar in der Richtung, daß die Individuen sämtlich einem Minimum an psycho-physischem Gleichgewicht entsprechen mußten, unterhalb dessen ein Überleben prekär wurde – mit Ausnahme vielleicht jener Subjekte, die wie die Krieger oder Zauberer an der Grenze zwischen dem Natürlichen und dem Übernatürlichen standen. Im übrigen wissen wir von dieser Gruppe im Paläolithikum überhaupt nichts. Geht man von den noch lebenden Primitiven aus, so ist es wenig wahrscheinlich, daß diese ersten Spezialisten vollständig von der Ausübung dieser ihrer Funktion gelebt hätten.

Der Übergang zur Stadt markiert den tiefgreifendsten Wandel im Gleichgewicht zwischen psychischem und physischem Verhalten. In der Tat ermöglicht die Stadt das Überleben von Menschen, Priestern, Schreibern, Händlern, deren manuelle Funktion nahezu vollkommen hinter einer im weitesten Sinne sprachlichen oder geistigen Aktivität verborgen ist. Die Adligen und die Händler haben in allen Zivilisationen jene Entwicklungsstufen langfristig vorbereitet, die in einer Reduzierung der manuellen Aktivität, oder genauer noch in einer Transposition des technischen Feldes, zum Ausdruck kommen, das auf einer sehr begrenzten Ausübung von Fertigungsoperationen beruht. Aber dies sind gerade die Schriftkundigen, die Menschen, deren Hand die Worte formt und die Diskurse schreibt, und wir dürfen annehmen, daß es sich wirklich um eine Transposition handelt und daß die vordere Extremität nichts von ihrer Bedeutung für die geistige Synergie eingebüßt hat. Die Zeit hat erwiesen, daß wichtige soziale Gruppen sich in einem psycho-physischen Gleichgewicht »zerebralen« Typs anpassen und reproduzieren können, wir dürfen aber nicht übersehen, daß hier wichtige Kompensationsphänomene im Spiele sind. Einesteils gewannen die aktiven Subjekte einen großen Teil des normalen Spiels tatsächlich in der Bewegung zu Fuß, zu Pferd oder auf der Jagd, andererseits setzten die sozialen Manifestationen eine komplexe Partizipation voraus. In einem abgeschwächten Rhythmus fanden auch die nicht-handwerklichen oder unproduktiven Klassen ihr Gattungsgleichgewicht. Wir dürfen im übrigen nicht übersehen, daß ein beträchtlicher Teil der Angehörigen der »zerebralen« Klassen,

und zwar die unangepaßten unter ihnen, sich im Krieg, im Fernhandel, im Vagabundentum oder in der Piraterie zu fangen wußte. Und schließlich rekrutierten sich bestimmte Klassen, insbesondere im Bereich religiöser Funktionen, durch Vorbestimmung aus ihrem Herkunftsmilieu. In der traditionellen zivilisierten Welt blieb das fundamentale Verhalten von *homo sapiens* demnach identisch mit den Verhaltensformen der Ursprünge; nur war das Spektrum breiter und die Individuen, die auf physischer oder geistiger Ebene aus dem Rahmen fielen, wurden als Philosophen oder Soldaten wieder integriert. So zeigt sich, daß die Gesellschaft bei all den zahlreichen, durch die sozialen Systeme bedingten individuellen Unangepaßtheiten, von der Ausübung aller Fähigkeiten der Spezies zehrt.
Im heutigen Stadium ist die Situation anscheinend nicht sonderlich anders. Weiterhin verfügt die Gesellschaft über all ihre Mittel; diese Mittel werden aber in zunehmendem Maße in künstliche Organe transponiert. Die Maschinisierung und die Unterwerfung der Erde haben im Verlaufe von fünfzig Jahren in großen Gebieten das Spektrum verengt, auf dem die einzelnen sich entfalten konnten. Mit der Verminderung individueller schöpferischer Möglichkeiten und der zunehmenden Unmöglichkeit, ins Abenteuer zu flüchten, entstand eine ganze Palette von Kompensationen, die sich immer weiter vom wirklichen Leben entfernen; Sport und Hobby, alljährlich unterbrochen durch das gelenkte Abenteuer auf den Autobahnen und Campingplätzen, haben heute die Aufgabe, ein neues Gleichgewicht herzustellen, das Jahr für Jahr mehr Menschen in seinen Wirkungsbereich bringt. Und auf der Jagd stellt man heute halbdomestizierten Wildschweinen und Rehen nach, wohlgehegten Hasen und Fasanen, die mit dem Flugzeug eingeflogen werden, nachdem man sie synthetisch aufgezogen hat. In den saturierten Ländern stellt sich das Problem des menschlichen Gleichgewichts durchgängig in derselben Weise. Die heutige Situation ist jedoch weit davon entfernt, eine Zukunft abzubilden, von der uns nur noch wenige Generationen trennten; Arbeiter und Bauer sind erst partiell mechanisiert, und noch kommt die Natur an einigen Küsten und in einigen Waldstücken zum Vorschein. Anders als die Jagd bietet noch der Krieg der Minderheit der am wenigsten Angepaßten eine Fluchtmöglichkeit; er behält einen einzigartig archaischen Charakter und ist wie ein Netz winziger Sicherheitsventile über alle Kontinente verteilt. Dort treibt er seine Banden von Unangepaßten gegeneinander, die fern von den lautlosen

Bahnen der Atomraketen durch die Sümpfe waten. Aber die Jagd auf den Menschen ist nur noch ein Mythos, der die vormilitärische Ausbildung von Millionen Jugendlicher unterstützt; die Begabtesten unter ihnen werden eines Tages vielleicht nur noch einen Knopf zu drücken haben, der die Bombe dann automatisch an der elektronisch dafür vorausberechneten Stelle auf ihre Bahn entläßt. Auch die Eroberung unentdeckter Gebiete ist nur noch ein Mythos, der sich unterschiedslos auf den Nordaufstieg eines Gipfels und auf einen Dreißig-Meter-Felsen richtet, zu dessen Füßen allsonntäglich die Menschenschlangen auf ihre Ration Abenteuer warten. Das Universum ist gesprengt, und die Erforschung des kosmischen Raumes hat begonnen, aber die Gesellschaft braucht nicht zehn Milliarden Kosmonauten, und für den normalen *homo sapiens* ist diese Erforschung bereits zur mythischen Kompensation geworden, noch bevor sie überhaupt richtig begonnen hat. Wir können uns für die nahe Zukunft also ernstlich eine Zeit vorstellen, in der man nur noch Transpositionen kennen wird; ein Korps von Illusionsexperten wird dann die Aufgabe haben, die psycho-physische Dialektik der menschlichen Massen zu erforschen. Die Elemente dieser Disziplin existieren bereits heute: soundsoviele Grünflächen, Zoologische Gärten und Stadien zum Ausgleich der sitzend verbrachten Produktionsphasen, unterstützt von den Vitamingaben der Fernsehsendungen. Alljährlich wird diese Ration durch einen kurzen Ausflug ins Grüne ergänzt; größere Grünflächen, Naturparks, Freizeitparks, die Möglichkeit, mit Zelt oder Wohnwagen unterwegs zu sein und auf ebener Erde mittels Gaskocher eine Konservendose zu erhitzen. Ein gewisser Freiraum besteht noch, es ist noch vorstellbar, einen selbstgefangenen Fisch über dem Lagerfeuer zu grillen, aber in zehn Jahren wird eine solche Verschwendung kollektiver Güter wohl die Ausnahme sein, und weitere zehn Jahre später wird man darin ein Delikt sehen.

Wir müssen also einen völlig transponierten *homo sapiens* ins Auge fassen, und es scheint, als stünden wir heute vor den letzten freien Beziehungen, die der Mensch mit seiner natürlichen Umwelt unterhält. Befreit von seinen Werkzeugen, seinen Gesten und Muskeln, von der Programmierung seiner Handlungen und seines Gedächtnisses, befreit von der Phantasie, an deren Stelle die Perfektion des Fernsehens getreten ist, befreit auch von der Tier- und Pflanzenwelt, vom Wind, von der Kälte, den Mikroben und dem Unbekannten der Gebirge und Meere, steht *homo sapiens* wahrscheinlich am Ende seiner

Laufbahn. In physischer Hinsicht ist der Mensch eine zoologische Spezies, die durchaus eine gewisse Zukunft hat; nach dem Rhythmus, der seine Entwicklung nun seit 30 000 Jahren geprägt hat, scheint er ebenfalls noch eine Perspektive vor sich zu haben, obgleich die Paläontologie uns darüber nur wenig zu sagen vermag: Arten altern nicht, sie transformieren sich oder sie verschwinden. In jedem Falle hat der Mensch eine Zukunft vor sich, die den Rhythmus seiner sozio-technischen Evolution weit übersteigt.

Das große Problem der heute bereits existierenden Welt ist zu lösen: Wie soll dieses veraltete Säugetier mit den archaischen Bedürfnissen, die einst die Triebkraft seines Aufstiegs bildeten, weiterhin seinen Stein den Berg hinauf rollen, wenn ihm eines Tages nur noch das Bild seiner Wirklichkeit bleibt? Noch in keinem Augenblick seiner Evolution mußte er mit sich selbst brechen; seit dem Australanthropus hat er sein endloses Abenteuer konkret gelebt; heute ist er nahe daran, seinen Planeten zu erschöpfen, und schon nimmt der Mythos einer kosmischen Transplantation Gestalt an. Dennoch gibt es auf dem zurückgelegten Weg kein Zurück. Man kann davon träumen, daß er auf fernen Sternen dem Pithecanthropus und dem Südelefanten begegnet, aber darum wird er sich nicht daran machen, Steinwerkzeuge herzustellen.

Es wäre wider die Natur, wenn wir gar kein Vertrauen mehr in ihn setzten, aber die Phantasie tut sich schwer. Man kann sich mehrere Lösungen für die Planetarisierung des Menschen vorstellen. An die erste Lösung denkt so mancher, ohne viel darüber zu sprechen, sie besteht einfach darin, daß dem Abenteuer des Menschen durch die atomare Vernichtung ein Ende gesetzt wird. Diese Hypothese ist schon deshalb zurückzuweisen, weil ein solcher Unfall jede Hypothese unnütz machen müßte. Besser ist es da, auf den Menschen zu setzen. Aus den gleichen Gründen müssen Teilhards Vorstellungen als eine gewaltige mystische Vision gelten, die aber offensichtlich das Zeichen aller Apokalypsen trägt. Die Menschheit kann sich durchaus jahrtausendelang auf den »Punkt Omega« gefaßt machen, dennoch wird sie sich, wie sie es schon im Jahr 1000 tat, in ihrer Erwartung einrichten und ihr Leben fortsetzen müssen. Eine dritte Lösung basiert auf der Vorstellung, die Individuen seien unendlich sozialisierbar und eine künstliche Welt, in der das Wohlergehen sämtlicher Zellen gesichert wäre, sei für den einzelnen wünschenswerter als die Welt der Höhlen, wo er die Freiheit hatte, sich auf die Suche nach einer

Mahlzeit zu machen, deren Erfolg davon abhängig war, ob der Zufall ihm ein Rentier oder einen Löwen über den Weg schickte. In dieser Lösung müssen wir uns freilich, davon bin ich überzeugt, nach einer neuen Artbezeichnung umsehen und ein anderes lateinisches Wort finden, das wir dem Stamm *homo* hinzufügen können. Endlich können wir uns den Menschen der nahen Zukunft auch als ein Wesen vorstellen, das sich bewußt dazu entschließt, *sapiens* zu bleiben. Er wird vor der Aufgabe stehen, das Problem des Verhältnisses zwischen Individuum und Gesellschaft völlig neu zu durchdenken, sich konkret der Frage seiner numerischen Dichte und seines Verhältnisses zur Tier- und Pflanzenwelt zu stellen. Er wird aufhören müssen, das Verhalten einer Mikrobenkultur nachzuahmen und die Beherrschung des Erdballs als ein Spiel des Zufalls anzusehen. Welchen Wert die ersten Lösungen auch haben mögen, und sofern man nicht davon ausgeht, daß die Laufbahn des Menschen beendet ist, wird etwas von der vierten Lösung unvermeidlich im kommenden Jahrhundert angegangen werden, denn die Spezies ist zu eng mit ihren Grundlagen verbunden, als daß sie nicht spontan jenes Gleichgewicht herzustellen suchte, das sie zur Spezies Mensch gemacht hat.

Erläuterungen zu den Abbildungen

Kapitel I

1 Fenster in der Kirche von Saint-Ouen in Rouen, 14. Jahrhundert. Ein Dämon fährt aus dem Körper eines Besessenen. Er hat das Aussehen eines vermenschlichten Affen, man beachte die vorstehenden Brauen, die weiten Nasenlöcher und die Schnauze, die krallenbewehrten Hände und den weit abstehenden großen Zeh. In der Hand hält der Dämon einen länglichen Gegenstand.

2 Orang-Utan aus Borneo, nach Beeckmann, 1718. Humanoides Aussehen; die flache Stirn, die breite Nase, die schnauzenartigen Lippen und der abstehende große Zeh geben die stereotypen Merkmale des »Affenmenschen« wieder.

3 Der Pithecanthropus, den Dubois für die Weltausstellung des Jahres 1900 in Paris rekonstruierte. Die vorspringenden Augenbögen, die breite Nase, die schnauzenartigen Lippen, die überlangen Arme, der abstehende große Zeh und die undefinierbaren Gegenstände in seinen Händen zeigen, wie wenig sich das Bild des Affenmenschen innerhalb von sechs Jahrhunderten fortentwickelt hatte.

4 Der furchterregende Schneemensch, nach Radar, 1954. Die Ähnlichkeiten mit dem Fenster aus dem 14. Jahrhundert sind (mit Ausnahme der Armlänge, die im übrigen im Widerspruch zur aufrechten Körperhaltung steht) vollkommen.

5 Der Mensch von Eyzies, der die Phantasiewelt der Wissenschaft des fossilen Menschen beherrscht, setzt die Tradition fort und illustriert in massivem Stein sämtliche Irrtümer der Humanpaläontologie und den tausendjährigen Komplex des Affenmenschen.

Kapitel II

6 Ostracodermer Fisch aus dem Devon in Schottland, nach Traquair.

7 Beispiele für zwei Typen von Relationsfeldern; *a, b, c*: praktisch ausschließliches Gesichtsfeld: Fisch mit hoher Schwimmgeschwindigkeit (Thunfisch); Vogel, Segler (Tölpel); Säugetier, Läufer (Gazelle); *d, e, f*: kombiniertes Gesichts- und Handfeld: Fisch, Gründler (Seehahn); Raubvogel (Waldkauz); Allesfresser, Greifer (Bär).

8 Verschiedene funktionelle Typen. *Linke Spalte:* Schädelgerüst im Verhältnis zu Körperhaltung und Gebiß. *Mittlere Spalte:* die Hand. *Rechte Spalte:* Körperhaltung beim Greifen. a) *ichthyomorph:* freies Schweben im Was-

ser, keine Beweglichkeit des Schädels, langes homodontes Gebiß. b) *amphibiomorph:* Kriechen (auf dem Bauch), seitliche Beweglichkeit des Kopfes, langes homodontes Gebiß. c) *sauromorph:* halb-aufgerichtetes Kriechen, Bewegungsfreiheit des Schädels, der Schwerpunkt des Gebisses liegt in der vorderen Hälfte des Schädelbaus. d) *theromorpher Greifer:* zeitweilige Befreiung der Hand, heterodontes Gebiß. e) *pithecomorph:* Befreiung der Hände in Sitzhaltung, opponierbarer Daumen, Wirbelsäule, die den hinteren Teil des Schädels freisetzt. f) *anthropomorph:* vollständige Befreiung der Hände, vertikale Körperhaltung, mechanische Entlastung der Schädeldecke.

9 *Latimeria*, rezenter, 1938 entdeckter Coelacanthide. Die Schwimmflossen werden von kurzen Gliedern gehalten, wie sie auch bei den ersten Vierfüßern anzutreffen sind (I–IV), aber die Segmente V und VI scheinen für eine liegende Fortbewegung zu sprechen, die der Bestimmung der Vierfüßer fremd ist.

10 Mechanische Konstruktion des Schädels der Wirbeltiere. I: Viereck, das den Schädel in eine Gesichts- und eine Gehirnhälfte auf der Linie C'–C''' teilt. Das Zentrum liegt hinter dem letzten Zahn, auf der Mitte der Linie P–B (Prosthion–Basion). Die Wirbelsäule ist mit dem Basion verbunden und stützt den Schädelbau. Das Schädelband setzt am äußeren Inion I an und ermöglicht eine bewegliche Aufhängung. Die Schläfen- und Kaumuskeln greifen am aufsteigenden Ast des Unterkiefers an, wobei C'' die vordere Grenze bildet. II: Die Linie E–C bildet die Basis für die Aufnahme des Zahndrucks, die Wurzel des oberen Eckzahns reicht bis an sie heran. Der zentrale Winkel (E–C–I) versammelt sämtliche mechanischen Belastungen, von denen die Entwicklung der Schädelkontur bestimmt wird. Im vorliegenden Fall (Fleischfresser vom Beginn des Tertiärs) ist die gesamte Schädeldecke mechanisch verriegelt. Der Symphysenzirkel (P–D–I) und der Jochzirkel (P–C'''–I) nehmen die von der unteren Gebißreihe ausgehenden Druckbelastungen auf. Sie haben eine wesentliche Bedeutung bei der Bildung der Widerstandslinien des Schädelbodens und der Basis I–B. Im vorliegenden Fall liegen alle Winkel einheitlich bei 120°. Die Gleichheit der Winkel ist ein archaischer Zug; bei den entwickelten Formen entsprechen sich die Winkel jeweils in antagonistischen Gruppen.

11–14 Entwicklungsstufen vom Schwimmen bis zur vierfüßigen aufgerichteten Fortbewegung bei den Fischen, Amphibien und Reptilien im Verlauf des Primärzeitalters. 11: Fisch aus dem Karbon (*Rhizodopsis*). Der quadratische Rahmen ist frei von den Belastungen der Aufhängung. Die mechanischen Kräfte beschränken sich auf die Druckbelastungen der Kinnlade. 12: Amphibie aus dem Karbon (*Eogyrinus*), der Kopf ist noch mit dem Schulterskelett verbunden und besitzt nur geringe Beweglichkeit; der Rahmen hat sich allerdings verlängert. 13: Reptil aus dem Perm (*Sey-*

muria). Die Bewegungsfähigkeit des Schädels bleibt unverändert (die Basis I–B ist noch sehr kurz). Die Höhe des Kiefers ist reduziert, die Zähne reichen nicht über das Zentrum hinaus. Dieser Funktionstyp kommt dem der heutigen Krokodile nahe. 14: theromorphes Reptil aus dem Perm (*Jonkeria*). Die aufgerichtete Fortbewegung ist nun erreicht, der Schädel hat wichtige Veränderungen erfahren; die Basis I–B hat sich verlängert und bietet einen Hebelarm, wie er für die Aufhängung am Ende der Wirbelsäule erforderlich ist. Die Zähne sind in ihrer Form noch identisch, zeigen aber bereits Größenunterschiede, in denen sich die nachfolgende Spezialisierung der Zahnelemente ankündigt.

15–18 Parallelität in der funktionellen Entwicklung des Schädels der theriodonten Reptilien (15 und 16) und der ersten Raubtiere (17 und 18). 15: *Scylacosaurus* aus dem Perm (Ende des Primärzeitalters). 16: *Zynognathus* aus dem Trias (Anfang des Sekundärzeitalters). 17 und 18: *Vulpavus* und *Limnocyon* aus dem Eozän (Anfang des Tertiärs). Trotz der gewaltigen zeitlichen Distanz, die zwischen den beiden zoologischen Gruppen besteht, führt die funktionelle Identität zu vergleichbaren mechanischen Merkmalen. Man beachte vor allem die Verlängerung, die Spezialisierung der Zahngruppen zu Schneidezähnen, Eckzähnen, Vormahlzähnen und Mahlzähnen. Die Winkelöffnungen sind noch sämtlich von gleicher Größe. Der Umriß des Schädelkastens beruht auf rein mechanischen Ursachen, insbesondere bei den Reptilien nimmt das Gehirn darin nur einen kleinen Teil ein.

19–21 Konstruktionstypen bei Laufsäugetieren mit Schädelfortsätzen. Der *Hirsch* (19) zeigt, wie die Ernährung von Blättern und Gräsern zu einer Verlängerung der Jochzahnreihe führt und wie sich dadurch ein zweites Zentrum (C–2) herausbildet. Man beachte die Winkelentsprechung zwischen den Schneidezähnen (140°) und den Mahlzähnen (115°), interessant auch, wie die Linien der Geweihabstützung von den Linien des Kieferdrucks aufgenommen werden (C^1–X). Das Gehirn nimmt den gesamten verfügbaren Raum ein. Das *einhörnige Nashorn* (20) besitzt lediglich Jochzähne: Interessant ist hier, wie das Knochengerüst des Horns (E–C) von den Absorptionslinien aufgenommen wird – genau das entgegengesetzte Phänomen wie beim Hirsch. Der *Elefant* (21) besitzt gleichfalls keine Eckzähne, und die Absorption des Kieferdrucks erfolgt in Richtung auf die Basis der Stoßzähne und des Rüssels. Der Rüssel macht dabei einen völlig andersartigen Schädelbau erforderlich.

22–24 Ausdehnung des Gehirns bei den Fleischfressern: *Hyäne* (22), *Setter* (23), *Spitz* (24). Die drei Beispiele zeigen, daß die Ausdehnung des Gehirns im Verhältnis zu den mechanischen Belastungen sekundär ist. Das Gehirn der Hyäne ist winzig, und der Freiraum, der zwischen dem Gehirn und dem mechanischen Umriß besteht, ist voller Ausbuchtungen.

Beim gewöhnlichen Hund (23) hat das Gehirn nahezu den gesamten vorgegebenen Raum eingenommen; der Stirnraum wird von einer großen Einbuchtung eingenommen. Beim Spitz besteht ein vollkommener Ausgleich zwischen Mechanik und Gehirn, das Gehirn nimmt den gesamten zur Verfügung stehenden Raum ein. Da der Schädelboden und die Lage des Basions unveränderlich sind (vierfüßiger Gang), wölbt sich das Stirnhirn beträchtlich über das Gesichtsmassiv hinaus. Die Evolution der Hunde zeigt auf der Ebene der Vierfüßer die gleichen Phänomene, die sich für die Ebene der Zweifüßer in der Evolution des Menschen bieten.

25–27 Die Evolution des Schädelbaus bei den Affen: *Colobus* (25), *Papio* (26), *Orang-Utan* (27). Der Colobus, mit verkürztem Daumen, ist ein »vierfüßiger Baumbewohner«, der Papio praktiziert eine vierfüßige terrestrische Fortbewegung, der Orang-Utan ist ein vierhändiger Baumbewohner. Bei allen drei Affenarten ist die Sitzhaltung bedeutsam und zeigt sich in der Lage der Hinterhauptsöffnung, die schräg nach hinten weist. Am wichtigsten ist die Tatsache, daß das Knochengerüst P–C'–B sich von der Schädeldecke entfernt und zum Gesicht hin verlagert; man beachte die Verschiebung des Punktes C' ins Vorderstirnmassiv, wie sie auf den Abb. 25–26–27 deutlich wird. Der Schädelboden integriert sich fortschreitend in die Linie C'–B; er entspricht damit unmittelbar (Abb. 25 b) der Achse des Kieferdrucks. Das Gehirn findet sich so über den ganzen Deckenbereich befreit (Abb. 26 b); belastet bleibt es noch am äußeren Inion (I–E) und wird weiterhin vom Orbitalmassiv verriegelt, das den Charakter eines Schlüssels zum gesamten Gesichtsbau angenommen hat.

Kapitel III

28 Hand und Fuß der Primaten: *Lemure* (A), *Cercopithecus* (B), *Schimpanse* (C), *Mensch* (D). Die menschliche Hand zeigt keine grundlegenden Unterschiede zu denen der übrigen Primaten, ihre Greiffähigkeit beruht auf der Opponierbarkeit des Daumens. Der Fuß ist dagegen unvereinbar mit dem der Affen; wenn es auch möglich ist, ein primäres Stadium mit opponierbarem großen Zeh anzunehmen, so muß der Fuß doch schon sehr früh, schon vor den ersten bekannten Anthropus-Stadien, eine andere Entwicklung eingeschlagen haben.

29–34 Evolution der Abstützung der vorderen Zähne (Schneidezähne und Eckzähne). Die Druckbelastungen, die an den vorderen Zähnen entstehen, werden vom Gesichtsmassiv absorbiert, und zwar in Richtung auf das Orbitalmassiv und auf das Basismassiv (R). Beim *Gorilla* (29) liegt das Orbitalmassiv, der Schlüssel zur Schädeldecke, außerhalb der Absorptionsachse, das Gleichgewicht stellt sich auf der Linie E^2 ein, am unteren

Rand der Augenhöhlen und der Backenknochen, also flach und senkrecht zur Achse der Eckzähne. Beim *Zinjanthropus* (30) ist die Gesichtskonstruktion vom gleichen Typ, abgesehen von der Schließung der Winkel durch die Verkürzung der Basis, wie sie aus der aufrechten Körperhaltung resultiert. Beim *Paläanthropus* (31, Broken Hill, und 32, La Ferrassie) wandert der Gipfel des Gesichtsgerüstes in Richtung auf die Schädeldecke (C'), die Verkürzung des Gesichts kommt in der Rückverlagerung der vorderen Druckbelastung in das Orbitalmassiv zum Ausdruck, der Raum E^1–E^3 ist flach und in Richtung auf den Stirnwulst geneigt. Beim *homo sapiens* (33, Neu-Kaledonier, 34, Europäer ohne dritten Mahlzahn) wandert der Gipfelpunkt C' noch weiter nach hinten; aufgrund des Gesichtsüberhangs wird der Druck der vorderen Zähne nun im Bereich der Backenknochen aufgefangen, die eine entsprechende Neigung annehmen (Eckzahngrube). Die Orbitalregion hat mit den Backenknochen noch die Achse E^3 gemein und verliert zunehmend ihren Charakter eines Vorderstirnriegels.

35–40 Evolution der Abstützung der Jochzähne. Die Reduzierung des Zahnapparats zeigt sich in einer zunehmenden Schließung des Winkels C', der von 75° beim Gorilla auf 40° beim Europäer abnimmt. Das Gleichgewicht der Druckkräfte stellt sich bei allen Subjekten zwischen 90 und 100° ein, jedoch unter verschiedenen Modalitäten. Beim *Gorilla* (35) und beim *Zinjanthropus* (36) scheint die Achse der Mahlzahnwurzeln durch das vordere Dispositiv bestimmt zu sein und entspricht E^1, der Abstützungslinie der Eckzahnwurzeln. Bei den *Paläanthropinen* (37 und 38) entspricht die Achse E^2 der seitlichen Region der Backenknochen (Pyramidenapophyse), es besteht also ein Gleichgewicht zwischen der Abstützung der vorderen Zähne (Abb. 31 und 32) und der Jochzähne. Beim *homo sapiens* (39 und 40), bei dem die Eckzahnabstützung in den Backenknochen verlagert ist (Abb. 33 und 34), besteht eine Tendenz zur Herausbildung einer Stützzone, die sich immer weiter vom Stirn-Augen-Bereich ablöst und im Bereich der Backenknochen konzentriert. Das in Abb. 40 dargestellte Subjekt, das keinen hinteren Mahlzahn mehr hat, markiert den äußersten Punkt, der in der Evolution des Schädels heute erreicht ist.

41 Die Verkürzung der Schädelbasis und die Ausdehnung des Gehirns. 1. *Hirsche:* Bei diesem reinen Vierfüßer nimmt die Basis P–B die gesamte Länge des Schädels ein. 2. *Schimpanse*, 3. *Paläanthropus*, 4. *homo sapiens*. Die Reduzierung des Zahnbogens führt zu einer Verkürzung der Basis, die mechanische Kohärenz des Gesichtsmassivs erfordert eine entsprechende Verkürzung von P–C und C–B.

42 Öffnung des Kortikalfächers. Bei der *Hyäne* (1) ist die Verriegelung der Schädeldecke total. Bei den übrigen Subjekten erreichen die Belastungen ihr Maximum im Stirn- und im Inionmassiv (I). Beim Spitz erfolgt die

Befreiung der Schädeldecke (schwarz gezeichnet) ausschließlich über die Reduzierung des Gesichts und über das Fehlen des Stirnriegels auf Kosten der Einbuchtungen und des Zahngleichgewichts. Die Biegung des Hirnbodens ist noch sehr schwach, und der Temporal-Parietal-Sektor erfährt eine geringfügige Öffnung (2). Beim *Colobus* (3), beim *Gorilla* (4), beim *Paläanthropus* (5), beim *homo sapiens* (6) führt die Reduzierung der Basis und die zunehmende Biegung des Hirnbodens zu einer immer größeren Öffnung der mittleren Region, die dem Kortex der willkürlichen Motorik und den Assoziationszonen entspricht.

43 Gehirn der *Katze* (a), der *Meerkatze* (b), des *Schimpansen* (c), des *Australanthropus* (d), des *Sinanthropus* (d), des *Neandertalers* (f), des *homo sapiens* (g). 1, 2, 3: Somato-motorische Rindenfelder, 4: willkürliche Motorik, 5, 6, 7, 8, 9: extrapyramidale motorische Rindenfelder, 41–42–43: auditive Rindenfelder, 44: Feld der Sprachartikulation. Obgleich die Innenschädelabdrücke im Detail recht ungenau sind, zeigen die fossilen Anthropinen (d, e, f) deutlich menschliche Proportionen.

44 Kortexbild der willkürlichen Motorik bei der *Meerkatze* (a, nach Woolsey) und beim *Menschen* (b, nach Penfield und Rasmussen). Beim Affen beachte man vor allem die Bedeutung der Repräsentation von Hand und Fuß, insbesondere des Daumens, im Verhältnis zum Gesicht. Beim Menschen zeigt sich eine Verringerung in der Repräsentation des Fußes und die enorme Bedeutung der Hand und der Sprachorgane (untere Gesichtsregion, Zunge, Larynx). Das Gehirn der Meerkatze ist im Profil dargestellt, das des Menschen im Schnitt.

45 Die Sprache der Anthropinen. Schraffiert: Zone der willkürlichen Motorik der Hand (oberer schraffierter Bereich) und des Gesichts (unterer schraffierter Bereich). Die gepunktete Linie markiert das Rechteck, in dem nach P. Marie die aphasischen Störungen liegen: Anartrie (1), Agraphie (2), Sprachtaubheit (3), Wortblindheit (4) beim *homo sapiens* (a), beim *Schimpansen* (b), beim *Australanthropus* (c), beim *Sinanthropus* (d). Wie man sieht, fehlen beim Affen die den Integrationszonen entsprechenden Regionen, zumindest für das auditive und visuelle Erkennen. Beim Australanthropus und beim Archanthropus dagegen ist die topographische Möglichkeit der sprachlichen Integrationszentren vorhanden.

46 Industrie des ersten Stadiums. Die Operationskette ist auf eine einzige Verrichtung beschränkt (a), die vom Chopper (b) zum elementaren Faustkeil (e) führt, und zwar durch die bloße Addition von Aufschlagpunkten und durch die Herausarbeitung der Spitze des Werkzeugs (c–d).

47 Industrie des zweiten Stadiums. Die primäre Kette (a) wird um einen weiteren Schlagtyp erweitert (b). Über die unmittelbar verwendbaren Abschläge hinaus entstehen so das Hackmesser (c) und der Zweiseiter (d).

48 Industrie des dritten Stadiums. Die beiden ersten Verrichtungsfolgen (a

und b) führen zur Extraktion eines vorbereiteten Abschlags (c). Die Verbindung der ersten Folge (d) mit der zweiten bringt einen äußerst dissymmetrischen Zweiseiter, den *Nukleus* (f), hervor. Daraus läßt sich ein Levallois-Abschlag (g) oder eine Reihe von Klingenabschlägen (h) extrahieren. Die Bearbeitung der Klinge schafft die Voraussetzung für die Extraktion der Levallois-Spitze (i und j).

49 Werkzeug des Moustérien-Levalloisien. Weiterhin gibt es den Faustkeil (a); dazu kommen Produkte aus den Steinabfällen. Der Levallois-Abschlag (b), der Klingenabschlag (c), die Spitze (d). Die Abfallprodukte bei der Bearbeitung des Nukleus lassen sich zu geschnittenen Spitzen (e) und zu Schabern (f) verarbeiten. Auch die Abfälle lassen sich weiter verwenden, als gezackte Steine (g) und als kleine Schaber (h).

50 Knochen, die zertrümmert wurden, um das Mark herauszuholen, werden häufig als Werkzeuge (a und b) angesehen; wirkliche Spuren einer Benutzung lassen sich an ihnen jedoch nicht feststellen. Dagegen sind auf Gelenken (c, d, e) und Gliedern (f) häufig Schnittspuren von Steinmessern zu finden. Oft wurden Knochen auch als Unterlage für die Retusche von Feuersteinen verwendet, wie die Spuren zeigen (g).

51 Graphische Profile der Paläanthropinen und des *homo sapiens*. Erstellt wurden die Profile durch die Gegenüberstellung von Längen und Breiten des Schädels, des Gesichts, der Augenhöhlen und der Nase, jeweils bezogen auf das Mittel sämtlicher Rassen des heutigen *homo sapiens*. Dieses Verfahren gestattet es, ein ausdrucksvolles Bild von den wichtigsten Proportionen des Schädels zu erstellen. A: Paläanthropinen; B: fossiler *homo sapiens*; C: heutige Individuen, die ähnliche Proportionen zeigen wie der fossile *homo sapiens*; D: heutige Individuen vom abweichendsten Typ. Die Beispiele wurden von sämtlichen Kontinenten gewählt, um so zu zeigen, daß es sich nicht um rassische Phänomene handelt, sondern um eine allgemeine Evolution der Spezies. Alle Subjekte unter D zeugen von der Intensität der Gesichtsrückbildung im Verlaufe der letzten Jahrtausende.

52–55 Schließung des Jochwinkels beim *homo sapiens*. Die Winkel reichen von 100° beim neu-kaledonischen (52) und beim melano-afrikanischen Typ (53) bis 95° beim europäischen Typ mit vollständigem Gebiß (54) und 90° bei einem Europäer, der keine Weisheitszähne mehr hat. Man beachte die Verlagerung der Achse E^2 (55), deutlich zeigt sich hier eine Tendenz, nach der die Abstützung der Backenknochen und die Abstützung der Stirn ineinander übergehen (die mechanische Unabhängigkeit der vorderen Zähne geht verloren).

56–59 Das Knochengerüst der Eckzähne bei *homo sapiens*. Gleiche Subjekte wie in den Abb. 52–55. Wie man sieht, bleibt die Verbindung der vorderen Zähne mit dem Vorderstirnmassiv beim heutigen Menschen erhalten. Bei dem Subjekt ohne Weisheitszahn (59) geht der Winkel C’ auf 40° zurück (ein Ergebnis der Verkürzung der Basis P–B); die Stützkonstruktionen der Eckzähne E^3 tendieren dahin, sich mit den Stützkonstruktionen der Malzähne (E^2, Abb. 55) zu vereinigen.

60–63 Das allgemeine Gesichtsgleichgewicht zeigt sich in der Gleichheit der Winkel der Backenknochen E^2, des Kinns D und der Basilar-Apophyse B, die das Gesichtsgerüst mit den Belastungen der aufrechten Körperhaltung verbindet. Betrachtet man den neukaledonischen (Abb. 60) und den melano-afrikanischen Typ (Abb. 61), als Vertreter des normalen Gleichgewichts bei *homo sapiens*, so bemerkt man, daß die Werte der Backenknochen, des Kinns und der Basis gleich sind. Beim europäischen Typ (Abb. 62) hat die Verlagerung der Achse E^2 nach E^3 begonnen, und das Gesicht (60°) steht im Ungleichgewicht zur Basis (67°). Das Verschwinden der Weisheitszähne (Abb. 63) bringt eine echte Störung im Schädelbau zum Ausdruck und zeugt von der Suche nach einer Konstruktionsformel, die sich nur schwer mit der Aufrechterhaltung des aufrechten Ganges vereinbaren läßt. Diese Über-Evolution ist vergleichbar mit der Entwicklung beim Spitz (Abb. 24).

64 Schaubild der relativen Länge verwendbarer Schneiden, die in den verschiedenen Epochen des Paläolithikums aus einem Kilogramm Feuerstein gewonnen werden konnten.

65 Graphische Darstellung des Verhältnisses zwischen der Steigerung des Hirnvolumens und der technischen Evolution im Verlaufe des Quartärs (relative Länge der Schneide pro Kilogramm Rohstoff und Vielfalt der Werkzeugtypen).

66 Schaubild der Vervielfältigung der Werkzeugtypen im Verlaufe des Paläolithikums.

Kapitel V

67 Schematische Darstellung des primitiven Paares, der grundlegenden Zelle der Gruppe; in komplementärer Aufteilung verfügt sie über das gesamte ethnische Wissen.

68 Die nomadische Gruppe mit primitiver Ökonomie wandert zyklisch über ihr Territorium. Sie unterhält matrimoniale und ökonomische Austauschbeziehungen mit den benachbarten komplementären Gruppen.

69 Karte des ökonomischen Systems der Naron-Buschmänner. Auf der ersten Stufe funktioniert die Familiengruppe wie in Abb. 68 im Rahmen der Ethnie. In gestufter Abfolge erreichen die Austauschbeziehungen sodann die übrigen Buschmann-Stämme, die Bantus und die Weißen.

70 Karte des Systems der ökonomischen Beziehungen bei den Eskimos zwischen dem Mittelalter und der Vernichtung ihrer traditionellen Struktu-

ren. Der Austausch zwischen benachbarten Gruppen sicherte die Zirkulation der lebenswichtigen Rohstoffe (Elfenbein, Häute, Holz) und lokaler handwerklicher Produkte (Lampen und Töpfe aus Stein, einheimisches Kupfergeschirr) sowie von Produkten asiatischen, indianischen und europäischen Ursprungs (Pfeifen, Tabak, Eisengegenstände).

71 Verbreitung der wichtigsten agglomerierten Niederlassungen auf protoagrikulturellem und primitiv-agrikulturellem Niveau im östlichen Mittelmeerraum und im Nahen Osten.

72 Ausbreitung von Rindern und Schafen. Ausgehend vom eurasischen Zentralgebiet verbreiteten sich die Spezies *bos*, *ovis* und *capra* in sämtlichen Regionen, in denen ihre Anpassung möglich war, und assimilierten wahrscheinlich einen Teil der ansässigen Wildrassen. An der Nordgrenze des Biotops nistete sich das domestizierte Rentier ein, während das Zebu in den trockenen Gebieten, der Büffel in den Sumpfgegenden und das Yak in Tibet die Infiltration der rinderartigen Tiere vervollständigten.

73 a) Plan eines Teils des neolithischen Dorfes von Catal Hüyük in Anatolien (nach J. Mellaart). Auf den Beginn des 6. Jahrtausends datiert, zählt dieses Dorf zu den ältesten seßhaften Niederlassungen auf dem Niveau der Bauern-Hirten-Ökonomie. b) Plan eines Teils der Stadt Mohenjo-daro am Indus – 2. Jahrtausend.

74 Funktionsschema der elementaren bäuerlichen Gruppe. Die lebenswichtigen Tätigkeiten sind zwischen den nach Geschlecht geordneten Individuen in einer bestimmten Anzahl von Formeln, die auf der erweiterten Familie gründen, aufgeteilt. Das System gestattet eine gewisse Spezialisierung, insbesondere zwischen den Altersklassen. Zur Gruppe der Bauern tritt seit der Bronzezeit in vielen Fällen eine beschränkte individuelle oder kollektive Gruppe: die Handwerker (Schmied oder Töpfer, Schreiner, Weber, usw...)

75 Räumliche Organisation der bäuerlichen Gruppen. Jede Gruppe ist, zumindest in weitem Maße, an ihr Territorium gebunden und unterhält mit den benachbarten Gruppen Austauschbeziehungen, die bis zu matrimonialen Allianzen führen oder sich auf den materiellen Austausch beschränken können. Die Handwerker unterhalten untereinander ein Beziehungssystem der gleichen Art, das sich über große Gebiete erstreckt und von einer strikten Endogamie begleitet sein kann.

76 Funktionsschema des städtischen Dispositivs. Die Stadt spielt die Rolle des Zentrums eines Territoriums und ist von einer Gruppe von Bauerndörfern des in Abb. 75 dargestellten Typs umgeben, aus der sie ihre Ressourcen bezieht und deren Zusammenhalt sie gewährleistet. Die Zentralmacht (1) ist an militärische (2), religiöse (3) und juristische (4) Funktionen gebunden, die dahin tendieren, sich in Individuen oder unterschiedlichen Klassen zu spezialisieren. Die Händler (5) bilden eine

Gruppe, deren Absonderung von den herrschenden Klassen variiert; ihr indirekter Einfluß und ihre Allianzen sichern ihnen jedoch stets eine beträchtliche Bedeutung. Die Handwerker (6) und der Kleinhandel sind völlig von den herrschenden Klassen isoliert, von denen sie abhängen, aber ein Teil ihrer Mitglieder sichert sich den Aufstieg aufgrund der Durchlässigkeit der Händlerklasse.

77 Schaubild der Feuerhandwerke, bezogen auf die Temperaturskala, werden die Zusammenhänge zwischen den Techniken des Metalls, der Keramik und der Glasmacherei deutlich.

78 Plan der assyrischen Stadt Khorsabad (8. Jahrhundert vor unserer Zeit).

79 Plan der Altstadt von Aigues-Mortes.

80 Funktionsschema des industriellen Dispositivs des 19. Jahrhunderts. Das vorindustrielle Dispositiv bildet die Basis für die Implantation. Die Hauptstadt (a) enthält die gleichen Einteilungen wie in Abb. 76, aber die industrielle Funktion wird von einer Gruppe repräsentiert (7), die mit dem Handel (5) verbunden ist und in einer direkten Beziehung zur Zentralmacht steht, gleich welche Staatsform im einzelnen vorliegt. Die Bauerndörfer funktionieren weiterhin im alten Dispositiv und sind mit einer handwerklichen Vertretung und mit einem Kleinhandel versehen; sie lehnen sich an regionale Zentren an (c, d) oder verfügen selbst über Märkte. Die entscheidende Veränderung liegt in der Herausbildung industrieller Zentren (b), die mit dem traditionellen Rahmen durch ein Netz von Verkehrswegen verbunden sind. Wegen der erforderlichen Nähe von Rohstoffen und Kraftressourcen (b') ist das industrielle Zentrum zunächst isoliert, wächst dann entlang der Eisenbahnlinien und führt zur Herausbildung von Vorstädten, deren proletarische Bevölkerung keinen Platz in dem traditionellen Rahmen findet.

81 a) Plan der Agglomeration von Creusot. Deutlich erkennbar die Aneinanderreihung der Industrieanlagen entlang der Eisenbahnlinien und die ungeordnet wuchernden Arbeiterwohnviertel. 1. Industrie, 2. dichte Bebauung, 3. weniger dichte Bebauung, 4. Grünflächen. b) Wachstum von Lyon. Man sieht, wie um die an Saône und Rhône gelegene Altstadt herum sich die Stadt von 1850–70 geometrisch ausbreitet und schließlich bis an die Eisenbahnlinie heranreicht, des weiteren den unregelmäßigen Fortsatz von Villeurbanne (Ende des 19. Jahrhunderts) und schließlich die neueren Erweiterungen.

Kapitel VI

82 Einschnitte auf Knochen, Paläolithikum, die als »Jagdzeichen« bezeichnet werden. a) Chatelperronien; b) Aurignacien; c) Solutréen.

83 Australische Tschuringa (nach Spencer und Gillen). 1: Die Kreise *a* stellen

Bäume dar und die gepunkteten Kreise die Schritte der Tänzer; die Linien *d* stellen Stöcke dar, die man im Takt schlägt, und *e* die Bewegungen der Tänzer; 2 und 3: Tschuringa eines Oberhaupts des Totems der Honigameise. *a)* sein Auge, *b)* seine Eingeweide, *c)* die Bemalung auf seiner Brust, *d)* sein Rücken, *e)* ein kleiner Vogel, der mit der Honigameise in einem Zusammenhang steht. Zieht man Abb. 82 noch hinzu, so kann man feststellen, daß Darstellungen, die an einen sprachlichen und gestischen Kontext gebunden sind, wie die der Tschuringa, frei von jedem realistischen bildlichen Gehalt sein können.

84 Gravierung aus dem Aurignacien I, Abri Cellier (Dordogne). Eines der sehr seltenen Dokumente der ältesten mit Sicherheit datierten bildlichen Darstellungen. Man sieht einen Kopf, wahrscheinlich den eines Pferdes, ein weibliches Symbol und regelmäßige Einschnitte.

85 Gravierung aus dem Aurignacien IV von La Ferrassie (Dordogne), dargestellt ist ein Pferd (weggebrochen), ein weibliches Symbol und regelmäßige Punktfolgen.

86 Gravierung, wahrscheinlich aus dem Gravettien (Hautes-Pyrénées), dargestellt ist ein Pferd und ein weibliches Symbol.

87 Gravierung aus dem Magdalénien, Combarelles (Dordogne); abgebildet sind wiederum ein Pferd und ein weibliches Symbol. Bei gleichem Thema wird hier der zunehmende Realismus in den Elementen des Mythogramms deutlich.

88–89 Piktogramm von Eskimos in Alaska, in eine Elfenbeinklinge eingraviert, Beginn des 20. Jahrhunderts. Auf einer Seite (88) sieht man ein Sommerlager: vier Zelte und einen Mann in der Nähe eines Hügels. Wendet man die Klinge, so sieht man auf der gleichen Grundlinie ein Winterlager: ein Walroß, ein umgekehrtes, mit Häuten bespanntes Kanu auf einem Gestell und ein Winterhaus in Kuppelform und mit langem Eingangsvorbau. Der Gegenstand stellt eine Nachricht dar, die man in einem aufgegebenen Lager zurückließ, um möglichen Besuchern die Richtung, in die man aufgebrochen war, mitzuteilen. Nur die Alaska-Eskimos haben in neuerer Zeit (19. Jahrhundert) Piktogramme verwendet.

90 Bisonhaut der Sioux (Ende des 18. Jahrhunderts), auf der piktographisch der Bericht einer Kriegsexpedition abgebildet ist.

91 Mythographische Komposition aus der Höhle von Niaux (Ariège). Magdalénien. Zu sehen sind ein Steinbock, ein Bison und ein Pferd von gleicher Größe, ein großes Pferd, das von einem kleinen Bison und einem kleinen Steinbock begleitet wird, ein großer Bison, zwischen dessen Hufen sich ein kleines Pferd befindet, sowie schließlich ein Bison und ein Pferd von gleicher Größe: die Bisons tragen eine Reihe symbolischer Verletzungen. Der mythographische Charakter des Ensembles schließt eine direkte Lektüre aus.

92 Proto-historische Felsgravierung aus Val Camonica (Italien); dargestellt ist ein Hirsch, der von mehreren rätselhaften Symbolen umgeben ist. Wie bei der voraufgegangenen Abbildung könnte allein der mündliche Gehalt den Sinn dieser Zusammenstellung erhellen.

93 Proto-historische Felsgravierung aus Val Camonica (Italien). Das Ensemble kommt wegen seines narrativen Charakters einem Piktogramm nahe (ein Pflüger, gefolgt von Personen, die das ausgesäte Korn mit Hilfe von Hacken bedecken), aber es fehlt der »Faden«, der für piktographische Folgen typisch ist.

94 Schale zum Gedächtnis an ein Bärenopfer. Ainu von Sachalin. Das Opfer erfolgte bei jedem Bärenfest, die Schalen dienten als Gedächtnisstütze und als Erinnerungsstücke.

95 Japan. Ex voto. Dargestellt ist die Geste des In-die-Hände-Schlagens, mit der man die Aufmerksamkeit der Götter auf sich zieht, bevor man das Gebet spricht.

96 Japan. Ex voto. Abgebildet sind zwei Thunfische (*katsu-o*); damit soll die Vorstellung von »Erhalten« (*katsu*) ausgedrückt werden.

97 Japan. Ex voto. Wurde im Tempel niedergelegt, um einen Säufer zu bessern. Der Tintenfisch, der rot wird, wenn er in Reiswein gekocht wird, ist das Symbol der Maßlosigkeit.

98 a) Polynesien. Tubuai. Kleine Statue, die den Mythos der Schöpfung von Göttern und Menschen durch den großen Gott des Ozeans darstellt. b) Frankreich, 16. Jahrhundert. Korrespondenzen zwischen dem Tierkreis und den Körperteilen des Menschen.

99 Plakat, auf dem verschiedene Bildsymbole (Fischerfrau, Konservendose, Dosenöffner) zur Darstellung eines Fisches zusammenfließen.

100 Ägyptische Hieroglyphen aus der vierten (a) und der 21. Dynastie (b). Man beachte die fortgeschrittene Linearisierung der jüngsten phonetischen Symbole.

101 Maya-Manuskript. Fragment einer Darstellung der Zeremonien des Beginns und Endes eines Jahres. Die Zahlzeichen und die mythographischen Figuren sind in die gleiche Komposition integriert.

102 Manuskript, das den Beginn der Wanderung der Azteken darstellt. Von links nach rechts, 1. Aztlan auf einer Insel, Hieroglyphen bezeichnen seinen Namen und die sechs Stämme, 2. Die Überfahrt der Azteken. 3. Das Datum in einem Rechteck. 4. Die Wanderung (dargestellt durch die Fußabdrücke) zur Stadt Colhuacan, für die eine Hieroglyphe steht. 5. Acht weitere Stämme, die jeweils durch eine Hieroglyphe und einen sprechenden Mann dargestellt werden. Diese Inschrift ist eine Folge teilweise phonetisierter Mythogramme, die untereinander durch einen piktographischen Faden verbunden sind.

103 Chinesische Schrift. *a)* Archaisches und modernes Schriftzeichen eines

Faserbündels (Piktographien). *b)* Zusammenstellung eines Fadens und der Darstellung der Bewegung eines Weberschiffchens in archaischen und modernen Schriftzeichen; bedeutet *Ordnung, Aufeinanderfolge* (Ideographie); *c)* Zusammenstellung des Fadens und des Zeichens *tcheu*; das piktographische Element spielt eine klassifikatorische Rolle (die Vorstellung der Fasern), das andere Element ist lediglich phonetisch: *tcheu, Papier*; *d)* archaisches Schriftzeichen für »Dach«; *e)* Dach-Frau = *Friede*; *f)* Dach-Feuer = *Unglück*; *g)* Dach-Schwein = häusliche Ordnung, *Familie, h, i) tien-k'i-teng, Glühbirne*. Tien: Blitz = Lichtschauer; *k, i)* Dampf = Reiswolke; teng: Lampe = Feuer – aufsteigen – Sockel.

104 Japanische Schrift. *a)* Drei chinesische Schriftzeichen: *song-chan*, mit Pinien bestandener Berg. *b)* japanische Lesart: *matsu-yama*, im selben Zeichen ausgedrückt; *c)* Fragment eines Theatertextes, enthält chinesische Schriftzeichen, die durch syntaktische Zeichen in Form von Silbenschriftzeichen zusammengehalten und durch phonetische Elemente annotiert werden.

105 Fragment eines populären buddhistischen Textes, enthält: a) die japanische phonetische Notation: *chiku-sho* (die Tiere), *ji* (selbst), *toku* (haben), *dai* (große), *chi-e* (Weisheit). b) die sieben chinesischen Schriftzeichen, die dem phonetischen Text entsprechen. c) die Zeichnung eines Tieres (sho), eines Daunenkissens (toku), einer Tischplatte (dai), von Brüsten (chi) und eines Hauses (e), die den Text näherungsweise wiedergeben.

Kapitel VIII

106 Elementare Beziehungen zwischen den Verrichtungen (Gesten) und dem primitiven Werkzeug.

107 Australische Gerätschaften zur Beschaffung und Fertigung. a) Speer und Speerschleuder; b) Grabstock; c) Bumerang; d) Chopper; e) Messer; f) Pfriem; g) Doppelschaber; h) Rindenschale.

Kapitel XII

108 Entwicklung des Messers. Unteres Paläolithikum: a) *Chopper*, b) *elementarer Faustkeil*, c) *Acheuléen-Faustkeil*; mittleres Paläolithikum (ungefähr 100 000): d)–e) *Schaber*, f) *Levallois-Spitze*; oberes Paläolithikum (35 000–10 000): g) *Spitze* aus Chatelperron, h) *Klinge* aus dem Magdalénien; Bronzezeit (1000 vor Christus): *Messer* (Sibirien). Eisenzeit: heutiges *Messer* (Griechenland).

109 Dolche: a) europäischer, am Degen orientierter Typ; b) persischer, am Messer orientierter Typ; c) japanischer, am Säbel orientierter Typ.

110 Funktionelle Anpassung der Axt: a) Neu-Guinea, Steinklinge mit Holzscheide; b) Borneo, gehämmerte, mit Bändern fixierte Eisenklinge; c) Rhodesien, Eisenklinge, durch einen Heftzapfen am Stiel befestigt; d) Bronzezeit, Bronzeklinge mit Flügeln, die ein Lösen des Stiels verhindern; e) Bronzezeit, Klinge mit Tüllenfassung; f) modernes Beil, der Stiel ist durch einen geschmiedeten Kragen geführt.

Kapitel XIII

111 Stellfläche eines Zeltes oder einer Hütte; Moustérien (vor 40000). Die Umrisse dieser Wohnstätte, die in Molodowo in der UdSSR entdeckt wurde, sind durch einen Kreis aus tierischen Knochenresten markiert.

112 Wohnstätte aus dem Moustérien in einer rückwärtigen Galerie der Rentierhöhle von Arcy-sur-Cure.

113 Stellfläche von Hütten im Vorhof der Rentierhöhle von Arcy-sur-Cure. Chatelperronien (um 35000).

114 Grundriß eines Lagers von Buschmännern (Jägern). 1. Im Zentrum ein Baum, unter dem sich die Männer versammeln und die Jagdbeute niederlegen; 2. Feuer der Männer; 3. Hütte des Oberhaupts; 4. Hütten der Familien und der heiratsfähigen Mädchen; 5. Hütte der noch nicht heiratsfähigen Mädchen; 6. Hütte der heranwachsenden Männer; 7. Hütte für Mädchen, die zu Besuch weilen; 8. Hütte für Schwestern, die zu Besuch weilen; 9. Witwer, Witwen, Fremde; 10. Tanzplatz (nach Bleek).

115 Neu-Kaledonien: Kanaken-Dorf. 1. Männerhaus; 2. Familienhaus; 3. Opferaltar; 4. Alleen der Frau (Riten der Familie); 5. Allee der Männer (Clanfeste, Festmähler, Tänze). Nach M. Leenhardt.

116 Dorf der Winnebago-Indianer; das Dorf ist in zwei komplementäre Hälften aufgeteilt: 1–4. Gemeinschaftswohnungen des Kriegerclans (1), des Donnervogelclans (2), des Bärenclans (3) und des Bisonclans (4); 5. Familienwohnungen der oberen Phratrie; 6. Familienwohnungen der unteren Phratrie (nach P. Radin).

117 Spuren eines Zeltes aus dem oberen Paläolithikum (Malta, Sibirien). Um die Feuerstellen herum waren auf der einen Seite die Gerätschaften der Männer, auf der anderen Seite die Gerätschaften der Frauen angeordnet (nach Gerasinow).

118 Catal Hüyük (Anatolien). Neolithische Fresken (7. Jahrtausend) (nach J. Mellaart).

119 Weltkarte des Mönchs Beatus (8. Jahrhundert). Kopie aus dem 12.–13. Jahrhundert. Die Erde ist von einem kreisförmigen Ozean umgeben und

wird von Mittelmeer und Rotem Meer kreuzförmig durchschnitten. Sie umfaßt nur einen Teil des in der Antike bekannten Eurasien und Afrika. Es handelt sich um eine rein logische Konstruktion, in der Rom und Jerusalem im Zentrum angeordnet sind und einander gegenüberstehen. Eden, mit seinen vier kreuzförmig fortstrebenden Flüssen, liegt links oben und wird durch das Meer und Alexandria von Mesopotamien getrennt.

120 Plan von Peking: geometrische, nach den Himmelsrichtungen ausgerichtete Stadt. Der Kaiserpalast liegt im Zentrum, sein Eingang weist nach Süden.

121 Anordnung beim traditionellen Ballspiel (altes China, Japan). a) Spielfeld, Position der Spieler und Reihenfolge ihrer Eingriffe. b–c) Ideale Figuren, die der Ball beschreibt; sie entsprechen zwei in entgegengesetzter Richtung drehenden Hakenkreuzen.

122 Plan von Briene, zeigt die Einfügung der hellenischen Stadt: geometrische Gestalt und Ausrichtung am Fuß eines Gebirgsausläufers, der eine befestigte Akropolis bildet.

123 a) idealer Plan von Jerusalem, nach einem isländischen Manuskript des 18. Jahrhunderts. b und c) Pläne der mittelalterlichen Städte von Rothenburg und Egisheim. Man beachte das Fortbestehen der Kreuzachsen in einem wenig geometrischen, kreisförmigen Netz. Die nach den Himmelsrichtungen ausgerichtete Kirche liegt abseits der Hauptstraßen und zwingt zu einer Verschiebung der Hauptachse.

124 a) Plan von Neu-Breisach (Oberrhein). Befestigte Stadt aus dem 18. Jahrhundert. Die geometrische Form des Festungsgürtels folgt den Bedürfnissen der Artillerie. Die Stadt ist nicht nach den Himmelsrichtungen ausgerichtet, ihr Muster folgt aber der traditionellen Anordnung. b) Plan von Washington, 18. Jahrhundert, Überlagerung eines Carré- und eines Diagonalmusters. Die Kreuzanordnung ist verschwunden.

125 a) Die Saline von Chaux, im 18. Jahrhundert von Ledoux entworfen, aus der Vogelperspektive. b) Projekt des Friedhofs von Chaux, entworfen von Ledoux, der sich hier von einer Kosmos-Symbolik inspirieren ließ.

126 Agglomeration von Fez (Marokko); deutlich wird einmal der zusammenhanglose Aggregationsprozeß der arabischen, jüdischen und europäischen Viertel, zum anderen die Entwicklung hin zu einer relativ geometrischen Anordnung.

127 Schematischer Plan des heutigen Moskau; deutlich wird das Streben nach einem strahlenförmigen System aufeinanderfolgender Ringe um den Kreml herum; umgeben ist das ganze von einem Grüngürtel, der der Erholung dient.

128 Merkwürdige Naturgegenstände, die von den Menschen des Moustérien gesammelt wurden. Von links nach rechts: Gehäuse eines Gastropoden, kugelförmiger Polyp, Eisenpyritblock. Arcy-sur-Cure (Yonne).

129 Steinblock mit Gravierungen aus dem Aurignacien (Dordogne) mit Darstellungen weiblicher Symbole und rhythmischen Einschnitten.

130 u. 131 Pferd und Bison in Stil II. Gravierungen in der Höhle Pair-non-Pair, Gironde.

132 Statuetten vom Ende des Stils II. a) UdSSR, Kostienki I; b) Haute Garonne, Lespugue.

133 u. 134 Auerochse und Pferd im Stil III. Gemälde. Höhle von Lascaux, Dordogne.

135 Paar gemalter Steinböcke in der Höhle von Cougnac, Lot. Stil III, besonders charakteristisch sind die Proportionen, die Hals-Rücken-Linien und die Perspektive beim Gehörn des Weibchens.

136 Gravierter Pferdekopf. Lascaux. Ohren und Auge wurden zu zwei verschiedenen Zeitpunkten innerhalb Stil III neu bearbeitet.

137 Altamira (Santander). Bison im älteren Stil IV. Zweifarbiges, modelliertes Gemälde.

138 Niaux (Ariège), in Schwarz gemalter Bison. Älterer Stil IV. Durch Schraffuren modelliert.

139 Le Portel (Ariège), in Schwarz gemaltes Pferd. In Strichzügen modelliert. Älterer Stil IV.

140 Stier und Kuh, auf Felswand graviert. Theyjat, Dordogne. Jüngerer Stil IV. Realismus der Bewegung und der Form (nach H. Breuil).

141 In Knochen graviertes Pferd. Schweizersbild (Schweiz). Jüngerer Stil IV. Realismus der Bewegung und der Form.

142 Dekor aus dem mittleren und jüngeren Magdalénien, in Knochen oder Rentiergeweih graviert (Speere oder Stäbe). a) Geometrisierung des Themas der Pferdereihe. Die Stadien 4 und 5 sind wahrscheinlich, lassen sich aber nicht unmittelbar identifizieren. b) nicht identifizierte geometrische Themen. Die Motive 3 und 4 kommen sehr häufig vor, die Motive 4 und 5 stehen möglicherweise in einem Zusammenhang mit der Pferdereihe.

143 Varianten der Themen des männlichen (a) und des weiblichen Geschlechts (b und c); deutlich wird der abstrakte Charakter, den die sexuellen Darstellungen während des größten Teils des oberen Paläolithikums besaßen.

144 Geometrischer Dekor aus den neolithischen Fresken von Catal Hüyük (nach Mellaart).

145 Statistische Darstellung der Höhlendekoration (a) nach der Lage und (b) nach der Gesamtfläche. I: Beginn des Dekors; II: verengte Durchgänge;

III: Eingang zu zentral gelegenen Nebenkammern; IV: Abschluß des Dekors; V: zentrale Flächen der Säle oder Gänge; VI: Umgebung der zentralen Flächen; VII: Inneres der zentralen Nebenkammern. Die Zahlen geben die Prozentanteile der Figuren an den bezeichneten Stellen an; die weiblichen und männlichen Zeichen sowie die Tiere sind streng konventionell.

146 Pech-Merle (Lot). In Schwarz gemalte Komposition über das Thema: Auerochse–Pferd + Mammut. Dargestellt sind vier Auerochsen: der eine im Zentrum, umgeben von einem schematisierten Pferd und einem Mammut, der zweite scheint senkrecht nach unten zu stürzen; der untere Auerochse trägt Wunden, die den weiblichen Zeichen entsprechen; der Auerochse auf der rechten Seite trägt ein männliches Symbol (einen gestrichelten hakenförmigen Stock).

147 Lascaux. Szene des Menschen, der von einem Bison niedergestreckt wird. Das Thema ist in mehreren Beispielen bekannt. Es handelt sich wahrscheinlich eher um eine mythographische Anordnung als um einen erlebten Bericht.

148 Männlicher Bison, der sich am Boden wälzt, um sein Territorium zu markieren, bekannt unter der Bezeichnung »springender Bison«. Altamira.

149 Höhle von Addaura (Sizilien). Figurengruppe, die einem Realismus vielfältiger Tätigkeiten entspricht. Das Ensemble, zu dem das Fragment gehört, ist nach dem paläolithischen Thema gestaltet, das Auerochse und Pferd mit dem Hirsch verbindet, neu ist jedoch die Hinzufügung von Menschen.

150 Evolution der Perspektive bei Hörnern und Geweihen im Verlaufe des oberen Paläolithikums.

151 Pech-Merle (Lot). Wand der »Antilopen«. Undefinierbare Tiere, die aus den disparaten Teilen mehrerer Tierarten gebildet sind.

152 Le Gabillou (Dordogne): Die »Giraffe«. Unter den Tausenden von paläolithischen Tierfiguren sind die in den Abb. 151–153 abgebildeten drei Figuren nahezu die einzigen, die sich zoologisch nicht identifizieren lassen. Das hier abgebildete Tier bietet nicht einmal Anhaltspunkte für eine Identifizierung.

153 Lascaux (Dordogne): Das »Einhorn«.

Bibliographie

Alimen, H.: *Atlas de préhistoire*, Paris 1950

Ders.: *Préhistoire de l'Afrique*, Paris 1955

Anderson, R. T.: »Dating reindeer pastoralism in Lapland«, *Ethnohistory*, Bd. 5, Nr. 4, Indiana 1958

Anthony, J.: »L'évolution cérébrale des primates«, *Biologie médicale*, Bd. XLI, Nr. 5, 1952

Ders., Grapin, Laget, Leroi-Gourhan, Nouvel, Piaget, Piveteau: *L'évolution humaine*, Paris 1957

Ders.: »L'encéphale de l'Homme fossile de La Quina«, *Bull. et Mém. de la Soc. d'Anthropologie*, März 1913

Arambourg, Cuenot, Grasse, Haldane, Piveteau, Simpson, Stensio, Teilhard de Chardin, Vallois, Viret, Watson: *Paléontologie et transformisme*, Paris 1950

Ariens Kappers, D. V., und Bouman, K. H.: »Comparison of the endocranial carts of the Pithecanthropus erectus skull«, *Proc. Kon. Akad. van Wetenschappen*, Bd. 42, Nr. 1, Amsterdam 1939

Bachler, E.: *Das Alpine Paläolithicum der Schweiz*, Basel 1940

Bastide, R.: *Sociologie et psychanalyse*, Paris 1949–50

Ders.: *Le candomblé de Bahia*, Paris 1958

Benedict, R.: *Patterns of culture*, Cambridge, Mass., 1934 (dt.: *Kulturen primitiver Völker*, Stuttgart 1949)

Black, D.: »On a lower molar hominid tooth from the Choukoutien deposit«, *Palaeontologia sinica*, Serie D, Bd. 7, Heft 1, 1927. In den folgenden Jahren erschienen bis 1943 Arbeiten von Black, Pei und Weidenreich in der *Palaeontologia sinica* und im *Bulletin of the Geological Society of China*.

Blanc, A. C.: »L'uomo fossile del Monte Circeo ...«, *R. C. R. Accademia Naz. Lincei*, Bd. XXIX, Rom 1939

Bogoras, W.: »The Chukchee«, *Memoirs of the American Museum of Natural History*, Bd. II, Leiden 1904–1909

Bonin, G. von: *Essay on the cerebral cortex*, Springfield 1950

Boucher de Perthes, J.: *De la création*, 5 Bde, 1839–41

Ders.: *Antiquités celtiques et antédiluviennes*, Paris 1847

Boule, M.: »L'homme fossile de La Chapelle-aux-Saints«, *Annales de Paléontologie*, Paris 1911–13

Ders. und Anthony, R.: »L'encéphale de l'Homme fossile de La Chapelle-aux-Saints«, *l'Anthropologie*, Bd. XXI, Paris 1911

Ders. und Vallois, H. V.: *Les hommes fossiles*, Paris 1920 u. 1923

Ders. und Piveteau, J.: *Les fossiles. Eléments de paléontologie*, Paris 1935
Bounak, V. V.: »L'origine du langage«, in: *Les processus de l'hominisation*, Paris 1958
Braidwood und Willey: *Courses towards urban life*, Chicago 1962
Breuil, H.: »The use of the bone implements in the old Palaeolithic period«, *Antiquity*, März 1938
Ders. und Lantier, R.: *Les hommes de la pierre ancienne*, Paris 1951
Ders.: *Quatre cents siècles d'art pariétal*, Montignac 1952
Bross, T.: »Etudes instrumentales des techniques du yoga«, *Public. de l'Ecole française d'Extrême-Orient*, Bd. LII, Paris 1963
Busk, G.: »On the ancient or quaternary fauna of Gibraltar«, *Transact. of zoological society of London*, X, 1879

Camper, P.: *Œuvres*, 3 Bde, Paris 1803
Chauchard, P.: *Le cerveau et la conscience*, Paris 1960
Ders.: *Des animaux à l'homme, psychismes et cerveaux*, Paris 1961
Cheynier, A.: *Jouannet, grand-père de la Préhistoire*, Brive 1936
Clark Howell, F.: »European and Northwest African middle Pleistocene hominids«, *Current Anthropology*, Bd. 1, Nr. 3, 1960
Cohen, M.: *L'écriture*, Paris 1953
Cuvier, G.: *Le règne animal distribué d'après son organisation*, Paris 1816 und 1829 (dt.: *Das Thierreich, eingeteilt nach dem Bau der Thiere als Grundlage ihrer Naturgeschichte und der vergleichenden Anatomie*, Stuttgart, Tübingen 1821–25)
Ders.: *Discours sur les révolutions du globe* gefolgt von den *Recherches sur les ossements fossiles*, 7 Bde, Paris 1821–24 (dt.: *Die Umwälzungen der Erdrinde in naturwissenschaftlicher und geschichtlicher Beziehung*, 2 Bde, Bonn 1830)

Dart, R.: »Australopithecus Africanus: the man-ape of South Africa«, *Nature*, 7. Febr. 1925
Ders.: *The Osteodontokeratic culture of Australopithecus prometheus*, Pretoria 1957
Daubenton, D. J. M.: *Sur la situation du trou occipital dans l'homme et les animaux*, Paris 1764
Dawson, C., und Woodward, A. S.: »On the discovery of a palaeolithic skull and mandible . . . at Piltdown«, *Quarterly Journal of the Geological Society of London*, Bd. LXIX, 1913
Delattre, A.: *Du crâne animal au crâne humain*, Paris 1951
Delmas, J. und A.: *Voies et centres nerveux*, Paris 1961
Dubois, E.: *Pithecanthropus erectus, eine menschenähnliche Uebergangsform aus Java*, Batavia 1894

Dupont, E.: »Etude sur les fouilles scientifiques exécutées pendant l'hiver de 1865–66 dans les cavernes de la Lesse«, *Bull. de l'Acad. roy. de Belgique*, Bd. XXII, 1866

Durand, G.: *Les structures anthropologiques de l'imaginaire*, Grenoble 1960

Durkheim, E.: *Les règles de la méthode sociologique*, Paris 1927, 8. Ausg. (dt.: *Die Regeln der soziologischen Methode*, Neuwied 1961)

Fairbridge u. a.: »Solar variations, climatic change, and related geophysical problems«, *Annals of the New York Academy of Sciences*, Bd. 95, New York 1961

Février, J. G.: *Histoire de l'écriture*, Paris 1948

Fulton, J. F.: *Physiologie des lobes frontaux et du cervelet*, Paris 1953

Fraipont, J., und Lohest, M.: »Recherches ethnographiques sur des ossements humains découverts dans les dépôts d'une grotte quaternaire à Spy«, *Archives de biologie*, Bd. VII, 1866, Gent 1867

Gall, F. J.: *Sur les fonctions du cerveau et sur celles de chacune de ses parties, avec les observations sur la possibilité de reconnaître les instincts, les penchants, les talents ou les dispositions morales et intellectuelles des hommes et des animaux, par la configuration de leur cerveau et de leur tête*, 6 Bde, Paris 1822–25 (dt.: *Vorlesungen über die Verrichtungen des Gehirns und die Möglichkeit, die Anlagen mehrer Geistes- und Gemüthseigenschaften aus dem Bau des Schädels der Menschen und Thiere zu erkennen*, Berlin 1805)

Gauchat, Abbé: *Lettres critiques ou analyse et réfutation de divers écrits modernes contre la religion*, 19 Bde, Paris 1758–63

Geoffroy Saint-Hilaire, E.: *Principes de philosophie zoologiques*, Paris 1830

Ders.: *Notions de philosophie naturelle*, Paris 1838

Gorjanovic-Kramberger, K.: *Der diluviale Mensch von Krapina in Kroatien*, Wiesbaden 1906

Goury, G.: *Précis d'archéologie préhistorique*, Paris 1948

Granet, M.: *Danses et légendes de la Chine ancienne*, Paris 1926

Gregor von Nyssa: *Sermones de creatione hominis*, Supplementband 1.1 der *Opera*, Leiden 1972

Griaule, M.: *Masques dogons*, Paris 1938

Ders.: *Dieu d'eau*, Paris 1948 (dt.: *Schwarze Genesis*, Freiburg 1970)

Ders. und Dieterlen, G.: *Signes graphiques soudanais*, Paris 1951

Gruet, M.: »Le gisement moustérien d'El Guettar, Tunisie«, *Quaternaria*, Rom 1955

Guerschel, L.: »La conquête du nombre«, *Annales*, Nr. 4, Paris 1962

Halbwachs, M.: *Les cadres sociaux de la mémoire*, Paris 1932 (dt.: *Das Gedächtnis und seine sozialen Bedingungen*, Neuwied 1966)

Hauser, O.: »Découverte d'une squelette humain type Néanderthal«, *L'homme préhistorique*, Jan. 1909
Herskovitz, M.: *The economic life of primitive people*, New York 1940
Ders.: *Economic anthropology*, New York 1952
Hoffman, W. J.: »The Menomini Indians«, *40th Annual report, Bureau of Ethnology*, 1892–93, I.
Hrdlicka, A.: »The Neanderthal Phase of man«, *Annual report of the Smithsonian Institution*, 1928
Hurzeler, J.: »Oreopithecus bambolii gervais, a preliminary report«, *Verh. Naturf. Ges. Basel*, Bd. 69, Nr. 1, Basel 1958

Jenks, A. E.: »The wild rice gatherers of the Upper Lakes«, *19th Annual report of the Bureau of American Ethnology, Smithsonian Institution*, Washington 1900

King, W.: »The reputed fossil man of the Neanderthal«, *Quart. Journ. of Science*, 1864
Koby, F.: »Les paléolithiques ont-ils chassé l'ours des cavernes?«, *Actes de la Société jurassienne d'émulation*, 1953
Königswald, R. von: »Ein Beitrag zur Kenntnis der Praehominiden«, *Dienst van den Mijnbouw in Nederlandsch-Indie, Wetenschappelijke Mededeelingen*, Nr. 2, Batavia 1940

Lamarck, J.-B.: *Philosophie zoologique*, 2 Bde, Paris 1809 (dt.: *Zoologische Philosophie*, Leipzig 1909)
Laming-Emperaire, A.: *La signification de l'art rupestre paléolithique*, Paris 1962
Leakey, L. B. S.: *Illustrated London News*, 12. Sept. 1959 und 19. Sept. 1959
Ders.: *Current Anthropology*, Bd. I, Nr. 1, 1960
Leenhardt, M.: *Notes d'ethnologie néo-calédonienne*, Paris 1930
Ders.: *Do Kamo*, Paris 1947
Leonardi, P.: »Nuovi problemi relativi all'uomo fossile«, *Annali dell'Universita di Ferrara*, Sect. XV, Bd. I, Nr. 4, 1960
Leroi-Gourhan, A.: *Bestiaire du Bronze chinois*, Paris 1936
Ders.: *La civilisation du renne*, Paris 1936
Ders.: *Documents pour l'art comparé de l'Eurasie septentrionale*, Paris 1943
Ders.: *L'homme et la matière*, Paris 1943, 1949
Ders.: *Milieu et techniques*, Paris 1945, 1950
Ders.: *Archéologie du Pacifique nord*, Paris 1946
Ders.: »Esquisse d'une classification crâniologique des Eskimos«, *Actes du XXVIIIe Congrès international des Américanistes*, Paris 1947
Ders.: »Etude des squelettes recueillis dans la nécropole Saint-Laurent à

Lyon«, *Institut des Etudes rhodaniennes à l'Université de Lyon, Mémoires et documents*, 4, Lyon 1949
Ders.: »Note sur l'étude historique des animaux domestiques«, *Etudes rhodaniennes* (Mélanges Zimmermann), Lyon 1949
Ders.: »La caverne des Furtins«, *Préhistoire*, Bd. XI, 1950
Ders.: »Notes pour une histoire des aciers«, *Technique et civilisation*, Bd. II, Paris 1951
Ders.: »Ethnologie et esthétique«, *Disque vert*, Nr. 1, Brüssel 1953
Ders.: »Du quadrupède à l'homme (station, face, denture)«, *Revue française d'odonto-stomatologie*, Bd. II, 1955
Ders.: »Equilibre mécanique de la face normale et anormale«, *Annales odonto-stomatologiques*, 1955
Ders.: *Hommes de la préhistoire*, Paris 1955
Ders.: *Les traces d'équilibre mécanique du crâne des vertébrés terrestres*, Thèse de doctorat d'Etat, Faculté des Sciences, Paris 1955
Ders.: »La Préhistoire«, *Encyclopédie de la Pléiade*, Bd. I, Paris 1956
Ders.: »La galerie moustérienne de la grotte du renne (Arcy-sur-Cure, Yonne)«, *Congrès préhistorique de France, Poitiers-Angoulême*, 1956
Ders.: »Le comportement technique chez l'animal et chez l'homme«, in: Anthony, J. u. a.: *L'évolution humaine*, Paris 1957
Ders.: »Technique et societé chez l'animal et chez l'homme«, *Recherches et débats*, Heft 18, 1957
Ders.: »Etudes des restes humains fossiles provenant des grottes d'Arcy-sur-Cure«, *Annales de Paléontologie*, Bd. XLIV, 1958
Ders.: »La fonction des signes dans les sanctuaires paléolithiques ... Répartition et groupement des animaux dans l'art pariétal paléolithique«, *Bull. Soc. Préhist. franc.*, Bd. LV, 1958
Ders.: »Sur une méthode d'étude de l'art pariétal paléolithique«, *V. Congrès Intern. Sciences préhist.*, Hamburg 1958
Ders.: »Préhistoire (art paléolithique)«, *Encyclopédie de la Pléiade, Histoire de l'art*, Paris 1961
Ders.: »L'histoire sans textes ...«, *Encyclopédie de la Pléiade, L'histoire et ses méthodes*, Paris 1961
Ders.: »Les fouilles d'Arcy-sur-Cure«, *Gallia-Préhistoire*, Bd. IV, Paris 1961
Ders.: »Apparition et premier développement des techniques«, *Histoire générale des techniques*, Paris 1962
Ders.: *Religions de la préhistoire (Le Paléolithique)*, Paris 1964
Lévi-Strauss, C.: »La sociologie française«, in: Gurvitch, G. und Moore, W. E. (Hrsg.): *La sociologie au XXe siècle*, Paris 1947
Ders.: *Les structures élémentaires de la parenté*, Paris 1949
Ders.: *Anthropologie structurale*, Paris 1958 (dt.: *Strukturale Anthropologie*, 2 Bde, Frankfurt a. M. 1967, 1975)

Ders.: *La pensée sauvage*, Paris 1962 (dt.: *Das wilde Denken*, Frankfurt a. M. 1968)
Ders.: *Mythologiques I – Le cuit et le cru*, Paris 1964 (dt.: *Mythologica I – Das Rohe und das Gekochte*, Frankfurt a. M. 1971)
Lévy-Bruhl, L.: *La mentalité primitive*, 4. Ausg. Paris 1925 (dt.: *Die geistige Welt der Primitiven*, Düsseldorf 1959)
Linné, C. von: *Systema naturae*, Ausg. von 1735

Mainage, Th.: *Les religions de la préhistoire*, Paris 1921
Manker, E.: *Les Lapons des montagnes suédoises*, Paris 1954
Maringer, J.: *De godsdienst der Praehistorie*, Roermond 1952 (dt.: *Vorgeschichtliche Religion*, Köln 1956)
Marshall, Woolsey, Bard: »Observations on cortical somatic sensory mechanism of cat and monkey«, *Journal of neurophysiology*, Bd. 4, Springfield 1941
Martin, H.: »Sur un squelette humain de l'époque moustérienne trouvé en Charente«, *Comptes rendus Acad. des. Sc.*, 16. Okt. 1911
Maspéro, H.: *Les religions chinoises*, Paris 1950
Mathis, M.: *Vie et mœurs des anthropoïdes*, Paris 1954
Mauss, M.: *Sociologie et anthropologie*, Paris 1950 (dt.: *Soziologie und Anthropologie*, 2 Bde, München 1974, 1975)
Mellaart, J.: »Excavations at Catal Hüyük«, *Anatolian studies*, XII, 1962
Mercati, M.: *Metallotheca, opus posthumum*, Rom 1717
Mettler, F. A.: »The non-pyramidal motor projections from the frontal cerebral cortex«, *Associat. for Research in nervous and mental deseases*, 27, Baltimore 1948
Montandon, G.: *L'homme préhistorique et les préhumains*, Paris 1943
Morin, G.: *Physiologie du système nerveux*, Paris 1955
Mortillet, G.: *Le précurseur de l'homme*, Lyon 1873
Ders.: *Le préhistorique*, Paris 1883
Müller, W.: *Die heilige Stadt*, Stuttgart 1961

Oakley, K. P.: *Man, the tool-maker*, London 1949
Okladnikow u. a.: *Paleolit i neolit SSSR*, Moskau 1953 und folg.
Oleron, P.: *Recherches sur le développement mental des sourds-muets*, Paris 1957

Pales, L.: »Les empreintes des pieds humains de la ›Grotta della Basura‹«, *Revue d'études ligures*, 1960
Parrot, A.: *Archéologie mésopotamienne*, Paris 1953
Patte, E.: *Les hommes préhistoriques et la religion*, Paris 1960
Piveteau, J.: »Les Primates et l'homme«, *Traité de Paléontologie*, Bd. VII, Paris 1957

Pycraft, W. P., und Smith, G. E.: *Rhodesian man and associated remains*, London 1928

Quatrefages, A. de, und Hamy, E. T.: *Crania ethnica*, Paris 1882

Rodden, R. J.: »Nea-nikomedeia«, *Proceedings Prehist. Soc.*, Bd. XXVIII, 1962

Rousseau, J. J.: *Sur l'origine de l'inégalité des hommes*, Amsterdam 1755 (dt.: *Abhandlungen über den Ursprung und die Grundlagen der Ungleichheit unter den Menschen*, Hamburg 1978)

Schaaffhausen, H.: »Zur Kenntnis der aeltesten Russenschaedel«, *Arch. für Anatomie*, 1858

Schenkel, R.: »Ausdruck-Studien an Wölfen«, *Behaviour*, Bd. 1, 1947

Schmerling, Ph.: *Recherches sur les ossements fossiles de la province de Liège*, 1833

Schoetensack, O.: *Der Unterkiefer des Homo heidelbergensis aus den Sanden von Mauer bei Heidelberg*, Leipzig 1908

Sergi, S.: »La scoperta di un cranio del tipo di Neandertal presso Roma«, *Rivista di Antropologia*, XXVIII, Rom 1929

Ders.: »Il cranio neandertaliano del Monte Circeo«, *Accad. naz. lincei*, Rom 1939

Ders.: »Il secondo paleantropo di Saccopastore«, *Riv. di antropologia*, Bd. XXXVI, Rom 1948

Simondon, G.: *Psycho-sociologie de la technicité*, Lyon 1962

Simpson, G. G.: *Tempo and mode in evolution*, New York 1944 (dt.: *Zeitmaße und Ablaufformen der Evolution*, Göttingen 1951)

Spencer, B., und Gillen, F. J.: *The Arunta; a study of a stone age people*, London 1917

Stensio, E., und Jarvik, E.: »Agnathi and Pisces«, *Fortschritte der Paläontologie*, 1939

Tschernisch, A. P.: »Spuren einer Moustérien-Wohnstätte am Dnjestr« (in russischer Sprache), *Sovietskaja Etnografya*, I, 1960

Teilhard de Chardin, P.: *Œuvres*, Paris 1955 ... (neun Bände erschienen: *Le phénomène humain, L'apparition de l'homme, La vision du passé, Le milieu divin, L'avenir de l'homme, L'énergie humaine, L'activitation de l'énergie, La place de l'homme dans la nature, Science et Christ.* Dt.: *Werke*, Olten 1962–72)

Thoma, A.: »Le déploiement évolutif de l'homo sapiens«, *Anthropologia hungarica*, Bd. I, Budapest 1962

Tomatis, A.: *L'oreille et le langage*, Paris 1963

Topinard, P.: *L'anthropologie*, Paris 1876

Weidenreich, F.: »Observations on the form and proportions of the endocranial casts of Sinanthropus pekinensis ...«, *Palaeontologia sinica*, Bd. 7, Nr. 4, 1936
Ders.: »The skull of Sinanthropus pekinensis, a co-operative study on a primitive hominid skull«, *Palaeontologia sinica*, Neue Folge D, Nr. 10, Peking 1943
Ders.: »Giant early man from Java and South China«, *Anthrop. papers of the American Museum of Natural History*, XL, Nr. 1, 1945
Weiner, Le Gros, Clark, Oakley: »The solution of the Piltdown problem«, *Bull. of the British Museum (Natural History), Geology*, Bd. 2, Nr. 3, 1953
Wiener, N.: *The human use of human beings. Cybernetics and society*, London 1950 (dt.: *Mensch und Menschmaschine*, Frankfurt a. M. 1958)
Woolsey, Cl. N. u. a.: »Patterns of localisation in precentral and supplementary motor areas«, *Association for research in nervous and mental diseases*, 30, Baltimore 1952

Yerkes, R. M., und Learned, B. W.: *Chimpanzee intelligence and its vocal expressions*, Baltimore 1925
Yerkes, R. M. und A. W.: *The great apes*
Young, J. Z.: *The life of vertebrates*, Oxford 1950

Register